ÜNİVERSİTE HAZIRLIK İDDİALISINA

OLİMPİYATLARA HAZIRLANANLARA

MATEMATİK ZORU BANKASI

ÇÖZÜMLÜ

Selçuk KÜTÜK

karekök

karekök
YAYINLARI

SERİ: MPS

ISBN: 978-605-9959-10-0

Sertifika No: 12098

Dizgi - Grafik
Karekök Dizgi Servisi

Baskı
Platin Ofset
Sertifika No: 15453
Halkalı / İSTANBUL

Genel Dağıtım
Karekök
Misbah Muhayyeş Sokak No:3 Kadıköy / İSTANBUL
Telefon: (216) 418 36 70 – 330 08 57
Faks: (216) 449 67 56

www.karekok.com.tr

Altıncı Basım, İstanbul 2019

ÖN SÖZ

Değerli öğretmenler, sevgili öğrenciler,

Bu çalışmanın amacı lise düzeyindeki matematik konularını öğrenen iddialı öğrencilerin seviyelerini artırmak, üniversiteye hazırlanan ve olimpiyatlara katılacak olan öğrencilere etkin alıştırma olanağı sağlamaktır.

Öğrenciler arasında zor olarak anılan sorular içermesinden dolayı **"zor soru"** ifadesinin yerine bu ifadeyi karikatürize ederek **"zoru"** kelimesini kullanmayı uygun gördük.

Bu kitabın yazımında desteklerini esirgemeyen yazarımız Selçuk Kütük'e; tashihinde yardımcı olan Saadet Çakır, Fatma Dermenci, Hüseyin Buğdayoğlu, Yasemin Korucu ve Ayşegül Güldalı'na; dizgisinde titiz çalışmalarından dolayı Karekök Dizgi Servisine şükranlarımı bildiririm.

Değerli öğretmenlerimize ve sevgili öğrencilerimize yararlı olması dileğiyle...

Muharrem DUŞ

İÇİNDEKİLER

1. BÖLÜM

SAYILAR

1. 5, 10, 15, 20, ..., 500

sayı dizisinde tüm terimlerin çarpımı A olsun.

Buna göre, A sayısının sondan 98. basamağındaki rakam kaçtır?

A) 8 B) 7 C) 5 D) 2 E) 0

2. $\frac{x}{144}$ kesri sadeleşmeyen bir basit kesirdir.

Buna göre, x kaç farklı pozitif tam sayı değer alabilir?

A) 96 B) 64 C) 48 D) 47 E) 60

3. f(n) = "n pozitif tam sayısının rakamları toplamı" şeklinde tanımlanıyor.

Buna göre, f(n) + 3n = 1000 eşitliğini sağlayan kaç tane üç basamaklı n sayısı vardır?

A) 5 B) 4 C) 3 D) 2 E) 1

4. A = 9999 .... 99 sayısı 54 basamaklıdır.

Buna göre, 2006.A sayısının rakamları toplamı kaçtır?

A) 360 B) 381 C) 444 D) 486 E) 500

5. xy iki basamaklı bir doğal sayıdır.

10^{47} – xy işleminden elde edilen sayının rakamları toplamı 411 olduğuna göre, xy sayısının alabileceği en büyük ve en küçük değerlerinin toplamı kaçtır?

A) 116 B) 134 C) 144 D) 150 E) 156

6. x ve y üç basamaklı pozitif tam sayılardır.

OKEK (x, y) = 24.OBEB(x, y)

olduğuna göre, x + y ifadesinin alabileceği <u>en küçük</u> değer kaçtır?

A) 360 B) 374 C) 404 D) 420 E) 432

7. **Pozitif bölen sayısı 303 olan en küçük doğal sayının son basamağındaki rakam kaçtır?**

A) 9 B) 8 C) 7 D) 4 E) 1

8. A = abcd .... mnp

sayısı 2000 basamaklı olup 17 ile bölünebilmektedir.

Buna göre,

B = pabcd ..... mn

şeklinde verilen 2000

basamaklı sayının 17 ile bölümünden kalan kaçtır?

A) 16 B) 12 C) 4 D) 1 E) 0

9.

1	2	3	4	5	6	7	8	....

Pozitif tam sayılar herbiri bir kutuya konulmak üzere sırasıyla yukarıda görüldüğü gibi yazılıyor.

Daha sonra tam kare sayılar (1, 4, 9, 16 gibi) aradan çıkarılarak,

2	3	5	6	7	8	10	11	....	99	101	....

şeklinde bir dizi elde ediliyor.

Son durumda elde edilen dizideki 392. kutunun içinde hangi sayı vardır?

A) 406 B) 410 C) 412 D) 418 E) 422

10. 17! + 5 < A < 17! + 17

eşitsizliğini sağlayan kaç tane A asal sayı değeri vardır?

A) 8 B) 5 C) 3 D) 1 E) 0

11. Kenar uzunlukları 100 m ve 240 m olan dikdörtgen şeklindeki bir tarlanın etrafına ve köşegen doğrultuları boyunca eşit aralıklarla ağaç dikilecektir.

Köşegenlerin kesişim noktasına ve tarlanın herbir köşesine birer ağaç gelmek koşuluyla <u>en az</u> kaç ağaç gereklidir?

A) 117 B) 112 C) 108 D) 104 E) 100

12. **Birbirinden farklı üç pozitif tam sayının çarpımı 66000 olduğuna göre, en büyük sayı <u>en az</u> kaç olabilir?**

A) 12 B) 16 C) 25 D) 50 E) 75

1. $A = \dfrac{10^{100} - 1}{10^{20} - 1}$ sayısı veriliyor.

A sayısının 45 ile bölümünden kalan kaçtır?

A) 41 B) 36 C) 20 D) 10 E) 1

2. Bir A noktasından başlayarak 78 metre aralıklarla ağaç dikilmiştir. Daha sonra yine A noktasından başlayarak 90 metre aralıkla aynı yön ve doğrultuda sokak lambaları konulmuştur.

Buna göre, herhangi bir ağaç ile sokak lambası arasındaki uzaklık aşağıdakilerden hangisi olabilir?

A) 20 B) 22 C) 28 D) 32 E) 36

3. a, b, c reel sayılar olmak üzere,

a.b + a.c + b.c = 48

eşitliği veriliyor.

$a^2 + b^2 + c^2$ ifadesi en küçük değerini aldığında a + b + c toplamının en büyük değeri kaç olur?

A) $12\sqrt{2}$ B) 12 C) 9 D) $6\sqrt{2}$ E) 6

4. **$n^3 + 7$ tek sayı olduğuna göre, aşağıdakilerden hangisi kesinlikle çift sayıdır?**

A) $2n^2 + 4$ B) $6n + 8$ C) $5n - 1$ D) $n^3 + n + 1$ E) $n^6 - n^3$

5. 13! = 6AA70B08CD

olduğuna göre, A + B + C + D ifadesinin değeri kaçtır?

A) 6 B) 5 C) 4 D) 3 E) 2

6. a, b, c pozitif tam sayılardır.

OKEK(a, b) = 80

OKEK(b, c) = 90

olduğuna göre a + b + c ifadesinin alabileceği en büyük değer kaçtır?

A) 128 B) 144 C) 160 D) 180 E) 186

7. 7AB üç basamaklı bir doğal sayıdır.

$$\frac{7AB-28}{45}$$

ifadesi bir tam sayıya eşit olduğuna göre, A.B çarpımının <u>en büyük</u> değeri kaçtır?

A) 24 B) 25 C) 27 D) 32 E) 36

8. Kendisi hariç pozitif bölenlerinin toplamı kendisine eşit olan sayılara mükemmel sayı denir.

A bir mükemmel sayı olmak üzere,

A > 1000 şartını sağlayan en küçük A sayısının pozitif bölenlerinin çarpmaya göre terslerinin toplamı kaçtır?

A) $\frac{1}{2}$ B) 1 C) 2 D) $\frac{5}{2}$ E) 3

9. A = 8888 888

yirmi basamaklı bir sayıdır.

Buna göre, A sayısının 45 ile bölümünden kalan kaçtır?

A) 8 B) 16 C) 24 D) 32 E) 43

10. A = {3 ile bölünen doğal sayılar}

B = {5 ile bölünen doğal sayılar}

$(A\cup B)'$ kümesinin kaç tane üç basamaklı elemanı vardır?

A) 360 B) 500 C) 420 D) 480 E) 520

11. A = 17171717 1717

sayısı veriliyor.

A sayısının 45 ile bölümünden kalan 22 dir.

A sayısı n basamaklı olduğuna göre, n nin iki basamaklı en küçük ve en büyük değerlerinin toplamı kaçtır?

A) 90 B) 92 C) 94 D) 96 E) 98

12. **Sıfırdan 99999'a kadar bütün tam sayılar yazıldığında 7 rakamı kaç defa kullanılmış olur?**

A) 10.000 B) 20.000 C) 30.000 D) 40.000 E) 50.000

1. Testin Cevap Anahtarı

1	2	3	4	5	6	7	8	9	10	11	12
C	C	E	D	B	B	D	E	C	E	A	D

1. $\frac{18n+1}{42n+2}$ **kesri kaç farklı n tam sayı değeri için sadeleşebilir?**

A) 4 B) 3 C) 2 D) 1 E) 0

2. **Rakamları çarpımı 7 ile bölünebilen dört basamaklı ve içinde sıfır rakamı olmayan kaç tane pozitif tam sayı vardır?**

A) 4904 B) 4058 C) 4100 D) 3168 E) 3100

3. n < 500 olmak üzere,

$A = n^2 + 48$

sayısı veriliyor.

A sayısının 49 ile tam bölünmesini sağlayan kaç farklı n doğal sayı değeri vardır?

A) 19 B) 20 C) 21 D) 22 E) 23

4. a, b, c pozitif reel sayılardır.

a < c < b olmak üzere,

$\frac{1}{a} + \frac{1}{b} = \frac{1}{20}$

$\frac{1}{b} + \frac{1}{c} = \frac{1}{21}$

olduğuna göre, b sayısı aşağıdakilerden hangisi olabilir?

A) 38 B) 39 C) 40 D) 41 E) 42

5. Üç basamaklı abc sayısı ile 1001 sayısı aralarında asaldır.

abc sayısının 18 tane pozitif tam sayı böleni olduğuna göre, altı basamaklı abcabc sayısının kaç tane pozitif tam sayı böleni vardır?

A) 108 B) 144 C) 180 D) 216 E) 288

6. Üç basamaklı abc sayısı bir doğal sayının karesine eşittir.

abc sayısının onlar ve yüzler basamağı 1 arttırılıp sayıya 1 eklenirse elde edilen sayı bir başka doğal sayının karesine eşit olduğuna göre, a + b.c kaçtır?

A) 74 B) 60 C) 56 D) 48 E) 45

7. $1 < a < b < 100$ olmak üzere,

$$OBEB(a^2, b^2) + 81 = 18.OBEB(a, b)$$

olduğuna göre, a + b <u>en çok</u> kaç olabilir?

A) 144 B) 160 C) 180 D) 189 E) 198

8. **Birbirinden farklı iki basamaklı dört pozitif tam sayının çarpımı 126000 olduğuna göre, en büyük sayı en çok kaçtır?**

A) 56 B) 60 C) 75 D) 84 E) 80

9. n bir doğal sayı olmak üzere,

$$A = (n + 1).(n + 2).(n + 3) \text{ .... } (n + 50)$$

sayısı aşağıdakilerden hangisi ile daima tam olarak bölünür?

A) 5^{30} B) 10^{20} C) 100! D) 60! E) 50!

10. Boyutları 21 cm, 24 cm ve x cm olan dikdörtgenler prizmasının içine eşit büyüklükte ve hiç boşluk kalmayacak şekilde en az 112 tane küp yerleştirilebilmektedir.

Buna göre, x tam sayısının değeri kaçtır?

A) 4 B) 6 C) 8 D) 12 E) 15

11. **11 ile bölünebilen rakamları farklı beş basamaklı en büyük sayının 9 ile bölümünden kalan kaçtır?**

A) 7 B) 6 C) 5 D) 4 E) 3

12. A = xxxx xx

sayısı 328 sayısının tam katıdır.

Buna göre, A sayısının basamak sayısı aşağıdakilerden hangisi olabilir?

A) 36 B) 37 C) 38 D) 39 E) 40

2. Testin Cevap Anahtarı

1	2	3	4	5	6	7	8	9	10	11	12
A	E	B	E	C	D	D	C	E	D	B	E

1. 1507 sayısı A doğal sayısına bölündüğünde kalan 7 olmaktadır.

A bir tek sayı olduğuna göre, bu şartı sağlayan kaç tane A değeri vardır?

A) 10 B) 9 C) 8 D) 6 E) 5

2. A = 1000 001

sayısı veriliyor.

A sayısı 2011 basamaklı olduğuna göre 44 ile bölümünden kalan kaçtır?

A) 7 B) 13 C) 15 D) 21 E) 26

3. Üç basamaklı bir abc sayısı bir doğal sayının küpüne eşittir. Bu sayının yüzler basamağı iki, onlar basamağı 1 arttırılıp sayıya 8 eklenirse elde edilen sayı bir başka doğal sayının küpü oluyor.

Buna göre, a + b + c ifadesinin değeri kaçtır?

A) 11 B) 10 C) 9 D) 8 E) 7

4. $2x + 3y + z = 15$

$3x + 2y - z = 5$

olduğuna göre, $\frac{z - x}{y + z}$ oranı kaça eşittir?

A) $\frac{3}{7}$ B) $\frac{4}{9}$ C) $\frac{5}{11}$ D) $\frac{6}{13}$ E) $\frac{7}{15}$

5. a, b, c, d, e, f iki basamaklı ardışık pozitif tamsayılardır.

$a^3 + b^3 + c^3 + d^3 + e^3 + f^3$ ifadesinin 9 ile bölümünden kalan aşağıdakilerden hangisidir?

A) 8 B) 6 C) 5 D) 1 E) 0

6. $\frac{2}{a} + b = 2$

$\frac{4}{b} + c = 2$

olduğuna göre, a.b.c kaçtır?

A) 4 B) 2 C) 1 D) –2 E) –4

karekök

7. a, b, c birbirinden farklı pozitif tam sayılardır.

$2a + b + c = 10$

$a + 2b - c = 8$

olduğuna göre, a + b + c ifadesi kaça eşittir?

A) 9 B) 8 C) 7 D) 6 E) 5

8. ab iki basamaklı bir doğal sayıdır.

89! + ab ifadesi bir asal sayıyı gösterdiğine göre, a + b kaçtır?

A) 12 B) 13 C) 14 D) 15 E) 16

9. a, b, c reel sayılardır.

$a(a + b + c) = 44$

$b(a + b + c) = 99$

$c(a + b + c) = 26$

olduğuna göre, c'nin pozitif değeri kaçtır?

A) 1 B) 2 C) 3 D) 4 E) 5

10. a, b ve c birbirinden farklı asal sayılardır.

$a^4.b^2.c^3$ çarpımının çift tam sayı bölenlerinin sayısı 90 olduğuna göre, $a^5.b^3.c^4$ ifadesinin pozitif tek tam sayı bölenlerinin sayısı kaçtır?

A) 12 B) 16 C) 20 D) 24 E) 32

11. x ve y tam sayılar olmak üzere,

$x.y - 3y = 2x + 138$

eşitliğini sağlayan y değerlerinin toplamı kaçtır?

A) 48 B) 56 C) 60 D) 64 E) 68

12. $2 < x < 5$ ve $1 < y < 3$ olduğuna göre,

$$60.\left(\frac{1}{x}+\frac{1}{y+1}\right)$$

ifadesinin alabileceği <u>en küçük</u> tam sayı değeri kaçtır?

A) 25 B) 26 C) 27 D) 28 E) 29

3. Testin Cevap Anahtarı

1	2	3	4	5	6	7	8	9	10	11	12
E	A	C	E	B	A	D	C	E	B	B	E

1. **x ve y doğal sayılar olmak üzere,**

$y^2 + 17x = 1717$

eşitliğini sağlayan kaç farklı (x, y) ikilisi vardır?

A) 1 B) 2 C) 3 D) 4 E) 5

2. a, b ve c doğal sayılardır.

$a \cdot b \cdot c = 10^4$ eşitliğini sağlayan kaç farklı (a, b, c) üçlüsü yazılabilir?

A) 64 B) 128 C) 160 D) 208 E) 225

3. x_1, x_2, x_3, x_4, x_5 ve x_6 pozitif tam sayılardır.

$x_1 + x_2 + x_3 + x_4 + x_5 + x_6 = 18$

$$\frac{1}{x_1}+\frac{1}{x_2}+\frac{1}{x_3}+\frac{1}{x_4}+\frac{1}{x_5}+\frac{1}{x_6}=2$$

olduğuna göre, $x_1 \cdot x_2 \cdot x_3 \cdot x_4 \cdot x_5 \cdot x_6$ ifadesinin alabileceği <u>en büyük</u> değer kaça eşittir?

A) 821 B) 729 C) 576 D) 400 E) 240

4. $$\frac{1}{2}+\left(\frac{1}{3}+\frac{2}{3}\right)+\ldots\ldots+\left(\frac{1}{50}+\frac{2}{50}+\ldots\ldots\frac{49}{50}\right)$$

işleminin sonucu aşağıdakilerden hangisine eşittir?

A) $\frac{999}{2}$ B) $\frac{1111}{2}$ C) $\frac{1225}{2}$ D) $\frac{1275}{2}$ E) $\frac{1301}{2}$

5. A = 91919191 9191

sayısı n basamaklıdır.

A sayısının 36 ile bölümünden kalan 15 olduğuna göre, n sayısının alabileceği üç basamaklı en küçük değer kaçtır?

A) 100 B) 102 C) 104 D) 106 E) 108

6. A ve C farklı rakamlardır.

$15^8 - C = 25628906A4$

olduğuna göre, A rakamının değeri aşağıdakilerden hangisidir?

A) 5 B) 4 C) 3 D) 2 E) 1

7. $P - 12$, $P + 22$ ve $P + 26$ sayıları asal sayılardır.

Buna göre, verilen sayılardan en büyük olanın rakamları toplamı kaçtır?

A) 4 B) 5 C) 7 D) 8 E) 9

8. n bir doğal sayı olmak üzere,

$A = n^2 + 79n$ sayısı veriliyor.

A bir tamkare sayı olduğuna göre, n kaç farklı değer alabilir?

A) 8 B) 7 C) 4 D) 1 E) 0

9. n bir doğal sayı ve

$1 \leq x \leq 10000$ olmak üzere,

x sayısının pozitif bölen sayısı $2n + 1$ olarak veriliyor.

Buna göre, x kaç farklı tam sayı değeri alabilir?

A) 100 B) 110 C) 200 D) 220 E) 300

karekök

10. **$a = 2^8 . 3^9 . 5^{10}$ için a^2 sayısının, a sayısından küçük ve a sayısını bölmeyen kaç tane pozitif tam böleni vardır?**

A) 6782 B) 3391 C) 3280 D) 2402 E) 322

11. A = abcd ...... mnp

1998 basamaklı sayısı 91 ile bölünebilmektedir.

Buna göre,

B = npabcd ......m 1998

basamaklı sayısının 13 ile bölümünden kalan kaçtır?

A) 12 B) 7 C) 5 D) 1 E) 0

12. m,n ve k pozitif tam sayılardır.

$2m + 3n = 19$

$n + 2k = 17$

olduğuna göre, m + n + k toplamının <u>en küçük</u> değeri kaçtır?

A) 10 B) 11 C) 12 D) 13 E) 14

4. Testin Cevap Anahtarı

1	E	2	B	3	D	4	A	5	E	6	E	7	A	8	E	9	B	10	D	11	C	12	D

1. 1!.2!.3!.4!.5! .... 100!

çarpımının bir tam sayının karesine eşit olabilmesi için verilen çarpma işleminden en az kaç terimin atılması gerekir?

A) 1 B) 2 C) 3 D) 4 E) 5

2. $34^6 - 1 = 1544A04415$

olduğuna göre, A rakamının değeri aşağıdakilerden hangisidir?

A) 5 B) 6 C) 7 D) 8 E) 9

3. x ve y pozitif tam sayılardır.

$x = 17 - m^4$

$y = m^4 - 7$

olduğuna göre, x.y ifadesinin alabileceği en büyük değer kaçtır?

A) 28 B) 25 C) 24 D) 21 E) 20

4. A = 4444 4

25 basamaklı bir sayıdır.

A sayısının 360 ile bölümünden elde edilen kalan kaçtır?

A) 4 B) 28 C) 64 D) 244 E) 263

5. k, p, r, t, m sadece bir tanesi çift olan tam sayılardır.

$p(k + p + t + m) = 202$

$r(k + r + m) = 205$

olduğuna göre, çift olan sayı aşağıdakilerden hangisidir?

A) k B) p C) r D) t E) m

6. $\frac{23x - 4}{7}$ ve $\frac{17x + 1}{5}$

kesirlerinin her ikisinin de tam sayı olmasını sağlayan üç basamaklı en küçük x doğal sayısı kaçtır?

A) 107 B) 112 C) 121 D) 128 E) 144

7. xy iki basamaklı bir doğal sayıdır.

$10^{22} - xy$

sayısının rakamları toplamı 182 olduğuna göre, xy sayısının alabileceği değerler toplamı kaçtır?

A) 265 B) 266 C) 267 D) 268 E) 269

8. **30! sayısının tam sayı çarpanlarından en az kaç tanesi atılırsa pozitif bir tam sayının karesi elde edilir?**

A) 7 B) 6 C) 5 D) 4 E) 3

9. a, b, c reel sayılardır.

$a^2 + b^2 + c^2 = 13$

olduğuna göre, ab + bc + ac ifadesinin alabileceği <u>en küçük</u> tam sayı değeri kaçtır?

A) 7 B) 6 C) –5 D) –6 E) –7

10. **İki basamaklı iki doğal sayının rakamları çarpımı 540 olduğuna göre, bu sayıların toplamı <u>en çok</u> kaçtır?**

A) 152 B) 154 C) 157 D) 158 E) 160

karekök

11. a > b > c > d olmak üzere

$$\frac{1}{a}+\frac{1}{b}+\frac{1}{c}+\frac{1}{d}=\frac{1}{6}$$

eşitliği veriliyor.

Buna göre, a'nın alabileceği <u>en küçük</u> tam sayı değeri kaçtır?

A) 21 B) 23 C) 24 D) 25 E) 26

12. aaa üç basamaklı bc ve dc iki basamaklı sayılardır.

$$\frac{aaa}{bc} = dc$$

olduğuna göre, a + b + c + d ifadesi kaça eşittir?

A) 25 B) 21 C) 20 D) 18 E) 17

5. Testin Cevap Anahtarı

1	C	2	E	3	B	4	C	5	B	6	D	7	B	8	D	9	A	10	D	11	E	12	D

1. $5 + 11 + 17 + 23 + ... + 299$

toplamının baş tarafından en az kaç terim atılırsa, kalan sayıların toplamı 19 ile bölünür?

A) 8 B) 10 C) 12 D) 14 E) 16

2. $a + b + c = 15$

olduğuna göre, $\sqrt{a^2+1}+\sqrt{b^2+9}+\sqrt{c^2+16}$

ifadesinin alabileceği en küçük değer kaçtır?

A) 11 B) 13 C) 15 D) 17 E) 19

3. $1, 3, 5, 7, 9, 11, ..., 51$

şeklinde verilen sayı dizisinden her adımda, bu sayılardan ikisi atılıp yerine toplamlarının 2 eksiği yazılıyor.

Bu işleme yeteri kadar devam edildiğinde en sonda kalan sayı aşağıdakilerden hangisi olur?

A) 841 B) 803 C) 746 D) 626 E) 613

4. A = 9999 ... 99 sayısı 2010 basamaklıdır.

Buna göre, A sayısının 198 ile bölümünden kalan kaçtır?

A) 99 B) 49 C) 18 D) 9 E) 1

5. $k > 1$ ve k ile n doğal sayılardır.

$$\frac{4n+3}{17n+2}$$

kesri k sayısı ile sadeleştiğine göre, k sayısının rakamları toplamı kaçtır?

A) 4 B) 5 C) 6 D) 7 E) 8

6. $$\frac{1+101\cdot(ab)}{99}$$

kesrini tam sayı yapan iki basamaklı ab sayısının rakamları çarpımı kaçtır?

A) 33 B) 34 C) 35 D) 36 E) 37

7. a, b, c, d, e, f farklı rakamlar; ab, cd ve ef iki basamaklı doğal sayılardır.

Buna göre, ab + cd + ef ifadesi aşağıdakilerden hangisine eşit olabilir?

A) 45 B) 50 C) 68 D) 200 E) 320

8. $100 < A < 250$ olmak üzere,

Tüm A doğal sayıları çarpılırsa elde edilen sayının sondan kaç basamağı sıfır olur?

A) 35 B) 38 C) 40 D) 42 E) 44

9. $A = 8^2 - 9^2 + 10^2 - 11^2 + 12^2 - \ldots\ldots\ldots + 100^2$

olduğuna göre, A sayısı aşağıdakilerden hangisine eşittir?

A) 4048 B) 4956 C) 5006 D) 5078 E) 5338

10.

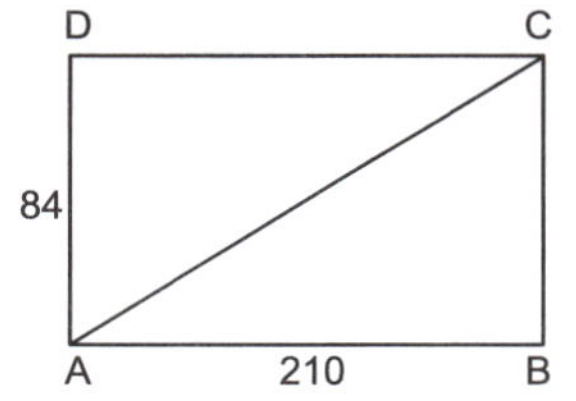

Şekilde görülen ABCD dikdörtgeni, alanı 1 cm^2 olan karesel bölgelere ayrılıyor ve her karenin köşelerine birer nokta konuyor.

Bu noktalardan kaç tanesi [AC] köşegeni üzerinde bulunur?

A) 36 B) 42 C) 43 D) 45 E) 56

11. 7200 sayısının pozitif bölenlerinden kaç tanesinin karekökü tam sayıdır?

A) 8 B) 10 C) 12 D) 14 E) 16

12. Hiçbiri diğerinin üç katı olmayacak şekilde 101 sayısından küçük olan en çok kaç tane pozitif tam sayı yazılabilir?

A) 75 B) 76 C) 77 D) 78 E) 79

6. Testin Cevap Anahtarı

1	A	2	D	3	B	4	D	5	B	6	A	7	C	8	C	9	D	10	C	11	D	12	B

1. a, b ve c reel sayılardır.

$a + b + c = 10$

olduğuna göre, $a^2 + b^2 + c^2$ ifadesinin alabileceği en küçük değer kaçtır?

A) 31 B) 32 C) 33 D) 34 E) 35

2. a, b ve c pozitif reel sayılardır.

$a + b + c = 2$

olduğuna göre, $\frac{1}{a}+\frac{4}{b}+\frac{9}{c}$ ifadesinin alabileceği en küçük değer kaçtır?

A) 17 B) 18 C) 19 D) 20 E) 21

3. k pozitif tam sayı olmak üzere, A doğal sayısının 4k–2 tane tam böleni vardır.

Buna göre, A sayısının 9 ile bölümünden kalan aşağıdakilerden hangisi olamaz?

A) 7 B) 5 C) 4 D) 1 E) 0

4. $0 < n < 1000$ olmak üzere, $n^{2010}-1$ sayısı 10 ile bölünebilmektedir.

Buna göre, n kaç farklı tam sayı değeri alabilir?

A) 120 B) 150 C) 180 D) 200 E) 210

5. m satır ve n sütunu olan bir tabloya sayma sayıları birinci satır birinci sütundan başlayarak sırayla yazılıyor. Satır tamamlandığında bir alt satıra geçiliyor.

25 sayısı 4. satırda, 100 sayısı sonuncu satırda yer aldığına göre, m + n toplamı en az kaçtır?

A) 20 B) 21 C) 22 D) 23 E) 24

6. $A = \frac{100^{1002}-1}{10^6-1}$

sayısı veriliyor.

A sayısının 9 ile bölümünden elde edilen kalan kaçtır?

A) 5 B) 4 C) 3 D) 2 E) 1

7. OBEB (x, y) = 24

OBEB (a, b) = 32

a, b, x, y birbirinden farklı doğal sayılar ve $a.\ b.\ x.\ y = 900.\ 2^{14}$

olduğuna göre, a + b + x + y ifadesinin değeri kaçtır?

A) 332 B) 336 C) 340 D) 344 E) 388

8. 18, 1818, 181818, ..., 1818181818

şeklinde verilen bir sayı dizisinde kaç terim bir tam sayının karesidir?

A) 4 B) 3 C) 2 D) 1 E) 0

9. **132 ve 165 sayıları istenildiği kadar kullanılmak üzere toplama, çıkarma ve çarpma işlemleriyle aşağıdaki sayılardan hangisi elde edilebilir?**

A) 121212 B) 500004 C) 600006 D) 711707 E) 818181

10. a, b, c reel sayılardır.

$\frac{a-c}{b+c}+\frac{b-a}{a+c}+\frac{c-b}{a+b}=4$ olduğuna göre,

$\frac{a+b}{b+c}+\frac{b+c}{a+c}+\frac{a+c}{a+b}$ **ifadesinin değeri kaça eşittir?**

A) 5 B) 6 C) 7 D) 8 E) 9

karekök

11. 123456789101112 106107

[1, 107] aralığındaki doğal sayılar yukarıda görülen şekilde yan yana yazılıyor.

Buna göre, elde edilen sayının 9 ile bölümünden kalan kaçtır?

A) 8 B) 6 C) 4 D) 1 E) 0

12. n bir doğal sayı olmak üzere,

A = (n + 101)·(n + 102) ...... (n + 112)

sayısı veriliyor.

Buna göre, A sayısı aşağıdakilerden hangisi ile bölünmeyebilir?

A) 77 B) 99 C) 3^5 D) 2^{10} E) 5^4

7. Testin Cevap Anahtarı

1	C	2	D	3	D	4	A	5	D	6	D	7	D	8	A	9	D	10	C	11	C	12	B

1. a ve b tam sayılar olmak üzere,

$a \cdot b = a + b + 143$

denklemini sağlayan kaç farklı (a, b) ikilisi yazılabilir?

A) 18 B) 24 C) 27 D) 30 E) 32

2. x ve y tam sayılar olmak üzere,

$xy = 999x + 1001y + 1$

eşitliğini sağlayan kaç farklı (x, y) ikilisi vardır?

A) 96 B) 98 C) 100 D) 106 E) 112

3. a, b ve c tam sayılardır.

Buna göre,

$3a - 12b + 18c = 73$

eşitliğini sağlayan kaç farklı (a, b, c) üçlüsü vardır?

A) 4 B) 3 C) 2 D) 1 E) 0

4. r ve n + 52 sayılarının pozitif bölen sayıları tek sayılardır.

Buna göre, 2n + 12 kaça eşittir?

A) 400 B) 380 C) 360 D) 320 E) 300

5. [1, 99] aralığındaki sayılar sırasıyla yan yana yazılarak,

A = 12345678......979899

sayısı elde ediliyor.

Buna göre, A sayısının 45 ile bölümünden kalan kaçtır?

A) 24 B) 14 C) 12 D) 9 E) 0

6. A = 99999 ...... 999 sayısı 2011 basamaklıdır.

Buna göre, A^2 sayısının rakamları toplamı kaça eşittir?

A) 16060 B) 18099 C) 18900 D) 19090 E) 19900

7. Soldan sağa ve sağdan sola doğru okunuşları aynı olan sayılara palindrom sayısı denir.

İlk palindrom sayı 11 olduğuna göre, 195. sayı aşağıdakilerden hangisidir?

A) 2001002 B) 20102 C) 20002 D) 10601 E) 10501

8. İki basamaklı xy sayısı ile x sayısının çarpımı üç basamaklı ccc sayısına eşit olmaktadır.

Buna göre, x + y + c ifadesi kaça eşittir?

A) 10 B) 11 C) 12 D) 13 E) 14

9. a, b, c, d pozitif reel sayılardır.

$a \cdot b \cdot c \cdot d = 64$ olduğuna göre,

$$\frac{16}{a}+\frac{1}{3b}+\frac{3}{5c}+\frac{5}{4d}$$

ifadesinin alabileceği en küçük değer kaçtır?

A) 16 B) 12 C) 8 D) 4 E) 2

10. Sayma sayıları arasından bir tam sayının karesi veya küpü olan sayıların atılması ile elde edilen

2, 3, 5, 6, 7, 10, 11, ...

sayı dizisinin 250. terimi aşağıdakilerden hangisidir?

A) 268 B) 270 C) 272 D) 275 E) 280

11. abc ve mnp üç basamaklı pozitif tam sayılardır.

$$\frac{abc-699}{mnp-699}=\frac{mnp}{abc}$$

eşitliğini sağlayan kaç tane (abc, mnp) ikilisi yazılabilir?

A) 500 B) 700 C) 900 D) 1000 E) 1399

12. [1,999] aralığında yer alan bütün tam sayılar arka arkaya yazılarak

K = 123456 997998999

sayısı elde ediliyor.

Buna göre, $K < 10^{m!}$ eşitsizliğini sağlayan en küçük m doğal sayısı kaçtır?

A) 6 B) 7 C) 8 D) 9 E) 10

karekök

8. Testin Cevap Anahtarı

1	D	2	B	3	B	4	D	5	B	6	E	7	B	8	E	9	C	10	C	11	E	12	E

1. $A = n^4 + 64$

olmak üzere, A sayısının asal sayı olmasını sağlayan kaç farklı n tam sayı değeri vardır?

A) 4 B) 3 C) 2 D) 1 E) 0

2. A bir doğal sayı olmak üzere, A! sayısının sondan 6 basamağı sıfırdır.

Buna göre, A sayısının alabileceği en büyük ve en küçük değerlerinin toplamı kaçtır?

A) 50 B) 54 C) 56 D) 60 E) 64

3. $\text{OBEB}(2^{48} - 1, 2^{30} - 1)$

ifadesi aşağıdakilerden hangisine eşittir?

A) 31 B) 45 C) 63 D) 83 E) 127

4. **$n < 800$ olmak üzere, kaç farklı n doğal sayı değeri için $n^2 + 10n - 54$ ifadesi 79 ile tam bölünür?**

A) 10 B) 11 C) 12 D) 13 E) 14

5. **10^{20} sayısını böldüğü halde 20^{12} sayısını tam bölemeyen kaç farklı pozitif tam sayı vardır?**

A) 108 B) 120 C) 144 D) 168 E) 184

6. Soldan ilk rakamı 8 olan pozitif bir A tam sayısının başındaki 8 rakamı siliniyor. Elde edilen sayı, ilk sayının $\frac{1}{801}$ katına eşit oluyor.

Bu şartı sağlayan dört ve beş basamaklı iki sayının toplamı kaçtır?

A) 89310 B) 89101 C) 88110 D) 88020 E) 86606

7. **Pozitif üç tam sayının toplamı 564 olduğuna göre, bu sayıların çarpımında en çok kaç tane sıfır bulunur?**

A) 5 B) 6 C) 7 D) 8 E) 9

8. a, b ve c pozitif tam sayılardır.

$a < b < c$ olduğuna göre, $a + b + c = 31$ eşitliğini sağlayan kaç farklı (a, b, c) üçlüsü vardır?

A) 30 B) 55 C) 65 D) 390 E) 420

9. İki basamaklı bir A sayısının rakamlarının yerleri değiştirilerek B sayısı elde ediliyor.

Buna göre, $\left|\frac{A}{B} - 4\right|$ ifadesinin alabileceği en küçük değer kaçtır?

A) $\frac{3}{17}$ B) $\frac{6}{13}$ C) $\frac{5}{12}$ D) $\frac{3}{16}$ E) $\frac{1}{8}$

10. a, b ve c pozitif tam sayılardır.

$$a \cdot b \cdot c = 720$$

olmasını sağlayan kaç farklı (a, b, c) sıralı üçlüsü yazılabilir?

A) 210 B) 240 C) 270 D) 300 E) 360

11. **$9^{99} - 7^{99}$ ifadesinin 64 ile bölümünden kalan aşağıdakilerden hangisidir?**

A) 63 B) 41 C) 24 D) 2 E) 1

12. $$(2^x - 4)^2 + (3^x - 3)^2 = (2^x + 3^x - 7)^2$$

olduğuna göre, x'in alabileceği değerler toplamı kaçtır?

A) 7 B) 6 C) 5 D) 4 E) 3

karekök

9. Testin Cevap Anahtarı

1	2	3	4	5	6	7	8	9	10	11	12
D	B	E	E	D	B	E	B	E	B	E	B

1. $A = 5 \cdot 10 \cdot 15 \cdot 20 \ldots 495 \cdot 500$

$A = 1 \cdot 5 \cdot 2 \cdot 5 \cdot 3 \cdot 5 \cdot 4 \cdot 5 \ldots 100 \cdot 5$

$A = 5^{100} \cdot 100!$ şeklinde yazılabilir.

100! sayısında 2^{97} çarpanı bulunur.

Yani, $100! = 2^{97} \cdot P$ olur.

$A = 5^{97} \cdot 2^{97} \cdot 5^3 \cdot P$ olarak yazılırsa, $A = 10^{97} \cdot 125 \cdot P$ elde edilir. P sayısının 5 in katı olduğu ve $125 \cdot P$ çarpımında en sağdaki rakamın yine 5 olacağı görülürse, sondan 98. basamak 5 olur.

Yanıt C

2. $144 = 2^4 \cdot 3^2$ olduğundan, sadeleşme yapılabilmesi için x sayısının 2 veya 3 ün katı olması gerekir.

2'nin katı olan $\frac{144}{2} = 72$

3'ün katı olan $\frac{144}{3} = 48$

6'nın katı olan $\frac{144}{6} = 24$ tane sayı vardır.

$72 + 48 - 24 = 96$

Demek ki, 144 ile sadeleşebilen 96 tane sayı vardır. O halde, 144 ile sadeleşmeyen $144 - 96 = 48$ sayı vardır.

Yanıt C

3. n üç basamaklı sayısı abc olsun. Bu durumda, $f(n) + 3n = 1000$ denklemi

$a + b + c + 3 \cdot (abc) = 1000$

$a + b + c + 300a + 30b + 3c = 1000$

$301 \cdot a + 31 \cdot b + 4 \cdot c = 1000$

olarak yazılır.

Eşitliği sağlayan değerler: $a = 3$, $b = 3$, $c = 1$ olduğundan sadece bir tane n sayısı vardır.

Yanıt E

4. $A = 99999 \ldots 99$ sayısı 54 basamaklı olduğundan, $10^{54} - 1$ şeklinde yazılabilir.

$2006 \cdot A$ sayısı $2006 \cdot 10^{54} - 2006$ olur. Çıkarma yapılırsa,

$$\begin{array}{r} 2006000 \ldots\ldots 00000 \\ -\quad 2006 \\ \hline \underbrace{2005}_{7}\,\underbrace{99 \ldots\ldots 9}_{(54-4)\cdot 9}\,\underbrace{7994}_{29} \end{array}$$

Görüldüğü üzere, sonucun rakamları toplamı $7 + 450 + 29 = 486$ olur.

Yanıt D

5. $10^{47} - xy$ işleminde elde edilen sayıda 45 tane 9 rakamı bulunacaktır.

$9 \cdot 45 = 405$ ve $411 - 405 = 6$

olduğundan $100 - xy = A$

A sayısı rakamları toplamı 6 olan bir sayıdır.

A = 60 alınırsa, xy = 40 (en küçük xy değeri)

A = 06 alınırsa, xy = 94 (en büyük xy değeri) bulunur.

$40 + 94 = 134$

Yanıt B

6. p ve m aralarında asal olmak üzere,

$x = k \cdot m$ ve $y = k \cdot p$ olsun.

$OKEK(x, y) = k \cdot m \cdot p$ ve $OBEB(x, y) = k$

$k \cdot m \cdot p = 24k$ olduğundan $m \cdot p = 24$ bulunur.

m + p toplamının küçük olması için m = 3 ve p = 8 alınıp ve üç basamaklı en küçük x ve y sayısı elde etmek için k = 34 alınırsa,

$x + y = k(m + p) \Rightarrow x + y = 34 \cdot (3 + 8) = 374$ bulunur.

Yanıt B

karekök

7. Pozitif bölen sayısı 303 olan sayı,

$A = a^n \cdot b^m$ şeklindedir. A sayısını en küçük yapmak için,

$A = 2^{100} \cdot 3^2$ almak gerekir.

2^{100} sayısının son rakamının 6 olduğu modüler aritmetikten görülebilir. $9 \cdot 6 = 54$ olduğundan birler basamağı 4 tür.

Yanıt D

8. I. Yol

abcd .... mn = x olsun.

$A = 10x + p = 17k$ demektir.

$B = p \cdot 10^{1999} + x$ sayısının 17 ile bölümünden kalan sorulmaktadır.

10^{1999} sayısının mod17 için değeri hesaplanırsa,

$10^{16} \equiv 1 \pmod{17}$ (Fermat'ın küçük teoremi)

$10^{15} \equiv 12 \pmod{17}$ bulunur.

$B = 12 \cdot p + x$ ve $p = 17k - 10x$ olduğundan,

$12 \cdot 17 \cdot k - 119x \equiv 0$ olur.

II. Yol

$$B = \frac{17k - p}{10} + p \cdot 10^{1999}$$

$$B = \frac{17k - p + 10^{2000} \cdot p}{10}$$

$$10^{16} \equiv 1 \pmod{17}$$

$$B \equiv \frac{17k - p + p}{10} = \frac{17k}{10}$$

$$B \equiv 0 \pmod{17} \text{ olur}$$

Yanıt E

9. 392 sayısına en yakın karesel sayı 400 olduğundan aradan çıkarılan 20 tane sayı olacağı düşünülebilir. O halde, 392 + 20 = 412 elde edilir.

Yanıt C

10. Verilen şartı sağlayan A sayısının,

$A = 17! + 6 = 6\left(\frac{17!}{6} + 1\right) \in N$

$A = 17! + 7$, ... $A = 17! + 16$

şeklinde olması gerekir. Görüleceği üzere, belirtilen A sayılarının hepsi 17! sayısıyla ortak çarpana sahip olduğundan hiçbiri asal değildir.

Yanıt E

11.

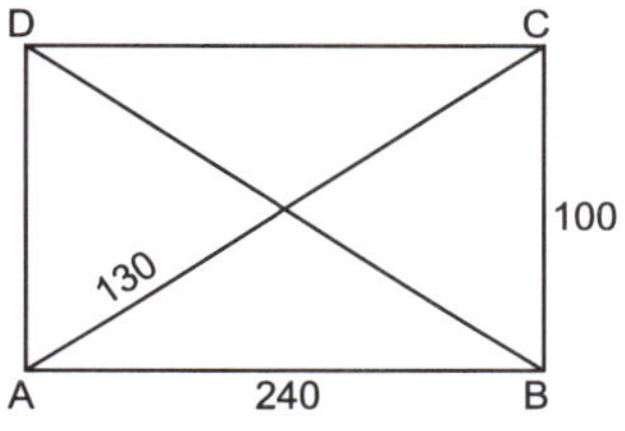

$|AC| = |BD| = \sqrt{240^2 + 100^2} = 260$

OBEB(130, 240, 100) = 10

çevreye dikilen ağaç sayısı: 2(24 + 10) = 68

Köşegenlere dikilen ağaç sayısı: 25 + 24 = 49

Toplam: 68 + 49 = 117

Yanıt A

12. 66000 sayısı asal çarpanlarına ayrılırsa,

$66000 = 3 \cdot 2 \cdot 11 \cdot 5 \cdot 5 \cdot 5 \cdot 2 \cdot 2 \cdot 2$ olur.

En büyük sayının en az olması için çarpanların birbirine yakın alınması gerekir.

Bu durumda sayılar $50 \cdot 44 \cdot 30$ olur.

Yanıt D

10. Testin Cevap Anahtarı

1	2	3	4	5	6	7	8	9	10	11	12
E	B	C	A	D	C	B	C	A	C	D	E

1. I. Yol

$10^{100} - 1 = 9999 \dots 9$ (100 basamaklı)

$10^{20} - 1 = 9999 \dots 9$ (20 basamaklı)

$$\begin{array}{r|l} 9999 \dots 99 & 99 \dots 9 \\ \hline & 10 \dots 10 \dots 1 \dots 1 = A \end{array}$$

A sayısının 5 ile bölümünden kalan 1 ve 9 ile bölümünden kalan 5 tir. A'nın 45 ile bölümünden kalan K = 5k + 1 = 9p + 5 şeklindedir.

Buradan K = 41 bulunur.

II. Yol

$$A = \frac{10^{100} - 1}{10^{20} - 1} = 10^{80} + 10^{60} + 10^{40} + 10^{20} + 1$$

olduğundan A sayısının 5 ile bölümünden kalan 1 ve 9 ile bölümünden kalan 5 tir.

Buradan A sayısının 45 ile bölümünden kalan 41 bulunur.

Yanıt A

2. Herhangi bir ağaç ile lamba arasındaki uzaklık m olsun.

OBEB(78, 90) = 6 ve |90x – 78y| = m olur.

6 · |15x – 13y| = m ifadesinden m sayısı 6 nın katı olmalıdır.

Yanıt E

3. $a^2 + b^2 + c^2$ ifadesinin en küçük olması için

a = b = c alınmalıdır. $a^2 + a^2 + a^2 = 48$ $a = \pm 4$ olur.

a = 4 alındığında a + b + c = 12 en büyük değeri alır.

a + b + c = 12

Yanıt B

4. $n^3 + 7$, tek sayı olduğundan n^3 çift sayıdır.

Ancak, n sayısının bir tam sayı olması gerekmediğinden $n^6 - n^3$ ifadesi kesinlikle çift sayı olur.

Yanıt E

5. 13! sayısı için C = D = 0 olur.

13! sayısı 11 ve 9 ile tam bölünür.

11 le bölünebilme kuralından B = 2 ve 9 ile bölünebilme kuralından A = 2 bulunur.

A + B + C + D = 4 olur.

Yanıt C

karekök

6. I. Yol

$a = k \cdot m$, $b = p \cdot k$, $c = t \cdot k$ alalım.

OKEK(a, b) = $m \cdot p \cdot k = 80$

OKEK(b, c) = $p \cdot t \cdot k = 90$

Buradan $p \cdot k = 10 = b$ alınırsa, a = 80 ve c = 90 olur.

a + b + c = 180 bulunur.

II. Yol

80 ve 90 sayıları b'nin katıdır. Buna göre, b sayısı 80 ve 90 sayılarının ortak bölenidir. Bu iki sayının ortak bölenleri:

10, 5, 2 ve 1'dir.

b = 10 olduğunda a = 80, c = 90 olur.

Yanıt D

7. (7A3 – 28) sayısı 675 veya 720 olarak düşünülürse 45 ile tam bölünür.

O halde, 7AB sayısı 675 + 28 = 703, 720 + 28 = 748 veya 748 + 45 = 793 olmalıdır.

7AB = 748 alınırsa $A \cdot B = 4 \cdot 8 = 32$ bulunur.

Yanıt D

8. Mükemmel sayı tanımından hareket edilirse,

A sayısının pozitif bölenlerinden biri a_i olsun.

$A = a_i.b_i$ ikilileri için

$$\frac{1}{a_1}+\frac{1}{a_2}+\cdots\frac{1}{a_n}+\frac{1}{b_n}+\cdots\frac{1}{b_2}+\frac{1}{b_1}$$

$$=\frac{a_1+b_1}{a_1\cdot b_1}+\cdots+\frac{a_n+b_n}{a_n\cdot b_n}=\frac{\text{Pozitif bölenler toplamı}}{A}$$

$$=\frac{A+A}{A}=2 \text{ olur.}$$

Yanıt C

9. 45 ile bölünme kuralını uygulayalım.

A sayısının 5 ile bölümünden kalan 3 ve 9 ile bölümünden kalan 7 olur.

Bu durumda kalan K = 5k + 3 = 9m + 7 biçimindedir.
k = 8 ve m = 4 için K = 43 bulunur.

Yanıt E

10. A, 3 ile bölünen sayılar kümesi

B, 5 ile bölünen sayılar kümesi olsun.

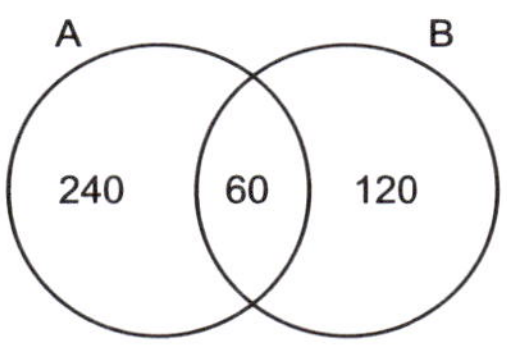

3 ile bölünen $\frac{900}{3}=300$

5 ile bölünen $\frac{900}{5}=180$

15 ile bölünen $\frac{900}{15}=60$ sayı vardır.

300 + 180 – 60 = 420

900 – 420 = 480 tane sayı 3 veya 5 ile bölünmez.

Yanıt D

11. A sayısının 45 ile bölümünden kalan 22 olduğuna göre, 5 ile bölümünden kalan 2 ve 9 ile bölümünden kalan 4 tür. n basamaklı A sayısının rakamları toplamı:

$\frac{n}{2}(1+7)=4n$ olur.

4n = 9k + 4

↓ ↓

10 4

82 36

82 + 10 = 92

n sayısının çift sayı olması gerektiğine dikkat ediniz.

Yanıt B

12. 0 rakamının sayısı diğer rakamların kullanım sayısından farklıdır.

Sıfır dahil kullanılan tüm rakamların sayısı:

1 basamaklı sayılar için → 10

2 basamaklı sayılar için → 100

3 basamaklı sayılar için → 2700

4 basamaklı sayılar için → 36000

5 basamaklı sayılar için → 450000

Toplam kullanılan rakam sayısı

4888990 olur.

0 rakamının ne kadar kullanıldığını incelersek

1 basamaklı sayılarda 1 tane

2 basamaklı sayılarda 9 tane

3 basamaklı sayılarda 180 tane

4 basamaklı sayılarda 2700 tane

5 basamaklı sayılarda 36000 tane

olduğu görülür.

Buna göre sıfır hariç 450000 tane rakam kullanılmış olur. Her rakam eşit sayıda kullanılacağından

$\frac{450000}{9}=50000$ tane 7 rakamı kullanılmış olur.

Yanıt E

karekök

1. 18n + 1 ve 42n + 2 sayılarının OBEB değeri bulunmalıdır.

OBEB(42n + 2, 18n + 1) $\Rightarrow$

OBEB(18n + 1, 42n + 2 – 36n – 2)

OBEB(18n + 1, 6n) = OBEB(6n, 18n + 1 – 3·6n)

OBEB(6n, 1) = 1

Dolayısıyla sadeleşmeyi sağlayan hiçbir n değeri yoktur.

Yanıt E

2. Dört basamaklı 9000 tane pozitif tam sayı vardır. Rakamları çarpımının 7 ile bölünmesi için sayının rakamları içinde en az bir tane 7 veya sıfır bulunmalıdır. 7 veya sıfır rakamı hiç kullanılmadan 8·8·8·8 tane sayı yazılır. O halde, 9000 – 8·8·8·8 = 4904 tane istenen türde sayı vardır.

Yanıt A

3. A = n^2 + 48 sayısı 49 ile tam bölünüyorsa,

$n^2 = 49k + 1$ ve $n^2 - 1 = (n-1)(n+1) = 49k$ olmalıdır. ($k \in z$)

Bu durumda n – 1 veya n + 1 terimlerinin 49'un katı olması gerekir.

a) n – 1 = 49·m $\Rightarrow$ n = 49·m + 1

n < 500 olmak üzere, m = 0, 1, 2, 3, ... 9, 10

b) n + 1 = 49·m $\Rightarrow$ n = 49·m – 1

n < 500 olmak üzere, m = 1, 2, 3, 4, ... 9, 10

Toplam 11 + 10 = 21 değer vardır.

Yanıt C

4. $\frac{1}{a} + \frac{1}{b} = \frac{1}{20} \Rightarrow \frac{a.b}{a+b} = 20$

$\frac{1}{b} + \frac{1}{c} = \frac{1}{21} \Rightarrow \frac{b.c}{b+c} = 21$

denklemleri taraf tarafa toplanırsa

$b\left(\frac{a}{a+b} + \frac{c}{b+c}\right) = 41$ elde edilir.

b > a ve b > c olduğundan

$\frac{a}{a+b} < \frac{1}{2}$ ve $\frac{c}{b+c} < \frac{1}{2}$ den $\frac{a}{a+b} + \frac{c}{b+c} < 1$

e de edilir.

Buna göre, b > 41 olur.

Yanıt E

5. 1001 sayısı asal çarpanlarına ayrılırsa,

1001 = 7·11·13 olur.

abcabc = 1001·abc $\Rightarrow$ abcabc = 7·11·13·abc

abc üç basamaklı sayısının 18 tane pozitif tam sayı böleni olduğuna göre, abcabc sayısının,

(1 + 1) (1 + 1) (1 + 1)·18 = 144 tane pozitif tam sayı böleni vardır.

Yanıt B

6. abc = x^2

abc + 111 = y^2 olsun.

Eşitlikler taraf tarafa çıkarılırsa,

$y^2 - x^2 = 111 \Rightarrow (y - x)\cdot(y + x) = 3\cdot 37$ olur.

y – x = 3

y + x = 37

denklemleri çözülürse x = 17 ve y = 20 bulunur.

abc = x^2 olduğundan abc = 289 olur.

a + b·c = 2 + 8·9 = 74

Yanıt A

karekök

7. OBEB(a, b) = k olsun.

O halde, OBEB(a^2, b^2) = k^2 dir.

$k^2 - 18k + 81 = 0 \Rightarrow (k-9)^2 = 0$ ve $k = 9$

$1 < a < b < 100$ ve OBEB(a, b) = 9 olacak şekilde en büyük a ve b sayıları 90 ile 99 dur.

Buna göre, a + b en çok 90 + 99 = 189 olur.

Yanıt D

8. 126000 sayısı asal çarpanlarına ayrılırsa,

$126000 = 2 \cdot 2 \cdot 2 \cdot 2 \cdot 3 \cdot 3 \cdot 5 \cdot 5 \cdot 5 \cdot 7$ bulunur.

En büyük sayının en çok olması için diğer üç sayı en küçük seçilmelidir.

Bu sayılar 10, 12, 14 alınırsa en büyük sayı en çok 75 olur.

Yanıt C

9. n herhangi bir doğal sayı olmak üzere,

A = (n + 1)(n + 2) (n + 3) ... (n + 50) ifadesi ardışık 50 sayıdan meydana geldiği için 50! ile tam bölünür.

II. yol:

$\binom{n+50}{50}$ kombinasyonunun sonucu n doğal sayısı için her zaman bir tam sayıdır.

$$\binom{n+50}{50} = \frac{(n+50)!}{n!.50!} = \frac{(n+50).(n+49)...(n+1)}{50!}$$

olduğundan A ifadesi 50! ile tam bölünür.

Yanıt E

10. Dikdörtgen prizmanın içine yerleştirilen küplerin bir ayrıtı m olsun.

OBEB(21, 24, x) = m = 3 cm

$\frac{21}{3} = 7, \quad \frac{24}{3} = 8, \quad \frac{x}{3} = a$

Prizmanın içine 112 küp yerleştirilebildiğine göre,

$7 \cdot 8 \cdot a = 112 \Rightarrow a = 2$

$\frac{x}{3} = 2 \Rightarrow x = 6$ cm olur.

Yanıt B

11. 11 ile tam bölünen rakamları farklı 5 basamaklı en büyük sayı 987ab olsun.

11 ile bölünme kuralından,

$(b + 7 + 9) - (a + 8) = 11 \cdot k$

$b - a = 11k + 3$ bulunur.

987ab sayısının büyük olması için b = 6 ve a = 3 alınır. 98736 sayısının 9 ile bölümünden kalan,
9 + 8 + 7 + 3 + 6 = 33

3 + 3 = 6 olur.

Yanıt B

12. $A = x \cdot \frac{10^n - 1}{9} = 8 \cdot 41 \cdot k$

8 ile bölünme kuralından x = 8 olmalıdır.

$\frac{10^n - 1}{9} = 41 \cdot k \Rightarrow 10^n - 1 \equiv 0 (\text{mod } 41 \cdot 9)$

n doğal sayı olmak üzere, 10^n sayısının 9 ile bölümünden kalan 1 dir.

$10^n \equiv 1 (\text{mod } 41)$ şartını sağlayan n değerini bulmak gerekiyor. 41 asal sayı olduğundan fermat kuralı gereği n = 40 alınabilir.

$A = \frac{1}{9} \cdot 8(10^{40} - 1)$ sayısı 40 basamaklıdır.

Yanıt E

karekök

1.

$$\begin{array}{r|l} 1507 & A \\ \hline - & k \\ 7 & \end{array}$$

Bölmenin sağlaması yapılırsa,

$1507 = A \cdot k + 7$

$1500 = A \cdot k$

1500 sayısının kaç tane pozitif tek sayı böleni olduğunu bulmak gerekiyor.

$1500 = 5^3 \cdot 3 \cdot 2^2$

Pozitif tek bölen sayısı: $(3 + 1) \cdot (1 + 1) = 8$

Fakat $A > 7$ olması gerektiği için

$A = 1, 3, 5$ değerlerini alamaz. $8 - 3 = 5$

Yanıt E

2. $A = 10000 \ldots 001$

sayısı için 11 ile bölünme kuralı uygulanırsa kalan 2 olur.

A sayısının 4 ile bölümünden kalan ise 1 dir. 44 ile bölümünden kalan için

$11k + 2 = 4m + 1$ eşitliğini sağlayan k ve m değerleri bulunmalıdır. $k = 1$ ve $m = 3$ alınırsa kalan 13 bulunur.

Yanıt B

3. $abc = x^3$

abc sayısındaki artış 218 olur.

$abc + 218 = y^3$

Eşitlikler taraf tarafa çıkarılırsa,

$y^3 - x^3 = 218$

$(y - x)(y^2 + xy + x^2) = 2 \cdot 109$

$y = 7$ ve $x = 5$ denklemi sağlar.

$abc = 125 \Rightarrow a + b + c = 8$

Yanıt D

4. $2x + 3y + z = 15$

$3x + 2y - z = 5$

denklemlerinden x yok edilirse,

$y + z = 7$ bulunur.

Benzer şekilde, aynı denklemlerden y yok edilirse,

$z - x = 3$ olur.

$\frac{z-x}{y+z} = \frac{3}{7}$ elde edilir.

Yanıt A

5. $x, x + 1, x + 2$ ardışık üç pozitif tam sayı olsun.

$x^3 + (x + 1)^3 + (x + 2)^3 = 3x^3 + 9x^2 + 15x + 9$

ifadesinin 9 ile bölümünden kalan,

$3x^3 + 6x = 3x(x^2 + 2)$ olur.

Eğer x 3'e bölünebilen bir tam sayı ise bu ifade 9 ile tam bölünür. Eğer değilse, 3 ile bölünemeyen tamkare sayıların 3 ile bölümünden kalan daima 1 olduğundan $3x \cdot (1 + 2)$ ifadesi 9 ile tam bölünür.

$a^3 + b^3 + c^3 + d^3 + e^3 + f^3$ toplamı 6 ardışık terimden oluştuğu için 9 ile bölümünden kalan yine sıfır olacaktır.

Yanıt E

6. $\frac{2}{a} + b = 2 \Rightarrow 2 + ab = 2a$

$\frac{4}{b} + c = 2 \Rightarrow 4 + bc = 2b$

$b = 2 + \frac{bc}{2}$

olduğundan bu değer üstteki eşitlikte yerine yazılırsa,

$2 + a \cdot \left(2 + \frac{bc}{2}\right) = 2a$

$4 - a(4 + bc) = 4a \Rightarrow 4 + 4a + a \cdot b \cdot c = 4a$

$a \cdot b \cdot c = -4$ bulunur.

Yanıt E

7. $2a + b + c = 10$

$a + 2b - c = 8$

denklemleri toplanırsa, $a + b = 6$ olur.

Buradan, $a + c = 4$ elde edilir. Bu denklemleri sağlayan birbirinden farklı değerler $a = 1$, $b = 5$, $c = 3$ olduğundan $a + b + c = 9$ bulunur.

Yanıt A

8. ab iki basamaklı sayısının 10 olduğunu varsayalım. Bu durumda 89! + 10 ifadesinin asal olmayacağı açıktır.

Benzer şekilde ab = 10, 11, 12, ..., 96 değerleri için verilen ifade asal olmaz.

Sadece 97 için 89! + 97 asal olur. Çünkü 97 asaldır ve 89! ifadesinin çarpanlarından biri değildir.
9 + 7 = 16

Yanıt E

9. $a\cdot(a + b + c) = 44$

$b\cdot(a + b + c) = 99$

$c\cdot(a + b + c) = 26$

Denklemleri taraf tarafa toplanırsa,

$(a + b + c)^2 = 169$

$a + b + c = \mp 13$

$c\cdot(a + b + c) = 26 \Rightarrow 13\cdot c = 26$ olduğundan $c = 2$ bulunur.

Yanıt B

10. $a^4\cdot b^2\cdot c^3$ ifadesinin pozitif bölen sayısı $5\cdot 3\cdot 4 = 60$ tır.
Pozitif çift bölen sayısı 90 : 2 = 45 olur.

Pozitif tek bölen sayısı: 60 – 45 = 15 tir.

$a^4\cdot b^2\cdot c^3$ çarpımında $(4 + 1)\cdot(2 + 1) = 15$ olduğundan c çift sayı olmalıdır. (c = 2)

$a^5\cdot b^3\cdot c^4$ ifadesinde pozitif tek bölen sayısı:

$(5 + 1)\cdot(3 + 1) = 24$ olur.

Yanıt D

11. $xy - 3y = 2x + 138$

$y(x - 3) = 2x + 138$

$$y = \frac{2x+138}{x-3} \Rightarrow y = 2 + \frac{144}{x-3} \text{ olur.}$$

$144 = 2^4\cdot 3^2$ olduğundan tam bölen sayısı 30 olur.

$\frac{144}{x-3}$ kesrinin alabileceği değerler toplamı sıfır olur.

y'nin alabileceği değerler toplamı $= 2\cdot 30 + 0 = 60$

Yanıt C

12. $2 < x < 5 \Rightarrow \frac{1}{5} < \frac{1}{x} < \frac{1}{2}$

$1 < y < 3 \Rightarrow \frac{1}{4} < \frac{1}{y+1} < \frac{1}{2}$

Eşitsizlikler taraf tarafa toplanırsa,

$$\frac{9}{20} < \frac{1}{x} + \frac{1}{y+1} < 1 \text{ olur.}$$

Eşitsizlik 60 ile çarpılırsa,

$$27 < 60\cdot\left(\frac{1}{x} + \frac{1}{y+1}\right) < 60$$

verilen ifadenin alabileceği en küçük tam sayı değeri 28 dir.

Yanıt D

karekök

ÇÖZÜM - 5

1. $y^2 + 17x = 1717$

$y^2 = 1717 - 17x$

$y^2 = 17 \cdot (101 - x)$

x ve y doğal sayı olduğundan,

$101 - x = 17 \cdot k^2$ olmalıdır.

Burada k = 0, 1, 2 değerlerini alabilir.

Dolayısıyla 3 farklı (x, y) ikilisi yazılabilir.

Yanıt C

2. $a \cdot b \cdot c = 10^4 = 2^4 \cdot 5^4$

$a = 2^m \cdot 5^n$, $\quad b = 2^p \cdot 5^k$, $\quad c = 2^r \cdot 5^t$ olsun.

$m + p + r = 4 \Rightarrow \binom{4+3-1}{3-1} = 15$

$n + k + t = 4 \Rightarrow \binom{4+3-1}{3-1} = 15$

İstenen (a, b, c) üçlülerinin sayısı $15 \cdot 15 = 225$ tanedir.

Yanıt E

3. Aritmetik ortalama ≥ Harmonik ortalama eşitsizliğini kullanalım.

$x_1, x_2, x_3, x_4, x_5, x_6$ sayılarının aritmetik ortalaması $\frac{18}{6} = 3$ olur.

Harmonik ortalama $= \dfrac{6}{\frac{1}{x_1} + \frac{1}{x_2} \ldots + \frac{1}{x_6}} = \frac{6}{2} = 3$

Aritmetik ortalama = Harmonik ortalama olduğundan

$x_1 = x_2 = x_3 = x_4 = x_5 = x_6 = 3$ demektir.

$x_1 \cdot x_2 \cdot x_3 \cdot x_4 \cdot x_5 \cdot x_6 = 3^6 = 729$ bulunur.

Yanıt B

4. $\frac{1}{2} + 1 + \frac{3}{2} + 2 + \frac{5}{2} + \ldots + \frac{48}{2} + \frac{49}{2}$

$\frac{1}{2} + \frac{3}{2} + \frac{5}{2} + \frac{7}{2} + \ldots \frac{49}{2} = \frac{625}{2}$

$1 + 2 + 3 + 4 + \ldots + 24 = \frac{24 \cdot 25}{2}$

$\frac{625}{2} + \frac{600}{2} = \frac{1225}{2}$ bulunur.

Yanıt C

5. A = 919191 ... 9191 sayısının 36 ile bölümünden kalan 15 olduğuna göre,

4 le bölümünden kalan 3

9 le bölümünden kalan 6 olmalıdır. A sayısının 4 ile bölümünden kalanın 3 olduğu açıktır. A sayısının rakamları toplamı 5n = 9k + 6 olması gerektiğinden k = 56 için n = 102 bulunur.

Yanıt B

6. $15^8 - C = 25628906A4$

$15^8 = 25628906A4 + C$

Eşitliğin her iki tarafının birler basamağı 5 olacağından C = 1 olmalı.

Benzer şekilde 9 ile bölünme kuralı uygulanırsa,

$0 = 42 + A + C \Rightarrow C = 1$ olduğundan A = 2 bulunur.

Yanıt D

7. $P - 12$, $P + 22$, $P + 26$ sayılarının 3 ile bölümlerinden kalanları yazarsak,

P, $P + 1$, $P + 2$ bulunur.

Görüldüğü üzere, sayıların 3 ile bölümünden kalanlar farklı sayılardır. O halde, bu sayıların bir tanesi 3 ile tam bölünür.

En küçük 3 ile bölünen asal sayı 3 olduğundan,
$P - 12 = 3 \Rightarrow P = 15$ bulunur.

Aranan sayılar 3, 37, 41 olur. $4 + 1 = 5$ bulunur.

Yanıt B

8. $A = n \cdot (n + 79)$ ifadesi tamkareye benzemediği için,

$n = a^2$ ve $n + 79 = b^2$ olmalıdır.

$b^2 - a^2 = 79$

$(b - a) \cdot (b + a) = 79$

$b - a = 1$ ve $b + a = 79$

$b = 40$, $a = 39$ bulunur.

$n = a^2 = 39^2$ olduğundan n sadece bir değer alabilir.

Yanıt D

9. x sayısının pozitif bölen sayısı $2n + 1$ olarak verilmiştir. $2n + 1$ sayısı tek sayıdır. Pozitif bölen sayısının tek olması için x tamkare bir sayı olmalıdır.

$1 \leq x \leq 10000$ eşitsizliğini sağlayan tamkare sayılar $1^2, 2^2, 3^2, 4^2, \ldots 100^2$ olduğundan x, 100 farklı değer alabilir.

Yanıt A

10. $a = 2^8 . 3^9 . 5^{10}$ sayısı için

a^2 sayısının a dışındaki pozitif bölenlerinin yarısı a'dan küçüktür. Bunlardan a'yı bölenleri çıkarırsak

$\frac{17 \cdot 19 \cdot 21 - 1}{2} - (9 \cdot 10 \cdot 11 - 1) = 2402$ tane bulunur.

Yanıt D

11. abcd.....m = x olsun.

$A = 100x + np$ ve $B = 10^{1996} \cdot np + x$ olacaktır.

A sayısı 91 ile bölündüğünden,

$9x + np = 13 \cdot 7 \cdot k$ olur.

B sayısının 13 ile bölümünden kalanın bulunması için 10^{1996} sayısının 13 ile bölümünden kalanın modüler aritmetikten 3 olduğunu görmek gerekir.

$3np + x = 13t + y$

$np = 13 \cdot 7 \cdot k - 9x$ olduğundan

$3 \cdot 13 \cdot 7 \cdot k - 27x + x = 13t + y$

$y = 0$ bulunur.

Yanıt E

12. $2m + 3n = 19$

$n + 2k = 17$

denklemleri taraf tarafa toplanırsa,

$2m + 4n + 2k = 36$

$m + 2n + k = 18$ bulunur.

$m + n + k + n = 18$ eşitliğinde $m + n + k$ ifadesinin en küçük olması için n en büyük alınmalıdır.

n en çok 5 olabilir (Neden?)

O halde, $m + n + k = 13$ olur.

Yanıt D

karekök

1. $1! = 1$

$2! = 1 \cdot 2$

$3! = 1 \cdot 2 \cdot 3$

$4! = 1 \cdot 2 \cdot 3 \cdot 4$

$\vdots$

$100! = 1 \cdot 2 \cdot 3 \cdot 4 \ldots 100$

$1^{100} \cdot 2^{99} \cdot 3^{98} \cdot 4^{97} \ldots 100$

Kuvveti çift olan sayılar tamkare olacağından verilen çarpımdan atılabilir. Geriye $2 \cdot 4 \cdot 6 \cdot 8 \cdot 10 \ldots 98 \cdot 100$ çarpımı kalır.

$2 \cdot 4 \cdot 6 \cdot 8 \cdot 10 \ldots 98 \cdot 100 = 2^{50} \cdot 50!$ demektir.

2^{50} tamkare sayı olduğundan 50! sayısının atılması gerekir.

Yanıt A

2. $34^6 - 1 = 1544A04415$

eşitliğinde, her iki tarafın 9 ile bölümünden kalanı bulalım.

$34^1 \equiv 7 (\text{mod } 9)$

$34^2 \equiv 4 (\text{mod } 9)$

$34^3 \equiv 1 (\text{mod } 9)$

34^6 sayısının 9 ile bölümünden kalan 1 dir. Eşitliğin sağ tarafından A = 8 bulunur.

Not: 11 ile bölünebilme kuralıda kullanılabilir.

Yanıt D

3. $x = 17 - m^4$

$y = m^4 - 7$

denklemleri taraf tarafa toplanırsa,

$x + y = 10$ bulunur.

$x \cdot y$ çarpımının en büyük olması için $x = y = 5$ alınmalıdır.

O halde, $x \cdot y = 25$ en büyük değerdir.

Yanıt B

4. A = 44444 ... 44 sayısının 360 ile bölümünden kalanı bulmak için 8, 5 ve 9 ile bölünme kuralları uygulanmalıdır. A sayısının 8, 5 ve 9 ile bölümünden kalanlar sırası ile 4, 4, 1 dir.

$B = 8k + 4 = 5p + 4 = 9t + 1$

eşitliğini sağlayan en küçük B sayısı 244 tür.

Yanıt D

5. $p \cdot (k + p + t + m) = 202$

$r \cdot (k + r + m) = 205$

ikinci denklemde r kesinlikle tek sayı olmalıdır. Bu durumda k ve m değerlerinin ya her ikisi de tek ya da her ikisinin de çift olması gerekir.

m, k, p, t, r harflerinden sadece biri çift olduğundan k ve m tek sayıdır.

$p \cdot (k + p + t + m) = 202$

çarpımında $k + m$ = çift olduğundan sadece p çift olması halinde istenen durum gerçekleşir.

Yanıt B

6. $\frac{23x-4}{7} = k$ ve $\frac{17x+1}{5} = p$ $(k, p \in z)$

$23x - 4 = 7k$ olduğundan $2x - 4 = 7m$

$17x + 1 = 5p$ olduğundan $2x + 1 = 5n$ elde edilir.

Denklemlerden x yok edilirse,

$5n - 5 = 7m$ bulunur. $n = 43$ için, $m = 30$ ve $x = 107$ olur.

Yanıt A

7. $10^{22} = \underbrace{999...9900}_{20 \text{ tane}} + 100$ şeklinde yazılabilir.

$10^{22} - xy = 9999...900 + 100 - xy$

$100 - xy = ab$ olsun.

9999...99ab sayısının rakamları toplamı,

$180 + a + b = 182 \Rightarrow a + b = 2$ olur.

$100 - xy = ab$

$ab = 11$ için $xy = 89$

$ab = 20$ için $xy = 80$

$ab = 02$ için $xy = 98$ olur.

xy sayısının alabileceği değerler toplamı 267 bulunur.

Yanıt C

8. $30! = x^2 \cdot y$ olması gerekir.

$30! = 2^{26} \cdot 3^{14} \cdot 5^7 \cdot 7^4 \cdot 11^2 \cdot 13^2 \cdot 17 \cdot 19 \cdot 23 \cdot 29$

Burada tamkare olmayan sayılar 5, 17, 19, 23, 29 dur.

O halde 30! sayısından 5 tane sayı atılmalıdır.

Yanıt C

9. $(a + b + c)^2 = a^2 + b^2 + c^2 + 2(ab + ac + bc)$

açılımında ab + ac + bc ifadesinin en küçük olması için a + b + c = 0 alınmalıdır.

$13 + 2\,(ab + ac + bc) = 0$

$ab + ac + bc = -6{,}5$ olduğundan en küçük tam sayı değeri –6 olur.

Yanıt D

10. $540 = (ab) \cdot (xy)$ ve

ab + xy en büyük olacak şekilde sayılar bulunmalıdır.

$540 = 2 \cdot 2 \cdot 3 \cdot 3 \cdot 3 \cdot 5 = 2 \cdot 6 \cdot 9 \cdot 5$ şeklinde yazılırsa,

ab = 95

xy = 62 olarak alınabilir.

95 + 62 = 157 bulunur.

Yanıt C

11. Önce a, b, c, d sayılarının eşit olduğunu varsayalım.

a = b = c = d ise,

$$\frac{1}{d} + \frac{1}{d} + \frac{1}{d} + \frac{1}{d} = \frac{1}{6}$$

$\frac{4}{d} = \frac{1}{6}$ olduğundan d = 24 bulunur.

b, c, d reel sayılar ve a > b > c > d olduğu düşünülürse a sayısı en az 25 olur.

Yanıt D

12. $aaa = 111 \cdot a = 37 \cdot 3 \cdot a$ olduğundan,

$37 \cdot 3 \cdot a = (bc) \cdot (dc)$ yazılabilir.

a = 9 alınırsa, bc = 37 ve dc = 27 bulunur.

a + b + c + d = 9 + 3 + 7 + 2 = 21

Yanıt B

karekök

1. 5 + 11 + 17 + 23 + ... + 299 toplamı,

$$\sum_{k=1}^{50} 6k-1 = 6\cdot\frac{50\cdot 51}{2} - 50 = 50\cdot 152 \text{ olarak bulunur.}$$

Dikkat edilirse $50\cdot 152$ çarpımı 19 ile tam bölünür. O halde, atılacak sayıların toplamının 19 ile tam bölünmesi gerekir.

$$\sum_{k=1}^{n} 6k-1 = n\cdot(3n+2)$$

$n\cdot(3n + 2)$ ifadesinin 19 ile bölünmesi için n en az 12 olmalıdır.

Yanıt C

2.

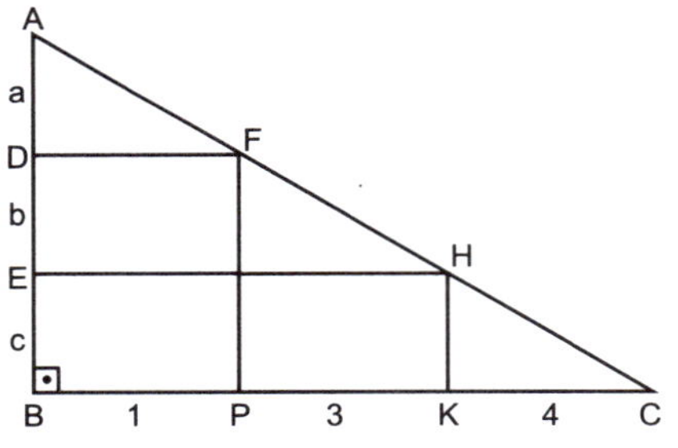

Şekilde görülen ABC dik üçgeninde,

$|AF| = \sqrt{a^2+1}$, $|FH| = \sqrt{b^2+9}$, $|HC| = \sqrt{c^2+16}$ olur.

Bu durumda bulunması gereken uzunluk |AC| demektir.

|AB| = a + b + c = 15 ve |BC| = 8 olduğundan

Pisagor bağıntısından, $|AC|^2 = 15^2 + 8^2 \Rightarrow |AC| = 17$ olur.

|AF| + |FH| + |HC| toplamının en küçük olması için A, F, H, C noktalarının doğrusal olması gerektiğini görünüz.

Yanıt D

3. Tanımlanan şekilde işlem yapılırsa, işlem sayısının terim sayısından bir eksik olduğu görülür.

Verilen sayı dizisindeki terim sayısı $\frac{51-1}{2}+1 = 26$ olur.

Dolayısıyla yapılacak işlem sayısı 26 – 1 = 25 tir.

Demek ki, tüm sayıların toplamından $25\cdot 2 = 50$ çıkarılmalıdır.

$1 + 3 + 5 + 7 ... + 51 = 26^2 = 676$

676 – 50 = 626

Yanıt D

4. A = 99999 .... 99 sayısının 198 ile bölümünden kalanı bulmak için 2, 9 ve 11 ile bölünme kuralları uygulanmalıdır.

A sayısının 2 ile bölümünden kalan 1,

9 ile bölümünden kalan 0,

11 ile bölümünden kalan 0 dır.

O halde, kalan K = 2p + 1 = 11m = 9n şeklindedir.

Buradan K = 99 olduğu görülür.

Yanıt A

5. $\frac{4n+3}{17n+2}$ kesrinin k sayısı ile sadeleşebildiği soruda verilmiştir.

Sadeleşebilen bir kesirde paydadan payı çıkarmak k değerini değiştirmez.

17n + 2 – 4(4n + 3) = n – 10

$$\frac{4n+3}{n-10} = 4 + \frac{43}{n-10} \text{ elde edilir.}$$

$\frac{43}{n-10}$ kesrinin tam bölünmesi için n = 11 veya n = 53 olmalıdır.

n = 11 için, $\frac{47}{189}$ kesri elde edilir ve k = 1 olur.

n = 53 için, $\frac{215}{903} = \frac{43\cdot 5}{43\cdot 21}$ elde edilir ve k = 43 olur.

k > 1 olması gerektiğinden 4 + 3 = 7 bulunur.

Yanıt D

6. $\dfrac{1+101\cdot(ab)}{99}=\dfrac{1+2\cdot(ab)+99\cdot(ab)}{99}=$ tam sayı

$\dfrac{1+2\cdot(ab)}{99}$ kesrinin tam sayı olması gerekiyor.

O halde, $1 + 2(ab) = 99\cdot k$ demektir.

$k = 1$ için $ab = 49$ olur. $4\cdot 9 = 36$ bulunur.

Yanıt D

7. ab + cd + ef toplamının alabileceği en büyük ve en küçük değerleri bulalım:

En küçük değer; $10 + 24 + 35 = 69$

En büyük değer; $74 + 85 + 96 = 255$ olur.

[69, 255] aralığında bulunan tek seçenek 200 sayısıdır.

Yanıt D

8. $100 < A < 250$ eşitliğini sağlayan A doğal sayılarının çarpımı,

$\dfrac{1\cdot2\cdot3\cdot4\cdot5\cdot6\cdot....\cdot100\cdot101\cdot....\cdot249}{1\cdot2\cdot3\cdot4\cdot5\cdot....\cdot100}$ şeklinde yazılabilir.

Kesrin pay kısmında elde edilen sayının sonunda 59 tane, paydasında elde edilen çarpımın sonunda 24 tane sıfır vardır.

$\dfrac{10^{59}\cdot x}{10^{24}\cdot y}$ tam sayısının sonunda $59 - 24 = 35$ tane sıfır bulunur.

Yanıt A

9. $A = 8^2 - 9^2 + 10^2 - 11^2 + 12^2 - .... + 100^2$

$A = 64 + (10^2 - 9^2) + (12^2 - 11^2) + ... + (100^2 - 99^2)$

$A = 64 + (10 + 9) + (11 + 12) + ... + (99 + 100)$

$A = 64+\dfrac{100\cdot101}{2}-\dfrac{8\cdot9}{2}=5078$ olur.

Yanıt D

10.

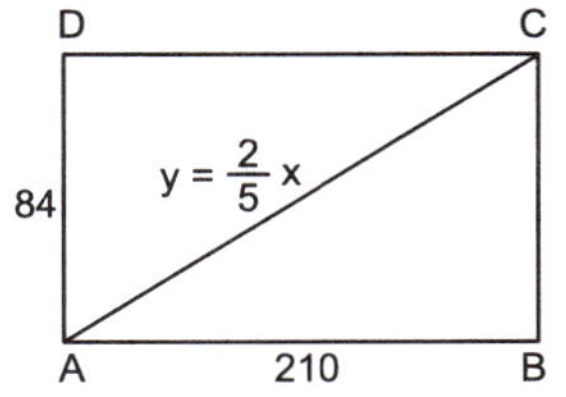

[AC], eğimi $\dfrac{84}{210}=\dfrac{2}{5}$ olan bir doğru parçası olarak düşünülebilir.

$y=\dfrac{2}{5}x$ eşitliğinde y'nin tam sayı olması için,

$x = 0, 5, 10, 15 ..., 210$ değerlerini almalıdır.

[AC] üzerinde bulunan noktaların sayısı:

$\dfrac{210-0}{5}+1=43$ olur.

Yanıt C

11. 7200 sayısı asal çarpanlarına ayrılırsa,

$7200 = 2^1\cdot2^4\cdot3^2\cdot5^2$ olur.

Bu çarpanlardan karekökü alınabilenler $2^4\cdot3^2\cdot5^2$ dir. Karekök alınırsa, $2^2\cdot3^1\cdot5^1$ olur.

O halde, 7200 sayısının pozitif tam bölenlerinden karekökü tam sayı olanlar $(2 + 1)\cdot(1 + 1)\cdot(1 + 1) = 12$ tanedir.

Yanıt C

12. Yazılması istenen sayılar,

1, 2, 4, 5, 7, 8, 10, 11 .... 100 şeklindedir.

Görüldüğü üzere, elde edilen sayı dizisinde üçün katları bulunmamaktadır.

$$\begin{array}{r|l} 100 & 3 \\ \hline - \quad & 33 \\ 1 & \end{array}$$

33 tane üçün katı olan sayı vardır.

O halde sayı dizisinde, $100 - 33 = 67$ sayı vardır. Ancak bu diziye 9, 18, 36, 45, 63, 72, 81, 90, 99 sayıları ilave edilebilir ve kural bozulmaz.

$67 + 9 = 76$ sayı vardır.

Yanıt B

1. $a + b + c = 10$ denkleminde, $a^2 + b^2 + c^2$ ifadesinin en küçük değerini alabilmesi için $a = b = c = \frac{10}{3}$ olmalıdır.

$$a^2 + b^2 + c^2 = 3 \cdot \left(\frac{10}{3}\right)^2 = \frac{100}{3}$$

$a^2 + b^2 + c^2$ toplamının en küçük tam sayı değeri istendiği için sonuç 34 olur.

Yanıt D

2. Aritmetik ortalama ≥ Harmonik ortalama eşitsizliğini kullanalım.

$$\frac{\frac{1}{a}+\frac{2}{b}+\frac{2}{b}+\frac{3}{c}+\frac{3}{c}+\frac{3}{c}}{6} \geq \frac{6}{a+\frac{b}{2}+\frac{b}{2}+\frac{c}{3}+\frac{c}{3}+\frac{c}{3}}$$

Sorulan ifadeye x denirse,

$$\frac{x}{6} \geq \frac{6}{2} \Rightarrow x \geq 18$$

x'in alabileceği en küçük değer 18 olur.

Yanıt B

3. A doğal sayısının tam sayı böleni $4k - 2$ olduğuna göre, pozitif bölen sayısı $2k - 1$ dir.

k tam sayısı için, $2k - 1$ tek sayı olduğundan A tamkare bir sayıdır.

Tamkare sayıların 9 ile bölümünden kalanlar sadece 0, 1, 4, 7 olabilir.

Yanıt B

4. $n^{2010} - 1$ sayısının 10 ile tam bölünebilmesi için n sayısının birler basamağı 1 ya da 9 olmalıdır. Birler basamağı 1 olan n değerleri 1, 11, 21, 31 ..... 991 olur. Bu şartı sağlayan $\frac{991-1}{10}+1=100$ tane n değeri vardır. Birler basamağı 9 olan n değerleri

9, 19, 29, 39, ..., 999 olur. Bu şartı sağlayan

$\frac{999-9}{10}+1=100$ tane n değeri vardır.

Toplam 100 + 100 = 200 tane n sayısı vardır.

Yanıt D

5. 25 sayısının 4. satırda olduğunu biliyoruz.

O halde $7 \leq n \leq 8$ olmalıdır. 7. sütun için 100 sayısı 15. satırda bulunur. Bu durumda m + n = 15 + 7 = 22 olur.

8 sütun için 100 sayısı 13. satırda yer alır. O zaman m + n = 8 + 13 = 21 olur.

Yanıt B

6. $100^{1002} = 10^{2004}$

$10^{2004} - 1$ sayısında 2004 tane 9 rakamı vardır. Benzer şekilde $10^6 - 1$ sayısında 6 tane 9 rakamı bulunur.

9999 ... 99	999999
	100000100 ... 1 ... 1 = A

2004 : 6 = 334 olduğundan A sayısında 334 tane 1 rakamı bulunur. O halde A'nın 9 ile bölümünden kalan 1 olur.

Yanıt E

karekök

7. OBEB(x, y) = 24 olduğundan,

$x = 24 \cdot k$ ve $y = 24 \cdot p$

OBEB(a, b) = 32 olduğundan,

$a = 32 \cdot m$ ve $b = 32 \cdot n$ demektir.

$a \cdot b \cdot xy = 2^{16} \cdot 9 \cdot 25$

$2^{16} \cdot 9 \cdot k \cdot p \cdot m \cdot n = 2^{16} \cdot 9 \cdot 25$

$k \cdot p \cdot m \cdot n = 25$

k ile p ve m ile n aralarında asal olacağından

k = 5, p = 1 ve m = 5, n = 1 bulunur.

a + b + x + y = 336

Yanıt B

8. Herhangi bir tamkare sayının 10 ile bölümünden elde edilebilecek kalanlar 0, 1, 4, 5, 6, 9 dur. Verilen sayı dizisinde birler basamağı daima 8 olduğundan hiçbir sayı tamkare olamaz.

Yanıt E

9. Dikkat edilirse 132 ve 165 sayılarının 11'in ve 3'ün tam katı olduğu görülebilir.

Toplama, çıkarma, çarpma işlemleri istenilen sayıda uygulanırsa elde edilecek sayı yine 11'in ve 3'ün katı olacaktır.

Seçeneklerde sadece 600006 sayısı 11 ve 3 ile tam bölünmektedir.

Yanıt C

10. $\frac{a-c}{b+c}+\frac{b-a}{a+c}+\frac{c-b}{a+b}=4$ eşitliği,

$\frac{a-c}{b+c}+1+\frac{b-a}{a+c}+1+\frac{c-b}{a+b}+1=4+3$

şeklinde yazılabilir.

paydalar eşitlenirse,

$\frac{a+b}{b+c}+\frac{b+c}{a+c}+\frac{a+c}{a+b}=7$ bulunur.

Yanıt C

11. I. Yol

1234567891011... 106107 sayısının 9 ile bölümünden kalanı bulmak için sayının rakamlarını toplamak gerekir.

[1, 9] aralığındaki sayıların toplamı 45 olduğundan 9 ile tam bölünür.

[10 - 19] aralığındaki sayıların birler basamağındaki rakamların toplamı yine 45 olup, 9 ile tam bölünür. O halde, [10, 99] aralığındaki sayıların onlar basamağı toplanmalıdır. Bunların toplamı da 450 olur.

100, 101, 102, 103, 104, 105, 106, 107 sayılarının rakamları toplamı 36 olduğundan 9 ile bölümünden kalan sıfırdır.

II. Yol

$1 + 2 + 3 + ... + 107 = \frac{107 \cdot 108}{2} = 107 \cdot 54$ olur.

54 9'un katı olduğu için sayı 9 ile tam bölünür. Yani kalan "0" olur.

Yanıt E

12. $A = (n + 101) \cdot (n + 102)$ .... $(n + 112)$ sayısı ardışık 12 sayı içerdiğinden 12! ile tam bölünür.

$12! = 2^{10} \cdot x$ $\quad$ $12! = 7 \cdot 11 \cdot m$

$12! = 3^{5} \cdot y$ $\quad$ $12! = 9 \cdot 11 \cdot p$

Görüldüğü üzere, 12! sayısı 77, 99, 3^5, 2^{10} ile bölünmektedir.

$12! = 5^2 \cdot t$ olduğundan 5^4 ile bölünmez.

Yanıt E

karekök

1. $a \cdot b = a + b + 143$

$a \cdot b - a - b + 1 = 144$

$(a - 1) \cdot (b - 1) = 144$

Verilen eşitliği sağlayacak a ve b tam sayıları 144 sayısının tam bölenleri kadardır.

$144 = 2^4 \cdot 3^2$ olduğundan

Pozitif bölen sayısı: $(4 + 1) \cdot (2 + 1) = 15$

Tam bölen sayısı: $15 \cdot 2 = 30$

Yanıt D

2. $xy = 999x + 1001y + 1$

$xy - 999x - 1001y - 1 = 0$

$xy - 999x - 1001y + 1001 \cdot 999 = 1000^2$

$x(y - 999) - 1001(y - 999) = 1000^2$

$(x - 1001) \cdot (y - 999) = 1000^2$

$1000^2 = 5^6 \cdot 2^6$ olduğundan, denklemi sağlayan (x, y) ikililerinin sayısı $(6 + 1) \cdot (6 + 1) \cdot 2 = 98$ tanedir.

Yanıt B

3. a, b, c tam sayılar olmak üzere,

$3a - 12b + 18c = 73$ denklemini sağlayan (a, b, c) üçlülerinin var olması için,

OBEB(3, 12, 18) = 3 değerinin 73 sayısını tam bölmesi gerekir. Fakat 73 sayısı 3 ile tam bölünmediğinden böyle üçlüler yoktur.

Yanıt E

4. n ve n + 52 sayılarının pozitif bölen sayısı tek olduğundan n ve n + 52 terimlerinin tamkare olması gerekir.

$n = x^2$ ve $n + 52 = y^2$ olduğundan,

$y^2 - x^2 = 52 \Rightarrow (y - x) \cdot (y + x) = 52$

$y - x = 2$

$y + x = 26$ denklemleri çözülürse,

$y = 14$, $x = 12$ ve $n = 12^2 = 144$ olur.

$2n + 12 = 300$ bulunur.

Yanıt E

5. A = 123456789101112 979899

A sayısının 45 ile bölümünden kalanı bulmak için 5 ve 9 ile bölünme kuralları uygulanmalıdır.

A'nın 9 ile bölümünden kalan sıfırdır.

A'nın 5 ile bölümünden kalan ise 4 tür.

Kalan = $5k + 4 = 9m$ olduğundan,

$m = 1$ ve $k = 1$ için kalan 9 olur.

Yanıt D

6. A = 99999....99

$A = 10^{2011} - 1 \Rightarrow A^2 = 10^{4022} - 2 \cdot 10^{2011} + 1$

$A^2 = \underbrace{9999....9}_{2010 \text{ tane}}\ \underbrace{800000....01}_{2010 \text{ tane } 0}$

A^2 sayısının rakamları toplamı

$9 \cdot 2010 + 8 + 1 = 18099$ olur.

Yanıt B

karekök

7. iki basamaklı, | 9 | 1 | $= 9 \cdot 1 = 9$ tane palindrom sayı vardır.

üç basamaklı, | 9 | 10 | 1 | $= 9 \cdot 10 \cdot 1 = 90$

dört basamaklı, | 9 | 10 | 1 | 1 | $= 9 \cdot 10 \cdot 1 \cdot 1 = 90$

Böylece dört basamaklılar dahil ilk $90 + 90 + 9 = 189$ palindrom sayı bulunmuş olur.

O halde, beş basamaklı altıncı palindrom sayısının yazılması gerekiyor.

10001, 10101, 10201, 10301, 10401, 10501

Yanıt E

8. $x \cdot (xy) = ccc$

$x \cdot (10x + y) = 111 \cdot c = 3 \cdot 37 \cdot c$

Buradan, $x = 3$, $c = 1$ ve $y = 7$ bulunur.

$x + y + c = 11$

Yanıt B

9. Aritmetik ortalama $\geq$ Geometrik ortalama eşitsizliğini kullanalım.

$\frac{16}{a} + \frac{1}{3b} + \frac{3}{5c} + \frac{5}{4d} = x$ olsun.

$$\frac{x}{4} \geq \sqrt[4]{\frac{16}{a} \cdot \frac{1}{3b} \cdot \frac{3}{5c} \cdot \frac{5}{4d}}$$

$$x \geq 4 \cdot \sqrt[4]{\frac{4}{64}} \Rightarrow x \geq 2$$

x'in en küçük değeri 2 olur.

Yanıt E

karekök

10. 2, 3, 5, 6, 7, 10, 11, ...

Yukarıda verilen sayı dizisinde 250'ye kadar olan kare veya küp sayılar hesaplanırsa,

$1^2, 2^2, 3^2$ ...., 15^2 kare sayılar 15 tane

$1^3, 2^3, 3^3$, ..., 6^3 küp sayılar 6 tane bulunur.

Ancak 1 ve 64 hem kare hem de küp sayı olduğundan iki defa sayılmış demektir.

Toplam $15 + 6 - 2 = 19$ sayı vardır.

$250 + 19 = 269$ bulunur. Fakat 269 dan önce kare sayı olarak 256 olduğundan sonuç $269 + 1 = 270$ olur.

Yanıt B

11. $abc = x$ ve $mnp = y$ olsun.

$\frac{x - 699}{y - 699} = \frac{y}{x}$ eşitliğinden,

$x^2 - 699x = y^2 - 699y \Rightarrow (x - y)(x + y) = 699(x - y)$

$x = y$ için, $x = y = 699$ olamayacağından 899 tane (x, y) ikilisi vardır.

$x + y = 699$ için, $100 \leq x \leq 599$ olur. Buradan 500 tane (x, y) ikilisi bulunur.

Toplam 1399 tane (x, y) ikilisi vardır.

Yanıt E

12. $K = 123456 .... 979899$

K sayısının kaç basamaklı olduğunu hesaplayalım:

Tek basamaklı 9 rakam, iki basamaklı 180 rakam ve üç basamaklı 2700 rakam vardır. Bunların toplamı $2700 + 180 + 9 = 2889$ olur.

$10^{2888} \leq 10^{m!} \Rightarrow 2888 \leq m!$ m en az 7 olmalıdır.

Yanıt B

1. $A = n^4 + 64$ ifadesini çarpanlarına ayıralım.

$n^4 + 16n^2 + 64 - 16n^2 \Rightarrow (n^2 + 8)^2 - 16n^2$

$A = (n^2 + 8 - 4n)\cdot(n^2 + 8 + 4n)$

A sayısı çarpanlara ayrıldığından hiçbir n değeri için asal sayı olmaz.

Yanıt E

2. A! sayısının sonunda 6 tane sıfır olduğuna göre,

$A! = 5^6 \cdot x$ formunda olmalıdır.

$$\begin{array}{r|l} 25 & 5 \\ \hline 5 & 5 \\ \hline & 1 \end{array} \qquad 5 + 1 = 6$$

$$\begin{array}{r|l} 29 & 5 \\ \hline 5 & 5 \\ \hline & 1 \end{array} \qquad 5 + 1 = 6$$

O halde A sayısı en az 25, en çok 29 olabilir.

$25 + 29 = 54$ bulunur.

Yanıt B

3. $a > b$ olmak üzere, $OBEB(a, b) = c$ ise,

$OBEB(a - b, b) = c$ olur.

$OBEB(2^{48} - 1, 2^{30} - 1) = OBEB(2^{30} - 1, 2^{48} - 1 - 2^{30} + 1)$

$OBEB[2^{30} - 1, 2^{30}(2^{18} - 1)] \Rightarrow$

$OBEB[(2^6)^5 - 1, 2^{30}((2^6)^3 - 1)]$

$OBEB[(2^6 - 1)\cdot(2^6)^4 + ... + 1), 2^{30}\cdot(2^6 - 1)\cdot(...)] = 2^6 - 1 = 63$

Yanıt C

4. $n^2 + 10n - 54 = 79 \cdot k$ $(k \in z)$

$(n + 5)^2 = 79 \cdot (k + 1)$

$k + 1 = 79 \cdot m^2$ $(m \in z)$ olmalıdır.

$n + 5 = 79 \cdot m$ olması gerektiğinden,

$m = 1, 2, 3, ..., 10$ değerleri için n sayısı 10 farklı değer alır.

Yanıt A

5. 10^{20} sayısının pozitif bölen sayısı,

$10^{20} = 2^{20} \cdot 5^{20}$ olduğundan $21 \cdot 21$ demektir.

$OBEB(10^{20}, 20^{12}) = 2^{20} \cdot 5^{12}$ olduğundan her iki sayının ortak pozitif bölen sayısı, $21 \cdot 13$ olur.

O halde, $21 \cdot 21 - 21 \cdot 13 = 168$ tane istenen şartı sağlayan sayı vardır.

Yanıt D

6. $A = 8x$ olsun.

$8 \cdot 10^{n-1} + x = 801 \cdot x$ eşitliğinin sağlanması isteniyor.

$8 \cdot 10^{n-1} = 800 \cdot x \Rightarrow 10^{n-3} = x$ eşitliğinde,

$n = 4$ için, $x = 10$

$n = 5$ için, $x = 100$ olur.

O halde, istenen sayılar 80100 ve 8010 olduğundan toplamları 88110 bulunur.

Yanıt C

7. Sayıların çarpımında çok sıfır bulunması için 2 ve 5 çarpanlarının yer alması gerekir.

$564 = 4 \cdot 5^3 + 2^6 \Rightarrow 564 = 3 \cdot 5^3 + 5^3 + 2^6$

şeklinde yazılırsa bu üç sayı $3 \cdot 5^3$, 5^3, 2^6 demektir.

$3 \cdot 5^3 \cdot 5^3 \cdot 2^6 = 3 \cdot 10^6$

Yanıt B

8. $a + b + c = 31$ eşitliğini sağlayan

$\binom{30}{2} = 435$ tane (a, b, c) üçlüsü vardır.

Ancak bu üçlüler arasında a = b ya da b = c durumları da vardır. Örneğin (1, 1, –), (2, 2, –) ... (15, 15, –) gibi geçersiz durumlar söz konusudur. Bunların sayısı 15.3 = 45 tanedir.

$435 - 45 = 390$ tane (a, b, c) üçlüsü vardır.

$a < b < c$ şartını sağlayan $\dfrac{390}{3!} = 65$ üçlü bulunur.

Yanıt C

9. A = ab ve B = ba olsun.

$\left|\dfrac{ab}{ba} - 4\right|$ ifadesinin küçük olması için $\dfrac{ab}{ba}$ oranının 4 sayısına yakın olması gerekir.

$ab = 4 \cdot ba \Rightarrow 10a + b = 4 \cdot (10b + a)$

$2a = 13b$

a	b
↓	↓
6	1
7	1

ab = 61 ve ba = 16 için $\left|\dfrac{61}{16} - 4\right| = \dfrac{3}{16}$

ab = 71 ve ba = 17 için $\left|\dfrac{71}{17} - 4\right| = \dfrac{3}{17}$

Yanıt A

10. $a \,.\, b \,.\, c = 2^4 \,.\, 3^2 \,.\, 5^1$

$a = 2^m \,.\, 3^n \,.\, 5^p$

$b = 2^k \,.\, 3^r \,.\, 5^t$

$c = 2^x \,.\, 3^y \,.\, 5^z$

$x + k + m = 4 \Rightarrow \binom{6}{2} = 15$

$n + r + y = 2 \Rightarrow \binom{4}{2} = 6$

$p + t + z = 1 \Rightarrow \binom{3}{2} = 3$

Buradan; 15 . 6 . 3 = 270

Yanıt C

11. $(x + 1)^{99} = x^{99} + 99x^{98} + ... + x^2 + 99x + 1$ açılımında $x = 8$ alınırsa, 9^{99} elde edilir.

Bu ifadenin 64 ile bölümünden kalan $99x + 1$ olur.

$(x - 1)^{99} = x^{99} - 99x^{98} + ... - x^2 + 99x - 1$ açılımının 64 ile bölümünden kalan $99x - 1$ olur.

Buna göre, kalan $(99x + 1) - (99x - 1) = 2$ dir.

Yanıt D

12. $2^x = a$

$3^x = b$ olsun.

$(a - 4)^2 + (b - 3)^2 = (a + b - 7)^2$

Buradan açılım yapılır ve sadeleştirilirse

$(a - 4)(b - 3) = 0$

denklemi elde edilir.

$a = 4$ için $x = 2$

$b = 3$ için $x = 1$ bulunur.

Yanıt E

karekök

2. BÖLÜM

ÜSLÜ - KÖKLÜ SAYILAR

1. $$\frac{16^x+4^x+1}{4^x+2^x+1}=\frac{8^x+1}{65}$$

eşitliğini sağlayan x değeri aşağıdakilerden hangisidir?

A) 3 B) 4 C) 5 D) 6 E) 7

2. $10^x = 49$

$10^y = 64$

olduğuna göre, $7^{\frac{y}{x}}+8^{\frac{x}{y}}$ ifadesinin değeri kaçtır?

A) 56 B) 42 C) 34 D) 21 E) 15

3. $5^x = 4^y = 100$

olduğuna göre, $\frac{2}{x}+\frac{1}{y}$ ifadesinin değeri kaça eşittir?

A) $\frac{4}{5}$ B) 1 C) $\frac{5}{4}$ D) 2 E) $\frac{5}{2}$

4. $2^y = 108^x$

olduğuna göre, $\frac{y}{x}$ kesri aşağıdaki aralıklardan hangisinde bulunur?

A) (2, 3) B) (3, 4) C) (4, 5) D) (5, 6) E) (6, 7)

5. $$x+\frac{8}{\sqrt{x}}=65$$

denkleminin kökler toplamı aşağıdakilerden hangisine eşittir?

A) 130 B) 131 C) 132 D) 133 E) 134

6. x ve y tam sayıdır.

$\sqrt{3}.(x-3y) = x+y-24$

olduğuna göre, x – y kaça eşittir?

A) 6 B) 8 C) 10 D) 12 E) 15

karekök

7. $x = \dfrac{\sqrt{5}+1}{\sqrt{3}-1}$

olduğuna göre, $\dfrac{4+2\sqrt{3}}{6-2\sqrt{5}}$ ifadesinin x cinsinden değeri aşağıdakilerden hangisidir?

A) $16x^2$ B) $4x^2$ C) $2x^2$ D) $\dfrac{x^2}{4}$ E) $\dfrac{x^2}{8}$

8. $\sqrt{999^2 - 333^2 - 666^2}$

işleminin sonucu aşağıdakilerden hangisidir?

A) 111 B) 221 C) 333 D) 666 E) 999

9. A = 12102420121

sayısı veriliyor.

Buna göre, $\sqrt{A}$ sayısının rakamları toplamı kaçtır?

A) 4 B) 6 C) 8 D) 10 E) 12

10. n bir pozitif tam sayı olmak üzere, $A = 10^n - 1$ sayısı veriliyor.

Buna göre, A^2 sayısının rakamları toplamı aşağıdakilerden hangisidir?

A) 10n + 1 B) 10n – 1 C) 100n D) 100n – 1 E) 9n

11. $A = \sqrt{14.16.18.20 + 16}$

olduğuna göre, A sayısının rakamları toplamı kaçtır?

A) 10 B) 11 C) 14 D) 15 E) 18

12. $(16 + 17)(16^2 + 17^2) = 17^4 - 2^x$

denklemini sağlayan x değeri kaçtır?

A) 16 B) 17 C) 18 D) 19 E) 20

karekök

Bu testin cevap anahtarı arka sayfadadır.

1. $(7-4\sqrt{3})^{2010} = (7+4\sqrt{3})^{x+1}$

denklemini sağlayan x reel sayılarının toplamı kaçtır?

A) 2011 B) 2010 C) 7 D) –2010 E) –2011

2. $\dfrac{10\cdot 2^{x+2}}{2^{2x}-1} = \dfrac{6^{2x}-1}{6^{x}}$

eşitliğini sağlayan x değerlerinin toplamı kaçtır?

A) 10 B) 6 C) 0 D) –4 E) –6

3. $\dfrac{5}{\sqrt[8]{6}+1}\cdot\dfrac{1}{\sqrt[4]{6}+1}\cdot\dfrac{1}{\sqrt{6}+1}+1$

işleminin sonucu aşağıdakilerden hangisidir?

A) $\sqrt[8]{6}$ B) $\sqrt[4]{6}$ C) $\sqrt{6}$ D) $\sqrt{6}-1$ E) $\sqrt{6}+1$

4. $\sqrt{1006+\sqrt{2011}}-\sqrt{1006-\sqrt{2011}}$

işleminin sonucu aşağıdakilerden hangisine eşittir?

A) 2 B) $\sqrt{2}$ C) 1 D) –1 E) $-\sqrt{2}$

5. A = 300900900300 ve k.A = m^3 eşitlikleri veriliyor.

k pozitif bir tam sayı olduğuna göre, m'nin alabileceği <u>en küçük</u> tam sayı değeri kaçtır?

A) 303003 B) 300300 C) 30300 D) 30303 E) 30030

6. $A=\sqrt[6]{3+2\sqrt{2}}-\dfrac{1}{\sqrt[6]{3+2\sqrt{2}}}$

olduğuna göre, $A^3 + 3A = 2^x$ eşitliğini sağlayan x değeri kaçtır?

A) $-\frac{1}{2}$ B) $-\frac{1}{3}$ C) $\frac{1}{6}$ D) $\frac{1}{2}$ E) 1

7. $A = 44444444$

$B = 8888$

olduğuna göre, $\sqrt{A-B}$ sayısının rakamları toplamı kaçtır?

A) 12 B) 18 C) 24 D) 30 E) 36

8. $A = 9999995$

sayısı veriliyor.

Buna göre, A^2 sayısının rakamları toplamı kaçtır?

A) 95 B) 90 C) 81 D) 72 E) 61

9. $$\frac{1+\sqrt{21}}{\sqrt{5+\sqrt{5+\sqrt{5+\ldots\ldots}}}}$$

ifadesinin değeri aşağıdakilerden hangisidir?

A) 1 B) 2 C) 3 D) 5 E) 7

10. $$\sqrt[4]{17\cdot18\cdot19\cdot20+17\cdot20\cdot58+3\cdot20^3}$$

ifadesinin değeri aşağıdakilerden hangisine eşittir?

A) 17 B) 18 C) 19 D) 20 E) 21

karekök

11. $$a=\sqrt[3]{3-\sqrt{17}}+\sqrt[3]{3+\sqrt{17}}$$

olduğuna göre, a^3 + 6a ifadesinin değeri aşağıdakilerden hangisidir?

A) 34 B) 27 C) 17 D) 9 E) 6

12. $3^x - 2 = 3^{-x} + 2 = A$

olduğuna göre, $\sqrt{A^2+11}$ ifadesinin değeri kaçtır?

A) 3 B) 4 C) 5 D) 6 E) 7

1. Test'in Cevap Anahtarı

1	2	3	4	5	6	7	8	9	10	11	12
D	E	B	E	A	D	D	D	A	E	C	A

1. **n bir doğal sayı olmak üzere,**

$(10001)^n$

sayısının rakamları toplamı 28 olduğuna göre, n kaçtır?

A) 10 B) 9 C) 8 D) 7 E) 6

2. $$\frac{\sqrt[3]{\sqrt{3}+1}\cdot(2\sqrt{3}-2)}{\sqrt[3]{4-\sqrt{12}}}=\sqrt[3]{2^x}$$

denklemini sağlayan x değeri kaçtır?

A) 1 B) 2 C) 3 D) 4 E) 6

3. $x\sqrt{x}-1000\sqrt{x}=999$

olduğuna göre, $x-\sqrt{x}$ ifadesi kaça eşittir?

A) 1001 B) 1000 C) 999 D) 10 E) 1

4. $4^{a-b}+4^{b-a}=2$

olduğuna göre, $\frac{a}{b}$ oranı aşağıdakilerden hangisine eşittir?

A) $\frac{4}{5}$ B) $\frac{3}{4}$ C) $\frac{2}{3}$ D) $\frac{1}{2}$ E) 1

5. $(x+1)^{(x+1)^{\cdot^{\cdot^{\cdot}}}}=4$

olduğuna göre, x reel sayısı aşağıdakilerden hangisi olabilir?

A) $\sqrt{2}$ B) $\sqrt{3}-1$ C) $\sqrt{3}+1$ D) $\sqrt{2}+1$ E) $\sqrt{2}-1$

6. $(\sqrt{5}+2)^6<x$

eşitsizliğini sağlayan <u>en küçük</u> x tam sayısı kaçtır?

A) 5776 B) 5777 C) 5778 D) 5779 E) 5780

7. a ve b tam sayılar olmak üzere,

$$\sqrt{2112} = \sqrt{a} + \sqrt{b}$$

eşitliğini sağlayan kaç tane a değeri vardır?

A) 10 B) 9 C) 8 D) 7 E) 6

8. x ve y tam sayılar olmak üzere,

$$\sqrt{xy} - 17\sqrt{x} + 40 = 0$$

denklemini sağlayan kaç farklı (x, y) ikilisi vardır?

A) 11 B) 10 C) 8 D) 6 E) 4

9. a, b, k reel sayılardır.

$$3^a = 2^b$$

$$3^{\frac{a+k}{b}} + 2^{\frac{b+k}{a}} = 80$$

olduğuna göre, k aşağıdakilerden hangisine eşittir?

A) a B) 2a C) 3a D) 4a E) 5a

10. $(1001)^{1000} - 1$

sayısının sonunda kaç tane sıfır bulunur?

A) 6 B) 7 C) 8 D) 9 E) 10

karekök

11. A = 999 ... 99 sayısı 81 basamaklıdır.

Buna göre, A^2 sayısının rakamları toplamı kaçtır?

A) 723 B) 725 C) 727 D) 729 E) 731

12. x ve y reel sayılardır.

$$5^{\frac{1}{x}} = 2^{\frac{1}{y}} = \sqrt[4]{(2,5)^{x+y}}$$

olduğuna göre, $x^2 - y^2$ kaçtır?

A) 4 B) 5 C) 6 D) 7 E) 8

2. Test'in Cevap Anahtarı

1	E	2	C	3	A	4	B	5	E	6	E	7	C	8	E	9	B	10	D	11	E	12	B

1. $A = 1111111111$

$B = 22222$

sayıları veriliyor.

Buna göre, $\sqrt{A-B}$ ifadesi kaça eşittir?

A) 44444 B) 33333 C) 22222 D) 11111 E) 10101

2. **$\sqrt{13k+225}$ ifadesinin bir tam sayıya eşit olmasını sağlayan en büyük k asal sayı değeri kaçtır?**

A) 17 B) 23 C) 29 D) 43 E) 47

3. x ve y birer doğal sayı olmak üzere,

$\sqrt{x}+\sqrt{y}=\sqrt{300}$

denklemini sağlayan kaç farklı (x, y) ikilisi yazılabilir?

A) 3 B) 6 C) 10 D) 11 E) 15

4. $(\sqrt{2}+1)^x + (\sqrt{2}-1)^x = 34$

denkleminin reel köklerinin toplamı aşağıdakilerden hangisine eşittir?

A) 8 B) 6 C) 4 D) 2 E) 0

5. a, b ve c doğal sayılardır.

$\sqrt{a} + \sqrt{b} + \sqrt{c} = \sqrt{640}$

eşitliğini sağlayan kaç farklı (a, b, c) üçlüsü vardır?

A) 45 B) 42 C) 36 D) 32 E) 28

6. a, b ve c pozitif tam sayılardır.

$2^{3a} + 2^{4b} = 2^{17c}$

eşitliğini sağlayan a, b, c değerleri için a + b + c ifadesinin <u>en küçük</u> değeri kaçtır?

A) 49 B) 54 C) 56 D) 61 E) 63

7. $x, y, k \in R^+$ için

$x^y = y^x$ ve $x = k.y$

olduğuna göre, y'nin k cinsinden değeri aşağıdakilerden hangisidir?

A) k^{k+1} B) $k^{\frac{1}{k-1}}$ C) k^k-1 D) k^{2k} E) k^{1-k}

8. a + b + c = 12 olduğuna göre,

$\sqrt{a^2-2a+4}+\sqrt{b^2-4b+16}+\sqrt{c^2-6c+36}$

ifadesinin alabileceği <u>en küçük</u> değeri kaçtır?

A) 10 B) 12 C) 13 D) 15 E) 17

9. a, b, c, d, x birer pozitif tam sayıdır.

$4^{2a} + 4^{3b} + 4^{4c} + 4^{5d} = 4^{11x}$

eşitliğini sağlayan a, b, c, d, x için a + b + c + d + x ifadesinin <u>en küçük</u> değeri kaçtır?

A) 160 B) 165 C) 170 D) 175 E) 180

10. x ve y birer tam sayıdır.

$\sqrt{5}\,x + \sqrt{5}\,y + 30 = 4x - y$

olduğuna göre, x aşağıdakilerden hangisine eşittir?

A) 2 B) 3 C) 4 D) 5 E) 6

11. $\frac{27}{3^x+2^{-x}} = \frac{8}{3^{-x}+2^x}$

eşitliğini sağlayan x değeri kaçtır?

A) 6 B) 5 C) 4 D) 3 E) 2

12. $7.3^{x+2} = 6x(3^{2x} - 1)$

denkleminin kökler toplamı aşağıdakilerden hangisine eşittir?

A) 7 B) 6 C) 0 D) –6 E) –7

karekök

3. Test'in Cevap Anahtarı

1	E	2	D	3	C	4	E	5	E	6	C	7	B	8	D	9	D	10	A	11	D	12	A

1. $\frac{16^x+4^x+1}{4^x+2^x+1}=\frac{8^x+1}{65}$

denkleminde $2^x = t$ alalım.

$\frac{t^4+t^2+1}{t^2+t+1}=\frac{t^3+1}{65}$

$\frac{(t^2+t+1)\cdot(t^2-t+1)}{t^2+t+1}=\frac{(t+1)(t^2-t+1)}{65}$

$t + 1 = 65 \Rightarrow t = 64$

$2^x = 64$ olduğundan $x = 6$ bulunur.

Yanıt D

2. $10^x = 49 \Rightarrow 10 = 7^{\frac{2}{x}}$

$10^y = 7^{\frac{2y}{x}} \Rightarrow 64 = 7^{\frac{2y}{x}}$

$8^2 = 7^{\frac{2y}{x}}$ olduğundan $7^{\frac{y}{x}} = 8$ bulunur.

$10 = 8^{\frac{2}{y}} \Rightarrow 10^x = 8^{\frac{2x}{y}}$

$49 = 8^{\frac{2x}{y}} \Rightarrow 7^2 = 8^{\frac{2x}{y}}$

$8^{\frac{x}{y}} = 7$ bulunur.

$7^{\frac{y}{x}} + 8^{\frac{x}{y}} = 8 + 7 = 15$ olur.

Yanıt E

3. I. Yol

$5^x = 5^2 \cdot 4 \Rightarrow 5^{x-2} = 4$

$4^y = 5^2 \cdot 4 \Rightarrow 5^2 = 4^{y-1}$

Yukarıdaki eşitliklerden $(x - 2)\cdot(y - 1) = 2\cdot 1$

$xy - 2y - x + 2 = 2$ ve $xy = x + 2y$ bulunur.

$\frac{2}{x}+\frac{1}{y}=\frac{2y+x}{xy}$ ifadesinde xy yerine x + 2y yazılırsa,

$\frac{2y+x}{x+2y}=1$ bulunur.

II. Yol

$5^x = 10^2 \Rightarrow 5 = 10^{\frac{2}{x}}$

$2^{2y} = 10^2 \Rightarrow 2^y = 10 \Rightarrow 2 = 10^{\frac{1}{y}}$

$10^{\frac{2}{x}} \cdot 10^{\frac{1}{y}} = 5 \cdot 2$

$10^{\frac{2}{x}+\frac{1}{y}} = 10^1$ ise $\frac{2}{x}+\frac{1}{y}=1$ olur.

Yanıt B

4. $2^y = 108^x$ denkleminden,

$2^{\frac{y}{x}} = 108$ elde edilir.

$2^6 < 108 < 2^7$ olduğundan,

$6 < \frac{y}{x} < 7$ bulunur.

Yanıt E

5. $x+\frac{8}{\sqrt{x}}=64+1$ şeklinde yazalım.

$x-64=1-\frac{8}{\sqrt{x}}$

$(\sqrt{x}-8)\cdot(\sqrt{x}+8)=\frac{\sqrt{x}-8}{\sqrt{x}}$

$\sqrt{x}+8=\frac{1}{\sqrt{x}} \Rightarrow x+8\sqrt{x}=1$

$8\sqrt{x} = 1 - x \Rightarrow 64x = 1 - 2x + x^2$

$x^2 - 66x + 1 = 0$ denkleminde

kökler toplamı $x_1+x_2=-\frac{b}{a}=66$ olur.

Ayrıca $\sqrt{x} - 8 = 0$ eşitliğinden $\sqrt{x} = 8$

$x = 64$ bulunur.

Denklemin tüm köklerinin toplamı $64 + 66 = 130$

Yanıt A

6. $\sqrt{3}\cdot(x - 3y) = x + y - 24$

denkleminde x ve y tam sayı olduğundan $\sqrt{3}$'ün önünde bulunan terim sıfır olmalıdır.

$x - 3y = 0 \Rightarrow x = 3y$

$0 = x + y - 24$ denkleminde x yerine 3y yazılırsa,

$4y = 24 \Rightarrow y = 6$ ve $x = 18$ olur.

$x - y = 18 - 6 = 12$ bulunur.

Yanıt D

karekök

7. $x = \dfrac{\sqrt{5}+1}{\sqrt{3}-1}$ denkleminde her iki tarafın karesi alınırsa,

$x^2 = \dfrac{6+2\sqrt{5}}{4-2\sqrt{3}}$ bulunur.

$y = \dfrac{4+2\sqrt{3}}{6-2\sqrt{5}}$ diyelim $\dfrac{x^2}{y}$ bölme işlemi yapılırsa,

$\dfrac{6+2\sqrt{5}}{4-2\sqrt{3}} \cdot \dfrac{6-2\sqrt{5}}{4+2\sqrt{3}} = 4$ ve $y = \dfrac{x^2}{4}$ bulunur.

Yanıt D

8. $\sqrt{999^2 - 333^2 - 666^2}$ ifadesinde, $t = 333^2$ alınırsa,

$\sqrt{9t - t - 4t} = \sqrt{4t} = 2\sqrt{t}$ bulunur.

$2\sqrt{t} = 2\sqrt{333^2} = 666$ olur.

Yanıt D

9. A = 12102420121 sayısı $121 \cdot 10^8 + 242 \cdot 10^4 + 121$ şeklinde yazılabilir.

$A = (11 \cdot 10^4 + 11)^2$ olduğundan,

$\sqrt{A} = 11 \cdot 10^4 + 11 = 110011$ bulunur.

$\sqrt{A}$ sayısının rakamları toplamı 4 olur.

Yanıt A

10. $A = 10^n - 1 \Rightarrow A^2 = 10^{2n} - 2 \cdot 10^n + 1$

$$\begin{array}{rcl} 10^{2n} & = & 10000 \ldots 0000 \\ - \ 2 \cdot 10^n & = & 2000 \ldots. 00 \\ \hline & & 99999 \ldots 9800 \ldots 00 \end{array}$$

Yukarıda bulunan sayıda n – 1 tane 9, n tane sıfır ve 1 tane 8 vardır.

A^2 sayısının rakamları toplamı 9(n – 1) + 8 + 1 = 9n olur.

Yanıt E

11. $A = \sqrt{14 \cdot 16 \cdot 18 \cdot 20 + 16}$ ifadesi 16 parantezine alınırsa,

$A = \sqrt{16 \cdot (7 \cdot 8 \cdot 9 \cdot 10 + 1)} = 4 \cdot \sqrt{7 \cdot 8 \cdot 9 \cdot 10 + 1}$ olur.

$\sqrt{n \cdot (n+1) \cdot (n+2) \cdot (n+3) + 1} = n(n+3) + 1$ olduğundan,

$A = 4 \cdot 71 = 284$ bulunur.

A sayısının rakamları toplamı 2 + 8 + 4 = 14 olur.

Yanıt C

12. $(16 + 17) \cdot (16^2 + 17^2) = 17^4 - x^2$

denkleminin her iki tarafı 17 – 16 = 1 ile çarpılırsa,

$(17 - 16) \cdot (16 + 17) \cdot (17^2 + 16^2) = 17^4 - 2^x$

$(17^2 - 16^2) \cdot (17^2 + 16^2) = 17^4 - 2^x$

$17^4 - 16^4 = 17^4 - 2^x$

$16^4 = 2^x \Rightarrow 2^x = 2^{16}$

x = 16 bulunur.

Yanıt A

karekök

4. Test'in Cevap Anahtarı

1	B	2	D	3	D	4	E	5	A	6	B	7	B	8	B	9	B	10	E	11	D	12	C

1. $7 - 4\sqrt{3} = (2 - \sqrt{3})^2$

$7 + 4\sqrt{3} = (2 + \sqrt{3})^2$ olduğundan,

$(2 - \sqrt{3})^{4020} = (2 + \sqrt{3})^{2x+2}$ elde edilir.

$\dfrac{1}{2-\sqrt{3}} = 2 + \sqrt{3}$ olduğundan,

$(2 + \sqrt{3})^{-4020} = (2 + \sqrt{3})^{2x+2}$

$2x + 2 = -4020 \Rightarrow x = -2011$

Yanıt E

2. $$\frac{10 \cdot 2^{x+2}}{2^{2x} - 1} = \frac{6^{2x} - 1}{6^x}$$

denkleminin köklerinden birinin x = a olduğunu varsayalım.

O halde, $\dfrac{10 \cdot 2^{a+2}}{2^{2a} - 1} = \dfrac{6^{2a} - 1}{6^a}$ olur.

Dikkat edilirse, x = –a yine denklemin bir köküdür.

$\dfrac{10 \cdot 2^{-a+2}}{2^{-2a} - 1} = \dfrac{6^{-2a} - 1}{6^{-a}}$ eşitliği düzenlenirse,

$-\dfrac{10 \cdot 2^{a+2}}{2^{2a} - 1} = -\dfrac{6^{2a} - 1}{6^a}$ elde edilir.

Demek ki, hem x = a hem de x = –a denklemin köküdür. Bu durumda kökler toplamı sıfır olur.

Yanıt C

3. $$\frac{5}{\sqrt[8]{6}+1} \cdot \frac{1}{\sqrt[4]{6}+1} \cdot \frac{1}{\sqrt{6}+1} + 1$$

ifadesinde pay ve payda $\sqrt[8]{6} - 1$ ile çarpılırsa,

$$\frac{\sqrt[8]{6}-1}{\sqrt[8]{6}-1} \cdot \frac{5}{\sqrt[8]{6}+1} \cdot \frac{1}{\sqrt[4]{6}+1} \cdot \frac{1}{\sqrt{6}+1} + 1$$

$$\frac{5}{\sqrt[4]{6}-1} \cdot \frac{\sqrt[8]{6}-1}{\sqrt[4]{6}+1} \cdot \frac{1}{\sqrt{6}+1} + 1$$

$$\frac{5 \cdot (\sqrt[8]{6}-1)}{(\sqrt{6}+1) \cdot (\sqrt{6}-1)} + 1 \Rightarrow \frac{5 \cdot (\sqrt[8]{6}-1)}{5} + 1 = \sqrt[8]{6} \text{ bulunur.}$$

Yanıt A

4. $$A = \sqrt{1006 + \sqrt{2011}} - \sqrt{1006 - \sqrt{2011}}$$

eşitliğinde her iki tarafın karesi alınırsa,

$A^2 = 2012 - 2 \cdot \sqrt{1006^2 - 2011}$ elde edilir.

$t = 1006$ olsun.

$A^2 = 2t - 2 \cdot \sqrt{t^2 - 2t + 1}$

$A^2 = 2t - 2 \cdot (t - 1) = 2$

$A = \sqrt{2}$ bulunur.

Yanıt B

5. A = 300900900300 sayısı şu şekilde yazılabilir:

$A = 3 \cdot 10^{11} + 9 \cdot 10^8 + 9 \cdot 10^5 + 3 \cdot 10^2$

$A = 3 \cdot 10^2 \cdot (10^9 + 3 \cdot 10^6 + 3 \cdot 10^3 + 1)$

$A = 3 \cdot 10^2 \cdot (10^3 + 1)^3$ elde edilir.

$1001^3.3.10^2.k = m$ eşitliğinde m'nin en küçük tam sayı değerini alabilmesi için $k = 3^2.10$ olmalıdır.

$m = 30 \cdot 1001 = 30030$ olur.

Yanıt E

6. $$A = \sqrt[6]{3 + 2\sqrt{2}} - \frac{1}{\sqrt[6]{3 + 2\sqrt{2}}}$$

$A = \sqrt[3]{\sqrt{2}+1} - \dfrac{1}{\sqrt[3]{\sqrt{2}+1}}$ ifadesinde $a = \sqrt[3]{\sqrt{2}+1}$ olsun.

$$A^3 + 3A = a^3 - 3a^2 \cdot \frac{1}{a} + 3a \cdot \frac{1}{a^2} - \frac{1}{a^3} + 3a - \frac{3}{a}$$

$$a^3 - \frac{1}{a^3} = \sqrt{2} + 1 - \frac{1}{\sqrt{2}+1} = \frac{2 + 2\sqrt{2}}{\sqrt{2}+1} = 2$$

$2^x = 2$ olduğundan x = 1 bulunur.

Yanıt E

karekök

7. A = 44444444 ve B = 8888 için,

x = 4444 alalım.

Buna göre, A = 10.001x ve B = 2x olur.

$\sqrt{A-B} = \sqrt{10.001x-2x} = \sqrt{9999x}$

$\sqrt{9 \cdot 1111 \cdot 4 \cdot 1111} = 6666$ bulunur.

Bu sayının rakamları toplamı 24 olur.

Yanıt C

8. $A = 9999995 = 10^7 - 5$

$A^2 = 10^{14} - 10^8 + 25$ sayısını açıkça yazalım.

$$\begin{array}{r} 1000000 \ldots 000025 \\ - \quad 100000000 \\ \hline 9999990000 \ldots 025 \end{array}$$

A^2 sayısının rakamları toplamı: $6 \cdot 9 + 2 + 5 = 61$ olur.

Yanıt E

9. $\dfrac{1+\sqrt{21}}{\sqrt{5+\sqrt{5+\sqrt{5+\ldots}}}}$ kesrinde

$x = \sqrt{5+\sqrt{5+\sqrt{5+\ldots}}}$ olsun.

$x^2 = x+5 \Rightarrow x^2 - x - 5 = 0$ denkleminin kökleri

$x = \dfrac{1+\sqrt{21}}{2}$ ve $x = \dfrac{1-\sqrt{21}}{2}$ olur.

Denklemi sağlayan x değeri $\dfrac{1+\sqrt{21}}{2}$ olduğundan, soruda yerine yazılırsa sonuç 2 bulunur.

Yanıt B

10. $\sqrt[4]{17 \cdot 18 \cdot 19 \cdot 20 + 17 \cdot 20 \cdot 58 + 3 \cdot 20^3}$

$20 \cdot (17 \cdot 18 \cdot 19 + 17 \cdot 58 + 3 \cdot 20^2)$

$17 \cdot 18 \cdot 19 + 17 \cdot 58 = 17 \cdot (18 \cdot 19 + 58) = 17.400$

$20 \cdot (17 \cdot 20^2 + 3 \cdot 20^2) = 20 \cdot 20^3 = 20^4$

$\sqrt[4]{20^4} = 20$ bulunur.

Yanıt D

11. $a = \sqrt[3]{3-\sqrt{17}} + \sqrt[3]{3+\sqrt{17}}$ ifadesinde,

$x = \sqrt[3]{3-\sqrt{17}}$ ve $y = \sqrt[3]{3+\sqrt{17}}$ olsun.

$a^3 = (x+y)^3 = x^3 + y^3 + 3 \cdot xy \cdot (x+y)$

$a^3 = 3 - \sqrt{17} + 3 + \sqrt{17} + 3 \cdot \sqrt[3]{-8} \cdot a$

$a^3 = 6 - 6a$ bulunur.

O halde, $a^3 + 6a = 6$ olur.

Yanıt E

12. $3^x - 2 = 3^{-x} + 2 = A$

$3^x - 2 = 3^{-x} + 2 \Rightarrow 3^x - 2 = \dfrac{1}{3^x} + 2$

$3^{2x} - 4 \cdot 3^x = 1$ elde edilir.

$A^2 = (3^x - 2)^2 = 3^{2x} - 4 \cdot 3^x + 4$

$A^2 = 1 + 4 = 5$ olduğundan,

$\sqrt{A^2 + 11} = \sqrt{5+11} = 4$ bulunur.

Yanıt B

karekök

1. $(10001)^n = (10^4 + 1)^n$ olarak yazalım.

$(10^4 + 1)^n$ ifadesinin açılımında sayının rakamları toplamı demek binom açılımındaki katsayılarının rakamları toplamı demektir.

n = 6 olarak alınırsa binom katsayıları:

1, 6, 15, 20, 15, 6, 1 olduğundan rakamlar toplamı

1 + 6 + 1 + 5 + 2 + 0 + 1 + 5 + 6 + 1 = 28 bulunur.

O halde, n = 6 olmalıdır.

Yanıt E

2. $$\frac{\sqrt[3]{\sqrt{3}+1}\cdot(2\sqrt{3}-2)}{\sqrt[3]{4-\sqrt{12}}} = \sqrt[3]{2^x}$$

denkleminde her iki tarafın küpü alınırsa,

$$\frac{(\sqrt{3}+1)\cdot 8\cdot(\sqrt{3}-1)^3}{(\sqrt{3}-1)^2} = 2^x$$

$$\frac{(\sqrt{3}+1)\cdot(\sqrt{3}-1)\cdot 8\cdot(\sqrt{3}-1)^2}{(\sqrt{3}-1)^2}$$

$16 = 2^x \Rightarrow x = 4$ bulunur.

Yanıt D

3. $x\sqrt{x} - 1000\sqrt{x} = 999$ denkleminde,

$x\sqrt{x} - \sqrt{x} = 999 + 999\sqrt{x}$

$\sqrt{x}(x - 1) = 999(1 + \sqrt{x})$

$\sqrt{x}\cdot(\sqrt{x} - 1)\cdot(\sqrt{x} + 1) = 999\cdot(1 + \sqrt{x})$

$\sqrt{x}\cdot(\sqrt{x} - 1) = 999$

$x - \sqrt{x} = 999$ bulunur.

Yanıt C

4. $4^{a-b} + 4^{b-a} = 2$ eşitliğinde, $4^{a-b} = t$ olsun.

$t + \frac{1}{t} = 2 \Rightarrow t^2 - 2t + 1 = 0$ denkleminden, t = 1 bulunur.

$4^{a-b} = 1$ olduğundan a – b = 0 ve a = b olur.

Buna göre, $\frac{a}{b} = 1$ bulunur.

Yanıt E

5. $(x + 1)^{(x+1)} = 4$

işlemi sonsuza kadar devam ettiğinden, $(x + 1)^4 = 4$ yazılabilir.

x reel sayı olduğundan $(x + 1)^2 = 2$ alınmalıdır.

$x + 1 = \sqrt{2}$ veya $x + 1 = -\sqrt{2}$

$x = \sqrt{2} - 1$ veya $x = -1 - \sqrt{2}$ bulunur.

Yanıt E

6. $(\sqrt{5} + 2)^6 < x$

$(\sqrt{5} - 2)^6 < 1$

eşitsizliklerini açarak yazalım.

$125 + A + 15\cdot25\cdot4 + B + 15\cdot5\cdot16 + C + 64 < x$

$125 - A + 15\cdot25\cdot4 - B + 15\cdot5\cdot16 - C + 64 < 1$

Bu eşitsizlikler taraf tarafa toplanırsa,

$5778 < x + 1 \Rightarrow 5777 < x$ bulunur.

Buradan en küçük x tam sayı değeri 5778 olur.

Yanıt C

karekök

7. $\sqrt{a}+\sqrt{b}=\sqrt{2112}$

$\sqrt{a}+\sqrt{b}=8\sqrt{33}$

eşitliğinde a ve b tam sayı olduğundan,

$(0,\ 8\sqrt{33}),\ (\sqrt{33},\ 7\sqrt{33}),\ (2\sqrt{33},\ 6\sqrt{33}),\ ......,\ (8\sqrt{33},\ 0)$

şeklindeki ikililer çözüm olacaktır.

Burada a'nın 9 farklı değer alabileceği görülmektedir.

Yanıt B

8. $\sqrt{xy}-17\cdot\sqrt{x}+40=0$

ifadesi $\sqrt{x}$ parantezine alınırsa,

$\sqrt{x}\cdot(\sqrt{y}-17)=-40$

$\sqrt{y}-17=-\dfrac{40}{\sqrt{x}}$ bulunur.

Burada, 40 değerinin $\sqrt{x}$ ile tam bölünmesini sağlayan x sayıları bulunmalıdır.

$40=2^3\cdot5^1$ olduğundan $\sqrt{x}$ sayısı 8 farklı değer alabilir. $\sqrt{x}$, 1 ve 2 olamaz.

Buna göre, 6 farklı (x, y) ikilisi yazılabilir.

Yanıt D

9. $3^a=2^b$ ve $3^{\frac{a+k}{b}}+2^{\frac{b+k}{a}}=80$ eşitliklerinden,

$3^{\frac{a}{b}}\cdot3^{\frac{k}{b}}+2^{\frac{b}{a}}\cdot2^{\frac{k}{a}}=80$

$2\cdot2^{\frac{k}{a}}+3\cdot2^{\frac{k}{a}}=80$

$5\cdot2^{\frac{k}{a}}=80\Rightarrow2^{\frac{k}{a}}=16$

$\dfrac{k}{a}=4\Rightarrow$ k = 4a bulunur.

Yanıt D

10. $(1001)^{1000}-1$ ifadesinde,

$(1001)^{1000}$ sayısını $(10^3+1)^{1000}$ şeklinde yazalım.

$(10^3+1)^{1000}=10^{3000}+ .... +\dbinom{1000}{999}\cdot10^3\cdot1+1$

Bu açılımda $\dbinom{1000}{999}\cdot10^3$ terimi daha önceki terimlerden elde edilebilecek sıfırları ortadan kaldırır.

En sonda $\dbinom{1000}{999}\cdot10^3+1-1=10^6$ kalacağından 6 tane sıfır elde edilir.

Yanıt A

11. A = 9999 .... 99 sayısı 81 basamaklı olduğundan $10^{81}-1$ şeklinde yazılabilir.

$A^2=(10^{81}-1)^2$ açılarak yazılırsa

$A^2=10^{162}-2\cdot10^{81}+1$ olur.

```
   100...000...01
 –         20...00
 ----------------
    99...980...01
```

Burada 80 tane 9 rakamı bulunduğundan, A^2 sayısının rakamları toplamı: $9\cdot80+8+1=729$ olur.

Yanıt D

12. $5^{\frac{1}{x}}=\sqrt[4]{\left(\frac{5}{2}\right)^{x+y}}$ her iki tarafın dördüncü kuvveti alınırsa,

$5^{\frac{4}{x}}=\dfrac{5^{x+y}}{2^{x+y}}\Rightarrow5^{\frac{4}{x}}\cdot2^{x+y}=5^{x+y}$

$5^{\frac{1}{x}}=2^{\frac{1}{y}}\Rightarrow5^{\frac{y}{x}}=2$ olduğundan,

$5^{\frac{4}{x}}\cdot(5^{\frac{y}{x}})^{x+y}=5^{x+y}$

$\dfrac{4}{x}+\dfrac{y}{x}\cdot(x+y)=x+y$

$4=(x+y)\cdot(x-y)\Rightarrow x^2-y^2=4$ bulunur.

Yanıt A

karekök

1. $A = 1111111111 = \frac{1}{9}\cdot(10^{10}-1)$

$B = 22222 = \frac{2}{9}\cdot(10^{5}-1)$ olarak yazılırsa

$\sqrt{A-B} = \sqrt{\frac{1}{9}(10^{10}-1) - \frac{2}{9}(10^{5}-1)}$ ifadesinde,

$t = 10^5$ alalım.

$\sqrt{A-B} = \frac{1}{3}\sqrt{(t-1)^2} = \frac{1}{3}\cdot(t-1)$ olur.

$\sqrt{A-B} = \frac{1}{3}\cdot(10^5-1) = 33333$ bulunur.

Yanıt B

2. p bir tam sayı olmak üzere,

$\sqrt{13\cdot k + 225} = p$ eşitliğinin sağlanması isteniyor.

Her iki tarafın karesi alınırsa,

$13\cdot k + 225 = p^2 \Rightarrow 13k = p^2 - 225$

$13\cdot k = (p-15)\cdot(p+15)$

k sayısının asal olmasını sağlayacak şekilde p = 28 alınırsa,

$13\cdot k = (28-15)\cdot(28+15)$

k = 43 elde edilir.

Yanıt D

3. $\sqrt{x} + \sqrt{y} = 300$ olduğundan, $\sqrt{x} + \sqrt{y} = 10\sqrt{3}$ yazılabilir.

x ve y doğal sayı olarak verildiğinden,

$(0, 10\sqrt{3}), (\sqrt{3}, 9\sqrt{3}), (2\sqrt{3}, 8\sqrt{3}), \ldots\ldots, (10\sqrt{3}, 0)$

şeklinde 11 tane (x, y) ikilisi yazılır.

Yanıt D

4. $(\sqrt{2}+1)^x + (\sqrt{2}-1)^x = 34$ denkleminde,

$a = \sqrt{2} + 1$ alalım.

Bu durumda, $\frac{1}{\sqrt{2}+1} = \sqrt{2}-1$ olduğundan $\sqrt{2}-1 = \frac{1}{a}$

olur. Böylece, verilen denklem $a + \frac{1}{a} = 34$ şeklini alır.

$a^2 - 34a + 1 = 0$ denkleminin kökleri

$a = 17 + 12\sqrt{2}$ ve $a = 17 - 12\sqrt{2}$ olur.

$17 + 12\sqrt{2} = (\sqrt{2}+1)^x$ eşitliğinden x = 4

$17 - 12\sqrt{2} = (\sqrt{2}+1)^x$ eşitliğinden x = – 4 bulunur.

Reel kökler toplamı 4 – 4 = 0 olur.

Yanıt E

5. $\sqrt{a} + \sqrt{b} + \sqrt{c} = \sqrt{640}$

$\sqrt{a} + \sqrt{b} + \sqrt{c} = 8\sqrt{10}$

eşitliğinde a, b, c doğal sayılar olduğundan aslında x + y + z = 8 denklemini sağlayan (x, y, z) üçlülerinin sayısı istenmektedir.

x + y + z = 8 eşitliğini sağlayan (x, y, z) üçlülerinin sayısı,

$\binom{8+3-1}{3-1} = \binom{10}{2} = 45$ tanedir.

Yanıt A

6. a, b, c pozitif tam sayılar olmak üzere,

$2^{3a} + 2^{4b} = 2^{17c}$

eşitliğinin sağlanması için 3a = 4b şeklinde bir seçim yapılmalıdır. Aksi takdirde, c tam sayı olmaz.

a + b + c ifadesinin en küçük olması için, 3a = 4b eşitliğinde a = 28 ve b = 21 alınmalıdır.

Çünkü OKEK(3, 4) = 12 olduğundan $17\cdot c$ $12\cdot k + 1$ şeklindedir.

Burada k değeri en az 7 olacağından c = 5 olur.

a + b + c = 28 + 21 + 5 = 54

Yanıt B

7. I. Yol

$x^y = y^x$ eşitliğinden

$y = x \cdot \log_x y$ yazılabilir $x = k \cdot y$ olduğundan,

$y = k \cdot y \cdot \log_{ky} y \Rightarrow \frac{1}{k} = \log_{ky} y$

$k = \log_y ky$ elde edilir.

$k = \log_y k + 1 \Rightarrow k - 1 = \log_y k$

$\frac{1}{k-1} = \log_k y$

Buradan, $y = k^{\frac{1}{k-1}}$ bulunur.

II. Yol

$(ky)^y = y^{ky}$ yazılabilir.

$k^y \cdot y^y = (y^y)^k \Rightarrow k^y = (y^y)^{k-1}$ olur.

$k = y^{k-1}$ ve $y = k^{\frac{1}{k-1}}$ bulunur.

Yanıt B

8.

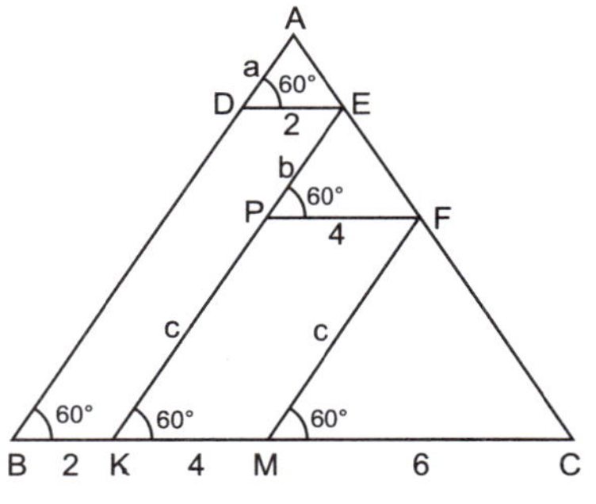

Şekilden a + b + c = |AB| = 12 olduğu görülmektedir. ADE üçgeninde kosinüs teoremi yazılırsa,

$|AE|^2 = a^2 + 4 - 2 \cdot a \cdot 2 \cdot \cos 60 \Rightarrow |AE|^2 = a^2 + 4 - 2a$

$\Rightarrow |AE| = \sqrt{a^2 - 2a + 4}$

Benzer şekilde,

$$|EF| = \sqrt{b^2 - 4b + 16} \text{ ve } |FC| = \sqrt{c^2 - 6c + 36}$$

bulunur.

|AE| + |EF| + |FC| toplamının en küçük olması için A, E, F, C noktaları doğrusal olmalıdır.

Bu durumda ABC eşkenar üçgen olur ve |AC| = 12 bulunur.

Yanıt B

9. a, b, c, d, x pozitif tam sayı olmak üzere,

$$4^{2a} + 4^{3b} + 4^{4c} + 4^{5d} = 4^{11x}$$

eşitliğinin sağlanması için, OKEK(2, 3, 4, 5) = 60

$11x = 60 \cdot k + 1$ şeklinde olmalıdır.

Eşitliği sağlayan en küçük k değeri 2 olur.

Ayrıca 2a = 3b = 4c = 5d olması gerektiğinden

$$4^{120} + 4^{120} + 4^{120} + 4^{120} = 4^{11 \cdot x}$$

$$4^{121} = 4^{11 \cdot x} \Rightarrow x = 11 \text{ bulunur.}$$

a = 60, b = 40, c = 30 ve d = 24 olduğundan

$$a + b + c + d + x = 165 \text{ olur.}$$

Yanıt B

10. $\sqrt{5}x + \sqrt{5}y + 30 = 4x - y$

$\sqrt{5} \cdot (x + y) + 30 = 4x - y$

x ve y tam sayı olduğundan x + y = 0 olmak zorundadır. Buradan, y = –x yazılırsa 5x = 30 ve x = 6 bulunur.

Yanıt E

11. $\frac{27}{3^x + 2^{-x}} = \frac{8}{3^{-x} + 2^x}$

$\frac{27}{3^x + \frac{1}{2^x}} = \frac{8}{\frac{1}{3^x} + 2^x}$

$\frac{27 \cdot 2^x}{1 + 6^x} = \frac{8 \cdot 3^x}{1 + 6^x} \Rightarrow \frac{27}{8} = \left(\frac{3}{2}\right)^x$

Buradan $x = 3$ bulunur.

Yanıt D

12. $7 \cdot 3^{x+2} = 6x \cdot (3^{2x} - 1)$ denklemini $\frac{3^{x+2}}{3^{2x} - 1} = \frac{6}{7}x$ olarak yazalım.

Denklemin köklerinden birinin x = a olduğunu düşünelim. Bu durumda x = –a yine denklemi sağlar (Neden?) Benzer şekilde x = b ve x = –b gibi kökler denklemi sağlayacağından kökler toplamı sıfır olur.

Yanıt C

karekök

3. BÖLÜM

ÇARPANLARA AYIRMA VE ÖZDEŞLİKLER

1. x bir reel sayıdır.

$x^3 - 8x + 3 = 0$ olduğuna göre, $x^2 + \frac{1}{x^2}$ ifadesi aşağıdakilerden hangisine eşittir?

A) 5 B) 6 C) 7 D) 8 E) 9

2. $A = 9999^3 + 9.\ 3333.\ 9999 + 9.\ 3333$

sayısı veriliyor.

Buna göre, A sayısının rakamları toplamı kaçtır?

A) 999 B) 720 C) 108 D) 99 E) 9

3. $x^4 + x^3 + x^2 + x + 1 = 0$

olduğuna göre, $x^{71} - x^{61} + x^{51} + x^{41} + 1$ ifadesi aşağıdakilerden hangisine eşittir?

A) 5x + 1 B) 3x + 2 C) 2x – 3 D) 2x – 1 E) 2x +1

4. $(x - 1)(x - 2)(x - 3) \ldots (x - 40)$

ifadesinin açılımında x^{39} teriminin katsayısı kaçtır?

A) 820 B) 410 C) 205 D) –820 E) –900

5. $a + \frac{1}{a} = -1$

olduğuna göre, $a^{1024} + \frac{1}{a^{1024}}$ ifadesinin değeri kaça eşittir?

A) 2014 B) 1007 C) 1 D) –1 E) –2014

6. x pozitif bir reel sayıdır.

Buna göre, $x^2 + \frac{27}{4x}$ ifadesi aşağıdakilerden hangisine eşit olamaz?

A) 10 B) 9 C) 8 D) 7 E) 6

7. x ve y pozitif reel sayılardır.

$$xy\,(x - y) = 8$$

olduğuna göre, $x^2 + y^2$ ifadesi aşağıdakilerden hangisine eşit olabilir?

A) 12 B) 11 C) 10 D) 9 E) 8

8. m reel sayı olmak üzere,

$$\frac{x^2 + mx + 2}{x^4 + 4}$$

kesri sadeleşebilmektedir.

Buna göre, m'nin alabileceği değerler çarpımı kaçtır?

A) 6 B) 4 C) 2 D) – 4 E) –6

9. x ve n doğal sayılardır.

$$2^n + 129 = x^2$$

olduğuna göre, x + n ifadesinin <u>en büyük</u> değeri kaçtır?

A) 36 B) 56 C) 77 D) 81 E) 90

10. $x \neq -1$ olmak üzere,

$$x^5 + 5x^4 + 7x^3 + x^2 - 4x = 2$$

olduğuna göre, $x^2 + 2x$ ifadesinin değeri aşağıdakilerden hangisine eşittir?

A) 1 B) 2 C) 3 D) 4 E) 5

11. $$\frac{(4.1^4+1).(4.3^4+1).(4.5^4+1)...(4.9^4+1)}{(4.2^4+1).(4.4^4+1).(4.6^4+1)...(4.10^4+1)}$$

işleminin en sade şekli aşağıdakilerden hangisidir?

A) $\frac{1}{100}$ B) $\frac{1}{120}$ C) $\frac{1}{150}$ D) $\frac{1}{200}$ E) $\frac{1}{221}$

12. n < 990 olmak üzere,

$$A = n^2 + 14\,n - 48$$

sayısı veriliyor.

Buna göre, A sayısının 97 ile bölünmesini sağlayan <u>en büyük</u> n tam sayı değeri kaçtır?

A) 971 B) 963 C) 948 D) 941 E) 917

1. a ve b pozitif reel sayılardır.

$$a \cdot b = 3(a + b) \text{ ve } a^2 + b^2 = 160$$

olduğuna göre, $a^2 - b^2$ aşağıdakilerden hangisine eşit olabilir?

A) 128 B) 120 C) 108 D) 100 E) 96

2. a, b, c sıfırdan farklı sayılardır.

$$a + b = 2c \text{ ve } a^3 + b^3 - 8c^3 = a^2 \cdot b^2 \cdot c^2$$

olduğuna göre, $a \cdot b \cdot c$ çarpımı kaça eşittir?

A) 8 B) 6 C) 3 D) –3 E) –6

3. $$a + \frac{3}{a} = 6$$

olduğuna göre, $a^2 + \frac{18}{a}$ ifadesinin değeri kaça eşittir?

A) 18 B) 24 C) 33 D) 45 E) 54

4. $$x = \sqrt[3]{9} + \sqrt[3]{3} + 1$$

olduğuna göre, $\left(\frac{x+2}{x}\right)^{12}$ ifadesinin değeri aşağıdakilerden hangisine eşittir?

A) 32 B) 64 C) 81 D) 90 E) 100

5. x bir reel sayı olmak üzere,

$$A = (x - 2)(x - 6)(x + 4)(x + 8)$$

sayısı veriliyor.

Buna göre, A sayısının alabileceği <u>en küçük</u> değer kaçtır?

A) 200 B) 100 C) –200 D) –400 E) –480

6. **$x^{101} + 1$ sayısının 16 ile bölünmesini sağlayan <u>en küçük</u> pozitif x tam sayısı kaçtır?**

A) 8 B) 12 C) 15 D) 18 E) 24

karekök

7. x ve y tam sayı olmak üzere,

$$x^2 - y^2 = 704$$

denklemini sağlayan kaç farklı (x, y) ikilisi vardır?

A) 10 B) 16 C) 20 D) 24 E) 40

8. $12xy - 6y^2 + 11y - 10x - 5 = 0$

eşitliği bütün x reel sayıları için sağlandığına göre, y reel sayısı kaça eşittir?

A) $\frac{2}{3}$ B) $\frac{3}{4}$ C) $\frac{4}{5}$ D) $\frac{5}{6}$ E) $\frac{6}{7}$

9. n bir tam sayı olmak üzere,

$$A = n^8 - 5n^4 + 4$$

eşitliği veriliyor.

Buna göre, kaç farklı n değeri için A bir asal sayıya eşit olur?

A) 4 B) 3 C) 2 D) 1 E) 0

10. $4^x = 9^y + 295$

denkleminde x ve y pozitif tam sayılardır.

Buna göre, denklemi sağlayan kaç farklı (x, y) ikilisi vardır?

A) 4 B) 3 C) 2 D) 1 E) 0

11. $1111122222 = x^2 + x$

denklemini sağlayan pozitif x değeri aşağıdakilerden hangisidir?

A) 12121 B) 21212 C) 22222 D) 32321 E) 33333

12. $a^2 - 8b^2 - c^2 + 2ab + 6bc$

ifadesinin çarpanlarından biri aşağıdakilerden hangisidir?

A) a – 2b + 3c B) a – 2b + 2c C) a + 4b – c D) a + 4b + c E) a + 3b + c

1. Testin Cevap Anahtarı

1	C	2	C	3	E	4	D	5	D	6	E	7	A	8	D	9	C	10	B	11	E	12	B

1. $a^2 + 3ab + b^2 = 40$

$a - ab + b = 16$

olduğuna göre, a + b toplamının pozitif değeri kaçtır?

A) 9 B) 8 C) 7 D) 6 E) 5

2. $ax + by = 14$

$bx + ay = 6$

olduğuna göre, $(x^2 - y^2).(a^2 - b^2)$ ifadesinin değeri kaça eşittir?

A) 184 B) 160 C) 140 D) 124 E) 108

3. $3 < \frac{x}{y} < 10$

olduğuna göre, $\frac{x^3 + 3x^2y - y^3}{y^3}$ ifadesinin alabileceği en küçük tam sayı değeri kaçtır?

A) 53 B) 54 C) 72 D) 108 E) 111

4. $y \neq -x$ için, $(x + y)^3 + 2(x^3 + y^3) = x^4 - y^4$

olduğuna göre, x – y farkı aşağıdakilerden hangisine eşittir?

A) 1 B) 2 C) 3 D) 4 E) 5

5. $a^2 + 6(a + b) + b^2 = -18$

eşitliğini sağlayan a ve b reel sayıları için, a.b kaça eşittir?

A) 8 B) 9 C) 10 D) 11 E) 12

6. $x \neq -2$ olmak üzere, $x^3 - 5x - 2 = 0$

olduğuna göre, $x^2 + \frac{1}{x^2}$ aşağıdakilerden hangisine eşittir?

A) 2 B) 4 C) 6 D) 8 E) 10

karekök

7. a ve b reel sayılardır.

$5a^2 + b^2 + 1 = 2a(2b + 1)$

olduğuna göre, a + b kaçtır?

A) 3 B) 4 C) 5 D) 6 E) 7

8. a, b, c reel sayılar ve

$a^2 + b^2 + c^2 = 24$

olduğuna göre, $a \cdot b + a \cdot c + b \cdot c$ ifadesinin alabileceği en küçük değer kaçtır?

A) –9 B) –10 C) –11 D) –12 E) –13

9. $A = 25 \cdot 26 \cdot 27 \cdot 28$

$B = 20 \cdot 21 \cdot 22 \cdot 23$

olduğuna göre, A – B farkı aşağıdakilerden hangisine tam bölünür?

A) 240 B) 245 C) 270 D) 300 E) 321

10. $1 + x + x^2 + x^3 + x^4 = 0$

olduğuna göre,

$1 + x + x^2 + x^3 + \ldots\ldots\ldots\ldots\ldots + x^{1010}$

ifadesinin değeri kaça eşittir?

A) 1010 B) 505 C) 4 D) 1 E) 0

karekök

11. **$9^{101} + 11^{101}$ toplamının 100 ile bölümünden kalan aşağıdakilerden hangisine eşittir?**

A) 20 B) 18 C) 11 D) 1 E) 0

12. **$3^{80} + 3^{40}$ toplamının 100 ile bölümünden elde edilecek kalan aşağıdakilerden hangisidir?**

A) 99 B) 33 C) 10 D) 2 E) 1

2. Testin Cevap Anahtarı

1	A	2	E	3	C	4	C	5	D	6	C	7	C	8	D	9	E	10	D	11	E	12	C

1. $x^3 - 8x + 3$ ifadesini çarpanlara ayıralım.

$$\begin{array}{r|l} x^3 - 8x + 3 & x + 3 \\ \cline{2-2} - & x^2 - 3x + 1 \\ \hline 0 & \end{array}$$

$(x + 3)(x^2 - 3x + 1) = 0$ olduğuna göre,

$(x + 3) = 0 \Rightarrow x = -3$ ya da $x^2 - 3x + 1 = 0$

demektir.

$x = -3$ için $x^2 + \frac{1}{x^2} = 9 + \frac{1}{9} = \frac{82}{9}$ cevaplarda yoktur.

O halde, $x^2 - 3x + 1 = 0$ ve $x^2 + 1 = 3x$

$x + \frac{1}{x} = 3$ ifadesinde her iki tarafın karesi alınırsa,

$x^2 + \frac{1}{x^2} + 2 = 9 \Rightarrow x^2 + \frac{1}{x^2} = 7$

Yanıt C

2. $A = 9999^3 + 9 \cdot 3333 \cdot 9999 + 9 \cdot 3333$

ifadesinde $t = 9999$ olsun.

$t^3 + 3t^2 + 3t$ elde edilir. Buradan, $t^3 + 3t^2 + 3t + 1 - 1$ yazılırsa $(t + 1)^3 - 1$ bulunur.

$(9999 + 1)^3 - 1 = 10^{12} - 1$

$10^{12} - 1 = 999 \ldots 99$ sayısında 12 tane 9 vardır.

O halde, A sayısının rakamları toplamı $9 \cdot 12 = 108$

Yanıt C

3. $x^4 + x^3 + x^2 + x + 1 = 0$

eşitliğinin her iki tarafını $x - 1$ ile çarparsak,

$(x - 1) \cdot (x^4 + x^3 + x^2 + x + 1) = 0$ bulunur.

Buradan $x^5 - 1 = 0$ ve $x^5 = 1$ olur.

$x^{71} - x^{61} + x^{51} + x^{41} + 1$ ifadesinde x^5 yerine 1 yazılırsa, $x - x + x + x + 1 = 2x + 1$ elde edilir.

Yanıt E

4. $(x - 1) \cdot (x - 2) \cdot (x - 3) \ldots. (x - 40)$

ifadesinin açılımı yapılırsa, $ax^{40} + bx^{39} + cx^{38} + \ldots. + n$ elde edilir.

Burada denklemin kökleri toplamı $= -\frac{b}{a}$ olduğu düşünülürse,

$1 + 2 + 3 + 4 + \ldots + 40 = \frac{40 \cdot 41}{2} = 820$

$a = 1$ olduğundan $b = -820$ bulunur.

Yanıt D

5. $a + \frac{1}{a} = -1$ eşitsizliğinde her iki tarafın karesi alınırsa,

$a^2 + \frac{1}{a^2} + 2 = 1 \Rightarrow a^2 + \frac{1}{a^2} = -1$ olur.

Tekrar her iki tarafın karesini alalım.

$a^4 + \frac{1}{a^4} + 2 = 1 \Rightarrow a^4 + \frac{1}{a^4} = -1$ elde edilir.

Benzer şekilde kare alma işlemine devam edilirse,

$a^8 + \frac{1}{a^8} = -1$, $a^{16} + \frac{1}{a^{16}} = -1$ olacağından

$a^{1024} + \frac{1}{a^{1024}} = -1$ bulunur.

Yanıt D

6. $x^2 + \frac{27}{4x}$ ifadesinin alabileceği en küçük değeri bulmaya çalışalım. Türev alınırsa,

$2x - \frac{27}{4x^2} = 0 \Rightarrow 8x^3 = 27 \Rightarrow x = \frac{3}{2}$

$x = \frac{3}{2}$ için verilen ifadenin minimum değeri $\frac{27}{4}$ olur.

O halde $x^2 + \frac{27}{4x} \geq \frac{27}{4}$ olacağından ifade 6'dan daima büyük olur.

Not: Aritmetik ortalama ve geometrik ortalama eşitsizliği kullanarak da çözülebilir.

Yanıt E

karekök

7. I. Yol

$x \cdot y \cdot (x - y) = 8$

ifadesinde $x - y = m$ olsun.

$x^2 + y^2 - 2xy = m^2 \Rightarrow x^2 + y^2 = m^2 + 2xy$

$x \cdot y \cdot m = 8$ olduğundan $x \cdot y = \frac{8}{m}$ demektir.

$x^2 + y^2 = m^2 + \frac{16}{m}$ bulunur.

$m^2 + \frac{16}{m}$ ifadesinin en küçük değerini bulmak için türev alınırsa, $2m - \frac{16}{m^2} = 0 \Rightarrow m = 2$ olur.

$m^2 + \frac{16}{m}$ teriminde m = 2 yazılırsa,

$x^2 + y^2 = m^2 + \frac{16}{m} = 12$ bulunur.

II. Yol

$x - y = \frac{8}{xy}$ için her iki tarafın karesi alınırsa,

$x^2 + y^2 = \frac{64}{x^2y^2} + 2xy = \frac{64}{x^2y^2} + xy + xy = A$ olsun.

$\frac{A}{3} \geq \sqrt[3]{64} = 4$ için $A \geq 12$ bulunur.

Yanıt A

8. $\frac{x^2 + mx + 2}{x^4 + 4}$ kesrinin paydasını çarpanlara ayıralım.

$x^2 + 4 = x^4 + 4x^2 + 4 - 4x^2$

$x^4 + 4 = (x^2 + 2)^2 - (2x)^2 = (x^2 - 2x + 2) \cdot (x^2 + 2x + 2)$

$\frac{x^2 + mx + 2}{(x^2 - 2x + 2) \cdot (x^2 + 2x + 2)}$ kesrinin sadeleşebilmesi için

m = 2 ya da m = –2 olmalıdır.

m'nin alabileceği değerler çarpımı –4 olur.

Yanıt D

9. $2^n + 129 = x^2$ eşitliğini,

$2^n + 2 \cdot 64 + 1 = x^2$ şeklinde yazalım.

$2^n + 2 \cdot 64 + 1$ ifadesinin tam kare olması için

$2^{\frac{n}{2}} = 64 \Rightarrow 2^{\frac{n}{2}} = 2^6 \Rightarrow n = 12$ gerekir.

$(2^6 + 1)^2 = x^2$ eşitliğinden

$65^2 = x^2 \Rightarrow x = 65$ bulunur.

Yanıt C

10. $x^5 + 5x^4 + 7x^3 + x^2 - 4x - 2 = 0$

eşitliğinde son terimden hareket edilirse, çarpanlardan birinin $x + 1$ olduğu görülür.

$x^5 + 5x^4 + 7x^3 + x^2 - 4x - 2$ ifadesi $x + 1$ ile bölünürse, bölüm $x^4 + 4x^3 + 3x^2 - 2x - 2$ olur.

$x^4 + 4x^3 + 3x^2 - 2x - 2 = 0$ denkleminde,

$(x^2 + 2x)^2 = x^4 + 4x^3 + 4x^2$

$t = x^2 + 2x$ alınırsa, $t^2 - t - 2 = 0$ olur.

Buradan t = 2 ve t = –1 bulunur.

O halde, $t = x^2 + 2x = 2$ olur.

Yanıt B

11. Verilen kesrin terimlerine dikkat edilirse her birinin $4x^4 + 1$ formunda olduğu görülür.

$4x^4 + 1 = 4x^4 + 4x^2 + 1 - 4x^2$

$4x^4 + 1 = (2x^2 + 1)^2 - (2x)^2$

$4x^4 + 1 = (2x^2 + 2x + 1) \cdot (2x^2 - 2x + 1)$ olur.

pay kısmında x = 1, 3, 5, ... 9 ve paydada x = 2, 4, 6, ... 10 yazılırsa,

$\frac{(5 \cdot 1) \cdot (25 \cdot 13) ... (181 \cdot 145)}{(13 \cdot 5) \cdot (41 \cdot 25) ... (221 \cdot 181)} = \frac{1}{221}$ bulunur.

Yanıt E

12. $A = n^2 + 14n - 48$ ifadesi 97 ile bölünüyorsa

$n^2 + 14n - 48 + 97$ yine 97 ile bölünür.

$n^2 + 14n + 49 = (n + 7)^2$ olur.

$(n + 7)^2$ ifadesinin 97 ile tam bölünmesi için

n = 97k – 7 formunda olması gerekir.

k = 10 için n = 963 bulunur.

Yanıt B

1	C	2	B	3	B	4	C	5	B	6	C	7	A	8	D	9	A	10	D	11	A	12	D

1. $(a + b)^2 = a^2 + b^2 + 2ab$ özdeşliğinde,

$a^2 + b^2 = 160$ ve $a \cdot b = 3 \cdot (a + b)$ olduğundan

$(a + b)^2 = 160 + 6(a + b)$ elde edilir.

$a + b = t$ alalım. $t^2 - 6t - 160 = 0$ denklemi çözülürse,

$(t - 16) \cdot (t + 10) = 0 \Rightarrow t = 16$ ve $t = -10$ bulunur.

a ve b pozitif reel sayılar olduğundan $a + b = 16$ olur.

$a \cdot b = 3 \cdot 16 \Rightarrow a \cdot b = 48$ ve $a + b = 16$ eşitliklerinden

$a = 12$ ve $b = 4$ elde edilir.

$a^2 - b^2 = 144 - 16 = 128$

Yanıt A

2. $a^3 + b^3 - 8c^3 = a^2b^2c^2$

$(a + b)^3 = a^3 + b^3 + 3ab\,(a + b) = 8c^3$ olur.

Buradan $a^2b^2c^2 + 8c^3 + 3ab(a + b) = 8c^3$

$a^2b^2c^2 = -3ab\,(a + b)$

$abc = -6$ bulunur.

Yanıt E

3. $a + \frac{3}{a} = 6$ verildiğinden,

$3a + \frac{9}{a} = 18$ olur. $a^2 + \frac{18}{a}$ ifadesinden,

$a^2 + \frac{3a + \frac{9}{a}}{a} = a^2 + 3 + \frac{9}{a^2}$ elde edilir.

$\left(a + \frac{3}{a}\right)^2 = 6^2 \Rightarrow a^2 + \frac{9}{a^2} = 30$ olduğundan,

$a^2 + 3 + \frac{9}{a^2} = 30 + 3 = 33$ bulunur.

Yanıt C

4. $x = \sqrt[3]{9} + \sqrt[3]{3} + 1$ ifadesini $\sqrt[3]{3} - 1$ ile çarpıp, bölersek,

$x = \frac{(\sqrt[3]{9} + \sqrt[3]{3} + 1) \cdot (\sqrt[3]{3} - 1)}{\sqrt[3]{3} - 1} = \frac{(\sqrt[3]{3})^3 - 1}{\sqrt[3]{3} - 1} = \frac{2}{\sqrt[3]{3} - 1}$ olur.

$\left(1 + \frac{2}{x}\right)^{12}$ işleminde $x = \frac{3}{\sqrt[3]{3} - 1}$ yazılırsa,

$\left(1 + \frac{2}{x}\right)^{12} = (\sqrt[3]{3})^{12} = 81$ elde edilir.

Yanıt C

5. $A = (x - 2) \cdot (x - 6) \cdot (x + 4) \cdot (x + 8)$ çarpımını

$A = (x^2 + 2x - 8) \cdot (x^2 + 2x - 48)$ şeklinde yazılabilir.

$x^2 + 2x = t$ olsun. Bu durumda,

$A = (t - 8) \cdot (t - 48) = t^2 - 56t + 8 \cdot 48$ elde edilir.

A'nın en küçük değerini alabilmesi için,

$t = \frac{56}{2} = 28$ olmalıdır. Bu değer yerine yazılırsa,

$A = (t - 8) \cdot (t - 48) = 20 \cdot (-20) = -400$ bulunur.

NOT: Türev kullanılarak da çözülebilir.

Yanıt D

6. $x^{101} + 1$ sayısının 16 ile bölünebilmesi için x'in tek sayı olması gerektiği açıktır.

$x^{101} + 1 = (x + 1) \cdot (x^{100} - x^{99} + x^{98} - .... +1)$

$x^{100} - x^{99} + x^{98} - ...... + 1$ ifadesi 101 tane tek sayıdan oluşur ve bu işlemin sonucu bir tek sayıdır.

O halde $x^{101} + 1$ sayısının 16 ile bölünmesi için $x + 1$ teriminin 16'nın tam katı olması gerekir.

Bu durumda, en küçük x pozitif tam sayısı 15 olur.

Yanıt C

karekök

7. $x^2 - y^2 = (x - y)(x + y) = 704$

$(x - y) \cdot (x + y) = 11 \cdot 2^6$ işleminde eşitliğin sağ tarafı çitf sayı olduğundan hem $x - y$ hem de $x + y$ terimlerinin çift sayı olması gerekir. Bu terimlerden biri tek, diğeri çift olursa x ve y tam sayı olamaz.

$2^6 \cdot 11$ çarpımında tam bölen sayısı: $2 \cdot 7 \cdot 2 = 28$ dir.

Ancak; (1, 704), (704, 1), (11, 2^6), (2^6, 11) ve bu ikililerin negatifleri verilen eşitliği sağlamaz.

8 tane sağlamayan ikili olduğundan $28 - 8 = 20$ bulunur.

Yanıt C

8. $12xy - 6y^2 + 11y - 10x - 5 = 0$ ifadesini

$12xy - 6y^2 + 6y + 5y - 10x - 5 = 0$ şeklinde yazalım.

$6y(2x - y + 1) - 5(2x - y + 1) = 0$

$(6y - 5) \cdot (2x - y + 1) = 0$ elde edilir.

Verilen eşitliğin bütün x değerleri tarafından sağlanabilmesi için $6y - 5 = 0$ olmalıdır.

Buradan $y = \frac{5}{6}$ bulunur.

Yanıt D

9. $A = n^8 - 5n^4 + 4$ ifadesini

$A = n^8 - 4n^4 + 4 - n^4$ şeklinde yazalım.

$A = (n^4 - 2)^2 - (n^2)^2$

$A = (n^4 + n^2 - 2) \cdot (n^4 - n^2 - 2)$ elde edilir.

A sayısı iki terimin çarpımından oluştuğu için asal olamaz. Ayrıca $n \geq 1$, $n \leq -1$ ve $n = 0$ durumlarından hiçbirinde A asal sayı olmamaktadır.

Dolayısıyla A'nın asal sayı olmasını sağlayan hiçbir n tam sayı değeri yoktur.

Yanıt E

10. $4^x = 9^y + 295 \Rightarrow 4^x - 9^y = 295$

$2^{2x} - 3^{2y} = 295$ ifadesini iki kare farkından,

$(2^x - 3^y) \cdot (2^x + 3^y) = 295$ olarak yazabiliriz.

$(2^x - 3^y) \cdot (2^x + 3^y) = 5 \cdot 59$

eşitliğinde x ve y tam sayı olduğundan

$x = 5$ ve $y = 3$ bulunur.

Verilen eşitliği sağlayan sadece (5, 3) ikilisi vardır.

Yanıt D

11. $x^2 + x = 1111122222$ eşitliğinde

1111122222 sayısını $11111 \cdot 10^5 + 2 \cdot 11111$ olarak yazalım.

$$\frac{10^5 - 1}{9} \cdot 10^5 + \frac{10^5 - 1}{9} \cdot 2 = \frac{1}{9} \cdot (10^{10} + 10^5 - 2)$$

Bu işlemde $t = 10^5$ alınır ve çarpanlarına ayrılırsa,

$\frac{1}{9} \cdot (t^2 + t - 2) = \frac{t-1}{3} \cdot \frac{t+2}{3}$ bulunursa

$x \cdot (x + 1) = \frac{10^5 - 1}{3} \cdot \frac{10^5 + 2}{3}$ eşitliğine dikkat edilirse

$x = \frac{10^5 - 1}{3}$ ve $x + 1 = \frac{10^5 + 2}{3}$ olduğu görülür.

$x = \frac{10^5 - 1}{3} = 33333$ bulunursa

Yanıt E

12. $a^2 - 8b^2 - c^2 + 2ab + 6bc$ ifadesini

$a^2 + b^2 + 2ab - 9b^2 - c^2 + 6bc$ şeklinde yazalım.

$(a + b)^2 - (9b^2 + c^2 - 6bc)$

$(a + b)^2 - (3b - c)^2 = (a + b + 3b - c) \cdot (a + b - 3b + c)$

$(a + 4b - c) \cdot (a - 2b + c)$ bulunur.

Yanıt C

karekök

1. $a^2 + 3ab + b^2 = 40$

$a - ab + b = 16$

Denklemler taraf tarafa toplanırsa,

$a^2 + 2ab + b^2 + a + b = 56$

$(a + b)^2 + a + b - 56 = 0$

$a + b = t$ alınırsa,

$t^2 + t - 56 = 0$ denklemi elde edilir.

$(t + 8)\cdot(t - 7) = 0$ Buradan $t = -8$ ve $t = 7$ olur.

$a + b$ toplamının pozitif değeri 7 bulunur.

Yanıt C

2. $ax + by = 14$

$bx + ay = 6$

denklemleri taraf tarafa toplanırsa,

$(a + b)x + (a + b)\cdot y = 20$

$(a + b)\cdot(x + y) = 20$ bulunur. (I)

Aynı denklemler taraf tarafa çıkarılırsa,

$(a - b)x - (a - b)y = 8 \Rightarrow (a - b)(x - y) = 8$ olur. (II)

I ve II denklemleri taraf tarafa çarpılırsa,

$(a^2 - b^2)(x^2 - y^2) = 160$ olur.

Yanıt B

3. $3 < \frac{x}{y} < 10$ eşitsizliğinde $\frac{x}{y} = a$ olsun.

Bu durumda $\frac{x^3 + 3x^2y - y^3}{y^3}$ ifadesi

$a^3 + 3a^2 - 1$ haline dönüşür.

$3 < a < 10$ eşitsizliğinden faydalanarak

$a^3 + 3a^2 - 1$ ifadesinin en küçük tam sayı değerinin bulunması isteniyor.

$a = 3$ olduğunu varsayalım. O halde $a^3 + 3a^2 - 1 = 53$ bulunur. Ancak $a > 3$ olduğundan en küçük tam sayı değeri 54 olur.

Yanıt B

4. $(x + y)^3 + 2(x^3 + y^3) = x^4 - y^4$

$(x + y)^3 + 2(x + y)\cdot(x^2 - xy + y^2) = (x - y)\cdot(x + y)\cdot(x^2+y^2)$

$(x + y)^2 + 2(x^2 - xy + y^2) = (x - y)(x^2 + y^2)$

$x^2 + 2xy + y^2 + 2x^2 - 2xy + 2y^2 = (x - y)\cdot(x^2 + y^2)$

$3(x^2 + y^2) = (x - y)\cdot(x^2 + y^2)$

$x - y = 3$

Yanıt C

5. $a^2 + 6(a + b) + b^2 = -18$

$a^2 + 6a + 6b + b^2 + 18 = 0$

$(a + 3)^2 + (b + 3)^2 = 0$ olduğundan,

$a = -3$ ve $b = -3$ bulunur.

$a\cdot b = 9$ elde edilir.

Yanıt B

6. $x^3 - 5x - 2 = 0$

ifadesini çarpanlara ayırmak için son terimden hareket ederek $x + 2$ ile bölelim.

$$\begin{array}{r|l} x^3 - 5x - 2 & x + 2 \\ \underline{-\ x^3 + 2x^2} & x^2 - 2x - 1 \\ -2x^2 - 5x - 2 & \\ \underline{-\ -2x^2 - 4x} & \\ -x - 2 & \\ \underline{-x - 2} & \\ 0 & \end{array}$$

$x^3 - 5x - 2 = (x + 2)\cdot(x^2 - 2x - 1) = 0$

$x^2 - 2x - 1 = 0 \Rightarrow x^2 - 1 = 2x$

$x - \frac{1}{x} = 2$ her iki tarafın karesi alınırsa,

$x^2 + \frac{1}{x^2} = 6$ bulunur.

Yanıt C

karekök

7. $5a^2 + b^2 + 1 = 2a(2b + 1)$ ifadesini

$5a^2 + b^2 + 1 = 4ab + 2a$ olarak yazalım.

$4a^2 + b^2 - 4ab + a^2 - 2a + 1 = 0$

$(2a - b)^2 + (a - 1)^2 = 0$

Buradan $a = 1$ ve $b = 2a = 2$ olur.

$a + b = 3$ bulunur.

Yanıt A

8. $(a + b + c)^2 = a^2 + b^2 + c^2 + 2\cdot(ab + ac + bc)$

özdeşliğini kullanalım.

$a^2 + b^2 + c^2 = 24$ olduğu veriliyor.

$ab + ac + bc = x$ olsun.

$(a + b + c)^2 = 24 + 2x$ elde edilir.

a, b, c reel sayılar olmak üzere, x'in en küçük olması için $a + b + c = 0$ alınmalıdır.

$0 = 24 + 2x$

$x = -12$ bulunur.

Yanıt D

9. $A = 25\cdot26\cdot27\cdot28$

$A + 1 = 25\cdot26\cdot27\cdot28 + 1$

$A + 1 = (25\cdot28 + 1)^2$ elde edilir.

Benzer şekilde,

$B + 1 = (20\cdot23 + 1)^2$ bulunur.

$A - B = (25\cdot28 - 20\cdot23)\cdot(25\cdot28 + 20\cdot23 + 2)$

$A - B = 240\cdot(25\cdot28 + 20\cdot23 + 2)$ olur.

O halde A – B sayısı 240 ile tam bölünür.

Yanıt A

10. $x^5 - 1 = (x - 1)\cdot(x^4 + x^3 + x^2 + x + 1)$

özdeşliğinden hareket edilirse,

$x^4 + x^3 + x^2 + x + 1 = \dfrac{x^5 - 1}{x - 1} = 0$ olur.

Buradan $x^5 - 1 = 0$ ve $x^5 = 1$ bulunur.

$1 + x + x^2 + x^3 + \dots\dots + x^{1010} = \dfrac{x^{1011} - 1}{x - 1}$ olduğundan x^5 yerine 1 yazılırsa,

$\dfrac{x^{1011} - 1}{x - 1} = \dfrac{x - 1}{x - 1} = 1$ olur.

Yanıt D

11. $(10 + 1)^{101}$ ve $(10 - 1)^{101}$ ifadelerinin açılımını yazalım.

$(10 + 1)^{101} = 10^{101} + 101\cdot10^{100} + \dots\dots 101\cdot10\cdot1 + 1$

$(10 - 1)^{101} = 10^{101} - 101\cdot10^{100} + \dots\dots 101\cdot10\cdot1 - 1$

Bu açılımlar taraf tarafa toplanırsa, ters işaretli terimler birbirini götürür.

$101\cdot10 + 101\cdot10$ toplamı hariç tüm terimler 100 ile tam bölünür.

$101\cdot10 + 101\cdot10 = 2020$ elde edilir ve 100 ile bölümünden kalan 20 olur.

Yanıt A

12. $3^{80} = 9^{40} = (10 - 1)^{40}$ olduğundan,

$(10 - 1)^{40} = 10^{40} - 40\cdot10^{39} + \dots\dots -40\cdot10 + 1$

elde edilir. Dikkat edilirse son terim olan 1 hariç tüm terimler 100 sayısının tam katıdır.

O halde 3^{80} sayısının 100 ile bölümünden kalan 1 olur.

Benzer şekilde,

$3^{40} = 9^{20} = (10 - 1)^{20}$

$(10 - 1)^{20} = 10^{20} - 20\cdot10^{19} + \dots\dots -20\cdot10 + 1$

ifadesinden kalan yine 1 olur.

Neticede kalan $1 + 1 = 2$ bulunur.

Yanıt D

karekök

4. BÖLÜM

PROBLEMLER

1. **Toplamları 20 olan n tane pozitif tam sayının çarpımı en çok kaç olabilir?**

A) 625 B) 1024 C) 1296 D) 1458 E) 1560

2. Bir kitabın sayfa numaralarının toplamını bulmak isteyen bir öğrenci sayfalardan birini yanlışlıkla iki defa hesaba kattığı için sonucu 1300 buluyor.

Buna göre, iki defa hesaba katılan sayfanın numarası kaçtır?

A) 24 B) 25 C) 26 D) 27 E) 28

3. Bir miktar paranın yarısı A, B, C arasında 2, 3, 5 sayıları ile orantılı olarak dağıtılıyor. Paranın kalan kısmı ise E, F, K isimli kişiler arasında 7, 5, 3 sayıları ile orantılı dağıtılıyor.

Buna göre, hangi iki kişi eşit miktarda para almıştır?

A) B – E B) C – K C) A – F D) B – F E) A – K

4. n sayıda öğrenciden oluşan bir grup öğrenci daire şeklinde dizilmiştir. Her öğrenciye birden başlanarak sırasıyla birer numara verildiğinde n – 47. ve n – 17. öğrenciler karşı karşıya geliyor.

Buna göre, grupta kaç öğrenci bulunmaktadır?

A) 56 B) 58 C) 60 D) 72 E) 74

5. Beşer yıl arayla doğmuş olan üç kardeşin bir işi yalnız başlarına bitirme süreleri yaşları ile ters orantılıdır.

Üçü birlikte bu işi 18 saatte bitirdiklerine göre, ortanca kardeş aynı işi tek başına kaç günde yapabilir?

A) 36 B) 48 C) 54 D) 60 E) 72

6. 50 takımın katıldığı bir futbol turnuvasında yenilen takım elenmektedir.

Buna göre, birinci olan takım seçilene kadar toplam kaç maç yapılacaktır?

A) 26 B) 37 C) 45 D) 49 E) 51

7. n tane takımın katıldığı bir yarışmada her takım diğerleri ile sadece bir defa karşılaşacaktır. Takımlardan biri 10 maç yaptıktan sonra yarışmadan çekilmiştir.

Toplam 115 karşılaşma yapıldığına göre, n kaçtır?

A) 14 B) 15 C) 16 D) 17 E) 18

8. 120 basamaklı yürüyen bir merdiven yukarı doğru sabit bir hızla hareket ederken Zehra ve Ömer yukarı çıkmaktadır. Zehra merdivenin tepesine kadar 45 basamak, Ömer ise 70 basamak çıkmıştır.

Buna göre, Zehra'nın hızının Ömer'in hızına oranı kaçtır?

A) $\frac{1}{14}$ B) $\frac{3}{10}$ C) $\frac{4}{9}$ D) $\frac{1}{5}$ E) $\frac{3}{7}$

9. Dijital iki saatten birincisi saatte 5 dakika geri kalmakta, diğeri ise saatte 4 dakika ileri gitmektedir.

Bu iki saat, doğru zamanı gösterdikten en az kaç gün sonra yine birlikte doğru zamanı gösterirler?

A) 15 B) 20 C) 25 D) 30 E) 60

10. İki hareketliden birincisi belirli bir yolun $\frac{a}{b}$'sini gittiğinde, diğeri $\frac{b}{c}$'sini gidebilmektedir.

Aynı anda hareket eden bu araçlardan birincisi bu yolu tamamladığında diğeri yolun kaçta kaçını gitmiş olacaktır?

A) $\frac{ac}{b^2}$ B) $\frac{b^2}{ac}$ C) $\frac{ab}{c}$ D) $\frac{bc}{a}$ E) $\frac{a^2}{bc}$

11. a bir pozitif tam sayı olmak üzere, bir sayıya $2a^2$ ilave edilirse karekökü a kadar artıyor.

Bu şartı sağlayan iki basamaklı en küçük tam sayının rakamları toplamı kaçtır?

A) 5 B) 6 C) 7 D) 8 E) 9

12. Bir satıcı % 20 kârla satış yapmasına rağmen terazisi bozuk olduğu için % 4 zarar etmektedir.

Buna göre, satıcının terazisi 1000 gramlık bir ağırlığı kaç gram olarak gösterir?

A) 600 B) 750 C) 800 D) 900 E) 1200

karekök

1. Bir ülkede bulunan 20 havaalanının herbirinde 5 tane uçak beklemektedir. Uçakların tümü aynı anda hareket ederek, kendilerine en yakın mesafede bulunan havaalanına iniyor.

Buna göre, herhangi bir havaalanında en fazla kaç uçak bulunabilir?

A) 99 B) 60 C) 50 D) 40 E) 30

2. Bir satıcı, 6 ürün alana 1 ürünü hediye etmektedir. Satıcı, tüm satış sonunda alış fiyatına göre % 26 kâr etmiştir.

Buna göre, bir ürünün satış fiyatı yüzde kaç kârla hesaplanmıştır?

A) 32 B) 40 C) 42 D) 47 E) 50

3. Hızı 5V km/h olan bir motosikletin, hızı V km/h olan bir kafilenin en arkasından harekete geçip ön tarafa ulaştıktan sonra hemen dönüp yine en arkaya gitmesi 20 dakika sürmektedir.

Buna göre, kafile hareketsiz halde iken motosikletlinin aynı işlemi yapması kaç saat sürecektir?

A) $\frac{5}{32}$ B) $\frac{7}{27}$ C) $\frac{8}{25}$ D) $\frac{9}{32}$ E) $\frac{10}{33}$

4. Bir A musluğu, boş olan bir havuzu 6 saatte doldurabiliyor. Aynı havuz dolu iken, havuzun dibinde bulunan bir B musluğu havuzu 18 saatte boşaltabiliyor. B musluğu daima açık tutuluyor. A musluğu ise her 3 saatin ilk iki saatinde açık, üçüncü saatinde kapalı tutuluyor.

Havuz boş iken her iki muslukta aynı anda açılırsa, havuz kaç saatte dolar?

A) $\frac{29}{2}$ B) $\frac{31}{2}$ C) $\frac{33}{2}$ D) $\frac{35}{2}$ E) $\frac{39}{2}$

5. Bir A noktasından aynı anda hareket eden iki aracın hızları V_1 = 30 km/h ve V_2 = 40 km/h dir. İki saat sonra araçlar arasındaki uzaklığın 100 km olduğu görülüyor. Eğer, başlangıçta araçların hızları V_1 = 8 km/h ve V_2 = 15 km/h olsaydı,

3 saat sonra aralarındaki uzaklık kaç km olurdu?

A) 72 B) 69 C) 56 D) 51 E) 46

6. Bir fabrikada bulunan ve her birinin uzunluğu 12 m olan kalaslar, A ve B makinaları ile parçalara ayrılacaktır. Bir kalasın 6 parçaya ayrılması A makinasında 60 saniye, B makinasında 120 saniye sürmektedir.

Bu durumda A ve B makinaları birlikte 8 dakika çalıştırılırsa toplam kaç parça meydana gelecektir?

A) 60 B) 62 C) 72 D) 75 E) 84

7. Bir havuz, n tane özdeş musluk birer saat arayla açılırsa son musluk açıldıktan bir saat sonra doluyor. Eğer, muslukların birim zamandaki su akıtma kapasiteleri iki katına çıkarılır ve birer saat arayla açılırsa, muslukların yarısı açıldıktan bir saat sonra havuzun 6/11 i doluyor.

Buna göre, n kaçtır?

A) 8 B) 10 C) 12 D) 14 E) 16

8. 10 kg ağırlığında taze bir karpuzun % 99'u sudur. Karpuz birkaç gün bekletilirse % 98'i su oluyor.

Buna göre, son durumda karpuz kaç kg dır?

A) 9 B) 8 C) 7 D) 6 E) 5

9.

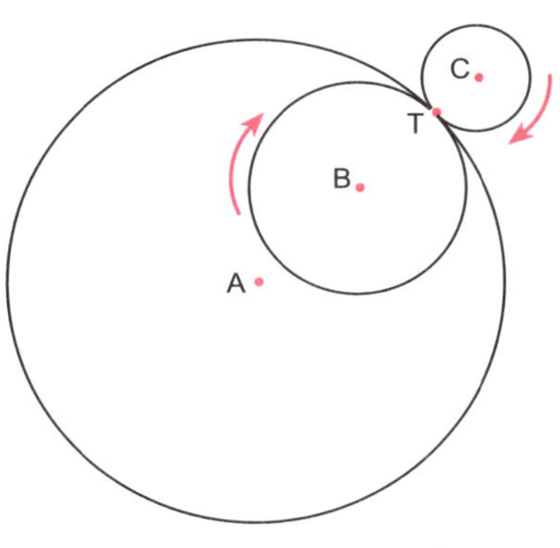

A, B, C merkezli çemberlerin yarıçapları sırası ile 6r, 2r ve r olarak veriliyor. B ve C merkezli çemberler belirtilen yönlerde dönerek tekrar T noktasına geliyorlar.

Buna göre, çemberlerin kendi etraflarında yaptıkları dönüş sayılarının oranı kaçtır?

A) $\frac{1}{6}$ B) $\frac{1}{5}$ C) $\frac{2}{7}$ D) $\frac{3}{8}$ E) $\frac{4}{9}$

10. Bir işe aynı güce sahip üç işçi birlikte başlıyorlar ve işin yarısı bittiğinde işçilerden biri ayrılıyor. Kalan işçiler işi tamamladığında, başlangıçtan itibaren geçen sürenin 15 saat olduğu görülüyor.

Buna göre, işçilerden biri tek başına bu işi kaç saatte yapabilir?

A) 12 B) 15 C) 24 D) 36 E) 48

11. Bir araç 600 km olan bir yolu 60 km/h hızla gitmek üzere yola çıkıyor. Bir süre sonra yolda bir kazaya rastladığı için 1 saat beklemek zorunda kalıyor. Kalan yolu 70 km/h hızla giderek yolculuğunu vaktinde tamamlıyor.

Buna göre, kaza yolun kaçıncı kilometresinde olmuştur?

A) 60 B) 90 C) 120 D) 180 E) 240

karekök

12.

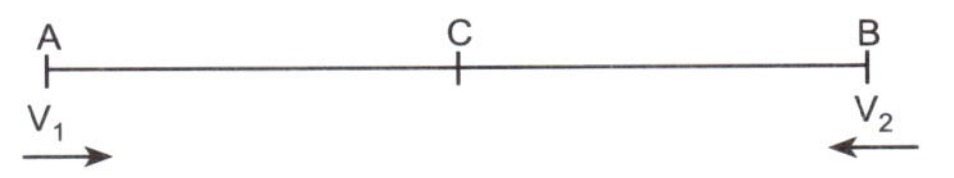

Hızları V_1 ve V_2 olan iki araç A ve B şehirlerinden aynı anda hareket ederek C noktasında karşılaşıyorlar. A'dan hareket eden araç karşılaşma anından hemen sonra A noktasına dönüp tekrar diğer araca doğru hareket ediyor. B'den hareket eden araç A noktasına ulaşana kadar aynı şekilde hareketine devam ediyor. $V_1 > V_2$ olmak üzere, B'den hareket eden araç A'ya ulaştığında hızlı olanın yavaş olanın 3 katı kadar yol aldığı görülüyor.

Buna göre, V_1 / V_2 kaçtır?

A) 2 B) 3 C) 4 D) 5 E) 6

1. Testin Cevap Anahtarı

1 D 2 B 3 E 4 C 5 C 6 D 7 C 8 E 9 E 10 B 11 C 12 C

1. Bir sınıfta 13 + x – y tane sıra vardır.

Her sıraya y – x + 5 kişi oturduğunda 3 kişi ayakta kalıyor.

Buna göre, sınıfta <u>en çok</u> kaç öğrenci vardır?

A) 85 B) 84 C) 80 D) 75 E) 72

2. Atahan ile Ömer'in yaşları oranı $\frac{a+b}{a-3b}$ dir.

Atahan, Ömer'in yaşında iken yaşları oranı $\frac{2a+3b}{2b}$ olduğuna göre, bugünkü yaşları toplamı aşağıdakilerden hangisi olabilir?

A) 18 B) 25 C) 30 D) 48 E) 52

3.

4	12	
	x	6

Şekilde verilen tabloda tüm satır, sütun ve köşegenlerin toplamları birbirine eşittir.

Buna göre, x aşağıdakilerden hangisine eşittir?

A) 8 B) 10 C) 13 D) 15 E) 16

4. Bir ürün % t karla satılırken satış fiyatı üzerinden % k indirim yapıldığında ne kar ne zarar ediliyor.

Buna göre, $\frac{t.k}{t-k}$ ifadesinin değeri kaça eşittir?

A) 1 B) 5 C) 10 D) 50 E) 100

5.

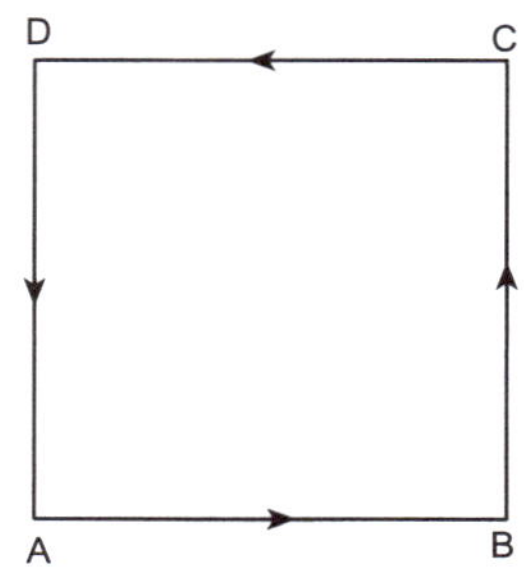

K ve L isimli koşucular kare şeklindeki bir parkın A noktasından aynı anda ve aynı yönde koşmaya başlıyorlar. K ve L parkın etrafındaki bir turu sırasıyla 56 ve 88 dakikada tamamlıyor.

Koşuya başladıktan <u>en az</u> kaç dakika sonra B noktasında yan yana gelirler?

A) 462 B) 308 C) 216 D) 184 E) 154

6. Aynı çalışma kapasitesine sahip üç işçi, bir işin 1/3 ünü bitirdikten sonra işçilerden biri ayrılıyor. Diğer iki işçi bütün işin 1/3 ünü yaptıktan sonra bir işçi daha ayrılıyor ve son işçi kalan işi tamamlıyor. İşçilerin ayrılması sebebiyle işin bitmesi 20 gün gecikiyor.

Buna göre, işçilerden biri tek başına aynı işi kaç günde yapabilir?

A) 108 B) 96 C) 80 D) 72 E) 60

7. Bir otlakta yetişen otlar 70 koyuna 24 gün boyunca yetmektedir. Aynı otlağa 30 koyun bırakıldığında ise otların 60 günde tükendiği görülmüştür.

Buna göre, otların 96 gün boyunca yenebilmesi için otlağa kaç koyun bırakılmalıdır?

A) 20 B) 18 C) 16 D) 15 E) 12

8. Bir havuzu, aynı miktarda su akıtan n tane musluk, birer saat arayla açılırsa son musluk bir saat açık kaldıktan sonra dolduruyor. Eğer musluklar ikişer saat arayla açılırsa, n/4 üncü musluk iki saat açık kaldığında havuzun 1/ 7 si doluyor.

Buna göre, n kaçtır?

A) 10 B) 15 C) 18 D) 20 E) 24

9.

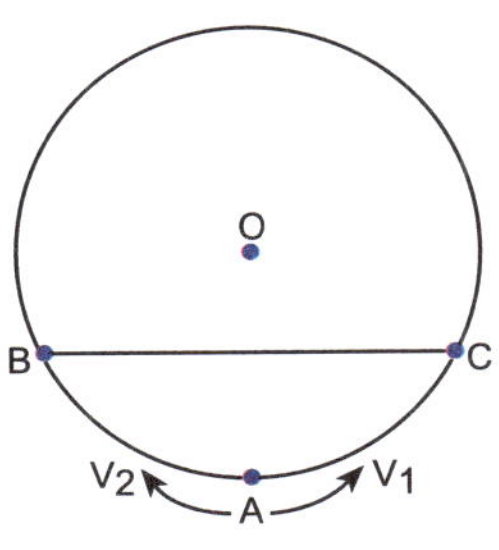

Yarıçapı 40 km olan daire şeklindeki bir adanın belli bir A noktasından V_1 ve V_2 hızları ile zıt yönlerde aynı anda harekete başlayan iki araç, t süre sonra B ve C noktalarına ulaşıyor.

|BC| = 40 km olduğuna göre, başlangıçtan 5t süre sonra araçların bulundukları D ve E noktaları arasındaki uzaklık |DE| kaç km dir?

A) 40 B) 60 C) 80 D) 100 E) 120

10. Pozitif bir sayıya 61 ilave edildiğinde sayının karekökü 1 artmaktadır.

Buna göre, sayının rakamları toplamı kaçtır?

A) 5 B) 6 C) 7 D) 8 E) 9

11. Bir toplantıda bulunan bayanlardan birincisi 1 erkekle, ikincisi 8 erkekle, üçüncüsü 15 erkekle ve sonuncusu bütün erkeklerle el sıkışıyor.

Toplantıya katılan 194 kişi olduğuna göre, bunlardan kaç tanesi bayandır?

A) 25 B) 30 C) 35 D) 40 E) 45

12. Hızları saate 50 km ve 60 km olan iki araç aynı anda ve aynı yönde harekete başlıyor. Üçüncü bir araç ise bu iki araçtan 1 saat sonra başlangıç noktasından aynı yönde hareket ediyor ve yavaş olanı geçtikten yarım saat sonra öndeki araca yetişiyor.

Buna göre, üçüncü aracın hızı saatte kaç kilometredir?

A) 150 B) 130 C) 120 D) 105 E) 100

1. 15 takımın katıldığı ve her takımın birbiriyle maç yaptığı bir turnuvada galibiyete 3 puan, beraberliğe 1 puan ve mağlubiyete sıfır puan verilmektedir.

Turnuva sonunda 15 takımın aldığı toplam puan 290 olduğuna göre, kaç maç beraberlikle bitmiştir?

A) 15 B) 18 C) 20 D) 22 E) 25

2. Erkek ve kadınların bulunduğu bir grubun % 99'u erkektir.

Buna göre, grubun yüzde kaçı kadar erkek ayrılırsa grupta kalan erkeklerin oranı % 96 olur?

A) 24 B) 36 C) 40 D) 60 E) 75

3. Aralarında 4 km uzaklık bulunan iki koşucu aynı anda, aynı yöne doğru sabit hızla koşmaya başlıyorlar. Arkadaki koşucu 20 km gittikten sonra öndekine yetişemeyeceğini düşünerek geri dönüyor.

Başlangıç noktasına geldiği anda iki koşucu arasındaki mesafe 39 km olduğuna göre, arkadaki koşucu geri dönmeyip koşmaya devam edecek olsaydı kaç km sonra diğerini yakalardı?

A) 8 B) 10 C) 12 D) 15 E) 16

4. [1, 60] aralığındaki tam sayıların herbiri birer karta yazılarak bir torbaya atılıyor. Torbadan rastgele iki kart çekilerek toplamlarının 9 ile bölümünden kalan rakam yeni bir karta yazılarak aynı torbaya atılıyor.

Bu işleme yeteri kadar devam edildiğinde torbada iki kart kalmaktadır.

Kartlardan birinde 4 yazdığına göre, diğer karttaki sayı aşağıdakilerden hangisi olabilir?

A) 10 B) 15 C) 26 D) 30 E) 33

5. A şehrinden aynı anda harekete başlayan ve hızları V_1 = 16 km/h ile V_2 = 10 km/h olan iki koşucu 5 saat sonra sırasıyla B ve C şehirlerine ulaşıyor.

B ile C arasındaki uzaklık 70 km olduğuna göre, eğer koşucuların hızları V_1 = 12 km/h ve V_2 = 6km/h olsaydı 2 saat sonra aralarındaki uzaklık kaç km olurdu?

A) 12 B) $12\sqrt{3}$ C) 18 D) $18\sqrt{3}$ E) 24

6. Yazı tahtasına yazılmış bir sayı için, her hamlede bu sayı silinip yerine karesi ya da iki katı yazılıyor. Başlangıçta tahtada 1 yazılıdır.

Buna göre, 2^{79} sayısını elde etmek için <u>en az</u> kaç hamle yapılmalıdır?

A) 9 B) 10 C) 11 D) 12 E) 13

7. **Her defasında sadece iki bilyeyi birlikte tartmak şartıyla, 25 farklı bilyenin toplam ağırlığı <u>en az</u> kaç tartma işlemi yapılarak bulunabilir?**

A) 12 B) 13 C) 14 D) 15 E) 16

8. Bir ayrıtının uzunluğu 6 cm olan üstü açık küp şeklindeki bir kutu düzgün yağan yağmur altında bırakıldığında 48 dakikada doluyor.

Buna göre, boyutları 6 cm, 4 cm ve 12 cm olan dikdörtgenler prizması şeklindeki bir kutunun aynı şartlar altında yağmurla dolması <u>en az</u> kaç dakika sürer?

A) 72 B) 64 C) 48 D) 32 E) 24

9. Zehra belirli bir uzunluktaki yürüyen bir merdivenden 36 saniyede inip çıkıyor. Zehra'nın saatteki hızı merdivenin saatteki hızının 3 katıdır.

Merdiven sabit olsaydı Zehra merdivenden kaç saniyede çıkardı?

A) 12 B) 16 C) 18 D) 24 E) 27

10. Bir sınıfta kızlar sıralara ikişer, erkekler üçer oturunca 6 kız ve 8 erkek ayakta kalıyor. Kızlar üçer, erkekler ikişer oturursa 3 kız ve 12 erkek ayakta kalıyor.

Buna göre, erkeklerin sayısı kızların sayısından kaç fazladır?

A) 6 B) 7 C) 8 D) 9 E) 10

11. Farenin 60 adımda bitirdiği bir yolun başındaki kedi, yolun sonundaki fareyi kovalamaktadır. Kedi 3 adım attığında, fare 4 adım atmaktadır.

Kedinin 2 adımı farenin 3 adımına eşit olduğuna göre, fareyi yakalayıncaya kadar kedi kaç adım atar?

A) 120 B) 240 C) 360 D) 480 E) 640

12. Bir ucundan yakıldığında 12 dakikada, diğer ucundan yakıldığında 18 dakikada yanan bir mum, bir ucundan yakılıyor.

2 dakika sonra diğer ucundan da yakılan mum <u>en az</u> kaç dakika sonra tamamen yanar?

A) 4 B) 5 C) 6 D) 8 E) 9

3. Testin Cevap Anahtarı

1	B	2	E	3	E	4	E	5	A	6	D	7	A	8	D	9	A	10	E	11	A	12	E

1. Toplamları 20 olan tam sayıların çarpımlarını en yüksek yapabilmek için sayıları 3, 3, 3, 3, 3, 3, 2 olarak seçmek gerekir.

Bu durumda sonuç, $3 \cdot 3 \cdot 3 \cdot 3 \cdot 3 \cdot 3 \cdot 2 = 1458$ olur.

(Sayıların neden böyle seçildiği üzerinde düşününüz.)

Yanıt D

2. Kitap n sayfa ve iki kere hesaba katılan sayfa numarası k olsun.

Buna göre, $\frac{n(n+1)}{2} + k = 1300$ olmalıdır.

Burada, n = 49 için k = 75 bulunur. Ancak n > k şartı sağlanmadığı için geçerli olmaz.

n = 50 için, k = 25 bulunur.

Yanıt B

3. Toplam para 60x olsun. 30x miktarında para A, B, C kişilerine 2, 3, 5 ile orantılı dağıtılırsa sırasıyla 6x, 9x, 15x alırlar. Aynı şekilde 30x para E,F,K kişilerine 7,5,3 ile orantılı dağıtılırsa 14x, 10x, 6x alırlar.

Eşit miktarda para alan kişiler A ve K olur.

Yanıt E

4.

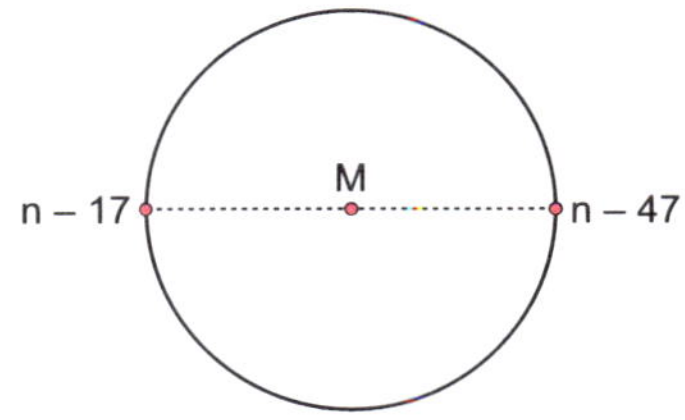

Çemberin alt ve üst kısımlarında eşit sayıda öğrenci bulunur. $n - 17 - (n - 47) - 1 = 29$

Buna göre, $n = 29 + 29 + 1 + 1 = 60$ bulunur.

Yanıt C

5. A, B, C isimli kişilerin yaşları sırasıyla x, x + 5, x + 10 olsun.

Buna göre, işi bitirme süreleri $\frac{k}{x}, \frac{k}{x+5}, \frac{k}{x+10}$ olur.

$$\frac{x}{k} + \frac{x+5}{k} + \frac{x+10}{k} = \frac{1}{18}$$

$3x + 15 = \frac{k}{18} \Rightarrow k = 54 \cdot (x + 5)$ bulunur.

Ortanca kardeşin işi tek başına bitirme süresi,

$\frac{k}{x+5} = \frac{54(x+5)}{x+5} = 54$ olur.

Yanıt C

6. Önce 6 takım için soruyu çözelim.

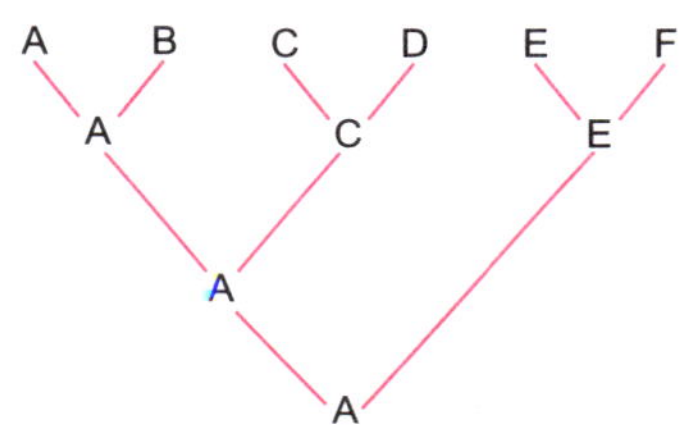

Görüleceği üzere $6 - 1 = 5$ maç yapılmaktadır.

Benzer düşünce ile 50 takım için 49 maç söz konusudur.

Ya da, her maçta bir takımın eleneceği düşünülürse, birinci takımın seçilmesi için 49 takımın elenmesi gerektiği anlaşılır.

Yanıt D

7. x takımın katıldığı yarışmada $\frac{x\cdot(x-1)}{2}$ karşılaşma olur.

Bu durumda ise,

$\frac{(n-1)\cdot(n-2)}{2}+10=115$ olmalıdır.

Buradan n = 16 bulunur.

Yanıt C

8. Ömer, Zehra ve merdivenin hızları sırası ile Ö, Z, M olsun. Çıkılan merdiven sayısı ile hız doğru orantılı olacağından, $\frac{Z}{M}=\frac{45}{75}$ ve $\frac{Ö}{M}=\frac{70}{50}$ yazılabilir.

Buradan, $\frac{Z}{Ö}=\frac{3}{7}$ elde edilir.

Yanıt E

9. Birinci saat bir günde 24·5 = 120 dakika = 2 saat geri kalır.

İkinci saat bir günde 24·4 = 96 dakika = 1,6 saat ileri gider.

1 günde	2 saat
x günde	24 saat

x = 12 gün

1 günde	1,6 saat
y günde	24 saat

y = 15 gün

Birinci saat 12 gün, ikincisi 15 gün sonra aynı zamanı gösterir. Birlikte OKEK(12, 15) = 60 gün sonra ilk defa aynı doğru zamanı gösterirler.

Yanıt E

10. Yolun tamamı b·c·x kadar olsun.

Birinci araç, $bcx\cdot\frac{a}{b}=acx$

İkinci araç, $bcx\cdot\frac{b}{c}=b^2x$ yolunu alır.

acx	bcx – acx
b^2x	y

$y=\frac{b^2x(b-a)}{a}$

Birinci araç kalan yolu tamamladığında ikinci aracın alacağı yol y olsun.

İkinci aracın aldığı toplam yol : $b^2x+\frac{b^2x(b-a)}{a}=\frac{b^3x}{a}$

Buna göre tüm yolun, $\frac{\frac{b^3\cdot x}{a}}{bcx}=\frac{b^2}{ac}$ kadarını gider.

Yanıt B

11. Bu şartı sağlayan sayı x olsun.

$\sqrt{x+2a^2}=\sqrt{x}+a$

$x+2a^2=x+a^2+2a\sqrt{x}$

$a^2=2a\sqrt{x}\Rightarrow a^2=4x$

x = 16 için, a = 8 bulunur.

16'nın rakamları toplamı 7 olur.

Yanıt C

12. Terazinin bozukluğu 120 liranın 96 liraya düşmesine yol açmıştır.

120	96
100	x

x = 80 lira

Yani, terazideki yanlışlık 100 lirayı 80 liraya indirmektedir.

100	80
y	100

y = 125 gr

Terazi 125 gramı 100 gr göstermektedir. O halde 1000 gramı 800 gr olarak gösterir.

Yanıt C

karekök

4. Testin Cevap Anahtarı

1	2	3	4	5	6	7	8	9	10	11	12
E	E	C	C	B	C	C	D	B	C	C	D

1.

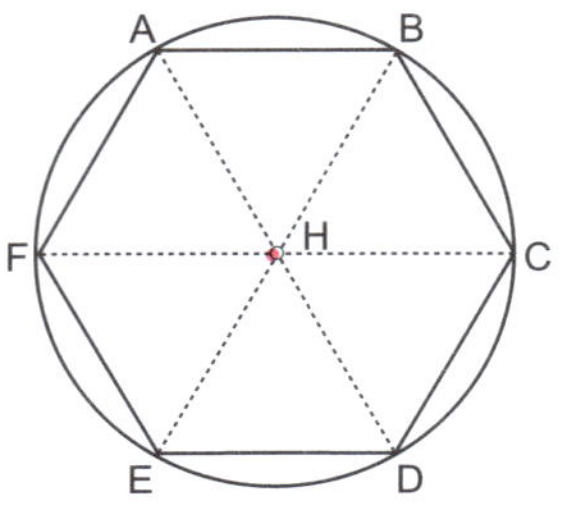

En fazla uçağın bulunması istenen havaalanı H olsun. ABCDEF düzgün altıgen alınırsa (Neden?)

H havaalanında $6 \cdot 5 = 30$ tane uçak bulunur.

Yanıt E

2. Satıcı % 26 kâr ettiğine göre, maliyeti 100 lira ve satış fiyatı 126 liradır.

O halde, bir ürünün satış fiyatı 126 : 6 = 21 liradır.

Bir ürün hediye olarak verildiği için asıl hesap,

$7 \cdot 21 = 147$ lira üzerinden yapılmıştır.

Maliyet 100 lira olduğuna göre, %47 kârla hesaplanmıştır.

Yanıt D

3. Kafilenin uzunluğu x olsun.

$x = (5v - v) \cdot t$

$x = (5v + v) \cdot \left(\frac{1}{3} - t\right) \Rightarrow t = \frac{1}{5}$ saat olur.

$x = 4v \cdot \frac{1}{5}$ elde edilir.

Kafile hareketsiz iken gidiş - geliş için,

$2x = 5v \cdot t_1 \Rightarrow \frac{8v}{5} = 5v \cdot t_1$

$t_1 = \frac{8}{25}$ bulunur.

Yanıt C

4. İlk üç saat sonunda havuzun $\frac{2}{6} - \frac{3}{18} = \frac{1}{6}$ kadarı dolacaktır.

Bu işlem 5 defa tekrar ederse, yani 15 saat sonra havuzun $\frac{5}{6}$ kadarı dolar.

Kalan $\frac{1}{6}$ sı için, $\frac{x}{6} - \frac{x}{18} = \frac{1}{6}$

$x = \frac{3}{2}$ saat olur.

Toplam süre $15 + \frac{3}{2} = \frac{33}{2}$ saat bulunur.

Yanıt C

5.

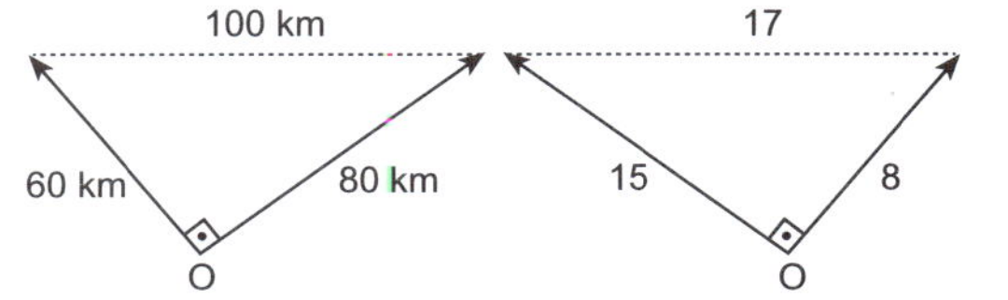

İki saat içinde araçlar 60 km ve 80 km yol alırlar. Aralarındaki uzaklık 100 km olduğuna göre, açı 90° olmalıdır.

Hızlar 15 km/h ve 8 km/h iken bir saatte aralarındaki mesafe 17 km olur.

3 saat sonunda uzaklık $3 \cdot 17 = 51$ km bulunur.

Yanıt D

6. 6 parça elde etmek için 5 kesim yapılmalıdır.

Bu kesme işlemi A makinasında $\frac{60}{5} = 12$ sn

B makinasında $\frac{120}{5} = 24$ sn sürer.

A makinası

12 sn   1 kesim
480 sn   40 kesim

a = 41 parça

B Makinası

24 sn   1 kesim
480 sn   20 kesim

b = 21 parça

Toplam 41 + 21 = 62 parça oluşur.

Yanıt B

7. Bir musluğun tek başına doldurma süresi x olsun.

$$\frac{n}{x}+\frac{n-1}{x}+\ldots\ldots\ldots+\frac{2}{x}+\frac{1}{x}=1 \Rightarrow$$

$$\frac{n(n+1)}{2x}=1 \text{ ve } n(n+1)=2x \text{ bulunur.}$$

$$\frac{n/2}{x/2}+\ldots\ldots\ldots+\frac{2}{x/2}+\frac{1}{x/2}=\frac{6}{11}\Rightarrow$$

$$\frac{n(n+2)}{4x}=\frac{6}{11}\Rightarrow x=55 \text{ ve } n=10 \text{ olur.}$$

Yanıt B

8. Karpuzun % 99 kadarı su ise %1 posa var demektir.

Yani $10\cdot\frac{1}{100}=0{,}1\text{kg}$ posa vardır.

100 kg	2 kg
x	0,1

x = 5 kg bulunur.

Yanıt E

9. C merkezli çember, yarıçapı 6r + r = 7r olan bir çember etrafında bir tur dönmüş olur.

Bu sırada kendi etrafında,

$\frac{14\pi r}{2\pi r}=7$ defa döner.

Benzer şekilde, B merkezli çember 6r – 2r = 4r yarıçaplı bir çember etrafında dönmüş demektir.

$\frac{8\pi r}{4\pi r}=2$ devir yapar.

Yanıt C

10. İşin tamamı 6x olsun. İşin yarısı olan 3x kadar iş,

$3x = 3\cdot t_1 \Rightarrow t_1 = x$ saatte biter.

Kalan 3x kadarlık iş, $3x = 2\cdot t_2 \Rightarrow t_2 = \frac{3x}{2}$ saat sürer.

$t_1 + t_2 = 15$ olduğundan, $t_1+\frac{3t_1}{2}=15\Rightarrow t_1 = 6$ ve $x = 6$ bulunur. 3 işçi bu işi 12 saatte bitirebilir.

Bir işçi bu işi 36 saatte yapar.

Yanıt D

11.

$x = 60\cdot t$

$600 - x = 70\cdot(9 - t)$ olduğundan,

t = 3 saat ve x = 180 km bulunur.

Yanıt D

12. |AB| = x olsun.

B noktasından hareket eden araç için,

$x = V_2\cdot t$ yazabiliriz.

A noktasından hareket eden araç için ise,

$3x = V_1\cdot t$ yazılır ve bu denklemler taraf tarafa oranlanırsa, $V_1 = 3V_2$ bulunur.

Yanıt B

1. sıra sayısı : 13 + x – y ve her sıraya y – x + 5 kişi oturduğuna göre

mevcut = (13 + x – y)·(y – x + 5) + 3 olur.

Mevcudun en çok olması için,

13 + x – y = y – x + 5 alınmalıdır. (Neden?)

x – y = –4 olduğundan, mevcut 84 bulunur.

Yanıt B

2.

Atahan	Ömer
$ak + bk$	$ak - 3bk$
↓	↓
$ak - 3bk$	$ak - 7bk$

$\dfrac{ak - 3bk}{ak - 7bk} = \dfrac{2a + 3b}{2b}$ olduğundan,

2a = 15·b bulunur.

a = 15 ve b = 2 için, Atahan 17, Ömer 9 yaşında olur.

Yaşları toplamı 17 + 9 = 26 veya bunun katları olabilir.

Yanıt E

3.

		10
4	12	a
a – 6	x	6

İkinci satır = 16 + a

Üçüncü satır = a + x

16 + a = a + x

x = 16 bulunur.

Yanıt E

4. ürünün maliyet fiyatı : 100

% t kârla satış fiyatı : 100 + t

$$\frac{(100 + t)\cdot(100 - k)}{100} = 100$$

$100t - 100k = t \cdot k \Rightarrow$

$\dfrac{t \cdot k}{t - k} = 100$ bulunur.

Yanıt E

5. K koşucusu karenin bir kenarını 14, L koşucusu 22 dakikada koşar. B noktasında yan yana gelmeleri için geçen süre A olsun.

A = 56·k + 14 = 88·p + 22

56k = 8(11p + 1) ⇒

7k = 11p + 1 eşitliği, k = 8 ve p = 5 için sağlanır.

Buradan A = 462 dakika bulunur.

Yanıt A

6. İşin tamamı 3x olsun.

3x = 3t ⇒ x = t bulunur.

$x = 3t_1$, $x = 2t_2$ ve $x = t_3$

$t_1 + t_2 + t_3 = t + 20$ olduğundan,

t = 24 = x bulunur.

İşin tamamını bir işçi 72 günde yapabilir.

Yanıt D

7. Otlaktaki ot miktarı A ve bir günde büyüyen ot miktarı x olsun.

$70 \cdot 24 = A + 24x$

$30 \cdot 60 = A + 60x$ olduğundan,

$x = \frac{10}{3}$ ve $A = 1600$ bulunur.

$96 \cdot y = A + 96 \cdot \frac{10}{3} \Rightarrow$

$y = 20$ koyun bırakılmalıdır.

Yanıt A

8. $\frac{n}{t} + ... + \frac{2}{t} + \frac{1}{t} = 1$

$n(n + 1) = 2t$ elde edilir.

$\frac{2 \cdot n/4}{t} + ... + \frac{4}{t} + \frac{2}{t} = \frac{1}{7}$

$\frac{n}{4} \cdot \left(\frac{n}{4} + 1\right) = \frac{t}{7}$ bulunur.

$\frac{n}{4} \cdot \frac{(n+4)}{4} = \frac{n(n+1)}{2 \cdot 7} \Rightarrow n = 20$ olur.

Yanıt D

9.

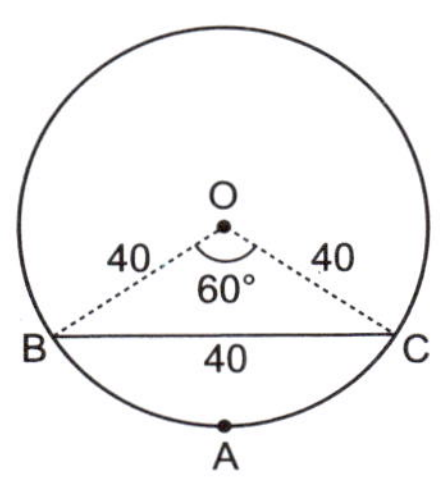

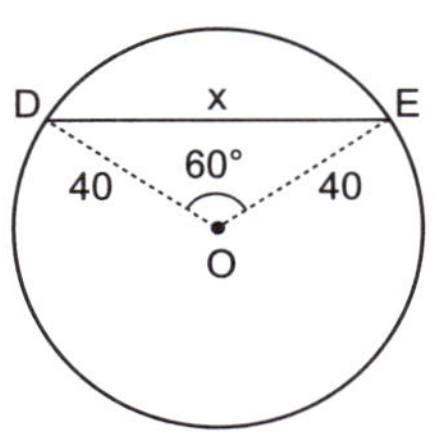

t sürede toplam 60° lik yay kadar yol alındığına göre, 5t sürede 300° lik yay kadar yol gidilir.

Buradan x = 40 km olduğu görülür.

Yanıt A

10. İstenen sayı x olsun.

$\sqrt{x + 61} = \sqrt{x} + 1$

$x + 61 = x + 2\sqrt{x} + 1$

$x = 900$ bulunur.

Yanıt E

11.

Bayan	Erkek
1	1
2	8
3	15
⋮	⋮
x	7(x – 1) + 1

$x + 7(x - 1) + 1 = 194$

$8x = 200$

$x = 25$ bulunur.

Yanıt A

12. Üçüncü aracın hızı V olsun. Bir saat sonra birinci ve ikinci araçların arasında 10 km mesafe bulunur.

Bu andan t saat sonra üçüncü araç hızı 50 km/sa olan araca yetişmiş olsun.

$50 + 50t = V \cdot t$

Ayrıca t saat sonra ikinci ve üçüncü araçların arasındaki uzaklık 10t + 10 olur.

$10t + 10 = (V - 60) \cdot \frac{1}{2}$

Bu denklemlerden V = 100 km/h bulunur.

Yanıt E

ÇÖZÜM - 4

1. 15 takımın katıldığı turnuvada toplam maç sayısı

$\binom{15}{2} = 105$ olur.

Buna göre galibiyet, beraberlik ve mağlubiyetle sonuçlanan maçların sayılarının toplamı 105 olmalıdır. Ayrıca galibiyet ve mağlubiyet sayıları da eşit olmak zorundadır.

x maçın berabere bittiğini düşünelim.

Beraberlikle sonuçlanan maç sayısı,

$2x + 3.(105 - x) = 290$

$x = 25$ bulunur.

Yanıt E

2. Grup toplam 100 kişi olsun.

Ayrılan erkek sayısını x alalım.

$99 - x = (100 - x) \cdot \frac{96}{100}$

Buradan $x = 75$ bulunur.

Yanıt E

3.

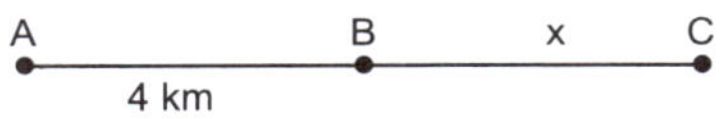

A koşucusu 20 km gidip döndüğünde 40 km yol almış olur. Bu sırada B koşucusu 39 – 4 = 35 km yol gitmiş demektir. O halde $V_A = 8V$ ve $V_B = 7V$ olur.

$x + 4 = 8v \cdot t$

$x = 7v \cdot t$

Buradan x = 28 km bulunur.

|AC| = 32 km ve A koşucusu 20 km yol aldığı için, bu noktadan itibaren 32 – 20 = 12 km sonra yakalardı.

Yanıt C

4. Torbadaki tüm sayıların toplamı,

$\frac{60 \cdot 61}{2} = 30 \cdot 61$ olur.

Bu sayının 9 ile bölümünden kalan 3 tür.

O halde 4 ile diğer sayının toplamının 9 ile bölümünden kalan 3 olmalıdır. Seçeneklerde bu şartı sağlayan sayı 26 dır.

Yanıt C

5. 5 saatte araçlar $5 \cdot 16 = 80$ km ve $5 \cdot 10 = 50$ km yol alırlar. B ile C şehirleri arasındaki uzaklık 70 km olduğuna göre, araçlar arasında belli bir açı olduğu anlaşılır.

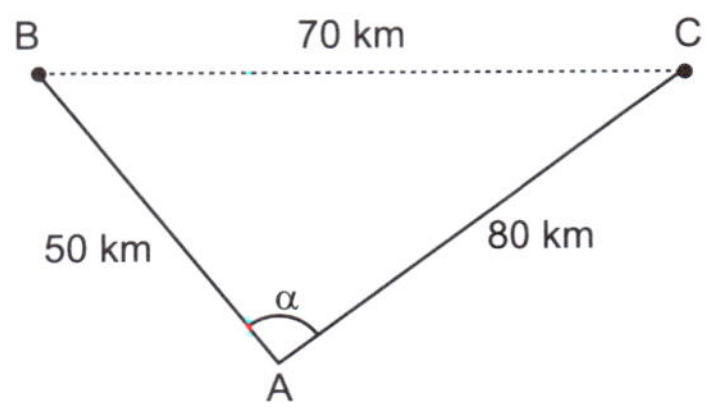

Kosinüs teoremi yazılırsa,

$70^2 = 50^2 + 80^2 - 2 \cdot 50 \cdot 80 \cdot \cos\alpha$

$\alpha = 60°$ bulunur.

Araçların hızları 12 km/h ve 6 km/ h olduğunda aralarındaki uzaklığı bulmak için yine kosinüs teoremi yazılırsa,

$x^2 = 12^2 + 6^2 - 2 \cdot 12 \cdot 6 \cdot \cos 60 \Rightarrow x = 6\sqrt{3}$ km

İki saat sonunda $12\sqrt{3}$ km uzaklık olur.

Yanıt B

6. Başlangıçta tahtada yazlı bulunan 1 sayısından hareket ederek en az hamlede 2^{79} sayısına ulaşmak biraz zordur.

O yüzden işlemi geriye doğru yapmak daha uygundur. Aşağıda, verilen kurala göre 2^{79} sayısından başlayarak 1 rakamına nasıl ulaşıldığı gösterilmiştir.

$2^{79} \to 2^{78} \to 2^{39} \to 2^{38} \to 2^{19} \to 2^{18} \to 2^{9} \to 2^{8} \to 2^{4}$
$\to 2^{2} \to 2^{1} \to 1$

Görüldüğü üzere, toplam 11 hamle yapılmıştır.

Yanıt C

7. Her defasında sadece iki bilye tartılması gerektiği için,

22 bilye 11 tartı ile tartılabilir.

Elde edilen denklemlerden 22 bilyenin toplam ağırlığı bulunur.

Son üç bilyenin ağırlığı a, b, c olsun.

$\left.\begin{array}{l} a+b=t_1 \\ b+c=t_2 \\ a+c=t_3 \end{array}\right\}$ Bu üç denklem ile a + b + c bulunur.

Buna göre, toplam 11 + 3 = 14 tartma gerekir.

Yanıt C

8. Düzgün yağan yağmur altında kutunun taban alanının zaman açısından önemi yoktur.

O halde, 6 cm yüksekliğin dolması için 48 dakika gerekmektedir. Kutunun en kısa zamanda dolması için h = 4 cm alınmalıdır.

6 cm	48 dakika
4 cm	x

x = 32 dakika gerekir.

Yanıt D

9. Merdivenin uzunluğu x metre olsun.

$x = (3v + v)\cdot t$

$x = (3v - v)\cdot(36 - t)$

Buradan t = 12 saniye ve x = 48 v olur.

Merdiven sabit olsaydı, $x = 3v\cdot t_1 \Rightarrow 48v = 3v\cdot t_1$

$t_1 = 16$ saniye olurdu.

Yanıt B

10. I. Yol:

Kızların sayısı k ve erkeklerin sayısı e olsun.

İlk durumda, 2x + 6 = k ve 3y + 8 = e ikinci durumda, 3m + 3 = k ve 2n + 12 = e

Ayrıca x + y = m + n yazılabilir. (sıra sayısı)

2x + 3y + 14 = 3m + 2n + 15 olduğundan,

y = m + 1 bulunur. 3m + 11 = e ve 3m + 3 = k bilgilerinden e – k = 8 olur.

II. Yol:

Sıra sayısı $\dfrac{k-6}{2}+\dfrac{e-8}{3}=\dfrac{k-3}{3}+\dfrac{e-12}{2}$

eşitliği çözülürse k = e –8 olur.

Yanıt C

11. Farenin 3 adımı, kedinin 2 adımına eşit olduğu için farenin bir adımı 2a, kedinin bir adımı 3a olsun.

Bundan dolayı kedi 9a ilerlerken, fare 8a ilerler. Kedi, fareyi yakalayıncaya kadar atılan adım sayısını bulmak için $x\cdot 9a = 60\cdot 2a + x\cdot 8a$ yazılırsa,

x = 120 ve kedinin toplam adım sayısı 360 olarak bulunur.

Yanıt C

12. Sürenin en az olması için önce 12 dakikada yanan uç yakılmalıdır.

Mumun boyu x olursa, bir dakikada

$\dfrac{x}{12}$ ve $\dfrac{x}{18}$ kadarı yanar.

t dakika sonra,

$$\frac{x\cdot t}{12}+\frac{x\cdot(t-2)}{18}=x$$

Buradan, t = 8 dakika olur.

Yanıt D

5. BÖLÜM

KÜMELER

1. $A = \{1, 2, 3, 4, ..., 14, 15\}$

kümesinin üç elemanlı alt kümelerinden kaç tanesi ardışık sayılardan oluşmaz?

A) 380 B) 396 C) 421 D) 442 E) 448

2. Elemanları ardışık sayılar olan ve eleman sayısı her defasında bir artırılan kümeler yazılıyor.

$A_1 = \{1\}$, $A_2 = \{2, 3\}$

$A_3 = \{4, 5, 6\}$, $A_4 = \{7, 8, 9, 10\}$

Bu kurala uygun olarak devam edildiğinde A_{11} kümesinin elemanları toplamı kaç olur?

A) 671 B) 615 C) 600 D) 580 E) 440

3. $A = \{1, 2, 3, 4, ..., n\}$

kümesinin alt kümelerinden 32 tanesinde en büyük eleman m sayısıdır.

Buna göre, m aşağıdakilerden hangisine eşittir?

A) 4 B) 5 C) 6 D) 7 E) 8

4. $A = \{1, 2, 3, 4, 5, 6, 7, 8, 9\}$

kümesinin alt kümelerinden kaç tanesinin en küçük elemanı 5 tir?

A) 8 B) 12 C) 16 D) 21 E) 32

5. Bir grup öğrencinin % 40'ı A dilini bilmektedir. A dilini bilenlerin % 20 si B dilini de bilmekte ve her iki dili de bilmeyenler yalnız B dilini bilenlerin % 25'i kadardır.

Buna göre, yalnız bir dil bilenlerin sayısı en az kaçtır?

A) 18 B) 20 C) 21 D) 24 E) 25

6. A torbasında özdeş 8 bilye, B torbasında ise birbirinden farklı 8 bilye bulunmaktadır.

Buna göre, 10 bilye kaç farklı şekilde seçilebilir?

A) 224 B) 240 C) 247 D) 256 E) 264

7. A = {a, b, c, d, ...}

kümesinin a elemanını bulunduran alt kümelerinin sayısı, b ve c elemanlarından en çok birini bulunduran alt kümelerinin sayısından 32 eksik olduğuna göre, A kümesi kaç elemanlıdır?

A) 5 B) 6 C) 7 D) 8 E) 9

8. İngilizce ve Almanca dillerinden en az birini bilenlerden oluşan 50 kişilik bir grubun % 60'ı İngilizce, % 50 si Almanca bilmektedir.

Grubun % 30'u kız olduğuna göre, yalnız İngilizce bilen en az kaç erkek vardır?

A) 9 B) 10 C) 11 D) 12 E) 13

9. **{1, 2, 3, 4, 5, 6, 7, 8, 9, 10} kümesinin tüm 5 elemanlı alt kümelerinin en küçük elemanlarının aritmetik ortalaması kaçtır?**

A) $\frac{6}{11}$ B) $\frac{5}{6}$ C) $\frac{11}{6}$ D) $\frac{11}{5}$ E) $\frac{11}{3}$

10. A = {1, 2, 3, 4, 5, 6, 7}

kümesinin hiç biri diğerinin alt kümesi olmayacak şekilde en çok kaç alt kümesi bulunur?

A) 7 B) 21 C) 28 D) 35 E) 64

11. A = {1, 2, 3, ..., n} kümesi veriliyor.

A kümesinin 3 elemanlı alt kümelerinde bulunan bütün elemanların toplamı 756 olduğuna göre, n kaçtır?

A) 6 B) 7 C) 8 D) 9 E) 10

12. A_1 = {3}

A_2 = {5, 7}

A_3 = {9, 11, 13}

A_4 = {15, 17, 19, 21}

şeklinde verilen kümeler için, bir A_n kümesinin en büyük ve en küçük elemanı arasındaki fark 28 dir.

Buna göre, A_n kümesinin en büyük elemanı kaçtır?

A) 196 B) 212 C) 224 D) 236 E) 241

1. $A = \{1, 2, 3, 4, 5, 6, 7, 8, 9, 10\}$

kümesi veriliyor.

A kümesi, $M \cup P \cup T = \{1, 2, 3, 4, 5, 6, 7, 8, 9, 10\}$ ve $M \cap P \cap T = \varnothing$ olacak şekilde üç kümeye kaç farklı biçimde ayrılabilir?

A) 2^{10} B) 3^{10} C) 5^{10} D) 6^{10} E) 8^{10}

2. $A = \{1, 2, 3, 4, 5, 6, 7, ..., 15, 16\}$

kümesinin üç elemanlı alt kümelerinden kaç tanesinde elemanların çarpımı 4 ile bölünür?

A) 300 B) 312 C) 324 D) 360 E) 392

3. $A = \{1, 2, 3, 4, 5, 6, 7, 8\}$

kümesinin tüm alt kümeleri arasından $B_1 \cap B_2 = \varnothing$ şartını sağlayan kümeler seçiliyor.

Buna göre, kaç farklı (B_1, B_2) alt küme ikilisi yazılabilir?

A) 3^8 B) 3^7 C) 2^8 D) 2^7 E) 2^6

4. $A = \{1, 2, 3, 4, 5, 6, 7, 8\}$

kümesinin 4 elemanlı alt kümelerinden kaçında elemanlar çarpımı 15 ile bölünür?

A) 42 B) 35 C) 30 D) 25 E) 20

5. $A = \{1, 2, 3, 4, 5, 6, 7, 8, 9\}$

kümesinin elemanları kullanılarak a > b ve a > c olacak şekilde kaç farklı abc üç basamaklı sayısı yazılabilir?

A) 320 B) 312 C) 280 D) 256 E) 204

6. $A = \{1, 2, 3, 4, 5, 6, 7, 8, 9, 10\}$

kümesinin hiçbiri diğerinin alt kümesi olmayacak şekilde <u>en çok</u> kaç tane alt kümesi vardır?

A) 280 B) 252 C) 210 D) 128 E) 64

7. n pozitif bir tam sayıdır.

A kümesinin, eleman sayısı tek sayı olan alt küme sayısı 8^n dir.

Buna göre, A kümesinin eleman sayısı aşağıdakilerden hangisidir?

A) 8n+1 B) 8n–1 C) 3n–1 D) 3n E) 3n+1

8. Fizik veya kimya derslerinden en az birinden geçenlerin bulunduğu bir sınıftaki öğrencilerin %80 i fizikten, % 60 ı kimyadan geçmiştir.

Kimyadan geçenlerin % 40 ı İngilizce bildiğine göre, fizikten geçenlerin en az yüzde kaçı İngilizce bilmektedir?

A) 3 B) 5 C) 8 D) 10 E) 15

9. Bir gruptaki kızların sayısı tüm grubun % 30 undan az, % 20 sinden fazladır.

Buna göre, grup en az kaç kişiden oluşmaktadır?

A) 3 B) 4 C) 5 D) 6 E) 7

10. Bir sınıftaki öğrencilerin $\frac{2}{3}$ 'ü gözlüklüdür.

$\frac{3}{5}$ 'i erkek olan bu sınıfta 20 gözlüksüz erkek bulunduğuna göre, sınıf en az kişiden oluşmaktadır?

A) 36 B) 40 C) 48 D) 55 E) 60

karekök

11. A = {1, 2, 3, 4, 5, 6, ...,500}

kümesinin elemanları kullanılarak x > y olmak şartı ile (x, y) ikilileri oluşturulacaktır.

x.y ifadesinin beşin katı olduğu kaç tane (x, y) ikilisi yazılabilir?

A) 45000 B) 44950 C) 40000 D) 36500 E) 30000

12. A = {1, 2, 3, 4, 5, ...,105}

kümesinden herhangi ikisinin farkı 10 olmayacak şekilde en çok kaç eleman seçilebilir?

A) 50 B) 55 C) 65 D) 72 E) 75

1. Testin Cevap Anahtarı

1	D	2	A	3	C	4	C	5	B	6	C	7	C	8	B	9	C	10	D	11	C	12	E

1. A = {1, 2, 3, 4, 5, ..., 19, 20, 21}

kümesinin üç elemanlı alt kümelerinin kaç tanesinde elemanlar toplamı üç ile tam bölünür?

A) 448 B) 440 C) 424 D) 396 E) 380

2. K = {1, 2, 3, 4} kümesi

$s(A \cup B \cup C) = s(K)$ ve $s(A \cap B \cap C) = \varnothing$

olacak şekilde A, B, C kümelerine kaç farklı biçimde ayrılabilir?

A) 64 B) 128 C) 216 D) 512 E) 1296

3. A = {1, 2, 3, 4, 5, ..., 48, 49, 50}

kümesinin 20 elemanlı alt kümelerinden biri B olsun.

Buna göre, B kümesinin elemanları toplamı kaç farklı değer alabilir?

A) 1021 B) 1000 C) 965 D) 811 E) 601

karekök

4. A = {1, 2, 3, 4, 5, 6, 7}

kümesinin iki elemanlı tüm alt kümeleri yazılıyor.

Bu alt kümelerin her birinde yer alan en büyük eleman alınır ve hepsi toplanırsa sonuç kaç olur?

A) 100 B) 108 C) 112 D) 120 E) 128

5. A = {1, 2, 3, 4, 5, ..., 19, 20}

kümesinin iki elemanlı alt kümelerinde bulunan tüm sayıların toplamı kaçtır?

A) 3380 B) 3540 C) 3660 D) 3820 E) 3990

6. A = {1, 2, 3, 4, 5, ..., 107, 108}

kümesi, herbirinin içindeki elemanların toplamı birbirine eşit olan n tane ayrık kümenin birleşimi olarak yazılacaktır.

Buna göre, n sayısı aşağıdakilerden hangisi olabilir?

A) 12 B) 18 C) 24 D) 36 E) 48

7. $A = \{1, 2, 3, 4, ..., 15\}$

kümesi veriliyor.

A kümesinin $K = \{a, b, c\}$ şeklinde üç elemanlı alt kümeleri yazılacaktır.

Buna göre, $a < b$ ve $a < c$ olmak şartıyla kaç farklı K kümesi yazılabilir?

A) 925 B) 950 C) 975 D) 1000 E) 1015

8. A ve B iki kümedir.

$A' \subset B'$

$s(B') = 17$

$s(A') = 12$

$s((A' \cap B')') = 11$

olduğuna göre, s(A) + s(B) kaçtır?

A) 14 B) 15 C) 16 D) 17 E) 18

9. $A = \{1, 2, 3, 4, ..., 9\}$

kümesinin boş olmayan tüm alt kümelerinden oluşan B kümesinin elemanları toplamı kaça eşittir?

A) $7 \cdot 2^6$ B) $15 \cdot 2^6$ C) $18 \cdot 2^7$ D) $24 \cdot 2^7$ E) $45 \cdot 2^8$

10. $A = \{a, b, c, d, e, f\}$

kümesi hiçbiri boş olmayacak şekilde üç ayrık alt kümeye kaç farklı biçimde ayrılabilir?

A) 90 B) 96 C) 126 D) 144 E) 180

11. $A = \{1, 2, 3, 4, 5, ..., 18\}$

kümesinin n elemanlı bir alt kümesinin iki elemanlı alt kümelerinden en az bir tanesinin elemanlarını farkının 7 olmasını garanti eden en küçük n değeri kaçtır?

A) 13 B) 12 C) 10 D) 9 E) 8

12. $A = \{1, 2, 3, ..., 13\}$

kümesi, herbirinde en az bir eleman bulunmak şartıyla iki alt kümeye kaç farklı şekilde ayrılabilir?

A) 2^{13} B) 2^{12} C) $2^{12} - 1$ D) 2^{11} E) $2^{11} - 1$

2. Testin Cevap Anahtarı

1	D	2	E	3	A	4	D	5	E	6	B	7	E	8	B	9	B	10	E	11	B	12	B

1. A = {1, 2, 3, 4, 5, 6, ..., 14, 15}

kümesinin 3 elemanlı alt küme sayısı $\binom{15}{3} = 455$ olur.

Tümü ardışık sayılardan oluşan 3 elemanlı kümeler

{1, 2, 3}, {2, 3, 4}, {3, 4, 5}, ..., {13, 14, 15}

şeklinde olup 13 tanedir.

O halde ardışık üç sayının bulunmadığı alt küme sayısı 455 – 13 = 442 bulunur.

Yanıt D

2. $A_1 = \{1\}$ $A_2 = \{2, 3\}$

$A_3 = \{4, 5, 6\}$ $A_4 = \{7, 8, 9, 10\}$

Yukarıdaki kurala uygun olarak yazılan kümeler için

$A_n = \left\{............, \frac{n(n+1)}{2}\right\}$ olur. Yani kümenin son elemanı $\frac{n(n+1)}{2}$ şeklindedir.

$A_{11} = \{56, 57, ..., 66\}$ olduğundan elemanlar toplamı, 56 + 57 + 58 + ... + 65 + 66 = 671 bulunur.

Yanıt A

3. A = {1, 2, 3, 4, ..., n}

kümesinin en büyük elemanının m olduğu alt kümeler {m, ...} şeklindedir.

$32 = 2^5$ olduğundan kümede 5 eleman daha bulunmalıdır. Bu elemanlar m sayısından küçük olacağı için m = 6 olmalıdır.

Yanıt C

4. A = {1, 2, 3, 4, 5, 6, 7, 8, 9}

kümesinin alt kümeleri arasında en küçük elemanı 5 olanlar isteniyor.

Bu küme {5, ...} şeklinde olmalıdır.

6, 7, 8, 9 elemanları ile $2^4 = 16$ tane alt küme yazılabilir.

Yanıt C

5.

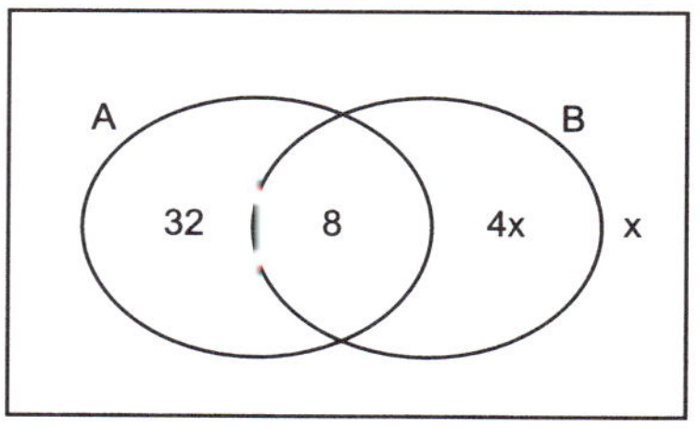

Grupta 100 öğrenci olsun.

Bu durumda elemanların dağılımı şekildeki gibi olacaktır.

$32 + 8 + 4x + x = 100 \Rightarrow x = 12$ bulunur.

Bir dil bilenlerin sayısının en az olması istendiği için tüm sayılar 4 ile bölünebilir.

Yalnız bir dil bilenlerin sayısı en az: $\frac{32+48}{4} = 20$ olur.

Yanıt B

6.

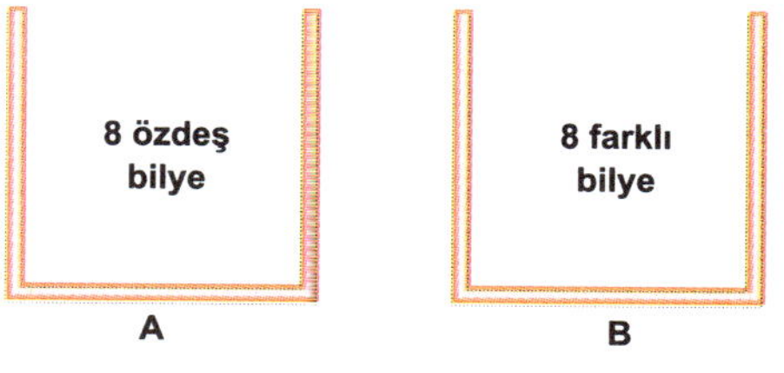

10 bilye şu şekillerde seçilebilir:

B torbasından 2 ve A'dan 8; B'den 3 ve A'dan 7; ....; B'den 8 ve A'dan 2 bilye.

$\binom{8}{2} + \binom{8}{3} + \binom{8}{4} + ... + \binom{8}{8} = 247$ bulunur.

Yanıt C

7. A = {a, b, c, d, ...}

kümesinin a elemanı bulunduran alt küme sayısı 2^{n-1} dir. A kümesinin b ve c elemanlarından en çok birini bulunduran alt küme sayısı $2^n - 2^{n-2}$ olur.

$2^{n-1} = 2^n - 2^{n-2} - 32$

$32 = 2^n - 2^{n-2} - 2^{n-1} \Rightarrow 32 = 2^n \cdot (1 - \frac{1}{4} - \frac{1}{2})$

$2^5 = 2^{n-2} \Rightarrow n = 7$ bulunur.

Yanıt C

8.

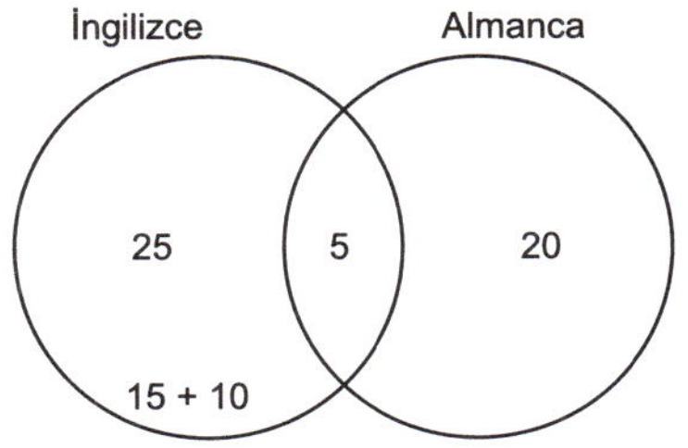

50 kişilik grubun %50 si Almanca biliyor. $50 \cdot \frac{50}{100} = 25$

%60'ı İngilizce biliyor. $50 \cdot \frac{60}{100} = 30$

Demek ki her iki dili bilen 5 kişi var. Grubun %30'u kız olduğundan 15 kız vardır.

Yalnız İngilizce bilen erkek sayısını az yapmak için 15 kızın hepsini yalnız İngilizce bilenlerin arasında düşünürüz. O halde 25 – 15 = 10

en az 10 erkek yalnız İngilizce bilmektedir.

Yanıt B

9. En küçük elemanı 1 olanlar, $\binom{9}{4}$ tane,

En küçük elemanı 2 olanlar, $\binom{8}{4}$ tane,

⋮

En küçük elemanı 6 olanlar, $\binom{4}{4}$ tane olduğu için,

Bu elemanların aritmetik ortalaması $\dfrac{\binom{11}{6}}{\binom{10}{5}} = \dfrac{11}{6}$ bulunur.

Yanıt C

10. A = {1, 2, 3, 4, 5, 6, 7}

kümesinin hiç biri diğerinin alt kümesi olmayacak şekilde en çok $\binom{7}{3} = 35$ tane alt kümesi vardır.

Yanıt D

11. A = {1, 2, 3, 4, ..., n}

kümesinin 3 elemanlı alt kümelerinde bulunan tüm elemanların toplamı;

$\binom{n-1}{2} \cdot [1 + 2 + 3 + ... + n] = 756$

$\frac{(n-2)(n-1)}{2} \cdot \frac{n(n+1)}{2} = 756$

$(n - 1) \cdot (n - 2) \cdot n \cdot (n + 1) = 6 \cdot 7 \cdot 8 \cdot 9$ olduğundan n = 8 bulunur.

Yanıt C

12. $A_1 = \{3\}$ $A_2 = \{5, 7\}$

$A_3 = \{9, 11, 13\}$ $A_4 = \{15, 17, 19, 21\}$

$A_n = \{x, ..., y\}$ şeklinde verilen kümelerde,

$y = n(n + 1) + 1$ ve $x = n(n + 1) + 1 - 2(n - 1)$ olur.

$y - x = n^2 + n + 1 - n^2 - n - 1 + 2n - 2$

$y - x = 2n - 2 = 28 \Rightarrow n = 15$ bulunur.

En büyük eleman $y = n^2 + n + 1 = 241$ olur.

Yanıt E

3. Testin Cevap Anahtarı

1	2	3	4	5	6	7	8	9	10	11	12
A	E	E	C	E	B	E	D	E	A	B	C

1. $A = \{1, 2, 3, 4, 5, 6, 7, 8, 9, 10\}$

$M \cup P \cup T = \{1, 2, 3, 4, 5, 6, 7, 8, 9, 10\}$

$M \cap P \cap T = \varnothing$ olacak şekilde kümeleri gösterelim.

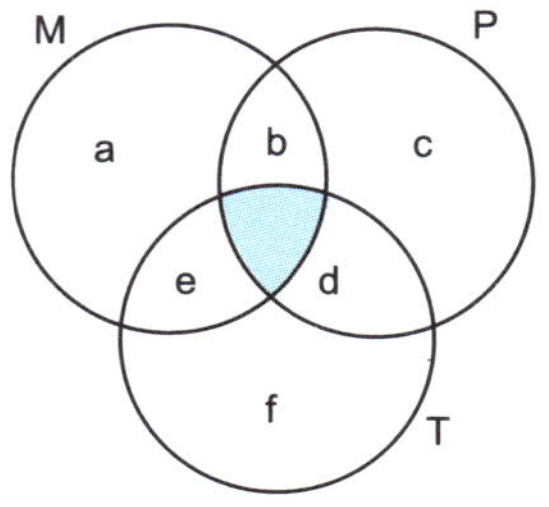

Görüldüğü üzere a, b, c, d, e, f altı farklı bölgeyi işaret etmektedir. 10 elemanın bu 6 bölgeye dağılımı,

$6 \cdot 6 \cdot 6 ... 6 \cdot 6 = 6^{10}$ farklı şekilde yapılabilir.

Yanıt D

2. $A = \{1, 2, 3, 4, 5, 6, 7, ... 15, 16\}$

kümesinin üç elemanlı alt kümelerinde elemanların çarpımının 4 ile bölünmediği kaç durum olduğuna bakalım.

Bu kümeler ya {Tek, Tek, Tek} ya da {Tek, Tek, Çift} şeklinde olmalıdır.

{Tek, Tek, Tek} olanların sayısı: $\binom{8}{3} = 56$

{Tek, Tek, Çift} olanların sayısı: $\binom{8}{2} \cdot \binom{4}{1} = 112$

↓ 2, 6, 10, 14

112 + 56 = 168 tane kümenin elemanları çarpımı 4 ile bölünmez.

Tüm 3 elemanlı alt kümelerden çıkarırsak,

$\binom{16}{3} - 168 = 392$ bulunur.

Yanıt E

3. $A = \{1, 2, 3, 4, 5, 6, 7, 8\}$

kümesinin alt kümeleri arasında $B_1 \cap B_2 = \varnothing$ şartını sağlayan kümeler isteniyor.

B_1 boş küme olsa, B_2 kümeleri 2^8 şekilde yazılabilir.

B_1 kümesi 1 elemanlı olsa, B_2 kümesi 2^7 şekilde yazılabilir.

Böylece devam edilirse,

$$\binom{8}{0} \cdot 2^8 + \binom{8}{1} \cdot 2^7 + \binom{8}{2} \cdot 2^6 + ... + \binom{8}{8} \cdot 2^0 = 3^8$$

Dolayısıyla 3^8 tane (B_1, B_2) ikilisi yazılabilir.

Yanıt A

4. $A = \{1, 2, 3, 4, 5, 6, 7, 8\}$

kümesinin 4 elemanlı alt kümelerinde elemanların çarpımının 15 ile bölünmesi için mümkün durumlar şöyledir:

I: 5 ve 3 elemanlarının bulunup 6'nın olmadığı

$\binom{5}{2} = 10$ küme vardır.

II: 5 ve 6 elemanlarının bulunup 3'ün olmadığı

$\binom{5}{2} = 10$ küme vardır.

III: 5, 3 ve 6 elemanlarının birlikte olduğu

$\binom{5}{1} = 5$ küme vardır.

Buna göre, toplam 10 + 10 + 5 = 25 küme vardır.

Yanıt D

karekök

5. $A = \{1, 2, 3, 4, 5, 6, 7, 8, 9\}$

kümesinin elemanları ile abc şeklinde üç basamaklı sayılar yazılacaktır.

a = 9 alınırsa, a > b ve a > c olduğundan

b ve c için sekizer durum vardır.

a = 8 alınırsa, b ve c için yedişer durum vardır.

O halde yazılabilecek tüm abc sayıları

$8^2 + 7^2 + 6^2 + \ldots\ldots + 2^2 + 1^2 = 204$ tanedir.

Yanıt E

6. $A = \{1, 2, 3, 4, 5, 6, 7, 8, 9, 10\}$

kümesinin hiçbiri diğerinin alt kümesi olmayacak şekilde $\binom{10}{5}$ tane alt küme seçilebilir.

$\binom{10}{5} = 252$ bulunur.

Yanıt B

7. Herhangi bir kümenin, eleman sayısı tek sayı olan alt kümeleri ile eleman sayısı çift sayı olan alt kümeleri eşit sayıdadır.

O halde A kümesinin tüm alt kümeleri

$8^n + 8^n = 2^{3n} + 2^{3n} = 2^{3n+1}$ olur.

Buradan A kümesinin eleman sayısı $3n+1$ bulunur.

Yanıt E

8. Sınıfın 100 kişiden oluştuğunu varsayalım.

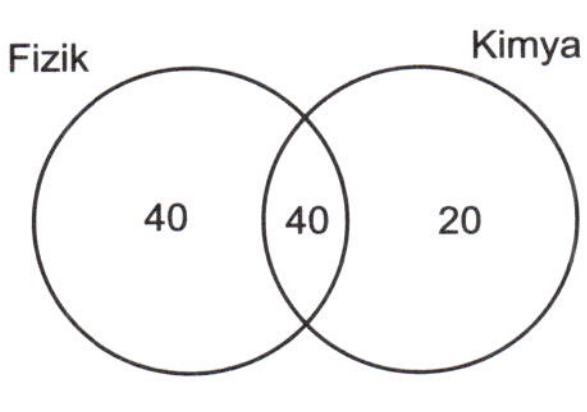

Kimyadan geçenlerin %40 ını bulalım: $\dfrac{60 \cdot 40}{100} = 24$ kişi

O halde, kesişim kümesinde en az 4 kişi İngilizce biliyor demektir. Buna göre, fizikten geçen 80 kişiden en az dördü İngilizce bilmektedir.

80	4
100	x

x = %5 bulunur.

Yanıt B

9. Sınıfın mevcudu 10x olsun.

Kızların sayısı $2x < K < 3x$ olacaktır.

Eğer tüm sınıf en az 3 kişi kabul edilirse,

$10x = 3 \Rightarrow x = 0{,}3$

Kızların sayısı $0{,}6 < K < 0{,}9$ bulunur. Ancak K bir tam sayı olacağından geçerli sayamayız.

Eğer 10x = 4 alınırsa,

$x = 0{,}4$ ve $0{,}8 < K < 1{,}2$ bulunur ki, K = 1 olabilir.

O halde sınıf mevcudu en az 4 olur.

Yanıt B

10. Sınıfın mevcudu 15x olsun.

Sınıfın $\frac{3}{5}$ i erkek olduğundan 9x erkek ve 6x kız vardır.

Gözlüklülerin sayısı 10x olur.

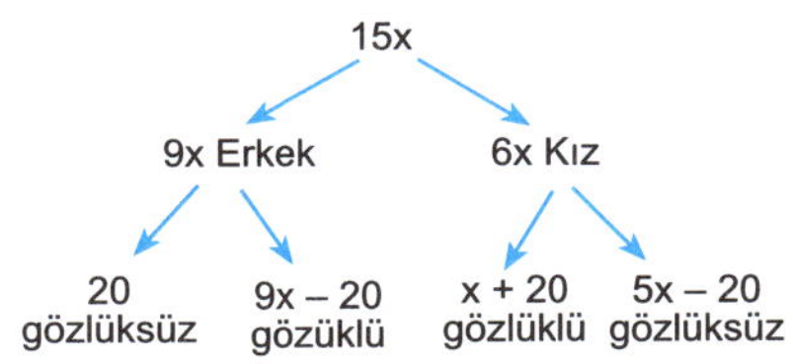

$5x - 20 \geq 0 \Rightarrow x \geq 4$ alınırsa sınıf mevcudu en az 60 olur.

Yanıt E

11. $A = \{1, 2, 3, 4, 5, 6, \ldots, 499, 500\}$

kümesinde $x > y$ ve $x \cdot y = 5k$ olan (x, y) ikililerin sayısını bulmak için önce tüm ikililerin sayısını bulalım.

$\binom{500}{2} = 250 \cdot 499$ olur.

A kümesinde beşin katı olmayan 400 eleman vardır. O halde istenen ikililerin sayısı,

$\binom{500}{2} - \binom{400}{2} = 44950$ bulunur.

Yanıt B

12. $A = \{1, 2, 3, 4, 5, 6, \ldots\ldots, 104, 105\}$

kümesinde [1,10] aralığındaki 10 sayı alınırsa [11, 20] arası sayılar seçilemezler. Çünkü herhangi iki sayı arasındaki fark 10 olabilmektedir.

Benzer şekilde [21, 30], [41, 50], [61, 70], [81, 90] aralığındaki sayılar ve 101, 102, 103, 104, 105 kullanılabilir. Böylece en çok 50 + 5 = 55 sayı seçilebilir.

Yanıt B

1. $A = \{1, 2, 3, 4, ..., 20, 21\}$ kümesini

$B = \{1, 4, 7, ..., 19\}$, $C = \{2, 5, 8, ..., 20\}$

$D = \{3, 6, 9, 12, ..., 21\}$

şeklinde üç parçaya ayıralım.

i) Üç elemanın hepsi aynı kümeden alınırsa,

$3 \cdot \binom{7}{3} = 105$ durum olur.

ii) Her kümeden birer eleman alınırsa,

$\binom{7}{1} \cdot \binom{7}{1} \cdot \binom{7}{1} = 343$ durum olur.

Toplam 105 + 343 = 448 bulunur.

Yanıt A

2.

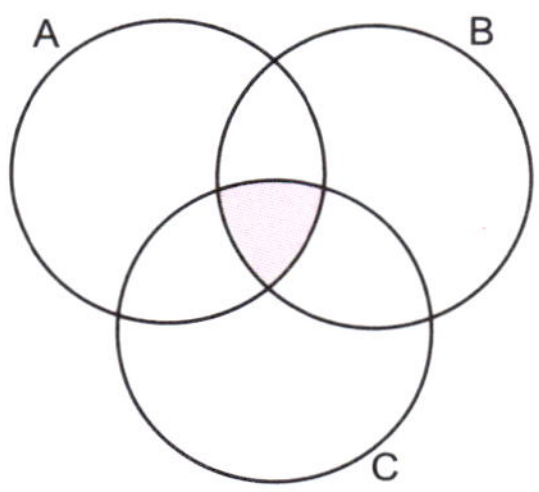

$K = \{1, 2, 3, 4\}$

$s(A \cup B \cup C) = s(K)$

$s(A \cap B \cap C) = \varnothing$ veriliyor.

Toplam 6 bölge var ve 4 eleman bu bölgelere $6 \cdot 6 \cdot 6 \cdot 6 = 1296$ şekilde dağıtılabilir.

Yanıt E

3. B kümesinin elemanları toplamı en az,

1 + 2 + 3 + ... + 20 = 210

En çok 31 + 32 + 33 + ... + 50 = 810 olur.

O halde, 810 – 210 + 1 = 601 farklı değer vardır.

Yanıt E

4. 7 sayının en büyük eleman olduğu iki elemanlı alt küme sayısı 6 tanedir. $6 \cdot 7 = 42$ bulunur.

En büyük elemanın 6 olduğu iki elemanlı alt küme sayısı 5 olduğundan $5 \cdot 6 = 30$ olur.

Bu şekilde devam edilirse,

42 + 30 + 20 + 12 + 6 + 2 = 112 bulunur.

Yanıt C

5. A kümesinin, içinde 1 elemanı bulunan iki elemanlı 19 alt kümesi vardır.

Benzer şekilde, 2 elemanı bulunan yine 19 alt kümesi vardır.

Bu şekilde devam edilirse,

$19 \cdot (1 + 2 + 3 + ... + 20) = 3990$ bulunur.

Yanıt E

6. $A = \{1, 2, 3, 4, 5, ..., 107, 108\}$

kümesinin tüm elemanların toplamı

$$\frac{108 \cdot 109}{2} = 54 \cdot 109$$

olur.

Sözü edilen kümelerdeki elemanların toplamları eşit olacağına göre,

toplamları 109 olan 54 farklı küme,

toplamları 218 olan 27 farklı küme

⋮

Yani 54 sayısının çarpanları kadar farklı küme yazılabilir. 54 sayısının çarpanları 54, 27, 18, 9, 6, 3, 2, 1 olduğundan n = 18 olabilir.

Yanıt B

7. $a \in A$ olmak üzere $a = t$ olsun. Bu durumda b'nin alacağı farklı $15 - t$ ve c'nin alacağı farklı $15 - t$ değer vardır.

Saymanın temel kuralına göre, istenen şartlardaki {a, b, c} üçlüsünün sayısı $1.(15-t).(15-t) = (15-t)^2$ kadardır.

$a \in A$ olmak üzere

$a = 1$ olursa {1, b, c} üçlülerinin sayısı $1.14.14 = 14^2$

$a = 2$ olursa {2, b, c} üçlülerinin sayısı $1.13.13 = 13^2$

⋮

$a = 14$ olursa {14, b, c} üçlülerinin sayısı $1.1.1 = 1$

$$\{a, b, c\} \text{ üçlülerinin sayısı} = 14^2 + 13^2 + 12^2 + ... + 1^2 = \frac{n(n+1).(2n+1)}{6} = \frac{14.15.29}{6} = 1015 \text{ olur.}$$

Yanıt E

8. $A' \subset B' \Rightarrow B \subset A$

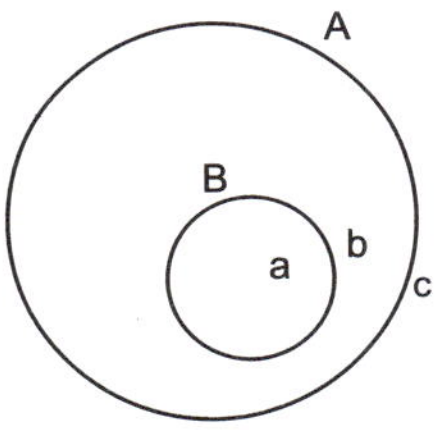

$b + c = 17$

$c = 12$

$a + b = 11$

olduğundan $c = 12$, $b = 5$, $a = 6$ olur.

$s(A) + s(B) = 11 + 6 = 17$ olur.

Yanıt D

9. Bir elemanlı alt kümelerin elemanları toplamı 45 olur.

İki elemanlı alt kümeler için şöyle düşünelim: İçinde 1 elemanı bulunan $\binom{8}{1}$ kadar alt küme vardır. İçinde 2 elemanı bulunan yine $\binom{8}{1}$ kadar olur. O halde iki elemanlı alt kümelerde elemanlar toplamı $45 \cdot \binom{8}{1}$ olur.

Aynı düşünce üç elemanlı alt kümeler için uygulanırsa $45 \cdot \binom{8}{2}$ bulunur.

O halde tüm toplam,

$$45 \cdot \left(\binom{8}{0} + \binom{8}{1} + \binom{8}{2} + \dots + \binom{8}{8}\right) = 45 \cdot 2^8 \text{ olur.}$$

Yanıt E

10. A = {a, b, c, d, e, f} kümesi üç ayrık kümeye

i) 2, 2, 2 elemanlı olarak

$$\binom{6}{2} \cdot \binom{4}{2} \cdot \binom{2}{2} = 90 \text{ olduğundan } \frac{90}{3!} = 15$$

ii) 1, 2, 3 elemanlı olarak

$$\binom{6}{1} \cdot \binom{5}{2} \cdot \binom{3}{3} = 60$$

iii) 1, 1, 4 elemanlı olarak

$$\binom{6}{1} \cdot \binom{5}{1} \cdot \binom{4}{4} = 30 \text{ olduğundan } \frac{30}{2!} = 15$$

Toplam $15 + 60 + 15 = 90$ şekilde ayrılabilir.

Yanıt A

11. A = {1, 2, 3, 4, 5, ..., 17, 18} kümesini

1,2,3,4,5,6,7 / 8,9,10,11,12,13,14 / 15, 16, 17, 18

şeklinde ayıralım. Farkın 7 olmasını önleyen en büyük dizi ardışık yedi eleman olması durumudur. Böyle bir dizilim, yukarıda gösterilmiştir. Birinci gruptan yedi eleman ve kalan dört eleman alınırsa ve ortadaki gruptan en az bir eleman ilave edilirse farkın 7 olması garanti edilir.

$7 + 4 + 1 = 12$ bulunur.

Yanıt B

12. En az bir elemanlı alt küme sayısı,

$$\binom{13}{1} + \binom{13}{2} + \dots + \binom{13}{12} = 2^{13} - 2$$

olarak bulunur.

Ancak $\binom{13}{1}$ ve $\binom{13}{12}$ gibi ikili gruplar birbirinin aynısı olduğundan,

$$\frac{2^{13} - 2}{2} = 2^{12} - 1 \text{ bulunur.}$$

Yanıt C

karekök

6. BÖLÜM

MODÜLER ARİTMETİK

1. $(30!)^2 + 71 \equiv x \pmod{61}$

eşitliğini sağlayan x değeri kaçtır?

A) 60 B) 30 C) 15 D) 9 E) 1

2. **79^{79} sayısının 45 ile bölümünden elde edilen kalan aşağıdakilerden hangisidir?**

A) 4 B) 7 C) 21 D) 34 E) 43

3. A = 272727 27

sayısı 26 basamaklıdır.

Buna göre, A sayısının 165 ile bölümünden kalan kaçtır?

A) 52 B) 67 C) 72 D) 87 E) 102

4. $7 + 77 + 777 + \ldots\ldots + \underbrace{77\ldots\ldots7}_{2012 \text{ tane}}$

toplamının 9 ile bölümünden kalan kaçtır?

A) 6 B) 5 C) 3 D) 1 E) 0

5. $x^3 \equiv 6 \pmod{7}$

denkliğini sağlayan en küçük pozitif üç sayının toplamı kaçtır?

A) 12 B) 13 C) 14 D) 15 E) 16

6. $71 \equiv x^x \pmod{4}$

denkliğini sağlayan en küçük x pozitif tam sayı değeri kaçtır?

A) 1 B) 2 C) 3 D) 4 E) 5

7. $25! \equiv x \pmod{29}$

denkliğini sağlayan x değeri aşağıdakilerden hangisidir?

A) 28 B) 25 C) 17 D) 5 E) 1

8. $5^x - 5^{-x} \equiv 0 \pmod{7}$

denkliğini sağlayan iki basamaklı en büyük x pozitif tam sayısı kaçtır?

A) 95 B) 96 C) 97 D) 98 E) 99

9. **Z/105 kümesinde kaç tane sayının karekökü vardır?**

A) 17 B) 21 C) 53 D) 72 E) 104

10. $79! \equiv 0 \pmod{3^x}$

denkliğini sağlayan en büyük x tam sayı değeri kaçtır?

A) 33 B) 34 C) 35 D) 36 E) 37

11. $1.1! + 2.2! + 3.3! + 4.4! + 5.5! + ... + 100.100!$

toplamının 79 ile bölümünden kalan kaçtır?

A) 0 B) 1 C) 37 D) 39 E) 78

12. n pozitif bir tam sayı olmak üzere,

$4^n + 2^n \equiv 0 \pmod{10}$

denkliğini sağlayan iki basamaklı en küçük ve en büyük n değerlerinin toplamı kaçtır?

A) 102 B) 104 C) 106 D) 108 E) 110

karekök

Bu testin cevap anahtarı arka sayfadadır.

1. x ve y tam sayılar olmak üzere,

$x^{10} = y^2 + 15$

eşitliğini sağlayan kaç farklı (x, y) ikilisi vardır?

A) 8 B) 6 C) 4 D) 2 E) 0

2. **$103^{17} - 2$ sayısının 289 ile bölümünden kalan aşağıdakilerden hangisidir?**

A) 288 B) 102 C) 16 D) 2 E) 1

3. p ve p + 2 asal sayılar, k pozitif bir tam sayıdır.

m < 20 ve p > 1000 olmak üzere,

$p^2 + 2p = 18k + m$

eşitliğini sağlayan en büyük m doğal sayısı aşağıdakilerden hangisidir?

A) 17 B) 13 C) 10 D) 8 E) 1

4. **7^{50} sayısının 13 ile bölümünden elde edilen kalan aşağıdakilerden hangisidir?**

A) 12 B) 11 C) 10 D) 1 E) 0

5. Bilgi: p bir asal sayı olmak üzere,

$(p - 1)! \equiv -1 \pmod{p}$ dir.

Buna göre, 38! sayısının 123 ile bölümünden kalan kaçtır?

A) 20 B) 28 C) 76 D) 94 E) 102

6. $84^{1 + x!} \equiv 6 \pmod{13}$

denkliğini sağlayan en küçük x tam sayı değeri aşağıdakilerden hangisidir?

A) 8 B) 7 C) 6 D) 5 E) 4

7. **$(2001)^{2013}$ sayısının son dört rakamının dizilişi aşağıdakilerden hangisidir?**

A) 0001 B) 2001 C) 4001 D) 6001 E) 8001

8. $8^{2015} + 6^{2015} \equiv x \pmod{49}$

denkliğini sağlayan x değeri aşağıdakilerden hangisidir?

A) 7 B) 14 C) 28 D) 35 E) 48

9. x > 1 olmak üzere,

$x^3 + 2x \equiv 24 \pmod{x}$

denkliğini sağlayan kaç tane x tam sayı değeri vardır?

A) 5 B) 6 C) 7 D) 8 E) 9

10. Z/11 kümesinde,

$x + \sqrt[3]{5} = 7$

eşitliğini sağlayan x değeri kaçtır?

A) 1 B) 2 C) 4 D) 5 E) 6

11. $A = 5^{21}.7^{14}$

sayısına <u>en az</u> hangi doğal sayı ilave edilirse 12 ile tam bölünür?

A) 1 B) 2 C) 5 D) 7 E) 10

12. abc üç basamaklı bir sayıdır.

$abc \equiv a + b + c \pmod{9}$

şartını sağlayan kaç tane abc doğal sayısı vardır?

A) 90 B) 300 C) 450 D) 600 E) 900

1. Testin Cevap Anahtarı

1	2	3	4	5	6	7	8	9	10	11	12
D	D	D	A	C	C	D	E	C	D	E	D

1. $1 \leq n \leq 52$

olmak üzere, $10^n + 12^n + 1$ ifadesinin 7 ile bölünmesini sağlayan kaç farklı n doğal sayı değeri vardır?

A) 10 B) 12 C) 18 D) 20 E) 26

2. $1 \leq n \leq 226$

olmak üzere, 21n – 28 sayısının 77 ile bölünmesini sağlayan kaç farklı n doğal sayı değeri vardır?

A) 17 B) 19 C) 21 D) 23 E) 25

3. $a_1, a_2, a_3 ..., a_n$ altı basamaklı asal sayılardır.

$$A = a_1^2 + a_2^2 + a_3^2 + ... + a_n^2$$

olmak üzere A sayısının 12 ile bölümünden kalan 5 tir.

Buna göre, n aşağıdakilerden hangisi olabilir?

A) 7 B) 10 C) 13 D) 17 E) 21

4. n bir doğal sayı olmak üzere, $5^n - 1$ sayısı 128 ile tam bölünebilmektedir.

Buna göre, n sayısının alabileceği <u>en küçük</u> değer kaçtır?

A) 12 B) 16 C) 24 D) 32 E) 36

5. $x_1, x_2, x_3 ...... x_n$ sayılarının hiçbiri 5 ile tam bölünmemektedir.

n pozitif bir tam sayı olduğuna göre,

$$x_1^4 + x_2^4 + x_3^4 + ... + x_n^4$$

ifadesinin 5 ile bölünebilmesi için n sayısının alabileceği üç basamaklı <u>en büyük</u> değer kaç olmalıdır?

A) 995 B) 800 C) 720 D) 540 E) 105

6. $1^3 + 3^3 + 5^3 + 7^3 + ... + 99^3$

toplamının 11 ile bölümünden kalan kaçtır?

A) 8 B) 7 C) 6 D) 5 E) 4

7. **201200^{1600} sayısının sıfırdan farklı sağdan ilk rakamı kaçtır?**

A) 36 B) 21 C) 4 D) 6 E) 8

8. $6^{6!} + 7^{7!} + 8^{8!} + 9^{9!}$

ifadesinin 13 ile bölümünden kalan kaçtır?

A) 12 B) 8 C) 7 D) 4 E) 1

9. m < 200 olmak üzere,

$m^2 + 3m + 6 \equiv 0 \pmod{19}$

denkliğini sağlayan <u>en büyük</u> m tam sayı değeri kaçtır?

A) 179 B) 182 C) 188 D) 197 E) 199

10. $2^{5!} + 3^{6!} + 4^{7!} + ... + 10^{13!} + 11^{14!}$

toplamının 11 ile bölümünden kalan aşağıdakilerden hangisidir?

A) 10 B) 9 C) 5 D) 1 E) 0

11. $A = 2 . 4 . 6 . 8 ... 44 - 1 . 3 . 5 ... 43$

olduğuna göre, A sayısının 45 ile bölümünden kalan kaçtır?

A) 39 B) 20 C) 2 D) 1 E) 0

12. A = abcd ..... 7 sayısı n basamaklı bir doğal sayıdır. 7 rakamı başa getirildiğinde elde edilen sayı ilk sayının 5 katı olmaktadır.

Buna göre, en küçük n değeri kaçtır?

A) 5 B) 6 C) 7 D) 8 E) 9

2. Testin Cevap Anahtarı

1	2	3	4	5	6	7	8	9	10	11	12
E	A	A	C	E	E	D	D	C	C	D	E

1. $(30!)^2 + 71 \equiv x \pmod{61}$

ifadesinde 30! ifadesini,

$30! = 30 \cdot 29 \cdot 28 \ldots\ldots\ldots 3 \cdot 2 \cdot 1 \equiv (-31) \cdot (-32) \cdot (-33) \ldots (-60)$ (mod 61) şeklinde yazabiliriz. Bu durumda,

$(30!)^2 = 30! \cdot 30! \equiv 30 \cdot 29 \cdot 28 \ldots 3 \cdot 2 \cdot 1 \cdot (-31)(-32) \ldots (-60)$ (mod 61)

$(30!)^2 \equiv 60! \pmod{61}$ elde edilir.

Ayrıca, $60! \equiv -1 \pmod{61}$ olduğu bilindiğinden,

$(30!)^2 + 71 \equiv -1 + 71 \equiv 9 \pmod{61}$ bulunur.

Yanıt D

2. Önce 79^{79} sayısının 5 ile bölümünden kalanı bulalım.

$79^1 \equiv 4 \pmod{5}$

$79^2 \equiv 1 \pmod{5}$

Buradan $79^{79} \equiv 4 \pmod{5}$ olur.

79^{79} sayısının 9 ile bölümünden kalan,

$79^1 \equiv 7 \pmod{9}$

$79^2 \equiv 4 \pmod{9}$

$79^3 \equiv 1 \pmod{9}$

Buradan $79^{79} \equiv 7 \pmod{9}$ olur.

O halde 79^{79} sayısının 45 ile bölümünden kalan,

$K = 5p + 4 = 9t + 7$ şeklindedir.

Buradan $K = 34$ bulunur.

Yanıt D

3. A = 27272727....2727 sayısının 165 ile bölümünden kalanı bulmak için $165 = 3 \cdot 5 \cdot 11$ olduğundan 3, 5 ve 11 ile bölümlerinden kalanlar bulunmalıdır.

A sayısının 3 ile bölümünden kalan 0,

5 ile bölümünden kalan ise 2 dir.

11 ile bölünme kuralı uygulanırsa kalan 10 olur.

O halde, A sayısının 165 ile bölümünden kalan,

$K = 3p = 5t + 2 = 11m + 10$ şeklindedir.

Buradan en küçük K değeri 87 olarak bulunur.

Yanıt D

4. $7 + 77 + 777 + \ldots\ldots\ldots + \underbrace{777\ldots\ldots7}_{2012 \text{ tane}}$

toplamının her bir teriminin 9 ile bölümünden kalanları sıra ile yazarsak 7, 5, 3, 1, 8, 6, 4, 2, 0, 7, 5, 3, 1... elde ederiz.

Dikkat edilirse ilk 9 sayının toplamının 9 ile bölümünden kalan sıfırdır. O halde her dokuzluk gruptan kalan sıfır olacaktır.

2012 = 2007 + 5 olduğundan bu dizinin ilk 5 elemanı kalacaktır.

7 + 5 + 3 + 1 + 8 = 24 sayısının 9 ile bölümünden kalan 6 dır.

Yanıt A

5. $x^3 \equiv 6 \pmod{7}$

denkliğini sağlayan en küçük üç pozitif tam sayı için $x^3 = 7k + 6$ eşitliğini kullanalım.

Burada, $k = -1$ için, $x = -1$ yani $x = 6$

$k = -2$ için, $x = -2$ yani $x = 5$

$k = 3$ için, $x = 3$ bulunur.

O halde, bu sayıların toplamı 6 + 5 + 3 = 14 olur.

Yanıt C

6. $71 \equiv x^x \pmod{4}$

denkliğini sağlayan en küçük x pozitif tam sayı için,

$71 \equiv 3 \pmod{4}$ olduğunu görerek,

$3 \equiv 7 \equiv 11 \equiv \ldots\ldots \equiv 27$

$27 = 3^3 = x^x \Rightarrow x = 3$ bulunur.

Yanıt C

7. $25! \equiv x \pmod{29}$ denkliğinde,

$$25! = \frac{25! \cdot 26 \cdot 27 \cdot 28}{26 \cdot 27 \cdot 28} = \frac{28!}{26 \cdot 27 \cdot 28} \text{ yazalım.}$$

$28! \equiv -1 \pmod{29}$ olduğundan,

$$\frac{-1}{26 \cdot 27 \cdot 28} \equiv x \pmod{29}$$

$$\frac{-1}{(-1) \cdot (-2) \cdot (-3)} \equiv \frac{1}{6} \equiv 5 \pmod{29} \text{ bulunur.}$$

Yanıt D

8. $5^x - 5^{-x} \equiv 0 \pmod 7$

$5^x \equiv 5^{-x} \pmod 7$ olmalıdır.

$5^x \equiv 3^x \pmod 7$ olduğuna göre,

$5^1 = 5 \pmod 7$	$3^1 = 3 \pmod 7$
$5^2 = 4 \pmod 7$	$3^2 = 2 \pmod 7$
$5^3 = 6 \pmod 7$	$3^3 = 6 \pmod 7$
$5^4 = 2 \pmod 7$	$3^4 = 4 \pmod 7$
$5^5 = 3 \pmod 7$	$3^5 = 5 \pmod 7$
$5^6 = 1 \pmod 7$	$3^6 = 1 \pmod 7$

$x = 3k$ için eşitlik sağlanmaktadır.

En büyük iki basamaklı sayı 99 olur.

Yanıt E

9. z/5 kümesinde karekökü olan sayılar $x = 0,1,4$

z/6 kümesinde karekökü olan sayılar $x = 0,1,3,4$

z/7 kümesinde karekökü olan sayılar $x = 0,1,2,4$

z/11 kümesinde karekökü olan sayılar $x = 0,1,3,4,5,9$

Görüldüğü üzere z/m kümesinde karekökü olan sayılar

$\left[\left[\frac{m}{2}\right]\right] + 1$ tanedir.

O halde, z/105 kümesinde $\left[\left[\frac{105}{2}\right]\right] + 1 = 53$ sayının karekökü vardır.

Yanıt C

10. $79! \equiv 0 \pmod{3^x}$

denkliğinde x in en büyük değeri,

```
79 | 3
   26 | 3
       8 | 3
           2
```

$x = 26 + 8 + 2 = 36$ olur.

Yanıt D

11. $1 \cdot 1! + 2 \cdot 2! + 3 \cdot 3! + 4 \cdot 4! + ... + 100 \cdot 100!$

$$\sum_{k=1}^{100} k \cdot k! = \sum_{k=1}^{100} k!(k+1) - k! = \sum_{k=1}^{100} (k+1)! - k!$$

$(2! - 1!) + (3! - 2!) + (4! - 3!) + ...+(101! - 100!)$

işlemi yapılırsa $101! - 1$ elde edilir.

Bu sayının 79 ile bölümünden kalan ise 78 olur.

Yanıt E

12. $4^n + 2^n \equiv 0 \pmod{10}$ denkliğinde,

$2^1 = 2 \pmod{10}$

$2^2 = 4 \pmod{10}$

$2^3 = 8 \pmod{10}$

$2^4 = 6 \pmod{10}$

diğer taraftan,

$4^1 = 4 \pmod{10}$

$4^2 = 6 \pmod{10}$

k bir tam sayı olmak üzere, $n = 4k + 2$ eşitliği sağlanmalıdır.

$k = 2$ için, $n = 10$ (En küçük değer)

$k = 24$ için, $n = 98$ (En büyük değer)

En büyük ve en küçük değerler toplamı $10 + 98 = 108$ olur.

Yanıt D

3. Testin Cevap Anahtarı

1	2	3	4	5	6	7	8	9	10	11	12
C	C	D	D	A	E	D	D	E	B	E	B

1. $x^{10} = y^2 + 15$ denkliğini sağlayan (x, y) ikililerini bulmak için önce şu özelliği hatırlamak gerekiyor.

Herhangi bir x tam sayısı için,

$x^{10} \equiv 0 \pmod{11}$ veya $x^{10} \equiv 1 \pmod{11}$ olur.

O halde denklem,

$0 = y^2 + 15 \pmod{11} \Rightarrow y^2 = 7$

$1 = y^2 + 15 \pmod{11} \Rightarrow y^2 = 8$ haline gelir.

Ancak y^2 ifadesinin 11 ile bölümünden kalabilecek sayılar 0, 1, 3, 4, 5, 9 olduğundan verilen denklemi sağlayan (x, y) ikilisi yoktur.

Yanıt E

2. $103^{17} - 2$ sayısını,

$103^{17}-1-1=(103-1)\cdot(103^{16}+103^{15}+103^{14}+...+103+1)-1$

şeklinde yazalım.

103'ün 17 ile bölümünden kalan 1 olduğundan

$(103 - 1) = 17 \cdot 6$ ve

$(103^{16} + 103^{15} + 103^{14} + ... + 103 + 1)$ ifadesi 17'nin tam katıdır.

O halde $103^{17} - 2$ sayısının 289 ile bölümünden kalan -1 yani 288 olur.

Yanıt A

3. p ve p + 2 asal sayılar olmak üzere,

$p \cdot (p + 2) \equiv 8 \pmod{9}$ olur.

Buna göre, $8 + 9k = m$ (I)

$p \cdot (p + 2) \equiv 1 \pmod{2}$

Buradan, $1 + 2t = m$ (II) elde edilir.

(I) ve (II) denklemlerinden en büyük m doğal sayısı 17 bulunur.

Yanıt A

4. $7^{50} \equiv x \pmod{13}$

13 asal sayı olduğundan

$7^{12} \equiv 1 \pmod{13}$ özelliğini kullanırsak,

$7^{48} \equiv 1 \pmod{13}$

$7^{50} \equiv 10 \pmod{13}$ bulunur.

Yanıt C

5. p asal sayı olmak üzere,

$(p - 1)! \equiv -1 \pmod{p}$ özelliği verilmiştir.

$40! \equiv -1 \pmod{41}$ olduğundan

$$38! \equiv \frac{40!}{40 \cdot 39} \equiv \frac{-1}{(-1)\cdot(-2)} \equiv 20 \pmod{41}$$

Ayrıca, $38! \equiv 0 \pmod{3}$

Bu durumda 38! sayısının $123 = 41 \cdot 3$ ile bölümünden kalan $K = 3t = 41n + 20$ şeklindedir.

Buradan K = 102 elde edilir.

Yanıt E

6. $34^{1+x!} \equiv 6 \pmod{13}$ ifadesini

$34 \cdot 12^{x!} \cdot 7^{x!} \equiv 6 \pmod{13}$ olarak yazalım.

$12^{x!} \cdot 7^{x!} \equiv 1 \pmod{13}$

x! çift bir sayı ve $12^2 \equiv 1 \pmod{13}$ olduğundan

$12^{x!} \equiv 1 \pmod{13}$ olur.

$7^{x!} \equiv 1 \pmod{13}$ olması için x! = 12 olmalıdır.

Ancak x tam sayı olduğunda x = 4 alınmalıdır.

Çünkü $7^{12} \equiv 1 \pmod{13}$ ise $7^{24} \equiv 1 \pmod{13}$ denkliği sağlanır.

Yanıt E

karekök

7. $(2001)^{2013}$ sayısının son dört rakamını bulmak, $(2001)^{2013} \equiv x \pmod{10^4}$ denkliğini çözmek demektir.

$2001 \equiv 2001 \pmod{10^4}$

$2001^2 \equiv 4001 \pmod{10^4}$

$2001^3 \equiv 6001 \pmod{10^4}$

$2001^4 \equiv 8001 \pmod{10^4}$

$2001^5 \equiv 0001 \pmod{10^4}$

Dolayısıyla $(2001)^{2013} \equiv 6001 \pmod{10^4}$ olur.

Yanıt D

8. $(7 + 1)^{2015} = 7^{2015} + 2015 \cdot 7^{2014} + ...+ 2015 \cdot 7 + 1$

$(7 - 1)^{2015} = 7^{2015} - 2015 \cdot 7^{2014} + ... + 2015 \cdot 7 - 1$

Bu eşitlikler taraf tarafa toplanırsa,

$8^{2015} + 6^{2015} = 2 \cdot 2015 \cdot 7$ bulunur.

$2 \cdot 2015 \cdot 7 \equiv 35 \pmod{49}$ olur.

Yanıt D

9. $x^3 + 2x \equiv 24 \pmod{x}$ denkliğini

$x^3 + 2x - 24 \equiv 0 \pmod{x}$ olarak yazalım.

$x^3 + 2x$ ifadesi x ile her zaman tam bölünür.

O halde 24 sayısını bölen x tam sayı değerlerini bulmak gerekir.

$x = 2, 3, 4, 6, 8, 12, 24$

Yanıt C

10. Z / 11 kümesinde,

$x + \sqrt[3]{5} = 7$ denklemini çözmek için önce $\sqrt[3]{5}$ teriminin değerini bulmak gerekiyor.

Z/11 de, $\sqrt[3]{5} \equiv \sqrt[3]{16} \equiv \sqrt[3]{27} \equiv 3$ olur.

$x + 3 = 7 \Rightarrow x = 4$ bulunur.

Yanıt C

11. $5^1 \equiv 5 \pmod{12}$ $\quad 7^1 \equiv 7 \pmod{12}$

$5^2 \equiv 1 \pmod{12}$ $\quad 7^2 \equiv 1 \pmod{12}$

$5^{21} \equiv 5 \pmod{12}$ $\quad 7^{14} \equiv 1 \pmod{12}$

O halde, $5^{21} \cdot 7^{14}$ çarpımının 12 ile bölümünden kalan 5 tir ve tam bölünmesi için 7 ilave edilmelidir.

Yanıt D

12. $abc \equiv a + b + c \pmod{9}$

$100a + 10b + c \equiv a + b + c \pmod{9}$

$a + b + c \equiv a + b + c \pmod{9}$

Bu denklik her a, b, c sayısı için geçerlidir.

Buna göre, 900 tane abc doğal sayısı vardır.

Yanıt E

karekök

1. 10^n ve 12^n sayılarının 7 ile bölümünden kalanları bulalım.

$10^1 = 3 \pmod 7$	$12^1 = 5 \pmod 7$
$10^2 = 2 \pmod 7$	$12^2 = 4 \pmod 7$
$10^3 = 6 \pmod 7$	$12^3 = 6 \pmod 7$
$10^4 = 4 \pmod 7$	$12^4 = 2 \pmod 7$
$10^5 = 5 \pmod 7$	$12^5 = 3 \pmod 7$
$10^6 = 1 \pmod 7$	$12^6 = 1 \pmod 7$

Görüldüğü üzere, $n = 6k + 2$ veya $n = 6k + 4$ olmalıdır.

$n = 2, 4, 8, 10, ..., 50, 52$ olur ve 18 farklı değer alabilir.

Yanıt C

2. I. Yol:

$21n - 28$ sayısının 77 ile bölünmesi için 7 ve 11 ile tam bölünmesi gerekir.

$21n - 28 = 7 \cdot (3n - 4)$ olduğundan 7 ile bölümünden kalan sıfırdır.

$21n - 28$ sayısının 11 ile bölümünden kalanı ise $10n + 5$ şeklinde yazalım. $10n + 5$ ifadesinin 11 in tam katı olması için $n = 5, 16, ..., 225$ değerlerini alması gerekir. $n = 11k + 5$ formunda olduğundan $k = 0, 1, 2, ...,20$ yani 21 değer vardır.

II. Yol:

$21n = 77k + 28$ olmalı

$3n = 11k + 4$ için n; 5, 16, ..., 225 olur ve 21 değer alır.

Yanıt C

3. En az iki basamaklı bir asal sayının karesinin 12 ile bölümünden kalan 1 dir.

$A = a_1^{\,2} + a_2^{\,2} + a_3^{\,2} + ... + a_n^{\,2}$

ifadesinin 12 ile bölümünden kalan 5 olduğuna göre,

$n = 12k + 5$ formunda demektir.

Burada $k = 1$ alınırsa $n = 17$ bulunur.

Yanıt D

4. $5^2 - 1 = (5 - 1) \cdot (5 + 1) = 2^2 \cdot 2^1 \cdot k = 2^3 \cdot k$

$5^4 - 1 = (5 - 1) \cdot (5 + 1) \cdot (5^2 + 1) = 2^2 \cdot 2^1 \cdot 2^1 \cdot p = 2^4 \cdot p$

$5^8 - 1 = (5 - 1) \cdot (5 + 1) \cdot (5^2 + 1) \cdot (5^4 + 1) = 2^2 \cdot 2^1 \cdot 2^1 \cdot 2^1 \cdot t$

$5^8 - 1 = 2^5 \cdot t$

Görüldüğü üzere, $n = 2, 4, 8, ...$ gibi değerler aldıkça $2^3, 2^4, 2^5, ...$ ile bölünebilmektedir. Buna uygun olarak devam edilirse $n = 32$ için $5^n - 1$ ifadesi $2^7 = 128$ ile tam bölünür.

Yanıt D

5. 5 ile bölünmeyen x sayıları için,

$1^4 \equiv 2^4 \equiv 3^4 \equiv 4^4 \equiv 6^4 \equiv 7^4 \equiv 8^4 \equiv 9^4 \equiv 1 \pmod 5$

olduğu görülmektedir.

Buna göre, $x_1^{\,4} + x_2^{\,4} + x_3^{\,4} + ... + x_n^{\,4}$ ifadesinin 5 ile bölünmesi için $n = 5 \cdot k$ formunda olması gerekir.

n sayısının alabileceği en büyük üç basamaklı değer 995 olur.

Yanıt A

6. $A = 1^3 + 3^3 + 5^3 + 7^3 + ... + 97^3 + 99^3$ ifadesini

$(1^3 + 2^3 + 3^3 + ... + 99^3) - (2^3 + 4^3 + 6^3 + ... + 98^3)$

$(1^3 + 2^3 + 3^3 + ... + 99^3) - 8 \cdot (1^3 + 2^3 + 3^3 + ... + 49^3)$

olarak yazalım. Buna göre,

$$\sum_{k=1}^{99} k^3 - \sum_{k=1}^{49} 8 \cdot k^3 = \left(\frac{99 \cdot 100}{2}\right)^2 - 8 \cdot \left(\frac{49 \cdot 50}{2}\right)^2$$

ifadesinin 11 ile bölümünden kalanın bulunması gerekiyor.

Kalan $= 0 - 8 \cdot \left(\frac{5 \cdot 6}{2}\right)^2 = -8 \cdot 5 = -40$ yani 4 olur.

Yanıt E

7. 201200^{1600} sayısının son iki basamağı sıfır olduğundan son basamakları sıfır olacaktır. Sıfırdan farklı sağdan ilk rakam istendiği için sondaki iki sıfır atılabilir.

Buna göre, 2012^{1600} sayısının 10 ile bölümünden kalanı bulmak gerekiyor.

$2012^1 \equiv 2 \pmod{10}$ $\quad 2012^3 \equiv 8 \pmod{10}$

$2012^1 \equiv 4 \pmod{10}$ $\quad 2012^4 \equiv 6 \pmod{10}$

Buradan, $2012^{1600} \equiv 6 \pmod{10}$ elde edilir.

Yanıt D

8. p asal bir sayı olmak üzere,

$a^{p-1} \equiv 1 \pmod{p}$ olduğunu biliyoruz.

Buna göre, $6^{12} \equiv 1 \pmod{13}$ ve buradan

$6^{6!} \equiv 1 \pmod{13}$ olur.

Benzer şekilde, $7^{7!} \equiv 1 \pmod{13}$

$8^{8!} \equiv 1 \pmod{13}$ ve $9^{9!} \equiv 1 \pmod{13}$

olduğundan kalan 4 olur.

Yanıt D

9. $m^2 + 3m + 6 = 0 \pmod{19}$

$m^2 + 3m - 70 \equiv 0 \pmod{19}$

$(m - 7) \cdot (m + 10) \equiv 0 \pmod{19}$

Buradan $m = 7 + 19k$ veya $m = 9 + 19k$ elde edilir.

$m < 200$ olmak üzere, $m = 7 + 19 \cdot k$ eşitliğinde $k = 10$ alınırsa $m = 197$ olur.

$m = 9 + 19k$ eşitliğinde $k = 10$ alınırsa $m = 199$ bulunur.

Yanıt E

10. $a^{10} \equiv 1 \pmod{11}$ olduğundan,

$2^{10} \equiv 1 \pmod{11}$ ve $2^{5!} \equiv 1 \pmod{11}$ bulunur.

Benzer şekilde, $3^{6!} \equiv 1 \pmod{11}$

$4^{7!} \equiv 1 \pmod{11}$........ $10^{13!} \equiv 1 \pmod{11}$ elde edilir.

Bu durumda verilen toplamın 11 ile bölümünden kalan $1 + 1 + 1 + 1 + ... + 1 + 0 = 9$ olur.

Yanıt B

11. $1 . 3 . 5 .... 39 . 41 . 43$ ifadesini

$(-44) . (-42) ..... (-6) . (-4) . (-2)$ olarak (mod 45) kümesinde yazabiliriz.

Çift sayıda terim olduğundan negatif işaretler pozitif olur.

Bu durumda kalan sıfır olur.

Yanıt E

12. $A = abcd ...... 7$ sayısını $10 . B + 7$ olarak yazalım.

$5 . (10 . B + 7) = 7 . 10^{n-1} + B$

Buradan $7B + 5 = 10^{n-1}$ elde edilir.

Mod 7 için; $10^{n-1} \equiv 3^{n-1} \equiv 5 \pmod{7}$ olur.

en küçük n değeri $n - 1 = 5$

$n = 6$ bulunur.

Yanıt B

karekök

7. BÖLÜM

POLİNOMLAR

1. $P(x) = x^{104} + x^{93} + x^{82} + x^{71} + 1$

polinomunun $x^4 + x^3 + x^2 + x + 1$ ile bölümünden elde edilen kalan aşağıdakilerden hangisidir?

A) $x^2 + x + 1$ B) $x^2 - x - 1$ C) $x^2 + 1$

D) 1 E) 0

2. Bir P(x) polinomu için,

$P(4) = 15$ ve $P(10) = k$

olduğu verilmektedir.

P(x) polinomunun katsayılarının birer tam sayı olduğu bilindiğine göre, k aşağıdakilerden hangisi olabilir?

A) 5 B) 13 C) 17 D) 27 E) 32

3. $P(x) = (x + 1)^{2015} + (x - 1)^{2015}$

polinomunun $x^2 + 1$ ile bölümünden kalan aşağıdakilerden hangisidir?

A) $-2^{2015}x$ B) $-2^{1008}x$ C) $2^{1008}x$ D) 2^{2008} E) 1

karekök

4. P(x) ve Q(x) ikinci dereceden başkatsayıları eşit olan farklı iki polinomdur

$P(2) + P(6) + P(7) = Q(2) + Q(6) + Q(7)$

olduğuna göre, P(t) = Q(t) eşitliğini sağlayan t değeri kaçtır?

A) 3 B) 5 C) 7 D) 12 E) 15

5. $P(x) = 5x^5 - 69x^4 - 12x^3 - 28x^2 + 1$

polinomu veriliyor.

Buna göre, P(x + 8) polinomunun x – 6 ile bölümünden kalan kaçtır?

A) 5 B) 4 C) 3 D) 2 E) 1

6. $P(x) = x^{79} + x^{78} + x^{77} + \ldots\ldots + x^2 + x + 1$

olduğuna göre, P(x) = 0 denklemini sağlayan kaç farklı x reel sayısı vardır?

A) 78 B) 39 C) 2 D) 1 E) 0

7. $P(x) = x^{1023} + x^{1022} + ... + x^3 + x^2 + x + 1$

polinomunun $x^8 + 1$ ile bölümünden kalan aşağıdakilerden hangisidir?

A) x^7 B) $x^7 - 1$ C) x

D) 1 E) 0

8. $P(x) = x^5 + 2x + k$ polinomunun $x^4 + x^3 + x^2 + x + 1$ bölümünden kalan $ax + 5$ tir.

Buna göre, P(x – 1) polinomunun x – a ile bölümünden kalan kaçtır?

A) 7 B) 8 C) 9 D) 10 E) 11

9. $P(x) = x^{2012} + x^{2002} + x^{1000}$

polinomunun $x^3 + x^2 + x + 1$ ile bölümünden kalan aşağıdakilerden hangisidir?

A) $x^2 + 2x$ B) $x^2 - 2x$ C) $x^2 + 2$

D) $x^2 - x$ E) $x^2 + 1$

10. $P(x) = x - 2x^2 + 3x^3 - 4x^4 + ... - n.x^n$

polinomu veriliyor.

P(x + 1) polinomunun sabit terimi –50 olduğuna göre, P(x) polinomunun derecesi kaçtır?

A) 72 B) 84 C) 96 D) 100 E) 108

11. P(x) ve Q(x) birer polinom olmak üzere,

$P(x) \cdot Q(x) = x^4 - 2x^3 - x^2 + 2x$

eşitliği veriliyor.

Buna göre, başkatsayısı 1 olan kaç farklı P(x) polinomu yazılabilir?

A) 1 B) 4 C) 6 D) 8 E) 16

12. **Katsayıları tam sayı olan bir P(x) polinomu için P(5) = 18 ve P(8) = 25 olduğuna göre, kaç farklı P(x) polinomu yazılabilir?**

A) 4 B) 3 C) 2 D) 1 E) 0

Bu testin cevap anahtarı arka sayfadadır.

1. $P(x) = x^{4n} - 5x^{2n+1} + 4x - 6$

polinomunun $x^3 - x$ ile bölümünden kalan R(x) olduğuna göre, R(x) polinomunun x – 3 ile bölümünden kalan kaçtır?

A) 6 B) 5 C) 4 D) 2 E) 0

2. **P(x + 7) polinomunun P(x – 8) ile bölümünden kalan 4x – a, P(x – 8) polinomunun P(x + 7) ile bölümünden kalan bx – 12 olduğuna göre, a + b toplamı kaça eşittir?**

A) 16 B) 12 C) 6 D) –12 E) –16

3. Başkatsayısı 1 olan bir P(x) polinomu için,

$P(2x + 1) - 2P(x) = ax^n + ... + k$

eşitliği veriliyor.

Buna göre, a değeri aşağıdakilerden hangisi olabilir?

A) 5 B) 10 C) 14 D) 18 E) 24

4. $P(x) = a_n x^n + a_{n-1} x^{n-1} + ... a_1.x + a_0$ polinomunun katsayılarının aritmetik ortalaması 4 olarak veriliyor.

P(x – 2) polinomunun x – 3 ile bölümünden kalan 32 olduğuna göre, P(x) polinomunun derecesi kaçtır?

A) 4 B) 5 C) 6 D) 7 E) 8

5. $P(x) = x^{2012} + x^{1000}$

polinomunun $x^5 + x^4 + x^3 + x^2 + x + 1$ ile bölümünden elde edilen kalan aşağıdakilerden hangisidir?

A) $x^2 + 1$ B) $x^2 - 1$ C) $x^4 + x^2$ D) $x^4 - x^2$ E) $x^2 + x + 1$

6. P(x) polinomunun $x^2 - 3x - 4$ ile bölümünden kalan 5x + 2 ve $x^2 - 3x + 2$ ile bölümünden kalan 2x + 16 dır.

Buna göre, P(x) polinomunun $x^2 - 6x + 8$ ile bölümünden kalan aşağıdakilerden hangisidir?

A) 3x + 10 B) 3x + 1 C) 2x + 6 D) 2x – 6 E) x + 18

7. $P(x + 2)$ polinomunun $x^2 - 5x + 1$ ile bölümünden kalan $6x + 1$ dir.

Buna göre, $P(x - 1)$ polinomunun $x^2 - 11x + 25$ ile bölümünden kalan aşağıdakilerden hangisidir?

A) $6x - 17$ B) $6x + 5$ C) $5x - 8$ D) $5x + 8$ E) $4x + 11$

8. $P(x) = x^{11} + x^{10} + x^9 - x^3 + 2x^2 + 2x + 3$

polinomunun $x^3 + x - 1$ ile bölümünden elde edilen kalan aşağıdakilerden hangisidir?

A) $x + 4$ B) $3x + 3$ C) $x + 2$ D) $2x - 1$ E) $x - 2$

9. Bir $P(x)$ polinomunun $x^2 - 6x + 5$ ile bölümünden kalan $Q(x)$ tir.

$P(5) = 6P(1)$ olduğuna göre, $Q(x)$ polinomunun $5x - 1$ ile bölümünden kalan kaçtır?

A) 4 B) 3 C) 2 D) 1 E) 0

10. $P(x - 1) = x - 2x^2 + 3x^3 - 4x^4 + ... - 100x^{100}$ polinomu veriliyor.

Buna göre, $P(x + 2)$ polinomunun $x + 4$ ile bölümünden kalan kaçtır?

A) 5050 B) 2500 C) –1000 D) –2500 E) –5050

karekök

11. $P(x) = ax^{n+1} + bx^n + 2$

polinomunun çarpanlarından biri $x^2 - 2x + 1$ olduğuna göre, a aşağıdakilerden hangisine eşittir?

A) 1 B) n C) n + 1 D) n – 1 E) 2n

12. $P(x) = n \cdot x^{n+1} - (n + 1)x^n + 1$

polinomunun $(x - 1)^2$ ile bölümünden elde edilen kalan kaçtır?

A) –2 B) –1 C) 0 D) 1 E) 2

1. Testin Cevap Anahtarı

1	E	2	D	3	B	4	B	5	E	6	D	7	E	8	A	9	C	10	D	11	E	12	E

1. P(x) polinomunun x^2 ile bölümünden kalan 2x + 5 olmaktadır.

P(x) polinomunun x^3 ile bölümünden kalan $x^2 + ax + b$ olduğuna göre, a + b kaçtır?

A) 12 B) 10 C) 7 D) 5 E) 2

2. $$P(x, y, z) = (x + y + z)^n - (x^n + y^n + z^n)$$

polinomu (x + y) · (x + z) · (y + z) ifadesi ile bölünebildiğine göre, n aşağıdakilerden hangisine eşit olabilir?

A) 6 B) 8 C) 10 D) 11 E) 16

3. P(x) bir polinom olmak üzere,

$$P'(x) \cdot P''(x) \cdot P'''(x) = P^2(3x)$$

eşitliği sağlanmaktadır.

Buna göre, der[$x^4 \cdot P(x^2)$] aşağıdakilerden hangisine eşittir?

A) 20 B) 16 C) 15 D) 12 E) 10

4. $P(x) + P(x^2) + P(x^3) + ... + P(x^8) = (x^3 + x^2 + x - 1)^8 + 24$

olduğuna göre, P(x + 2) polinomunun x + 3 ile bölümünden kalan kaçtır?

A) 84 B) 70 C) 56 D) 35 E) 21

5. P(x) polinomu üçüncü dereceden bir polinomdur.

$$P(1) = 1,\ P(2) = 4,\ P(3) = 9 \text{ ve } P(0) = -24$$

olduğuna göre, P(4) kaça eşittir?

A) 24 B) 36 C) 40 D) 48 E) 64

6. $F(x + 2) = x^3 + x^2 + kx + 2k$

$F(x) + P(x - 2) = ax^3 + bx^2 + cx + d$

olduğuna göre, a + b + c + d ifadesi kaça eşittir?

A) 6 B) 4 C) –4 D) –18 E) –24

7. $P(x) = x^{14} + 3x^{11} - 2x^{10}$

polinomunun $x^2 - x + 2$ ile bölümünden kalan aşağıdakilerden hangisidir?

A) $x + 1$ B) x C) $x - 1$ D) 1 E) 0

8. Bir P(x) polinomunda,

$P(5 - x) = x^2 - 4x + 8$

$P(x + 1) = x^2 + ax + b$

olduğuna göre, $a \cdot b$ kaçtır?

A) –32 B) –16 C) 16 D) 24 E) 32

9. $P(x) = x^{2010} + 3 \cdot x^{1002} + 4x - 1$

polinomu veriliyor.

Buna göre, P(7) – P(–7) ifadesinin değeri kaça eşittir?

A) 14 B) 35 C) 42 D) 49 E) 56

10. $d[P(x^3 + 4)] = 6$ olmak üzere,

P(x) polinomunun $x^2 + 3$ ile bölümünden kalan $1 - 5x$ ve $x - 1$ ile bölümünden kalan 4 tür.

Buna göre, P(x + 1) polinomunun x – 2 ile bölümünden kalan kaçtır?

A) 4 B) 6 C) 8 D) 10 E) 12

11. Bir P(x) polinomunun $x^2 - x - 2$ ile bölümünden kalan $2x - 1$, $x^2 - 9$ ile bölümünden kalan $x + 4$ olduğuna göre,

P(x) polinomunun $x^2 - 5x + 6$ ile bölümünden kalan aşağıdakilerden hangisidir?

A) $4x + 5$ B) $4x - 5$ C) $3x - 5$ D) $2x - 5$ E) $2x + 5$

12. $\forall n \in N$ için,

$P(x) = (x - 1)^{n+2} + x^{2n+1} + k$

polinomu $x^2 - x + 1$ ile tam bölündüğüne göre k kaçtır?

A) –2 B) –1 C) 0 D) 1 E) 1

karekök

2. Testin Cevap Anahtarı

1	E	2	E	3	C	4	D	5	C	6	E	7	A	8	B	9	E	10	E	11	E	12	C

1. $x^4 + x^3 + x^2 + x + 1 = 0$

eşitliğinde her iki taraf x – 1 ile çarpılırsa,

$(x - 1)\cdot(x^4 + x^3 + x^2 + x + 1) = 0$

Buradan $x^5 - 1 = 0 \Rightarrow x^5 = 1$ bulunur.

$x^{104} + x^{93} + x^{82} + x^{71} + 1$

polinomunda $x^5 = 1$ yazılırsa kalan

$x^4 + x^3 + x^2 + x + 1 = 0$

elde edilir.

Yanıt E

2. I. Yol:

$P(x) = x^n$ polinomunu ele alalım.

$P(y) = y^n$ olduğundan,

$P(x) - P(y) = x^n - y^n = (x - y)\cdot(x^{n-1} + ... + y^{n-1})$

Buradan anlaşılıyor ki, P(x) – P(y) farkı x – y ile tam bölünür.

$P(10) - P(4) = 15 - k$

olduğuna göre, 15 – k ifadesinin 10 – 4 = 6 ile bölünmesi gerekir.

Buna göre, $\frac{k-15}{6} =$ tam sayı olması için k = 27 alınabilir.

II. Yol:

$P(x) = (x - 4) . B(x) + 15$ olarak yazılırsa,

$P(10) = 6.B(10) + 15$ için

B(10) tam sayı olduğundan, P(10) = 27 olabilir.

Yanıt D

3. $P(x) = (x + 1)^{2015} + (x - 1)^{2015}$ polinomunu,

$P(x) = [(x + 1)^2]^{1007}\cdot(x + 1) + [(x - 1)^2]^{1007}\cdot(x - 1)$

$P(x) = (x^2 + 2x + 1)^{1007}\cdot(x + 1) + (x^2 - 2x + 1)^{1007}\cdot(x - 1)$

olarak yazalım ve $x^2 = -1$ koyalım.

Kalan $= (2x)^{1007}\cdot(x + 1) + (-2x)^{1007}\cdot(x - 1)$

$2^{1007}.(-x^2 - x + x^2 - x)$

$2^{1007}\cdot(-2x) \Rightarrow -2^{1008}\cdot x$ elde edilir.

Yanıt B

4. $P(x) = ax^2 + bx + c$

$Q(x) = ax^2 + mx + n$ olsun.

$P(2) + P(6) + P(7) = Q(2) + Q(6) + Q(7)$

eşitliğini oluşturalım ve ax^2 terimlerinin birbirini götüreceğini görelim.

Buradan, $15b + 3c = 15m + 3n$

$5b + c = 5m + n \Rightarrow 5(b - m) = n - c$ olur.

Diğer taraftan, P(t) = Q(t) yazılırsa,

$at^2 + bt + c = at^2 + mt + n$

$t = \frac{n-c}{b-m} = \frac{5(b-m)}{b-m} = 5$ bulunur.

Yanıt B

5. $P(x) = 5x^5 - 69x^4 - 12x^3 - 28x^2 + 1$

polinomunda, P(x + 8) ifadesinin x – 6 ile bölümünden kalan P(14) demektir.

$x^4\cdot(5x - 69) - 12x^3 - 28x^2 + 1 \Rightarrow x^4 - 12x^3 - 28x^2 + 1$
(x ↓ 14)

$x^3\cdot(x - 12) - 28x^2 + 1 \Rightarrow 2x^3 - 28x^2 + 1$
(x ↓ 14)

$2x^2\cdot(x - 14) + 1 \Rightarrow$ kalan 1 bulunur.
(x ↓ 14)

Yanıt E

6. $P(x) = x^{79} + x^{78} + x^{77} + ... + x^2 + x + 1$

polinomunda P(x) = 0 denklemi

$x^{79} + x^{78} + x^{77} + ... + x^2 + x + 1 = 0$ olur.

Denkleminin her iki tarafı x – 1 ile çarpılırsa,

$x^{80} - 1 = 0$ elde edilir.

Buradan x = 1 ve x = –1 reel kökleri elde edilir.

Ancak x = 1 esas denklemi sağlamadığından sadece x = –1 çözüm olur.

Yanıt D

7. $P(x) = x^{1023} + x^{1022} + ... + x^3 + x^2 + x + 1$

polinomu x – 1 ile çarpılıp bölünürse,

$$P(x) = \frac{x^{1024} - 1}{x - 1}$$

elde edilir.

$x^{1024} - 1 = (x^{512} + 1)\cdot(x^{512} - 1)$

$x^{1024} - 1 = (x^{512} + 1)\cdot(x^{256} + 1) ... (x^8 + 1) ... (x + 1)\cdot(x - 1)$

$P(x) = (x^{512} + 1)\cdot(x^{256} + 1) ... (x^8 + 1) ... (x + 1)$ olur.

Buradan P(x) polinomunun $x^8 + 1$ ile bölümünden kalan 0 bulunur.

Yanıt E

8. $P(x) = x^5 + 2x + k$ polinomunun

$x^4 + x^3 + x^2 + x + 1$

ile bölümünden kalan ax + 5 olduğuna göre,

$x^5 + 2x + k = (x^4 + x^3 + x^2 + x + 1)\cdot Q(x) + ax + 5$

yazılır.

$(x - 1)\cdot(x^4 + x^3 + x^2 + x + 1) = 0\cdot(x - 1)$

eşitliğinden $x^5 = 1$ elde edilir.

1 + 2x + k = ax + 5 olduğundan a = 2 ve k = 4 bulunur.

P(x – 1) polinomunun x – 2 ile bölümünden kalan P(1) dir.

P(1) = 1 + 2 + 4 = 7 olur.

Yanıt A

9. $P(x) = x^{2012} + x^{2002} + x^{1000}$

polinomunun $x^3 + x^2 + x + 1$ ile bölümünden kalanı bulmak için,

$x^3 + x^2 + x + 1 = 0$

yazılır ve denklemin her iki tarafı x – 1 ile çarpılırsa,

$x^4 - 1 = 0 \Rightarrow x^4 = 1$

elde edilir.

Bu değer polinomda yerine yazılırsa kalan $x^2 + 2$ olur.

Yanıt C

10. $P(x) = x - 2x^2 + 3x^3 - 4x^4 + ... + (n - 1)x^{n-1} - n\cdot x^n$

polinomu için, P(x + 1) polinomunun sabit terimi P(1) = –50 olduğuna göre,

1 – 2 + 3 – 4 + 5 – 6 + ... + (n – 1) – n = –50

demektir.

Terimler ikişerli toplanırsa hep –1 elde edileceğinden

$$\frac{n}{2}\cdot(-1) = -50 \Rightarrow n = 100$$

bulunur.

Yanıt D

karekök

11. $P(x)\cdot Q(x) = x^4 - 2x^3 - x^2 + 2x$

$P(x)\cdot Q(x) = x^3\cdot(x - 2) - x(x - 2)$

$P(x)\cdot Q(x) = (x^3 - x)\cdot(x - 2)$

$P(x)\cdot Q(x) = x(x - 1)\cdot(x + 1)\cdot(x - 2)$

elde edilir.

P(x) polinomunun başkatsayısı 1 olduğu verilmiştir.

Buna göre, P(x) polinomu x, x + 1, x + 2, x – 2 terimlerinden herhangi birini veya fazlasını içermelidir.

Bu 4 terim ile $2^4 = 16$ farklı P(x) polinomu yazılabilir.

Yanıt E

12. $P(x) = x^n$ ve $P(y) = y^n$ alalım.

$P(x) - P(y) = x^n - y^n = (x - y)\cdot(x^{n-1} + ... + y^{n-1})$

olduğundan P(x) – P(y) ifadesi x – y ile daima bölünür.

O halde, P(8) – P(5) farkı 3 ile bölünmektedir.

Fakat P(8) – P(5) = 25 – 18 = 7 olduğundan 3 ile bölünmez.

Dolayısıyla katsayıları tam sayı olan hiçbir P(x) polinomu yazılamaz.

Yanıt E

3. Testin Cevap Anahtarı

1	C	2	D	3	B	4	D	5	C	6	D	7	E	8	A	9	E	10	D	11	B	12	C

1. $x^{4n} - 5x^{2n+1} + 4x - 6 = (x^3 - x)Q(x) + ax^2 + bx + c$

eşitliğinde x = 0 yazılırsa, c = –6 olur.

x = 1 için, a + b = 0

x = –1 için, a – b = 2

a = 1 ve b = –1 olduğundan, kalan $x^2 - x - 6$ bulunur.

R(3) = 9 – 3 – 6 = 0

Yanıt E

2. P(x + 7) = P(x – 8) + 4x – a

P(x – 8) = P(x + 7) + bx – 12

Bu eşitliklerde x = –1 yazılırsa,

P(6) = P(–9) –4 – a

P(–9) = P(6) – b – 12

Taraf tarafa toplama yapılırsa,

a + b = –16 bulunur.

Yanıt E

3. $P(x) = x^r + ...$ olsun.

$P(2x + 1) = (2x + 1)^r + ...$

$(2x + 1)^r - 2x^r = a \cdot x^n + ...$

$2^r - 2 = a$ olduğuna göre, r = 4 için a = 14 olabilir.

Yanıt C

4. $P(x) = a_n x^n + ... + a_1 x + a_0$

polinomunun katsayılarının aritmetik ortalaması,

$a_n + ... + a_1 + a_0 = 4 \cdot (n + 1)$

P(1) = 32 olduğundan,

$a_n + ... + a_1 + a_0 = 32$

n = 7 bulunur.

Yanıt D

5. $x^5 + x^4 + x^3 + x^2 + x + 1 = 0$

eşitliğinin her iki tarafı x – 1 ile çarpılırsa,

$x^6 - 1 = 0$ ve $x^6 = 1$ bulunur.

$P(x) = x^{2012} + x^{1000}$ polinomunda $x^6 = 1$ yazılırsa,

kalan $x^4 + x^2$ olur.

Yanıt C

6. P(x) = (x + 1)(x – 4) Q(x) + 5x + 2

P(x) = (x – 2)(x – 1) R(x) + 2x + 16

P(x) = (x – 4)(x – 2) T(x) + ax + b

x = 4 için, 4a + b = 22

x = 2 için, 2a + b = 20

Kalan ax + b ifadesi, a = 1 ve b = 18 olduğundan x + 18 olarak bulunur.

Yanıt E

7. $P(x+2) = (x^2 - 5x + 1) \cdot Q(x) + 6x + 1$

Bu eşitlikte x yerine $x - 3$ yazılırsa,

$P(x-1) = (x^2 - 11x + 25) \cdot Q(x-3) + 6(x-3) + 1$

elde edilir. O halde, $P(x - 1)$ polinomunun

$x^2 - 11x + 25$ ile bölümünden kalan $6x - 17$ olur.

Yanıt A

8. $P(x) = x^9 \cdot (x^2 + x + 1) - x^3 + 2x^2 + 2x + 3$

$x^3 + x - 1 = 0 \Rightarrow x^3 = 1 - x$

$(1 - x)^3 \cdot (x^2 + x + 1) - x^3 + 2x^2 + 2x + 3$

$(1 - x)^2 \cdot (1 - x^3) - x^3 + 2x^2 + 2x + 3$

$(1 - x)^2 \cdot x - x^3 + 2x^2 + 2x + 3$

$= x^3 - 2x^2 + x - x^3 + 2x^2 + 2x + 3$

Kalan: $3x + 3$ bulunur.

Yanıt B

9. $P(x) = (x - 5)(x - 1) R(x) + Q(x)$

$Q(x) = ax + b$ olması gerektiğine göre,

$P(5) = 5a + b$

$P(1) = a + b$

$P(5) = 6P(1) \Rightarrow a = -5b$ olur.

$Q(x)$ polinomunun $5x - 1$ ile bölümünden kalan

$\frac{a}{5} + b = 0$ bulunur.

Yanıt E

10. $P(x + 2)$ polinomunun $x + 4$ ile bölümünden kalan $P(-2)$ demektir.

$P(x - 1)$ polinomunda $x = -1$ yazılırsa,

$-1-2-3- \dots\dots\dots -100 = -5050$ bulunur.

Yanıt E

11. $x^2 - 2x + 1 = 0 \Rightarrow (x - 1)^2 = 0$

$P(1) = 0$ olmalıdır.

$a + b + 2 = 0 \Rightarrow a + b = -2$

$P'(1) = 0$ olduğundan,

$a \cdot (n + 1)\, x^n + b \cdot n\, x^{n-1} = 0$

$an + a + bn = 0 \Rightarrow (a + b)n + a = 0$

$-2n + a = 0 \Rightarrow a = 2n$ bulunur.

Yanıt E

12. $P(x)$ polinomunda $x = 1$ yazılırsa,

$P(1) = 0$ olmaktadır.

$P'(x) = n(n + 1)\, x^n - (n + 1) \cdot n \cdot x^{n-1}$

$P'(1) = 0$ olduğuna göre,

$(x - 1)^2$ ile bölümünden kalan sıfır olur.

Yanıt C

karekök

1. $P(x) = x^3 \cdot Q(x) + x^2 + ax + b$

olduğuna göre, x^2 yerine sıfır yazılırsa

$ax + b = 2x + 5$ elde edilir.

Buradan $a = 2$ ve $b = 5$ bulunur.

$a + b = 5 + 2 = 7$ olur.

Yanıt C

2. P(x, y, z) polinomu $(x + y)(x + z)(y + z)$ ile tam bölündüğüne göre, çarpanlardan her birine de tam bölünür.

$x + y = 0 \Rightarrow x = -y$ olur.

$z^n - ((-y)^n + y^n + z^n) = 0$ olduğundan

$(-y)^n = -y^n$ eşitliği ancak n değerinin tek sayı olması halinde sağlanır. O halde $n = 11$ olabilir.

Yanıt D

3. $P(x) = a \cdot x^n + \ldots$ olsun.

Önce, derecelerin eşitliğine bakarsak,

$a \cdot n \cdot x^{n-1} \cdot a \cdot n(n-1) \cdot x^{n-2} \cdot a \cdot n(n-1)(n-2) \cdot x^{n-3} = (3x)^{2n}$

$3n - 6 = 2n \Rightarrow n = 6$ bulunur.

$P(x) = a \cdot x^6 + \ldots$ olduğundan,

$x^4 \cdot P(x^2) = x^4 \cdot (a \cdot x^{12} + \ldots) = a \cdot x^{16} + \ldots$ bulunur.

Yanıt B

4. Verilen eşitlikte $x = 1$ yazılırsa,

$8 \cdot P(1) = 2^8 + 24$ olduğundan

$P(1) = 35$ bulunur.

$x = -1$ yazılırsa,

$4P(1) + 4P(-1) = 2^8 + 24$

$P(-1) = 35$ elde edilir.

Yanıt D

5. $1^2 = 1$, $2^2 = 4$ ve $3^2 = 9$ olduğundan kalan x^2 olmalıdır.

$P(x) = a(x - 1)(x - 2)(x - 3) + x^2$

$P(0) = -24$ verildiğinden $a = 4$ bulunur.

$P(4) = 4 \cdot 3 \cdot 2 + 4^2 = 40$ olur.

Yanıt C

6. $P(x) + P(x - 2) = ax^3 + bx^2 + cx + d$

ifadesinde $x = 1$ yazalım.

$P(1) + P(-1) = a + b + c + d$ olur.

$P(1) = -1 + 1 - k + 2k = k$

$P(-1) = -27 + 9 - 3k + 2k = -k - 18$

$P(1) + P(-1) = k - k - 18 = -18$ bulunur.

Yanıt D

karekök

7. $P(x) = x^{14} + 3x^{11} - 2 \cdot x^{10}$ polinomunu

$x^{10} \cdot (x^4 + 3x - 2)$ olarak yazalım.

$x^2 = x - 2$ olduğundan polinomda yazılırsa,

$x^{10} \cdot ((x - 2)^2 + 3x - 2)$

$x^{10} \cdot (-3x + 2 + 3x - 2) = 0$ bulunur.

Yanıt E

8. $P(5 - x)$ polinomunda x yerine $4 - x$ yazarsak

$P(x + 1) = (4 - x)^2 - 4(4 - x) + 8$

$x^2 - 8x + 16 - 16 + 4x + 8 = P(x + 1)$

$x^2 - 4x + 8 = x^2 + ax + b$

$a = -4$ ve $b = 8$

$a \cdot b = -32$ bulunur.

Yanıt A

9. $P(7) = 7^{2010} + 3 \cdot 7^{1002} + 27$

$P(-7) = (-7)^{2010} + 3 \cdot (-7)^{1002} - 29$

$P(7) - P(-7) = 27 - (-29) = 56$ olur.

Yanıt E

10. $d\,[P(x^3 + 4)] = 6$ olduğuna göre,

$P(x) = ax^2 + bx + c$ şeklinde olmalıdır.

$x^2 = -3$ yazılırsa, $-3a + bx + c = 1 - 5x$

$b = -5$ ve $c - 3a = 1$ olur.

$P(1) = 4 \Rightarrow a + b + c = 4$

$a + c = 9 \Rightarrow a = 2$ ve $c = 7$

$P(x) = 2x^2 - 5x + 7$ ve $P(3) = 10$ bulunur.

Yanıt D

11. $P(x) = (x^2 - x - 2) \cdot Q(x) + 2x - 1$

$P(x) = (x^2 - 9) \cdot R(x) + x + 4$

$P(x) = (x - 3)(x - 2)\, T(x) + ax + b$

$P(3) = 7$ ve $P(2) = 3$ olduğuna göre,

$3a + b = 7$

$2a + b = 3$

denklemlerinden $a = 4$ ve $b = -5$ bulunur.

Kalan $4x - 5$ olur.

Yanıt B

12. $P(x)$ polinomunu,

$P(x) = (x - 1)^2 \cdot (x - 1)^n + (x^2)^n \cdot x + k$ olarak yazalım.

$x^2 = x - 1$ olduğundan

$(x^2 - 2x + 1) \cdot (x - 1)^n + (x - 1)^n \cdot x + k = 0$

$(x - 1)^n \cdot (-x) + (x - 1)^n \cdot x + k = 0$

$k = 0$ bulunur.

Yanıt C

karekök

8.

BÖLÜM

İKİNCİ DERECEDEN DENKLEMLER

1. k pozitif bir reel sayıdır.

$$x^2 - kx + 3k = 0$$

denkleminin farklı reel kökleri x_1 ve x_2 dir.

Buna göre, denklemin kökler çarpımının alabileceği en küçük tam sayı değeri kaçtır?

A) 42 B) 39 C) 37 D) 36 E) 33

2. $$x^2 - 194x + 1 = 0$$

denkleminin kökleri x_1 ve x_2 dir.

Buna göre, $\sqrt[4]{x_1} + \sqrt[4]{x_2}$ ifadesinin değeri aşağıdakilerden hangisidir?

A) 3 B) 4 C) 5 D) 6 E) 7

3. $x^2 - 2x - 15 = 0$ denkleminin kökleri x_1 ve x_2, $x^2 + ax + b = 0$ denkleminin kökleri x_3 ve x_4 tür.

$x_1 < x_3 < x_2 < x_4$ sıralaması bir aritmetik dizi oluşturduğuna göre, b – a kaçtır?

A) 19 B) 18 C) 17 D) 16 E) 15

4. $$mx^2 - 2mx + m + 1 = 0$$

denkleminin kökleri x_1 ve x_2 dir.

$$2x_1^2 + x_1 . x_2 - x_2^2 = 8$$

olduğuna göre, m kaçtır?

A) –2 B) –1 C) 1 D) 2 E) 4

karekök

5. $$ax^2 + bx + c = 0$$

denkleminin kökleri x_1 ve x_2 dir.

$x_1 < 1 < x_2$ ve $a + b + c > 0$

olduğuna göre, aşağıdakilerden hangisi <u>kesinlikle</u> doğrudur?

A) b > 0 B) a > 0 C) c < 0 D) a < 0 E) c > 0

6. $$\frac{x \cdot 2^x}{4^x - 1} = \frac{x^2}{8} + 1$$

denkleminin kökler toplamı aşağıdakilerden hangisine eşittir?

A) 4 B) 2 C) 0 D) –2 E) –4

7. $\sqrt[3]{x^3+1}-\sqrt[3]{1-x^3}=x$

denkleminin kökler toplamı aşağıdakilerden hangisidir?

A) –2 B) –1 C) 0 D) 1 E) 2

8. $x^8-2000x^4+16000x^2-32000=0$

denklemini sağlayan kaç tane reel sayı vardır?

A) 2000 B) 1999 C) 4 D) 1 E) 0

9. $\dfrac{x^2+5x-m}{2x-11}>0$

x bir tam sayı olmak üzere, verilen eşitsizliğin daima sağlandığı bilindiğine göre, m'nin alabileceği kaç farklı tam sayı değeri vardır?

A) 13 B) 14 C) 15 D) 16 E) 17

10. $\dfrac{x^2+x-12}{|x-1|-6}\leq 0$

eşitsizliğini sağlayan x tam sayı değerlerinin toplamı kaçtır?

A) 15 B) 14 C) 13 D) 12 E) 11

11. $\sqrt{x}+\sqrt{6-x}\geq m$

eşitsizliğini sağlayan en büyük m reel sayısı kaçtır?

A) $2\sqrt{6}$ B) $\sqrt{6}$ C) 4 D) $2\sqrt{3}$ E) 6

12. $x^4-6x^2+m=0$

denkleminin dört farklı reel kökü olduğuna göre, m kaç farklı tam sayı değeri alabilir?

A) 7 B) 8 C) 9 D) 10 E) 11

Bu testin cevap anahtarı arka sayfadadır.

1. $f(x) = ax^2 - (1 + a)x - 4$

parabolleri sabit A ve B noktalarından geçmektedir.

Buna göre, |AB| kaç birimdir?

A) 1 B) $\sqrt{2}$ C) 2 D) $\sqrt{3}$ E) 3

2. $m < n < p$ olmak üzere,

$(x - m)(x - n) + (x - p) = 0$

denkleminin reel kökleri x_1 ve x_2 dir.

$x_1 < x_2$ olduğuna göre aşağıdakilerden hangisi doğrudur?

A) $x_1 < x_2 < m < n < p$
B) $x_1 < m < x_2 < n < p$
C) $x_1 < m < n < x_2 < p$
D) $m < x_1 < x_2 < n < p$
E) $m < x_1 < n < x_2 < p$

3. $2x^2 - 2x = 2x \cdot \sqrt{x^2 - 2x} + 1$

denkleminin reel sayılarda çözüm kümesi kaç elemanlıdır?

A) 4 B) 3 C) 2 D) 1 E) 0

karekök

4. $(2x + 1)^2 + (3x - 2)^2 + x^2 + x = y^2$

eşitliğini sağlayan kaç tane x ve y tam sayı değeri vardır?

A) 4 B) 3 C) 2 D) 1 E) 0

5.

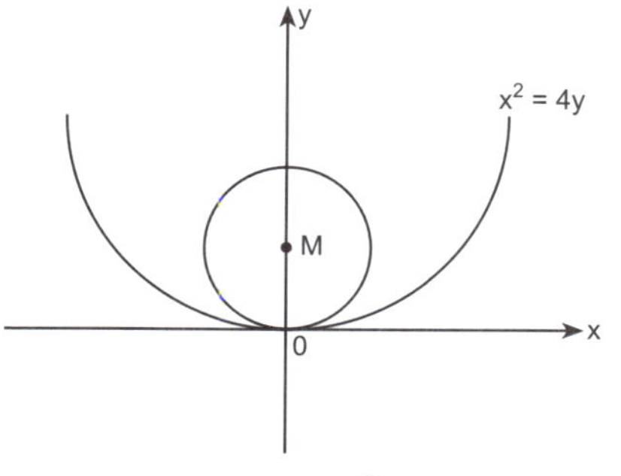

Şekilde, M merkezli çember $x^2 = 4y$ parabolünde O noktasında teğettir.

Buna göre, çemberin yarıçapı kaç birimdir?

A) 1 B) 2 C) 3 D) 4 E) 6

6. $x^2 + mx + 3m = 0$

denkleminin kökleri olan x_1 ve x_2 birer tam sayıdır.

m reel sayısının alabileceği kaç farklı değer vardır?

A) 2 B) 3 C) 4 D) 5 E) 6

7. x_1, x_2, x_3, x_4 doğal sayılardır.

$$x_1 + x_2 + x_3 + x_4 = 10$$

denkleminin kaç farklı çözümü vardır?

A) 284 B) 286 C) 288 D) 290 E) 292

8. a ve b pozitif tam sayılardır.

$$(a + 5)! + b^2 = 100001$$

eşitliğini sağlayan kaç farklı (a, b) yazılabilir?

A) 4 B) 3 C) 2 D) 1 E) 0

9. a ve c tek sayılar olmak üzere,

$$33.b + 226 = 2a^4 + c^4$$

eşitliği veriliyor.

Buna göre, b tam sayısı aşağıdakilerden hangisine eşit olabilir?

A) 11 B) 24 C) 30 D) 36 E) 49

10. a, b ve c doğal sayılardır.

$$a^2 + 18 b + c^4 = 123456$$

eşitliğini sağlayan kaç farklı (a, b) ikilisi vardır?

A) 16 B) 12 C) 8 D) 4 E) 0

11. a ve b pozitif tam sayılardır.

$$(x - a)(x + b) \leq 0$$

eşitsizliğini sağlayan 8 tane x tam sayısı olduğuna göre, |a + b| kaçtır?

A) 3 B) 4 C) 6 D) 7 E) 8

12. $x^2 - 2x - 5 = 0$

denkleminin kökleri x_1 ve x_2 dir.

Buna göre, $x_1^5 + x_2^5$ ifadesinin değeri kaça eşittir?

A) 474 B) 476 C) 478 D) 480 E) 482

karekök

1. Testin Cevap Anahtarı

1	C	2	B	3	A	4	B	5	D	6	C	7	C	8	C	9	C	10	B	11	D	12	B

1. $x^2 + mx - 1 = 0$

denkleminin köklerinden biri x_1 dir.

$$x_1^2 + \frac{1}{x_1^2} = 11$$

olduğuna göre, m sayısının pozitif değeri kaçtır?

A) 1 B) 2 C) 3 D) 4 E) 5

2. $x^2 - (m - 3)x + 4 = 0$

denkleminin kökleri a ve b dir.

$$\sqrt{a} + \frac{4}{b} = 2$$

olduğuna göre, m aşağıdakilerden hangisine eşittir?

A) 4 B) 5 C) 6 D) 7 E) 8

3. a ve b pozitif tam sayılardır.

$$(x - 2)^{a+4}.(x + 6)^{b+5} < 0$$

eşitsizliğinin çözüm kümesi $(-\infty, -6)$ olduğuna göre, aşağıdakilerden hangisi doğrudur?

A) a çift, b tek sayı B) a tek, b çift sayı

C) a ve b çift sayılar D) b tek, a asal sayı

E) a ve b tek sayılar

karekök

4. $$\frac{x-4}{a-x} > 0$$

eşitsizliğini sağlayan 6 tane x tam sayı değeri olduğuna göre, a nın alabileceği tam sayı değerlerinin toplamı kaçtır?

A) 12 B) 11 C) 10 D) 9 E) 8

5. $$\sqrt{2x+6} \leq 9 - x$$

eşitsizliğini sağlayan tam sayıların toplamı kaçtır?

A) 6 B) 7 C) 8 D) 9 E) 10

6.

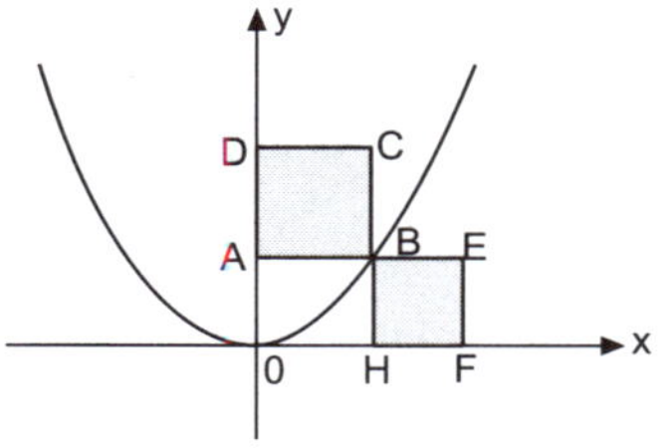

Şekilde $16y = x^2$ parabolünün grafiği verilmiştir.

ABCD ve BEFH birer kare, A(ABCD) = 4.A(BEFH) olduğuna göre, taralı alanların toplamı kaç br^2 dir?

A) 64 B) 72 C) 80 D) 82 E) 96

7. n bir tam sayı olmak üzere,

$x^2 + 5x + 1 = 21 \cdot n$

denkleminin köklerinin tam sayı olmasını sağlayan en küçük n değeri kaçtır?

A) 8 B) 7 C) 6 D) 5 E) 4

8. $\sqrt{ax + 16} = x - 4$

denkleminin çözüm kümesi boş küme olmadığına göre, aşağıdakilerden hangisi kesinlikle doğrudur?

A) $-16 < a < 4$ B) $-8 < a < -4$

C) $a \geq -4$ D) $a \leq -4$

E) $a < -8$

9. $10^{10} < 2 + 4 + 6 + \ldots\ldots\ldots\ldots + 2n$

eşitsizliğini sağlayan en küçük n doğal sayısının rakamları toplamı kaçtır?

A) 5 B) 4 C) 3 D) 2 E) 1

10. $x^8 - x^5 + x^2 + 6 \geq 0$

eşitsizliğinin çözüm kümesi aşağıdakilerden hangisidir?

A) [1, 6] B) R – (1, 6) C) [–2, 3]

D) R – (–2, 3) E) R

11. m bir reel sayı olmak üzere,

$x^2 + (k - 3)x + m^2 + 15 = 0$

denklemi veriliyor.

Denklemin kökleri ardışık sayılar olduğuna göre, k sayısının alabileceği değerler toplamı kaçtır?

A) 6 B) 8 C) 10 D) 12 E) 14

12. a, b ve c birer tam sayı olmak üzere,

$ax^2 + bx + c = 0$

denklemi için $b^2 - 4ac$ ifadesi aşağıdakilerden hangisine eşit olabilir?

A) 999 B) 1002 C) 1606 D) 2013 E) 2403

2. Testin Cevap Anahtarı

1	2	3	4	5	6	7	8	9	10	11	12
B	C	D	E	B	C	B	E	E	E	D	E

1. $x^2 - kx + 3k = 0$

denkleminin farklı reel kökleri varsa $\Delta > 0$ olmalıdır.

$k^2 - 12k > 0$ eşitsizliği çözülür ve $k > 0$ olduğu göz önüne alınırsa $k > 12$ elde edilir.

Kökler çarpımı 3k olduğundan $3k > 36$ elde edilir. Buradan kökler çarpımının en küçük tam sayı değeri 37 olur.

Yanıt C

2. $x^2 - 194x + 1 = 0$ denkleminde,

$\sqrt[4]{x_1} + \sqrt[4]{x_2} = t$ olsun.

$t^4 = (\sqrt[4]{x_1} + \sqrt[4]{x_2})^4 \Rightarrow$

$x_1 + x_2 + 4\cdot\sqrt[4]{x_1}^3 \cdot \sqrt[4]{x_2} + 4\cdot\sqrt[4]{x_2}^3 \cdot \sqrt[4]{x_1} + 6 \cdot \sqrt{x_1 \cdot x_2}$

$x_1 \cdot x_2 = 1$ ve $x_1 + x_2 = 194$ olduğundan

$t^4 = 194 + 6 + 4\cdot(\sqrt{x_1} + \sqrt{x_2})$ bulunur.

$\sqrt{x_1} + \sqrt{x_2} = 14$ olarak hesaplanırsa

$t^4 = 256$ ve $t = 4$ olur.

Yanıt B

3. $x_2 - 2x - 15 = 0$ denkleminin kökleri

$x_1 = -3$ ve $x_2 = 5$ olur.

$x_2 + ax + b = 0$ denkleminin kökleri x_3 ve x_4 veriliyor.

$-3 < x_3 < 5 < x_4$ sıralaması bir aritmetik dizi oluşturduğundan $x_3 = 1$ ve $x_4 = 9$ bulunur.

$(x - 1)(x - 9) = x^2 - 10x + 9$ olduğundan $a = -10$ ve $b = 9$ dur.

$b - a = 9 - (-10) = 19$

Yanıt A

4. $mx^2 - 2mx + m + 1 = 0$ denkleminde

$2x_1^2 + x_1 \cdot x_2 - x_2^2 = 8$ olduğundan

$(2x_1 - x_2)\cdot(x_1 + x_2) = 8$ demektir.

$x_1 + x_2 = 2$

$2x_1 - x_2 = 4$

denklemleri çözülürse, $x_1 = 2$ bulunur.

Bu değer denklemi sağlayacağı için $m = -1$ olur.

Yanıt B

5. $ax^2 + bx + c = 0$ denkleminde,

$x_1 < 1 < x_2$ olduğundan, $a\cdot f(1) < 0$

$a\cdot(a + b + c) < 0$ bulunur.

$a + b + c > 0$ verildiğinden $a < 0$ olmalıdır.

Yanıt D

6. $\dfrac{x\cdot 2^x}{4^x - 1} = \dfrac{x^2}{8} + 1$

eşitliğinin her iki tarafı da çift fonksiyondur

Dolayısıyla $x = a$ için denklem sağlanıyorsa,

$x = -a$ için de eşitliğin sağlanması gerekir.

O halde, kökler toplamı sıfır olacaktır.

Yanıt C

karekök

7. $\sqrt[3]{x^3+1}-\sqrt[3]{1-x^3}=x$

denkleminin köklerinden biri $x_1 = a$ olsun.

$\sqrt[3]{a^3+1}-\sqrt[3]{1-a^3}=a$ elde edilir.

Dikkat edilirse $x_2 = -a$ denklemi yine sağlar.

$\sqrt[3]{1-a^3}-\sqrt[3]{1+a^3}=-a$

$\sqrt[3]{1+a^3}-\sqrt[3]{1-a^3}=a$ olur.

Dolayısıyla kökler toplamı sıfır olur.

Yanıt C

8. $x^8 = 2000\cdot(x^4 - 8x^2 + 16)$

$x^8 = 2000\cdot(x^2 - 4)^2$

$f(x) = x^8$ ve $h(x) = 2000\cdot(x^2 - 4)^2$

fonksiyonlarının grafikleri çizilirse;

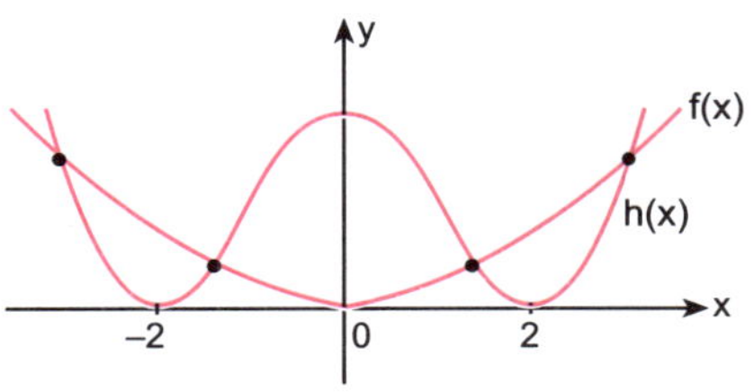

dört reel kökün olduğu görülür.

Yanıt C

9. $\dfrac{x^2+5x-m}{2x-11}>0$ eşitsizliğinde $x = 5$ için payda negatif olur.

Pay için $25 + 25 - m < 0$ yani $50 < m$ olmalıdır.

$x = 6$ için payda pozitif olur. Pay ise, $36 + 30 - m > 0$ yani $66 > m$ olmalıdır.

O halde, $50 < m < 66$ demektir.

Yanıt C

10. $\dfrac{x^2+x-12}{|x-1|-6}\le 0$

eşitsizliğinin işaret tablosunu yapalım.

	–5	–4	3	7	
$x^2 + x - 12$	+	+	–	+	+
$\lvert x - 1\rvert - 6$	+	–	–	–	+

Eşitsizliği sağlayan x tam sayı değerleri –4, 3, 4, 5, 6 olduğundan toplamları 14 olur.

Yanıt B

11. I. Yol:

$\sqrt{x}+\sqrt{6-x}\ge m$ eşitsizliğinde iki tarafın türevi alınırsa

$\dfrac{1}{2\sqrt{x}}-\dfrac{1}{2\sqrt{6-x}}=0$ yazılırsa

$x=3$ bulunur.

Bu değer eşitsizlikte yerine yazılırsa,

$2\sqrt{3}\ge m$ olur.

En büyük m değeri $2\sqrt{3}$ tür.

II. Yol:

$\sqrt{x}+\sqrt{6-x}\ge m$ eşitsizliğinin karesi alınırsa,

$6 + 2\sqrt{6x-x^2}\ge m^2$ bulunur.

$6x - x^2$ ifadesinin en büyük değeri 9 olduğundan

$m^2 \le 12$ bulunur. m, en çok $2\sqrt{3}$ olur.

Yanıt D

12. $x^4 - 6x^2 + m = 0$ denkleminde,

$x^2 = t$ alalım.

$t^2 - 6t + m = 0$ denkleminin farklı ve pozitif iki reel kökünün olması gerekir.

$\Delta > 0$ yazılırsa, $36 - 4m > 0$

$m < 9$ elde edilir.

Ayrıca t_1 ve t_2 pozitif olacağından $m > 0$ demektir.

$9 > m > 0$ şartını sağlayan 8 farklı tam sayı değeri vardır.

Yanıt B

1. $f(x) = ax^2 - (1 + a)x - 4$ fonksiyonunda,

$a = 1$ için, $x^2 - 2x - 4 = f(x)$

$a = -1$ için, $-x^2 - 4 = f(x)$ elde edilir.

Bu fonksiyonlar eşitlenirse A(0, –4) ve B(1, –5) noktaları elde edilir.

A ile B arasındaki uzaklık $|AB| = \sqrt{2}$ bulunur.

Yanıt B

2. $(x - m)\cdot(x - n) + (x - p) = 0$ denkleminde,

$a\cdot f(k) < 0$ ise, $x_1 < k < x_2$ özelliğini kullanalım.

$k = m$ için, $1\cdot(m - p) < 0$ olduğundan,

$x_1 < m < x_2$ yazılabilir.

$k = n$ için, $n - p < 0$ olduğundan

$x_1 < m < n < x_2$ yazılabilir.

$k = p$ için $(p - m)\cdot(p - n) > 0$

$x_1 < m < n < x_2 < p$ elde edilir.

Yanıt C

3. $2x^2 - 2x = 2x\cdot\sqrt{x^2 - 2x} + 1$ denklemini

$2x^2 - 1 = 2x(1 + \sqrt{x^2 - 2x})$ şeklinde yazalım.

Denklemin sağ ve sol taraflarının grafiklerini çizelim.

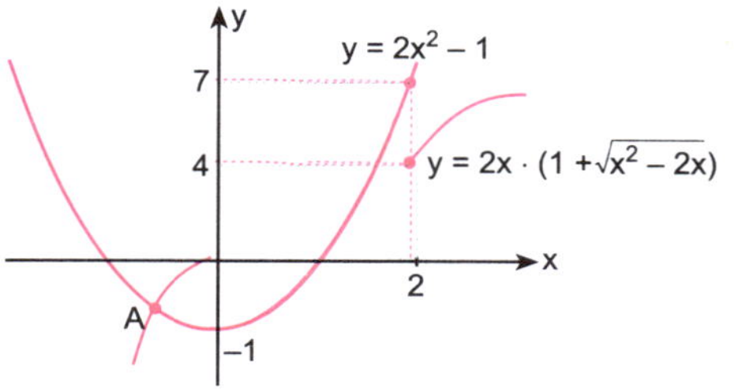

şekilde görüldüğü üzere sadece bir tane (A) kesişim noktası vardır.

Not: $x > 2$ için grafiği çizmeden $y = 2x^2 - 1$ ve $y = 2x\cdot(1 + \sqrt{x^2 - 2x})$ eğrilerinin kesişmediği görülür.

Yanıt D

4. $(2x + 1)^2 + (3x - 2)^2 + x^2 + x = y^2$

$14x^2 - 7x + 5 = y^2$ denklemi mod 7 kümesinde incelenirse, $y^2 = 5$ elde edilir.

Ancak tamkare sayıların 7 ile bölümünden kalanlar 0, 1, 2, 4 olduğundan denklemi sağlayan hiçbir x ve y tam sayı değeri yoktur.

Yanıt E

5. Çemberin yarıçapı r alınırsa,

denklemi $x^2 + (y - r)^2 = r^2$ olur.

Çember ve parabol sadece O noktasında teğet olduğundan, x^2 yerine 4y yazılırsa,

$4y + (y - r)^2 = r^2$ bulunur.

Buradan $y^2 + (4 - 2r)y = 0$ elde edilir.

$\Delta = 0$ olduğundan, $(4 - 2r)^2 = 0$ ve $r = 2$ olur.

Yanıt B

6. $x^2 + mx + 3m = 0$

denkleminde $\Delta \geq 0$ olduğundan

$m^2 - 12m \geq 0 \Rightarrow m\cdot(m - 12) \geq 0$ bulunur.

$x = \dfrac{-m \mp \sqrt{\Delta}}{2}$ ifadesinin tam sayı olması için gereken m değerleri bulunmalıdır.

$m \leq 0$ ve $m \geq 12$ olduğundan $m = 0, -4, 12, 16$ değerlerini alabilir.

Yanıt C

karekök

7. x_1, x_2, x_3, x_4 doğal sayılar olmak üzere,

$x_1 + x_2 + x_3 + x_4 = 10$ denkleminin

$$\binom{10+4-1}{4-1} = \binom{13}{3} = 286$$

farklı çözümü vardır.

Yanıt B

8. $(a + 5)! + b^2 = 100001$ eşitliğinde, (mod 9) kümesine göre, $(a + 5)! \equiv 0$ olur.

Ayrıca bir tamkare sayısının 9 ile bölümünden kalanlar 0, 1, 4, 7 olabilir.

$100001 \equiv 2 \pmod 9$

olduğu için denklemi sağlayan hiçbir (a, b) ikilisi yoktur.

Yanıt E

9. $33 \cdot b + 226 = 2a^4 + c^4$

eşitliğinde a ve c tek sayılar olarak veriliyor.

Tek sayıların dördüncü kuvveti (mod 16) kümesinde 1 olduğundan,

$b + 2 = 2 + 1 \pmod{16}$

$b = 1 + 16k \; k \in Z$ bulunur.

$k = 3$ alınırsa $b = 49$ olur.

Yanıt E

10. $a^2 + 18b + c^4 = 123456$

eşitliğini (mod 9) kümesinde inceleyelim.

Tamkare sayılar (mod 9) için 0, 1, 4, 7 değerlerini alabilir.

Eşitliğin sağ tarafı $123456 \equiv 3 \pmod 9$ olduğundan denklemi sağlayan (a, b) ikilisi yoktur.

Yanıt E

11. a ve b pozitif tam sayılar

$(x - a) \cdot (x + b) \leq 0$ eşitsizliğinin çözüm kümesi

x		$-b$		a	
$(x - a) \cdot (x + b)$	+		−		+

şeklindedir.

$[-b, a]$ aralığında 8 tam sayı bulunduğuna göre,

$|a + b| = 7$ bulunur.

Değişik a ve b değerleri için sonucun daima 7 olduğunu görebilirsiniz.

Yanıt D

12. I. Yol:

$(a + b)^5 = a^5 + 5a^4b + 10a^3b^2 + 10a^2b^3 + 5ab^4 + b^5$

$(a - b)^5 = a^5 - 5a^4b + \ldots\ldots\ldots\ldots\ldots\ldots - b^5$

Yukarıdaki eşitlikler taraf tarafa toplanırsa,

$(a + b)^5 + (a - b)^5 = 2(a^5 + 10a^3b^2 + 5ab^4)$ bulunur.

Diğer taraftan verilen denklemin kökleri

$x_1 = 1 + \sqrt{6}$ ve $x_2 = 1 - \sqrt{6}$ olur.

$a = 1$ ve $b = \sqrt{6}$ alınırsa,

$x_1^5 + x_2^5 = (a + b)^5 + (a - b)^5 = 2 \cdot (1 + 60 + 180) = 482$

II. Yol:

$x^2 = 2x + 5$ ve

$x^3 = 9x + 10$ bulunur.

$x^5 = 101x + 140$ ve

$x_1^5 + x_2^5 = 101.(x_1 + x_2) + 280 = 482$ olur.

Yanıt E

karekök

1. $x^2 + mx - 1 = 0$ denklemini,

$x^2 - 1 = -mx$ olarak yazalım.

$x - \frac{1}{x} = -m$ olduğundan, her iki tarafın karesi alınırsa,

$x^2 + \frac{1}{x^2} - 2 = m^2$ bulunur.

$x^2 + \frac{1}{x^2} = 11$ verildiği için,

$m^2 = 9 \Rightarrow m = 3$ veya $m = -3$ olur.

Yanıt C

2. $x^2 - (m - 3)x + 4 = 0$ denkleminde, $\sqrt{a} + \frac{4}{b} = 2$ olduğundan, $\sqrt{b} \cdot \sqrt{a \cdot b} + 4 = 2b$ bulunur.

$\sqrt{a \cdot b} = \sqrt{4} = 2$

$2\sqrt{b} + 4 = 2b \Rightarrow b - \sqrt{b} - 2 = 0$ olur.

$t = \sqrt{b}$ alınırsa, $t^2 - t - 2 = 0$ ve $t = 2$ veya $t = -1$

$\sqrt{b} = 2 \Rightarrow b = 4$ bulunur.

Bu değer denklemde yerine yazılırsa $m = 8$ olur.

Yanıt E

3. $(x - 2)^{a+4} \cdot (x + 6)^{b+5} < 0$

eşitsizliğinin tablosunu yapalım.

x		−6		2	
	−		+		+

çözüm kümesi $(-\infty, -6)$ olarak verildiğinden işaret tablosu yukarıdaki gibi olmalıdır.

Bu durumda $b + 5$ = tek sayı ve $a + 4$ = çift sayı olur.

O halde, a ve b çift sayılar olmalıdır.

Yanıt C

4. $\frac{x - 4}{a - x} > 0$

Eşitsizliğinin işaret tablosu yapılırsa,

x		4		a	
	−		+		−

eşitsizliği sağlayan 6 tam sayı olduğundan $a = 11$ bulunur.

Diğer taraftan işaret tablosu aşağıdaki şekilde de yapılabilir.

x		a		4	
	−		+		−

Bu durumda $a = -3$ olmalıdır.

a nın alabileceği değerler toplamı $-3 + 11 = 8$ olur.

Yanıt E

5. $\sqrt{2x + 6} \leq 9 - x$

eşitsizliğinde, her iki tarafın karesi alınırsa,

$2x + 6 \leq x^2 - 18x + 81$

$x^2 - 20x + 75 \geq 0$ işaret tablosu yapılırsa,

x		5		15	
	+		−		+

elde edilir.

Ancak $2x + 6 \geq 0 \Rightarrow x \geq -3$ ve $9 - x \geq 0 \Rightarrow x \leq 9$ olması gerektiği düşünülürse, $-3 \leq x \leq 5$ bulunur.

x in alabileceği değerler toplamı 9 olur.

Yanıt D

6.

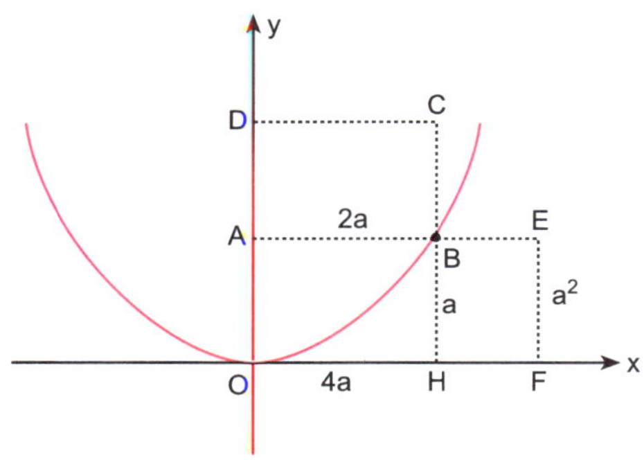

$|BH| = a$ ise $|AB| = 2a$ olur.

$E(2a, a)$ olduğundan denkleme yerleştirilirse $a = 4$ çıkarır.

Buradan $16 + 64 = 80$ olur.

Yanıt C

7. $x^2 + 5x + 1 = 21 \cdot n$ eşitliğini,

$x^2 + 5x + 1 - 21 \cdot n = 0$ olarak yazalım.

Denklemin kökleri;

$x = \dfrac{-5 \mp \sqrt{21 \cdot (1 + 4n)}}{2}$ şeklindedir.

Köklerin tam sayı olması için $21 \cdot (1 + 4n)$ ifadesinin tam kare olması gerekir.

O halde, $1 + 4n = 21$ alınırsa

$n = 5$ için istenen şart sağlanır.

Yanıt D

8. $\sqrt{ax + 16} = x - 4$

denkleminde her iki tarafın karesi alınırsa,

$ax + 16 = x^2 - 8x + 16$

$ax = x^2 - 8x$ elde edilir.

Kökler $x = 0$ ve $x = a + 8$ olur.

Ancak $x = 0$ denklemi sağlamaz.

$x = a + 8$ denklemde yerine yazılırsa,

$|a + 4| = a + 4$ bulunur.

Buradan $a \geq -4$ olmalıdır.

Yanıt C

9. $10^{10} < 2 + 4 + 6 + 8 + \ldots + 2n$

$10^{10} < n \cdot (n + 1)$ elde edilir.

$n = 10^5$ alınırsa,

$10^{10} < 10^5 \cdot (10^5 + 1)$ eşitsizliği sağlanır.

O halde en küçük n değeri $n = 10^5 = 100000$ olur.

Rakamları toplamı 1 bulunur.

Yanıt E

10. $x^8 - x^5 + x^2 + 6 \geq 0$ eşitsizliğinde,

I. $x \leq 0$ için, eşitsizlik daima sağlanır.

II. $x > 1$ için, $x^5 \cdot (x^3 - 1) + x^2 + 6 \geq 0$ eşitsizliği her zaman sağlanır.

III. $0 < x \leq 1$ için, $-1 < x^3 - 1 \leq 0$ olduğundan $x^5 \cdot (x^3 - 1) + x^2 + 6 \geq 0$ ifadesi daima sağlanır.

Buna göre, eşitsizliğin çözüm kümesi R olur.

Yanıt E

11. $x^2 + (k - 3)x + m^2 + 15 = 0$

denkleminin kökleri ardışık sayılar olduğuna göre,

$x_1 = a$ ve $x_2 = a + 1$ şeklinde düşünülebilir.

$x_1 + x_2 = -k + 3 = 2a + 1$ olur.

Diğer taraftan, kökler $x_1 = -a$ ve $x_2 = -a - 1$ olarak da yazılabilir.

$x_1 + x_2 = -k + 3 = -2a - 1$ bulunur.

Buradan k değerlerinin toplamı alınırsa,

$k_1 + k_2 = 6$ elde edilir.

Yanıt A

12. $ax^2 + bx + c = 0$

denkleminde, $b^2 - 4ac$ ifadesi için b^2 terimine dikkat edelim. Bilindiği üzere, bir tam sayının karesinin 4 ile bölümünden kalan 0 veya 1 dir.

$b^2 \equiv 0 \pmod 4$ veya $b^2 = 1 \pmod 4$ demektir.

O halde, $b^2 - 4ac$ ifadesinin 4 ile bölümünden kalan 0 veya 1 olmalıdır.

Bu şarta uygun olan sayı 2013 tür.

Yanıt D

karekök

9. BÖLÜM

TRİGONOMETRİ

1. Bir ABC üçgeninde,

$2\cos A + 3\sin B = 3$

$2\sin A + 3\cos B = 4$

olduğuna göre, $m(\widehat{C})$ kaç derecedir?

A) 15 B) 30 C) 45 D) 60 E) 90

2. Bir ABC üçgeninde,

$\tan A + \tan B = \frac{5}{6}$

$\cos A . \cos B = \frac{3}{5}$

olduğuna göre, $m(\widehat{ACB})$ aşağıdakilerden hangisi olabilir?

A) 15 B) 30 C) 45 D) 60 E) 90

3.

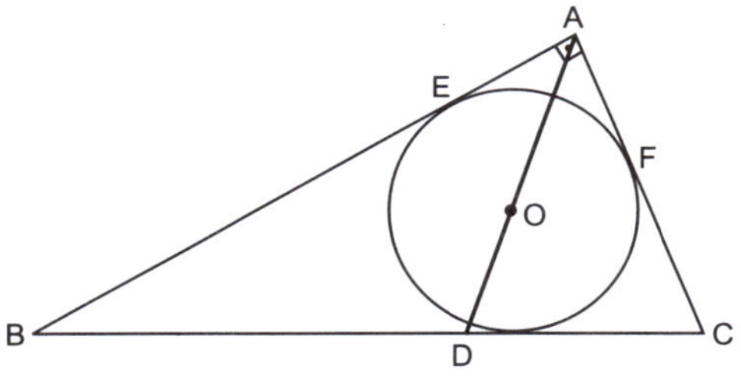

O noktası ABC üçgeninin iç teğet çemberinin merkezidir.

$[AB] \perp [AC]$, $|AB| = 4$ cm, $|AC| = 2$ cm

olduğuna göre, $\tan(\widehat{ADB})$ kaça eşittir?

A) –8 B) –6 C) –5 D) –4 E) –3

4. $2\text{arccot}x = \arctan x$

denklemini sağlayan x değeri aşağıdakilerden hangisidir?

A) 1 B) $\sqrt{2}$ C) 2 D) $\sqrt{3}$ E) 3

5. $$\frac{1}{\cos 72} - \frac{1}{\cos 36} = 2\cos^2 x + 1$$

denkleminin $(0, 2\pi)$ aralığında kaç farklı kökü vardır?

A) 5 B) 4 C) 3 D) 2 E) 1

6.

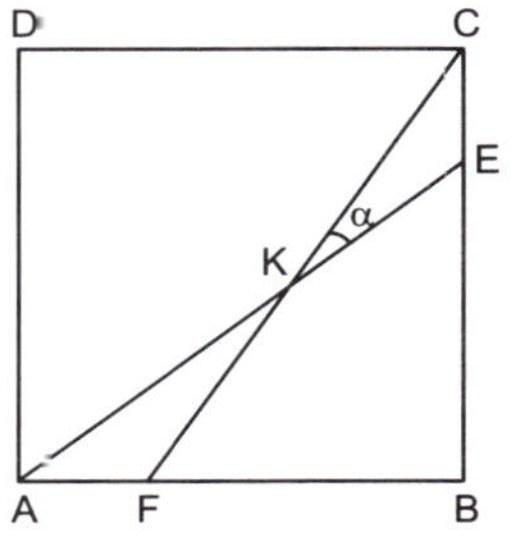

ABCD bir kare

$|BF| = 3|AF|$

$|EB| = 3|EC|$

olduğuna göre, $\tan\alpha$ kaçtır?

A) $\frac{25}{24}$ B) $\frac{23}{24}$ C) $\frac{7}{24}$ D) $\frac{5}{27}$ E) $\frac{1}{27}$

karekök

7. $\tan(x + 45) - \tan(45 - x) = 2\tan36$

denklemini sağlayan <u>en küçük</u> pozitif x açısı kaç derecedir?

A) 15 B) 18 C) 20 D) 25 E) 30

8. $\sin^2 24 - \sin^2 6 = \frac{1}{2}\cos x$

denklemini sağlayan <u>en küçük</u> pozitif x açısı kaç derecedir?

A) 18 B) 36 C) 54 D) 60 E) 72

9. $0 < x < y < \frac{\pi}{2}$

$\frac{1+\tan x}{1-\tan x} = \cot y$

olduğuna göre, x + y kaç derecedir?

A) 30 B) 45 C) 60 D) 90 E) 120

10. $\arccos 3x - \arccos x = \frac{\pi}{3}$

denklemini sağlayan x değeri aşağıdakilerden hangisidir?

A) $\frac{\sqrt{3}}{\sqrt{28}}$ B) $\frac{2}{\sqrt{7}}$ C) 0 D) $-\frac{2}{\sqrt{7}}$ E) $-\frac{\sqrt{3}}{\sqrt{28}}$

11. $\tan(x + y) = 4$

$\tan(x - y) = 2$

olduğuna göre, tan2x kaçtır?

A) $-\frac{6}{7}$ B) $-\frac{7}{6}$ C) $\frac{6}{7}$ D) $\frac{7}{6}$ E) $\frac{1}{6}$

12. $A + B + C = \pi$

olduğuna göre, $\frac{\tan A + \tan B + \tan C}{\tan A \cdot \tan B \cdot \tan C}$ ifadesinin değeri aşağıdakilerden hangisine eşittir?

A) –3 B) –2 C) –1 D) 0 E) 1

1. $A = (4 + 3\cos\alpha).(1 - \cos\alpha)$

olduğuna göre, A'nın alabileceği en büyük değer kaçtır?

A) $\frac{7}{12}$ B) $\frac{7}{24}$ C) $\frac{12}{7}$ D) $\frac{24}{49}$ E) $\frac{49}{12}$

2. $0 \leq x \leq 2\pi$ olmak üzere,

$$\tan^2 x + (1 - \sqrt{3})\tan x = \sqrt{3}$$

denklemini sağlayan en küçük ve en büyük x değerlerinin toplamı kaçtır?

A) $\frac{3\pi}{4}$ B) $\frac{5\pi}{7}$ C) $\frac{5\pi}{6}$ D) $\frac{17\pi}{12}$ E) $\frac{25\pi}{12}$

3.

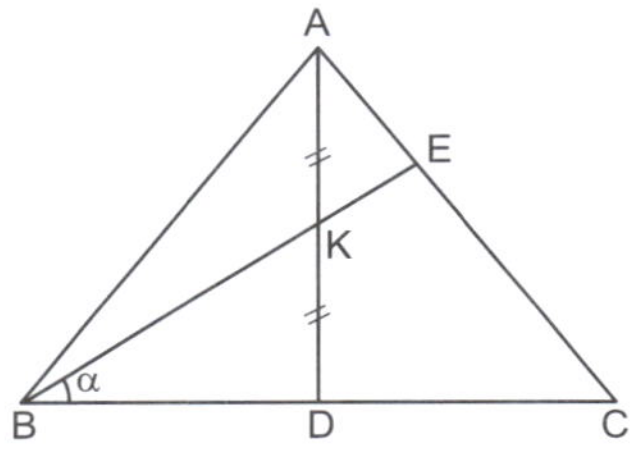

ABC eşkenar üçgen, |AK| = |DK|,

|BD| = 2.|DC| ve $m(\widehat{EBC}) = \alpha$

olduğuna göre, tanα aşağıdakilerden hangisine eşittir?

A) $\frac{1}{2}$ B) $\frac{\sqrt{2}}{3}$ C) $\frac{\sqrt{3}}{4}$ D) $\frac{2\sqrt{3}}{5}$ E) $\frac{3\sqrt{3}}{7}$

4. $$\arctan\left(\frac{x-1}{2\sqrt{x}}\right) = \arcsin\left(\frac{x-a}{x+a}\right)$$

denklemini sağlayan a değeri aşağıdakilerden hangisidir?

A) $\sqrt{3}$ B) $\sqrt{2}$ C) 1 D) $\frac{1}{2}$ E) $-\frac{1}{2}$

5. $$4\cos\frac{\pi}{7}\cdot\cos\frac{2\pi}{7}\cdot\cos\frac{4\pi}{7}$$

ifadesinin değeri kaçtır?

A) $-\frac{1}{10}$ B) $-\frac{1}{8}$ C) $-\frac{1}{6}$ D) $-\frac{1}{4}$ E) $-\frac{1}{2}$

6. Bir ABC üçgeninde,

$\sin\widehat{A}.\sin\widehat{C} = 2.\cos(90 - \widehat{A} - \widehat{C})$ ve

$A(ABC) = 144\ br^2$

olduğuna göre, |AC| kaç birimdir?

A) 6 B) 8 C) 9 D) 10 E) 12

karekök

7. $3\sin^2x + 2\cos^2x = 3 - \sqrt{3}.\sin x.\cos x$

denkleminin [0, 2π] aralığında yer alan en büyük ve en küçük köklerinin toplamı kaçtır?

A) $\frac{5\pi}{3}$ B) $\frac{3\pi}{4}$ C) $\frac{5\pi}{7}$ D) $\frac{5\pi}{12}$ E) $\frac{4\pi}{5}$

8.

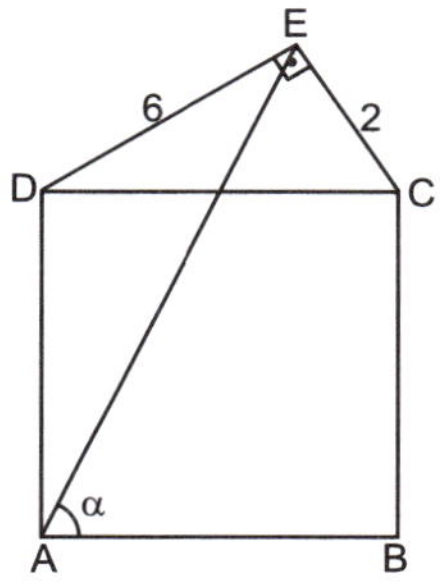

ABCD kare, [EC] ⊥ [ED]

|ED| = 6 cm, |EC| = 2 cm

olduğuna göre, tanα kaçtır?

A) $\frac{5}{12}$ B) $\frac{7}{12}$ C) $\frac{5}{13}$ D) $\frac{7}{24}$ E) $\frac{13}{9}$

9. $x = \frac{\pi}{5}$

olduğuna göre, $\frac{\cos 16x + \cos 12x}{\sin 17x + \sin 11x}$ ifadesinin değeri aşağıdakilerden hangisi eşittir?

A) tanx B) cosx C) sinx D) secx E) cotx

10. $0 < x < \frac{\pi}{2}$

olduğuna göre, $\frac{\cos x}{\sqrt{1+\sin x}}$ ifadesinin eşiti aşağıdakilerden hangisidir?

A) $\tan\frac{x}{2}$ B) $\cot\frac{x}{2}$ C) $\sin\frac{x}{2}$ D) $\cos\frac{x}{2} - \sin\frac{x}{2}$ E) $\sin\frac{x}{2} - \cos\frac{x}{2}$

karekök

11. $A - B = \frac{\pi}{6}$

olduğuna göre, tan(2A – B).tan(A – 2B) ifadesinin değeri aşağıdakilerden hangisine eşittir?

A) tanA B) tanB C) sinA D) sinB E) 1

12. **8x = π olduğuna göre, $\sin^6x + \cos^6x$ ifadesinin değeri kaça eşittir?**

A) $\frac{1}{2}$ B) $\frac{2}{3}$ C) $\frac{3}{5}$ D) $\frac{4}{7}$ E) $\frac{5}{8}$

1. Testin Cevap Anahtarı

1	E	2	B	3	E	4	D	5	B	6	C	7	B	8	E	9	B	10	E	11	A	12	E

1. Tanımlı olduğu x değerleri için,

$$\frac{\cos^2 x + m.\cos x + 2m + 5}{\sin^2 x}$$

ifadesi sadeleşebilmektedir.

Buna göre, m'nin alabileceği değerler çarpımı kaçtır?

A) 12 B) 8 C) 6 D) –6 E) –12

2. Bir ABC üçgeninin kenarları arasında,

$$\frac{1}{b+a} + \frac{1}{a+c} = \frac{3}{a+b+c}$$

bağıntısı olduğuna göre, A açısı kaç derecedir?

A) 150 B) 120 C) 90 D) 60 E) 45

3. $\sin x = \sqrt{2} + \sqrt{3} \,.\, \cos x$

denkleminin [0, 2π] aralığındaki kökler toplamı aşağıdakilerden hangisidir?

A) $\frac{5\pi}{3}$ B) $\frac{5\pi}{2}$ C) $\frac{6\pi}{5}$ D) $\frac{7\pi}{2}$ E) $\frac{8\pi}{3}$

4. cos36 . cos72

ifadesinin değeri aşağıdakilerden hangisine eşittir?

A) $\frac{1}{2}$ B) $\frac{2}{3}$ C) $\frac{3}{5}$ D) $\frac{1}{4}$ E) $\frac{1}{6}$

5.

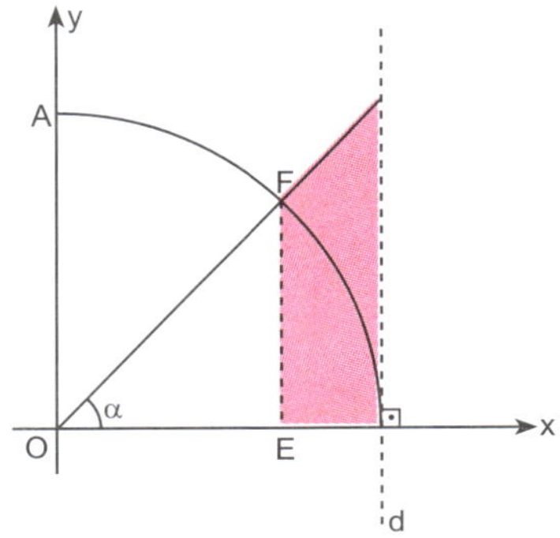

Şekilde, O merkezli birim çember verilmiştir.

d ⊥ Ox , d // [EF], m($\widehat{FOE}$) = α olduğuna göre, taralı bölgenin alanı aşağıdakilerden hangisidir?

A) $\frac{\sin^3 \alpha}{2\cos \alpha}$ B) $\frac{\cos^2 \alpha}{\sin 3\alpha}$ C) $\frac{\sin 3\alpha}{2\cos \alpha}$ D) $\frac{\sin 2\alpha}{3\cos \alpha}$ E) $\frac{\sin 2\alpha}{3\cos 3\alpha}$

6. $\tan x + \frac{2\cos(150 - x)}{\cos x} = \sqrt{3}$

denklemini sağlayan <u>en küçük</u> x pozitif değeri kaç derecedir?

A) 15 B) 22,5 C) 30 D) 45 E) 60

karekök

7. Bir ABC üçgeninde,

sinB + sinC = 3sinA bağıntısı olduğuna göre,

$\frac{a+b+c}{b+c}$ oranının değeri kaçtır?

A) $\frac{3}{4}$ B) $\frac{2}{3}$ C) 3 D) $\frac{4}{3}$ E) $\frac{1}{3}$

8. $0 < y < \frac{\pi}{2}$ olmak üzere,

$$\text{Arctan}\left(\frac{1+x}{1-x}\right) - \text{Arctan}x = y$$

eşitliği veriliyor.

Buna göre, cos(x + y) + cos(x – y) = 1 denklemini sağlayan x değeri aşağıdakilerden hangisidir?

A) $\frac{\pi}{8}$ B) $\frac{\pi}{4}$ C) $\frac{\pi}{3}$ D) $\frac{\pi}{5}$ E) $\frac{\pi}{2}$

9. sinx + siny = a

cosx + cosy = 3a

olduğuna göre, cos(x – y) aşağıdakilerden hangisine eşittir?

A) $10a^2 + 1$ B) $10a^2 - 1$ C) $5a^2 + 1$ D) $5a^2 - 1$ E) $4a^2 + 1$

10. $\cos108 + \cos36 = \cos^4 x - \sin^4 x$

denklemini sağlayan <u>en küçük</u> pozitif x açısı kaç derecedir?

A) 15 B) 22,5 C) 30 D) 45 E) 60

11. $x \neq 0$ ve $y \neq 0$ olmak şartı ile,

$\sin(\text{Arcsin}x + \text{Arcsin}y) = \sqrt{x^2 + y^2 - 2x^2y^2}$ eşitliği veriliyor.

x – y ifadesinin <u>en büyük</u> değeri aşağıdakilerden hangisine eşittir?

A) 2 B) $\frac{3}{2}$ C) 1 D) $\frac{1}{2}$ E) 0

12. $0 < \theta < \pi$

$\arctan x + \arctan\frac{1}{x} = \theta$

olduğuna göre, sin(θ + y) . cos(θ – y) ifadesi aşağıdakilerden hangisine eşittir?

A) $\frac{\cos 2y}{2}$ B) $\frac{\sin 2y}{2}$ C) $\frac{\sin y}{4}$ D) $\frac{\cos y}{4}$ C) $\frac{\cos y}{3}$

karekök

2. Testin Cevap Anahtarı

1 E 2 E 3 E 4 C 5 E 6 E 7 A 8 E 9 E 10 D 11 E 12 E

1. $A \cdot B \cdot C \neq 0$ ve

$\arctan A + \arctan B + \arctan C = \pi$

olduğuna göre, $\dfrac{A+B+C}{A \cdot B \cdot C}$ **ifadesi kaça eşittir?**

A) $\frac{1}{4}$ B) $\frac{1}{2}$ C) 1 D) 2 E) 4

2. $f(x) = \sin^4 x + \cos^4 x$

fonksiyonunun görüntü kümesi [m, n] olduğuna göre, m + n aşağıdakilerden hangisine eşittir?

A) $\frac{5}{2}$ B) 2 C) $\frac{3}{2}$ D) 1 E) $\frac{1}{2}$

3. Bir ABC üçgeninde r çevrel çemberin yarıçapını göstermek üzere kenarları arasında,

$b^2 - c^2 = 2ar$

bağıntısı bulunmaktadır.

Buna göre, $m(\widehat{B}) - m(\widehat{C})$ ifadesi aşağıdakilerden hangisine eşittir?

A) 15 B) 30 C) 45 D) 60 E) 90

karekök

4. $\tan\alpha - 2\tan\beta = 0$

olduğuna göre, $\tan^2(\alpha - \beta)$ ifadesinin alabileceği <u>en büyük</u> değer kaçtır?

A) $\frac{1}{2}$ B) $\frac{1}{4}$ C) $\frac{1}{6}$ D) $\frac{1}{8}$ E) $\frac{1}{10}$

5. Bir ABC üçgeninde,

$$\frac{\sin A + \sin B}{\cos A + \cos B} = \sin C$$

eşitliği sağlandığına göre, $m(\widehat{C})$ kaç derecedir?

A) 30 B) 45 C) 60 D) 75 E) 90

6. $\sec^2 a + \sec^2 b + \sec^2 c = 12$ olduğuna göre,

$\tan a \cdot \tan b + \tan b \cdot \tan c + \tan a \cdot \tan c$

ifadesinin alabileceği <u>en küçük</u> tam sayı değeri kaçtır?

A) –8 B) –7 C) –6 D) –5 E) –4

7. k bir doğal sayı, $x + y \neq k\pi$ ve

$$\sin x + \sin y = 6 \cdot \sin(x + y)$$

olduğuna göre, $\tan\frac{x}{2} \cdot \tan\frac{y}{2}$ çarpımı kaça eşittir?

A) $\frac{1}{2}$ B) $\frac{2}{3}$ C) $\frac{3}{4}$ D) $\frac{5}{6}$ E) $\frac{5}{7}$

8.

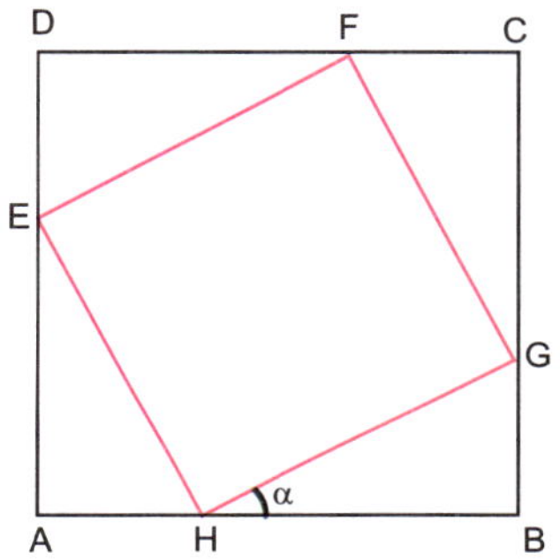

ABCD ve EFGH birer karedir.

$|EF| = 1$ br, ve $m(G\widehat{H}B) = \alpha$

A(ABCD) ifadesinin α cinsinden değeri aşağıdakilerden hangisidir?

A) $1 + \cos\alpha$ B) $1 + \cos2\alpha$ C) $1 + \sin2\alpha$ D) $1 - \tan\alpha$ E) $1 + \tan2\alpha$

9. $$\sin\left(\frac{\pi}{10}\right) + \sin\left(\frac{13\pi}{10}\right)$$

ifadesinin değeri aşağıdakilerden hangisine eşittir?

A) $\frac{\sqrt{3}}{2}$ B) $\frac{1}{2}$ C) $\frac{1}{4}$ D) $-\frac{1}{2}$ E) $-\frac{\sqrt{3}}{2}$

10. Bir ABC üçgeninde,

$$m(\widehat{B}) = 90° + m(\widehat{C}) \text{ ve } b + c = \sqrt{2} \cdot a$$

olduğuna göre, $m(\widehat{C})$ kaç derecedir?

A) 15 B) 22,5 C) 30 D) 45 E) 67,5

11. $0 < \alpha < \frac{\pi}{2}$ ve $0 < \alpha < \frac{\pi}{2}$ olmak üzere,

$$(1 + \tan\alpha) \cdot (1 + \tan\beta) = 2$$

eşitliği veriliyor.

Buna göre, α + β kaç derecedir?

A) 15 B) 22,5 C) 30 D) 45 E) 67,5

12. $x > 0$ olmak üzere,

$$\arctan x + \arctan\left(\frac{3x}{1 - x^2}\right) = \frac{\pi}{2}$$

eşitliğini sağlayan x değeri kaçtır?

A) $\frac{1}{8}$ B) $\frac{1}{6}$ C) $\frac{1}{4}$ D) $\frac{1}{3}$ E) $\frac{1}{2}$

karekök

3. Testin Cevap Anahtarı

1	A	2	D	3	A	4	D	5	A	6	E	7	D	8	B	9	D	10	C	11	A	12	B

1. $$\frac{1}{\sin 18} - \frac{1}{\cos 36}$$

ifadesinin değeri aşağıdakilerden hangisine eşittir?

A) $\frac{1}{4}$ B) $\frac{1}{2}$ C) 1 D) $\frac{3}{2}$ E) 2

2. Bir ABC üçgeninde,

$\tan A = 1$

$\tan B = x$

$\tan C = y$

ve x ile y tam sayılardır.

Buna göre, x kaç farklı değer alabilir?

A) 2 B) 3 C) 4 D) 5 E) 6

3. $$\cos^2\left(\frac{5\pi}{24}\right) - \sin^2\left(\frac{\pi}{24}\right)$$

ifadesinin değeri aşağıdakilerden hangisine eşittir?

A) $\frac{\sqrt{3}}{2}$ B) $\frac{1}{2}$ C) $\frac{\sqrt{6}}{3}$ D) $\frac{\sqrt{6}}{4}$ E) $\frac{1}{4}$

4. $(1 + \tan 5)\cdot(1 + \tan 10)\cdot(1 + \tan 15)\cdot \ldots\ldots \cdot(1 + \tan 40)$

çarpımının değeri aşağıdakilerden hangisine eşittir?

A) 16 B) 8 C) 4 D) 2 E) 1

karekök

5. $0° < x < 90°$ olmak üzere,

$\sin^2(15 - x) + \sin^2(45 + x) = 1$ ise

$\sin^2(15 + x) + \cos^2 x$ ifadesinin değeri kaçtır?

A) $\frac{1}{2}$ B) $\frac{3}{4}$ C) 1 D) $\frac{5}{4}$ E) $\frac{3}{2}$

6. $$x \cdot \arctan 2 + \arctan 3 = \frac{3\pi}{4}$$

olduğuna göre, x aşağıdakilerden hangisine eşittir?

A) $\frac{1}{3}$ B) $\frac{1}{2}$ C) 1 D) 2 E) 3

7. α, β ve θ dar açılı bir üçgenin iç açılarıdır.

Buna göre,

$$\tan^2\left(\frac{\alpha}{2}\right)+\tan^2\left(\frac{\beta}{2}\right)+\tan^2\left(\frac{\theta}{2}\right)$$

ifadesinin alabileceği en küçük değer kaçtır?

A) $\frac{1}{3}$ B) $\frac{1}{2}$ C) 1 D) $\sqrt{3}$ E) 2

8. $$\frac{1}{16}\cdot\sin 2x=\cos 12\cdot\cos 24\cdot\cos 48\cdot\cos 96$$

denklemini sağlayan en küçük pozitif x değeri aşağıdakilerden hangisidir?

A) $\frac{\pi}{2}$ B) $\frac{2\pi}{3}$ C) $\frac{3\pi}{4}$ D) $\frac{4\pi}{3}$ E) $\frac{5\pi}{4}$

9. $f(x) = (1 + \tan x)(2 + \tan x)(3 + \tan x)(4 + \tan x) + 5$

fonksiyonunun alabileceği en küçük değer kaçtır?

A) 5 B) 4 C) 3 D) 2 E) 1

10. $f(x) = 2(\tan^2 x + \cot^2 x) - 8(\tan x + \cot x) + 5$

fonksiyonunun alabileceği en küçük değer aşağıdakilerden hangisidir?

A) 2 B) 1 C) 0 D) –4 E) –7

11. $\sec 5\cdot\sec 15\cdot\sec 25\cdot\sec 35\cdot\ldots\ldots\cdot\sec 75\cdot\sec 85$

işleminin sonucu aşağıdakilerden hangisine eşittir?

A) $256\sqrt{2}$ B) 256 C) $128\sqrt{2}$ D) 128 E) $64\sqrt{2}$

12. $\text{arc}\cot 2 + \text{arc}\cot 5 + \text{arc}\cot 8$

ifadesinin değeri aşağıdakilerden hangisine eşittir?

A) $\frac{\pi}{8}$ B) $\frac{\pi}{4}$ C) $\frac{\pi}{3}$ D) $\frac{\pi}{2}$ E) $\frac{3\pi}{4}$

4. Testin Cevap Anahtarı

1	C	2	C	3	E	4	D	5	E	6	E	7	E	8	C	9	D	10	A	11	D	12	E

1. $\frac{\tan 1}{1+\tan 1}+\frac{\tan 2}{1+\tan 2}+\frac{\tan 3}{1+\tan 3}+........+\frac{\tan 89}{1+\tan 89}$

toplamının değeri aşağıdakilerden hangisine eşittir?

A) 90 B) 89,5 C) 45 D) 44,5 E) 44

2.

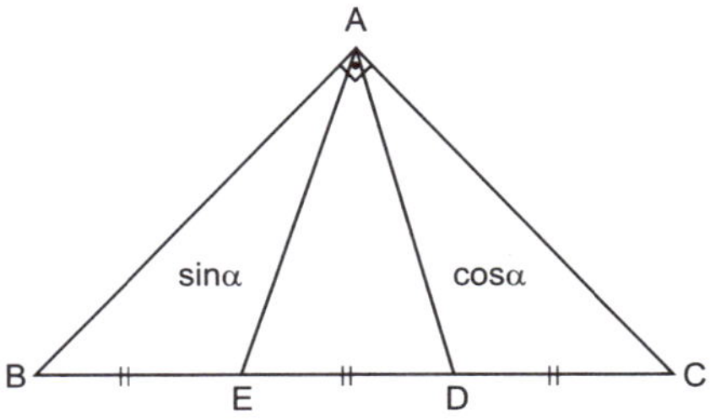

ABC dik üçgeninde, |EB| = |ED| = |DC|

|AE| = sinα, |AD| = cosα, $0 < \alpha < \frac{\pi}{2}$

olduğuna göre, cos(E$\widehat{A}$D) aşağıdakilerden hangisine eşittir?

A) $\frac{4}{5}\operatorname{cosec}2\alpha$ B) $\frac{3}{5}\operatorname{cosec}2\alpha$

C) $\frac{3}{5}\sec 2\alpha$ D) $\frac{4}{5}\sec 2\alpha$

E) $\frac{4}{5}\tan 2\alpha$

3. Bir ABC üçgeninin kenarları arasında,

a + c = 2b eşitliği olduğuna göre, $\tan\left(\frac{A}{2}\right)\cdot\tan\left(\frac{C}{2}\right)$

ifadesinin değeri kaça eşittir?

A) $\frac{1}{2}$ B) $\frac{1}{3}$ C) $\frac{3}{4}$ D) $\frac{4}{3}$ E) $\frac{5}{4}$

4. $-\pi < x < \pi$ olmak üzere,

$$\tan 2x + 2\sin x = \sqrt{3}.\cot x - \sin 2x$$

denkleminin kökler toplamı aşağıdakilerden hangisine eşittir?

A) $\frac{3\pi}{2}$ B) $\frac{2\pi}{3}$ C) 0 D) $-\frac{\pi}{2}$ E) $-\frac{\pi}{4}$

5.

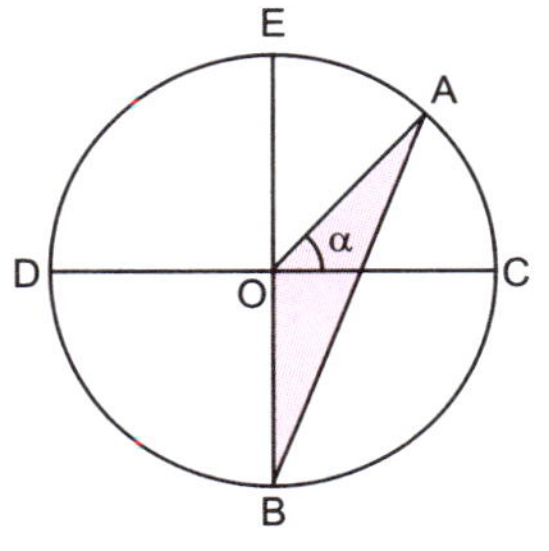

Şekilde O merkezli birim çemberde, m(A$\widehat{O}$C) = α

|AB| = cotα olduğuna göre, A(AOB) kaç br² dir?

A) $\frac{1}{2}$ B) $\frac{\sqrt{3}}{2}$ C) $\frac{\sqrt{3}}{4}$ D) $\frac{2\sqrt{3}}{3}$ E) $\frac{2\sqrt{3}}{4}$

6. **Bir ABC üçgeninde,**

$$\frac{\tan A}{3}=\frac{\tan B}{2}=\tan C$$

olduğuna göre, m($\widehat{C}$) kaç derecedir?

A) 15 B) 22,5 C) 30 D) 45 E) 60

karekök

7. **$\tan x + \cot x < \cot \frac{\pi}{4}$ eşitsizliğinin çözüm aralıklarından biri aşağıdakilerden hangisidir?**

A) $\left(\frac{\pi}{4}, \frac{\pi}{3}\right)$ B) $\left(\frac{3\pi}{4}, \frac{4\pi}{3}\right)$ C) $\left(\pi, \frac{3\pi}{2}\right)$

D) $\left(\frac{3\pi}{2}, 2\pi\right)$ E) $\left(\frac{7\pi}{4}, \frac{11\pi}{6}\right)$

8. $$\frac{\tan 24 - \tan 18}{\tan 6} + \frac{\tan 24 + \tan 18}{\tan 42}$$

ifadesinin değeri aşağıdakilerden hangisine eşittir?

A) 2 B) 1 C) 0 D) –1 E) –2

9. $$2\arctan\frac{1}{2} - \tan\frac{1}{7}$$

ifadesinin değeri aşağıdakilerden hangisine eşittir?

A) $\frac{\pi}{8}$ B) $\frac{\pi}{6}$ C) $\frac{\pi}{5}$ D) $\frac{\pi}{4}$ E) $\frac{\pi}{2}$

10. Bir ABC üçgeninde kenar uzunlukları a, b, c ile gösteriliyor.

$\sin A = 2 \cdot \sin C \cdot \cos B$

olduğuna göre, aşağıdakilerden hangisi kesinlikle doğrudur?

A) a = 2b B) b = 2c C) c = 2a D) b = c E) a = c

11. $\cos 1 + \cos 3 + \cos 5 + \ldots\ldots\ldots + \cos 89$

toplamının değeri aşağıdakilerden hangisine eşittir?

A) $\frac{1}{2}\sin 89$ B) $\frac{1}{2}\sec 89$ C) $2\sin 1$

D) $2\sin 89$ E) $2\cos 1$

karekök

12.

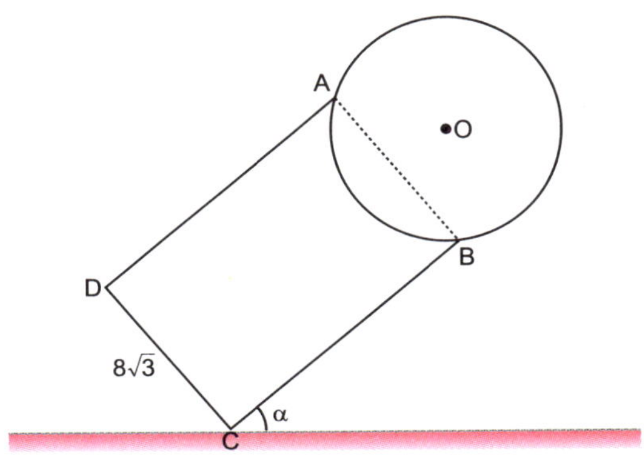

Çapı $8\sqrt{3}$ br olan silindirik bir kabın üzerine şekildeki gibi yarıçapı 8 br olan bir küre yerleştiriliyor.

Kürenin devrilmemesi için α açısının alabileceği <u>en küçük</u> tanα değeri kaçtır ?

A) $\frac{1}{2}$ B) $\frac{\sqrt{3}}{2}$ C) $\frac{\sqrt{3}}{3}$ D) $\sqrt{3}$ E) $2\sqrt{3}$

5. Testin Cevap Anahtarı

1	2	3	4	5	6	7	8	9	10	11	12
E	A	D	A	D	C	C	C	B	E	A	B

1. $3\sin x + 2\cos y = 2$

$3\cos y + 2\sin x = \frac{3}{2}$

olduğuna göre, sinx · cosy kaça eşittir?

A) $\frac{3}{50}$ B) $\frac{3}{5}$ C) $\frac{2}{5}$ D) $-\frac{3}{5}$ E) $-\frac{3}{50}$

2.

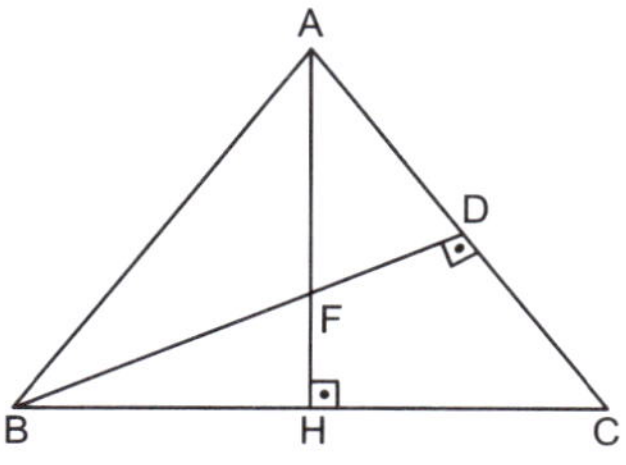

ABC üçgeninde,

$[AH] \perp [BC]$, $[BD] \perp [AC]$, $|FH| = 2|AF|$

olduğuna göre, tan $(\widehat{ABC})$ · tan$(\widehat{ACB})$ kaça eşittir?

A) $\frac{4}{9}$ B) $\frac{2}{3}$ C) $\frac{3}{2}$ D) $\frac{9}{4}$ E) $\frac{1}{8}$

3.

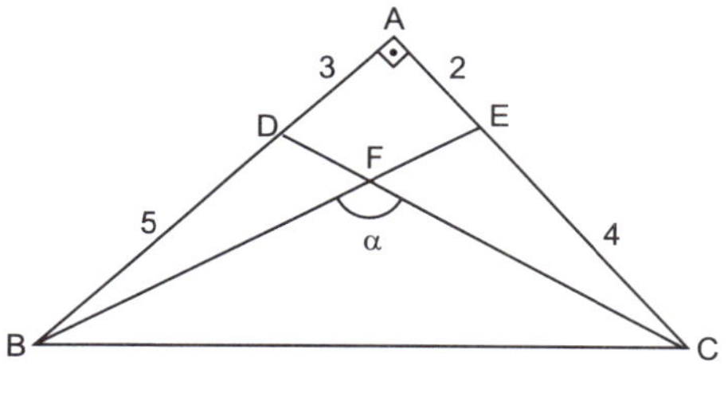

ABC üçgeninde,

$[AB] \perp [AC]$, $|AE| = 2$ cm, $|EC| = 4$ cm, $|BD| = 5$ cm

|AD| = 3 cm olduğuna göre, tanα kaçtır?

A) $-\frac{6}{7}$ B) $-\frac{5}{6}$ C) $-\frac{3}{4}$ D) $-\frac{7}{6}$ E) $-\frac{4}{3}$

4.

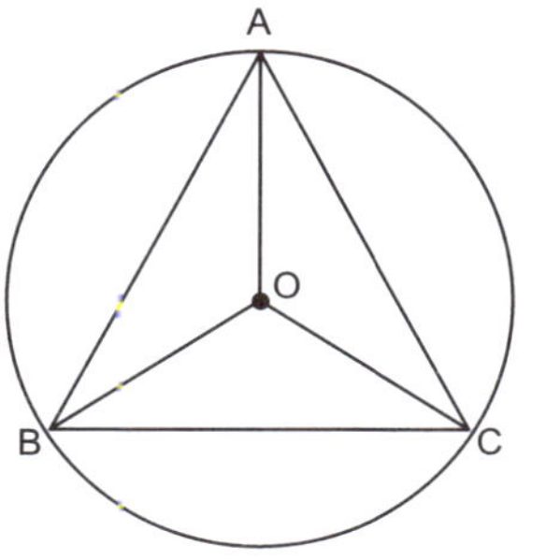

O merkezli dairenin alanı 40 br^2 ve A(ABC) = 15 br^2

olduğuna göre, sin$(\widehat{AOB})$ + sin$(\widehat{BOC})$ + sin$(\widehat{AOC})$ toplamı kaça eşitir?

A) $\frac{5\pi}{6}$ B) $\frac{3\pi}{4}$ C) $\frac{4\pi}{3}$ D) $\frac{6\pi}{5}$ E) $\frac{10\pi}{3}$

5.

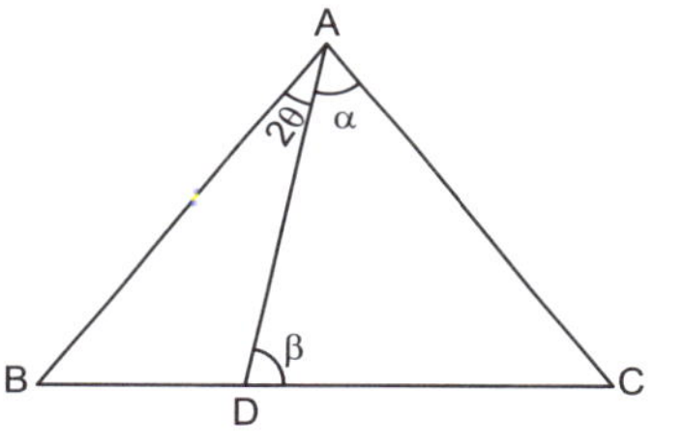

ABC eşkenar üçgen ve

$\cos\alpha + \cos\beta = \frac{4}{5}$

olduğuna göre, tanθ aşağıdakilerden hangisine eşittir?

A) $\frac{1}{2}$ B) $\frac{1}{3}$ C) $\frac{3}{4}$ D) $\frac{4}{3}$ E) $\frac{5}{4}$

6. $(1 - \cot 24) \cdot (1 - \cot 21) = 4\cos^2 x$

denklemini sağlayan <u>en küçük</u> pozitif x değeri kaç derecedir?

A) 15 B) 30 C) 45 D) 60 E) 75

7.

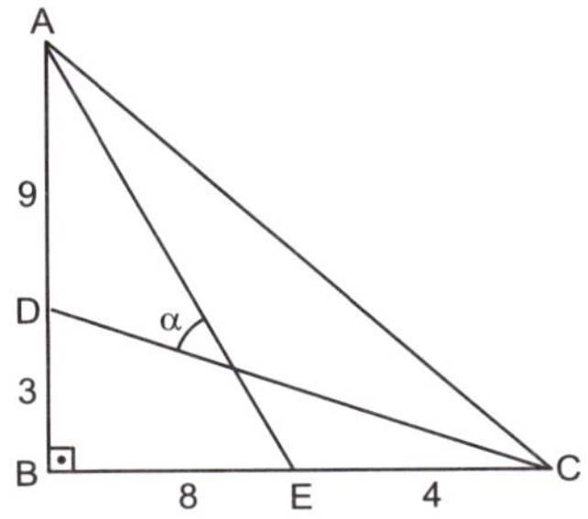

ABC üçgeninde,

[AB] ⊥ [BC], |AD| = 9 cm, |BD| = 3 cm,

|EB| = 8 cm, |EC| = 4 cm

olduğuna göre, tanα kaça eşittir?

A) $\frac{5}{7}$ B) $\frac{7}{8}$ C) $\frac{8}{9}$ D) $\frac{9}{8}$ E) $\frac{10}{11}$

8. $\tan x = -3$ ve $\cot y = 2$

olduğuna göre, x + y kaç derecedir?

A) 60 B) 90 C) 120 D) 135 E) 150

9. $f(x) + 2f(-x) = \cos^2 x + \tan x - 1$

olduğuna göre, $f\left(\frac{\pi}{4}\right)$ **kaça eşittir?**

A) $\frac{1}{2}$ B) $\frac{1}{4}$ C) 0 D) $-\frac{1}{2}$ E) $-\frac{7}{6}$

10. $x \cdot \sin 50 = x + \cos 50$

denklemini sağlayan x değeri aşağıdakilerden hangisidir?

A) sin25 B) cos25 C) tan50 D) −tan70 E) −cot40

11. $A = \tan^2 1 + \tan^2 2 + \ldots + \tan^2 88 + \tan^2 89$

$B = \sec^2 1 + \sec^2 2 + \ldots + \sec^2 88 + \sec^2 89$

olduğuna göre, B – A aşağıdakilerden hangisine eşittir?

A) 89 B) 44 C) 22 D) 1 E) 0

karekök

12. x bir reel sayı olmak üzere,

$16^{\cos x}$ **ifadesinin alabileceği kaç farklı tam sayı değeri vardır?**

A) 5 B) 6 C) 8 D) 12 E) 16

6. Testin Cevap Anahtarı

1	2	3	4	5	6	7	8	9	10	11	12
D	A	B	C	C	D	D	A	D	D	B	C

1.

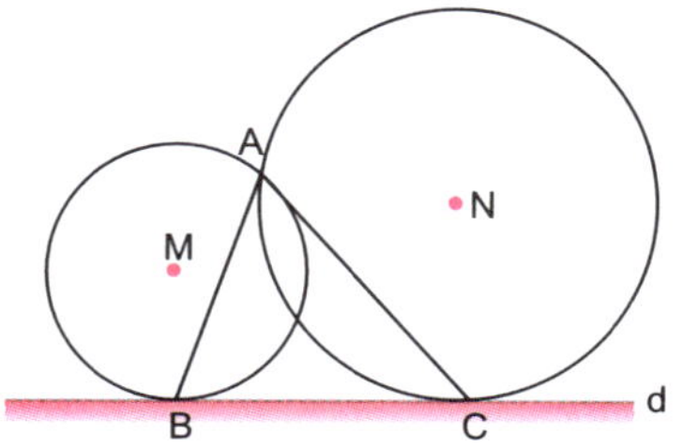

M ve N merkezli çemberlerin yarıçapları sırasıyla 8 cm ve 18 cm dir.

Buna göre, ABC üçgeninin çevrel çemberinin yarıçapı kaç cm dir?

A) 6 B) 9 C) 12 D) 15 E) 16

2.

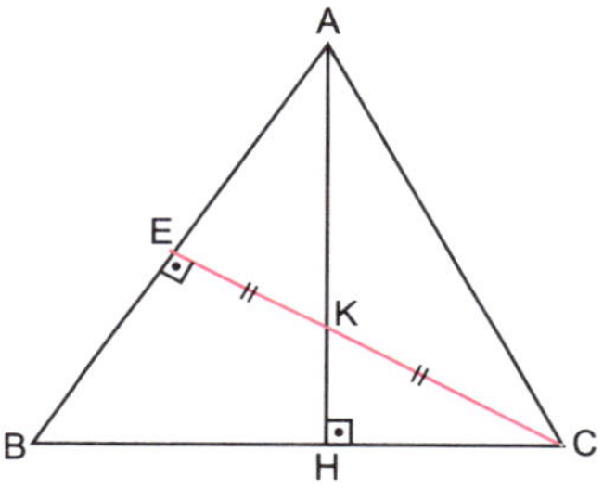

Şekildeki ABC üçgeninde, [AH] ⊥ [BC], [EC] ⊥ [AB], |EK| = |CK|

olduğuna göre, $\tan(\widehat{BAC})\cdot\tan B$ kaça eşittir?

A) $\frac{1}{4}$ B) $\frac{1}{2}$ C) 1 D) 2 E) 4

3. $A = \frac{\sin^5 x}{\cos x} + \frac{\cos^5 x}{\sin x}$

olduğuna göre, A ifadesinin alabileceği <u>en küçük</u> değer kaçtır?

A) $\frac{1}{8}$ B) $\frac{1}{4}$ C) $\frac{1}{2}$ D) 1 E) 2

4. $\sin x = \frac{x}{16}$

denklemini sağlayan kaç farklı x değeri vardır?

A) 8 B) 9 C) 10 D) 11 E) 12

5.

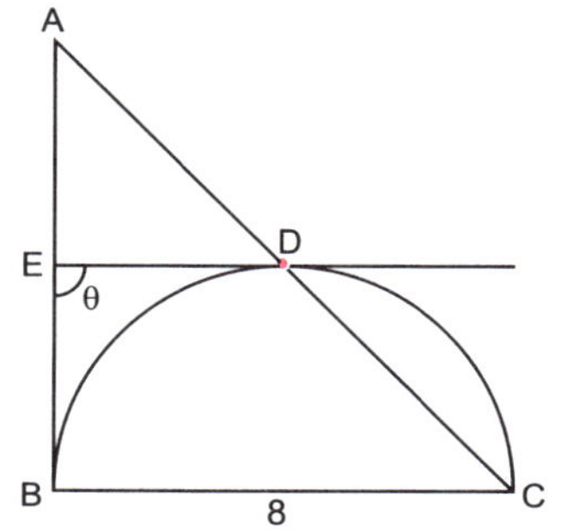

[ED ışını, D noktasında yarım çembere teğet, $m(\widehat{ABC}) = 90°$, |AB| = 4 cm, |BC| = 8 cm

olduğuna göre, tanθ kaça eşittir?

A) $\frac{4}{3}$ B) $\frac{5}{4}$ C) $\frac{3}{2}$ D) $-\frac{4}{3}$ E) $-\frac{5}{4}$

6.

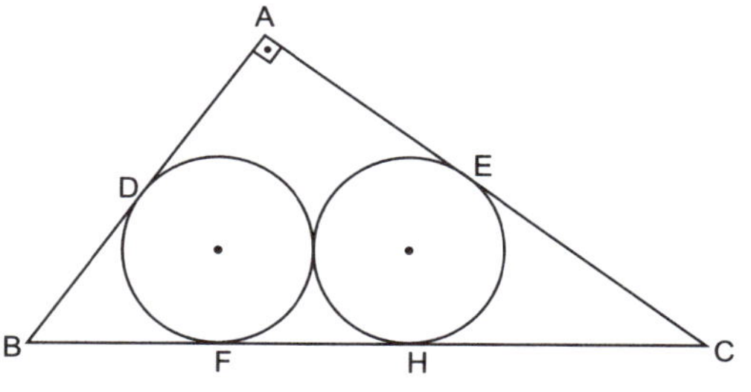

ABC üçgeninde, |AB| = 6 cm, |AC| = 8 cm, [AB] ⊥ [AC]

olduğuna göre, r yarıçaplı eş çemberlerden birinin yarıçapı kaç cm dir?

A) $\frac{35}{8}$ B) $\frac{10}{7}$ C) $\frac{18}{11}$ D) $\frac{15}{8}$ E) $\frac{13}{5}$

7.

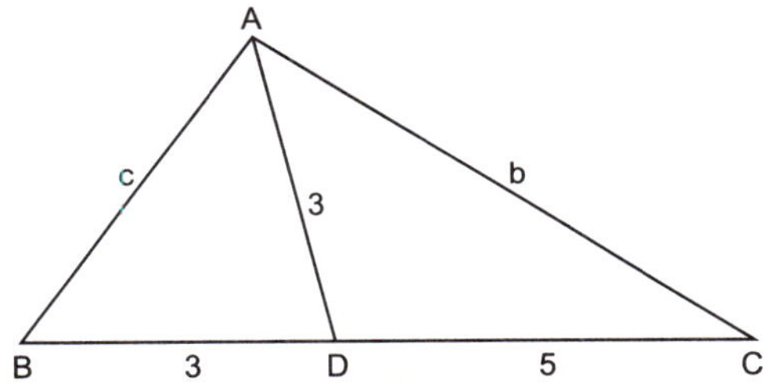

ABC üçgeninde, |AD| = |BD| = 3 cm ve |DC| = 5 cm

olduğuna göre, tan($\widehat{BAC}$)·cotB kaça eşittir?

A) 4 B) 2 C) 1 D) –2 E) –4

8.

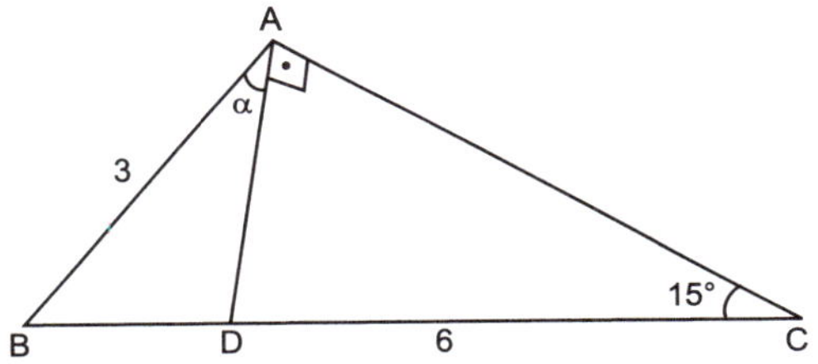

ABC üçgeninde, m($\widehat{ACB}$) = 15°, |DC| = 6 cm, |AB| = 3 cm, [AD] ⊥ [AC]

olduğuna göre, tanα kaça eşittir?

A) $\frac{1}{3}$ B) $\frac{1}{2}$ C) 1 D) 2 E) 3

9. $\frac{1-\sin 2\alpha}{\cos 2\alpha}\cdot\tan\left(\alpha+\frac{\pi}{4}\right)$

ifadesi aşağıdakilerden hangisine eşittir?

A) 2sinα B) 2cosα C) 1 D) tanα E) cotα

10.

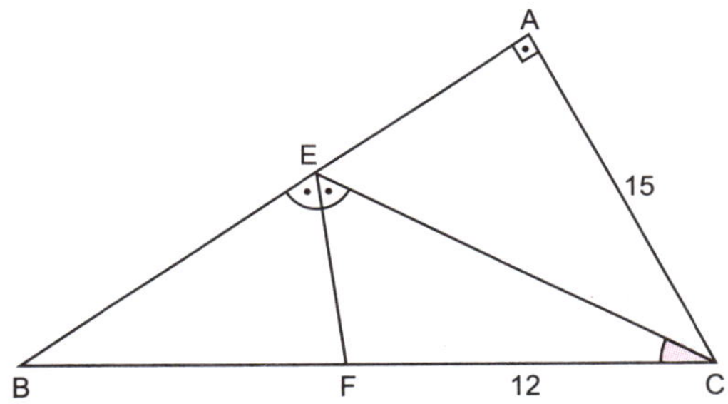

Şekildeki ABC dik üçgeninde, m($\widehat{A}$) = 90°, m($\widehat{BCE}$) = 30° |AC| = 15 cm, |FC| = 12 cm ve m($\widehat{BEF}$) = m($\widehat{FEC}$) olduğuna göre;

$\tan^2$B'nin değeri kaçtır?

A) $\frac{9}{7}$ B) $\frac{7}{8}$ C) $\frac{6}{7}$ D) $\frac{5}{6}$ E) $\frac{4}{5}$

11.

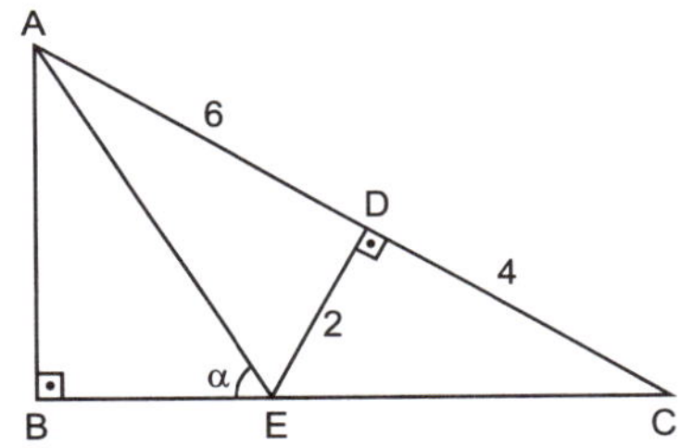

[AB] ⊥ [BC], [ED] ⊥ [AC], |AD| = 6 br, |DC| = 4 br |ED| = 2 br

olduğuna göre, α kaç derecedir?

A) 15 B) 30 C) 45 D) 60 E) 75

12. Bir ABC dik üçgeninde,

[AB] ⊥ [AC] ve $\frac{b+c}{b-c}=\sqrt{3}$

olduğuna göre, m($\widehat{C}$) kaç derecedir?

A) 75 B) 60 C) 45 D) 30 E) 15

7. Testin Cevap Anahtarı

1	A	2	C	3	D	4	B	5	B	6	C	7	E	8	D	9	E	10	D	11	A	12	E

1. Verilen denklemlerde her iki tarafın karesi alınırsa,

$4\cos^2A + 9\sin^2B + 12\sin B\cdot\cos A = 9$

$4\sin^2A + 9\cos^2B + 12\sin A\cdot\cos B = 16$

elde edilir. Eşitlikler toplanırsa,

$4 + 9 + 12\cdot(\sin(A + B)) = 25$

$\sin(A + B) = 1$ elde edilir.

Buradan $A + B = 90°$ ve $C = 90°$ olur.

Yanıt E

2. $\dfrac{\sin A}{\cos A} + \dfrac{\sin B}{\cos B} = \dfrac{5}{6}$

$\dfrac{\sin A\cdot\cos B + \cos A\cdot\sin B}{\cos A\cdot\cos B} = \dfrac{5}{6}$

$\cos A\cdot\cos B = \dfrac{3}{5}$ olduğundan,

$\sin(A + B) = \dfrac{1}{2}$ elde edilir.

$A + B = 30°$ veya $A + B = 150°$

Buradan $C = 150°$ veya $C = 30°$ olur.

Yanıt B

3.

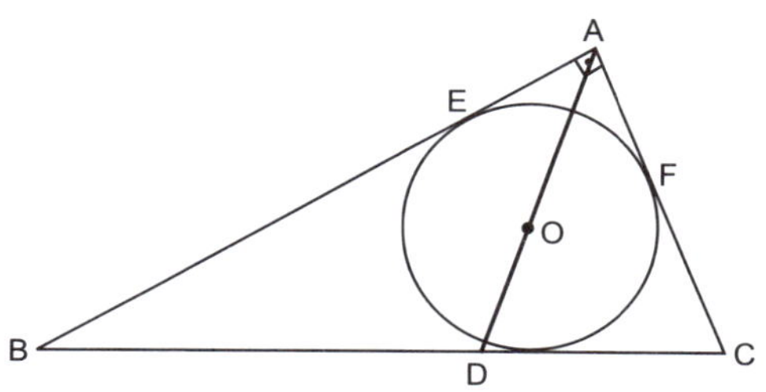

Verilen şekilden,

$m(\widehat{ADB}) = m(\widehat{ACD}) + 45°$ yazılabilir.

$\tan(\widehat{ADB}) = \dfrac{1+2}{1-2} = -3$ olur.

Yanıt E

4. $2\operatorname{arccot}x = \arctan x$

eşitliğinde, $\operatorname{arccot}x = y$ olsun.

$\cot y = x$ ve $\arctan x = 2y$

$\tan 2y = x \Rightarrow x = \dfrac{2\tan y}{1-\tan^2 y}$

$x = \dfrac{2\cdot\frac{1}{x}}{1-\frac{1}{x^2}} \Rightarrow x - \dfrac{1}{x} = 2\cdot\dfrac{1}{x}$

$x^2 = 3 \Rightarrow x = +\sqrt{3}$ veya $x = -\sqrt{3}$ olur.

Yanıt D

5. $\dfrac{1}{\sin 18} - \dfrac{1}{\sin 54} = 2\cos^2 x + 1$

$\dfrac{\sin 54 - \sin 18}{\sin 18\cdot\sin 54} = \dfrac{2\sin 18\cdot\cos 36}{\sin 18.\sin 54} = 2$

$2 = 2\cos^2x + 1 \Rightarrow \cos^2x = \dfrac{1}{2}$ olur.

$x = 45, 135, 225, 315$ bulunur.

Yanıt B

6.

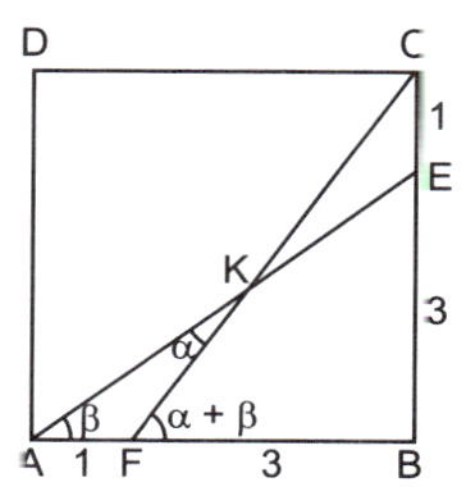

ABCD kare

$|EC| = |AF| = 1$ br

$|BF| = |EB| = 3$ br

$\tan(\alpha + \beta) = \dfrac{\tan\alpha + \tan\beta}{1-\tan\alpha\cdot\tan\beta} \Rightarrow$

$\dfrac{4}{3} = \dfrac{\tan\alpha + 3/4}{1-\frac{3}{4}\cdot\tan\alpha} \Rightarrow \tan\alpha = \dfrac{7}{24}$ olur.

Yanıt C

7. $\tan(x+45)-\tan(45-x)=2\cdot\tan36$

denkleminde $y=\tan x$ alalım.

$$\frac{y+1}{1-y}-\frac{1-y}{1+y}=2\cdot\tan36$$

$$\frac{2y}{1-y^2}=\tan36 \quad \text{elde edilir.}$$

$\tan2x=\tan36$

$x=18°$ bulunur.

Yanıt B

8. $\sin^2 24-\sin^2 6=\frac{1}{2}\cos x$

$(\sin24-\sin6).(\sin24+\sin6)=\frac{1}{2}\cos x$

$2\cdot2\cdot\sin15\cdot\cos9\cdot\sin9\cdot\cos15=\frac{1}{2}\cos x$

$\sin30\cdot\sin18=\frac{1}{2}\cos x$

$\sin18=\cos x$

$\cos72=\cos x$

$x=72°$ olur.

Yanıt E

9. I. Yol:

$$\frac{1+\tan x}{1-\tan x}=\cot y$$

$$\frac{\sin x+\cos x}{\cos x-\sin x}=\frac{\cos y}{\sin y} \quad \text{içler dışlar çarpımı yapılırsa}$$

$\sin x\cdot\sin y+\cos x\cdot\sin y=\cos y\cdot\cos x-\sin x\cdot\cos y$

$\sin(x+y)=\cos(x+y)$

$x+y=\frac{\pi}{4}$ bulunur.

II. Yol:

$$\frac{1+\tan x}{1-\tan x}=\tan\left(x+\frac{\pi}{4}\right)=\cot y \quad \text{olduğundan,}$$

$x+y=\frac{\pi}{4}$ bulunur.

Yanıt B

10. $\text{Arccos}3x-\text{Arccos}x=\frac{\pi}{3}$

$\text{Arccos}3x=\frac{\pi}{3}+\text{Arccos}x$

Her iki tarafın kosinüsünü alalım.

$3x=\frac{1}{2}\cdot x-\frac{\sqrt{3}}{2}\cdot\sin(\arccos x)$

$\frac{5}{2}x=-\frac{\sqrt{3}}{2}\cdot\sqrt{1-x^2}$

$25x^2=3-3x^2 \Rightarrow x=-\frac{\sqrt{3}}{\sqrt{28}}$ olur.

Not: Neden $x=\frac{\sqrt{3}}{\sqrt{28}}$ değerini cevap olarak kabul edemiyoruz?

Yanıt E

11. $\tan(x+y)=4$

$\tan(x-y)=2$

$$\tan(x+y+x-y)=\frac{\tan(x+y)+\tan(x-y)}{1-\tan(x+y)\cdot\tan(x-y)}$$

$\tan2x=\frac{4+2}{1-8}=-\frac{6}{7}$ olur.

Yanıt A

12. $\tan(A+B)=\tan(\pi-C)=-\tan C$

$$\tan(A+B)=\frac{\tan A+\tan B}{1-\tan A\cdot\tan B}$$

$$-\tan C=\frac{\tan A+\tan B}{1-\tan A\cdot\tan B} \Rightarrow$$

$-\tan C+\tan A\cdot\tan B\cdot\tan C=\tan A+\tan B$

$\tan A\cdot\tan B\cdot\tan C=\tan A+\tan B+\tan C$

Buna göre cevap 1'dir.

Yanıt E

karekök

8. Testin Cevap Anahtarı

1	2	3	4	5	6	7	8	9	10	11	12
C	D	C	D	D	B	E	C	C	A	C	E

1. $A = (4 + 3\cos\alpha)\cdot(1 - \cos\alpha)$

ifadesinde, $\cos\alpha = y$ olsun.

$A = (4 + 3y)\cdot(1 - y) \Rightarrow A = -3y^2 - y + 4$ elde edilir.

En büyük A değeri için türev alınırsa,

$-6y - 1 = 0 \Rightarrow y = -\frac{1}{6}$ bulunur. $A = \frac{49}{12}$ olur.

Yanıt E

2. $\tan^2x + (1 - \sqrt{3})\cdot\tan x = \sqrt{3}$ denkleminde,

$\tan x = y$ alalım. $y^2 + (1 - \sqrt{3})y - \sqrt{3} = 0$ elde edilir.

Buradan $y = \sqrt{3}$ ve $y = -1$ bulunur.

En küçük ve en büyük x değerleri toplamı

$\frac{\pi}{3} + \frac{7\pi}{4} = \frac{25\pi}{12}$ olur.

Yanıt E

3. I. Yol:

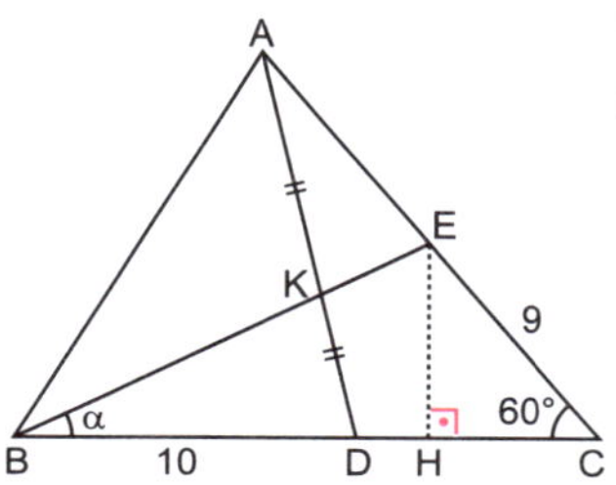

$|BD| = 10$ br ve

$|DC| = 5$ br alalım.

$\frac{10}{15}\cdot\frac{|EC|}{|EA|}\cdot\frac{|AK|}{|KD|} = 1$

$|EC| = 9$ br ve

$|EA| = 6$ br olur.

$|HC| = \frac{9}{2}$ ve $|EH| = \frac{9\sqrt{3}}{2}$ olduğundan,

$\tan\alpha = \frac{|EH|}{|BH|} = \frac{3\sqrt{3}}{7}$ bulunur.

II. Yol:

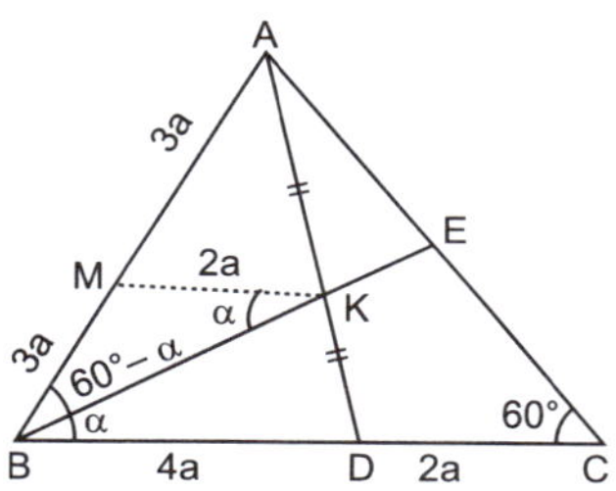

$\widehat{BMK}$ de tanjant teoremi kullanırsak,

$$\frac{|BM| - |MK|}{|BM| + |MK|} = \frac{\tan\left(\frac{60 - \alpha + \alpha}{2}\right)}{\tan\left(\frac{\alpha - 60 + \alpha}{2}\right)} \Rightarrow \tan(\alpha - 30) = \frac{5}{\sqrt{3}}$$

$\tan\alpha = \frac{3\sqrt{3}}{7}$ bulunur.

Yanıt E

4. $\arctan\left(\frac{x-1}{2\sqrt{x}}\right) = \arcsin\left(\frac{x-a}{x+a}\right)$

$\arctan\left(\frac{x-1}{2\sqrt{x}}\right) = y \Rightarrow \tan y = \left(\frac{x-1}{2\sqrt{x}}\right)$

$\sin y = \frac{x-a}{x+a}$ olduğundan,

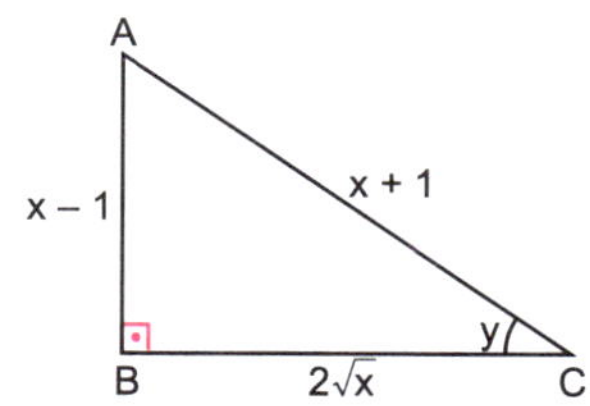

$\frac{x-a}{x+a} = \frac{x-1}{x+1}$

$a = 1$ bulunur.

Yanıt C

5. $4\cos\frac{\pi}{7}\cdot\cos\frac{2\pi}{7}\cdot\cos\frac{4\pi}{7} = A$ olsun.

$A\cdot\sin\frac{\pi}{7} = 2\cdot2\sin\frac{\pi}{7}\cdot\cos\frac{\pi}{7}\cdot\cos\frac{2\pi}{7}\cdot\cos\frac{4\pi}{7}$

$A\cdot\sin\frac{\pi}{7} = 2\cdot\sin\frac{2\pi}{7}\cdot\cos\frac{2\pi}{7}\cdot\cos\frac{4\pi}{7}$

$A\cdot\sin\frac{\pi}{7} = \sin\frac{4\pi}{7}\cdot\cos\frac{4\pi}{7}$

$2A\cdot\sin\frac{\pi}{7} = \sin\left(\pi + \frac{\pi}{7}\right)$

$A = -\frac{1}{2}$ bulunur.

Yanıt E

6. $\sin A\cdot\sin C = 2\cdot\cos(90 - (A + C))$

$\sin A\cdot\sin C = 2\sin(A + C)$

$\sin A\cdot\sin C = 2\cdot\sin B$ olur.

Sinüs teoreminden,

$\sin A = \frac{a}{r}$, $\sin B = \frac{b}{r}$ ve $\sin C = \frac{c}{r}$

$\frac{a}{r}\cdot\frac{c}{r} = 2\cdot\frac{b}{r} \Rightarrow a\cdot c = 2\cdot b\cdot r$ olur.

$144 = \frac{1}{2}\cdot a\cdot c\cdot\sin B \Rightarrow \frac{1}{2}\cdot2\cdot b\cdot r\cdot\frac{b}{r} = 144$

$b = 12$ br bulunur.

Yanıt E

7. $3\sin^2x + 2\cos^2x = 3 - \sqrt{3}\sin x \cdot \cos x$

$\sin^2x = 1 - \cos^2x$ olduğundan,

$\cos^2x = \sqrt{3} \cdot \sin x \cdot \cos x$

$\cos x = 0 \Rightarrow x = \frac{\pi}{2}, \frac{3\pi}{2}$

$\tan x = \frac{1}{\sqrt{3}} \Rightarrow x = \frac{\pi}{6}, \frac{7\pi}{6}$

$\frac{\pi}{6} + \frac{3\pi}{2} = \frac{5\pi}{6}$ olur.

Yanıt A

8.

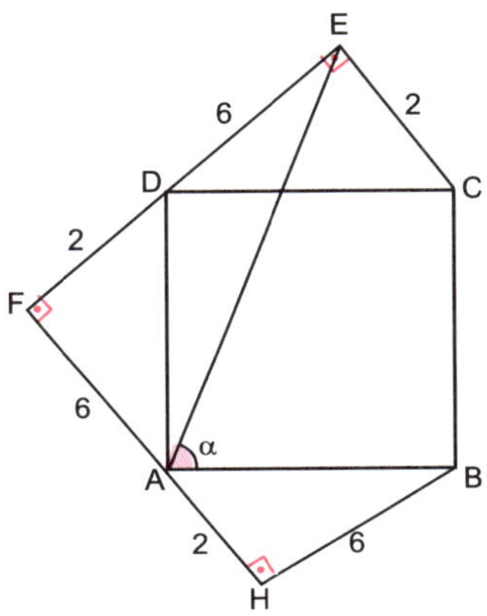

$\underbrace{m(\widehat{FAE})}_{a} + \underbrace{m(\widehat{HAB})}_{b} + \alpha = 180°$

$\tan(a + b) = \dfrac{\frac{4}{3} + 3}{1 - 4} = -\frac{13}{9}$

$\tan\alpha = \frac{13}{9}$ olur.

Yanıt E

9. $\cos16x + \cos12x = 2 \cdot \cos14x \cdot \cos2x$

$\sin17x + \sin11x = 2 \cdot \sin14x \cdot \cos3x$

$\dfrac{\cos16x + \cos12x}{\sin17x + \sin11x} = -\cot(14x) = -\cot(15x - x)$

$-\cot(3\pi - x) = \cot x$ olur.

Yanıt E

10. $\dfrac{\cos x}{\sqrt{1+\sin x}}$ ifadesini $\sqrt{1-\sin x}$ ile çarpıp bölelim.

$\dfrac{\cos x \cdot \sqrt{1-\sin x}}{\sqrt{1-\sin^2 x}} = \sqrt{1-\sin x}$

$\sqrt{1-\sin x} = \cos\frac{x}{2} - \sin\frac{x}{2}$ olur.

Yanıt D

11. $A - B = 30° \Rightarrow A = B + 30°$

$\tan(2A - B) = \tan(B + 60)$

$\tan(A - 2B) = \tan(30 - B)$

O halde istenen çarpım,

$\tan(B + 60) \cdot \tan(30 - B)$ demektir.

Açıların toplamları 90° olduğundan

$\tan(B + 60) \cdot \cot(B + 60) = 1$ bulunur.

Yanıt E

12. $\sin^6x + \cos^6x = (\sin^2x)^3 + (\cos^2x)^3$ demektir.

$(\sin^2x)^3 + (\cos^2x)^3 = A$ olsun.

$A = (\sin^2x + \cos^2x) \cdot (\sin^4x + \cos^4x - \sin^2x \cdot \cos^2x)$

$= (1).((\sin^2x + \cos^2x)^2 - 3\sin^2x \cdot \cos^2x)$

$1 - \frac{3}{4} \cdot (\sin2x)^2 = 1 - \frac{3}{4} \cdot \frac{1}{2} = \frac{5}{8}$ bulunur.

Yanıt E

1. $\dfrac{\cos^2 x + m\cdot\cos x + 2m + 5}{\sin^2 x}$ ifadesinde

$\sin^2 x = 1 - \cos^2 x$ yazarsak,

$\dfrac{\cos^2 x + m\cdot\cos x + 2m + 5}{1 - \cos^2 x}$ elde ederiz.

$t = \cos^2 x$ olsun.

$\dfrac{t^2 - mt + 2m + 5}{1 - t^2}$ kesrinin sadeleşmesi isteniyor.

$t = 1$ için, $m = -6$

$t = -1$ için, $m = -2$ bulunur.

Yanıt A

2. $\dfrac{1}{b+a} + \dfrac{1}{a+c} = \dfrac{3}{a+b+c}$

$(2a + b + c)(a + b + c) = 3(a + b)(c + a)$

gerekli işlemler yapılırsa,

$a^2 = b^2 + c^2 - bc$ elde edilir.

Kosinüs teoreminden,

$a^2 = b^2 + c^2 - 2bc\cdot\cos A$

$\cos A = \dfrac{1}{2}$ ve $A = 60°$ olur.

Yanıt D

3. $\sin x = \sqrt{2} + \sqrt{3}\cdot\cos x$ denklemini

$\sin x = \sqrt{2} + \dfrac{\sin 60}{\cos 60}\cdot\cos x$ olarak yazalım.

$\sin x\cdot\cos 60 - \sin 60\cdot\cos x = \dfrac{\sqrt{2}}{2}$

$\sin(x - 60) = \dfrac{\sqrt{2}}{2}$

$x - 60 = 45 \Rightarrow x = 105°$

$x - 60 = 135 \Rightarrow x = 195°$

Kökler toplamı $\dfrac{5\pi}{3}$ olur.

Yanıt A

4. $\cos 36\cdot\cos 72$ ifadesini $2\cdot\sin 36$ ile çarpıp bölelim.

$\dfrac{2\cdot\sin 36\cdot\cos 36\cdot\cos 72}{2\cdot\sin 36}$ elde edilir.

$\dfrac{\sin 72\cdot\cos 72}{2\sin 36} = \dfrac{2\sin 72\cdot\cos 72}{4\cdot\sin 36}$

$\dfrac{\sin 144}{4\cdot\sin 36} = \dfrac{\sin 36}{4\cdot\sin 36} = \dfrac{1}{4}$ olur.

Yanıt D

5.

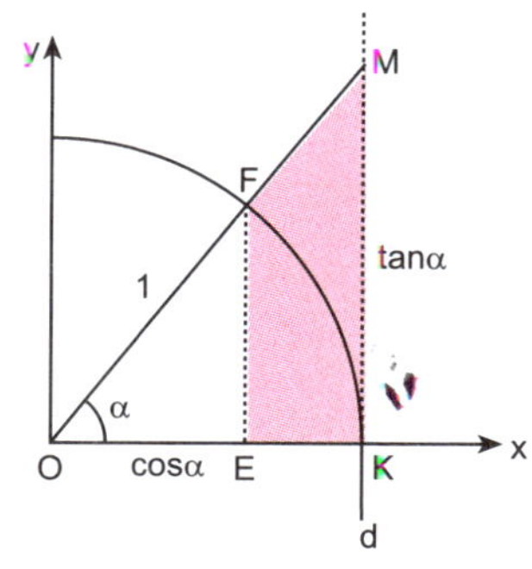

$|OE| = \cos\alpha$

$|EF| = \sin\alpha$

$|MK| = \tan\alpha$

$|EK| = 1 - \cos\alpha$

$A(FMKE) = (\sin\alpha + \tan\alpha)\cdot\dfrac{1-\cos\alpha}{2}$

$A(FMKE) = \dfrac{\sin\alpha\cdot(1+\cos\alpha)}{\cos\alpha}\cdot\dfrac{1-\cos\alpha}{2}$

$A(FMKE) = \dfrac{\sin^3\alpha}{2\cos\alpha}$ olur.

Yanıt A

6. $\tan x + \dfrac{2\cos(150 - x)}{\cos x} = \sqrt{3}$

$\sin x + \cos x\cdot(-\sqrt{3}) + \sin x = \sqrt{3}\cdot\cos x$

$\sin x = \sqrt{3}\cdot\cos x$

$\tan x = \sqrt{3}$ olduğundan,

$x = 60°$ bulunur.

Yanıt E

7. Sinüs teoreminden,

$$\frac{a}{\sin A}=\frac{b}{\sin B}=\frac{c}{\sin C} \text{ yazılırsa,}$$

$$\frac{a}{\sin A}=\frac{b+c}{\sin B+\sin C}=\frac{b+c}{3\sin A}$$

$b + c = 3a$ elde edilir.

$$\frac{a+b+c}{b+c}=1+\frac{a}{b+c}$$

$$1+\frac{a}{b+c}=1+\frac{1}{3}=\frac{4}{3} \text{ olur.}$$

Yanıt D

8. $\text{Arctan}\left(\frac{1+x}{1-x}\right)-\text{Arctan}x=y$

Her iki tarafından tanjantı alınırsa,

$$\frac{\frac{1+x}{1-x}-x}{1+\frac{1+x}{1-x}x}=\tan y$$

$\tan y = 1$ ve $y = 45°$ bulunur.

$\cos(x + y) + \cos(x - y) = 1$

$2\cos x\cdot\cos y = 1 \Rightarrow \cos x = \frac{1}{\sqrt{2}}$

$x = 45°$ olur.

Yanıt B

9. $\sin x + \sin y = a$

$\cos x + \cos y = 3a$

eşitliklerinde her iki tarafın kareleri alınır ve toplanırsa,

$2 + 2(\cos(x - y)) = 10a^2$ elde edilir.

Buradan, $\cos(x - y) = 5a^2 - 1$ olur.

Yanıt D

10. $\cos108 + \cos36 = 2\cdot\cos72\cdot\cos36$

$$\frac{2\cdot\sin36\cdot\cos36\cdot\cos72}{\sin36}=\frac{\sin72\cdot\cos72}{\sin36}$$

$$\frac{2\sin72\cdot\cos72}{2\cdot\sin36}=\frac{\sin144}{2\sin36}=\frac{1}{2}$$

$\cos^4x - \sin^4x = \frac{1}{2}$ denkleminden,

$\cos2x = \frac{1}{2}$ ve $2x = 60$

$x = 30°$ bulunur.

Yanıt C

11. $\arcsin x = a \Rightarrow \sin a = x$

$\arcsin y = b \Rightarrow \sin b = y$

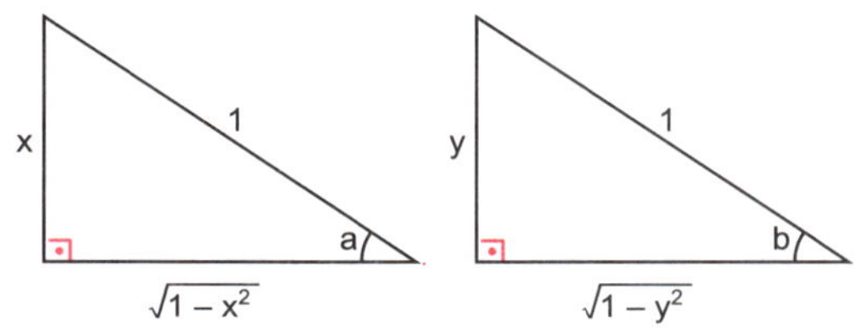

$$x\cdot\cos(\arcsin y)+y\cdot\cos(\arcsin x)=\sqrt{x^2+y^2-2x^2y^2}$$

$$x\cdot\sqrt{1-y^2}+y\cdot\sqrt{1-x^2}=\sqrt{x^2+y^2-2x^2y^2}$$

Her iki tarafın kareleri alınırsa,

$$x\cdot y\sqrt{1-x^2}\cdot\sqrt{1-y^2}=0$$

$x = 1$ ve $y = -1$ alınırsa, $x - y$ en çok 2 olur.

Yanıt A

12. $\arctan x + \arctan\frac{1}{x} = \theta$

eşitliğinde her iki tarafın tanjantı alınırsa,

$$\frac{x+\frac{1}{x}}{1-x\cdot\frac{1}{x}}=\tan\theta$$

Burada $\theta = 90°$ olur.

$\sin(90 + y)\cdot\cos(90 - y)$ ifadesi

$\cos y\cdot\sin y = \frac{\sin2y}{2}$ olur.

Yanıt B

karekök

1. $\arctan A + \arctan B = \pi - \arctan C$

$\tan(\arctan A + \arctan B) = \tan(\pi - \arctan C)$

$\dfrac{A+B}{1-A\cdot B} = -C$ olduğundan

$A + B = A\cdot B\cdot C - C$ ve buradan,

$A + B + C = A\cdot B\cdot C$ elde edilir.

O halde, $\dfrac{A+B+C}{A\cdot B\cdot C} = 1$ olur.

Yanıt C

2. I. Yol:

$f(x) = \sin^4x + \cos^4x$ fonksiyonunun alabileceği en büyük ve en küçük değerlerin bulunması gerekiyor.

$f'(x) = 4\cdot\sin^3x\cdot\cos x - 4\cos^3x\cdot\sin x = 0$

$\sin x\cdot\cos x(\sin^2x - \cos^2x) = 0$

denkleminin kökleri x = 0,45,90,135,180, 225, 270, 315

$x = 0$ için $f(x) = 1$

$x = 45$ için $f(x) = \dfrac{1}{2}$

$m + n = 1 + \dfrac{1}{2} = \dfrac{3}{2}$ bulunur.

II. Yol:

$\sin^4x + \cos^4x = 2\sin^4x - 2\sin^2x + 1$

$= 2\left[(\sin^2x - \dfrac{1}{2})^2 + \dfrac{1}{4}\right]$ bulunur.

$\sin^2x = \dfrac{1}{2}$ iken en küçük $\dfrac{1}{2}$, $\sin^2x = 1$ iken en büyük

1 değerini alır. $m + n = \dfrac{3}{2}$ olur.

Yanıt C

3. $\dfrac{a}{\sin A} = \dfrac{b}{\sin B} = \dfrac{c}{\sin C} = 2r$ olduğundan,

$a = 2r\cdot\sin A,\ b = 2r\cdot\sin B,\ c = 2r\cdot\sin C$

$b^2 - c^2 = 2ar$ eşitliğini kullanırsak,

$4r^2(\sin B - \sin C)\cdot(\sin B + \sin C) = 2r\cdot 2r\cdot\sin A$

$2\cdot\sin\left(\dfrac{B+C}{2}\right)\cdot\cos\left(\dfrac{B-C}{2}\right)\cdot 2\cos\left(\dfrac{B+C}{2}\right)\cdot\sin\left(\dfrac{B-C}{2}\right) = \sin A$

$\dfrac{B+C}{2} = 90 - \dfrac{A}{2}$ olduğundan

$\sin A\cdot\sin(B - C) = \sin A$

$\sin(B - C) = 1$ ve $B - C = 90°$ olur.

Yanıt E

4. $\tan(\alpha - \beta) = \dfrac{\tan\alpha - \tan\beta}{1+\tan\alpha\cdot\tan\beta}$

$\tan\alpha = 2\tan\beta$ yazarsak

$\tan(\alpha - \beta) = \dfrac{\tan\beta}{1+2\tan^2\beta}$ elde ederiz.

En büyük değer için türev alıp sıfıra eşitlersek,

$\tan^2\beta = \dfrac{1}{2}$ bulunur.

$\tan(\alpha - \beta) = \pm\dfrac{\sqrt{2}}{4}$ ve $\tan^2(\alpha - \beta) = \dfrac{1}{8}$ olur.

Yanıt D

5. $\sin A + \sin B = 2\cdot\sin\left(\dfrac{A+B}{2}\right)\cdot\cos\left(\dfrac{A-B}{2}\right)$

$\cos A + \cos B = 2\cdot\cos\left(\dfrac{A+B}{2}\right)\cdot\cos\left(\dfrac{A-B}{2}\right)$

ifadelerini yerine yazarsak

$\dfrac{\sin A+\sin B}{\cos A+\cos B} = \dfrac{\sin\left(\dfrac{A+B}{2}\right)}{\cos\left(\dfrac{A+B}{2}\right)} = \sin C$

$\dfrac{\cos\left(\dfrac{C}{2}\right)}{\sin\left(\dfrac{C}{2}\right)} = 2\cdot\sin\left(\dfrac{C}{2}\right)\cdot\cos\left(\dfrac{C}{2}\right)$

$\sin\left(\dfrac{C}{2}\right) = \dfrac{\sqrt{2}}{2} \Rightarrow C = 90°$ olur.

Yanıt E

6. $1 + \tan^2x = \dfrac{1}{\cos^2x} = \sec^2x$ olduğundan,

$1 + \tan^2a + 1 + \tan^2b + 1 + \tan^2c = 12$

$\tan^2a + \tan^2b + \tan^2c = 9$ elde edilir.

$\tan a\cdot\tan b + \tan b\cdot\tan c + \tan a\cdot\tan c = y$ olsun.

$(\tan a + \tan b + \tan c)^2 = 9 + 2y$

y'nin en küçük olması için $\tan a + \tan b + \tan c = 0$ olmalıdır.

$2y + 9 = 0 \Rightarrow y = -4{,}5$

tam sayı olarak y en az –4 değerini alır.

Yanıt E

karekök

7. $\sin x + \sin y = 6\cdot\sin(x+y)$

$$2\cdot\sin\left(\frac{x+y}{2}\right)\cdot\cos\left(\frac{x-y}{2}\right)=6\cdot 2\cdot\sin\left(\frac{x+y}{2}\right)\cdot\cos\left(\frac{x+y}{2}\right)$$

$$\cos\left(\frac{x-y}{2}\right)=6\cdot\cos\left(\frac{x+y}{2}\right) \text{ bulunur.}$$

$$\cos\frac{x}{2}\cdot\cos\frac{y}{2}+\sin\frac{x}{2}\cdot\sin\frac{y}{2}=$$

$$6\cdot\left(\cos\frac{x}{2}\cdot\cos\frac{y}{2}-\sin\frac{x}{2}\cdot\sin\frac{y}{2}\right)$$

$$7\sin\frac{x}{2}\cdot\sin\frac{y}{2}=5\cdot\cos\frac{x}{2}\cdot\cos\frac{y}{2}$$

$$\tan\frac{x}{2}\cdot\tan\frac{y}{2}=\frac{5}{7} \text{ olur.}$$

Yanıt E

8.

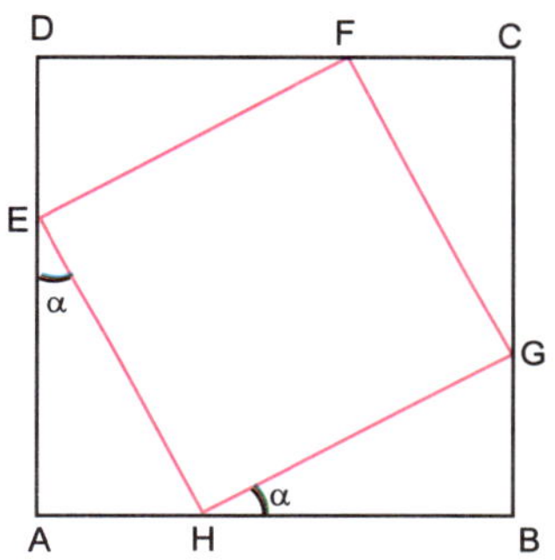

$|BH| = \cos\alpha$

$|BG| = \sin\alpha$

$A(ABCD) = (\sin\alpha + \cos\alpha)^2$

$A(ABCD) = \sin^2\alpha + \cos^2\alpha + 2\sin\alpha\cdot\cos\alpha$

$A(ABCD) = 1 + \sin 2\alpha$ bulunur.

Yanıt C

9. $\sin\left(\frac{\pi}{10}\right)+\sin\left(\frac{13\pi}{10}\right)$ ifadesini

sin18 – sin54 olarak yazabiliriz.

$\sin 18 - \sin 54 = -2\cdot\sin 18\cdot\cos 36$

$$\frac{-2\cdot\sin 18\cdot\cos 36\cdot\cos 18}{\cos 18}=\frac{-\sin 36\cdot\cos 36}{\cos 18}$$

$$\frac{-2\cdot\sin 36\cdot\cos 36}{2\cdot\cos 18}=\frac{-\sin 72}{2\cos 18}=-\frac{1}{2} \text{ olur.}$$

Yanıt D

10. $m(\widehat{B}) = 90° + m(\widehat{C})$ olduğundan,

$m(\widehat{A}) = 90° - 2\cdot m(\widehat{C})$ demektir.

$$\frac{a}{\sin(90-2C)}=\frac{b}{\sin(90+C)}=\frac{c}{\sin C}$$

$$\frac{a}{\cos 2C}=\frac{b}{\cos C}=\frac{c}{\sin C}$$

$$\frac{a}{\cos 2C}=\frac{\sqrt{2}\cdot a}{\sin C+\cos C}$$

$2.\cos^2 2C = 1 + \sin 2C$

$2.\cos^2 2C - 1 = \sin 2C \Rightarrow \cos 4C = \sin 2C$

$C = 15°$ bulunur.

Yanıt A

11. $(1 + \tan\alpha)\cdot(1 + \tan\beta) = 2$

$\tan\alpha + \tan\beta = 1 - \tan\alpha\cdot\tan\beta$ olur.

Diğer taraftan,

$$\tan(\alpha+\beta)=\frac{\tan\alpha+\tan\beta}{1-\tan\alpha\cdot\tan\beta}$$

$\tan(\alpha + \beta) = 1$ olduğundan

$\alpha + \beta = 45°$ bulunur.

Yanıt D

12. $\arctan x + \arctan\frac{3x}{1-x^2}=\frac{\pi}{2}$

$$\tan\left(\arctan x + \arctan\frac{3x}{1-x^2}\right)=\tan\frac{\pi}{2}$$

$$\frac{3x^2}{1-x^2}=1 \text{ olduğundan}$$

$x = \frac{1}{2}$ bulunur.

Yanıt E

1. $\frac{1}{\sin 18} - \frac{1}{\cos 36}$ ifadesini

$\frac{\cos 36 - \sin 18}{\sin 18 \cdot \cos 36} = \frac{\sin 54 - \sin 18}{\sin 18 \cdot \cos 36}$ olarak yazalım.

$\frac{2 \cdot \sin 18 \cdot \cos 36}{\sin 18 \cdot \cos 36} = 2$ bulunur.

Yanıt E

2. tanA = 1 ise A = 45° olduğundan, B + C = 135° demektir.

$\tan(B + C) = \frac{x + y}{1 - xy} = -1$

$y = 1 + \frac{2}{x - 1}$ elde edilir.

Burada x ve y tam sayı olduğundan,

x = 3, 0, 2, –1 olarak bulunur.

Ancak x = 0 ve –1 değerini alamaz, çünkü B = 0 veya B = 135 olur.

Buna göre, x sayısı 2 farklı tam sayı değeri alabilir.

Yanıt A

3. $\cos^2\left(\frac{5\pi}{24}\right) - \sin^2\left(\frac{\pi}{24}\right)$ ifadesini

$(\sin 52{,}5 + \sin 7{,}5) \cdot (\sin 52{,}5 - \sin 7{,}5)$ olarak yazalım.

$\sin 52{,}5 + \sin 7{,}5 = 2 \cdot \sin 30 \cdot \cos 22{,}5$

$\sin 52{,}5 - \sin 7{,}5 = 2 \cdot \cos 30 \cdot \sin 22{,}5$

Buradan $2 \cdot \frac{1}{2} \cdot \cos 22{,}5 \cdot 2 \cdot \frac{\sqrt{3}}{2} \cdot \sin 22{,}5$

$\frac{\sqrt{3}}{2} \cdot \sin 45 = \frac{\sqrt{3}}{2} \cdot \frac{\sqrt{2}}{2} = \frac{\sqrt{6}}{4}$ bulunur.

Yanıt D

4. $(1 + \tan 5) \cdot (1 + \tan 10) \cdot \ldots \cdot (1 + \tan 40)$

$\tan(40 + 5) = \frac{\tan 40 + \tan 5}{1 - \tan 40 \cdot \tan 5} = 1$

$\tan 40 + \tan 5 + \tan 40 \cdot \tan 5 = 1$ elde edilir.

Diğer taraftan,

$(1 + \tan 5) \cdot (1 + \tan 40) = 1 + \tan 40 + \tan 5 + \tan 40 \cdot \tan 5 = 2$

olur. Benzer şekilde,

$(1 + \tan 10) \cdot (1 + \tan 35) = 2$ olur.

Buradan, $2 \cdot 2 \cdot 2 \cdot 2 = 16$ bulunur.

Yanıt A

5. $\sin^2(15 - x) + \cos^2(45 - x) = 1$

olması için

15 – x = 45 – x veya 15 – x = –45 + x

Buna göre, x = 30° olur.

Sonuç $\frac{5}{4}$ bulunur.

Yanıt D

6. $x \cdot \arctan 2 = a$

$\arctan 3 = b$ olsun.

$a + b = \frac{3\pi}{4}$ ifadesinden,

$\frac{\tan a + \tan b}{1 - \tan a \cdot \tan b} = -1$ yazılabilir.

tanb = 3 olduğundan, tana = 2 bulunur.

O halde, arctan2 = a olacaktır ve

$x \cdot a = a$ eşitliğinden x = 1 bulunur.

Yanıt C

7. α, β ve θ açılarının dar açı olduğu veriliyor.

$\tan^2\frac{\alpha}{2} + \tan^2\frac{\beta}{2} + \tan^2\frac{\theta}{2}$ ifadesinin en küçük olması

için α, β ve θ değerlerinin de küçük olması gerekir.

Açılardan birinin azalması diğerinin artmasına yol açacağından ve ifade simetrik olduğundan $\alpha = \beta = \theta = 60°$ olması gerekir.

$\tan^2 30 + \tan^2 30 + \tan^2 30 = 1$ bulunur.

Yanıt C

8. $\frac{1}{16}\cdot\sin 2x = \cos 12\cdot\cos 24\cdot\cos 48\cdot\cos 96$

$$\sin 2x = \frac{16\cdot\sin 12\cdot\cos 12\cdot\cos 24\cdot\cos 48\cdot\cos 96}{\sin 12}$$

$$\sin 2x = \frac{8\cdot\sin 24\cdot\cos 24\cdot\cos 48\cdot\cos 96}{\sin 12}$$

$\sin 2x = \frac{\sin 192}{\sin 12}$ elde edilir.

$\sin 2x = -1$ olduğundan

$2x = \frac{3\pi}{2}$ ve $x = \frac{3\pi}{4}$ bulunur.

Yanıt C

9. $f(x) = (1 + \tan x)\cdot(2 + \tan x)\cdot(3 + \tan x)\cdot(4 + \tan x) + 5$

fonksiyonunda $\tan x = t$ olsun.

$(t^2 + 5t + 4)\cdot(t^2 + 5t + 6)$ çarpımının alabileceği en küçük değerin bulunması isteniyor.

$t^2 + 5t = m$ alınırsa,

$(m + 4)\cdot(m + 6) = m^2 + 10m + 24$ ifadesi $m = -5$ için en küçük olur.

$t^2 + 5t = -5$ olduğundan,

$f(x) = -1 + 5 = 4$ değerini alır.

Yanıt B

10. $f(x) = 2\cdot(\tan^2 x + \cot^2 x) - 8(\tan x + \cot x) + 5$

denkleminde, $t = \tan x + \cot x$ alalım.

$2t^2 - 8t + 1$ ifadesinin en küçük değerini bulalım.

$2t^2 - 8t + 1 = 2(t - 2)^2 - 7$ olduğundan

$2t^2 - 8t + 1$ ifadesinin en küçük değeri -7 olur.

Yanıt E

11. $\frac{1}{\cos 5}\cdot\frac{1}{\cos 15}\cdot\frac{1}{\cos 25}\cdots\frac{1}{\cos 85}$

ifadesinin pay ve paydasını

$\cos 10\cdot\cos 20\cdot\cos 30\ldots\cos 70\cdot\cos 80$ ile çarpalım.

$$\frac{\cos 10\cdot\cos 20\cdot\cos 30\ldots\cos 70\cdot\cos 80}{\cos 5\cdot\cos 10\cdot\cos 15\ldots\cos 80\cdot\cos 85}$$

$\cos 5\cdot\cos 85 = \cos 5\cdot\sin 5 = \frac{1}{2}\sin 10$

$\cos 10\cdot\cos 80 = \cos 10\cdot\sin 10 = \frac{1}{2}\sin 20$

şeklinde devam edilirse,

$\frac{256\sqrt{2}\cdot\cos 10\cdot\cos 20\ldots\cos 80}{\sin 10\cdot\sin 20\cdot\ldots\sin 80} = 256\sqrt{2}$ bulunur.

Yanıt A

12. arccot2 + arccot5 + arccot8 ifadesinde

$\cot x = 2$, $\cot y = 5$, $\cot z = 8$

alınırsa, $x + y + z$ bulunacak demektir.

$$\tan(x + y) = \frac{\frac{1}{2}+\frac{1}{5}}{1-\frac{1}{2}\cdot\frac{1}{5}} = \frac{7}{9}$$

$$\tan(x + y + z) = \frac{\frac{7}{9}+\frac{1}{8}}{1-\frac{7}{9}\cdot\frac{1}{8}} = 1$$

$x + y + z = \frac{\pi}{4}$ bulunur.

Yanıt B

karekök

1. $\frac{\tan 1}{1+\tan 1}+\frac{\tan 89}{1+\tan 89}=\frac{\sin 1}{\sin 1+\cos 1}+\frac{\sin 89}{\sin 89+\cos 89}=1$

Benzer şekilde, $\frac{\tan 2}{1+\tan 2}+\frac{\tan 88}{1+\tan 88}=1$ yazılırsa,

$44+\frac{\tan 45}{1+\tan 45}=44{,}5$ bulunur.

Yanıt D

2. |AB| = c, |AC| = b ve |BE| = |ED| = |DC| = a olsun.

Kenarortay teoreminden,

$c^2+\cos^2\alpha = 2\sin^2\alpha + 2a^2$

$b^2+\sin^2\alpha = 2\cos^2\alpha + 2a^2$

Denklemler taraf tarafa toplanırsa,

$b^2+c^2 = 1+4a^2$ bulunur. $b^2+c^2=9a^2$ olduğundan,

$5a^2=1$ ve $a^2=\frac{1}{5}$ olur.

AED üçgeninde kosinüs teoremi yazılırsa,

$\frac{1}{5}=1-\sin 2\alpha\cdot\cos\theta \Rightarrow \cos\theta=\frac{4}{5}$ cosec2α olur.

Yanıt A

3. $\frac{a}{\sin A}=\frac{b}{\sin B}=\frac{c}{\sin C}\Rightarrow\frac{2b}{\sin A+\sin C}=\frac{b}{\sin B}$

$2\sin B=\sin A+\sin C\Rightarrow$

$4\cdot\sin\frac{B}{2}\cdot\cos\frac{B}{2}=2\cdot\sin\frac{A+C}{2}\cdot\cos\frac{A-C}{2}$

$\sin\frac{A+C}{2}=\cos\frac{B}{2}$ olduğundan

$2\cdot\sin\frac{B}{2}=\cos\left(\frac{A-C}{2}\right)\Rightarrow 2\cdot\cos\left(\frac{A+C}{2}\right)=\cos\left(\frac{A-C}{2}\right)$

Açılımlar yapılırsa,

$\tan\frac{A}{2}\cdot\tan\frac{C}{2}=\frac{1}{3}$ bulunur.

Yanıt B

4. Denklemin sol tarafı olan tan2x + 2sinx ifadesi tek fonksiyondur. Aynı şekilde denklemin sağ tarafı da tek fonksiyondur.

O halde x = a denkleminin bir kökü ise, x = –a yine denklemin kökü olur.

Buna göre, denklemin kökler toplamı sıfır demektir.

Yanıt C

5. $A(AOB)=\frac{1}{2}\cdot 1\cdot 1\cdot\sin(90+\alpha)$

$A(AOB)=\frac{1}{2}\cos\alpha$ demektir.

Sinüs teoreminden, $\frac{\cot\alpha}{\sin(90+\alpha)}=\frac{1}{\sin\left(\frac{90-\alpha}{2}\right)}$

$\frac{1}{\sin\alpha}=\frac{1}{\sin\left(\frac{90-\alpha}{2}\right)}\Rightarrow\alpha=30^\circ$ olur.

$A(AOB)=\frac{1}{2}\cdot\frac{\sqrt{3}}{2}=\frac{\sqrt{3}}{4}$ br^2 bulunur.

Yanıt C

6. $\tan(A+B)=\frac{\tan A+\tan B}{1-\tan A\cdot\tan B}$

A + B = 180 – C olduğundan

$-\tan C=\frac{3\tan C+2\tan C}{1-6\tan^2 C}$ elde edilir.

Buradan $\tan C=1$ ve $m(\widehat{C})=45^\circ$ olur.

Yanıt D

7. $\tan x > 0$ için $\tan^2x - \tan x + 1 < 0$ eşitsizliği sağlanmaz

$\tan x < 0$ için $\tan^2x - \tan x + 1 > 0$ eşitsizliği sağlanır.

Buradan çözüm kümesi

$\left(\frac{\pi}{2}, \pi\right) \cup \left(\frac{3\pi}{2}, 2\pi\right)$ olur.

Yanıt D

8. $\tan 6 = \tan(24-18) = \dfrac{\tan 24 - \tan 18}{1+\tan 24 \cdot \tan 18}$

$\dfrac{\tan 24 - \tan 18}{\tan 6} = 1 + \tan 24 \cdot \tan 18$ olur.

$\tan 42 = \tan(24+18) = \dfrac{\tan 24 + \tan 18}{1-\tan 24 \cdot \tan 18}$

$\dfrac{\tan 24 + \tan 18}{\tan 42} = 1 - \tan 24 \cdot \tan 18$

Buradan, $1+\tan 24 \cdot \tan 18 + 1 - \tan 24 \cdot \tan 18 = 2$ olur.

Yanıt A

9. $\tan x = \dfrac{1}{2}$

$\tan y = \dfrac{1}{7}$ olsun. Buna göre,

$\tan(2x-y) = \dfrac{\tan 2x - \tan y}{1+\tan 2x \cdot \tan y}$ bulunur.

$\tan 2x = \dfrac{2\tan x}{1-\tan^2 x} = \dfrac{4}{3}$

$\tan(2x - y)$ ifadesinde yerine yazılırsa,

$\tan(2x-y) = 1$ ve $2x - y = \dfrac{\pi}{4}$ bulunur.

Yanıt D

10. $A = 180 - (B + C)$

$\sin A = \sin(B + C)$

$\sin B \cdot \cos C + \sin C \cdot \cos B = 2 \cdot \sin C \cdot \cos B$

$\sin B \cdot \cos C = \sin C \cdot \cos B$

$\tan B = \tan C \Rightarrow b = c$ olur.

Yanıt D

11. $\displaystyle\sum_{x=0}^{44} \cos(2x+1) = \frac{1}{2\sin 1} \cdot \sum_{x=0}^{44} 2 \cdot \sin 1 \cdot \cos(2x+1)$

$\displaystyle\frac{1}{2\sin 1} \cdot \sum_{x=0}^{44} \sin(2x+2) - \sin 2x$

$\dfrac{1}{2\sin 1} \cdot [(\sin 2 - \sin 0) + (\sin 4 - \sin 2) + \ldots + (\sin 90 - \sin 88)]$

$\dfrac{1}{2\sin 1}(\sin 90 - \sin 0) = \dfrac{14}{2\sin 1}$ olur.

$\Rightarrow \dfrac{1}{2} \cdot \sec 89$ bulunur.

Yanıt B

12.

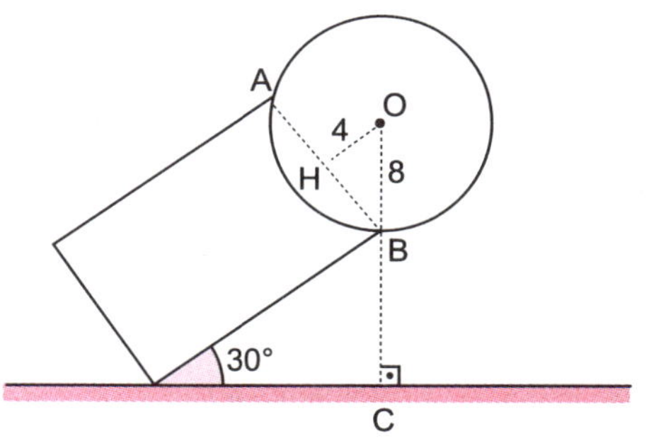

Kürenin devrilmemesi için O, B, C doğrusal olmalıdır.

$m(\widehat{HBO}) = 30°$ olduğuna göre, $\alpha = 30°$ bulunur.

$\tan \alpha = \dfrac{\sqrt{3}}{3}$ olur.

Yanıt C

karekök

1. Denklemleri taraf tarafa toplarsak

$\sin x + \cos y = \frac{7}{10}$

taraf tarafa çıkarırsak,

$\sin x - \cos y = \frac{1}{2}$ bulunur.

Buradan $\sin x = \frac{3}{5}$ ve $\cos y = \frac{1}{10}$ olduğundan

$\sin x \cdot \cos y = \frac{3}{50}$ bulunur.

Yanıt A

2. AHC ve BHF üçgenleri benzer olduğundan,

$\frac{|HC|}{2k} = \frac{3k}{|BH|}$ yazılabilir.

Buradan, $|HC| \cdot |BH| = 6k^2$ olur.

$\tan(\widehat{ABC}) \cdot \tan(\widehat{ACB}) = \frac{3k}{|BH|} \cdot \frac{3k}{|HC|} = \frac{9k^2}{6k^2} = \frac{3}{2}$ olur.

Yanıt C

3. $m(\widehat{ABE}) = \theta$ ve $m(\widehat{DCA}) = \beta$ olsun.

$\theta + \beta + 90° = \alpha$ olduğuna göre,

$\tan\alpha = \tan(\theta + \beta + 90°) = -\cot(\theta + \beta)$

$$\tan(\theta + \beta) = \frac{\frac{2}{8} + \frac{3}{6}}{1 - \frac{2}{8} \cdot \frac{3}{6}} = \frac{6}{7}$$

$-\cot(\theta + \beta) = -\frac{7}{6}$ bulunur.

Yanıt D

4. $A(ABC) = A(AOB) + A(AOC) + A(BOC)$

$A(ABC) = \frac{1}{2} \cdot r \cdot r \cdot (\sin(\widehat{AOB}) + \sin(\widehat{BOC}) + \sin(\widehat{AOC})) = 15$

Dairenin alanı: $\pi r^2 = 40$ olduğundan,

$r^2 = \frac{40}{\pi}$ yazılırsa,

$15 = \frac{1}{2} \cdot \frac{40}{\pi} \cdot (\sin(\widehat{AOB}) + \sin(\widehat{BOC}) + \sin(\widehat{AOC}))$

$\sin(\widehat{AOB}) + \sin(\widehat{BOC}) + \sin(\widehat{AOC}) = \frac{3\pi}{4}$ bulunur.

Yanıt B

5. $\alpha = 60 - 2\theta$ ve $\beta = 60 + 2\theta$

$\cos(60 - 2\theta) + \cos(60 + 2\theta) = \frac{4}{5}$

$2 \cos 60 \cdot \cos 2\theta = \frac{4}{5} \Rightarrow \cos 2\theta = \frac{4}{5}$

$\tan\theta = \frac{1}{3}$ olur.

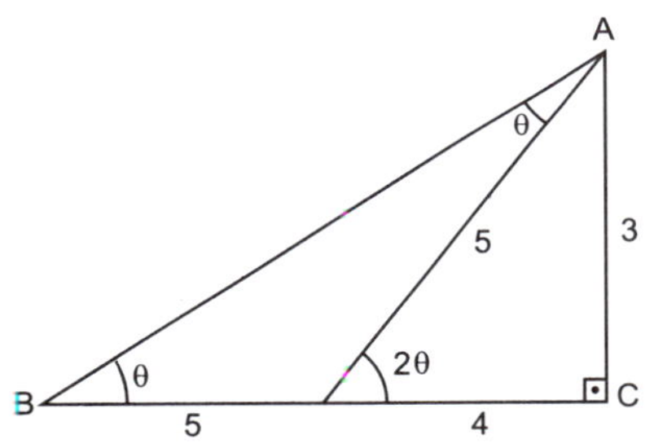

Yanıt B

6. $(1 - \tan 66) \cdot (1 - \tan 69)$ ifadesini hesaplayalım.

$1 + \tan 66 \cdot \tan 69 - (\tan 66 + \tan 69)$ ifadesinin değerini bulmak gerekiyor.

$\tan(66 + 69) = \tan 135 = \frac{\tan 66 + \tan 69}{1 - \tan 66 \cdot \tan 69} = -1$

$\tan 66 + \tan 69 = -1 + \tan 66 \cdot \tan 69$

$2 = 4\cos^2 x$ olduğundan en küçük pozitif x değeri

$\cos x = \frac{\sqrt{2}}{2} \Rightarrow x = 45°$ bulunur.

Yanıt C

7.

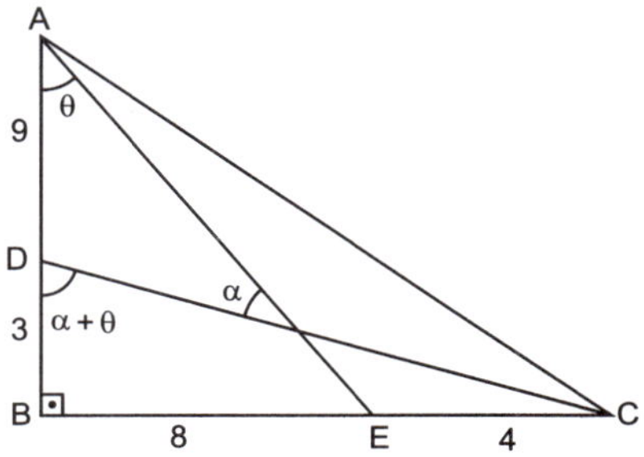

$$\tan(\alpha+\theta) = \frac{\tan\alpha + \tan\theta}{1-\tan\alpha \cdot \tan\theta}$$

$$\frac{12}{3} = \frac{\tan\alpha + \frac{8}{12}}{1-\frac{8}{12}\cdot\tan\alpha}$$

$\tan\alpha = \dfrac{10}{11}$ olur.

Yanıt E

8. $\tan x = -3$ ve $\tan y = \dfrac{1}{2}$ olduğundan,

$$\tan(x+y) = \frac{\tan x + \tan y}{1-\tan x \cdot \tan y}$$

$\tan(x+y) = \dfrac{-3+\frac{1}{2}}{1+3\cdot\frac{1}{2}} = -1$ bulunur.

Buradan, $x + y = 135°$ olur.

Yanıt D

9. $f(x) + 2f(-x) = \cos^2x + \tan x - 1$

$f(-x) + 2f(x) = \cos^2x - \tan x - 1$

Bu denklemlerden $f(-x)$ yok edilirse,

$-3f(x) = -\cos^2x + 3\tan x + 1$

$f\left(\dfrac{\pi}{4}\right) = -\dfrac{7}{6}$ bulunur.

Yanıt E

10. $x\cdot\sin50° - x = \cos50°$

$x(\sin50° - 1) = \cos50°$

$x\cdot(\cos40° - 1) = \sin40°$

$x(1 - 2\sin^2 20° - 1) = 2\sin20°\cdot\cos20°$

$-2x\cdot\sin^2 20° = 2\sin20°\cdot\cos20$

$x = -\cot20° \Rightarrow x = -\tan70°$ olur.

Yanıt D

11. $1 + \tan^2\alpha = 1 + \dfrac{\sin^2\alpha}{\cos^2\alpha}$

$1 + \tan^2\alpha = \dfrac{1}{\cos^2\alpha} = \sec^2\alpha$ olduğundan

$B = 89 + A$ yazılabilir.

$B - A = 89$ bulunur.

Yanıt A

12. $-1 \le \cos x \le 1$ olduğuna göre,

$16^{-1} = \dfrac{1}{16}$ ve $16^1 = 16$ yazılırsa,

$\dfrac{1}{16} \le 16^{\cos x} \le 16$ elde edilir.

Buradan $16^{\cos x}$ ifadesinin 1, 2, 3, ..., 16 farklı tam sayı değeri alabileceği görülür.

Yanıt E

karekök

1.

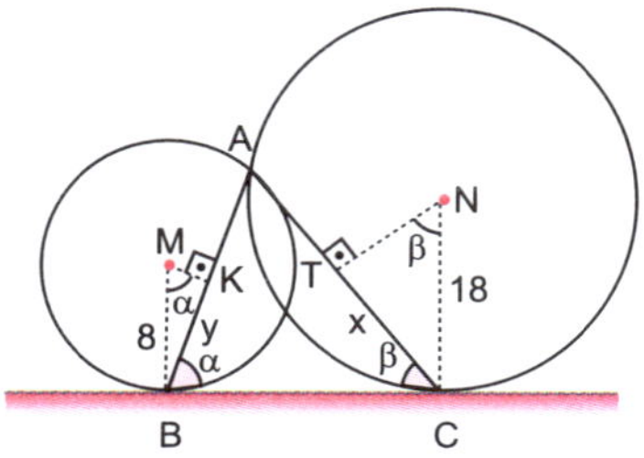

$\sin\alpha = \frac{y}{8}$ ve $\sin\beta = \frac{x}{18}$

ABC üçgeninde sinüs teoremi yazılırsa,

$\frac{2x}{\sin\alpha} = \frac{2y}{\sin\beta} = 2r$ elde edilir.

Buradan $2\sin\alpha = 3\sin\beta$ bulunur.

Teoremde yerleştirilirse

Buna göre, r = 12 cm bulunur.

Yanıt C

2.

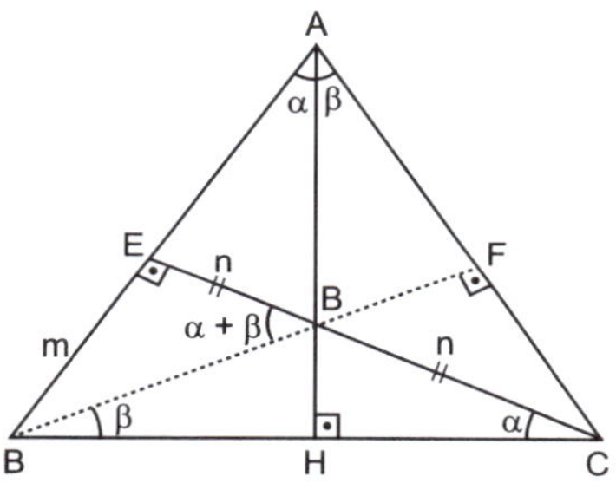

$\tan A = \tan(\alpha + \beta) = \frac{m}{n}$,

$\tan B = \frac{2n}{m}$ olduğundan

$\tan A \cdot \tan B = \frac{m}{n} \cdot \frac{2n}{m} = 2$ bulunur.

Yanıt D

3. Aritmetik ortalama ≥ Geometrik Ortalama eşitsizliği kullanılırsa,

$A \geq 2 \cdot \sqrt{\frac{\sin^5 x}{\cos x} \cdot \frac{\cos^5 x}{\sin x}}$ olduğundan,

$A \geq 2 \cdot \sin^2 x \cdot \cos^2 x$ yazılabilir.

$A \geq \frac{1}{2} \cdot \sin^2 2x$ ifadesinde $x = \frac{\pi}{4}$ olursa

$A \geq \frac{1}{2}$ elde edilir.

Yanıt C

4.

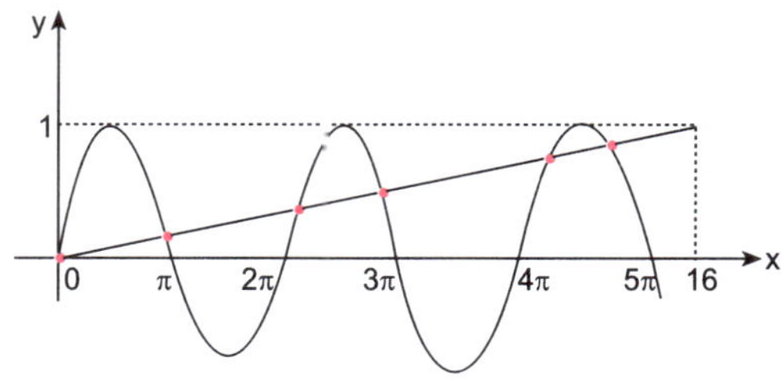

Şekilde görüldüğü üzere, y = sinx ve $y = \frac{x}{16}$ fonksiyonlarının I. bölgede 5 kesişim noktası vardır. Benzer şekilde, III. bölgede de 5 kesişim söz konusudur. Orijin dahil edilirse toplam 11 tane x değeri vardır.

Yanıt D

5.

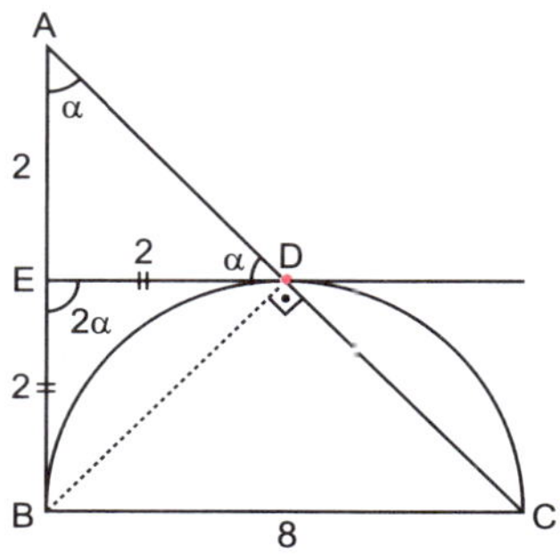

|ED| = |EB| olduğundan, |EB| = |AE| bulunur.

$\tan\theta = \tan 2\alpha = \frac{2\tan\alpha}{1 - \tan^2\alpha}$

$\tan 2\alpha = \frac{2 \cdot 2}{1 - 4} = \frac{4}{-3}$ elde edilir.

Yanıt D

6.

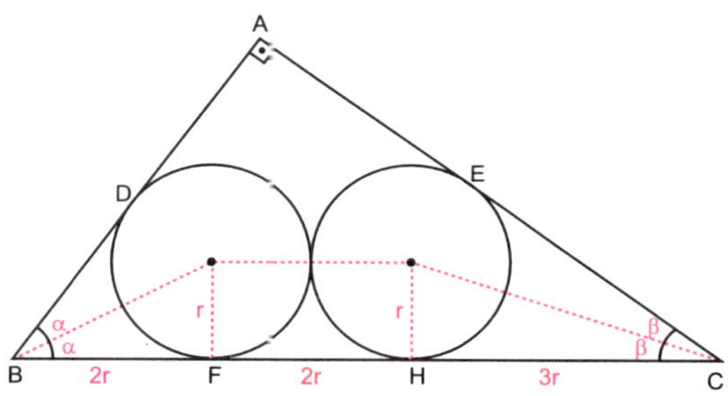

$\tan 2\alpha = \frac{2\tan\alpha}{1 - \tan^2\alpha} = \frac{4}{3} \Rightarrow \tan\alpha = \frac{1}{2}$

$\tan 2\beta = \frac{2\tan\beta}{1 - \tan^2\beta} = \frac{3}{4} \Rightarrow \tan\beta = \frac{1}{3}$

$7r = 10 \Rightarrow r = \frac{10}{7}$ cm olur.

Yanıt B

karekök

7.

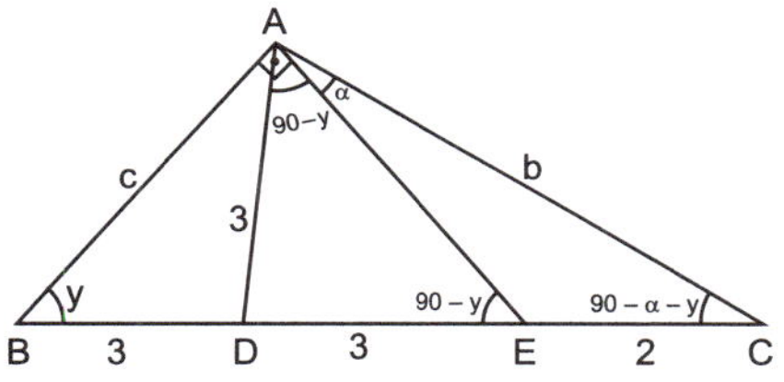

ADC üçgeninde Sinüs teoremi yazılırsa,

$$\frac{3}{\sin(90-\alpha-y)}=\frac{5}{\sin(90-y+\alpha)}\Rightarrow$$

$$\frac{3}{\cos(\alpha+y)}=\frac{5}{\cos(y-\alpha)}$$ açılımlar yapılırsa,

$\cot\alpha = 4\tan y$ bulunur.

$\tan\widehat{BAC}\cdot\cot B = \tan(90+\alpha)\cdot\cot y$

$\tan A\cdot\cot B = -\cot\alpha\cdot\cot y = -4$ bulunur.

Yanıt E

8.

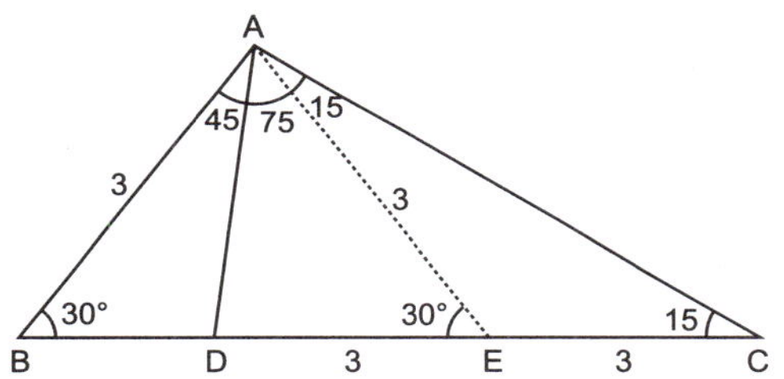

|ED| = |EC| olacak şekilde bir E noktası alarak A ile birleştirelim. Bu durumda |AE| = |EC| olur.

|AB| = |AE| = 3 cm olduğundan $m(\widehat{ABC}) = 30°$ ve $m(\widehat{BAD}) = 45°$ dir. $\tan 45° = 1$ bulunur.

Yanıt C

9. $1 - \sin 2\alpha = (\cos\alpha - \sin\alpha)^2$

$\cos 2\alpha = \cos^2\alpha - \sin^2\alpha$ ve

$$\tan\left(\alpha+\frac{\pi}{4}\right)=\frac{1+\tan\alpha}{1-\tan\alpha}$$ olduğundan,

$$\frac{(\cos\alpha-\sin\alpha)^2}{\cos^2\alpha-\sin^2\alpha}\cdot\frac{1+\tan\alpha}{1-\tan\alpha}$$ elde edilir.

$$\tan\alpha=\frac{\sin\alpha}{\cos\alpha}$$ yazılırsa, sonuç 1 olur.

Yanıt C

10.

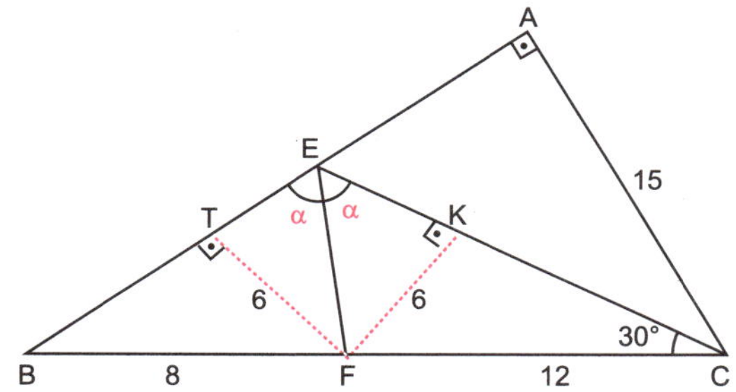

F noktasından EC ve AB ye dik inilirse,

|FK| = |FT| = 6 cm olur.

Benzerlik yazılırsa,

$$\frac{6}{15}=\frac{|BF|}{|BF|+12}\Rightarrow |BF|=8\,\text{cm ve } |AB|=5\sqrt{7}\,\text{cm olur.}$$

$$\tan^2 B=\frac{225}{175}=\frac{9}{7}$$ olur.

Yanıt A

11.

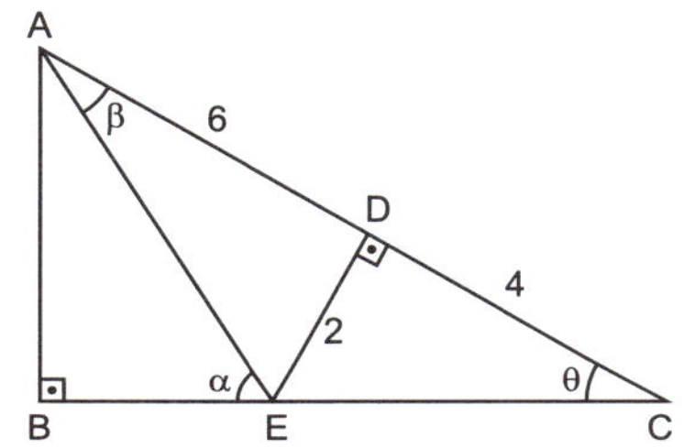

$\alpha = \beta + \theta$ olduğundan,

$$\tan\alpha=\tan(\beta+\theta)=\frac{\tan\beta+\tan\theta}{1-\tan\beta\cdot\tan\theta}$$

$$\tan\alpha=\frac{\frac{1}{3}+\frac{1}{2}}{1-\frac{1}{3}\cdot\frac{1}{2}}=1$$

$\alpha = 45°$ bulunur.

Yanıt C

12. Sinüs teoreminden,

$$\frac{b}{\sin B}=\frac{c}{\sin C}=k\Rightarrow$$

$b = k\cdot\sin B$ ve $c = k\cdot\sin C$ yazılır.

$$\frac{\sin B+\sin C}{\sin B-\sin C}=\sqrt{3}$$ ifadesinde,

$$\sin B+\sin C=2\cdot\sin\left(\frac{B+C}{2}\right)\cdot\cos\left(\frac{B-C}{2}\right)$$

$$\sin B-\sin C=2\cdot\cos\left(\frac{B+C}{2}\right)\cdot\sin\left(\frac{B-C}{2}\right)$$

Ayrıca $m(\widehat{A}) = 90°$ yazılırsa

$$\cot\left(\frac{B-C}{2}\right)=\sqrt{3}$$ bulunur.

$B - C = 60°$ ve $B + C = 90°$ olduğundan $m(\widehat{C}) = 15°$ olur.

Yanıt E

10. BÖLÜM

KARMAŞIK SAYILAR

1. $1 + 2i + 3i^2 + 4i^3 + ...+ (n + 1)i^n + 41.\, i^{40}$

işleminin sonucu aşağıdakilerden hangisidir?

A) 21 + 20i B) 21 – 24i C) 21 – 25i D)21 + 23i E) 21 – 20i

2. $$\sum_{k=1}^{50} \left(\frac{1+i}{\sqrt{2}}\right)^{2k}$$

ifadesinin değeri aşağıdakilerden hangisine eşittir?

A) 4 B) i + 1 C) i – 1 D) 4 i E) 2 i

3. $(1 + \sqrt{3}\, x\, i)^{10}$

ifadesinin açılımında reel terimlerin katsayıları toplamı aşağıdakilerden hangisine eşittir?

A) 1024 B) 512 C) 256 D) – 256 E) – 512

4. $$z = \frac{x^2 + xi - 1}{x^2 + xi}$$

karmaşık sayısında Im (z) = $\frac{1}{30}$ olduğuna göre, Re(z) kaçtır?

A) $\frac{9}{10}$ B) $\frac{8}{7}$ C) $\frac{6}{5}$ D) $\frac{3}{4}$ E) $\frac{1}{2}$

karekök

5. a ve b sıfırdan farklı sayılar olmak üzere

$(a + bi)^{2010} = a – bi$

eşitliğini sağlayan kaç tane (a, b) ikilisi vardır?

A) 2011 B) 2010 C) 2009 D) 1005 E) 1

6. $$\frac{z^2 + 4}{z - 2i} = 5 - 10i$$

olduğuna göre, z karmaşık sayısı aşağıdakilerden hangisine eşittir?

A) 3 – 4i B) 4 + 3i C) 5 – 12i D) 12 + 5i E) 5 + 12i

7. $(1 + 2i)^{2x+6} = (-11 - 2i)^{x+1}$

eşitliğini sağlayan x değeri aşağıdakilerden hangisidir?

A) 7 B) 6 C) 5 D) 4 E) 3

8. $z = \dfrac{1 + i\tan\alpha}{1 - i\tan\alpha}$

olduğuna göre, Im(z) aşağıdakilerden hangisine eşittir?

A) $\cos 2\alpha$ B) $\sin 2\alpha$ C) $\tan 2\alpha$ D) $\tan\alpha$ E) $\cot\alpha$

9. z bir karmaşık sayı ve Re(z) > 0 olmak üzere,

$\sqrt{z} + 1 = z + 3i$

denklemini sağlayan z değeri aşağıdakilerden hangisidir?

A) 3 + i B) 3 – i C) 3 – 4i D) 2 + i E) 2 – i

10. z = a + bi olmak üzere,

$z^3 = 1$ ve b sıfırdan farklı bir reel sayı olduğuna göre, $(z - 1)^{12}$ ifadesinin sonucu aşağıdakilerden hangisidir?

A) -3^6 B) -3^4 C) 1 D) 3^4 E) 3^6

11. $z^3 - 3z^2 + 3z - 2 = 0$

eşitliğini sağlayan z karmaşık sayılarından herhangi ikisi arasındaki uzaklık kaç birimdir?

A) 1 B) $\sqrt{2}$ C) $\sqrt{3}$ D) 2 E) 3

12. z bir karmaşık sayı olmak üzere,

$\text{Re}\left(\dfrac{\bar{z} + 2 + 2i}{\bar{z}}\right) = 0$

şartını sağlayan z sayılarının oluşturduğu kapalı bölgenin alanı kaç br^2 dir?

A) 5π B) 4π C) 3π D) 2π E) π

karekök

1. $1 + 2i + 3i^2 + 4i^3 + ... + (n + 1)\cdot i^n + 41\cdot i^{40}$

$$1+\underbrace{2i-3-4i+5}_{2-2i}+\underbrace{6i-7-8i+9}_{2-2i}+...+41\cdot i^{40}$$

$2 - 2i$ terimi 10 defa tekrarlandığına göre,

$1 + 10\cdot(2 - 2i) = 21 - 20i$

bulunur.

Yanıt E

2. $\sum_{k=1}^{50}\left(\frac{1+i}{\sqrt{2}}\right)^{2k}$ toplamını

$(1 + i)^2 = 2i$ olduğu düşünülürse

$\sum_{k=1}^{50}(i)^k$ şeklinde yazabiliriz.

Bu toplam $\underbrace{i-1-i+1}_{0}+...+i-1$ olduğundan

Sonuç i - 1 bulunur.

Yanıt C

3. $(1 + \sqrt{3}xi)^{10}$ ifadesinin açılımından katsayılar toplamını bulmak için x yerine 1 yazılmalıdır.

$1 + \sqrt{3}i = 2\cdot cis60$ olur.

$(2\cdot cis60)^{10} = 2^{10}\cdot cis240$ elde edilir.

$$2^{10}\cdot\left(-\frac{1}{2}-\frac{\sqrt{3}}{2}i\right)=2^9\cdot(-1-\sqrt{3}\,i)$$

O halde reel terimlerin katsayıları toplamı –512 olur.

Yanıt E

4. $z=\frac{x^2+xi-1}{x^2+xi}$ karmaşık sayısını,

$z=1-\frac{1}{x^2+xi}$ olarak yazalım.

Buradan, eşleniği ile çarpılırsa

$$z=1-\frac{x^2-xi}{x^4+x^2}=1-\frac{x-i}{x^3+x}$$

$Im(z)=\frac{1}{x^3+x}=\frac{1}{30}$ olduğuna göre,

$x=3$ ve $Re(z)=\frac{9}{10}$ bulunur.

Yanıt A

5. $(a + bi)^{2010} = a - bi$

$z = a + bi$ ve $Arg(z) = \alpha$ olsun.

$z^{2010} = \bar{z}$ olduğundan

$z\cdot z^{2010} = z\cdot\bar{z} \Rightarrow z^{2011} = |z|^2$

$2011\alpha = 0 + 2k\pi$

$$\alpha=\frac{2k\pi}{2011}$$

Burada k = 1, 2, 3, ... , 2010 değerlerini alır.

(k = 0 ise b = 0 olacağından alınmaz)

Yanıt B

6. $\frac{z^2+4}{z-2i}=5-10i$ eşitliğinde

$z^2 + 4 = (z - 2i)\cdot(z + 2i)$ yazılırsa,

$z + 2i = 5 - 10i$ elde edilir.

$z = 5 - 12i$ bulunur.

Yanıt C

karekök

7. $(1 + 2i)^{2x+6} = (-11 - 2i)^{x+1}$

denkleminde $(1 + 2i)^3 = -11 - 2i$ olduğuna dikkat edilirse,

$[(1 + 2i)^3]^{2x+6} = (-11 - 2i)^{3x+3}$

$(-11 - 2i)^{2x+6} = (-11 - 2i)^{3x+3}$

$2x + 6 = 3x + 3$

$x = 3$ bulunur.

Yanıt E

8. $z = \dfrac{1 + i \cdot \tan\alpha}{1 - i \cdot \tan\alpha}$ olduğuna göre,

$z = \dfrac{\cos\alpha + i\sin\alpha}{\cos\alpha - i\sin\alpha} = \dfrac{\text{cis}\alpha}{\text{cis}(-\alpha)}$ yazılabilir.

$z = \text{cis}(2\alpha) = \cos2\alpha + i\sin2\alpha$

$\text{Im}(z) = \sin2\alpha$ olur.

Yanıt B

9. $\sqrt{z} + 1 = z + 3i$ denkleminde

$\sqrt{z} = t$ olsun.

$t^2 - t + 3i - 1 = 0$ denklemi çözülürse

$t = \dfrac{1 \mp \sqrt{5 - 12i}}{2}$

$\sqrt{5 - 12i}$ ifadesi $3 - 2i$ veya $-3 + 2i$ olduğundan

$\sqrt{z} = 2 - i$ ve $z = 3 - 4i$ bulunur.

Yanıt C

10. $z^3 - 1 = 0$

$(z - 1) . (z^2 + z + 1) = 0$

$z^2 + z + 1 = 0$ olması gerektiğinden

$z^2 = -z - 1$ olur.

$(z - 1)^2 = z^2 - 2z + 1 = -3z$

$(z - 1)^{12} = (-3z)^6 = 3^6 . z^6$

$z^6 = (z^2)^3 = (-z - 1)^3 = -(z + 1)^3$

$-(z + 1) . (z^2 + 2z + 1) = -z(z + 1) = 1$

O halde;

$(z - 1)^{12} = 3^6$ bulunur.

Yanıt E

11. $z^3 - 3z^2 + 3z - 2 = 0$ denklemini,

$(z - 1)^3 = 1$ olarak yazalım.

$(z - 1)^3 = \text{cis}0$ olduğundan,

$z_1 = 1 + \text{cis}0$

$z_2 = 1 + \text{cis}120$

$z_3 = 1 + \text{cis}240$

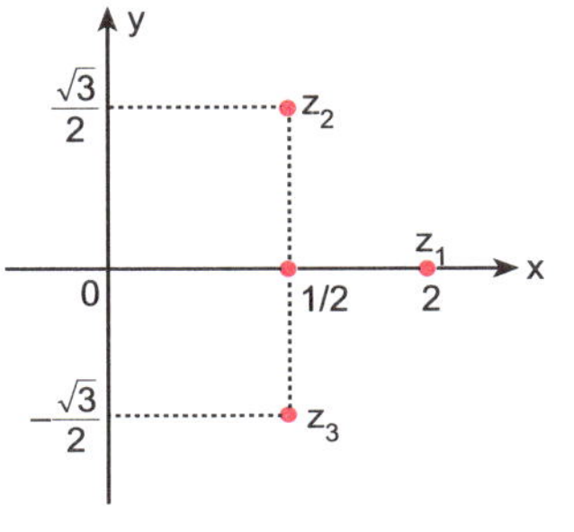

z_1 ile z_2 arasındaki uzaklık $\sqrt{3}$ olur.

Yanıt C

12. $z = x + yi$ olsun.

$\dfrac{(x + 2) + (2 - y)i}{x - yi}$ ifadesinin pay ve paydası $x + yi$ ile

çarpılırsa, reel kısım $\dfrac{x^2 + 2x + y^2 - 2y}{x^2 + y^2}$ olur.

$\dfrac{x^2 + 2x + y^2 - 2y}{x^2 + y^2} = 0$

$(x - 1)^2 + (y - 1)^2 = 2$ olarak yazılırsa yarıçapı $\sqrt{2}$ olan bir çember denklemi elde edilir.

Buradan istenen alan 2π bulunur.

Yanıt D

1. Testin Cevap Anahtarı

1	E	2	C	3	E	4	A	5	B	6	C	7	E	8	B	9	C	10	E	11	C	12	D

11. BÖLÜM

LOGARİTMA

1. a ve b pozitif reel sayılardır.

$$a^{\ln b} \cdot b^{\ln a} + a^{\ln b} + b^{\ln a} = 8$$

olduğuna göre, lna. lnb ifadesinin değeri kaça eşittir?

A) 1 B) ln2 C) 2 D) e E) 2e

2. $$\sum_{k=1}^{n} k. \log\left(1+\frac{1}{k}\right) = 9 - \log(9!)$$

olduğuna göre, n kaçtır?

A) 9 B) 10 C) 27 D) 81 E) 90

3. $$\log_x (x^2 - 12) = \frac{\log_6 24}{\log_{24} 6} - \frac{\log_6 144}{\log_4 6}$$

eşitliğini sağlayan x değeri kaçtır?

A) 3 B) 4 C) 5 D) 6 E) 8

4. $$x \cdot y = e^{\frac{\pi}{4}}$$

olduğuna göre, $\tan\left[\ell n\left(\frac{x^3}{y}\right)\right] . \tan\left[\ell n\left(\frac{y^3}{x}\right)\right]$ ifadesinin değeri kaçtır?

A) $\frac{\pi}{e}$ B) $\frac{e}{\pi}$ C) $\frac{1}{\pi}$ D) $\frac{1}{e}$ E) 1

5. $$e^x . \cos x = 1$$

denkleminin [0, 2π] aralığında kaç farklı kökü vardır?

A) 5 B) 4 C) 3 D) 2 E) 1

6. $$x^3 + \ln x = 2$$

denkleminin aşağıda verilen aralıklardan hangisinde bir kökü vardır?

A) (5, 5e) B) (4, 5) C) (3, 4) D) (e, 3) E) (1, e)

karekök

7. $f(x) = \dfrac{\ln(\ln x)}{\ln x}$

olduğuna göre, $x^{f(x)} = e^{-x}$ denklemini sağlayan kaç farklı x reel değeri vardır?

A) 4 B) 3 C) 2 D) 1 E) 0

8. $(\log_5 2 + \log_2 5 + 2)\cdot(\log_5 2 - \log 2)\cdot\log_2 5 - \log_5 2$

işleminin sonucu aşağıdakilerden hangisidir?

A) log5 B) $\log_5 2$ C) $\log_2 5$ D) 1 E) 0

9. $x^{x^{x^{\cdot^{\cdot^{\cdot}}}}} = e$

yukarıda verilen ve sonsuza uzayan denklemde x in değeri aşağıdakilerden hangisidir?

A) $\dfrac{1}{e}$ B) $\dfrac{\sqrt{e}}{2}$ C) $\dfrac{\sqrt{e}}{e}$ D) $e^{1/e}$ E) $\dfrac{1}{e^e}$

10. $\log(5^x + 4x - 12) = x(1 - \log 2)$

denklemini sağlayan x değeri aşağıdakilerden hangisidir?

A) 2 B) 3 C) 4 D) 5 E) 6

11. $0 < k < 1$ olmak üzere,

$\dfrac{(\log_k x)^2 + 1}{-1 + \log_{\frac{1}{k}} x} < -1$ **eşitsizliğinin çözüm kümesi aşağıdakilerden hangisidir?**

A) $\left(k, \dfrac{1}{k}\right)$ B) $\left(k, \dfrac{1}{k}\right) \cup \left(\dfrac{1}{k^2}, \dfrac{1}{k^3}\right)$ C) $\left(1, \dfrac{1}{k}\right)$

D) $(0, k) \cup \left(1, \dfrac{1}{k}\right)$ E) $\left(1, \dfrac{1}{k^2}\right)$

12. $\log_x y$ ifadesi bir tam sayıya eşittir.

$x^{\log_y x} = y^{2 + \log_x y}$

olduğuna göre, x · y çarpımı kaçtır?

A) 4 B) 2 C) 1 D) –1 E) –2

karekök

Bu testin cevap anahtarı arka sayfadadır.

1. $x \cdot \log_3(x+1) - 1 = 0$

denkleminin aşağıdaki aralıklardan hangisinde bir kökü vardır?

A) (–1, 0) B) (0, 2) C) (2, 3) D) (3, 5) E) (4, 8)

2. $x + \log(5^x - 2) = x\log 2 + \log 24$

denklemini sağlayan x değeri aşağıdakilerden hangisidir?

A) $\log_6 2$ B) $\log_6 3$ C) $\log_5 2$ D) $\log_6 5$ E) $\log_5 6$

3. $a^{-3} \cdot a^{\log_3 a} = 81$

eşitliğini sağlayan a değerlerinin çarpımı kaçtır?

A) 81 B) 27 C) 9 D) 3 E) 1

4. $x^{\ln x - 1} < e^2$

eşitliğini sağlayan kaç farklı x tam sayı değeri vardır?

A) 4 B) 5 C) 6 D) 7 E) 8

5. $x^{\log x} + 10^{\log^2 x} - 20 = 0$

denklemini sağlayan x değerlerinin toplamı kaçtır?

A) $\frac{1}{10}$ B) $\frac{101}{10}$ C) $\frac{111}{10}$ D) $\frac{100}{11}$ E) $\frac{1000}{11}$

6. $\log_a c + \log_c b = 4$ ve $\log_b c - \log_a c = 0$

olduğuna göre,

$$\frac{1}{\log_a b} + \frac{1}{\log_b c} + \frac{1}{\log_c a}$$

ifadesinin değeri kaçtır?

A) 16 B) 12 C) 8 D) 6 E) 5

7. $3^{\log b} = a$ ve $a \cdot b = 30$

olduğuna göre, a + b kaçtır?

A) 6 B) 8 C) 11 D) 12 E) 13

8. $$\frac{\log_5 35}{\log_{35} 5} - \frac{\log_5 175}{\log_7 5}$$

ifadesinin sonucu aşağıdakilerden hangisine eşittir?

A) 14 B) 12 C) 7 D) 5 E) 1

9. $\log_3 5 = \log_{5x} 3x$

denklemini sağlayan x değeri aşağıdakilerden hangisidir?

A) $\frac{1}{5}$ B) $\frac{3}{5}$ C) $\frac{5}{3}$ D) $\frac{5}{6}$ E) $\frac{1}{15}$

10. x ve y farklı sayılar olmak üzere,

$\log_x(10y) = \log_y(10x)$

eşitliği veriliyor.

Buna göre, logx + logy ifadesi kaça eşittir?

A) 10 B) 2 C) 1 D) 0 E) –1

karekök

11. x ve y reel sayı olmak üzere,

$\log(x^2 + y^2 - 4) \leq 1 + \log(x + y + 9)$

eşitsizliğini sağlayan bölgenin alanı kaç br^2 dir?

A) 100 B) 124 C) 140π D) 144π E) 196π

12. $x^2 \cdot \ln x - 2ex + 6 = 0$

denkleminin köklerinden biri aşağıdaki aralıklardan hangisinde bulunur?

A) (0, 1) B) [2e, 3e] C) [1, e] D) [e, 2e) E) [3e, 4e]

1. Testin Cevap Anahtarı

1	B	2	A	3	B	4	E	5	C	6	E	7	D	8	D	9	D	10	B	11	D	12	C

1. $a^{\ln b} \cdot b^{\ln a} + a^{\ln b} + b^{\ln a} = 8$

denklemini

$a^{\ln b} \cdot a^{\ln b} + a^{\ln b} + a^{\ln b} = 8$

şeklinde yazabiliriz.

$x = a^{\ln b}$ olsun.

Bu durumda denklem,

$x^2 + 2x - 8 = 0$

halini alır.

Denklemin kökleri $x = -4$ ve $x = 2$ olduğundan $a^{\ln b} = 2$ elde edilir.

Buradan, $\ln b \cdot \ln a = \ln 2$ bulunur.

Yanıt B

2. $\sum_{k=1}^{n} k \cdot \log\left(1 + \frac{1}{k}\right) = 9 - \log(9!)$ ifadesini

$\sum_{k=1}^{n} \log\left(1 + \frac{1}{k}\right)^k = 9 - \log(9!)$ olarak yazalım.

$\log\left[\left(\frac{2}{1}\right) \cdot \left(\frac{3}{2}\right)^2 \cdot \left(\frac{4}{3}\right)^3 \ldots\ldots \frac{(n+1)^n}{n^n}\right]$ işleminde sadeleştirmeler yapılırsa,

$\log\left[\frac{(n+1)^n}{n!}\right] = n \cdot \log(n+1) - \log(n!)$ bulunur.

$n \cdot \log(n + 1) - \log(n!) = 9 - \log(9!)$

eşitliğinden $n = 9$ elde edilir.

Yanıt A

3. $\log_x(x^2 - 12) = \frac{\log_6 24}{\log_{24} 6} - \frac{\log_6 144}{\log_4 6}$

denklemini,

$\log_x(x^2 - 12) = (\log_6 24) \cdot (\log_6 24) - \log_6 144 \cdot \log_6 4$

$\log_x(x^2 - 12) = (1 + \log_6 4) \cdot (1 + \log_6 4) - \log_6 4 \cdot (2 + \log_6 4)$

olarak yazılabilir.

$\log_6 4 = m$ olsun.

$\log_x(x^2 - 12) = (1 + m)^2 - m(m + 2)$

$\log_x(x^2 - 12) = 1$ elde edilir.

$x^2 - x - 12 = 0 \Rightarrow x = 4$ ve $x = -3$ bulunur.

Ancak, $x = -3$ olamaz.

Yanıt B

4. $\tan\left[\ln\left(\frac{x^3}{y}\right)\right] = \tan(3\ln x - \ln y)$

$\tan\left[\ln\left(\frac{y^3}{x}\right)\right] = \tan(3\ln y - \ln x)$

$3\ln x - \ln y$ ve $3\ln y - \ln x$ terimleri toplanırsa

$2(\ln x + \ln y) = 2 \cdot \ln(xy)$ elde edilir.

$x \cdot y = e^{\frac{\pi}{4}}$ olduğundan

$2\ln(xy) = 2 \cdot \frac{\pi}{4} = \frac{\pi}{2}$ bulunur.

$\tan(\alpha) \cdot \tan\left(\frac{\pi}{2} - \alpha\right) = 1$ olur.

Yanıt E

5. $e^x \cdot \cos x = 1$ denklemini $\cos x = e^{-x}$ olarak yazalım.

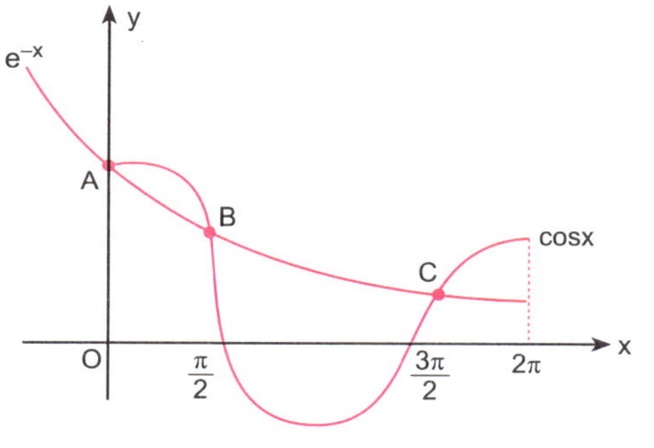

Grafikte $y = \cos x$ ve $y = e^{-x}$ eğrileri çizilmiştir.

Görüleceği üzere, kesişim noktaları A, B ve C dir.

Buna göre, 3 farklı kök vardır.

Yanıt C

6. $x^3 + \ln x = 2$

$x^3 + \ln x - 2 = 0$

denkleminde,

$x = 1$ için, $1 + \ln 1 - 2 < 0$

$x = e$ için, $e^3 + \ln 2 - 2 > 0$

olduğundan, $1 < x < e$ aralığında bir kök vardır.

Yanıt E

7. $f(x)=\dfrac{\ln(\ln x)}{\ln x}$

olmak üzere, $x^{f(x)} = e^{-x}$ denklemini

$f(x).\ln x = -x$ olarak yazalım.

Bu denklemde f(x) yerine konursa,

$\ln(\ln x) = -x \Rightarrow \ln x = e^{-x}$ elde edilir.

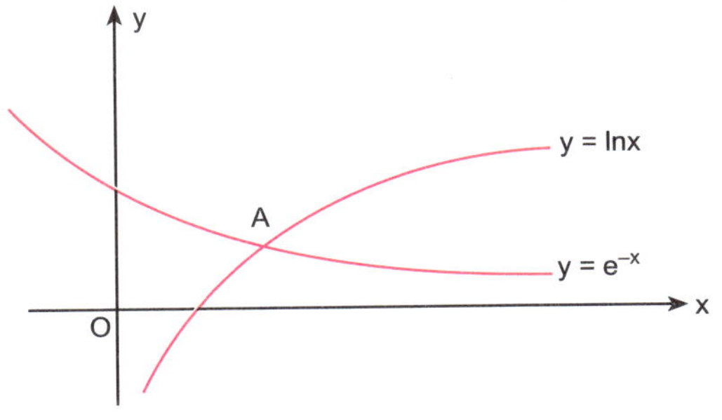

Görüleceği üzere, sadece bir tane kesişim noktası vardır.

Yanıt D

8. $(\log_5 2 + \log_2 5 + 2)\cdot(\log_5 2 - \log 2)\cdot\log_2 5 - \log_5 2$

ifadesinde $\log 2=\dfrac{\log_5 2}{\log_5 10}=\dfrac{\log_5 2}{1+\log_5 2}$ yazalım.

$a = \log_5 2$ olsun.

$$\left(a+\frac{1}{a}+2\right)\cdot\left(a-\frac{a}{1+a}\right)\cdot\frac{1}{a}-a$$

Gerekli işlemler yapılırsa, sonuç 1 bulunur.

Yanıt D

9. $x^{x^{x^{\cdot^{\cdot^{\cdot}}}}} = e$

denklemi sonsuza uzadığı için, $x^e = e$ şeklinde yazılabilir.

$e\ln x = \ln e$

$\ln x=\dfrac{1}{e}$

$x = e^{1/e}$ elde edilir.

Yanıt D

10. $\log(5^x + 4x - 12) = x\cdot(1 - \log 2)$

$\log(5^x + 4x - 12) = x\cdot\log 5$

$\log(5^x + 4x - 12) = \log 5^x$

$5^x + 4x - 12 = 5^x$

$4x - 12 = 0$

$x = 3$ bulunur.

Yanıt B

11. $\dfrac{(\log_k x)^2+1}{1+\log_k x}>1$ bulunur.

$\log_k x > -1 \Rightarrow x < \dfrac{1}{k}$ için $(\log_k x).(\log_k x - 1) > 0$ olur.

Buradan $(0, k) \cup (1, \dfrac{1}{k})$ bulunur.

$\log_k x < -1$ için eşitsizlik sağlanmaz.

Yanıt D

12. $x^{\log_y x} = y^{2+\log_x y}$ eşitliğinde, $\log_y x = a$ olsun.

Buradan $x = y^a$ elde edilir.

$x^a = y^{2+\frac{1}{a}}$ denkleminde $x = y^a$ yazılırsa,

$a^3 = 2a + 1$ bulunur.

$(a + 1)\cdot(a^2 - a - 1) = 0$ ifadesinden $a = -1$ olur.

$x = y^{-1} \Rightarrow x\cdot y = 1$ elde edilir.

Yanıt C

karekök

2. Testin Cevap Anahtarı

1	B	2	E	3	B	4	D	5	B	6	E	7	E	8	E	9	E	10	E	11	C	12	C

ÇÖZÜM - 2

1. $f(x) = x\log_3(x+1) - 1$

denkleminin (a, b) aralığında bir kökü varsa

$f(a) < 0 < f(b)$ veya $f(b) < 0 < f(a)$ olmalıdır.

Buna göre, (0, 2) aralığını inceleyelim.

$f(0) = 0 \cdot \log_3(0+1) - 1 < 0$

$f(2) = 2 \cdot \log_3(2+1) - 1 > 0$

O halde, denklemin (0, 2) aralığında bir kökü vardır.

Yanıt B

2. $x + \log(5^x - 2) = x \cdot \log 2 + \log 24$

$\log 10^x + \log(5^x - 2) = \log 2^x + \log 24$

$\log[10^x \cdot (5^x - 2)] = \log(2^x \cdot 24)$

$10^x(5^x - 2) = 2^x \cdot 24$

$5^x \cdot (5^x - 2) = 24$

$5^x = t$ olsun.

Buna göre, $t^2 - 2t - 24 = 0$ ve $t_1 = 6$ ve $t_2 = -4$ olur.

$5^x = 6 \Rightarrow x = \log_5 6$ olur.

Yanıt E

3. $a^{-3} \cdot a^{\log_3 a} = 81$

$a^{-3 + \log_3 a} = 81$

$\log_a(a^{-3 + \log_3 a}) = \log_a 81$

$-3 + \log_3 a = 4 \cdot \log_a 3$

$t = \log_3 a$ olsun.

$-3 + t = 4 \cdot \frac{1}{t} \Rightarrow t^2 - 3t - 4 = 0$

$t_1 = 4$ ve $t_2 = -1$ bulunur.

$\log_3 a = 4 \Rightarrow a = 81$ ve $\log_3 a = -1 \Rightarrow a = \frac{1}{3}$ bulunur.

Buna göre, $81 \cdot \frac{1}{3} = 27$ olur.

Yanıt B

4. $x^{\ln x - 1} < e^2$

$\ln(x^{\ln x - 1}) < \ln e^2$

$\ln x \cdot (\ln x - 1) < 2$

$t = \ln x$ olsun.

$t^2 - t - 2 < 0$ eşitsizliğinin çözüm kümesi $(-1, 2)$ olur.

O halde, denklemin çözüm kümesi $\left(\frac{1}{e}, e^2\right)$ demektir.

Bu aralıkta 7 tane tam sayı vardır.

Yanıt D

5. $x^{\log x} + 10^{\log^2 x} = 20$

$x^{\log x} + x^{\log x} = 20$

$x^{\log x} = 10 \Rightarrow \log x \cdot \log x = 1$

$\log x = 1$ ve $\log x = -1$ olur.

$x_1 = 10$ ve $x_2 = \frac{1}{10}$

Kökler toplamı $\frac{101}{10}$ bulunur.

Yanıt B

6. $\frac{1}{\log_a b} + \frac{1}{\log_b c} + \frac{1}{\log_c a} = \log_b a + \log_c b + \log_a c$

$\log_a c + \log_c b = 4$ ve $\log_b c = \log_a c$ olduğundan

$b = a$ elde edilir.

O halde istenen, 4 + 1 = 5 bulunur.

Yanıt E

7. $\log b = \log_3 a = \dfrac{\log a}{\log 3}$

$\log a + \log b = \log 30 = 1 + \log 3$

$$\log a + \frac{\log a}{\log 3} = 1 + \log 3$$

$$\log a\left(1 + \frac{1}{\log 3}\right) = 1 + \log 3$$

$\log a = \log 3 \Rightarrow a = 3$ ve $b = 10$ bulunur.

Buna göre, $a + b = 13$ olur.

Yanıt E

8. $\log_5 7 = t$ olsun.

$$(1 + \log_5 7)^2 - \frac{2 + \log_5 7}{\log_7 5}$$

$$(1 + t)^2 - \frac{2 + t}{\frac{1}{t}} \Rightarrow (1 + t)^2 - 2t - t^2$$

$t^2 + 2t + 1 - 2t - t^2 = 1$ bulunur.

Yanıt E

9. $\log_3 5 = \log_{5x} 3x$ denkleminde, $\log_3 5 = a$ olsun.

$3^a = 5$ ve $3x = 5^a \cdot x^a$

$$3 = 5^a \cdot x^{a-1} \Rightarrow 5^{\frac{1}{a} - a} = x^{a-1}$$

$$5^{\frac{a+1}{a}} = \frac{1}{x} \Rightarrow 3^{1+a} = \frac{1}{x}$$

Buradan $x = \dfrac{1}{15}$ bulunur.

Yanıt E

10. $\log_x(10y) = \log_y(10x)$

$\log_x 10 + \log_x y = \log_y 10 + \log_y x$

$\log_x 10 - \log_y 10 = \dfrac{1}{\log x} - \dfrac{1}{\log y} = \dfrac{\log x}{\log y} - \dfrac{\log y}{\log x}$ bulunur.

$\log y - \log x = (\log x + \log y) \cdot (\log x - \log y)$ ise,

$\log y = \log x$ veya $\log x + \log y = -1$ olur.

Yanıt E

11. $\log(x^2 + y^2 - 4) \le \log(10x + 10y + 90)$

$(x - 5)^2 + (y - 5)^2 \le 144$

$x^2 + y^2 > 4$

şartlarının sağlanması gerekir.

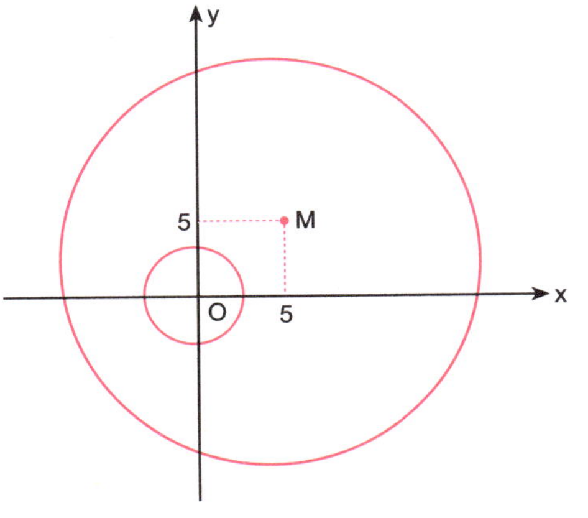

Taralı bölgenin alanı $144\pi - 4\pi = 140\pi$ olur.

Yanıt C

12. $f(x) = x^2 \cdot \ln x - 2ex + 6$

fonksiyonunu [1, e] aralığında inceleyelim.

$f(1) = 0 - 2e + 6 > 0$

$f(e) = e^2 - 2e^2 + 6 < 0$

Buna göre, f(x) fonksiyonunun [1, e] aralığında bir kökü vardır.

Yanıt C

karekök

12. BÖLÜM

SAYMA

VE

OLASILIK

1. A = {1, 2, 3, 4, 5}

kümesinin elemanları kullanılarak rakamları farklı üç basamaklı sayıların hepsi yazılıyor.

Bu sayıların toplamı kaçtır?

A) 1800 B) 16840 C) 19980 D) 20010 E) 20100

2. A ve B denk iki kümedir.

s(A ∪ B) = 161

olduğuna göre, A kümesinin eleman sayısı kaç farklı değer alabilir?

A) 80 B) 81 C) 82 D) 83 E) 84

3. 7 evli çift arasından 4 kişi seçilecektir.

Seçilenler arasında evli çift bulunmamak şartıyla kaç değişik şekilde seçim yapılabilir?

A) 555 B) 560 C) 565 D) 570 E) 575

4. A = {a, b, c, d, e, f, u}

kümesinin elemanlarının hepsi kullanılarak 7 harfli kelimeler yazılacaktır.

Herhangi iki sesli harf yan yana gelmemek şartıyla kaç farklı kelime yazılabilir?

A) 120 B) 480 C) 960 D) 1440 E) 8640

5. MAKİNA kelimesinin harflerinin hepsi kullanılarak 6 harfli kelimeler yazılacaktır.

Bu kelimelerin kaç tanesinde A harfleri yan yana <u>bulunmaz</u>?

A) 108 B) 120 C) 144 D) 210 E) 240

6. a < b < c < d olmak şartıyla

abcd şeklinde dört basamaklı kaç tane tek doğal sayı yazılabilir?

A) 78 B) 79 C) 80 D) 81 E) 82

7. **Üç basamaklı sayıların kaç tanesinde yalnız bir tane 7 rakamı bulunur?**

A) 150 B) 200 C) 225 D) 240 E) 325

8. Sağdan sola ve soldan sağa okunuşları aynı olan sayılara "palindrom sayılar" denir.

Buna göre, dört basamaklı tüm palindrom sayıların toplamı kaçtır?

A) 4999500 B) 499950 C) 499550 D) 499500 E) 495000

9. A = {1, 2, 3, 4, 5, 6} kümesi veriliyor.

Bu kümenin elemanları ile rakamları farklı altı basamaklı sayılar yazılmak isteniyor.

Bu sayılardan kaç tanesinde çift sayılardan herhangi ikisi yan yana bulunur?

A) 576 B) 432 C) 288 D) 144 E) 108

10. Bir zar dört defa atılıyor.

Her defasında bir öncekinden büyük sayı gelme olasılığı kaçtır?

A) $\frac{1}{108}$ B) $\frac{5}{108}$ C) $\frac{1}{216}$ D) $\frac{7}{216}$ E) $\frac{5}{432}$

11. $(x + 1)\cdot(x + 2)\cdot(x + 3) \cdots (x + n)$

ifadesinin açılımında terimlerden biri $50n\,x^{n-1}$ olduğuna göre, n aşağıdakilerden hangisidir?

A) 100 B) 99 C) 90 D) 50 E) 49

12. $\binom{n}{0}-\binom{n}{1}+\binom{n}{2}-\binom{n}{3}+\ldots+\binom{n}{n-2}=79$

eşitliğini sağlayan n değeri aşağıdakilerden hangisidir?

A) 38 B) 49 C) 56 D) 80 E) 96

karekök

Bu testin cevap anahtarı arka sayfadadır.

1. Bir kasayı açmak için kullanılacak n tane anahtardan sadece bir tanesi kilite uymaktadır.

Bir defa denenen anahtar tekrar kullanılmamak üzere, kasanın en fazla üç denemede açılma olasılığı kaçtır?

A) $\frac{1}{n}$ B) $\frac{3}{n}$ C) $\frac{n}{3}$ D) $\frac{n+1}{2}$ E) $\frac{n-1}{3}$

2. $0 < x < 1$

$0 < y < 1$ olmak üzere,

$x \cdot y < \frac{1}{4}$ **olma olasılığı kaçtır?**

A) $1-\frac{1}{\pi}$ B) $1-\frac{1}{e}$ C) $1+\frac{1}{\pi}$

D) $\frac{1}{4}\ln(4e)$ E) $\frac{e}{\pi+1}$

3. 5 farklı mektup 5 posta kutusuna atılacaktır.

Kutulardan yalnız bir tanesinin boş kalma olasılığı kaçtır?

A) $\frac{24}{25}$ B) $\frac{49}{125}$ C) $\frac{24}{125}$ D) $\frac{64}{125}$ E) $\frac{48}{125}$

4. Beş öğrenci A ve B sınıflarına rastgele dağıtılıyor.

Her sınıfta <u>en az</u> bir öğrenci bulunma olasılığı kaçtır?

A) $\frac{11}{16}$ B) $\frac{12}{16}$ C) $\frac{13}{16}$ D) $\frac{14}{16}$ E) $\frac{15}{16}$

5. Bir çember üzerinde 20 farklı nokta işaretleniyor.

Bu noktalar kullanılarak kaç farklı çokgen çizilebilir?

A) $2^{20}+211$ B) $2^{19}-210$ C) $2^{20}-211$

D) $2^{19}+211$ E) $2^{20}-210$

6. $(x-1)\cdot(x-2)\cdot(x-3)\ \dots\ (x-999)\cdot(x-1000)$

ifadesinin açılımında terimlerden biri $a.x^{999}$ olduğuna göre, a kaçtır?

A) 499500 B) 490000 C) –499500

D) –500500 E) –550000

7. Dört evli çiftin bulunduğu bir gruptan 3 kişi seçilecektir.

Seçilenler arasında evli çift bulunmamak şartıyla kaç farklı seçim yapılabilir?

A) 46 B) 40 C) 32 D) 30 E) 24

8. $4\cdot\binom{n}{1}+16\cdot\binom{n}{2}+64\cdot\binom{n}{3}+\cdots+4^n\cdot\binom{n}{n}=125^9-1$

eşitliğini sağlayan n değeri aşağıdakilerden hangisidir?

A) 32 B) 27 C) 21 D) 16 E) 9

9. a > b > c > d olmak şartıyla,

abcd şeklinde dört basamaklı kaç tane çift doğal sayı yazılabilir?

A) 124 B) 130 C) 132 D) 136 E) 144

10. **Çevresi 24 birimden küçük olan bir ikizkenar üçgenin tepe açısının 60° den büyük olma olasılığı kaçtır?**

A) $\frac{1}{3}$ B) $\frac{4}{9}$ C) $\frac{\pi}{4}$ D) $\frac{\pi}{6}$ E) $\frac{\pi}{8}$

11. Hilesiz bir para 6 defa atılıyor.

Tura sayısının yazı sayısından fazla gelme olasılığı kaçtır?

A) $\frac{5}{16}$ B) $\frac{10}{21}$ C) $\frac{11}{32}$ D) $\frac{13}{48}$ E) $\frac{15}{64}$

12. Düzgün bir beşgenin her köşesinde bir kişi bulunmaktadır. Bu kişiler aynı hızlarla beşgenin kenarları üzerinde rastgele yönlerde hareket ediyorlar.

Bu kişilerin hiçbirisinin birbiri ile karşılaşmama olasılığı kaçtır?

A) $\frac{1}{8}$ B) $\frac{1}{16}$ C) $\frac{1}{24}$ D) $\frac{1}{32}$ E) $\frac{1}{64}$

1. Testin Cevap Anahtarı

1	C	2	B	3	B	4	D	5	E	6	C	7	C	8	E	9	A	10	E	11	B	12	D

1. 10^{99} sayısının pozitif bölenlerinden bir tanesi rastgele seçiliyor.

Bu sayının 10^{10} sayısının tam katı olma olasılığı yüzde kaçtır?

A) 10 B) 21 C) 45 D) 81 E) 89

2. **Köşegen uzunluğu 8 birimden küçük olan bir dikdörtgenin çevresinin 16 birimden daha az olma olasılığı kaçtır?**

A) $\frac{1}{2}$ B) $\frac{1}{\pi}$ C) $\frac{2}{\pi}$ D) $\frac{\pi}{4}$ E) $\frac{\pi}{5}$

3. m ve n reel sayılar olmak üzere,

$y = mx$ ve $y = nx$ doğruları veriliyor.

Bu doğrular arasındaki dar açının açının 45° den küçük olma olasılığı yüzde kaçtır?

A) 10 B) 20 C) 25 D) 40 E) 50

4. A, B ve C isimli üç kişi aralarında aynı sıralama ile zar atarak oyun oynamaktadır. Oyunun kuralına göre, ilk defa asal sayı atabilen kişi oyunu kazanacaktır.

Bu durumda B isimli oyuncunun oyunu kazanma ihtimali kaçtır?

A) $\frac{1}{4}$ B) $\frac{1}{8}$ C) $\frac{2}{7}$ D) $\frac{8}{15}$ E) $\frac{15}{32}$

5. 7 cevizi olan Ömer hergün en az bir tane ceviz yemektedir.

Buna göre, cevizlerin tümünü, günlere dağılımı itibariyle, kaç farklı şekilde yiyebilir?

A) 16 B) 24 C) 32 D) 64 E) 80

6. p, q ve r önermeleri veriliyor.

Buna göre, $r \Rightarrow (p \wedge q)$ önermesinin doğru olma olasılığı yüzde kaçtır?

A) 25 B) 37,5 C) 50 D) 60 E) 62,5

7. $\log_2 |x - 4| < 3$

eşitsizliğini sağlayan tam sayılardan rastgele seçilen iki sayının toplamının sıfır olma olasılığı kaçtır?

A) $\frac{1}{15}$ B) $\frac{1}{20}$ C) $\frac{1}{25}$ D) $\frac{1}{30}$ E) $\frac{1}{35}$

8. $n > 3$ olmak üzere,

$(x + y)^n$

ifadesinin açılımında terimlerden biri rastgele seçiliyor.

Bu terimin katsayısının n sayısından büyük olma olasılığı aşağıdakilerden hangisidir?

A) $\frac{n-3}{n+1}$ B) $\frac{n-1}{n+2}$ C) $\frac{1}{n}$ D) $\frac{2}{n}$ E) $\frac{3}{n}$

9. **Toplamları 10'dan küçük olan üç pozitif reel sayının karelerinin toplamının 16 dan daha az olma ihtimali kaçtır?**

A) $\frac{8}{125}$ B) $\frac{16}{99}$ C) $\frac{21}{100}$ D) $\frac{21\pi}{100}$ E) $\frac{8\pi}{125}$

10. Bir çember üzerinde alınan 10 farklı nokta birleştirilerek mümkün olan bütün doğru parçaları çiziliyor.

Bu doğru parçalarının kesişiminden oluşan ve çemberin iç bölgesinde bulunan noktaların sayısı kaçtır?

A) 160 B) 180 C) 200 D) 210 E) 216

11. $-4 \leq x \leq 9$ ve $0 \leq y \leq 12$

olmak üzere, koordinat düzleminde rastgele alınan bir A(x, y) noktasının B(4, 0) noktasına uzaklığının, x + 4 = 0 doğrusuna uzaklığından daha küçük olma olasılığı kaçtır?

A) $\frac{5}{12}$ B) $\frac{6}{13}$ C) $\frac{8}{15}$ D) $\frac{9}{20}$ E) $\frac{10}{21}$

12. İki kişi hilesiz bir para ile oyun oynuyor.

Oyunda tura getiren kazanacağına göre parayı ikinci atanın kazanma ihtimali kaçtır?

A) $\frac{1}{2}$ B) $\frac{2}{3}$ C) $\frac{1}{3}$ D) $\frac{1}{4}$ E) $\frac{1}{8}$

karekök

2. Testin Cevap Anahtarı

1 B	2 D	3 E	4 E	5 C	6 D	7 C	8 B	9 B	10 A	11 C	12 B

1. Zehra sekiz basamaklı bir merdiveni birer ya da ikişer adım atarak çıkmak istiyor.

Buna göre, Zehra merdiveni kaç farklı şekilde çıkabilir?

A) 27 B) 30 C) 32 D) 34 E) 36

2. Sadece 1 ve 2 rakamları kullanılarak, rakamları toplamı 7 olan tüm doğal sayılar yazılıyor.

Bu sayılar arasından rastgele seçilen bir sayının 4 ile bölünebilme olasılığı kaçtır?

A) $\frac{1}{7}$ B) $\frac{2}{7}$ C) $\frac{3}{14}$ D) $\frac{5}{21}$ E) $\frac{8}{21}$

3. Altı para aynı anda havaya atılıyor.

Paralardan en az birinin tura geldiği bilindiğine göre, dördünün tura ve ikisinin yazı gelme olasılığı kaçtır?

A) $\frac{5}{24}$ B) $\frac{2}{21}$ C) $\frac{5}{21}$ D) $\frac{1}{18}$ E) $\frac{2}{9}$

4. En az 130 lira en çok 160 lira harcamak niyetiyle bir mağazaya giren bir müşteri 5 gömlek ve 4 ceket beğenmiştir.

Ceketlerin tanesi 50 lira, gömleklerin tanesi 40 lira olduğuna göre bu müşteri kaç farklı şekilde seçim yapabilir?

A) 79 B) 80 C) 81 D) 82 E) 83

5.

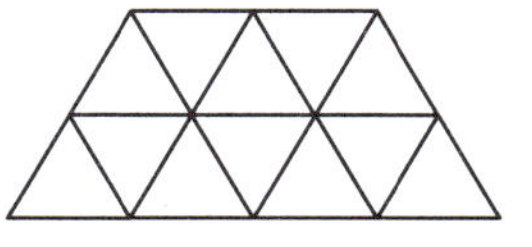

Yukarıda verilen şeklin her satırında en az bir üçgen siyah renkli boyanarak kaç farklı desen elde edilebilir?

A) 4211 B) 4000 C) 3937 D) 3660 E) 3211

6. $C(10, x-1) = C(6, y-2)$

olduğuna göre, x + y ifadesinin alabileceği değerler toplamı kaçtır?

A) 32 B) 36 C) 41 D) 44 E) 46

karekök

7.

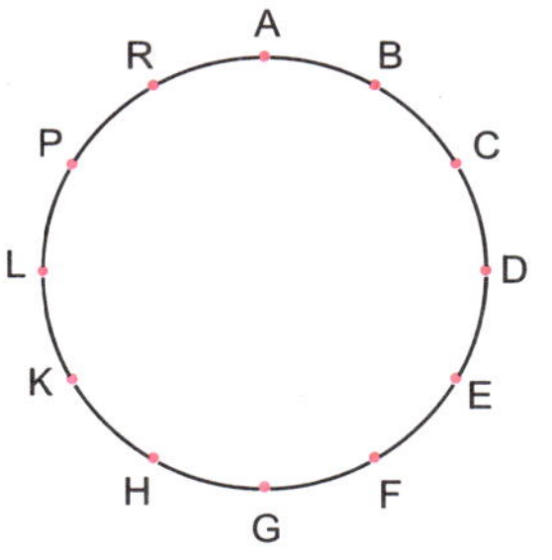

Şekilde görülen çember üzerine 12 nokta eşit aralıklarla çizilmiştir.

Bu noktalar kullanılarak çizilebilecek tüm üçgenler arasından rastgele seçilen birinin eşkenar üçgen olma olasılığı kaçtır?

A) $\frac{1}{55}$ B) $\frac{2}{55}$ C) $\frac{3}{55}$ D) $\frac{4}{55}$ E) $\frac{1}{11}$

8.

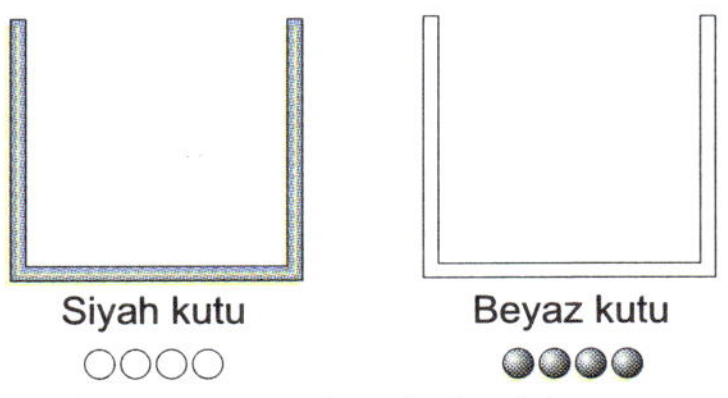

Şekilde siyah ve beyaz kutularla 4 beyaz ve 4 siyah bilye görülmektedir. Bilyeler kutulara istenildiği gibi yerleştirilebilmektedir.

Buna göre, rastgele seçilen bir kutudan alınan bir bilyenin beyaz olma olasılığı <u>en çok</u> kaçtır?

A) $\frac{4}{7}$ B) $\frac{5}{7}$ C) $\frac{6}{7}$ D) $\frac{7}{8}$ E) $\frac{8}{9}$

9.

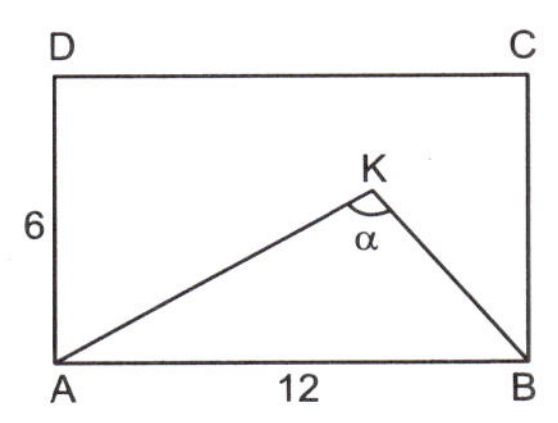

ABCD bir dikdörtgen, $|AB| = 12$ cm ve $|AD| = 6$ cm dir. K, dikdörtgenin iç bölgesinde herhangi bir nokta olduğuna göre,

$m(\widehat{AKB}) = \alpha$ açısının geniş açı olma olasılığı kaçtır?

A) $\frac{1}{2}$ B) $\frac{1}{3}$ C) $\frac{1}{4}$ D) $\frac{\pi}{3}$ E) $\frac{\pi}{4}$

10. **Bir çember üzerinde rastgele alınan iki nokta arasındaki uzaklığın yarıçaptan büyük olma olasılığı kaçtır?**

A) $\frac{1}{2}$ B) $\frac{1}{3}$ C) $\frac{2}{3}$ D) $\frac{3}{5}$ E) $\frac{5}{6}$

11.

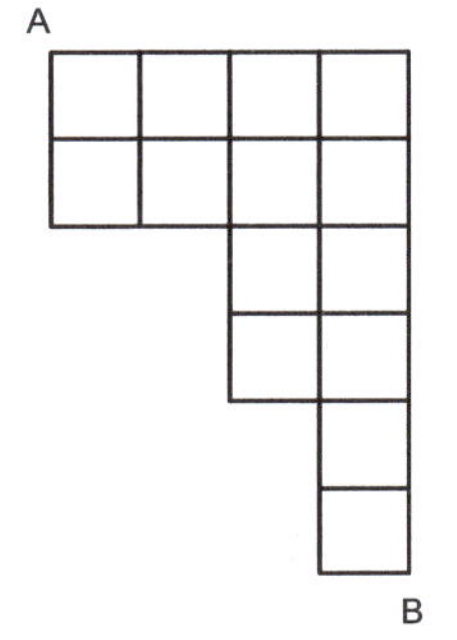

Özdeş bölmelerden oluşan şeklin A noktasında bulunan bir karınca çizgileri izleyerek en kısa yoldan B noktasına kaç farklı şekilde ulaşabilir?

A) 78 B) 79 C) 80 D) 81 E) 97

12.

MUHTE
UHTEŞ
HTEŞE
TEŞEM

Yukarıdaki harflerin dizilişine göre, en üstteki M harfinden başlayarak sağa ve aşağı yönde hareket edilmek şartıyla kaç farklı şekilde MUHTEŞEM kelimesi oluşturulabilir?

A) 21 B) 25 C) 28 D) 35 E) 42

3. Testin Cevap Anahtarı

1	D	2	C	3	E	4	C	5	D	6	E	7	E	8	A	9	E	10	D	11	B	12	C

1. **Sayı doğrusu üzerinde [0, 1] aralığında rastgele alınan iki sayının toplamlarının $\frac{1}{5}$'den küçük olma olasılığı yüzde kaçtır?**

A) 15 B) 10 C) 8 D) 5 E) 2

2.

S E V G İ L İ
E V G İ L İ
V G İ L İ
G İ L İ
İ L İ
L İ
İ

Yukarıda verilen diyagramda "SEVGİLİ" **kelimesi kaç farklı şekilde okunabilir?**

A) 45 B) 50 C) 56 D) 64 E) 68

3.

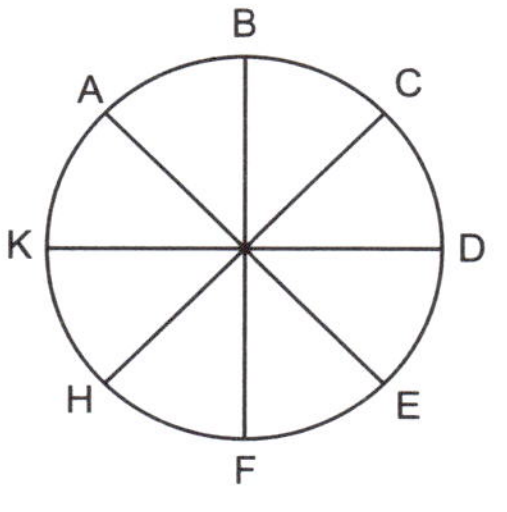

O merkezli çember üzerinde 8 nokta işaretlenmiştir.

Bu noktalarla elde edilebilecek tüm üçgenler arasından rastgele seçilen birinin dik üçgen olma olasılığı kaçtır?

A) $\frac{1}{2}$ B) $\frac{2}{3}$ C) $\frac{3}{5}$ D) $\frac{3}{7}$ E) $\frac{5}{8}$

4. **Altı çocuklu bir ailenin çocuklarından üç tanesinin erkek olma olasılığı kaçtır?**

A) $\frac{5}{16}$ B) $\frac{3}{16}$ C) $\frac{1}{16}$ D) $\frac{1}{8}$ E) $\frac{1}{4}$

5. **Çevresi 20 birimden daha az olan bir dikdörtgenin köşegen uzunluğunun $5\sqrt{2}$ birimden daha küçük olma olasılığı kaçtır?**

A) $\frac{2}{\pi}$ B) $\frac{3}{\pi}$ C) $\frac{1}{\pi}$ D) $\frac{\pi}{4}$ E) $\frac{\pi}{6}$

6. **$(x + y + z)^{10}$ ifadesinin açılımında rastgele seçilen bir terimin x^2 olma olasılığı kaçtır?**

A) $\frac{7}{22}$ B) $\frac{3}{11}$ C) $\frac{5}{22}$ D) $\frac{2}{11}$ E) $\frac{3}{22}$

7. KASAR kelimesinin harfleri ile alfabetik sıraya uygun şekilde beş harfli kelimeler yazılmıştır.

Buna göre, SAKAR kelimesi baştan kaçıncı kelime olur?

A) 36 B) 40 C) 45 D) 51 E) 52

8. 14 basamaklı bir merdiveni Ömer ikişer ya da üçer adım atarak çıkmak istiyor.

Buna göre, Ömer basamakları kaç farklı şekilde çıkabilir?

A) 15 B) 16 C) 20 D) 21 E) 24

9. Bir sinema salonunda 20 sıra ve her sırada 20 koltuk bulunmaktadır.

Rastgele bilet alan iki arkadaşın yan yana gelme olasılığı kaçtır?

A) $\frac{1}{70}$ B) $\frac{1}{90}$ C) $\frac{1}{105}$ D) $\frac{1}{210}$ E) $\frac{1}{420}$

10. 20 kişilik bir sınıfta 4 kişi başkanlık için aday durumdadır. Her kişi sadece bir oy kullanabilmektedir.

Her adayın kendine oy verdiği bilindiğine göre, kaç farklı şekilde oylama sonucu elde edilebilir?

A) 2^8 B) 2^{12} C) 2^{16} D) 2^{20} E) 2^{32}

11. a, b, c pozitif reel sayılardır.

$a + b + c < 12$

olduğuna göre, a + 2b + 3c < 6 olma olasılığı kaçtır?

A) $\frac{1}{64}$ B) $\frac{1}{48}$ C) $\frac{1}{36}$ D) $\frac{1}{24}$ E) $\frac{1}{12}$

12.

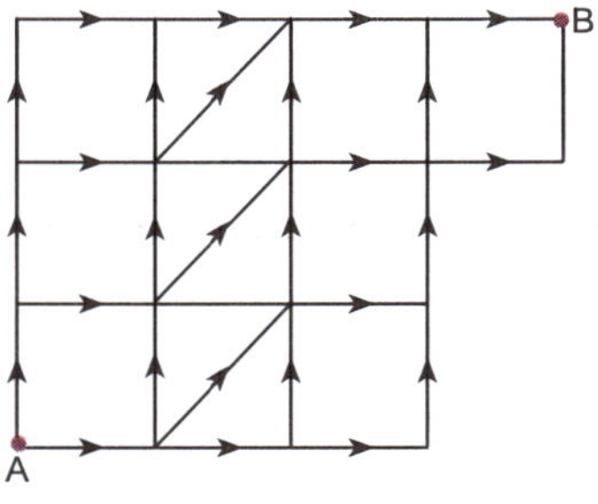

A noktasında bulunan bir adam şekilde oklarla gösterilen yönlerde ilerleyerek B noktasına kaç farklı şekilde ulaşabilir?

A) 15 B) 20 C) 25 D) 30 E) 44

karekök

4. Testin Cevap Anahtarı

1	D	2	D	3	C	4	A	5	C	6	D	7	A	8	B	9	E	10	C	11	E	12	D

1. A, B, C, D, E, F, G harfleri istenildiği kadar kullanılarak 5 harfli kelimeler yazılacaktır.

İçinde sadece üç tane E harfi olmak şartı ile kaç tane 5 harfli kelime yazılabilir?

A) 800 B) 720 C) 600 D) 360 E) 300

2. $(1 + x i)^{41} . (1 - x i)^{20}$

ifadesinin açılımında sanal terimlerin katsayıları toplamı kaçtır?

A) 2^{40} B) 2^{30} C) 2^{20} D) -2^{20} E) -2^{30}

3. 16 özdeş bilye A, B, C ve D kutularına dağıtılacaktır.

A ve B kutularındaki toplam bilye sayısı, C ve D kutularındaki toplam bilye sayısından fazla olmak şartı ile bu işlem kaç farklı şekilde yapılabilir?

A) 443 B) 444 C) 447 D) 449 E) 450

4. k birim uzunluğundaki bir ip rastgele bir noktasından kesiliyor.

Elde edilen parçalardan birinin diğerinin en az iki katı uzunluğunda olma olasılığı kaçtır?

A) $\frac{1}{3}$ B) $\frac{1}{2}$ C) $\frac{2}{3}$ D) $\frac{3}{4}$ E) $\frac{5}{8}$

karekök

5. Özdeş 7 siyah ve özdeş 10 beyaz bilye bir kutuya konacaktır.

Kutu boş kalmamak şartı ile bu bilyeler kutuya kaç farklı şekilde konabilir?

A) 86 B) 87 C) 88 D) 89 E) 90

6. Bir kutuya üzerinde 1 yazan bir top, 2 yazan iki top, 3 yazan üç top, ..., 30 yazan otuz top konuyor.

Aynı numaralı en az 10 topun gelmesini garantilemek için geriye konulmamak şartıyla en az kaç top çekilmelidir?

A) 234 B) 235 C) 236 D) 238 E) 239

7. A = {3, 4, 5, 6, 7, 8, 9} kümesinin elemanları ile rakamları farklı 7 basamaklı sayılar yazılacaktır.

Çift rakamlar büyükten küçüğe, tek rakamlar küçükten büyüğe doğru sıralanmış olmak şartıyla kaç farklı sayı yazılabilir?

A) 96 B) 72 C) 48 D) 35 E) 30

8. 16 toptan 8 tanesinin üzerinde sıfır rakamı bulunmaktadır. Diğer 8 topun üzerinde ise 1'den 8'e kadar rakamlar yazılmıştır.

Bu 16 top arasından 8 tanesi kaç farklı şekilde seçilebilir?

A) 250 B) 251 C) 253 D) 256 E) 257

9. **12 özdeş bilye 4 çocuğa dağıtılacaktır. Her çocuk en az bir tane almak şartıyla dağıtım kaç farklı şekilde yapılabilir?**

A) 163 B) 164 C) 165 D) 168 E) 169

10.

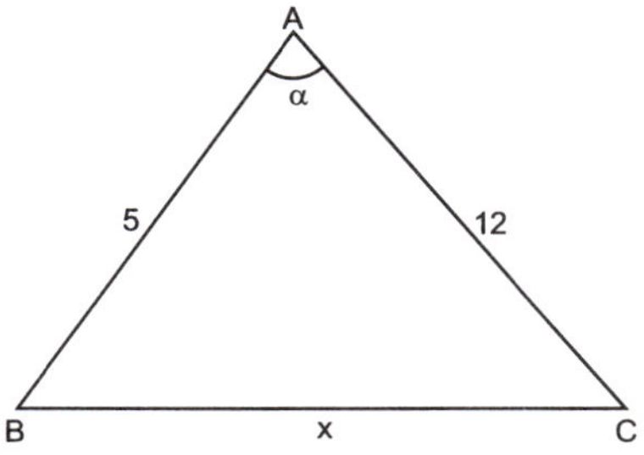

Şekildeki ABC üçgeninde |AB| = 5 cm, |AC| = 12 cm ve x bir tam sayıdır.

Buna göre, α açısının geniş açı olma olasılığı kaçtır?

A) $\frac{1}{2}$ B) $\frac{2}{3}$ C) $\frac{1}{3}$ D) $\frac{1}{6}$ E) $\frac{5}{6}$

karekök

11. İçinde 5 kırmızı ve 4 beyaz bilye bulunan bir kutudan rengine bakılmadan iki bilye alınarak dışarı bırakılıyor.

Buna göre, çekilecek üçüncü bilyenin beyaz olma olasılığı kaçtır?

A) $\frac{43}{63}$ B) $\frac{21}{34}$ C) $\frac{11}{15}$ D) $\frac{5}{7}$ E) $\frac{4}{9}$

12. 13 basamaklı bir merdiven iki veya bir adım atılarak çıkılacaktır. Merdivenin dokuzuncu basamağı kırık olduğundan bu basamağa basılmayacaktır.

Buna göre, merdiven kaç farklı şekilde çıkılabilir?

A) 37 B) 45 C) 84 D) 102 E) 108

5. Testin Cevap Anahtarı

1	E	2	D	3	D	4	A	5	D	6	E	7	D	8	D	9	D	10	E	11	B	12	E

1.

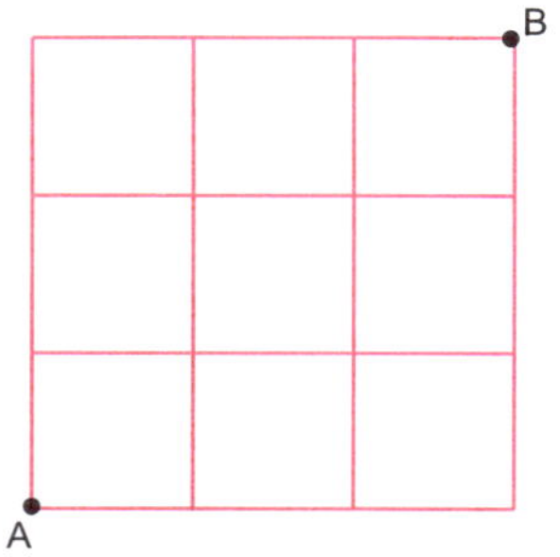

Eşit hızlarla hareket eden ve A ile B noktalarında bulunan iki kişi en kısa yollardan sırasıyla B ve A noktalarına girmek istiyor.

Bu iki kişinin karşılaşma olasılığı yüzde kaçtır?

A) 5 B) 10 C) 12 D) 15 E) 20

2. **10 sandalyeye 7 kişi rastgele oturduğunda herhangi iki boş sandalyenin yan yana gelmeme olasılığı kaçtır?**

A) $\frac{1}{7}$ B) $\frac{2}{21}$ C) $\frac{3}{10}$ D) $\frac{4}{35}$ E) $\frac{7}{15}$

3.

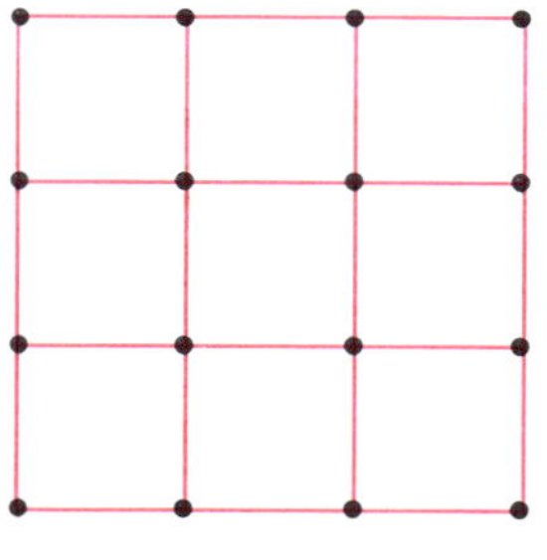

Özdeş karelerden oluşan şekilde görülen noktalarla kaç farklı üçgen çizilebilir?

A) 420 B) 440 C) 484 D) 516 E) 520

4. **Rakamlarının çarpımı 630 olan altı basamaklı kaç tane pozitif sayı yazılabilir?**

A) 1200 B) 1080 C) 1000 D) 960 E) 720

5. Uzunluğu 12 cm olan bir doğru parçası üzerinde rastgele iki nokta işaretleniyor.

Elde edilen üç doğru parçasının bir üçgen oluşturma olasılığı yüzde kaçtır?

A) 10 B) 15 C) 20 D) 25 E) 40

6. **MEZOPOTAMYA kelimesinin harfleri kullanılarak herhangi iki sesli harf yan yana gelmemek şartı ile 11 harfli anlamlı ya da anlamsız kaç farklı kelime yazılabilir?**

A) $(7!)^2$ B) $7!\cdot6!$ C) $5!\cdot7!$ D) $45\cdot7!$ E) $4!\cdot6!$

7. $a + b + c = 12$

denklemini sağlayan kaç farklı (a, b, c) doğal sayı üçlüsü yazılabilir?

A) 120 B) 105 C) 91 D) 78 E) 66

8.

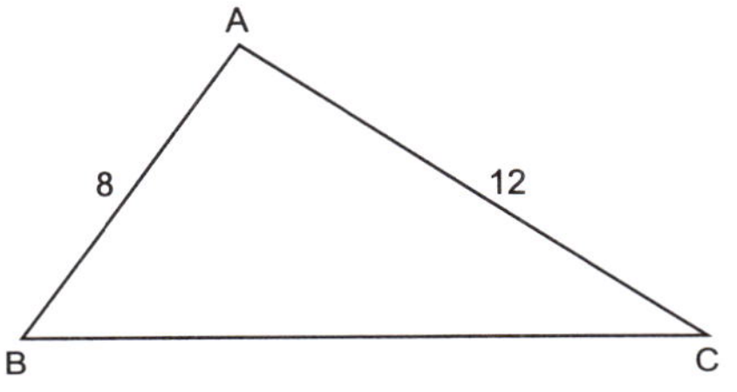

Bir avcı yukarıda görülen ABC üçgeni şeklindeki bir hedefe ateş ediyor.

Hedefin vurulduğu bilindiğine göre, [AC]'ye göre [AB]'ye daha yakın bir noktadan vurulmuş olma olasılğı yüzde kaçtır?

A) 20 B) 25 C) 30 D) 40 E) 60

9. $(2b + a)^{17}$ ifadesinin açılımında katsayıları eşit olan iki terim bulunmaktadır.

Bu terimler baştan kaçıncı terimlerdir?

A) 5 ve 6 B) 6 ve 7 C) 7 ve 8 D) 8 ve 9 E) 9 ve 10

10. 50 kişilik bir sınıfta başkanlık için üç aday yarışmaktadır. Bir kişi sadece bir oy kullanabilmektedir.

Her adayın on ikiden fazla oy aldığı bilindiğine göre, oylama sonucu kaç farklı şekilde gerçekleşebilir?

A) 72 B) 75 C) 78 D) 84 E) 96

11.

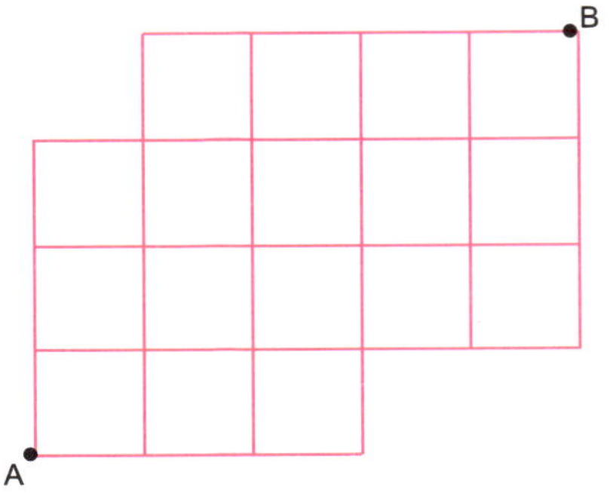

A noktasında bulunan bir kişi şekilde çizgileri izleyerek B noktasına en kısa yoldan kaç farklı biçimde ulaşabilir?

A) 108 B) 112 C) 120 D) 140 E) 144

12. Tanımlı oldukları aralıklarda

$f(x) = x^2 + 1$ ve $h(x) = \sqrt{x-1}$

fonksiyonları veriliyor.

Buna göre, rastgele seçilen bir A(x, y) noktasının f(x) fonksiyonuna daha yakın bir nokta olma olasılığı yüzde kaçtır?

A) 20 B) 25 C) 30 D) 40 E) 50

6. Testin Cevap Anahtarı

1	2	3	4	5	6	7	8	9	10	11	12
D	E	B	C	B	B	D	D	C	C	A	D

1. $(a + b + c + d + e + f)^8$

ifadesinin açılımında kaç terim vardır?

A) 1200 B) 1250 C) 1287 D) 1350 E) 1420

2. $\dfrac{1}{20!\cdot 0!}+\dfrac{1}{18!\cdot 2!}+\dfrac{1}{16!\cdot 4!}+\ldots\ldots+\dfrac{1}{0!\cdot 20!}$

ifadesinin değeri aşağıdakilerden hangisine eşittir?

A) $\dfrac{20!}{10!}$ B) $\dfrac{20!}{2^{10}}$ C) $\dfrac{20!}{2^{20}}$ D) $\dfrac{2^{19}}{20!}$ E) $\dfrac{2^{20}}{20!}$

3. $111\cdot\binom{998}{8}+99\cdot\binom{999}{9}=\binom{m}{n}$

eşitliğini sağlayan <u>en küçük</u> m + n değeri kaçtır?

A) 1001 B) 1010 C) 1100 D) 1900 E) 1990

4. 6 yolcu üç vagondan oluşan boş bir trene rastgele binecektir.

Buna göre, birinci vagonda sadece iki yolcu bulunma olasılığı kaçtır?

A) $\dfrac{40}{81}$ B) $\dfrac{80}{81}$ C) $\dfrac{40}{243}$ D) $\dfrac{80}{243}$ E) $\dfrac{1}{243}$

5. a, b, c, d reel sayılardır.

$(a + b + c + di)^6$

ifadesinin açılımında rastgele seçilen bir terimin reel sayı <u>olmama</u> olasılığı kaçtır?

A) $\dfrac{18}{35}$ B) $\dfrac{17}{42}$ C) $\dfrac{15}{28}$ D) $\dfrac{13}{21}$ E) $\dfrac{12}{13}$

6. Bir torbada, üzerinde [1, 10] aralığında yer alan tam sayıların bulunduğu 10 top vardır. Torbadan bir top çekiliyor ve sonra tekrar torbaya bırakılıyor.

Bu işlem beş defa yapıldığında hepsinde farklı sayıların gelme olasılığı kaçtır?

A) $\dfrac{64}{125}$ B) $\dfrac{79}{125}$ C) $\dfrac{111}{125}$ D) $\dfrac{174}{625}$ E) $\dfrac{189}{625}$

karekök

7. Bir çift zar atılarak üst yüzeyde görülen sayılar (a, b) ikilisi olarak kaydediliyor.

Buna göre, 40 atış sonucunda her defasında farklı bir (a, b) ikilisi elde edilme olasılığı yüzde kaçtır?

A) 60 B) 50 C) 45 D) 20 E) 0

8. Beş basamaklı doğal sayılardan bir tanesi rastgele seçiliyor.

Bu sayının içinde sadece iki tane 1 rakamı bulunma olasılığı kaçtır?

A) $\frac{459}{500}$ B) $\frac{411}{500}$ C) $\frac{1}{2500}$ D) $\frac{1}{125}$ E) $\frac{189}{2500}$

9.

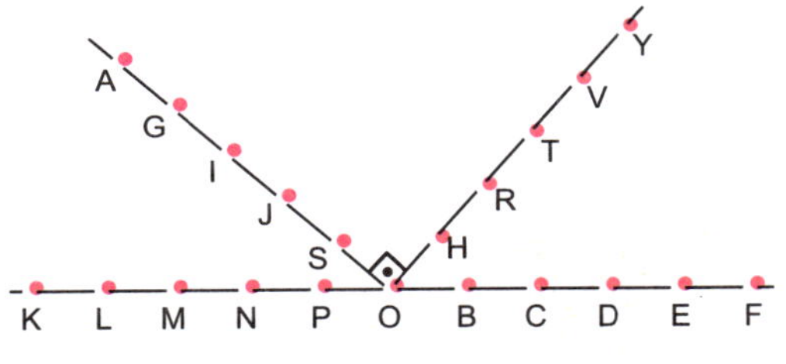

m($\widehat{AOY}$) = 90° ve noktalar eşit aralıklı olmak üzere, bu noktalar kullanılarak kaç farklı dik üçgen çizilebilir?

A) 30 B) 35 C) 40 D) 48 E) 52

10. Birbirinden farklı beş mektup üç boş posta kutusuna atılacaktır.

İkinci kutuda sadece 3 mektup olma olasılığı kaçtır?

A) $\frac{1}{243}$ B) $\frac{10}{243}$ C) $\frac{20}{243}$ D) $\frac{40}{243}$ E) $\frac{50}{243}$

11.

Bir çocuk şekilde görülen sekiz balonun hepsini patlatmak istiyor.

Patlatma işlemine en altta yer alan balonlardan başlanmak şartıyla kaç farklı seçim yapılabilir?

A) 600 B) 560 C) 520 D) 500 E) 480

12. Rastgele alınan bir üçgenin herhangi bir iç açısı seçiliyor.

Bu açının geniş açı olma olasılığı yüzde kaçtır?

A) 10 B) 15 C) 20 D) 25 E) 30

karekök

7. Testin Cevap Anahtarı

1 A 2 E 3 D 4 B 5 D 6 D 7 C 8 D 9 B 10 C 11 C 12 E

1. A noktasından hareket eden bir araç 2V hızıyla 3t saat, 3V hızıyla 5t saat ve 4V hızıyla t saat giderek B noktasına ulaşacaktır.

Buna göre, aracın A ile B arasında rastgele seçilen bir noktadan geçerken hızının 3V olma olasılığı yüzde kaçtır?

A) 60 B) 50 C) 45 D) 40 E) 35

2. x ve y pozitif tam sayılardır. (x, y) aralığında 9 tam sayı, (x^2, y^2) aralığında 499 tam sayı bulunmaktadır.

Buna göre, (x, y) aralığından rastgele seçilen bir tam sayının asal sayı olma olasılığı kaçtır?

A) $\frac{2}{3}$ B) $\frac{1}{3}$ C) $\frac{1}{5}$ D) $\frac{2}{9}$ E) $\frac{4}{9}$

3. Bir torbada 1, 2, 3, 4, 5, 6, 7, 8, 9, 10 sayılarından yalnız birer tane bulunan on tane kart bulunmaktadır.

A, B, C, D, E isimli beş kişi bu sayılardan ikişer tanesini rastgele ve geri atılmamak üzere çektiklerinde ellerinde bulunan sayıların toplamlarının 4, 7, 11, 16, 17 olduğu görülüyor.

Buna göre, A isimli kişinin elindeki kartlarda görülen sayıların her ikisinin de tek olma olasılığı yüzde kaçtır?

A) 10 B) 15 C) 20 D) 25 E) 30

4.

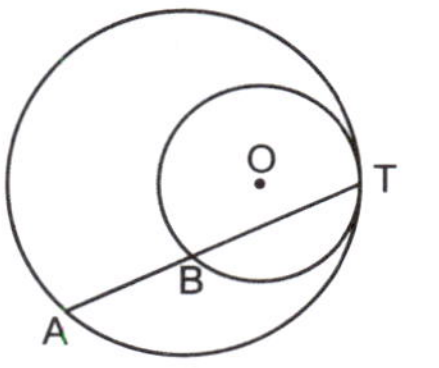

Şekilde verilen daireler birbirine T noktasında teğettir.

|BT| = 2.|AB| olduğuna göre, büyük daire içinde rastgele alınan bir noktanın taralı bölge içinde olma olasılığı kaçtır?

A) $\frac{1}{2}$ B) $\frac{2}{3}$ C) $\frac{3}{5}$ D) $\frac{4}{9}$ E) $\frac{5}{9}$

5. 45 kişilik bir sınıfta başkanlık için 5 aday yarışmaktadır. Adaylar kendilerine oy vermekte ve bir kişi sadece bir oy kullanabilmektedir.

Adaylardan dördünün eşit oy aldığı kaç farklı oylama sonucu vardır?

A) 79 B) 72 C) 64 D) 55 E) 50

6. A = {1, 2, 3, 4, 5, 6, 7, 8}

kümesinin elemanları ile iki rakamı aynı diğer ikisi farklı olmak üzere dört basamaklı kaç sayı yazılabilir?

A) 1008 B) 1200 C) 2016 D) 2400 E) 4002

7. $\binom{20}{r}+\binom{r}{k}$

toplamının alabileceği <u>en büyük</u> değer için r + k kaçtır?

A) 30 B) 25 C) 20 D) 15 E) 10

8.

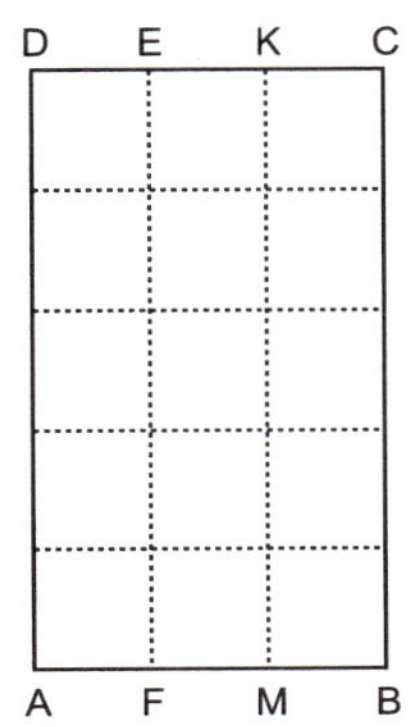

Yukarıdaki şekilde özdeş kareler verilmiştir.

Her satırda <u>en az</u> bir kare boyanmak şartıyla kaç farklı desen elde edilebilir?

A) 10.6^5 B) 75.6^5 C) 7^5 D) 45.7^5 E) 8^5

9. Bir düzlemde 10 farklı kare herhangi ikisinin kenarları çakışık <u>olmamak</u> şartıyla <u>en fazla</u> kaç noktada kesişir?

A) 360 B) 300 C) 280 D) 240 E) 220

10. x bir reel sayı ve $i = \sqrt{-1}$ dir.

$$\left(3x^2+\frac{i}{1+x}\right)^{100}$$

ifadesinin açılımında kaç tane reel terim bulunur?

A) 100 B) 60 C) 51 D) 50 E) 25

11.

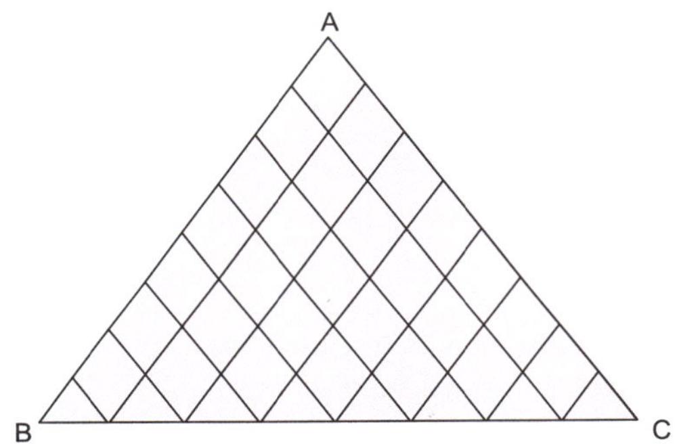

ABC üçgeninin A noktasında bulunan bir kişi, çizgileri takip ederek en kısa yoldan kaç farklı şekilde BC doğrusuna ulaşabilir?

A) 56 B) 144 C) 180 D) 210 E) 256

12. Bir düzlem üzerinde, |AB| = 12 br ve |AC| = |BC| olacak şekilde doğrusal A, B, C noktaları alınıyor. C noktasından en fazla 10 br uzaklıkta bulunan noktalar arasından rastgele bir E noktası alınıyor.

Buna göre, |EA| + |EB| > 20 olma olasılığı yüzde kaçtır?

A) 12 B) 18 C) 20 D) 36 E) 52

1. A torbasında 3 kırmızı ve 6 beyaz, B torbasında ise 5 kırmızı ve 2 beyaz bilye bulunmaktadır. A torbasından rastgele iki bilye çekilip B torbasına atılıyor.

Buna göre, B torbasından çekilen 3 bilyenin hepsinin beyaz olma olasılığı kaçtır?

A) $\frac{1}{102}$ B) $\frac{9}{172}$ C) $\frac{10}{361}$ D) $\frac{12}{485}$ E) $\frac{13}{504}$

2. Analitik düzlemde $0 < x < 2$ ve $0 < y < a + 12$ olmak üzere A(x, y) noktaları alınıyor.

Rastgele seçilen bir A noktasının $y < 3x^2 + a$ eşitsizliğini sağlama olasılığı % 50 olduğuna göre, a kaçtır?

A) 1 B) 2 C) 3 D) 4 E) 5

3. 10 kişi ikişer kişilik 5 takıma ayrılıyor.

Rastgele seçilen üç kişinin hepsinin farklı takımlardan olma olasılığı kaçtır?

A) $\frac{3}{10}$ B) $\frac{1}{5}$ C) $\frac{1}{4}$ D) $\frac{2}{3}$ E) $\frac{1}{3}$

karekök

4. Bir çubuk üzerinde rastgele bir nokta işaretleniyor ve çubuk bu noktadan iki parçaya ayrılıyor.

Bu parçalardan uzun olanın kısa parçanın <u>en az</u> 4 katı uzunlukta olma olasılığı yüzde kaçtır?

A) 50 B) 40 C) 30 D) 20 E) 10

5. **En fazla 3, 6, 7 ve 8 top alabilen dört kutuya özdeş 20 top kaç farklı şekilde dağıtılabilir?**

A) 63 B) 48 C) 40 D) 34 E) 32

6. A = {20, 21, 22, 23, ... , 69, 70}

kümesinin elemanlarından rastgele iki tanesi alınıyor.

Bu iki sayının toplamının 100 den büyük olma olasılığı kaçtır?

A) $\frac{9}{25}$ B) $\frac{15}{34}$ C) $\frac{16}{51}$ D) $\frac{17}{55}$ E) $\frac{18}{73}$

7. İçinde 1'den 12'ye kadar numaralandırılmış 12 tane top bulunan bir kutudan, arka arkaya geri bırakılmadan 4 top çekiliyor.

Çekilen her bir topun üzerindeki sayının bir öncekinden daha <u>büyük</u> olma olasılığı kaçtır?

A) $\frac{1}{72}$ B) $\frac{1}{50}$ C) $\frac{1}{48}$ D) $\frac{1}{24}$ E) $\frac{1}{12}$

8.

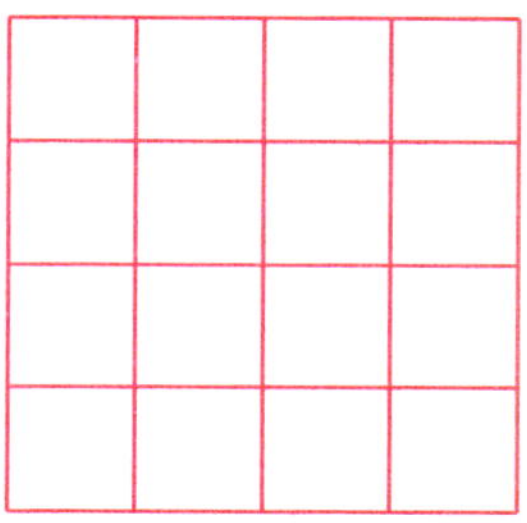

Özdeş karelerden oluşan şeklin her satır ve sütununda yalnız bir bölme boyanmak şartıyla, üç kare siyah renkle kaç farklı şekilde boyanabilir?

A) 96 B) 108 C) 216 D) 432 E) 576

9. Dört öğrenci 5 sınıfa dağıtılacaktır.

Herhangi iki sınıf boş kalmak ve diğer sınıflarda en az bir öğrenci olmak şartıyla kaç farklı dağılım yapılabilir?

A) 60 B) 120 C) 360 D) 420 E) 480

10. Bir torbada 5 beyaz ve 5 siyah bilye bulunmaktadır. A, B, C isimli üç kişi sıra ile geri bırakılmaksızın birer bilye çekiyor. Sonra aynı sırayla bilye çekmeye devam ediyorlar.

Beyaz bilyeyi ilk çeken kişi oyunu kazanacağına göre, B'nin kazanma olasılığı kaçtır?

A) $\frac{25}{84}$ B) $\frac{20}{73}$ C) $\frac{18}{35}$ D) $\frac{11}{20}$ E) $\frac{10}{17}$

11. [0, 10] aralığında bulunan sayılardan rastgele iki tane seçiliyor.

Bu sayıların toplamlarının 12'den küçük olma olasılığı yüzde kaçtır?

A) 12 B) 24 C) 48 D) 68 E) 72

12. **7 özdeş kalem üç öğrenciye her biri en az bir kalem almak şartı ile kaç farklı şekilde dağıtılabilir?**

A) 15 B) 20 C) 21 D) 28 E) 35

9. Testin Cevap Anahtarı

1 A 2 D 3 C 4 E 5 D 6 C 7 D 8 C 9 A 10 C 11 E 12 C

1. Aralarında Ömer ve Zehra'nın da bulunduğu 5 kişi bir binanın giriş katında bulunan asansöre binecektir.

Dört katlı olan bu binanın her katında en az bir kişinin indiği bilindiğine göre, Ömer ile Zehra'nın aynı katta inmiş olma olasılığı yüzde kaçtır?

A) 5 B) 8 C) 10 D) 15 E) 18

2. 6 kişinin katıldığı bir sınavın sonunda öğrencilerin sınav kağıtları toplanıp, sonra her öğrenciye rastgele bir kağıt dağıtılıyor.

Öğrencilerin sadece üçünün kendisine ait sınav kağıdını almış olma olasılığı kaçtır?

A) $\frac{1}{360}$ B) $\frac{1}{180}$ C) $\frac{1}{60}$ D) $\frac{1}{18}$ E) $\frac{1}{12}$

3. Başlangıçta 6 kişi bulunan bir otobüs her 100 metrede durmakta ve bir yolcu indirip iki yolcu almaktadır.

Yolun 250. metresinde otobüste bulunan Neslihan'ın, yolun 450. metresinde de otobüste olma olasılığı kaçtır?

A) $\frac{7}{9}$ B) $\frac{6}{7}$ C) $\frac{5}{6}$ D) $\frac{4}{5}$ E) $\frac{3}{4}$

4. Ömer'in bir hedefi vurma olasılığı $\frac{a}{b}$ dir.

Ömer bu hedefe dört defa ateş ettiğinde yalnız 4. atışta vurma olasılığı <u>en çok</u> kaçtır?

A) $\frac{1}{27}$ B) $\frac{1}{16}$ C) $\frac{27}{64}$ D) $\frac{64}{125}$ E) $\frac{27}{256}$

5. $f(x) = (1 + x + x^2 + x^3 + \cdots + x^{10})$

$g(x) = (1 - x + x^2 - x^3 + \cdots + x^{10})$

fonksiyonları veriliyor.

$f(x) \cdot g(x)$ ifadesinin açılımında elde edilen terimlerden bir tanesi rastgele seçiliyor.

Seçilen bu terimin derecesi çift olan bir terim olma olasılığı yüzde kaçtır?

A) 10 B) 20 C) 40 D) 50 E) 100

6. A ve B isimli kişiler bir zar oyunu oynamaktadır. A ve B sırayla, herhangi biri 6 atıncaya kadar zar atmaya devam edecektir.

Zar atmaya ilk A başladığına göre, B'nin oyunu kazanma olasılığı kaçtır?

A) $\frac{1}{2}$ B) $\frac{3}{5}$ C) $\frac{5}{36}$ D) $\frac{5}{11}$ E) $\frac{6}{11}$

7. **En az 6 basamaklı sayılardan kaç tanesinin rakamları soldan sağa doğru artan sırada olur?**

A) 130 B) 136 C) 142 D) 144 E) 156

8. $a < b < c < d$

olduğuna göre, 3000 sayısından büyük kaç farklı abcd dört basamaklı sayısı yazılabilir?

A) 20 B) 27 C) 32 D) 35 E) 36

9. **5 erkek ve 4 kız bir sıraya herhangi iki kız yan yana gelmemek şartıyla kaç farklı şekilde oturabilir?**

A) $8! \cdot 5$ B) $7! \cdot 6$ C) $24 \cdot 5!$ D) $12 \cdot 7!$ E) $60 \cdot 6!$

10.

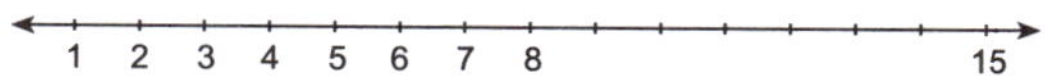

Şekilde görülen sayı doğrusu üzerinde işaretli 15 noktadan rastgele ikisi seçiliyor.

Seçilen noktalar arasındaki uzaklığın en az 4 birim olma olasılığı kaçtır?

A) $\frac{24}{49}$ B) $\frac{22}{35}$ C) $\frac{21}{31}$ D) $\frac{18}{25}$ E) $\frac{9}{16}$

11. **Yuvarlak bir masa etrafında oturan dokuz kişi arasındaki belli üç kişiden herhangi ikisinin yan yana oturmama olasılığı kaçtır?**

A) $\frac{1}{3}$ B) $\frac{2}{7}$ C) $\frac{3}{8}$ D) $\frac{5}{14}$ E) $\frac{6}{25}$

12. İçinde 4 beyaz ve 5 siyah bilye bulunan bir kutudan rastgele iki bilye alınıyor. Daha sonra kutudan tekrar bir bilye çekiliyor.

Bu bilyenin beyaz olma olasılığı kaçtır?

A) $\frac{3}{5}$ B) $\frac{4}{9}$ C) $\frac{5}{7}$ D) $\frac{6}{11}$ E) $\frac{7}{15}$

10. Testin Cevap Anahtarı

1	2	3	4	5	6	7	8	9	10	11	12
E	D	D	B	D	C	D	A	C	A	D	A

1. A = {1, 2, 3, 4, 5} kümesinin elemanları ile rakamları farklı üç basamaklı sayılardan,

birler basamağı 1 olan 12 sayı

birler basamağı 2 olan 12 sayı

⋮

birler basamağı 5 olan 12 sayı vardır.

$12 \cdot (1 + 2 + 3 + 4 + 5) = 180$ olduğundan tüm sayıların toplamı 19980 bulunur.

Yanıt C

2.

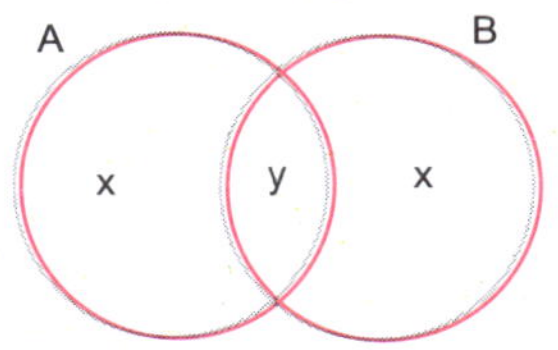

$S(A \cup B) = 161$

$2x + y = 161$

↓

0

2

4

⋮

160 Buradan, y sayısı 81 farklı değer alır.

Yanıt B

3. I. Yol:

14 kişi arasından 4 kişi $\binom{14}{4} = 1001$ şekilde seçilir.

7 evli çiftten 1 çift ve evli olmayan iki kişi

$$\binom{7}{1} \cdot \frac{12 \cdot 10}{2} = 420$$

7 evli çiftten 2 evli çift $\binom{7}{2} = 21$ şekilde seçilir.

Hiç evli çiftin bulunmadığı $1001 - (420 + 21) = 560$ durum vardır.

II. Yol:

Hiç evli çiftin bulunmadığı

$\frac{14 \cdot 12 \cdot 10 \cdot 8}{4!} = 560$ durum vardır.

Yanıt B

4. A = {a, b, c, d, e, f, u} kümesinin elemanları ile 7 harfli ve herhangi iki sesli harfin yan yana gelmediği,

$\cdot b \cdot c \cdot d \cdot f \cdot$

$4! \cdot 5 \cdot 4 \cdot 3 = 1440$ kelime yazılabilir.

Yanıt D

5. MAKİNA kelimesindeki harflerle 6 harfli

$\frac{6!}{2!} = 360$ kelime yazılabilir.

A harflerinin yan yana olduğu 5! durum vardır.

$360 - 120 = 240$ bulunur.

Yanıt E

6. d = 9 için $\binom{8}{3} = 56$ sayı vardır.

d = 7 için $\binom{6}{3} = 20$ sayı vardır.

d = 5 için $\binom{4}{3} = 4$ sayı yazılabilir.

Toplam $56 + 20 + 4 = 80$ sayı vardır.

Yanıt C

karekök

7. abc üç basamaklı sayısında,

a = 7 için, $9 \cdot 9 = 81$

b = 7 için, $8 \cdot 9 = 72$

c = 7 için, $8 \cdot 9 = 72$

Toplam 81 + 72 + 72 = 225 durum vardır.

Yanıt C

8.

$$\begin{array}{r} \left.\begin{array}{r} 1001 \\ 1111 \\ 1221 \\ 1\,.\,.\,1 \\ 1\,.\,.\,1 \\ 1991 \end{array}\right\} 10 \text{ tane} \\ \left.\begin{array}{r} 2002 \\ \vdots \\ 2992 \\ \vdots \end{array}\right\} 10 \text{ tane} \\ \vdots \\ \left.\begin{array}{r} 9009 \\ \vdots \\ 9999 \end{array}\right\} 10 \text{ tane} \\ + \quad \\ \hline 495000 \end{array}$$

Dört basamaklı $9 \cdot 10 \cdot 1 \cdot 1 = 90$ tane polindrom sayı vardır. Yukarıda görülen toplamanın birler basamağı $10 \cdot 45 = 450$ olur. Onlar basamaklarının toplamı da 405 dir.

Bu şekilde toplama yapılırsa sonuç 495000 bulunur.

Yanıt E

9. I. Yol:

Rakamları farklı 6 basamaklı tüm sayılar

6! = 720 tanedir.

Herhangi iki çift sayının yan yana gelmediği

$\cdot 1 \cdot 3 \cdot 5 \cdot$ konumları düşünülürse,

$\binom{4}{3} \cdot 3! \cdot 3! = 144$ durum vardır.

Herhangi iki çift sayının yan yana bulunduğu

720 – 144 = 576 durum olur.

II. Yol:

3 çift sayının yanyana olduğu $3! \cdot 4! = 144$ sayı ve

sadece 2 çift sayının yanyana olduğu

$3! \cdot 4 \cdot \binom{3}{2} \cdot 2! \cdot 3 = 432$ sayı olduğundan herhangi iki çift sayının yanyana bulunduğu 576 sayı bulunur.

Yanıt A

10. Dört zar atıldığında birbirinden farklı gelebilecek

$6 \cdot 5 \cdot 4 \cdot 3 = 360$ durum vardır.

Dört rakam $4 \cdot 3 \cdot 2 \cdot 1 = 24$ şeklinde yazılabilir.

Bu 24 dizilişten sadece bir tanesi istenen şartı sağlar.

O halde, $\frac{360}{24} = 15$ istenen durum vardır.

$P = \frac{15}{6 \cdot 6 \cdot 6 \cdot 6} = \frac{5}{432}$ bulunur.

Yanıt E

11. $(x + 1) \cdot (x + 2) \cdot (x + 3) \ldots\ldots (x + n)$

ifadesinin açılımında x^{n-1} teriminin kat sayısı

$\frac{n(n+1)}{2}$ olacaktır.

$50 \cdot n = \frac{n(n+1)}{2}$

n = 99 bulunur.

Yanıt B

12. $-\binom{n}{0} + \binom{n}{1} - \binom{n}{2} + \binom{n}{3} - \ldots - \binom{n}{n-2} + \binom{n}{n-1} - \binom{n}{n}$

Toplamının sonucu daima sıfır olur.

Sorulan kısma x diyelim.

$-x + \binom{n}{n-1} - \binom{n}{n} = 0$

–79 + n – 1 = 0

n = 80 bulunur.

Yanıt D

11. Testin Cevap Anahtarı

1	C	2	D	3	A	4	E	5	E	6	D	7	A	8	D	9	E	10	B	11	D	12	B

1. Kasanın ilk denemede açılma olasılığı: $\frac{1}{n}$

İkinci denemede açılma olasılığı: $\frac{n-1}{n} \cdot \frac{1}{n-1}$

Üçüncü denemede açılma olasılığı $\frac{n-1}{n} \cdot \frac{n-2}{n-1} \cdot \frac{1}{n-2}$

$\frac{1}{n} + \frac{n-1}{n} \cdot \frac{1}{n-1} + \frac{n-1}{n} \cdot \frac{n-2}{n-1} \cdot \frac{1}{n-2} = \frac{3}{n}$ olur.

Yanıt B

2.

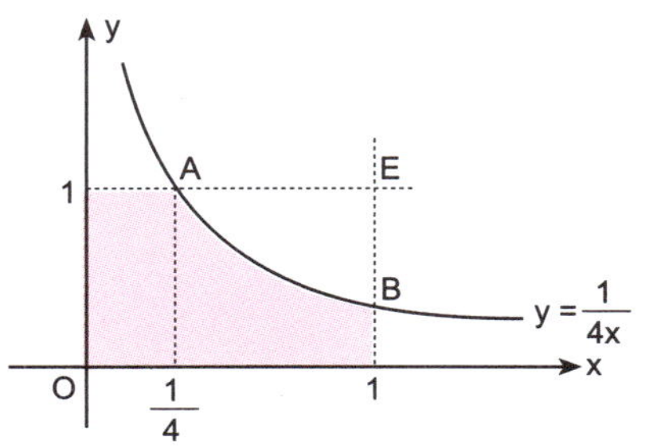

$0 < x < 1$

$0 < y < 1$ eşitsizlikleri ile belirlenen bölgenin alanı 1 br^2 dir.

Taralı bölgenin alanı: $\frac{1}{4} + \int_{1/4}^{1} \frac{1}{4x}\,dx = \frac{1}{4}\ln(4e)$

İstenen olasılık = $\frac{1}{4}$ ln(4e) olur.

Yanıt D

3. Posta kutularından herhangi birinde iki, diğerlerinde birer mektup bulunması gerekiyor.

5 mektuptan ikisi $\binom{5}{2} = 10$ şekilde seçilir.

O halde istenen olasılık: $\frac{10 \cdot 5 \cdot 4 \cdot 3 \cdot 2}{5 \cdot 5 \cdot 5 \cdot 5 \cdot 5} = \frac{48}{125}$ olur.

Yanıt E

4. Tüm öğrencilerin A veya B sınıfında toplanma olasılığı

$\frac{1}{2^5} + \frac{1}{2^5} = \frac{1}{16}$ olur.

O halde, her sınıfta en az bir öğrenci bulunma olasılığı

$1 - \frac{1}{16} = \frac{15}{16}$ demektir.

Yanıt E

5. Çember üzerindeki 20 nokta ile çizilebilecek çokgenlerin sayısı

$\binom{20}{3} + \binom{20}{4} + \binom{20}{5} + \ldots + \binom{20}{20}$ olur.

$\binom{20}{0} + \binom{20}{1} + \binom{20}{2} + \ldots + \binom{20}{20} = 2^{20}$

olduğuna göre, istenen sonuç $2^{20} - 211$ bulunur.

Yanıt C

6. $(x - 1) \cdot (x - 2) \cdot (x - 3) \ldots (x - 999) \cdot (x - 1000)$

ifadesinin açılımında x^{999} teriminin katsayısı

$a = -1 - 2 - 3 - 4 \ldots - 1000 = -500500$ olur.

Yanıt D

7. I. Yol:

Dört evli çift arasından 1 evli çift ve bir kişi

$\binom{4}{1}\cdot\binom{6}{1} = 24$ şekilde seçilir.

8 kişiden 3 kişi $\binom{8}{3} = 56$ şekilde seçilebileceğine göre,

evli çift bulunmayan 56 – 24 = 32 durum vardır.

II. Yol:

4 evli çift arasından 3 çift sonra da seçilen çiftlerden de birer kişi seçilir.

$\binom{4}{3}\cdot\binom{2}{1}\binom{2}{1}\binom{2}{1} = 4\cdot 2^3 = 32$ olur.

Yanıt C

8.

$$(x+4)^n = \binom{n}{0}\cdot x^n\cdot 4^0 + \binom{n}{1}x^{n-1}\cdot 4 + \binom{n}{2}x^{n-2}\cdot 4^2 + ... + \binom{n}{n}x^0\cdot 4^n$$

olduğundan verilen eşitlikte x = 1 yazılırsa,

$$5^n = 1 + \binom{n}{1}\cdot 4 + \binom{n}{2}\cdot 16 + ... + 4^n\binom{n}{n}$$

$5^n - 1 = 125^9 - 1$ elde edilir.

Buradan n = 27 bulunur.

Yanıt B

9. a > b > c > d olduğundan

d = 0 için $\binom{9}{3} = 84$

d = 2 için $\binom{7}{3} = 35$

d = 4 için $\binom{5}{3} = 10$

d = 6 için $\binom{3}{3} = 1$ kadar abcd sayısı yazılabilir.

Toplam 84 + 35 + 10 + 1 = 130 sayı yazılabilir.

Yanıt B

10.

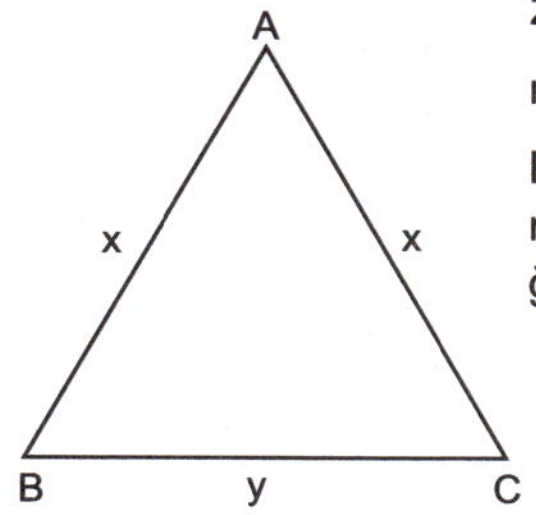

2x + y < 24 olduğuna göre, $m(\widehat{A}) > 60°$ olması isteniyor. Buna göre, y > x olması gerekir. Ayrıca üçgen eşitsizliğinden 2x > y sağlanmalıdır.

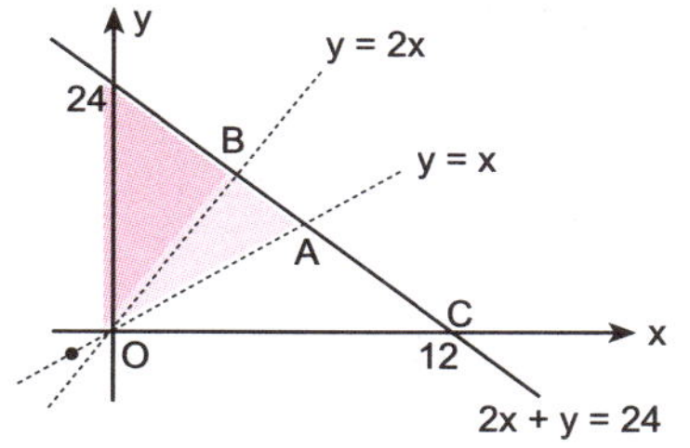

İstenen olasılık $= \dfrac{A(AOB)}{A(BOC)}$

A(8, 8) ve B(6, 12) olduğundan,

$\dfrac{24}{72} = \dfrac{1}{3}$ olur.

Yanıt A

11. Tura ve yazı sayıların eşit olma (3T, 3Y) olasılığı

$\dfrac{\frac{6!}{3!3!}}{2^6} = \dfrac{5}{16}$ olur.

Tura ve yazı sayılarının farklı olma olasılığı

$1 - \dfrac{5}{16} = \dfrac{11}{16}$ bulunur.

O halde, tura sayısının yazı sayısından fazla olma olasılığı $\dfrac{11}{32}$ dir.

Yanıt C

12. Beş kişinin birbiri ile karşılaşmaması için hepsinin aynı yönde hareket etmesi gerekir.

Hepsinin saat yönünde gitme olasılığı $\dfrac{1}{2}\cdot\dfrac{1}{2}\cdot\dfrac{1}{2}\cdot\dfrac{1}{2}\cdot\dfrac{1}{2} = \dfrac{1}{32}$

Saat ibresinin tersi yönünde gitme olasılığı $\dfrac{1}{32}$

Buna göre, karşılaşmama olasılığı $2\cdot\dfrac{1}{32} = \dfrac{1}{16}$ olur.

Yanıt B

1. $10^{99} = 2^{99} \cdot 5^{99}$ olduğundan

pozitif bölen sayısı $(99 + 1) \cdot (99 + 1) = 100 \cdot 100$

Seçilen sayı 10^{10} sayısının tam katı ise, 10^{10} un katı olan $(89 + 1) \cdot (89 + 1) = 90 \cdot 90$ tane pozitif böleni vardır.

istenen olasılık $\dfrac{90 \cdot 90}{100 \cdot 100} = \dfrac{81}{100} = \%81$ olur.

Yanıt D

2.

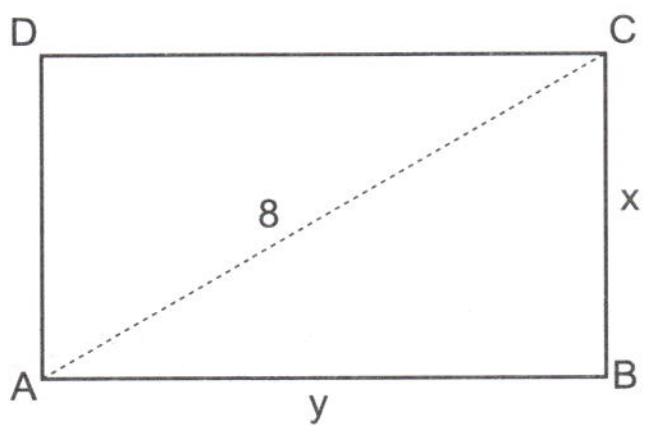

$x^2 + y^2 < 64$

$2(x + y) < 16$

$x + y < 8$

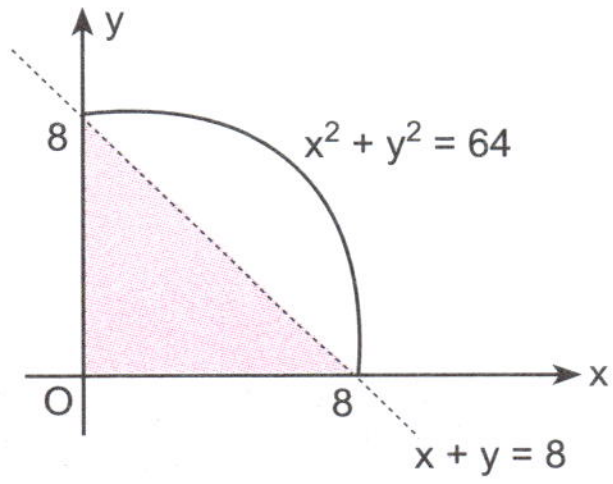

$$P = \frac{\text{Taralı üçgenin alanı}}{\text{Dörtte bir dairenin alanı}}$$

$P = \dfrac{32}{16\pi} = \dfrac{2}{\pi}$ bulunur.

Yanıt C

3.

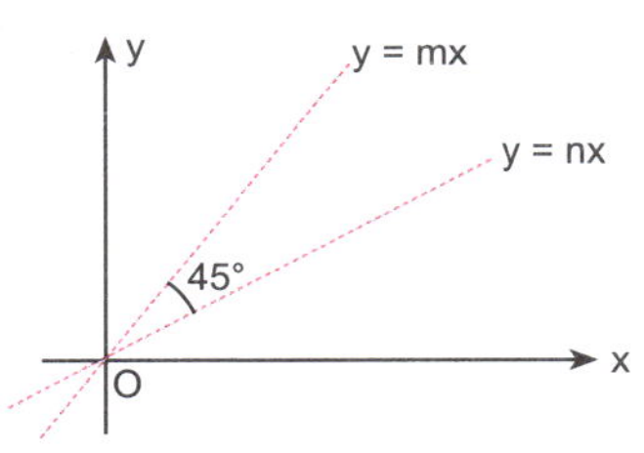

Verilen doğrular arasında kalan dar açı açı $0 < \alpha < 90$ olur.

$0 < \alpha < 45$ olma olasılığı

$P = \dfrac{45}{90} = \dfrac{1}{2} = \%50$ bulunur.

Yanıt E

4. B isimli oyuncunun kazanması için şu durumların oluşması gerekir:

A asal atamaz, B asal atar. (Oyun biter)

A asal atamaz, B atamaz, C atamaz, A atamaz, B atar (Oyun biter.)

Bu şekilde devam edilirse, istenen olasılık,

$$P = \frac{1}{2} \cdot \frac{1}{2} + \frac{1}{2} \cdot \frac{1}{2} \cdot \frac{1}{2} \cdot \frac{1}{2} \cdot \frac{1}{2} + \dots$$

$$P = \frac{1}{4}\left(1 + \frac{1}{8} + \dots\right) = \frac{1}{4} \cdot \frac{1}{1 - \frac{1}{8}} = \frac{2}{7} \text{ olur.}$$

Yanıt C

5.

İstenen dağılım, şekilde görülen 6 noktadan 0, 1, 2, 3, 4, 5 ya da 6 tanesinin seçilme işlemidir.

0 tane noktanın seçilmesi 7 cevizin ilk gün yenmesi demektir.

1 tane noktanın seçilmesi (1, 6), (2, 5), (3, 4), (4, 3), (5, 2), (6, 1) şeklinde yenilmesi anlamına gelir.

O halde, $\binom{6}{0} + \binom{6}{1} + \dots + \binom{6}{6} = 2^6 = 64$ olur.

Yanıt D

6. $r \Rightarrow (p \wedge q)$ ifadesi sadece

$r \equiv 1$ ve $p \wedge q \equiv 0$ için yanlış olur.

$p \wedge q \equiv 0$ olması için (1, 0), (0, 1), (0, 0) yani 3 durum söz konusudur.

$r \Rightarrow (p \wedge q)$ önermesi için toplam $2^3 = 8$ durum olacağına göre, istenen olasılık $1 - \dfrac{3}{8} = \dfrac{5}{8}$ demektir.

Yanıt E

7. $\log_2|x-4| < 3$ olduğuna göre,

$|x-4| < 8 \Rightarrow -4 < x < 12$ bulunur.

Bu aralıkta x tam sayı olarak 15 değer alabilir.

Toplamları sıfır olan (–1, 1), (–2, 2), (–3, 3) ikilileri vardır.

istenen olasılık: $\dfrac{3}{\binom{15}{2}} = \dfrac{1}{35}$ olur.

Yanıt E

8. $(x+y)^n$ ifadesinin açılımında n + 1 tane terim vardır.

n > 3 olmak üzere,

$\binom{n}{0}, \binom{n}{1}, \binom{n}{n-1}, \binom{n}{n}$ ifadeleri n değerinden büyük değildir.

Bu ifadelerin dışında kalan katsayılar n değerinden büyük olur.

O halde, $P = \dfrac{n+1-4}{n+1} = \dfrac{n-3}{n+1}$ demektir.

Yanıt A

9.

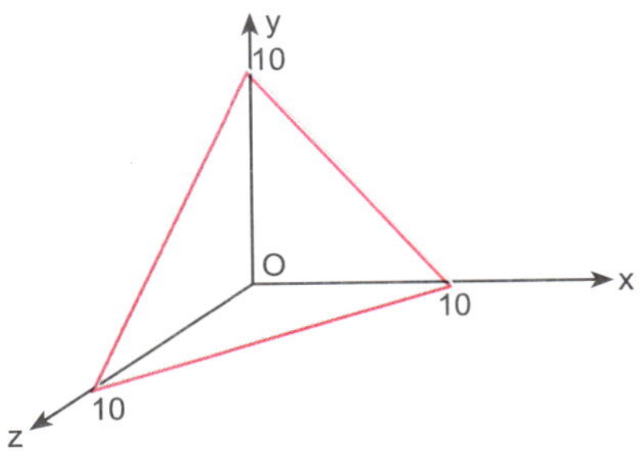

$x + y + z < 10$ (düzlem denklemi)

$x^2 + y^2 + z^2 < 16$ (küre denklemi)

Şekilde görülen piramitin hacmi $\dfrac{500}{3}$ br^3 tür.

x, y, z pozitif olduğundan, yarıçapı 4 br olan kürenin hacminin $\dfrac{1}{8}$ kadarı $\dfrac{4}{3}\pi \cdot 64 \cdot \dfrac{1}{8}$ olur.

istenen olasılık $\dfrac{\frac{32\pi}{3}}{\frac{500}{3}} = \dfrac{8\pi}{125}$ olur.

Yanıt E

10.

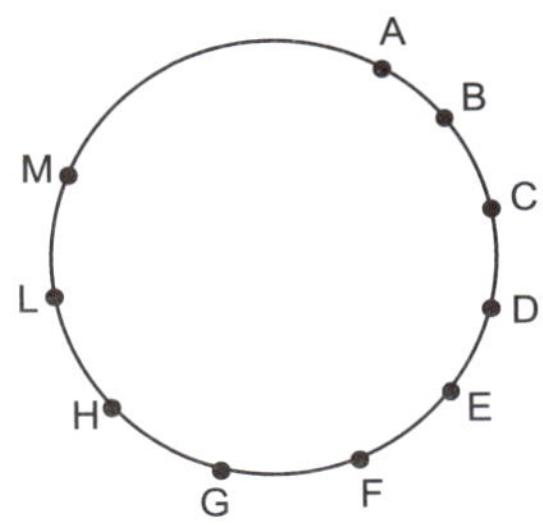

Bir çember üzerinde alınan 10 farklı noktadan herhangi 4 tanesi seçilerek çeşitli konveks dörtgenler oluşturulur.

Her dörtgenin köşegenleri bir noktada kesiştiği için

$\binom{10}{4} = 210$ nokta olur.

Yanıt D

11.

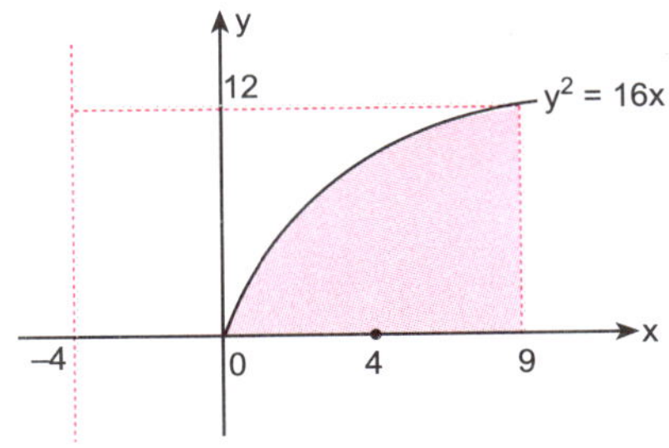

B(4, 0) ve x + 4 = 0 noktasına eşit uzaklıkta olan A(x, y) noktaları $y^2 = 16x$ parabolü üzerindedir.

A noktasının B'ye daha yakın olması için taralı bölge içinde bulunması gerekir.

Taralı alan : $\displaystyle\int_0^9 4\sqrt{x}\,dx = 72\ br^2$

istenen olasılık $P = \dfrac{72}{12 \cdot 13} = \dfrac{6}{13}$ olur.

Yanıt B

12. Oyuncular A ve B olsun.

B'nin kazanması için geçerli durumları yazalım.

A yazı, B tura (oyun biter)

A yazı, B yazı, A yazı, B tura (oyun biter)

Bu şekilde devam edilirse,

$P = \dfrac{1}{2} \cdot \dfrac{1}{2} + \dfrac{1}{2} \cdot \dfrac{1}{2} \cdot \dfrac{1}{2} \cdot \dfrac{1}{2} + \ldots$

$P = \dfrac{1}{4} \cdot \left(1 + \dfrac{1}{4} + \ldots\right)$

$P = \dfrac{1}{4} \cdot \dfrac{1}{1-\frac{1}{4}} = \dfrac{1}{3}$ bulunur.

Yanıt C

1. Sekiz basamaklı bir merdiven birer ya da ikişer adımla şu şekillerde çıkılabilir:

$1,1,1,1,1,1,1,1 \Rightarrow 1$ durum

$1,1,1,1,1,1,2, \Rightarrow \frac{7!}{6!} = 7$ durum

$1,1,1,1,2,2, \Rightarrow \frac{6!}{4!\cdot 2!} = 15$ durum

$1,1,2,2,2, \Rightarrow \frac{5!}{3!\cdot 2!} = 10$ durum

$2,2,2,2 \Rightarrow 1$ durum

Toplam 34 durum vardır.

Yanıt D

2. Yazılabilecek tüm sayılar:

(1, 1, 1, 1, 1, 1, 1), (1, 2, 2, 2), (1, 1, 1, 2, 2), (1, 1, 1, 1, 1, 2) durumlarının tekrarlı permütasyonlarının sayısı kadardır.

Buna göre, 1 + 4 + 10 + 6 = 21 durum vardır.

Seçilen sayının 4 ile bölünmesi için son iki rakamı 12 olmalıdır.

(1, 1, 1, 1, 1, 1, 2), (1, 1, 2, 1, 2), (2, 2, 1, 2)

Buradan toplam 5 durum bulunur.

istenen olasılık, $P = \frac{5}{21}$ olur.

Yanıt D

3. Altı para atılırsa $2^6 = 64$ durum oluşur.

En az bir turanın bulunduğu 64 – 1 = 63 durum vardır.

4 tura ve 2 yazı $\frac{6!}{4!\cdot 2!} = 15$ olduğundan

İstenen olasılık, $\frac{15}{63} = \frac{5}{21}$ olur.

Yanıt C

4. Mümkün olan durumlar:

1 ceket ve 2 gömlek $\Rightarrow \binom{5}{2}\cdot\binom{4}{1} = 40$

2 ceket ve 1 gömlek $\Rightarrow \binom{5}{1}\cdot\binom{4}{2} = 30$

3 ceket $\Rightarrow \binom{4}{3} = 4$

4 ceket $\Rightarrow \binom{5}{4} = 5$

Toplam 79 seçim yapılabilir.

Yanıt A

5. 1. satırda bir üçgen boyanırsa $\binom{5}{1}\cdot\left[\binom{7}{1}+\binom{7}{2}+\ldots+\binom{7}{7}\right]$

1.satırda iki üçgen boyanırsa $\binom{5}{2}\left[\binom{7}{1}+\binom{7}{2}+\ldots+\binom{7}{7}\right]$

⋮

1. satırda beş üçgen boyanırsa $\binom{5}{5}\cdot\left[\binom{7}{1}+\binom{7}{2}+\ldots+\binom{7}{7}\right]$

Toplam $(2^5 - 1)\cdot(2^7 - 1) = 31\cdot127 = 3937$ tane desen elde edilir.

Yanıt C

6. $\binom{10}{x-1} = \binom{6}{y-2}$ eşitliğinin sağlanması için

I. $x - 1 = 0$ ve $y - 2 = 0 \Rightarrow x + y = 3$

II. $x - 1 = 10$ ve $y - 2 = 6 \Rightarrow x + y = 19$ olmalıdır.

Buna göre, x + y nin alabileceği değerler toplamı

19 + 3 = 22 olur.

Yanıt D

karekök

7.

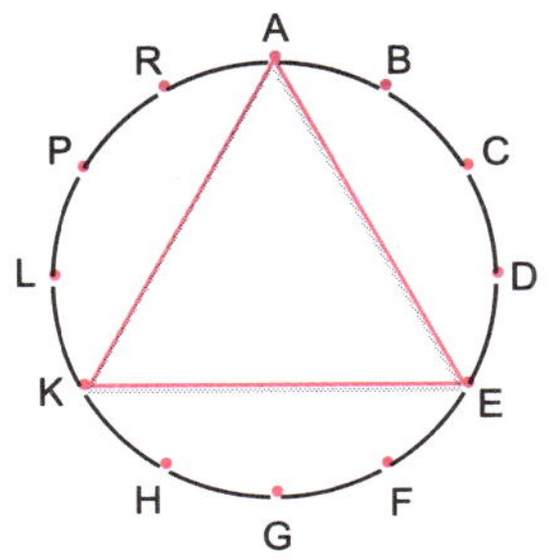

Çizilebilecek eşkenar üçgenlerden biri AKE üçgenidir. Diğerleri BFL, CGP, DHR olduğuna göre toplam 4 durum vardır.

O halde $P = \dfrac{4}{\binom{12}{3}} = \dfrac{1}{55}$ olur.

Yanıt A

8.

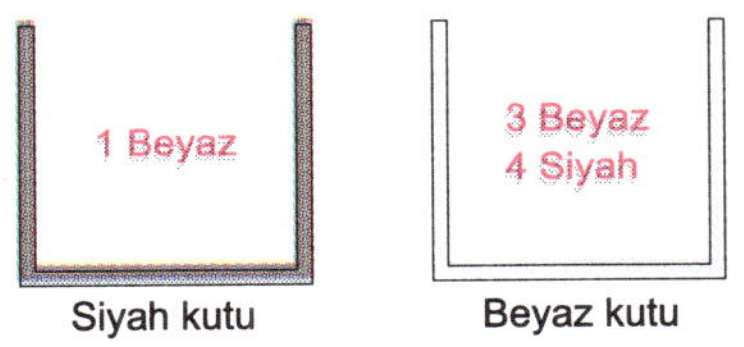

Olasılığın en yüksek olması için bilyeler şekildeki gibi yerleştirilmelidir.

istenen olasılık $P = \dfrac{1}{2}\cdot 1 + \dfrac{1}{2}\cdot\dfrac{3}{7} = \dfrac{5}{7}$ olur.

Yanıt B

9.

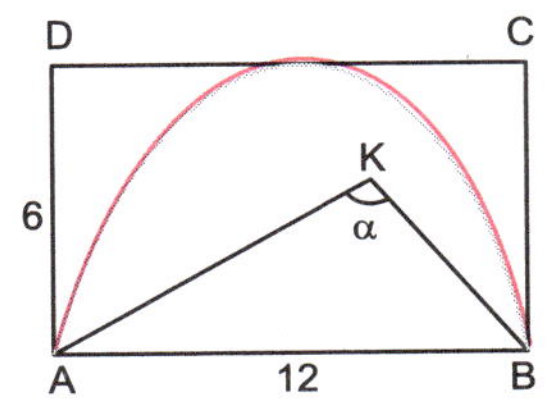

$\alpha > 90°$ olması için K noktasının yarım daire içinde bulunması gerekir.

$P = \dfrac{\frac{1}{2}\cdot\pi\cdot 6^2}{6\cdot 12} = \dfrac{\pi}{4}$ bulunur.

Yanıt E

10.

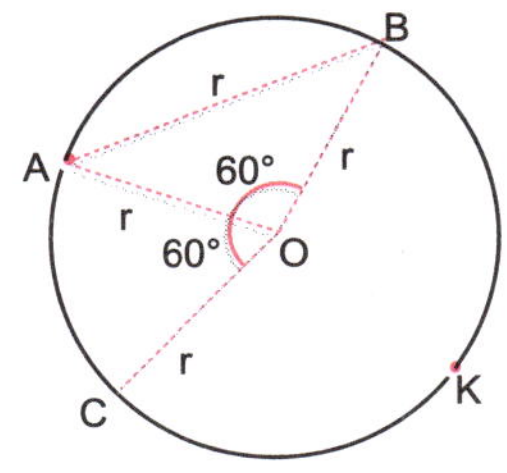

Çember üzerinde rastgele bir A noktası alalım.

$|AE| > r$ olması için E noktasının BKC yayı üzerinde bulunması gerekir.

Buna göre, $p = \dfrac{240}{360} = \dfrac{2}{3}$ olur.

Yanıt C

11.

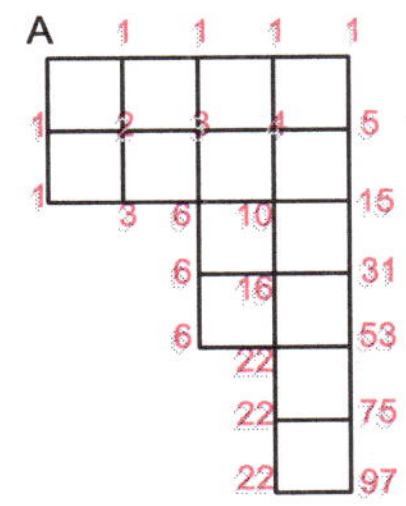

Şekildeki sayılar incelenirse A dan B noktasına en kısa yoldan 97 farklı şekilde ulaşılabileceği görülür.

Yanıt E

12.

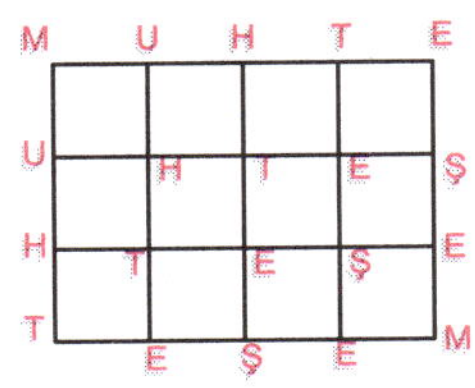

Harfler şekildeki gibi yerleştirilirse,

$\dfrac{7!}{4!\cdot 3!} = 35$ farklı okuma mümkün olur.

Yanıt D

1.

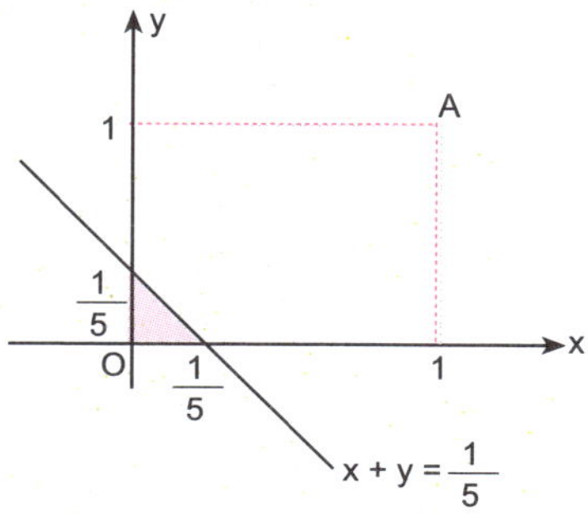

[0, 1] aralığında bulunan sayılar

0 < x < 1 ve 0 < y < 1 bölgesinde bulunur.

$$P = \frac{\frac{1}{2} \cdot \frac{1}{5} \cdot \frac{1}{5}}{1 \cdot 1} = \frac{1}{50} = \%2 \text{ olur.}$$

Yanıt E

2.

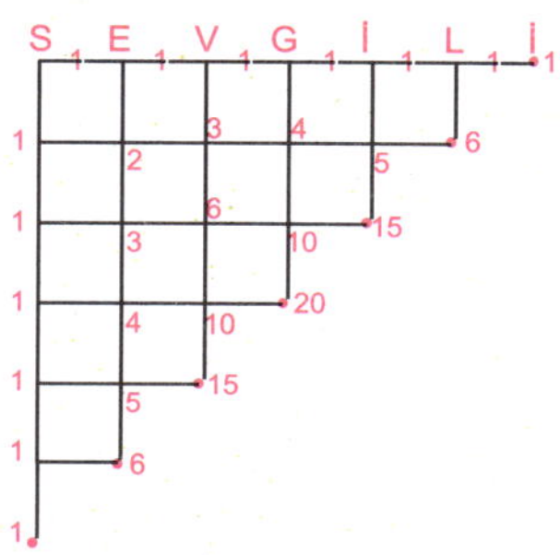

Şekil incelenirse, 1 + 6 + 15 + 20 + 15 + 6 + 1 = 64 farklı okumanın mümkün olduğu görülür.

Yanıt D

3.

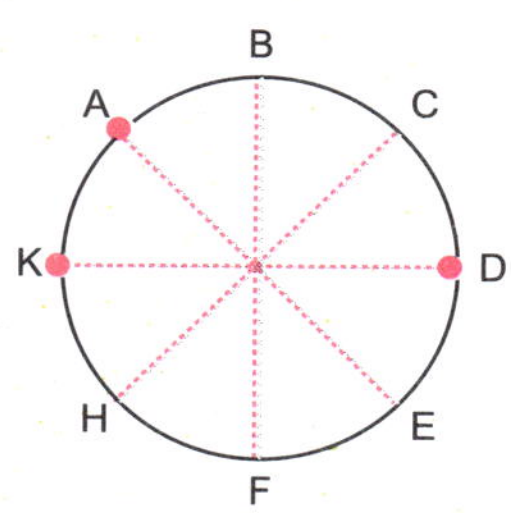

Çapı [KD] olacak şekilde 6 dik üçgen çizilebilir.

Aynı şekilde çapı [AE], [BF], [HC] olan üçgenler düşünülürse, toplam 6·4 = 24 dik üçgen bulunur.

$$P = \frac{24}{\binom{8}{3}} = \frac{3}{7} \text{ olur.}$$

Yanıt D

4. Altı çocuklu bir ailenin çocuklarından üç tanesinin erkek olma olasılığı,

$$P = \frac{\frac{6!}{3! \cdot 3!}}{2^6} = \frac{20}{64} = \frac{5}{16} \text{ olur.}$$

Yanıt A

5.

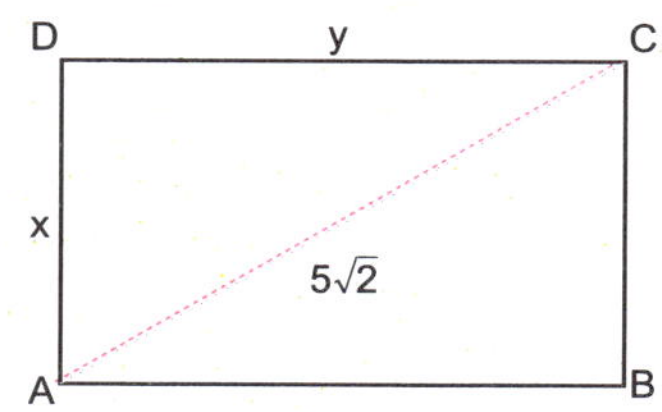

$x + y < 10$

$x^2 + y^2 < 50$

olduğu biliniyor.

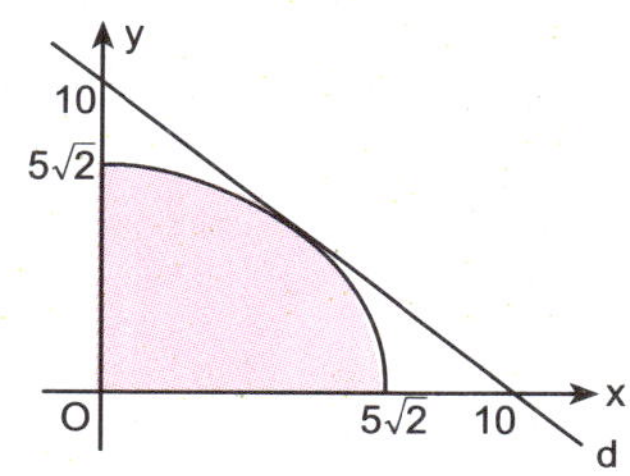

$$P = \frac{\pi \cdot \frac{1}{4} \cdot 50}{10 \cdot 10 \cdot \frac{1}{2}} = \frac{\pi}{4} \text{ olur.}$$

Yanıt D

6. $(x + y + z)^{10}$ ifadesinin açılımında $\frac{11 \cdot 12}{2} = 66$ tane terim bulunur.

Seçilen bir terimde x^2 varsa, bu terim $x^2 \cdot (y + z)^8$ şeklinde olmalıdır. $(y + z)^8$ ifadesinin açılımında 9 terim bulunur.

O halde, $P = \frac{9}{66} = \frac{3}{22}$ olur.

Yanıt E

7. KASAR kelimesinin harfleri ile $\frac{5!}{2!} = 60$ farklı kelime yazılabilir.

A ile başlayan 4! = 24

K ile başlayan $\frac{4!}{2!} = 12$

R ile başlayan 12

S ile başlayan 12 kelime vardır.

(SAAKR, SAARK, SAKAR, ...)

48 + 3 = 51 olduğundan SAKAR baştan 51. kelime olur.

Yanıt D

8. 14 basamaklı merdiven verilen şarta göre, şu şekillerde çıkılabilir.

2, 2, 2, 2, 2, 2, 2 $\Rightarrow$ 1 durum

3, 3, 2, 2, 2, 2 $\Rightarrow$ 15 durum

3, 3, 3, 3, 2 $\Rightarrow$ 5 durum

Toplam 15 + 5 + 1 = 21 şekilde çıkılabilir.

Yanıt D

9. 400 koltuğa A ve B isimli iki kişi 400·339 şekilde oturabilir. A ve B nin herhangi bir sırada yan yana olduğu durumların sayısı 19·2 olur.

20 sıra olduğuna göre, yan yana oldukları 20·19·2 durum vardır.

$$P = \frac{20 \cdot 19 \cdot 2}{400 \cdot 399} = \frac{1}{210} \text{ bulunur.}$$

Yanıt D

10. Her adayın kendisine oy verdiği bilindiğine göre, geriye 16 kişi kalmaktadır.

16 kişiden her biri oyunu 4 farklı şekilde kullanabilir.

$4 \cdot 4 \cdot 4 \cdot 4 \ldots 4 = 4^{16} = 2^{32}$ oylama sonucu olur.

Yanıt E

11. Verilen eşitsizlikler düzlem denklemleridir.

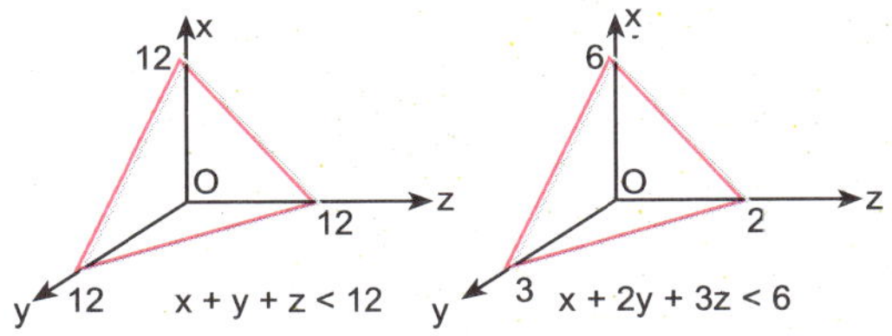

istenen olasılık, görülen piramitlerin hacimleri oranına eşittir.

$$P = \frac{\frac{3 \cdot 2}{2} \cdot 6 \cdot \frac{1}{3}}{\frac{12 \cdot 12}{2} \cdot 12 \cdot \frac{1}{3}} = \frac{1}{48} \text{ olur.}$$

Yanıt B

12.

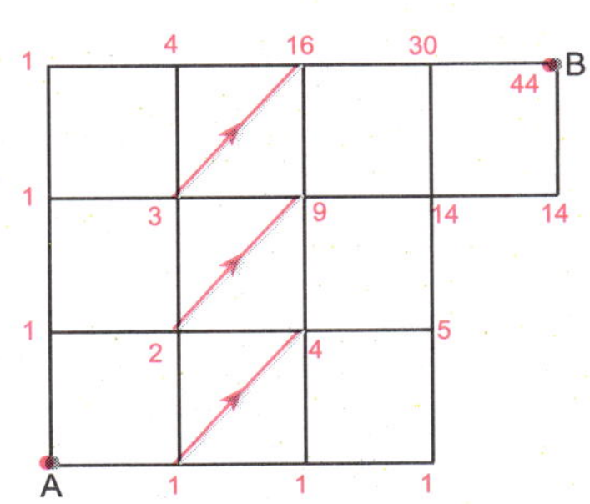

Şekil incelenirse A dan B ye verilen yönlerde 44 farklı yoldan ulaşılabilir.

Yanıt E

1. Üç tane E harfi ve birbirinden farklı iki harf

$\binom{6}{2}\cdot\dfrac{5!}{3!}=15\cdot 20=300$ şeklinde yazılabilir.

Çünkü, 6 harften ikisi seçilecek ve tekrarlı permütasyon uygulanacaktır.

Üç tane E ve aynı iki harfle

$6\cdot\dfrac{5!}{3!\cdot 2!}=60$ kelime yazılır.

Toplam 300 + 60 = 360 kelime olur.

Yanıt D

2. $(1 + xi)^{41}\cdot(1 - xi)^{20}$ ifadesinin açılımında,

x'in tek dereceli terimleri sanal olur. Bu sebeple tek dereceli terimlerin katsayıları toplamı bulunmalıdır.

$$\frac{P(1)-P(-1)}{2}=\frac{(1+i)^{41}\cdot(1-i)^{20}-(1-i)^{41}\cdot(1+i)^{20}}{2}$$

$$\frac{P(1)-P(-1)}{2}=2^{30}\cdot(i)\cdot(-1)=-2^{30}\cdot i \text{ bulunur.}$$

Yanıt E

3.

A + B	C + D	
9	7	$\Rightarrow \binom{10}{1}\cdot\binom{8}{1}=80$
10	6	$\Rightarrow \binom{11}{1}\cdot\binom{7}{1}=77$
⋮		⋮
16	0	$\Rightarrow \binom{17}{1}\cdot\binom{1}{1}=17$
		444

16 bilye iki kutuya 9 ve 7 olarak $\binom{10}{1}\cdot\binom{8}{1}$ şekilde ayrılır.

Diğer durumlarda da benzer şekilde yazılırsa, toplam 444 bulunur.

Yanıt B

4.

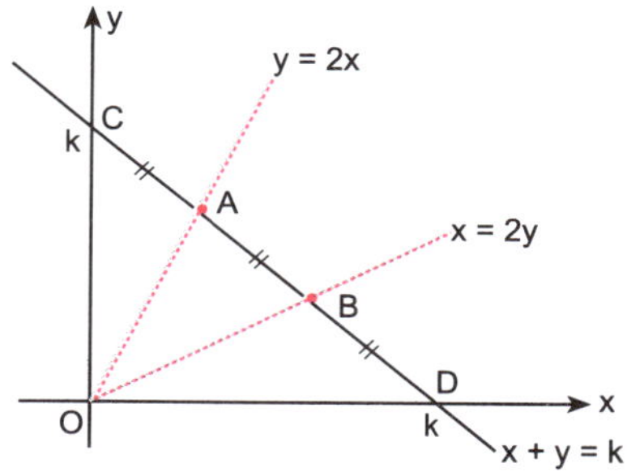

İpin boyu k olarak verilmiştir. Oluşan parçaların toplamı x + y = k olur. y > 2x veya x > 2y olması isteniyor.

|AC| = |AB| = |BD| olduğundan

$P=\dfrac{|AC|+|BD|}{|CD|}=\dfrac{2}{3}$ bulunur.

Yanıt C

5.

Siyah	Beyaz
0	0, 1, 2,...,10
1	0, 1, 2,...,10
2	0, 1, 2,...,10
⋮	⋮
7	0, 1, 2,....,10

0 siyah bilye için beyaz bilyelerin sayısı 0, 1, 2, ...,10 olabilir. Benzer şekilde diğer durumlarda yazılırsa,

8·11 = 88 durum elde edilir. Ancak, kutu boş kalmayacağından (0, 0) durumunu çıkarmak gerekir.

88 – 1 = 87 bulunur.

Yanıt B

6. Mümkün olabilecek en kötü durumu düşünelim.

Yani, 1 yazan 1 topu; 2 yazan 2 topu;... ;9 yazan 9 topu çekmiş olalım.

1 + 2 + 3 +.... + 9 = 45 top olur.

Kalan 21 topun hepsinden dokuzar tane çekilse

9·21 = 189 top olur.

O halde 45 + 189 = 234 top çekilirse, mümkün olan en kötü durum elde edilir. Bir top daha çekildiğinde aynı numaralı 10 topun bulunması garantilenir.

Yanıt B

7. $A = \{3, 4, 5, 6, 7, 8, 9\}$ kümesinin elemanları ile toplam 7! tane yedi basamaklı rakamları farklı sayı yazılır. Çift rakamlar 4,6,8 kendi arasında 3! şekilde yer değiştirir. Bunlar arasında büyükten küçüğe doğru diziliş sadece bir tanedir. Benzer şekilde tek rakamlar 3, 5, 7, 9 kendi arasında 4! şekilde yer değiştirir.

İstenen şarta uygun olarak $\dfrac{7!}{3!\cdot 4!} = 35$ sayı yazılabilir.

Yanıt D

8.

üzerinde 0 yazan 8 top (A)	üzerinde diğer rakamlar yazan 8 top (B)
0	8
1	7
2	6
⋮	⋮
8	0

$$\binom{8}{8}+\binom{8}{7}+\binom{8}{6}+....+\binom{8}{0}=2^8=256 \text{ bulunur.}$$

Yanıt D

9. 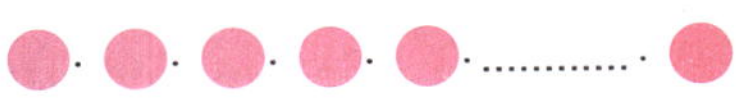

12 özdeş bilye arasında 11 tane nokta bulunur.

4 çocuğun her birinin en az bir tane alması 11 nokta arasından 3 tanesinin seçilmesi demektir.

$$\binom{11}{3} = \frac{11\cdot 10\cdot 9}{3\cdot 2\cdot 1} = 165 \text{ bulunur.}$$

Yanıt C

10.

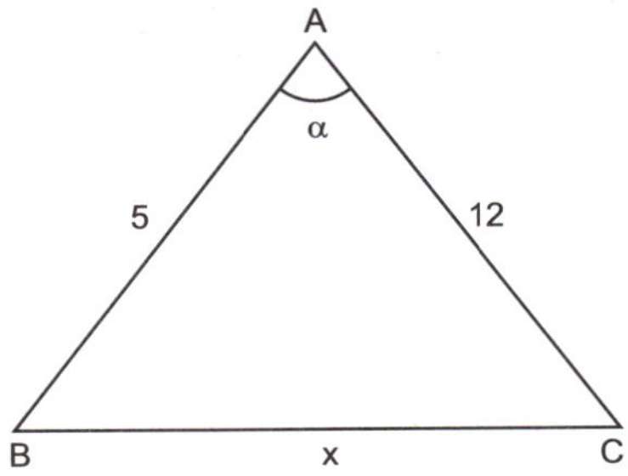

Üçgen eşitsizliğinden,

$7 < x < 17$ yani x in alabileceği 9 farklı tam sayı değeri vardır.

$x^2 > 5^2 + 12^2 \Rightarrow x > 13$

$x = 14, 15, 16$

$P = \dfrac{3}{9} = \dfrac{1}{3}$ bulunur.

Yanıt C

11. Kutudan çekilen iki bilye (Beyaz, Beyaz),(Kırmızı, Beyaz), (Kırmızı, Kırmızı), (Beyaz, Kırmızı) renklerde olabilir.

Buna göre, üçüncü bilyenin beyaz olma olasılığı

$$P = \frac{\binom{4}{2}}{\binom{9}{2}}\cdot\frac{2}{7} + \frac{\binom{5}{1}\binom{4}{1}}{\binom{9}{2}}\cdot\frac{3}{7} + \frac{\binom{5}{2}}{\binom{9}{2}}\cdot\frac{4}{7} + \frac{\binom{4}{1}\binom{5}{1}}{\binom{9}{2}}\cdot\frac{3}{7}$$

$$P = \frac{172}{7\cdot 36} = \frac{43}{63} \text{ bulunur.}$$

Yanıt A

12. Dokuzuncu basamak kırık olduğu için bir ya da iki adım atarak sekizinci basamağa kaç farklı şekilde gelebileceğini bulalım.

(1, 1, 1, 1, 1, 1, 1, 1), (1, 1, 1, 1, 1, 1, 2), (1, 1, 1, 1, 2, 2)

(1, 1, 2, 2, 2), (2, 2, 2, 2)

Toplam 1 + 7 + 15 + 10 + 1 = 34 durum vardır.

10. basamaktan 13. basamağa gitmek için (1, 1, 1) veya (1, 2) adımları atılmalıdır. 1 + 2 = 3 durum oluşur.

Tüm durumların sayısı 34·3 = 102 olur.

Yanıt D

1.

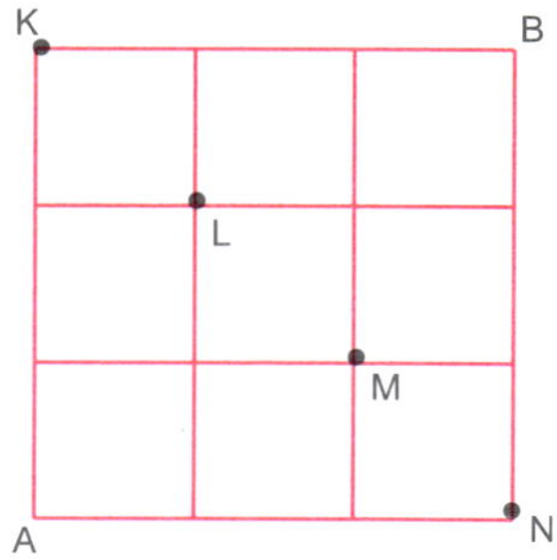

A ile B noktalarında bulunan kişilerin hızları aynı olduğuna göre, karşılaşabilecekleri noktalar K, L, M, N olur.

K, L, M, N noktalarında karşılaşma olasılıklarını sırası ile yazıp toplarsak,

$$P = \frac{1}{20}\cdot\frac{1}{20}+\frac{3}{20}\cdot\frac{3}{20}+\frac{3}{20}\cdot\frac{3}{20}+\frac{1}{20}\cdot\frac{1}{20}$$

$p = \frac{20}{400} = \frac{1}{20}$ yani, %5 bulunur.

Yanıt A

2.

Herhangi iki boş sandalye yan yana gelmeyecek şekilde 7 kişi oturursa 8 boşluk meydana gelir.

8 boşluktan 3 tanesi $\binom{8}{3} = 56$ şekilde seçilir.

$P = \frac{56 \cdot 7!}{10\cdot 9\cdot 8\cdot 7\cdot 6\cdot 5\cdot 4} = \frac{7}{15}$ bulunur.

Yanıt E

3.

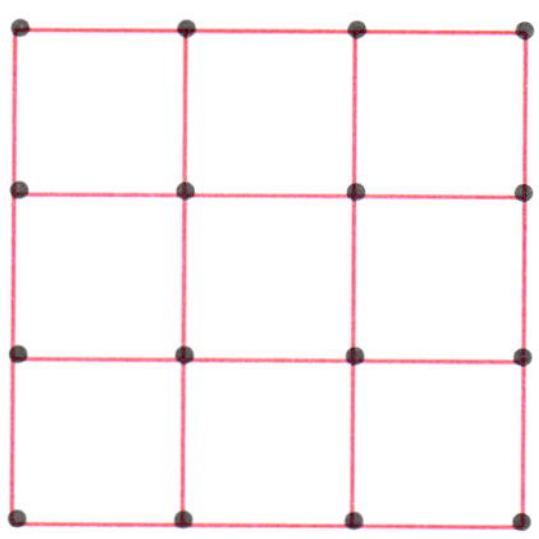

Şekilde 16 nokta görülmektedir. Çizilebilecek üçgenlerin sayısı,

$$\binom{16}{3} - 4\cdot\binom{4}{3} - 4\cdot\binom{4}{3} - 4\cdot\binom{3}{3} - 2\cdot\binom{4}{3}$$

Gerekli işlemler yapılırsa sonuç 516 bulunur.

Yanıt D

4. 630 sayısını asal çarpanlarına ayırırsak $5\cdot 2\cdot 3\cdot 3\cdot 7$ bulunur.

Yazılabilecek 6 basamaklı sayılar,

5,2,3,3,7,1 için $\frac{6!}{2!} = 360$

6,1,1,5,7,3 için $\frac{6!}{2!} = 360$

2,9,1,1,5,7 için $\frac{6!}{2!} = 360$

Toplam 360 + 360 + 360 = 1080 tane olur.

Yanıt B

5.

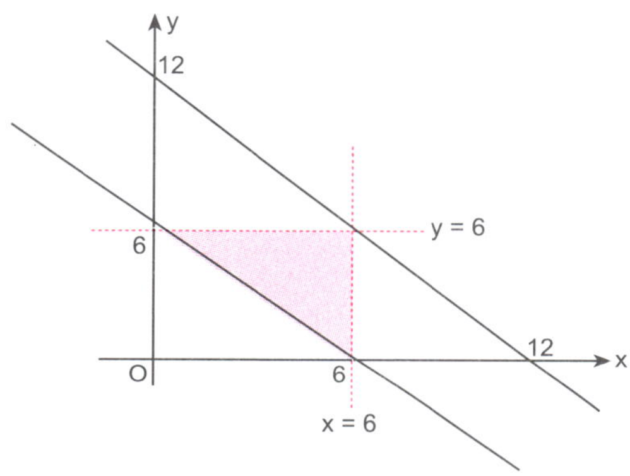

Üçgen eşitsizliği yazılırsa

$x + y > 12 - x - y \Rightarrow x + y > 6$

$y < 12 - x - y + x \Rightarrow 6 > y$

$x < 12 - x - y + y \Rightarrow 6 > x$

$P = \frac{\frac{1}{2}\cdot 6\cdot 6}{\frac{1}{2}\cdot 12\cdot 12} = \frac{1}{4} = \%25$ bulunur.

Yanıt D

6.

★	M	★	M	★	Z	★	P	★	T	★	Y	★

Boş yerleri ★ ile gösterelim. E, 0, 0, A, A harflerini yerleştirirsek,

$\binom{7}{5}\cdot\frac{5!}{2!\cdot 2!}\cdot\frac{6!}{2!} = 45\cdot 7!$ olur.

Yanıt D

7. a + b + c = 12

denklemini sağlayan (a, b, c) doğal sayı üçlüleri

$$\binom{12+3-1}{3-1}=\binom{14}{2}=91 \text{ tanedir.}$$

Yanıt C

8.

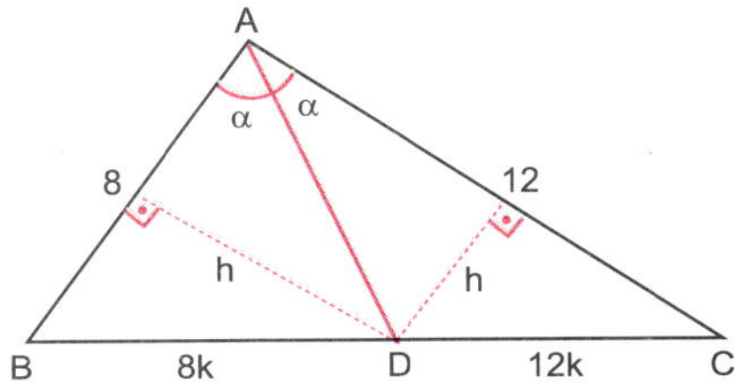

[AD] açıortay çizilirse h ile gösterilen yükseklikler eşit olur. İstenen durumun gerçekleşmesi için noktanın ABD üçgeni içinde olması gerekir.

$$P=\frac{8k}{8k+12k}=\frac{2}{5}=\%40 \text{ olur.}$$

Yanıt D

9. Katsayıları eşit olan terimler ardışık olacağından,

$$\binom{17}{r}\cdot(a)^r\cdot(2b)^{17-r}=\binom{17}{r+1}\cdot(a)^{r+1}\cdot(2b)^{17-r-1}$$

$$\binom{17}{r}=\frac{1}{2}\cdot\binom{17}{r+1} \text{ ve } r=5 \text{ bulunur.}$$

O halde, katsayıları eşit olan terimler baştan 6. ve 7. terimlerdir.

Yanıt B

10. Her adayın en az 13 oy aldığı kesin olduğuna göre,

3·13 = 39 oy sabitlenmiş demektir.

Geriye 50 – 39 = 11 oy kalmaktadır. Bu 11 oyun 3 kişiye kaç farklı şekilde dağılabileceğine bakmak gerekir.

$$\binom{11+3-1}{3-1}=\binom{13}{2}=78 \text{ bulunur.}$$

Yanıt C

11.

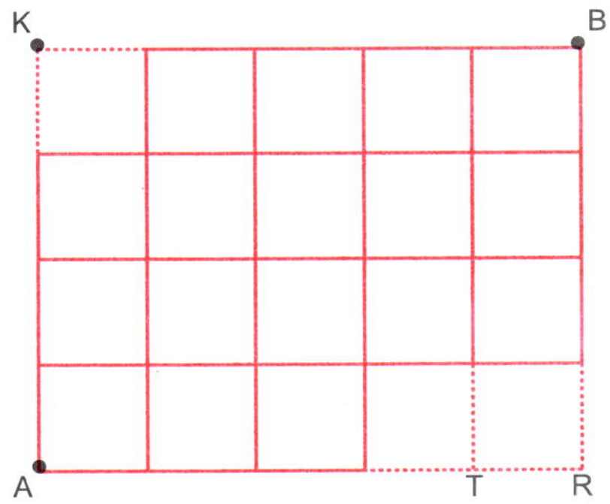

Tüm yollar kullanılırsa A dan B ye $\frac{9!}{5!\cdot 4!}=126$ farklı şekilde gidilebilir.

AKB yolu 1 durum, T veya R nin kullanıldığı 5 durum vardır. 126 – 1 – 5 = 120 bulunur.

Yanıt C

12.

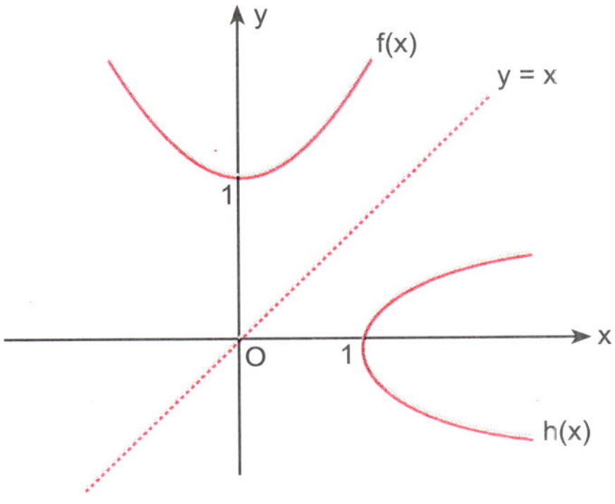

Şekilde görüldüğü gibi f(x) ve h(x) fonksiyonları y = x doğrusuna göre simetriktir. Herhangi bir A(x, y) noktasının y = x

doğrusunun farklı taraflarında olma olasılığı $\frac{1}{2}$, yani %50 dir.

Yanıt E

1. $(a + b + c + d + e + f)^8$ ifadesinin açılımındaki terim sayısı 8 bilyenin 6 çocuğa dağılımı problemi ile aynıdır.

Buna göre, $\binom{8+6-1}{6-1} = \binom{13}{5} = 1287$ bulunur.

Yanıt C

2. Verilen ifade 20! ile çarpılırsa,

$$\binom{20}{0} + \binom{20}{2} + \binom{20}{4} + \ldots + \binom{20}{20} = 2^{19}$$

elde edilir. Buna göre, işlemin sonucu $\frac{2^{19}}{20!}$ bulunur.

Yanıt D

3. $\binom{n}{r} = \frac{n}{r} \cdot \binom{n-1}{r-1}$ olduğunu görürsek,

$$111 \cdot \binom{998}{8} = \frac{999}{9} \binom{998}{8} = \binom{999}{9}$$

$$100 \cdot \binom{999}{9} = \frac{1000}{10} \binom{999}{9} = \binom{1000}{10}$$

m = 1000 ve n = 10 alınırsa m + n en az 1010 olur.

Yanıt B

4. Birinci vagona 2 yolcu $\binom{6}{2} = 15$ şekilde binebilir.

Kalan iki vagona 4 yolcu $2^4 = 16$ farklı şekilde biner.

Tüm durumların sayısı 3^6 olduğundan

$P = \frac{15 \cdot 16}{3^6} = \frac{80}{243}$ bulunur.

Yanıt D

5. $(a + b + c + di)^6$ ifadesinin açılımında toplam

$\binom{6+4-1}{4-1} = \binom{9}{3} = 84$ terim vardır.

a + b + c = x olsun.

$(x + di)^6 = x^6 + 6x^5di + 15x^4 \cdot (di)^2 + 20x^3 \cdot (di)^3 + 15x^2 (di)^4 + 6x(di)^5 + (di)^6$

Bu açılımda reel olmayan terimler x^5, x^3, x olan terimlerdir.

$x^5 = (a + b + c)^5$ yani $\binom{7}{2} = 21$, $x^3 = (a+b+c)^3$ yani $\binom{5}{2} = 10$ terim, x = a + b + c yani 3 terim vardır.

$P = \frac{21+10+3}{84} = \frac{34}{84} = \frac{17}{42}$ olur.

Yanıt B

6. İlk çekilişte hangi sayının geldiğinin önemi yoktur.

İkinci çekişte farklı bir sayının gelme olasılığı $\frac{9}{10}$ olur. Benzer şekilde devam edilirse,

$\frac{9}{10} \cdot \frac{8}{10} \cdot \frac{7}{10} \cdot \frac{6}{10} = \frac{189}{625}$ bulunur.

Yanıt E

7. Bir çift zar atıldığında 6·6 = 36 durum oluşur.

Buna göre, 40 atış sonunda her defasında farklı bir (a, b) ikilisi elde etme imkânı yoktur.

İstenen olasılığın değeri sıfır olur.

Yanıt E

8. 1 rakamlarından bir tanesi onbinler basamağında olursa, $4 \cdot 9^3$ tane beş basamaklı sayı yazılabilir.

1 rakamlarından hiçbiri onbinler basamağında değilse,

$\binom{4}{2} \cdot 8 \cdot 9^2$ tane sayı yazılabilir.

Beş basamaklı tüm sayılar $9 \cdot 10^4$ tane olduğuna göre,

$$P = \frac{4 \cdot 9^3 + 6 \cdot 8 \cdot 9^2}{9 \cdot 10^4} = \frac{189}{2500} \text{ bulunur.}$$

Yanıt E

9. $m(\widehat{AOY}) = 90°$ olduğundan HOS, ROG, AOT... şeklinde 5·5 = 25 tane dik üçgen yazılabilir.

Ayrıca "muhteşem üçlü" özelliği hatırlanırsa,

HPB, RNC, IMD... şeklinde 10 tane dik üçgen daha yazılabilir. Böylece toplam 25 + 10 = 35 dik üçgen çizilebilir.

Yanıt B

10. Önce 5 mektup arasından 3 mektubu $\binom{5}{3} = 10$ farklı şekilde seçelim.

Kalan iki mektup diğer iki posta kutusuna 2·2 = 4 şekilde atılabilir.

Tüm durumların sayısı $3^5 = 243$ olduğuna göre,

$$P = \frac{10 \cdot 4}{243} = \frac{40}{243} \text{ bulunur.}$$

Yanıt D

11.

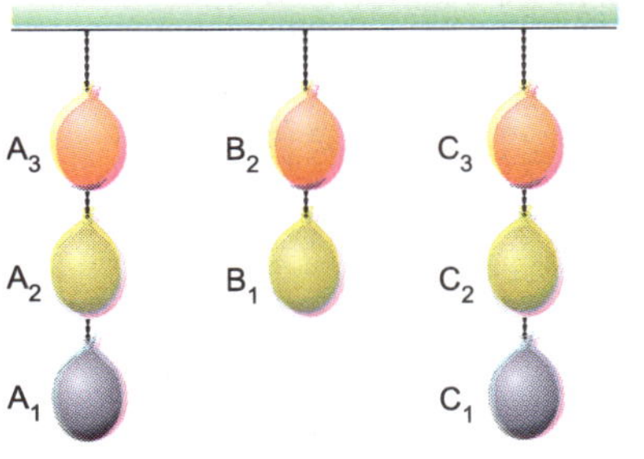

Patlama işleminde en alttaki balonlardan başlanma zorunluluğu olduğu için A_1, A_2, A_3 balonları 3! değil sadece A_1, A_2, A_3 sırasıyla, yani 1 şekilde patlatılabilir.

Bu durum tekrarlı permütasyona benzetilebilir.

O halde, $\frac{8!}{3! \cdot 2! \cdot 3!} = 560$ farklı patlatma yapılabilir.

Yanıt B

12. Üçgenin iç açıları x, y, z olsun.

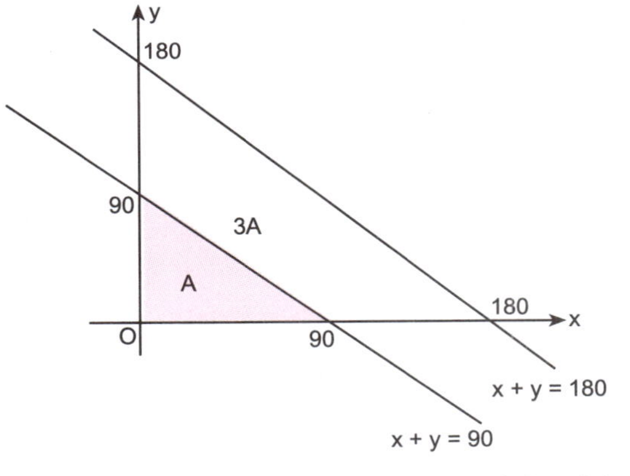

x + y + z = 180° olduğuna göre, x + y < 180° demektir.

z > 90° olursa, x + y < 90 olmak zorundadır.

Doğrular birbirine paralel olduğundan eşitsizlikleri sağlayan bölgelerin alanları A ve 4A olur.

$$P = \frac{A}{4A} = \frac{1}{4} = \%25 \text{ bulunur.}$$

Yanıt D

1.

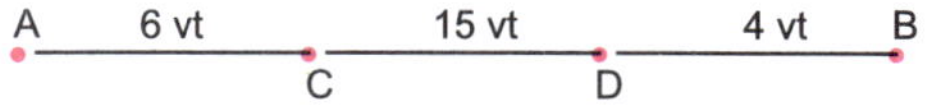

$|AC| = 2v \cdot 3t = 6$ vt $\quad |AB| = 25$ vt

$|DC| = 3v \cdot 5t = 15$ vt

$|BD| = 4v \cdot t = 4$ vt

$P = \dfrac{15\,vt}{25\,vt} = \dfrac{60}{100} = \%60$ olur.

Yanıt A

2. $y - x = 10$

$y^2 - x^2 = 500$ olduğundan,

$y - x = 10$

$y + x = 50$ denklemlerinden

$x = 20$ ve $y = 30$ bulunur.

$P = \dfrac{2}{9}$ olur.

Yanıt D

3. İstenen toplamları veren kartlar,

$1 + 3 = 4,\ 2 + 5 = 7,\ 4 + 7 = 11$

$6 + 10 = 16$ ve $8 + 9 = 17$ olmaktadır.

Her iki kartın da tek sayı olduğu bir durum vardır.

$P = \dfrac{1}{5} = \dfrac{20}{100}$ bulunur.

Yanıt C

4.

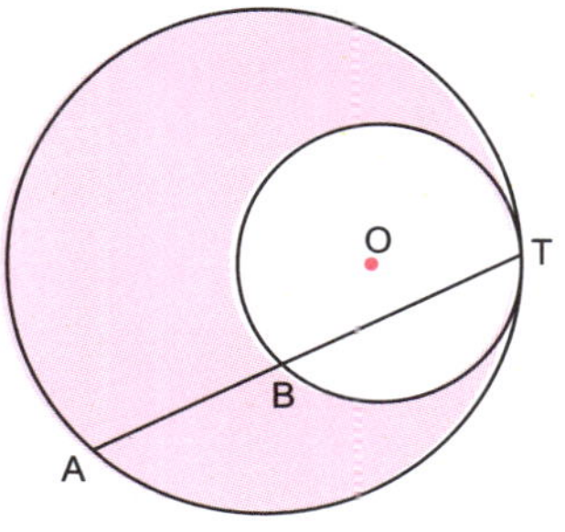

$|AB| = k$ alınırsa

$|BT| = 2k$ olur.

Büyük ve küçük dairelerin alanları kirişlerin boylarının karesi ile orantılı olduğundan $9r^2$ ve $4r^2$ bulunur.

$P = \dfrac{5r^2}{9r^2} = \dfrac{5}{9}$ olur.

Yanıt E

5. 5 adaydan 4 tanesi $\binom{5}{4} = 5$ şekilde seçilir.

Adayların eşit oy aldığı durumlar,

$(1, 1, 1, 1) \Rightarrow 41$

$(2, 2, 2, 2) \Rightarrow 37$

$(3, 3, 3, 3) \Rightarrow 33$

$\vdots$

$(11, 11, 11, 11) \Rightarrow 1$

$11 \cdot 5 = 55$ durum vardır.

Yanıt D

6. $A = \{1, 2, 3, 4, 5, 6, 7, 8\}$

kümesinden birbirinin aynı olan iki rakam 8 şekilde seçilir.

Kalan 7 rakamdan 2 tanesi $\binom{7}{2} = 21$ şekilde alınabilir.

Buna göre, dört basamaklı olarak

$21 \cdot 8 \cdot \dfrac{4!}{2!} = 2016$ sayı yazılabilir.

Yanıt C

karekök

7. $\binom{20}{r}$ ifadesinin en büyük olması için r = 10 değerini almalıdır. Benzer şekilde, $\binom{10}{k}$ ifadesinin maksimum olması için k = 5 olmalıdır.

O halde, r + k = 10 + 5 = 15 bulunur.

Yanıt D

8. Her satır için $\binom{3}{1}+\binom{3}{2}+\binom{3}{3}$ durum vardır.

Buna göre,

$$\left[\binom{3}{1}+\binom{3}{2}+\binom{3}{3}\right]^5 = 7^5$$

farklı desen elde edilir.

Yanıt C

9. 10 kare ikişerli olarak $\binom{10}{2} = 45$ şekilde seçilebilir.

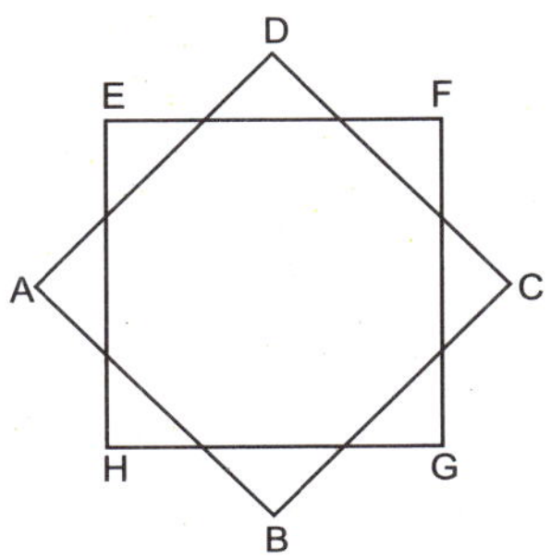

İki farklı kare en çok 8 noktada kesişir. 45·8 = 360 noktada kesişme olur.

Yanıt A

10. $\left(3x^2 + \frac{i}{1+x}\right)^{100}$ ifadesinin açılımında herhangi bir terim $\binom{100}{r} \cdot (3x^2)^r \cdot \left(\frac{i}{1+x}\right)^{100-r}$ olur.

Reel terimlerin sayısı $(i)^{100-r}$ ifadesine bağlıdır.

r = 0, 2, 4, 6, 8, ... 100 için terimler reel olur.

Buna göre, 51 reel terim vardır.

Yanıt C

11.

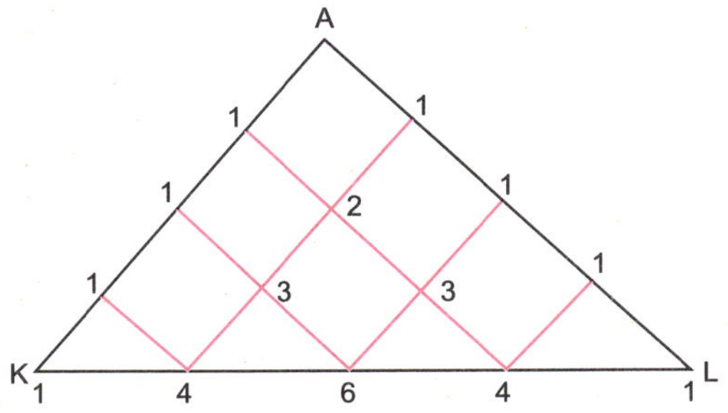

Yukarıdaki 4 basamak için gerekli hesaplama yapılmıştır.

$1 + 4 + 6 + 4 + 1 = 16 = 2^4$

Soruda verilen şekil 8 basamaktan oluştuğuna göre, $2^8 = 256$ farklı yol vardır.

Yanıt E

12.

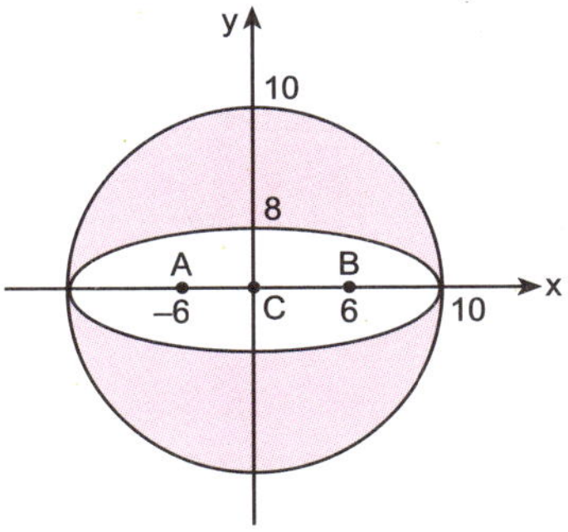

C noktasından 10 birim uzaklıktaki noktalar çember belirtir.

|EA| + |EB| = 20 elips denklemidir.

$p = \frac{100\pi - 10 \cdot 8 \cdot \pi}{100\pi} = \frac{20}{100} = \%20$ bulunur.

Yanıt C

karekök

1.

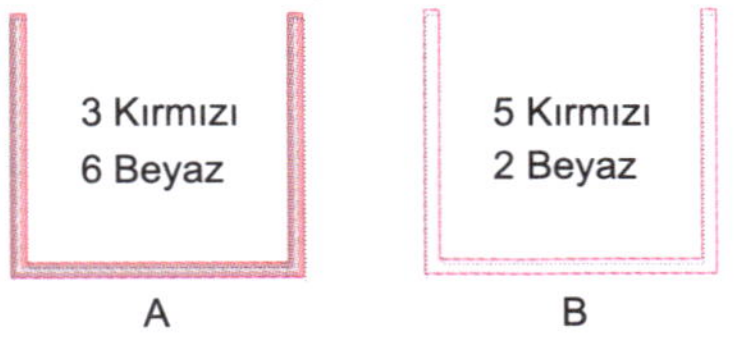

A torbasından çekilen 2 bilye için (Kırmızı, Kırmızı), (Beyaz, Beyaz), (Kırmızı, Beyaz) şeklinde 3 durum vardır.

I: KK olursa, B'den 3 beyaz çekme olasılığı sıfırdır.

II: (B, B) olursa, $\dfrac{\binom{6}{2}}{\binom{9}{2}} \cdot \dfrac{\binom{4}{3}}{\binom{9}{3}} = \dfrac{5}{12 \cdot 21}$

III: (K, B) olursa, $\dfrac{\binom{3}{1}\binom{6}{1}}{\binom{9}{2}} \cdot \dfrac{\binom{3}{3}}{\binom{9}{3}} = \dfrac{1}{84 \cdot 2}$

Tüm durumlar toplanırsa $\dfrac{13}{504}$ bulunur.

Yanıt E

2.

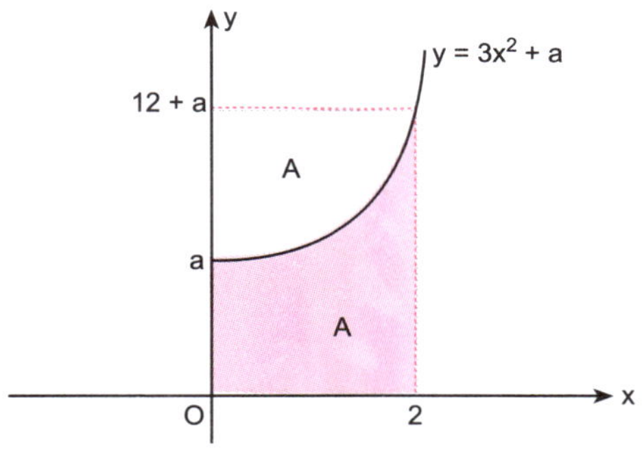

Rastgele seçilen bir (x, y) noktasının $y < 3x^2 + a$ eşitsizliğini sağlama olasılığının %50 olması A ile gösterilen alanların eşit olması demektir.

Taralı bölgenin alanı $A = \int_0^2 (3x^2 + a)dx = 2a + 8$

$P = \dfrac{2a+8}{2(12+a)} = \dfrac{1}{2} \Rightarrow a = 4$ olur.

Yanıt D

3. Rastgele seçilen 3 kişinin farklı takımlarda olduğu durumların sayısını,

(Tüm durumların sayısı) - (iki kişinin aynı takımda olduğu durumlar)

$\binom{10}{3} - \binom{5}{1} \cdot \binom{8}{1} = 80$ olarak hesaplayabiliriz.

$P = \dfrac{80}{\binom{10}{3}} = \dfrac{2}{3}$ bulunur.

Yanıt D

4.

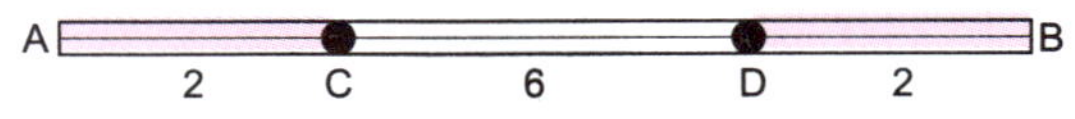

Kolaylık olması açısından çubuğun boyunu 10 birim alalım.

İstenen şartın sağlanması için çubuğun [AC] veya [DB] aralığından kesilmesi gerekir.

$P = \dfrac{2+2}{10} = \dfrac{40}{100} = \%40$ bulunur.

Yanıt B

5. Eğer kutular tamamen dolacak olsaydı,

3 + 6 + 7 + 8 = 24 top gerekecekti.

Elimizde 20 top olduğuna göre, kutularda 4 topluk boşluk kalacaktır.

O halde yapılması gereken şey, 4 topun 4 boşluğa dağıtılması işlemidir.

$\binom{4+4-1}{4-1} = \binom{7}{3} = 35$

Ancak, (4, 0, 0, 0) durumunun iptâl edilmesi gerekeceğinden 35 – 1 = 34 bulunur.

Yanıt D

6. Toplamları 100'den büyük olan ikililer:

(31, 70) $\Rightarrow$ 1 durum

(32, 69), (32, 70) $\Rightarrow$ 2 durum

⋮

(50, 51), (50, 52),...(50, 70) $\Rightarrow$ 20 durum

(51, 52), (51, 53),...(51, 70) $\Rightarrow$ 19 durum

(52, 53), (52, 54),...(52, 70) $\Rightarrow$ 18 durum

Toplam $\frac{20\cdot 21}{2}+\frac{19\cdot 20}{2}=400$ durum vardır.

$P=\frac{400}{\binom{51}{2}}=\frac{16}{51}$ bulunur.

Yanıt C

7. Kutuda bulunan 12 toptan 4 tanesi $\binom{12}{4}$ şekilde seçilir.

Tüm durumların sayısı $12\cdot 11\cdot 10\cdot 9$ kadardır.

$P=\frac{\binom{12}{4}}{12\cdot 11\cdot 10\cdot 9}=\frac{1}{24}$ bulunur.

Yanıt D

8.

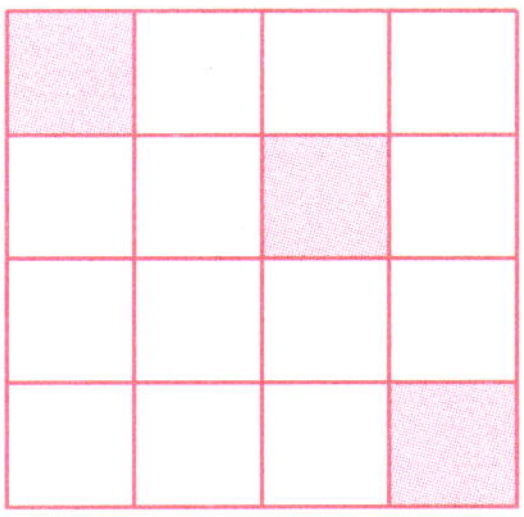

16 tane kareden bir tanesi 16 şekilde boyanır. Bir satır ve bir sütun kapanınca geriye 9 kare kalır. Tekrar bir satır ve sütun kapatılırsa 4 kare kalır.

Boyanan kareler B ile gösterilirse BBB tekrarlı permütasyon oluşturur.

$\frac{16\cdot 9\cdot 4}{3!}=96$ bulunur.

Yanıt A

9. 5 sınıftan boş kalacak 2 tanesi $\binom{5}{2}=10$ şekilde seçilir.

Diğer 3 sınıfta en az birer öğrenci olacağına göre, sınıflardan birinde 2 kişi bulunacaktır.

O halde, dağılım $10\cdot\binom{4}{2}\cdot 3!=360$ şekilde yapılabilir.

Yanıt C

10. B oyuncusunun kazanması için çekilişlerin şu şekilde olması gerekir.

I: Siyah(S), Beyaz(B) $\Rightarrow \frac{5}{10}\cdot\frac{5}{9}$

II. SSSSB $\Rightarrow \frac{5}{10}\cdot\frac{4}{9}\cdot\frac{3}{8}\cdot\frac{2}{7}\cdot\frac{5}{6}$

Bu iki durum toplanırsa $\frac{25}{84}$ bulunur.

Yanıt A

11.

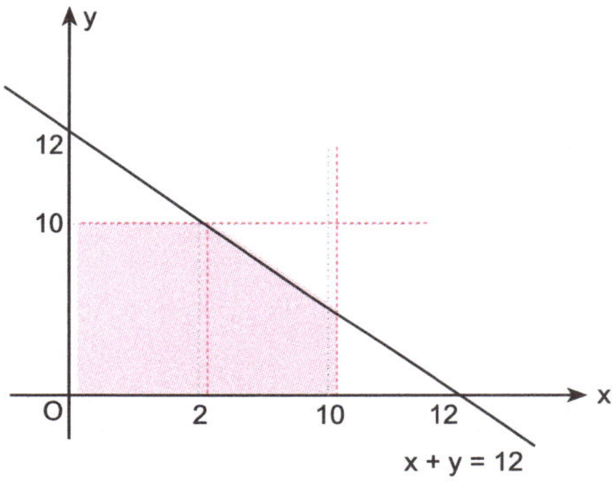

Rastgele seçilen sayılar x ve y olsun.

$0 < x < 10$, $0 < y < 10$, $x + y < 12$

şartlarının sağlanması gerekiyor.

$P=\frac{20+48}{10\cdot 10}=\frac{68}{100}=\%68$ olur.

Yanıt D

12. 7 özdeş kalemden üç öğrenciye birer tane verilirse geriye dağıtılacak 4 kalem kalır.

Yani, 4 kalem 3 öğrenciye verilecektir.

$\binom{4+3-1}{3-1}=\binom{6}{2}=15$ farklı dağıtım yapılabilir.

Yanıt A

karekök

1. Her katta en az bir kişi indiğine göre, herhangi bir katta 2 kişi inmiş olmalıdır.

5 kişiden 2 kişi $\binom{5}{2} = 10$ şekilde seçilir.

O halde, tüm durumların sayısı $\binom{5}{2} \cdot 4!$ olur.

Ömer ile Zehra birlikte 4 farklı katta inebilir. Diğer 3 kişinin inişi için 3! = 6 durumu vardır.

$P = \dfrac{4 \cdot 3!}{\binom{5}{2} \cdot 4!} = \dfrac{1}{10} = \%10$ bulunur.

Yanıt C

2. $\underbrace{\binom{6}{3} \cdot \frac{1}{6} \cdot \frac{1}{5} \cdot \frac{1}{4}}_{\text{Kendisine ait kağıdı alanlar}} \cdot \frac{2}{3} \cdot \frac{1}{2} = \frac{1}{18}$ bulunur.

Yanıt D

3. Başlangıçta 6 kişi olduğuna göre, 150. metrede 7 kişi vardır. 250. metrede otobüste 8 kişi bulunur.

Neslihan'ın 350. metrede otobüste kalma olasılığı $\frac{7}{8}$ ve 450. metrede inmeme olasılığı $\frac{8}{9}$ olur.

Buna göre, $P = \frac{7}{8} \cdot \frac{8}{9} = \frac{7}{9}$ bulunur.

Yanıt A

4. Ömer'in hedefi vurma olasılığı $\frac{a}{b} = x$ olsun.

4 atış sonunda, sadece dördüncü atışta vurmuş olma olasılığı $(1 - x)^3 \cdot x$ olur.

Bu ifadenin en büyük değeri için,

$-3(1 - x)^2 \cdot x + (1 - x)^3 = 0$

$x = \frac{1}{4}$ olduğundan bu değer yerine yazılırsa sonuç $\frac{27}{256}$ bulunur.

Yanıt E

5. $f(-x) = g(x)$

$g(-x) = f(x)$ olduğundan,

$f(x) \cdot g(x) = f(-x) \cdot g(-x)$ elde edilir.

Buradan, $f(x) \cdot g(x)$ ifadesinin çift fonksiyon olduğu anlaşılır.

Dolayısıyla, seçilen terimin derecesi mutlaka çift olacaktır.

İstenen olasılık %100 olur.

Yanıt E

6. B nin oyunu kazanma olasılığı aşağıdaki toplam ile bulunur.

$P = \frac{5}{6} \cdot \frac{1}{6} + \frac{5}{6} \cdot \frac{5}{6} \cdot \frac{5}{6} \cdot \frac{1}{6} + \ldots$

$P = \frac{5}{6} \cdot \frac{1}{6} \left(1 + \frac{25}{36} + \ldots\right)$

$P = \frac{5}{36} \cdot \dfrac{1}{1 - \frac{25}{36}} = \frac{5}{11}$ elde edilir.

Yanıt D

karekök

7. 6 basamaklı sayılardan $\binom{9}{6}$ tanesi soldan sağa doğru artan sırada olur.

Benzer şekilde 7, 8 ve 9 basamaklı sayılar için yazılırsa,

$$\binom{9}{6}+\binom{9}{7}+\binom{9}{8}+\binom{9}{9}=130$$

bulunur.

Yanıt A

8. a = 3 için istenen şartı sağlayan $\binom{6}{3}$ kadar sayı yazılabilir.

$a=4$ için $\binom{5}{3}$, $a=5$ için $\binom{4}{3}$,

$a=6$ için $\binom{3}{3}$ sayı yazılabilir.

$$\binom{6}{3}+\binom{5}{3}+\binom{4}{3}+\binom{3}{3}=35 \text{ bulunur.}$$

Yanıt D

9. Önce 5 erkek sıraya 5! şekilde oturmuş olsun.

x E x E x E x E x E x

x işareti olan yerlere 4 kız, herhangi ikisi yan yana gelmemek üzere, 6·5·4·3 şekilde oturabilir.

O halde sonuç, 5!·6·5·4·3 = 60·6! bulunur.

Yanıt E

10. Verilen sayı doğrusu üzerinde uzunluğu 4 birim olan 11 farklı seçim yapılabilir.

Benzer şekilde, 5 birim için 10 seçim

6 birim için 9 seçim

⋮

14 birim için 1 seçim yapılabilir.

istenen olasılık, $P=\dfrac{1+2+3+...+11}{\binom{15}{2}}=\dfrac{22}{35}$ bulunur.

Yanıt B

11. Dokuz kişiden 3 kişiyi ayrı tutalım ve kalan 6 kişiyi yuvarlak masaya 5! şekilde oturtalım.

3 kişi için, yan yana gelmemek üzere 6·5·4 tane oturum söz konusudur.

O halde istenen olasılık,

$$P=\frac{5!\cdot 6\cdot 5\cdot 4}{8!}=\frac{5}{14} \text{ olur.}$$

Yanıt D

12. Torbadan çekilen iki bilye beyaz - beyaz, siyah - siyah, beyaz - siyah olabilir.

O halde istenen olasılık,

$$P=\frac{\binom{4}{2}\binom{2}{1}+\binom{5}{2}\binom{4}{1}+\binom{4}{1}\binom{5}{1}\binom{3}{1}}{\binom{9}{2}\binom{7}{1}}=\frac{4}{9} \text{ bulunur.}$$

Yanıt B

13. BÖLÜM

DİZİLER VE TOPLAM SEMBOLÜ

1. Terimleri sıfırdan farklı reel sayılardan oluşan

a – b , b – c , c – d , d – a sayıları bir geometrik dizisinin ardışık dört terimidir.

Buna göre, dizinin ortak çarpanı aşağıdakilerden hangisidir?

A) 1 B) 2 C) 1 D) – 1 E) – 2

2. Ardışık sayma sayılarından oluşan

1, 2, 3, 4, ..., 499, 500 sayı dizisi veriliyor.

Bu diziden alınan kaç ardışık sayının toplamı 679 olur?

A) 6 B) 7 C) 8 D) 9 E) 10

3. $$\sum_{k=17}^{100} \frac{k.\sqrt{k-1}+(1-k).\sqrt{k}}{\sqrt{k^2-k}}$$

toplamının sonucu kaça eşittir?

A) 4 B) 5 C) 6 D) 7 E) 8

4. 1, 2, 2, 3, 3, 3, 4, 4, 4, 4, 5, 5, 5, 5, 5, ...

şeklinde oluşturulan bir sayı dizisinin ilk 99 teriminin toplamı kaçtır?

A) 926 B) 928 C) 930 D) 931 E) 938

5. $\sum_{n=0}^{\infty} \frac{x^n}{n!} = e^x$ olduğuna göre,

$$1+\frac{1}{3!}+\frac{1}{5!}+\frac{1}{7!}+\frac{1}{9!}+\ldots$$

şeklinde sonsuza uzayan toplama işleminin sonucu aşağıdakilerden hangisidir?

A) $\frac{e^2+1}{2e}$ B) $\frac{e^2+1}{3e}$ C) $\frac{e^2+1}{e}$

D) $\frac{e^2+1}{2}$ E) $\frac{e^2-1}{2e}$

6. $$\sum_{k=0}^{20} \frac{1}{k!.(k+2)}$$

ifadesinin değeri aşağıdakilerden hangisine eşittir?

A) $1+\frac{1}{20!}$ B) $1+\frac{1}{21!}$ C) $1-\frac{1}{22!}$

D) $1-\frac{1}{20!}$ E) $1-\frac{1}{21!}$

karekök

7. $1.1! + 2.2! + 3.3! + ... + 100.100!$

toplamının 48 ile bölümünden kalan kaçtır?

A) 23 B) 34 C) 37 D) 41 E) 47

8. $\frac{1}{3}+\frac{2}{3^2}+\frac{3}{3^3}+......+\frac{n}{3^n}$

toplamının $n \to \infty$ için değeri kaçtır?

A) $\frac{1}{2}$ B) $\frac{1}{3}$ C) $\frac{3}{4}$ D) $\frac{4}{3}$ E) $\frac{10}{9}$

9. Dört farklı sayı ikişerli toplanarak altı sayı elde ediliyor. Bu altı sayı küçükten büyüğe doğru dizildiğinde terimler 3, 7, 11, 15, x, y şeklinde olmaktadır.

Buna göre, y kaçtır?

A) 16 B) 18 C) 20 D) 23 E) 24

10. $A = 1 - 1 \cdot 5 + 5^2 - 5^3 + ... + 5^{50}$

olduğuna göre, 6A ifadesinin değeri aşağıdakilerden hangisidir?

A) $5^{51} - 1$ B) $4^{51} - 1$ C) $5^{51} - 2$

D) $5^{51}+1$ E) $5^{52} - 1$

karekök

11. a ve k pozitif tam sayılardır.

$a + (a + 1) + (a + 2) + ... + (a + k - 1) = 3^{15}$

eşitliğini sağlayan <u>en büyük</u> k değeri kaçtır?

A) 3^{10} B) 3^9 C) 3^8 D) 2.3^7 E) 4.3^6

12. $\sum_{k=1}^{20} (k-1)! \cdot (k^2 - k + 1)$

toplamının değeri aşağıdakilerden hangisine eşittir?

A) $18 \cdot 18!$ B) $19 \cdot 19!$ C) $20 \cdot 20!$

D) $21 \cdot 19!$ E) $21 \cdot 20!$

Bu testin cevap anahtarı arka sayfadadır.

1. $A = \sin x + \sin 2x + \sin 3x + ... + \sin 11x$

$B = \cos x + \cos 2x + \cos 3x + ... + \cos 11x$

$A = \sqrt{3} \cdot B$ olduğuna göre, x açısının alabileceği <u>en küçük</u> pozitif değer kaç derecedir?

A) 10 B) 15 C) 20 D) 30 E) 45

2. n ve k pozitif tam sayılardır.

$$\frac{1}{15!\cdot 1!} + \frac{1}{13!\cdot 3!} + \frac{1}{11!\cdot 5!} + \ldots + \frac{1}{1!\cdot 15!} = \frac{2^n}{k!}$$

olduğuna göre, n + k ifadesinin alabileceği <u>en küçük</u> değer kaçtır?

A) 32 B) 31 C) 28 D) 26 E) 25

3. 1, 2, 3, 4, 5, ..., 999, 1000

dizisinde yer alan tüm sayıların rakamları toplamı kaçtır?

A) 13000 B) 13501 C) 13600 D) 13700 E) 13701

4. 5^7 sayısı ardışık pozitif tam sayıların toplamı şeklinde yazılacaktır.

Buna göre, yazılabilecek en uzun sayı dizisi kaç terimden oluşur?

A) 230 B) 241 C) 250 D) 256 E) 263

5. $$\sum_{n=1}^{\infty} \frac{2n+1}{(n^2+n)^2}$$

toplamının sonucu aşağıdakilerden hangisine eşittir?

A) $\frac{1}{4}$ B) $\frac{1}{2}$ C) $\frac{2}{3}$ D) 1 E) 2

6. $$f(k) = \frac{k^3+1}{k^3-1}$$

olduğuna göre, f(2) · f(3) · f(4) · ... · f(20) ifadesinin değeri aşağıdakilerden hangisine eşittir?

A) $\frac{400}{533}$ B) $\frac{480}{521}$ C) $\frac{600}{511}$ D) $\frac{610}{501}$ E) $\frac{630}{421}$

7. $f(x)=\sqrt{x^2-12x+36}$

olduğuna göre,

$f(3)+f(4)+f(5)+\ldots+f(16)$

ifadesinin değeri kaçtır?

A) 48 B) 55 C) 61 D) 63 E) 68

8. $f(x)=\dfrac{1}{2!}+\dfrac{2}{3!}+\dfrac{3}{4!}+\ldots\ldots+\dfrac{x+2}{(x+3)!}$

$\dfrac{f(x)-1}{f(x+1)-1}=79$

olduğuna göre, x aşağıdakilerden hangisine eşittir?

A) 75 B) 70 C) 60 D) 55 E) 50

9. $\sum_{n=1}^{50}\binom{n+49}{n+1}=\binom{m}{k}-50$

eşitliğini sağlayan en küçük k değeri kaçtır?

A) 60 B) 52 C) 51 D) 49 E) 44

10. Ardışık 200 tane doğal sayının toplamı bir tam sayının karesine eşit olmaktadır.

Bu ardışık doğal sayılardan en küçük olanının değeri en az kaçtır?

A) 10 B) 12 C) 13 D) 15 E) 17

11. $\sum_{n=1}^{\infty}\ln\left[1+\dfrac{2}{n(n+3)}\right]$

ifadesinin değeri aşağıdakilerden hangisine eşittir?

A) 1 B) 2 C) ln2 D) ln3 E) e

12. $1\cdot\binom{10}{1}+2\cdot\binom{10}{2}+3\cdot\binom{10}{3}+\ldots+10\cdot\binom{10}{10}$

toplamının değeri aşağıdakilerden hangisine eşittir?

A) 6120 B) 6000 C) 5500 D) 5120 E) 5000

karekök

1. Testin Cevap Anahtarı

1	D	2	B	3	C	4	D	5	E	6	C	7	E	8	C	9	D	10	D	11	D	12	C

1. $8 \cdot \sum_{k=1}^{n} k\cdot(k+1)\cdot(k+2) = \sum_{k=1}^{n-1} k\cdot(k+1)\cdot(k+2)\cdot(k+3)$

eşitliğini sağlayan n değeri aşağıdakilerden hangisidir?

A) 9 B) 10 C) 11 D) 12 E) 13

2. $n \leq 13$ ve n bir doğal sayı olmak üzere,

$a_1, a_2, a_3, ..., a_n$ tek sayıları için,

$$a_1^4 + a_2^4 + a_3^4 + ...+ a_n^4 = 1642$$

eşitliğini sağlayan n değeri aşağıdakilerden hangisi olabilir?

A) 7 B) 8 C) 9 D) 10 E) 11

3. $n \geq 0$ olmak üzere,

$f(0) = 1$

$f(n) = n.\ \sum_{k=0}^{n-1} f(k)$ fonksiyonları veriliyor.

Buna göre, $\frac{f(24)}{2^x}$ ifadesinin tam sayı olmasını sağlayan <u>en büyük</u> x doğal sayı değeri kaçtır?

A) 18 B) 20 C) 25 D) 26 E) 30

4. $f\left(\frac{ax+b}{bx+a}\right) = \sum_{k=0}^{2n+7} (-x)^k$

olduğuna göre, $\prod_{x=-5}^{10} f(x)$ ifadesi aşağıdakilerden hangisine eşittir?

A) 10! B) 7! C) k(2n+7) D) 2an+bn E) 0

5. $1\cdot x + 2\cdot x^2 + 3\cdot x^3 + ... + n\cdot x^n$

ifadesinin $n \to \infty$ için değeri 2 olduğuna göre, x kaçtır?

A) $\frac{1}{2}$ B) $\frac{1}{3}$ C) $\frac{1}{4}$ D) $\frac{1}{5}$ E) $\frac{1}{6}$

6. $\sum_{n=0}^{\infty} \frac{x^n}{n!} = e^x$

olduğuna göre, $\frac{1}{2!} + \frac{1}{4!} + \frac{1}{6!} + ...$ seri toplamının sonucu aşağıdakilerden hangisidir?

A) $\frac{(e-1)^2}{2e}$ B) $\frac{(e-1)^2}{e}$ C) $\frac{(e+1)^2}{2e}$

D) $\frac{e-1}{e^2}$ E) $\frac{e^2+1}{2e}$

karekök

7. $f(x) = x^3 + 5x^2 + 6x$

$h(x) = x^2 + 5x + 6$

$$\sum_{n=-1}^{y-2} [\, f(n) + h(n) \,] = 210$$

olduğuna göre, y kaçtır?

A) 4 B) 5 C) 6 D) 7 E) 8

8. Farklı a, b, c sayıları bir geometrik dizinin ardışık üç terimidir. a + b, b + c, a + c bir aritmetik dizinin ardışık üç terimidir.

Buna göre, geometrik dizinin ortak çarpanı kaçtır?

A) 1 B) $\frac{1}{2}$ C) $-\frac{1}{2}$ D) –1 E) –2

9. İlk terimi $a_1 = 1$ olan bir dizide $n \geq 1$ için

$$a_{n+1} = \frac{1}{n} [\, 1 + 2a_1 + 3a_2 + ... (n+1)a_n \,]$$

olduğuna göre, a_{2012} aşağıdakilerden hangisine eşittir?

A) 2012! B) 2011! C) 3.2^{2011} D) 3.2^{2010} E) 2010

10. a, b, c sıfırdan ve birbirinden farklı reel sayılar olmak üzere,

a·(b – c) , b·(c – a) , c·(a – b) sayıları bir geometrik dizinin ardışık ilk üç terimidir.

Dizinin ortak çarpanı r olduğuna göre, aşağıdakilerden hangisi doğrudur?

A) $r^2 + 2r - 1 = 0$ B) $r^3 - 2 = 0$

C) $r^3 + r + 1 = 0$ D) $r^2 + r + 1 = 0$

E) $r^2 + r - 2 = 0$

karekök

11. $n > 2$ olmak üzere, genel terimi a_n olan bir dizi $a_n + a_{n-2} = a_{n-1}$ bağıntısını sağlamaktadır.

$a_1 = -3$ ve $a_2 = 6$ olduğuna göre, dizinin ilk 2012 teriminin toplamı kaçtır?

A) 96 B) 64 C) 48 D) 23 E) 3

12. $f(x) = |x^3 - x|$ olduğuna göre,

$$f(-20) + f(-19) + ... + f(19) + f(20) + f(21)$$

toplamının 11 ile bölümünden elde edilen kalan kaçtır?

A) 9 B) 7 C) 5 D) 1 E) 0

2. Testin Cevap Anahtarı

1	2	3	4	5	6	7	8	9	10	11	12
A	D	B	C	D	E	C	A	D	C	D	D

1. $1, 2, 2, 3, 3, 3, 4, 4, 4, 4 \ldots \underbrace{n, n, \ldots n}_{n \text{ tane}}$

şeklinde verilen bir dizinin ilk 50 terim toplamı A, bu 50 terimden son 6 terimin toplamı B olduğuna göre, A + B kaçtır?

A) 412 B) 400 C) 394 D) 362 E) 320

2. $f(p) = \left(1 + \frac{(-1)^{p+1}}{p}\right)$

olduğuna göre, f(1) · f(2) · f(3) · ... · f(1000) ifadesinin değeri aşağıdakilerden hangisine eşittir?

A) 1000 B) 500 C) 100 D) 10 E) 1

3. $1 + 2 \cdot \frac{1}{3} + 3 \cdot \frac{1}{3^2} + 4 \cdot \frac{1}{3^3} + \ldots + (n+1) \cdot \frac{1}{3^n} + \ldots$

şeklinde sonsuza uzayan işlemin sonucu kaçtır?

A) $\frac{11}{5}$ B) $\frac{10}{3}$ C) $\frac{9}{4}$ D) $\frac{7}{4}$ E) $\frac{6}{5}$

4. $\sum_{n=0}^{\infty} \frac{1}{n!} = e$ olduğuna göre,

$$\sum_{n=1}^{\infty} \frac{n+2}{n!}$$

toplamının sonucu aşağıdakilerden hangisidir?

A) 2e + 1 B) 2e – 2 C) e + 1 D) 3e – 2 E) 3e + 2

5. $\sum_{n=1}^{\infty} \frac{1}{n^2} = \frac{\pi^2}{6}$ olduğuna göre,

$$\sum_{n=1}^{\infty} \frac{1}{(2n-1)^2}$$

aşağıdakilerden hangisine eşittir?

A) $\frac{\pi^2}{12}$ B) $\frac{\pi^2}{10}$ C) $\frac{\pi^2}{8}$ D) $\frac{\pi}{12}$ E) $\frac{\pi}{10}$

6. $$\sum_{n=k}^{\infty} \log_2\left(\frac{2n^2+3n-2}{2n^2+3n+1}\right) = -1$$

olduğuna göre, k sayısı kaça eşittir?

A) –2 B) –1 C) 0 D) 1 E) 2

7. x ve y tam sayılar olmak üzere,

$$(x + 1)^2 + (x + 2)^2 + ... + (x + 63)^2 = y^2$$

eşitliğini sağlayan kaç farklı (x, y) ikilisi vardır?

A) 4 B) 3 C) 2 D) 1 E) 0

8. $$1+\frac{1}{1+2}+\frac{1}{1+2+3}...+\frac{1}{1+2+...+n}+...$$

seri toplamının sonucu aşağıdakilerden hangisidir?

A) 2 B) 3 C) 4 D) 5 E) 6

9. $$T=\sum_{k=1}^{n}k$$

şartını sağlayan sayılara "üçgen sayılar" denir.

A = {x| 0 < x ≤ 60, x üçgen bir sayı}

olduğuna göre, A kümesinin <u>en az</u> iki elemanlı alt küme sayısı kaçtır?

A) $2^{10} + 12$ B) $2^{10} - 11$ C) $2^{12} - 1$ D) $2^{11} - 12$ E) $2^{12} - 12$

karekök

10. $$\frac{1002}{1}, \frac{1003}{2}, \frac{1004}{3}, ...$$

Pay ve paydası birer artırılarak yukarıdaki gibi bir sayı dizisi oluşturuluyor.

Sonsuza kadar devam eden bu sayı dizisinin kaç terimi tam sayıdır?

A) 6 B) 8 C) 10 D) 12 E) 15

11. 0 < x < 1 olmak üzere,

$$\sum_{k=1}^{\infty}(k.x^k)$$

toplamının sonucu aşağıdakilerden hangisidir?

A) $\frac{1}{1-x}$ B) $\frac{1}{1-x^2}$ C) $\frac{1}{(1-x)^2}$ D) $\frac{x^2}{(x-1)^2}$ E) $\frac{x}{(x-1)^2}$

12. $$\sum_{k=0}^{\infty}\frac{x^k}{k!}=e^x$$

olduğuna göre, $\sum_{k=0}^{\infty}\frac{x^k}{(k+1)!}$ ifadesi aşağıdakilerden hangisine eşittir?

A) $\frac{e^{x+1}-1}{x}$ B) $\frac{e^{x+1}+1}{x}$ C) $\frac{e^x+1}{x}$ D) $\frac{e^x-1}{e}$ E) $\frac{e^x-1}{x}$

3. Testin Cevap Anahtarı

1	C	2	D	3	C	4	E	5	A	6	A	7	B	8	E	9	D	10	D	11	E	12	E

1. $$f(x)=\sum_{r=0}^{10}\binom{10}{r}.(-2)^r.(\log x)^{10-r}$$

olduğuna göre, f(1000) kaçtır?

A) 100 B) 10 C) 2 D) 1 E) 0

2. $i=\sqrt{-1}$ olmak üzere,

$$f(x)=\left(\frac{1+2i}{i-2}\right)^x$$ fonksiyonu veriliyor.

Buna göre,

f(1) + f(2) + f(3) + ... + f(23)

toplamının sonucu aşağıdakilerden hangisidir?

A) 23i B) 23 C) 1 D) –1 E) 0

3. $a_1 = 5$ için,

$$\sum_{k=1}^{14}\frac{a_{k+1}-a_k}{a_{k+1}.a_k}=\frac{1}{10}$$

olduğuna göre, a_{15} kaçtır?

A) 5 B) 10 C) 15 D) 25 E) 30

4. f(x + y) = f(x) · f(y)

f(1) · f(2) · f(3) · f(4) · f(5) = p

olduğuna göre, f(1) · f(2) · f(3) · ... · f(14) · f(15) çarpımının sonucu aşağıdakilerden hangisidir?

A) p^2 B) p^3 C) p^4 D) p^6 E) p^8

5. İlk terimi 1 ve ortak çarpanı 2 olan bir geometrik dizide ilk n terim toplamı S_n dir.

$$\frac{S_{3n}}{S_n}=S_{2n}+130$$

olduğuna göre, n kaçtır?

A) 8 B) 7 C) 6 D) 5 E) 4

6. Bir geometrik dizinin ilk üç terim toplamının ilk altı terim toplamına oranı $\frac{a^3}{1+a^3}$ olduğuna göre, dizinin ortak çarpanı aşağıdakilerden hangisidir?

A) $\frac{1}{a}$ B) $\frac{1}{a+1}$ C) $\frac{a}{1+a}$ D) $1-a$ E) $a-1$

7. (a_n) bir geometrik seridir.

$$a_1 + a_3 + a_5 + a_7 + \dots + a_{2n-1} + \dots = 24$$
$$a_2 + a_4 + a_6 + a_8 + \dots + a_{2n} + \dots = 8$$

olduğuna göre, bu dizinin ortak çarpanı kaçtır?

A) $\frac{1}{2}$ B) $\frac{1}{3}$ C) $\frac{2}{3}$ D) $\frac{3}{4}$ E) $\frac{1}{4}$

8. Üç basamaklı bir doğal sayının rakamları bir geometrik dizinin ardışık terimleridir. Sayının 400 eksiği alındığında ise, sayının rakamları bir aritmetik dizi oluşturmaktadır.

Buna göre, sayının rakamları toplamı kaçtır?

A) 16 B) 15 C) 14 D) 13 E) 12

9. Bir sayı dizisi için aşağıdaki kural veriliyor:

"İlk terimden sonraki her terim, bir önceki terimin karesinin rakamları toplamına bir ilâve edilerek bulunur."

Bu sayı dizisinin ilk terimi 20 olduğuna göre, 101. terimi kaçtır?

A) 13 B) 11 C) 8 D) 5 E) 1

10. Bir geometrik serinin tüm elemanları toplamı $\frac{1}{2}$ dir.

Bu serinin elemanlarının kareleri toplamı $\frac{1}{8}$ olduğuna göre, ortak çarpan kaçtır?

A) $\frac{1}{2}$ B) $\frac{1}{3}$ C) $\frac{1}{4}$ D) $\frac{1}{6}$ E) $\frac{1}{8}$

11.

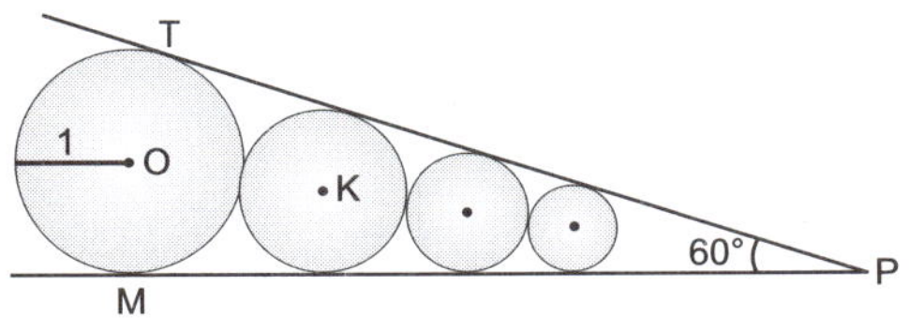

Yarıçapı 1 cm olan O merkezli çemberin PT ve PM teğetleri çiziliyor.

$m(\widehat{TPM}) = 60°$ olmak üzere şekildeki gibi sonsuz sayıda çember çiziliyor.

Buna göre, çemberlerin çevreleri toplamı kaç π cm dir?

A) 2 B) 3 C) 4 D) 5 E) 6

12.

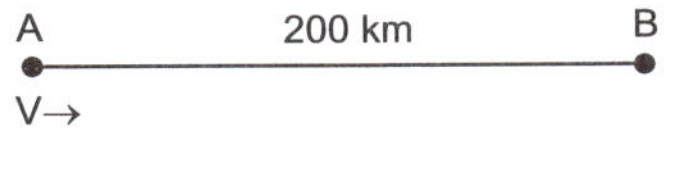

A noktasından B noktasına V hızı ile hareket eden bir araç hızını her 1 saat sonunda dörtte birine indirmektedir.

A ile B arası 200 km olduğuna göre, B noktasına ulaşabilmek için aracın hızı en az kaç km/h olmalıdır?

A) 80 B) 100 C) 120 D) 140 E) 150

4. Testin Cevap Anahtarı

1	2	3	4	5	6	7	8	9	10	11	12
C	E	C	D	C	D	E	A	B	B	E	E

1. $$a_n = \frac{n^2 + 4n - k}{2n - 13}$$

dizisinin tüm terimleri pozitif olduğuna göre, k'nın alabileceği kaç farklı tam sayı değeri vardır?

A) 15 B) 16 C) 17 D) 18 E) 19

2. $$f(n) = \left((2)^{2^n} + 1\right)$$

$$f(0) \cdot f(1) \cdot f(2) \cdot \ldots \cdot f(20) = 2^m - 1$$

olduğuna göre, m aşağıdakilerden hangisine eşittir?

A) 20 B) 21 C) 64 D) 2^{20} E) 2^{21}

3. $$(1 + \tan 1) \cdot (1 + \tan 2) \cdot \ldots \cdot (1 + \tan 45)$$

eşitliğini sağlayan n değeri aşağıdakilerden hangisidir?

A) 18 B) 20 C) 23 D) 25 E) 27

4. f(k) = 2k – 1 fonksiyonu veriliyor.

$$f(1) \cdot f(2) \cdot \ldots \cdot f(2013)$$

$$f(1) + f(2) + \ldots + f(2013)$$

olduğuna göre, A + B ifadesinin birler basamağında hangi rakam bulunur?

A) 1 B) 4 C) 5 D) 7 E) 9

5. $$\sum_{x=1}^{90} \frac{2}{1 + \cot x}$$

toplamının değeri aşağıdakilerden hangisine eşittir?

A) 44 B) 45 C) 90 D) 91 E) 92

6. $$f(x) = \arctan \frac{1}{x^2 + x + 1}$$

$$\sum_{m=k}^{\infty} f(m) = \frac{\pi}{4}$$

olduğuna göre, k değeri aşağıdakilerden hangisine eşittir?

A) –2 B) –1 C) 0 D) 1 E) 2

karekök

7. $n > 2$ olmak üzere, $a_1 = 1$ ve $a_2 = 1$ ve

$$a_n = \frac{1}{3}a_{n-2} + \frac{1}{2}a_{n-1}$$

dizisi veriliyor.

Buna göre, $\sum_{n=1}^{\infty} a_n$ toplamının değeri kaça eşittir?

A) 7 B) 8 C) 9 D) 10 E) 11

8. Binom kat sayılarının aşağıdaki gibi sıralanması ile bir a_n dizisi elde ediliyor.

1,1,1,1,2,1,1,3,3,1,1,4,6,4,1,...

Buna göre, a_{212} kaça eşittir?

A) 210 B) 105 C) 35 D) 20 E) 1

9. Bir sayı dizisi aşağıdaki kurala uygun olarak oluşturuluyor.

"Her terim, kendinden bir önceki terimle bundan önceki terimin farkı alınarak bulunur"

Buna göre

1, 4, 3, –1, ...

şeklinde devam eden sayı dizisinin 79. terimi kaçtır?

A) 4 B) 3 C) 1 D) –1 E) –4

10.

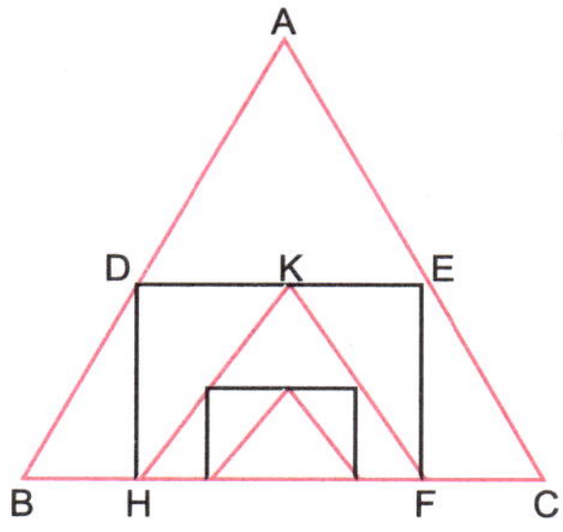

ABC üçgeninin içine DEFH dikdörtgeni çiziliyor. Bu işleme şekilde görüldüğü gibi sonsuza kadar devam ediliyor.

|BC| = 12 br ve h_a = 9 br olduğuna göre, elde edilen tüm dikdörtgenlerin alanları toplamı <u>en çok</u> kaç br² dir?

A) 30 B) 32 C) 36 D) 40 E) 48

11. 100.000 lira parası olan bir adam parasını kendi kasasında saklamaktadır. Bu adam her yılın sonunda paranın %5 ini çekmekte ve kasaya 2000 lira ilave etmektedir.

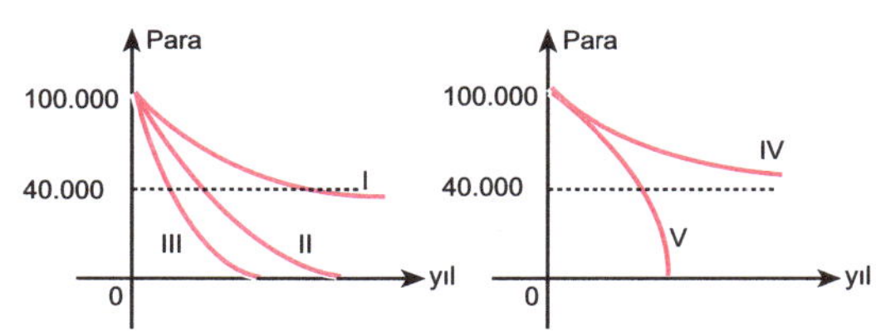

Buna göre, kasadaki paranın değişimi yukarıdaki grafiklerden hangisine uygun olur?

A) I B) II C) III D) IV E) V

12. $$\sum_{k=-4}^{40} 2 \cdot \cos(2k+9)$$

ifadesinin değeri aşağıdakilerden hangisine eşittir?

A) tan1 B) cot1 C) cos1

D) sec1 E) cosec1

5. Testin Cevap Anahtarı

1	D	2	D	3	B	4	E	5	B	6	A	7	B	8	D	9	D	10	B	11	B	12	E

1.

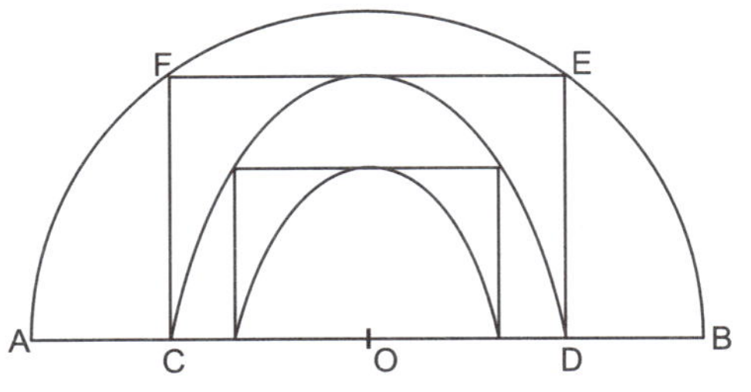

Yarıçapı 6 cm olan O merkezli yarım daire içine CDEF dikdörtgeni çiziliyor. Daha sonra CDEF dikdörtgeninin içine CD çaplı yarım daire çizilerek bu işleme sonsuza kadar devam ediyor.

Buna göre, elde edilen tüm dikdörtgenlerin alanları toplamı kaç cm^2 olur?

A) 48 B) 54 C) 60 D) 72 E) 84

2. $\dfrac{3}{1!+2!+3!}+\dfrac{4}{2!+3!+4!}+\dfrac{5}{3!+4!+5!}+\ldots+\dfrac{20}{18!+19!+20!}$

toplamının sonucu aşağıdakilerden hangisine eşittir?

A) $\dfrac{1}{2}-\dfrac{1}{20!}$ B) $\dfrac{1}{2}-\dfrac{1}{10!}$ C) $\dfrac{1}{2}+\dfrac{1}{20!}$

D) $\dfrac{1}{2}+\dfrac{1}{10!}$ E) $\dfrac{1}{2}-\dfrac{1}{40!}$

3. $x_1 = 2012$, $x_2 = \dfrac{2}{x_1}$, $x_3 = \dfrac{3}{x_2}$

$x_4 = \dfrac{4}{x_3}$, $x_5 = \dfrac{5}{x_4}$, ... , $x_{20} = \dfrac{20}{x_{19}}$

olduğuna göre, $x_1 \cdot x_2 \cdot x_3 \ldots x_{20}$ ifadesi aşağıdakilerden hangisine eşittir?

A) 40240 B) 20120 C) 20!

D) 2^{20} E) $2^{10} \cdot 10!$

4. 30 metre yüksekten bırakılan bir topun duruncaya kadar düşey doğrultuda aldığı yol 70 metredir.

Buna göre, top her defasında bir öncekinin yüzde kaçı kadar yükselmektedir?

A) 10 B) 20 C) 30 D) 40 E) 60

5. $\displaystyle\sum_{k=1}^{15} k!\cdot(k^2+k+1)$

toplamının değeri aşağıdakilerden hangisine eşittir?

A) $17 \cdot 17! - 1$ B) $16 \cdot 16! - 1$

C) $16 \cdot 16! + 1$ D) $17 \cdot 17! + 1$

E) $17 \cdot 17!$

6. $a_{n+1} = \sqrt{|a_n^2 - 25|}$

dizisinde, $a_1 = 9$ olduğuna göre, a_{100} aşağıdakilerden hangisine eşittir?

A) $\sqrt{19}$ B) 4 C) 3 D) $\sqrt{6}$ E) 2

karekök

7. $f(x) + f(x+1) = \cos x$

olduğuna göre, $\sum_{n=2}^{181} f(n-2)$ ifadesinin değeri aşağıdakilerden hangisine eşittir?

A) 2 B) 1 C) 0 D) –1 E) –2

8. $\sum_{k=1}^{10} \frac{4k}{4.k^4+1}$

toplamının değeri aşağıdakilerden hangisine eşittir?

A) $\frac{1}{221}$ B) $\frac{11}{221}$ C) $\frac{55}{221}$ D) $\frac{110}{221}$ E) $\frac{220}{221}$

9. $a_1, a_2, a_3, a_4, ..., a_n$ bir aritmetik dizidir.

$$\frac{1}{a_1 \cdot a_2} + \frac{1}{a_2 \cdot a_3} + \frac{1}{a_3 \cdot a_4} + \ldots \frac{1}{a_{k-1} \cdot a_k} = \frac{48}{11}$$

ve $a_1 \cdot a_k = 22$ olduğuna göre, k kaçtır?

A) 25 B) 33 C) 97 D) 109 E) 121

10. $a_1, a_2, a_3, ..., a_n$ ortak çarpanı r olan bir geometrik dizidir.

$$\frac{1}{a_1 \cdot a_2} + \frac{1}{a_2 \cdot a_3} + \frac{1}{a_3 \cdot a_4} + \ldots + \frac{1}{a_n \cdot a_{n+1}} = 6$$

ve $a_1 \cdot r^n = 4$ olduğuna göre, $\sum_{k=0}^{n-1} r^{2k+1}$ toplamının değeri kaçtır?

A) 32 B) 48 C) 64 D) 96 E) 144

11.

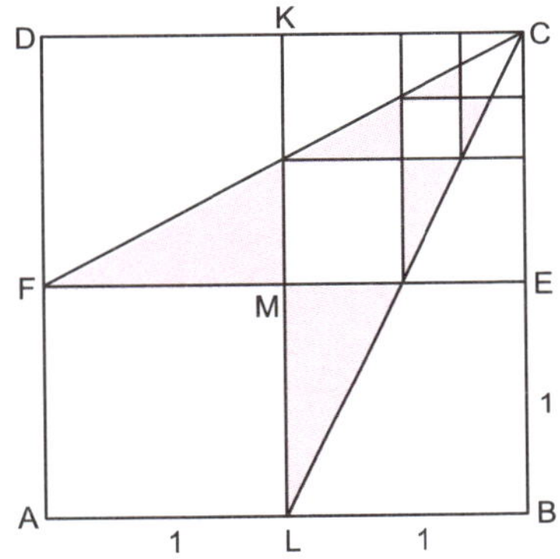

ABCD bir kare ve K, E, L, F kenarların orta noktalarıdır.

Şekilde görülen düzene uygun olarak sonsuza kadar devam edilirse taralı bölgelerin alanları toplamı kaç br^2 olur?

A) $\frac{2}{3}$ B) $\frac{3}{4}$ C) $\frac{4}{5}$ D) $\frac{7}{8}$ E) $\frac{8}{9}$

12. $\sum_{k=1}^{1980} \tan(k+1) \cdot \tan k$

toplamının değeri aşağıdakilerden hangisine eşittir?

A) 990 B) 1 C) –1 D) –990 E) –1980

karekök

6. Testin Cevap Anahtarı

1	B	2	E	3	C	4	B	5	D	6	B	7	C	8	D	9	C	10	C	11	D	12	E

1. $a-b,\ b-c,\ c-d,\ d-a$

elemanları bir geometrik dizi oluşturuyor. Bu elemanların toplamı sıfır olduğuna göre, ortak çarpan $r = -1$ olmak zorundadır çünkü,

$p + pr + pr^2 + pr^3 = 0$

$p\cdot(1 + r)\cdot(1 + r^2) = 0$ ifadesinde p sıfırdan farklı ise, r reel sayısı -1 olur.

Yanıt D

2. 1, 2, 3, 4, ..., 499,500

sayı dizisinden ilk terimi n olan ardışık sayıları alalım.

$n,\ n+1,\ n+2, \ldots\ldots, n+k$

$n + n + 1 + n + 2 + \ldots\ldots + n + k = 679$

$n\cdot(k+1) + \dfrac{k\cdot(k+1)}{2} = 679$

$(k+1)\cdot\left(\dfrac{k}{2} + n\right) = 7\cdot 97$

Buradan, $k + 1 = 7$ ve $k = 6$ olur.

Dolayısıyla, 7 ardışık terim alınmalıdır.

Yanıt B

3. $\displaystyle\sum_{k=17}^{100} \frac{k\cdot\sqrt{k-1}+(1-k)\cdot\sqrt{k}}{\sqrt{k^2-k}}$

$\displaystyle\sum_{k=17}^{100} \frac{\sqrt{k}\cdot\sqrt{k-1}(\sqrt{k}-\sqrt{k-1})}{\sqrt{k}\cdot\sqrt{k-1}}$

$\displaystyle\sum_{k=17}^{100}(\sqrt{k}-\sqrt{k-1})$ toplamı yapılırsa,

$(\sqrt{17}-\sqrt{16})+(\sqrt{18}-\sqrt{17})+\ldots+(\sqrt{100}-\sqrt{99})$

$=10-4=6$ bulunur.

Yanıt C

4. 1, 2, 2, 3, 3, 3, 4, 4, 4, 4, 5, 5, 5, 5, 5, ...

şeklinde verilen bir sayı dizisinin 99. teriminin ne olduğuna bakalım.

$\dfrac{n(n+1)}{2} \le 99$ eşitsizliğini sağlayan en büyük tam sayı

$n = 13$ tür.

O halde istenen toplam,

$1^2 + 2^2 + 3^2 + \ldots\ldots + 13^2 + 8\cdot 14 = 931$ olur.

Yanıt D

5. $\displaystyle\sum_{n=0}^{\infty}\frac{x^n}{n!} = 1+\frac{x}{1!}+\frac{x^2}{2!}+\ldots\ldots = e^x$

olduğuna göre,

$x = 1$ için, $1+1+\dfrac{1}{2!}+\dfrac{1}{3!}+\ldots\ldots = e$

$x = -1$ için, $1-1+\dfrac{1}{2!}-\dfrac{1}{3!}+\ldots\ldots = e^{-1}$

Bu ifadeleri taraf tarafa çıkarırsak,

$$e-\frac{1}{e} = 2\left(1+\frac{1}{3!}+\frac{1}{5!}+\ldots..\right)$$

Buradan, istenen toplam $\dfrac{e^2-1}{2e}$ bulunur.

Yanıt E

6. $\displaystyle\sum_{k=0}^{20}\frac{1}{k!\cdot(k+2)} = \sum_{k=0}^{20}\frac{k+1}{(k+2)!}$

$\displaystyle= \sum_{k=0}^{20}\left(\frac{1}{(k+1)!}-\frac{1}{(k+2)!}\right)$

$\displaystyle= \frac{1}{1!}+\frac{1}{2!}+\ldots+\frac{1}{21!}-\frac{1}{2!}-\frac{1}{3!}-\ldots-\frac{1}{22!}$

$\displaystyle= 1-\frac{1}{22!}$ bulunur.

Yanıt C

7. 1.1! + 2·2! + 3·3! + ... + 100·100!

$$\sum_{k=1}^{100} k\cdot k! = \sum_{k=1}^{100} [(k+1)!-k!]$$ olarak yazabiliriz.

Buradan, istenen toplam 101! – 1 bulunur.

101! – 1 sayısının 48 ile bölümünden kalan –1 + 48 = 47 olur.

Yanıt E

8. $\sum_{n=1}^{\infty}\left(n\cdot\frac{1}{3^n}\right)$ toplamını

$A = 1\cdot\frac{1}{3}+2\cdot\left(\frac{1}{3}\right)^2+3\cdot\left(\frac{1}{3}\right)^3+......$ olarak yazalım.

$$3A = 1+2\cdot\frac{1}{3}+3\cdot\left(\frac{1}{3}\right)^2+........$$

Bu eşitlikler taraf tarafa çıkarılırsa,

$$2A = 1+\frac{1}{3}+\left(\frac{1}{3}\right)^2+\left(\frac{1}{3}\right)^3+.....$$

$2A = 1\cdot\frac{1}{1-\frac{1}{3}}$ elde edilir.

Buradan $A=\frac{3}{4}$ bulunur.

Yanıt C

9. Sözü edilen sayılar a < b < c < d olsun.

a + b = 3 a + c = 7

a + d = 15 b + c = 11 yazılır.

a + b + c + d = 26 ve a + b = 3 olduğundan

c + d = 23 bulunur. c ve d en büyük iki sayı olduğundan y = 23 demektir.

Yanıt D

10. $6\cdot\sum_{k=0}^{50}(-1)^k\cdot 5^k$ ifadesini

$6\cdot\sum_{k=0}^{50}(-5)^k$ olarak yazalım.

Buradan, $6\cdot\frac{1-(-5)^{51}}{1-(-5)} = 1+5^{51}$ olur.

Yanıt D

11. $a + (a + 1) + (a + 2) + ... + (a + k - 1) = 3^{15}$

$$a\cdot k+\frac{k\cdot(k-1)}{2}=3^{15}$$

$k\cdot(2a + k - 1) = 2\cdot3^{15}$

k sayısını en büyük yapmak için $2\cdot3^{15} = 2\cdot3^7\cdot3\cdot3^7$ şeklinde ayrılmalıdır.

$k\cdot(2a + k - 1) = 2\cdot3^7\cdot3\cdot3^7$

$k = 2\cdot3^7$ ve $2a + k - 1 = 3\cdot3^7$ olur.

Yanıt D

12. $\sum_{k=1}^{20}(k-1)!\,(k^2-k+1)$ ifadesini

$\sum_{k=1}^{20}(k-1)!\,(k^2-(k-1))$ olarak yazalım.

$$\sum_{k=1}^{20}k\cdot k! - (k-1)\cdot(k-1)!$$

1·1! – 0·0!

2·2! – 1·1!

⋮

+ 20·20! – 19·19!

20·20! bulunur.

Yanıt C

1. $A = \sum_{k=1}^{11} \sin(kx) = \sin x + \sin 2x + \dots\dots + \sin 11x$

$B = \sum_{k=1}^{11} \cos(kx) = \cos x + \cos 2x + \dots\dots + \cos 11x$

Bu ifadeler taraf tarafa oranlanırsa,

$\frac{A}{B} = \tan 6x$ elde edilir. (orta terim)

$A = B \cdot \tan 6x$ ve $A = \sqrt{3} \cdot B$ olduğundan

$\tan 6x = \sqrt{3}$ ve $6x = 60°$

$x = 10°$ bulunur.

Yanıt A

2. $\frac{1}{15! \cdot 1!} + \frac{1}{13! \cdot 3!} + \dots + \frac{1}{1! \cdot 15!}$ ifadesini

16! ile çarpıp bölelim.

$\binom{16}{1} + \binom{16}{3} + \dots\dots + \binom{16}{15} = 2^{15}$ olduğundan

$\frac{2^{15}}{16!} = \frac{2^n}{k!}$ elde edilir.

$\frac{2^{11}}{15!} = \frac{2^n}{k!}$ yazılırsa

$n = 11$ ve $k = 15$ olur.

Yanıt D

3. [1, 999] aralığında yer alan sayıları üç basamaklı olarak düşünelim. (004, 025, ... gibi)

İçinde 1 rakamı olan,

$1 \cdot 10 \cdot 10 = 100$

$10 \cdot 1 \cdot 10 = 100$

$10 \cdot 10 \cdot 1 = 100$

300 tane sayı vardır.

Her rakam için aynı durum geçerli olacağından,

$300 \cdot (1 + 2 + 3 + \dots\dots + 9) + 1 = 13501$ bulunur.

Yanıt B

4. Bu ardışık sayıların ilki k + 1 olsun.

$(k + 1) + (k + 2) + \dots + (k + n) = 5^7$

$n \cdot k + \frac{n(n+1)}{2} = 5^7$

$2kn + n(n + 1) = 2 \cdot 5^7$

$n.(2k + n + 1) = 2 \cdot 5^7$

$n < 2k + n + 1$ olduğundan n en fazla $2 \cdot 5^3$ olabilir.

Yanıt C

5. $\sum_{n=1}^{\infty} \frac{2n+1}{(n^2+n)^2}$ ifadesi,

$\sum_{n=1}^{\infty} \frac{(n+1)^2 - n^2}{n^2 \cdot (n+1)^2}$ olarak yazılırsa,

$\sum_{n=1}^{\infty} \frac{1}{n^2} - \frac{1}{(n+1)^2}$ elde edilir.

$\left(\frac{1}{1^2} - \frac{1}{2^2}\right) + \left(\frac{1}{2^2} - \frac{1}{3^2}\right) + \left(\frac{1}{3^2} - \frac{1}{4^2}\right) + \dots = 1$ olur.

Yanıt D

6. $f(k) = \frac{k^3+1}{k^3-1}$ fonksiyonunu iki parça halinde yazalım.

$\frac{k+1}{k-1} = \frac{3}{1} \cdot \frac{4}{2} \cdot \frac{5}{3} \dots \frac{21}{19} = 210$

$\frac{k^2-k+1}{k^2+k+1} = \frac{3}{7} \cdot \frac{7}{13} \cdot \frac{13}{21} \dots \frac{381}{421} = \frac{3}{421}$

Buradan $210 \cdot \frac{3}{421} = \frac{630}{421}$ bulunur.

Yanıt E

karekök

7. $\sum_{x=3}^{16}\sqrt{x^2-12x+36}$ ifadesini

$\sum_{x=3}^{16}|x-6|$ olarak yazalım.

$3 + 2 + 1 + 0 + 1 + 2 + ... + 10 = 6 + \dfrac{10\cdot 11}{2} = 61$ olur.

Yanıt C

8. $f(x)=\dfrac{1}{2!}+\dfrac{2}{3!}+\dfrac{3}{4!}+.....+\dfrac{x+2}{(x+3)!}$

$f(x)=\sum_{k=-1}^{x}\dfrac{k+2}{(k+3)!}=\sum_{k=-1}^{x}\dfrac{1}{(k+2)!}-\dfrac{1}{(k+3)!}$

Buradan $f(x)=1-\dfrac{1}{(x+3)!}$ bulunur.

$\dfrac{f(x)-1}{f(x+1)-1}=79$ denkleminde f(x) yerine yazılırsa

$x + 4 = 79 \Rightarrow x = 75$ olur.

Yanıt A

9. $\sum_{n=1}^{50}\binom{n+49}{n+1}=\binom{m}{k}-50$

$\binom{50}{1}+\binom{50}{2}+\binom{51}{3}+\binom{52}{4}+......+\binom{99}{51}=\binom{m}{k}$

$\binom{50}{1}+\binom{50}{2}=\binom{51}{2}$ ve $\binom{51}{2}+\binom{51}{3}=\binom{52}{3}$

olduğunu biliyoruz.

Buna göre, verilen toplam $\binom{100}{51}$ olur.

$\binom{100}{51}=\binom{100}{49}$ yani $k=49$ dur.

Yanıt D

karekök

10. En küçük doğal sayı n olsun.

$n + (n + 1) + (n + 2) + ... + (n + 199) = x^2$

$100\cdot(2n + 199) = x^2$

$10\cdot\sqrt{2n+199}=x$

n = 13 alınırsa, x = 150 tam sayı değerini verir.

Yanıt C

11. $\sum_{n=1}^{\infty}\ln\left[1+\dfrac{2}{n(n+3)}\right]$ ifadesini

$\sum_{n=1}^{\infty}\ln\dfrac{(n+1)\cdot(n+2)}{n\cdot(n+3)}$ olarak yazalım.

$\ln\left(\dfrac{2\cdot 3}{1\cdot 4}\cdot\dfrac{3\cdot 4}{2\cdot 5}\cdot\dfrac{4\cdot 5}{3\cdot 6}...\right)=\ln 3$ bulunur.

Yanıt D

12. n çift sayı ise,

$1\cdot\binom{n}{1}+2\cdot\binom{n}{2}+...+n\binom{n}{n}=n+n\cdot\binom{n-1}{1}+...+n\cdot\binom{n-1}{n-1}$

olduğundan n×2n – 1 elde edilir.

Buna göre,

$\sum_{k=1}^{10}k\binom{10}{k}=10\cdot 2^9=5120$ bulunur.

Yanıt D

1. $\sum_{k=1}^{n} k\cdot(k+1)\cdot(k+2)=\frac{n(n+1)(n+2)(n+3)}{4}$

$\sum_{k=1}^{n} k\cdot(k+1)\cdot(k+2)\cdot(k+3)=\frac{n(n+1)(n+2)(n+3)(n+4)}{5}$

olduğuna göre, verilen eşitliği

$8\cdot\frac{n(n+1)(n+2)(n+3)}{4}=\frac{(n-1)(n)(n+1)(n+2)(n+3)}{5}$

şeklinde yazabiliriz.

Buradan 10 = n – 1 ⇒ n = 11 olur.

Yanıt C

2. Her tek sayının dördüncü kuvvetinin 4 ile bölümünden kalan 1 dir.

Eşitliğin sol tarafında n tane 1 olacaktır. Eşitliğin sağ tarafının 4 ile bölümünden kalan 2 dir.

Buna göre, n = 4k + 2 formunda olmalıdır.

Bu şartı sağlayan sayı seçeneklere göre 10 olur.

Yanıt D

3. $f(n)=n\cdot\sum_{k=0}^{n-1} f(k)$ fonksiyonu için,

f(0) = 1 verilmiştir.

$f(1)=1$, $f(2)=2\cdot 2!$, $f(3)=3\cdot 3!$ ve $f(n)=n\cdot n!$ olmaktadır.

Buna göre, f(24) = 24·24! demektir.

$\frac{24\cdot 24!}{2^x}$ ifadesinin tam sayı olmasını sağlayan 25 tane x değeri vardır.

Yanıt C

4. $f\left(\frac{ax+b}{bx+a}\right)=\sum_{k=0}^{2n+7}(-x)^k$

fonksiyonunda x = 1 alalım.

f(1) = 1 – 1 + 1 – 1 + ... –1 = 0 olur.

$\prod_{x=-5}^{10} f(x)=f(-5)\cdot f(-4)....f(1)...f(10)=0$ bulunur.

Yanıt E

5. $\sum_{n=1}^{\infty} n\cdot x^n=2$ eşitliğini

$A = x + 2x^2 + 3x^3 + 4x^4 + ...$

$A = x\cdot(1 + 2x + 3x^2 + 4x^3 + ...)$ olarak yazalım.

$1 + 2x + 3x^2 + 4x^3 + ... = \frac{1}{(1-x)^2}$ olduğundan,

$x\cdot\frac{1}{(1-x)^2}=2$ denklemi elde edilir.

Denklem çözülürse $x=\frac{1}{2}$ bulunur.

Yanıt A

6. $\sum_{n=0}^{\infty}\frac{x^n}{n!}=e^x$

olduğu soruda veriliyor. Buna göre,

$x=1$ için, $1+1!+\frac{1}{2!}+\frac{1}{3!}+\frac{1}{4!}+.....=e$

$x=-1$ için, $1-1!+\frac{1}{2!}-\frac{1}{3!}+\frac{1}{4!}+.....=\frac{1}{e}$

eşitlikleri elde edilir. Taraf tarafa toplanırsa,

$2+2\cdot\left[\frac{1}{2!}+\frac{1}{4!}+\frac{1}{6!}+......\right]=e+\frac{1}{e}$

$\frac{1}{2!}+\frac{1}{4!}+\frac{1}{6!}+....=\frac{(e-1)^2}{2e}$ bulunur.

Yanıt A

karekök

7. $f(n) = n^3 + 5n^2 + 6n$

$h(n) = n^2 + 5n + 6$

$f(n) + h(n) = (n + 2)^3 - (n + 2)$ olarak yazalım.

$$\sum_{n=-1}^{y-2} [f(n)+h(n)] = \sum_{n=-1}^{y-2} [(n+2)^3-(n+2)]$$

Buradan, $\sum_{n=1}^{y} (n^3 - n) = 210$ elde edilir.

$$\left(\frac{y(y+1)}{2}\right)^2 - \frac{y(y+1)}{2} = 210$$

eşitliğinden $y = 5$ bulunur.

NOT: $f(n) + h(n) = (n + 1)\cdot(n + 2)\cdot(n + 3)$ eşitliği de kullanılabilir.

Yanıt B

8. a, b, c geometrik dizi oluşturduğuna göre,

$b^2 = a\cdot c$ yazılabilir.

$a + b$, $b + c$, $a + c$ aritmetik dizi ise,

$b + c = 2a$ elde edilir.

$b + c = 2a \Rightarrow ab + ac = 2a^2$

$ab + b^2 = a^2 + a^2 \Rightarrow ab - a^2 = a^2 - b^2$

$b = -2a$ ve $c = 4a$ elde edilir.

Buna göre, geometrik dizi $a, -2a, 4a$ olur.

Buradan $r = -2$ bulunur.

Yanıt E

9. $$a_{n+1} = \frac{1}{n}\cdot\left[1+2a_1+3a_2+......+(n+1)a_n\right]$$

dizisinde $a_1 = 1$ veriliyor.

$a_1 = 1$, $a_2 = 3\cdot2^0$, $a_3 = 3\cdot2^1$

$a_4 = 3\cdot2^2$, $a_5 = 3\cdot2^3$, $a_n = 3\cdot2^{n-2}$

Buradan, $a^{2012} = 3\cdot2^{2010}$ olur.

Yanıt D

10. $a.(b - c)$, $b(c - a)$, $c(a - b)$

dizisinin geometrik dizi olduğu veriliyor.

Dizinin tüm terimleri toplanırsa,

$ab - ac + bc - ab + ac - bc = 0$ olduğundan,

$S_3 = a_1\cdot\dfrac{1-r^3}{1-r} = 0$ yazılabilir.

Buradan, $r^3 - 1 = 0$ ve $r^2 + r + 1 = 0$ bulunur.

Yanıt D

11. $a_n + a_{n-2} = a_{n-1}$ dizisinde

$a_1 = -3$ ve $a_2 = 6$ veriliyor.

$a_1 = -3$, $a_2 = 6$, $a_3 = 9$

$a_4 = 3$, $a_5 = -6$, $a_6 = -9$

$a_7 = -3$, ...

Dikkat edilirse dizi her 6 terimde bir tekrar etmektedir. Ayrıca ilk 6 terim toplamı sıfır olmaktadır.

Buna göre, $S_{2012} = S_2$ demektir.

$S_2 = a_1 + a_2 = -3 + 6 = 3$ bulunur.

Yanıt E

12. $\sum_{k=-20}^{21} |k^3 - k|$ toplamını,

$2\cdot\sum_{k=1}^{20}(k^3 - k) + 21^3 - 21$ şeklinde yazabiliriz.

$\sum_{k=1}^{20} (k^3 - k)$ toplamı 11 ile tam bölünür.

$21^3 - 21$ ifadesi de 11 ile tam bölündüğünden sonuç sıfır olur.

Yanıt E

karekök

1. 1, 2, 2, 3, 3, 3 ...., n, n, n, ..., n

şeklinde verilen dizinin ilk 50 terimine bakalım.

$\frac{n(n+1)}{2} = 50$ eşitliğinde n = 9 alınırsa,

dizinin 1, 2, 2, ..., 9, 9, ... 9, 10, 10, 10, 10, 10 olduğu anlaşılır.

$A = 1^2 + 2^2 + 3^2 + ... + 9^2 + 50 = 335$

B = 9 + 50 = 59

A + B = 394 bulunur.

Yanıt C

2. $f(p) = 1 + \frac{(-1)^{p+1}}{p}$ fonksiyonunda

$$\left(\frac{2}{1}\cdot\frac{1}{2}\right)\cdot\left(\frac{4}{3}\cdot\frac{3}{4}\right)\cdot\left(\frac{6}{5}\cdot\frac{5}{6}\right)\cdot\left(\frac{8}{7}\cdot\frac{7}{8}\right)\cdots\left(\frac{1000}{999}\cdot\frac{999}{1000}\right)$$

elde edilir. Buradan, işlem yapılırsa sonuç 1 bulunur.

Yanıt E

3. $A = 1 + 2\cdot\frac{1}{3} + 3\cdot\left(\frac{1}{3}\right)^2 + 4\cdot\left(\frac{1}{3}\right)^3 + ...$

$$\frac{A}{3} = \frac{1}{3} + 2\cdot\left(\frac{1}{3}\right)^2 + 3\cdot\left(\frac{1}{3}\right)^3 + ...$$

Bu eşitlikler taraf tarafa çıkarılırsa,

$$\frac{2A}{3} = 1 + \frac{1}{3} + \left(\frac{1}{3}\right)^2 + ...$$

$\frac{2A}{3} = \frac{1}{1-\frac{1}{3}}$ eşitliğinden,

$A = \frac{9}{4}$ bulunur.

Yanıt C

4. $1 + 1 + \frac{1}{1!} + \frac{1}{2!} + \frac{1}{3!} + ... = e$ olduğuna göre,

$$\sum_{n=1}^{\infty}\frac{n+2}{n!} = \sum_{n=1}^{\infty}\frac{1}{(n-1)!} + 2\sum_{n=1}^{\infty}\frac{1}{n!}$$

$$\sum_{n=1}^{\infty}\frac{1}{(n-1)!} = 1 + \frac{1}{1!} + \frac{1}{2!} + \frac{1}{3!} + ... = e$$

$$2\cdot\sum_{n=1}^{\infty}\frac{1}{n!} = 2\left(1 + \frac{1}{2!} + \frac{1}{3!} + ...\right) = 2(e-1)$$

O halde, e + 2 (e – 1) = 3e – 2 bulunur.

Yanıt D

5. $$\sum_{n=1}^{\infty}\frac{1}{(2n)^2} = \frac{1}{2^2} + \frac{1}{4^2} + ... + \frac{1}{(2n)^2} + ... = \frac{\pi^2}{24}$$

eşitliği $\sum_{n=1}^{\infty}\frac{1}{n^2} = \frac{\pi^2}{6}$ eşitliğinden çıkarılırsa

$$\sum_{n=1}^{\infty}\frac{1}{(2n-1)^2} = \frac{1}{1^2} + \frac{1}{3^2} + ... + \frac{1}{(2n-1)^2} + ...$$

$$= \frac{\pi^2}{6} - \frac{\pi^2}{24} = \frac{\pi^2}{8} \text{ bulunur.}$$

Yanıt C

6. $$\sum_{n=k}^{\infty}\log_2\left(\frac{2n^2+3n-2}{2n^2+3n+1}\right) = -1$$

$$\sum_{n=k}^{\infty}\log_2\left(\frac{(2n-1)\cdot(n+2)}{(2n+1)\cdot(n+1)}\right) = -1$$

$\log_2\left(\frac{2k-1}{k+1}\right) = -1$ olduğundan

İşlemler yapıldığında

$\frac{2k-1}{k+1} = \frac{1}{2}$ ve $k = 1$ bulunur.

Yanıt D

7. $\sum_{k=1}^{63}(x+k)^2 = y^2$

$y^2 = 63x^2 + 63\cdot 64\cdot x + \dfrac{63\cdot 64\cdot 127}{6}$

Her iki taraf mod 9 için incelenirse,

$6 = y^2$ (mod 9) elde edilir.

Ancak bu eşitliği sağlayan y değeri yoktur.

Yanıt E

8. $1+\dfrac{1}{1+2}+\dfrac{1}{1+2+3}+\ldots+\dfrac{1}{1+2+\ldots+n}$

$\sum_{n=1}^{\infty}\dfrac{2}{n(n+1)} = 2\cdot\sum_{n=1}^{\infty}\left(\dfrac{1}{n}-\dfrac{1}{n+1}\right)$

$2\cdot\left(\dfrac{1}{1}-\dfrac{1}{2}+\dfrac{1}{2}-\dfrac{1}{3}+\ldots\right)=2$ bulunur.

Yanıt A

9. $T=\sum_{k=1}^{n}k$ eşitliğini sağlayan üçgen sayılar,

$T=\dfrac{n(n+1)}{2}$ formunda olacaktır.

O halde, $0 < x \leq 60$ olduğundan x = 1, 3, ... 55 değerlerini alabilir.

S(A) = 10 olduğuna göre, en az iki elemanlı alt küme

sayısı $2^{10}-\binom{10}{1}-\binom{10}{0}=2^{10}-11$ olur.

Yanıt B

10. Verilen sayı dizisinde pay ile payda arasındaki fark daima 1001 olduğundan dizinin genel terimi

$a_n = \dfrac{1001+n}{n}$ olur.

$a_n = 1+\dfrac{1001}{n}$ olarak yazılırsa

1001 = 13 . 7 . 11 olduğundan, n'nin alabileceği

2 . 2 . 2 = 8 değeri vardır.

Yanıt B

11. $\sum_{k=1}^{\infty}(k\cdot x^k)$ toplamını,

$A = x + 2x^2 + 3x^3 + 4x^4 + \ldots + kx^k$ ve

$Ax = x^2 + 2x^3 + 3x^4 + 4x^5 + \ldots$

olarak yazalım. Taraf tarafa çıkarırsak,

$A - Ax = x + x^2 + x^3 + x^4 + \ldots$

$A\cdot(1-x) = x\cdot\dfrac{1}{1-x}$ olur.

Buna göre, $A=\dfrac{x}{(1-x)^2}$ bulunur.

Yanıt E

12. $\sum_{k=0}^{\infty}\dfrac{x^k}{(k+1)!}=1+\dfrac{x}{2!}+\dfrac{x^2}{3!}+\dfrac{x^3}{4!}+\ldots$

toplamının e^x cinsinden değerini arıyoruz.

$e^x=1+\dfrac{x}{1!}+\dfrac{x^2}{2!}+\dfrac{x^3}{3!}+\ldots$ olduğundan

$e^x-1=x\left(1+\dfrac{x}{2!}+\dfrac{x^2}{3!}+\dfrac{x^3}{4!}\ldots\right)$

$\dfrac{e^x-1}{x}=1+\dfrac{x}{2!}+\dfrac{x^2}{3!}+\dfrac{x^3}{4!}+\ldots$ bulunur.

Yanıt E

karekök

1. $f(x)=\sum_{r=0}^{10}\binom{10}{r}\cdot(-2)^r\cdot(\log x)^{10-r}$

$f(x) = (\log x - 2)^{10}$ olarak yazılabilir.

$f(1000) = (\log 1000 - 2)^{10} = 1$ olur.

Yanıt D

2. $\sum_{n=1}^{23}\left(\frac{1+2i}{i-2}\right)^n$ ifadesinde,

$\frac{1+2i}{i-2}$ kesrini eşleniği ile genişletirsek,

$\sum_{n=1}^{23}(-i)^n=(-i)^1+(-i)^2+...+(-i)^{23}$ elde ederiz.

Ardışık her 4 terimin toplamı 0 olduğundan yanıt –1 bulunur.

Yanıt D

3. $\sum_{k=1}^{14}\frac{a_{k+1}-a_k}{a_{k+1}\cdot a_k}=\frac{1}{10}$

$\sum_{k=1}^{14}\left(\frac{1}{a_k}-\frac{1}{a_{k+1}}\right)=\frac{1}{10}$ ifadesini

$\left(\frac{1}{a_1}-\frac{1}{a_2}\right)+\left(\frac{1}{a_2}-\frac{1}{a_3}\right)+....\left(\frac{1}{a_{14}}-\frac{1}{a_{15}}\right)=\frac{1}{10}$

olarak yazalım ve işlemi yapalım.

$\frac{1}{a_1}-\frac{1}{a_{15}}=\frac{1}{10}\Rightarrow\frac{1}{5}-\frac{1}{a_{15}}=\frac{1}{10}$

$a_{15} = 10$ bulunur.

Yanıt B

4. $f(x + y) = f(x) \cdot f(y)$

eşitliğini sağlayan fonksiyon $f(x) = a^x$ şeklindedir.

$\sum_{k=1}^{5}f(k)=f(1)\cdot f(2)\cdot f(3)\cdot f(4)\cdot f(5)=a^{15}=p$

$\sum_{k=1}^{15}f(k)=f(1)\cdot f(2)........f(15)=a^{120}$

$a^{120} = (a^{15})^8 = p^8$ olur.

2. yol: $f(2) = f(1)^2$, $f(3) = f(1)^3$ olarak alınıp, çözüm yapılabilir.

Yanıt E

5. Geometrik dizide $S_n = a_1\cdot\frac{1-r^n}{1-r}$,

$S_{2n}=a_1\cdot\frac{1-2^{2n}}{1-2}$ ve $S_{3n}=a_1\cdot\frac{1-2^{3n}}{1-2}$

$\frac{S_{3n}}{S_n}=S_{2n}+130$ denkleminde yerine yazılırsa,

$1 + 2^n + 2^{2n} = 2^{2n} - 1 + 130$

$2^n = 128$ ve $n = 7$ bulunur.

Yanıt B

6. $S_3=a_1\cdot\frac{1-r^3}{1-r}$ ve $S_6=a_1\cdot\frac{1-r^6}{1-r}$

olduğuna göre, $\frac{S_3}{S_6}$ oranını bulalım.

$\frac{S_3}{S_6}=\frac{1-r^3}{1-r^6}=\frac{1}{1+r^3}$ elde edilir.

$\frac{1}{1+r^3}=\frac{a^3}{1+a^3}$ eşitliğini

$\frac{1}{1+r^3}=\frac{1}{1+\left(\frac{1}{a}\right)^3}$ şeklinde yazarsak,

$r=\frac{1}{a}$ bulunur.

Yanıt A

karekök

7. $a_1 + a_3 + a_5 + \dots + a_{2n-1} = 24$

toplamını $a_1 \cdot \dfrac{1}{1-r^2} = 24$ olarak yazalım.

$a_2 + a_4 + a_6 + \dots + a_{2n} = 8$

toplamını $a_1 \cdot r \cdot \dfrac{1}{1-r^2} = 8$ şeklinde yazabiliriz.

Bu toplamlar taraf tarafa oranlanırsa,

$\dfrac{1}{r} = 3$ ve $r = \dfrac{1}{3}$ elde edilir.

Yanıt B

8. Bu üç basamaklı sayı abc olsun.

a, b, c geometrik dizi oluşturduğu için

$b^2 = a \cdot c$ demektir.

Ayrıca $a - 4$, b, c bir aritmetik dizi olduğundan,

$a - 4 + c = 2b$ elde edilir.

$c = \dfrac{b^2}{a} \Rightarrow a - 4 + \dfrac{b^2}{a} = 2b$

$(a - b)^2 = 4a$ bulunur.

Buradan,

$a = 9$, $b = 3$ ve $c = 1$ olur.

Yanıt D

9. Verilen kurala göre sayı dizisini oluşturalım.

20, 5, 8, 11, 5, 8, 11, 5, 8, 11,...

Görüldüğü üzere terimler tekrar etmektedir.

Buradan 101. terimin 5 olduğu anlaşılır.

Yanıt D

10. Tüm elemanlarının toplamı $\dfrac{1}{2}$ olan geometrik seri için,

$a_1 \cdot \dfrac{1}{1-r} = \dfrac{1}{2}$ yazabiliriz.

Ayrıca, $a_1^2 \cdot \dfrac{1}{1-r^2} = \dfrac{1}{8}$ olduğundan

$a_1^2 \cdot \dfrac{1}{(1-r)\cdot(1+r)} = \dfrac{1}{8}$

$\dfrac{a_1}{1+r} = \dfrac{1}{4} \Rightarrow 1 + r = 4a_1$ ve $1 - r = 2a_1$

taraf tarafa oranlanırsa,

$r = \dfrac{1}{3}$ bulunur.

Yanıt B

11.

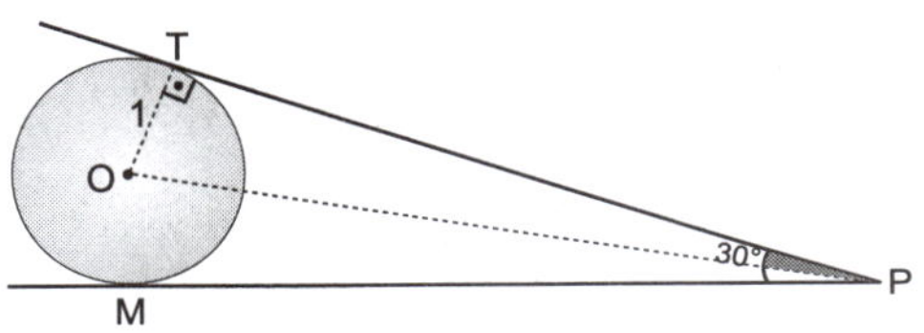

Çemberlerin çevreleri toplamı = (çapları toplamı)$\cdot \pi$

Çaplar toplamı = |OP| + 1 demektir.

Çaplar toplamı = 2 + 1 = 3 cm

Çevreleri toplamı = 3π olur.

Yanıt B

12. Aracın hızı başlangıçta V olduğuna göre,

birinci saat sonunda V,

ikinci saat sonunda $\dfrac{V}{4}$,.....

kadar yol alacaktır.

Toplam yol miktarı,

$V + \dfrac{V}{4} + \dfrac{V}{16} + \dots = V \cdot \dfrac{1}{1 - \dfrac{1}{4}}$

$\dfrac{4v}{3} = 200$ olduğundan

V = 150 km/h bulunur.

Yanıt E

karekök

1. n = 6 için payda negatif olduğuna göre, payın da negatif olması gerekir.

$36 + 24 - k < 0 \Rightarrow 60 < k$ elde edilir.

n = 7 için payda pozitif olduğundan, payın da pozitif olması gerekir.

$49 + 28 - k > 0 \Rightarrow 77 > k$

Buradan $60 < k < 77$ bulunur. k sayısı 16 farklı tam sayı değeri alabilir.

Yanıt B

2. Çarpım sembolü açık olarak yazılırsa,

Her iki tarafı (2 – 1) ile çarparsak

$(2^1 + 1)(2^2 + 1)(2^4 + 1)\cdot(2^{2^3} + 1)\ldots(2^{2^{20}} + 1) = 2^m - 1$

$(2 - 1)(2 + 1)(2^2 + 1)(2^4 + 1)\ldots(2^{2^{20}} + 1) = (2^m - 1)(2 - 1)$

$(2 - 1)\cdot(2 + 1) = 2^2 - 1$,

$(2^{2^1} - 1)(2^{2^1} + 1) = (2)^{2^2} - 1$

$((2)^{2^2} - 1)(2^{2^2} + 1) = (2)^{2^3} - 1$,

$((2)^{2^3} - 1)(2^{2^3} + 1) = (2)^{2^4} - 1$

Bu şekilde devam edilirse,

$((2)^{2^{20}} - 1)((2)^{2^{20}} + 1) = 2^{2^{21}} - 1$

Buradan $m = 2^{21}$ bulunur.

Yanıt E

3. $(1 + \tan1)\cdot(1 + \tan2)\ldots\ldots(1 + \tan43)\cdot(1 + \tan44)\cdot(1 + \tan45)$

ifadesini aşağıdaki gibi gruplayalım.

$(1 + \tan1)(1 + \tan44) = 2$

$(1 + \tan2)\ (1 + \tan43) = 2$

$\vdots$

$(1 + \tan22)\cdot(1 + \tan23) = 2$

O halde verilen çarpım 2^{23} olarak bulunur.

Buradan n = 23 olur.

Yanıt C

4. $A = 1\cdot3\cdot5\cdot7\cdot9\ldots\ldots\ldots4025$

olduğundan A sayısının son rakamı 5 bulunur.

$B = 2\cdot\dfrac{2013\cdot2014}{2} - 2013$

$B = 2013^2$ olur. B sayısının son rakamı 9 olur.

A + B sayısının son rakamı 9 + 5 = 14 ifadesinden 4 bulunur.

Yanıt B

5. $\dfrac{1}{1+\cot x} = \dfrac{\sin x}{\sin x + \cos x}$ olduğundan,

$\dfrac{\sin1}{\sin1+\cos1} + \dfrac{\sin2}{\sin2+\cos2} + \ldots\ldots + \dfrac{\sin89}{\sin89+\cos89}$

yazılır.

$\dfrac{\sin1}{\sin1+\cos1} + \dfrac{\sin89}{\sin89+\cos89} = 1$

Benzer şekilde, $\dfrac{\sin2}{\sin2+\cos2} + \dfrac{\sin88}{\sin88+\cos88} = 1$

yazılır.

$\dfrac{1}{1+\cot45} + \dfrac{1}{1+\cot90} = \dfrac{3}{2}$

O halde, $2\left(44 + \dfrac{3}{2}\right) = 91$ bulunur.

Yanıt D

6. $f(x) = \arctan\dfrac{x+1-x}{x(x+1)+1}$

tana = x + 1 ve tanb = x olsun.

f(x) = arctan(tan(a – b))

f(x) = a – b bulunur.

f(x) = arctan(x + 1) – arctanx ifadesini alt alta yazıp toplarsak,

$-\arctan k = \dfrac{\pi}{4}$ bulunur ve k = –1 olur.

Yanıt B

7. $a_3 = \frac{1}{3}a_1 + \frac{1}{2}a_2$

$a_4 = \frac{1}{3}a_2 + \frac{1}{2}a_3$

$\vdots$

$+$

$a_3 + a_4 + \ldots\ldots = \frac{1}{3}(a_1 + a_2 + \ldots) + \frac{1}{2}(a_2 + a_3 + \ldots)$

$a_3 + a_4 + \ldots = x$ olsun.

$x = \frac{1}{3}(2+x) + \frac{1}{2}(1+x) \Rightarrow x = 7$ bulunur.

$\sum_{n=1}^{\infty} a_n = a_1 + a_2 + x = 1 + 1 + 7 = 9$ olur.

Yanıt C

8.

```
      1
    1   1
  1   2   1
1   3   3   1
```

Dikkat edilirse binom açılımın 1. satırında 1, 2. satırında 2,... n. satırında n eleman vardır.

İlk n satır toplamı $\frac{n(n+1)}{2}$ olur.

n = 20 için a_{210} elde edilir. a_{212} terimi 21. satırın 2. elemanıdır.

21. satır 1,20,... şeklinde olduğundan $a_{212} = 20$ olur.

Yanıt D

9. Dizinin elemanlarını verilen kurala uygun olarak yazarsak, 1, 4, 3, –1, –4, –3, 1, 4, 3,... bulunur.

Dizinin her altı terimde tekrar ettiğine dikkat edilirse, $a_{79} = a_1 = 1$ olur.

Yanıt C

10. DEFH dikdörtgeninin alanının en büyük değeri, ABC üçgeninin alanının yarısına eşittir.

Buna göre, tüm dikdörtgenlerin alanları toplamı yazılırsa,

$27 + \frac{27}{4} + \ldots = 27 \cdot \frac{1}{1 - \frac{1}{4}} = 36$ bulunur.

Yanıt C

11. Paranın miktarındaki değişim $a_{n+1} = 0,95 \cdot a_n + 2000$ şeklinde ifade edilebilir.

$a_0 = 100.000$ olarak veriliyor.

$\lim a_n = t$ olsun.

$t = 0,95t + 2000 \Rightarrow t = 40.000$

Yeteri kadar uzun zaman geçtiğinde grafik IV gibi olur.

Yanıt D

12. Verilen toplamı

$\sum_{k=-4}^{40} \frac{2\sin 1 \cdot \cos(2k+9)}{\sin 1}$ olarak yazalım.

$\frac{1}{\sin 1} \cdot \sum_{k=-4}^{40} \sin(2k+10) - \sin(2k+8)$

toplamı alt alta yazılıp toplanırsa,

$\frac{1}{\sin 1} = \operatorname{cosec} 1$ bulunur.

Yanıt E

karekök

1. [AB] çaplı yarım dairenin yarıçapı 6 cm olduğuna göre, CDEF dikdörtgeninin içine [CD] çaplı yarım daire çizilebilmesi için |ED| = $3\sqrt{2}$ cm ve |CD| = $6\sqrt{2}$ cm değerlerini almalıdır. (Neden?)

Bu şekilde devam edilirse, tüm dikdörtgenlerin alanları toplamı 36 + 18 + 9 + ... = $36\cdot\frac{1}{1-\frac{1}{2}} = 72$ cm^2 bulunur.

Yanıt D

2. $\sum_{n=1}^{18} \frac{n+2}{n!+(n+1)!+(n+2)!}$ olarak yazılırsa,

$$\sum_{n=1}^{18} \frac{1}{n!\cdot(n+2)} = \sum_{n=1}^{18} \frac{n+1}{(n+2)!} =$$

$$\sum_{n=1}^{18} \left(\frac{1}{(n+1)!} - \frac{1}{(n+2)!}\right) \text{ bulunur.}$$

Alt alta yazılıp toplanırsa sonuç $\frac{1}{2} - \frac{1}{20!}$ elde edilir.

Yanıt A

3. $x_1 \cdot x_2 = 2$

$x_3 \cdot x_4 = 4$

$x_5 \cdot x_6 = 6$

$\vdots$

$x_{19} \cdot x_{20} = 20$

taraf tarafa çarpma yapılırsa,

$x_1 \cdot x_2 \cdot x_3 \dots x_{20} = 2 \cdot 4 \cdot 6 \dots 20$

$x_1 \cdot x_2 \cdot x_3 \dots x_{20} = 2^{10} \cdot 10!$ bulunur.

Yanıt E

4. Topun her defasında bir öncekinin $\frac{a}{b}$ katı kadar yükseldiğini düşünelim.

Buna göre, top durana kadar $x = h \cdot \frac{b+a}{b-a}$ yolunu alır.

$$70 = 30 \cdot \frac{b+a}{b-a} \Rightarrow b = 5 \text{ ve } a = 2 \text{ olur.}$$

O halde top, her defasında bir öncekinin $\frac{2}{5} = \frac{40}{100}$ kadar yükselir.

Yanıt D

5. $\sum_{k=1}^{15} k!\cdot(k^2+k+1)$ toplamını,

$$\sum_{k=1}^{15} k!\cdot[(k+1)^2 - k] = \sum_{k=1}^{15} [(k+1)\cdot(k+1)! - k\cdot k!]$$

olarak yazalım ve alt alta toplama yapalım.

$2\cdot 2! - 1\cdot 1!$

$3\cdot 3! - 2\cdot 2!$

$\vdots$

$16\cdot 16! - 15\cdot 15!$

$16\cdot 16! - 1$

elde edilir.

Yanıt B

6. $a_{n+1} = \sqrt{|a_n{}^2 - 25|}$ dizisinde,

$a_1 = 9$, $a_2 = \sqrt{56}$, $a_3 = \sqrt{31}$, $a_4 = \sqrt{6}$

$a_5 = \sqrt{19}$, $a_6 = \sqrt{6}$, $a_7 = \sqrt{19}$, $a_8 = \sqrt{6}$

Yukarıda görülen dizilişe göre, $a_{100} = \sqrt{6}$ olacaktır.

Yanıt D

karekök

7. $\sum_{n=2}^{181} f(n-2)$

ifadesini açık olarak yazalım.

f(0) + f(1) + f(2) + f(3) + ...+f(178) + f(179)

f(0) + f(1) = cos0, f(2) + f(3) = cos2

benzer şekilde f(178) + f(179) = cos178

cos0 + cos2 + cos4 + ...+ cos176 + cos178 = 1

Yanıt B

8. $\frac{4k}{4k^4+1} = \frac{4k}{(2k^2-2k+1)(2k^2+2k+1)}$

Bu ifadeyi $\frac{1}{2k^2-2k+1} - \frac{1}{2k^2+2k+1}$ olarak yazarsak

$\left(\frac{1}{1}-\frac{1}{5}\right)+\left(\frac{1}{5}-\frac{1}{13}\right).....+\left(\frac{1}{181}-\frac{1}{221}\right)$

işlemler yapılırsa, $1-\frac{1}{221}=\frac{220}{221}$ bulunur.

Yanıt E

9. Verilen ifadeyi,

$\frac{1}{r}\cdot\sum_{n=1}^{k}\left(\frac{1}{a_n}-\frac{1}{a_{n+1}}\right)=\frac{48}{11}$

$\frac{1}{r}\cdot\left(\frac{1}{a_1}-\frac{1}{a_2}\right)+\left(\frac{1}{a_2}-\frac{1}{a_3}\right)+.....+\left(\frac{1}{a_{k-1}}-\frac{1}{a_k}\right)=\frac{48}{11}$

$\frac{1}{r}\cdot\left(\frac{1}{a_1}-\frac{1}{a_k}\right)=\frac{48}{11}$

$\frac{1}{r}\cdot\left(\frac{a_k-a_1}{22}\right)=\frac{48}{11}$

$a_k = a_1 + (k-1)\,r$ olduğundan k = 97 bulunur.

Yanıt C

10. $\frac{1}{a_1\cdot a_2}+\frac{1}{a_2\cdot a_3}+\ldots+\frac{1}{a_n\cdot a_{n+1}}=6$

$\frac{1}{a_1^2\cdot r}+\frac{1}{a_1^2\cdot r^3}+\ldots+\frac{1}{a_1^2\cdot r^{2n-1}}=6$

Gerekli işlemler yapıldığında

$\frac{1}{a_1^2\cdot r^{2n}}\cdot(r+r^3+\ldots+r^{2n-1})=6$

$\sum_{k=0}^{n-1} r^{2k+1}=6\cdot 16=96$ bulunur.

Yanıt D

11. Taralı alanların toplamını,

$2\cdot\left(\frac{1}{4}+\frac{1}{16}+....\right)$ şeklinde yazabiliriz.

$2\cdot\frac{1}{4}\cdot\frac{1}{1-\frac{1}{4}}=\frac{2}{3}$ bulunur.

Yanıt A

12. $\tan[(k+1)-k]=\frac{\tan(k+1)-\tan k}{1+\tan(k+1)\cdot\tan k}=\tan 1$

$1+\tan(k+1)\cdot\tan k=\frac{\tan(k+1)-\tan k}{\tan 1}$ olur.

$(\tan 2-\tan 1)+(\tan 3-\tan 2)+\ldots+(\tan 1981-\tan 1980)$

= tan1981 – tan1 olduğundan

$\sum_{k=1}^{1980}\tan(k+1)\cdot\tan k=\sum_{k=1}^{1980}\left(\frac{\tan(k+1)-\tan k}{\tan 1}-1\right)$

$=\frac{\tan 1981-\tan 1}{\tan 1}-1980=-1980$ olur.

Yanıt E

karekök

14. BÖLÜM

FONKSİYONLAR

1. $f\left(\dfrac{x^2+x+7}{x^2+x-1}\right)=\dfrac{x^4+2x^3+x^2}{x^2+x+6}$

olduğuna göre, $f^{-1}(1)$ ifadesinin değeri aşağıdakilerden hangisine eşit olabilir?

A) 6 B) 5 C) 4 D) 3 E) 2

2. Tanımlı olduğu aralıkta bir f fonksiyonu için,

$f(x)+4\cdot f\left(\dfrac{1}{x}\right)=\dfrac{2x^2+5x+8}{x}$

olduğuna göre, f(x) + f(2x) ifadesi aşağıdakilerden hangisine eşittir?

A) 8x + 4 B) 6x + 2 C) 8x – 4 D) 10x + 6 E) 10x – 8

3. $x.f^3(x) - 2.f^2(x) - x.f(x) + 2 = 0$

olduğuna göre, $f^{-1}(12)$ ifadesinin değeri aşağıdakilerden hangisi olabilir?

A) $\frac{1}{2}$ B) $\frac{1}{4}$ C) $\frac{1}{6}$ D) $\frac{1}{8}$ E) $\frac{1}{10}$

4. $f^2(x) + 16 = x^2 + 10\cdot f(x) + 6x$

eşitliğini sağlayan f(x) fonksiyonu aşağıdakilerden hangisi olabilir?

A) x + 4 B) x + 6 C) x – 8 D) x – 4 E) x + 8

5. Tanımlı olduğu aralıkta,

$f(x)=\dfrac{2x^4+3x^2+m}{mx^2+n}$

fonksiyonu veriliyor.

Buna göre, $\dfrac{f(m-n)}{f(n-m)}$ kaçtır?

A) 2 B) 1 C) –1 D) –2 E) –4

6. $f(x)=1+\sqrt{16-x^2}$

fonksiyonunun tanım kümesi T, görüntü kümesi G olduğuna göre, $T \cap G$ aşağıdakilerden hangisidir?

A) [–4, 4] B) [–3, 5] C) [–4, 3] D) [1, 4] E) [1, 5]

7. Tanımlı oldukları aralıklarda f ve h fonksiyonları için,

$$(hof^{-1})\left(\frac{x}{2}\right) = (hof)(x + 1)$$

eşitliği veriliyor.

Buna göre, (fof)(3) kaçtır?

A) –2 B) –1 C) 1 D) 2 E) 3

8. f(x) doğrusal bir fonksiyondur.

$$(fofofofofof)(2x + 1) = 128x + 27$$

olduğuna göre, f(5) – f(3) aşağıdakilerden hangisine eşit olabilir?

A) 3 B) 4 C) 5 D) 6 E) 7

9. Tanımlı olduğu aralıkta bir f(x) fonksiyonu,

$$(x - 2).f(x + 2) + (x - 1).f(x + 1) = ax^3 + b$$

eşitliği sağlanıyor.

f(3) = 14 olduğuna göre, b kaçtır?

A) –22 B) –18 C) 0 D) 4 E) 16

10. $f: R^+ \rightarrow R^+$ olmak üzere,

$$f^2(x) - 6x^2 = xf(x)$$

eşitliği veriliyor.

f(ax) + a.f(x) = 12x + c olduğuna göre, a + c kaçtır?

A) 2 B) 3 C) 4 D) 5 E) 6

11. x ve y sıfırdan farklı sayılar olmak üzere,

$$x^3.f(y) = y^3.f(x)$$

olduğuna göre, $\frac{f(3)+f(2)}{f(5)}$ ifadesi kaça eşittir?

A) $\frac{1}{25}$ B) $\frac{5}{24}$ C) $\frac{7}{25}$ D) $\frac{12}{25}$ E) $\frac{24}{7}$

12. $$h(x) = f\left(\frac{4x-5}{3}\right)$$

eşitliği veriliyor.

f fonksiyonunun esas periyodu 8 olduğuna göre, h fonksiyonun esas periyodu kaçtır?

A) 8 B) 6 C) 4 D) 2 E) 0

karekök

1. Tanımlı olduğu aralıkta bir f(x) fonksiyonu için,

$$\frac{5}{f(x-3)}+\frac{10}{f(10-x)}=\frac{900}{x^2}$$

olduğuna göre, f(7) kaçtır?

A) $\frac{17}{175}$ B) $\frac{19}{189}$ C) $\frac{17}{181}$ D) $\frac{17}{190}$ E) $\frac{15}{191}$

2. A = {a, b, c, d}

B = {1, 2, 3, 4, 5}

kümeleri veriliyor.

A → B şeklinde tanımlanan fonksiyonların kaç tanesinde c'nin görüntüsü 3 olur?

A) 72 B) 96 C) 112 D) 125 E) 144

3. f(x).f(y) = f(x + y)

olduğuna göre, f(100x) ifadesinin f(x) cinsinden değeri aşağıdakilerden hangisidir?

A) $(f(x))^{101}$ B) $(f(x))^{100}$ C) $(f(x))^{99}$ D) $(f(x))^{51}$ E) $(f(x))^{49}$

karekök

4. $$f(x)-f(x+1)=\frac{1}{x^2+x}$$

$f(1)=\frac{79}{80}$ olduğuna göre, f(80) kaçtır?

A) 4 B) 3 C) 2 D) 1 E) 0

5. $f: R \to R$ ve bire bir ve örten olmak üzere,

$$f(x)=\frac{mx-4x+8}{2mx-6x+m}$$

fonksiyonu veriliyor.

Buna göre, $f^{-1}(5)$ kaça eşittir?

A) 6 B) 5 C) 2 D) –7 E) –8

6. f(x) ve g(x) fonksiyonları tanımlı oldukları aralıklarda,

$f(x) = x^2 - 2x + 7$

$(fog)(x) = 3g(x) - x^3g(x) + 3$ olduğuna göre, g(1) kaçtır?

A) 2 B) 3 C) 4 D) 5 E) 6

7. $f(x+y) = f(x) + f(y)$

$f\left(\frac{2}{3}\right) = 5$

olduğuna göre, $f\left(\frac{8}{5}\right)$ kaça eşittir?

A) 10 B) 11 C) 12 D) 13 E) 14

8. x ve y reel sayılar olmak üzere,

$f(x \cdot y) = f(x) + f(y)$

$f(5) = 25$

olduğuna göre, $f(5^{20})$ kaça eşittir?

A) 200 B) 225 C) 250 D) 450 E) 500

9. n pozitif bir doğal sayı olmak şartı ile tanımlı olduğu aralıkta verilen bir f(x) fonksiyonu,

$f(x^4 - x^3 + x^2 - x + 1) = 2x^{20n+5} + 3.x^{10n+2} - 3x^2 + 2$

bağıntısını sağladığına göre f(0) değeri aşağıdakilerden hangisine eşittir?

A) $x^2 + 3$ B) $x^2 - 2$ C) $x^2 + 2$ D) 2 E) 0

10.

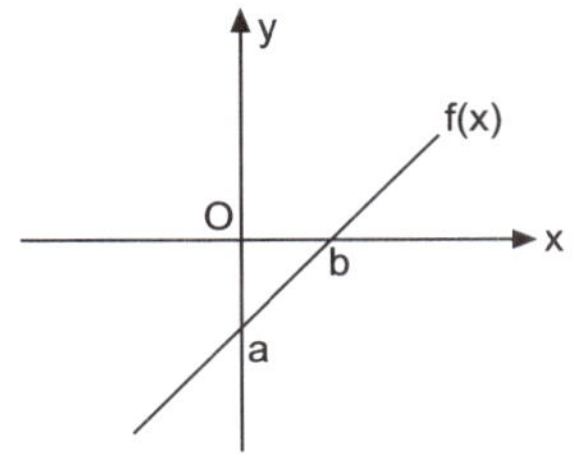

Şekilde grafiği verilen f(x) fonksiyonu,

$f^2(x) - x^2 + 6x = 5 - 4f(x)$

eşitliğini sağlamaktadır.

Buna göre, a + b toplamı kaçtır?

A) –5 B) –3 C) 0 D) 2 E) 5

11. $f(x) = \frac{m}{1+x^{2003}}$ fonksiyonunda,

$f(10) + f(9) + ... + f(1) + f\left(\frac{1}{2}\right) + f\left(\frac{1}{3}\right) + ... + f\left(\frac{1}{10}\right) = 57$

olduğuna göre, m kaçtır?

A) 2 B) 3 C) 4 D) 5 E) 6

12. f: $R^+ \rightarrow R$ olmak üzere,

$f(x) = x^2 + \frac{1}{4x}$

fonksiyonu veriliyor.

Buna göre, aşağıdakilerden hangisi f(x) fonksiyonunun görüntü kümesinde yer almaz?

A) $\frac{1}{2}$ B) 1 C) $\frac{3}{2}$ D) $\frac{4}{3}$ E) 2

1. Testin Cevap Anahtarı

1	2	3	4	5	6	7	8	9	10	11	12
B	B	C	E	B	D	C	B	B	A	C	B

1. Tanımlı olduğu aralıkta bir f(x) fonksiyonu,

$$f\left(\frac{ax^2-b^2x}{x^2-b^2}\right)=\frac{a^2x-b^3}{x^2+bx+b^2}$$

eşitliğini sağlıyor.

Buna göre, f(a) aşağıdakilerden hangisine eşittir?

A) a + b B) a – b C) b – a D) a E) b

2. Tanımlı olduğu aralıkta bir f fonksiyonu için,

$$f\left(\frac{x+1}{2}\right)+\frac{1}{x+1}.f\left(\frac{2}{x+1}\right)=x+m$$

eşitliği veriliyor.

f(1) = 2 olduğuna göre, f(2) kaçtır?

A) 4 B) 6 C) 8 D) 10 E) 12

3. f(x) ve h(x) reel sayılarda tanımlı fonksiyonlar olmak üzere,

h(x) = [3 – 4x + f(x)].[4x – 7 – f(x)]

ifadesi veriliyor.

Buna göre, h(x) fonksiyonunun <u>en büyük</u> değeri aşağıdakilerden hangisine eşittir?

A) 2 B) 3 C) 4 D) 5 E) 6

4. $$f(x)=\frac{x+3}{x}$$

fonksiyonu veriliyor.

Buna göre, f(|x – 2|) ≥ 2 şartını sağlayan x tam sayılarının toplamı kaçtır?

A) 16 B) 15 C) 14 D) 13 E) 12

5. $\forall x, y \in Z$ için,

$$f(x)=\frac{1+f(x-1)}{1-f(x-1)} \text{ ve } f(1) = 2$$

olacak şekilde f(x) fonksiyonu veriliyor.

Buna göre, f(2013) kaça eşittir?

A) 3 B) 2 C) 1 D) –1 E) –3

6. Tanımlı olduğu aralıkta bir f(x) fonksiyonu için,

$$f\left(x+\frac{1}{x}\right)=x-\frac{1}{x}$$

olduğuna göre, f(x) fonksiyonu aşağıdakilerden hangisidir?

A) $x^2 - 1$ B) $x^2 + 1$ C) $\sqrt{x^2-4}$ D) $\sqrt{x^2+4}$ E) x – 1

7. $|2x + 4| + |x - 1| = m$

denkleminin reel sayılarda çözümünün boş küme olması için m aşağıdakilerden hangisini sağlamalıdır?

A) $m < 2$ B) $m \leq 3$ C) $m \geq 3$ D) $m < 3$ E) $m \leq 2$

8. f tek bir fonksiyon olmak üzere,

$f(3) = 5$, $f(-5) = -1$, $f(1) = 2$ veriliyor.

$f(f(f(-3))) = f^{-1}(k) - 7$

olduğuna göre, k kaçtır?

A) 2 B) 1 C) –1 D) –2 E) –3

9. $f(x) = (1 - x + 2x^2 - 3x^3 + ... - 19x^{19} + 20x^{20})$

$h(x) = (1 + x + 2x^2 + 3x^3 + ... + 19x^{19} + 20x^{20})$

fonksiyonları veriliyor.

Buna göre, f(x)·h(x) ifadesinin açılımında x^{15} teriminin katsayısı kaçtır?

A) 361 B) 240 C) 0 D) –240 E) –361

10.

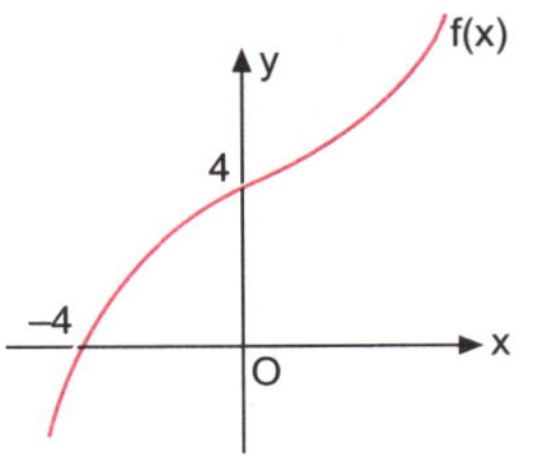

$h(x) = \begin{cases} 2x, & f(-x) \geq 0 \\ 4, & f(-x) < 0 \end{cases}$ fonksiyonları veriliyor.

$0 < x < 5$ olmak üzere, h(x) fonksiyonu ile x ekseni arasında kalan bölgenin alanı kaç br^2 dir?

A) 12 B) 13 C) 15 D) 17 E) 20

11. $f(a - b) . f(b) = f(a)$ ve $f(5) = 32$

olduğuna göre, f(7) kaçtır?

A) 126 B) 128 C)130 D) 132 E)134

12. $f(x) = ||x + 4| - k|$

fonksiyonunun y = 0 doğrusu ile meydana getirdiği kapalı bölgenin alanı 36 br^2 dir.

Buna göre, k pozitif değeri kaça eşittir?

A) 4 B) 6 C) 8 D) 9 E) 12

karekök

2. Testin Cevap Anahtarı

1	E	2	D	3	B	4	E	5	D	6	A	7	C	8	E	9	E	10	C	11	E	12	A

1. $(x-2)^2.(x+2)^2 = 4 + \ln(x+4)$

denkleminin kaç farklı reel kökü vardır?

A) 4 B) 3 C) 2 D) 1 E) 0

2. $f(x) = |x^2 - 2x|$

$g(x) = |\log_5 x|$

fonksiyonlarının kesişim kümesi kaç elemanlıdır?

A) 5 B) 4 C) 3 D) 2 E) 1

3. $f(x) = 1 + 3^{4x - x^2}$

fonksiyonunun görüntü kümesi aşağıdakilerden hangisidir?

A) (0,1] B) (1, 82] C) (1, 81] D) (0, 82] E) [0, 81]

4.

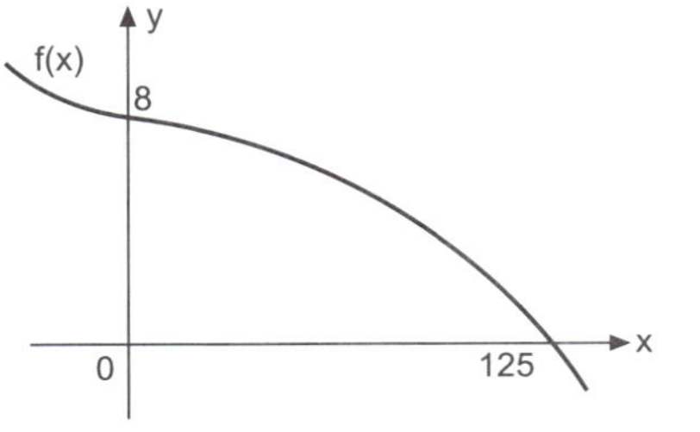

Şekilde f(x) fonksiyonunun grafiği verilmiştir.

$f(2a^2 + 3a + 4) < f(3a^2 - a - 1)$

olduğuna göre, a'nın kaç farklı tam sayı değeri vardır?

A) 3 B) 4 C) 5 D) 6 E) 7

5. f: R → R olmak üzere,

$f(x^2 - x + 5) = e^{1-x}$

fonksiyonu veriliyor.

Buna göre, f(a) = b eşitliğini sağlayan sayılar için a + b ifadesinin alabileceği en küçük değer kaçtır?

A) 3 B) 4 C) 5 D) 6 E) 7

6.

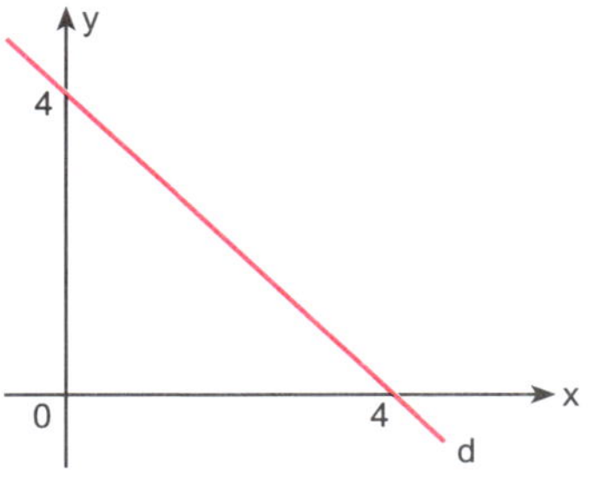

Şekilde A(x, y) noktalarının grafiği verilmiştir.

Buna göre, B(x – y, –y) noktalarının oluşturduğu grafiğin başlangıç noktasına en yakın uzaklığı kaç birimdir?

A) $\frac{4\sqrt{5}}{5}$ B) $\frac{3\sqrt{5}}{4}$ C) $\frac{2\sqrt{5}}{3}$ D) $\frac{3}{4}$ E) $\frac{4}{3}$

karekök

7. $f(x)=\begin{cases}4x-7\ , & x<4\\ 3x+1\ , & x\geq 4\end{cases}$

şeklinde bir f(x) fonksiyonu tanımlanıyor.

f(2x) = m eşitliğini sağlayan hiçbir m reel sayısı olmadığına göre, m nin alabileceği tam sayı değerleri toplamı kaçtır?

A) 33 B) 40 C) 42 D) 50 E) 55

8. Reel sayılarda tanımlı bir f fonksiyonu için;

$f(x) = f(x-1) + x + 1$ ve $f(1) = 1$

olduğuna göre, f(x) aşağıdakilerden hangisidir?

A) $\frac{x^2+2x-3}{3}$ B) $\frac{x^2+x-1}{3}$

C) $\frac{x^2+3x-2}{2}$ D) $3x-4$

E) $5x+8$

9. $f: Z^+ \rightarrow Z^+$ olmak üzere,

$f(x\cdot y) = f(x)\cdot f(y)$

şekilde tanımlanan bir f(x) fonksiyonu veriliyor.

$f(1) + f(2) = 4$

olduğuna göre, f(8) kaçtır?

A) 16 B) 25 C) 27 D) 36 E) 64

10. $2^x.f(x) + f^3(x) - 2^x.f^2(x) - 4^x = 0$

şartını sağlayan bir f(x) fonksiyonu veriliyor.

$(gof)(x) = 4^{x+1} + 2^{x+2} + 1$

olduğuna göre, g(a) = 0 denklemini sağlayan a değeri aşağıdakilerden hangisidir?

A) 2 B) 1 C) $\frac{1}{2}$ D) $-\frac{1}{4}$ E) $-\frac{1}{2}$

11.

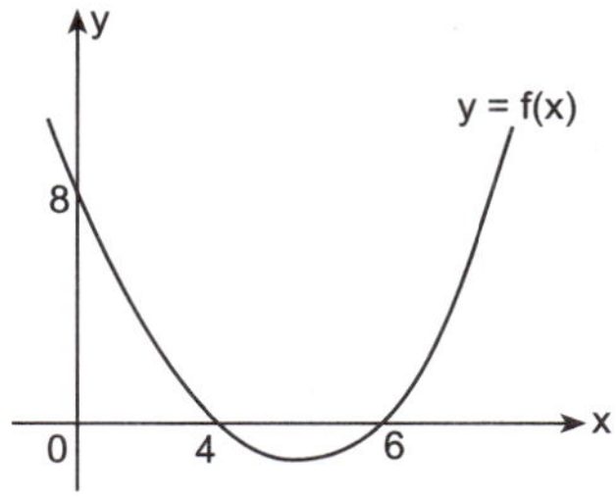

Şekilde y = f(x) parabolik fonksiyonunun grafiği verilmiştir.

Buna göre, y = f(x + |x|) fonksiyonunun grafiği aşağıdakilerden hangisidir?

A)
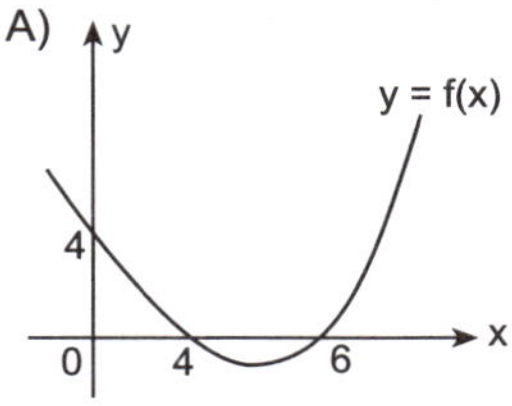

B)
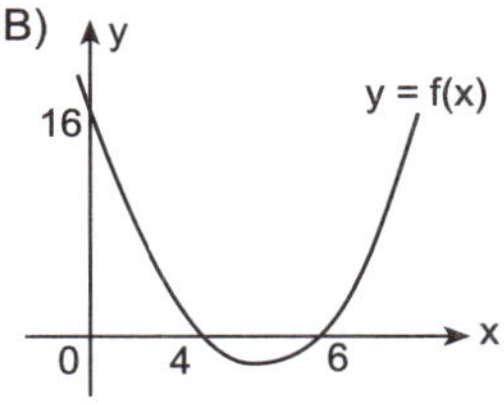

C)
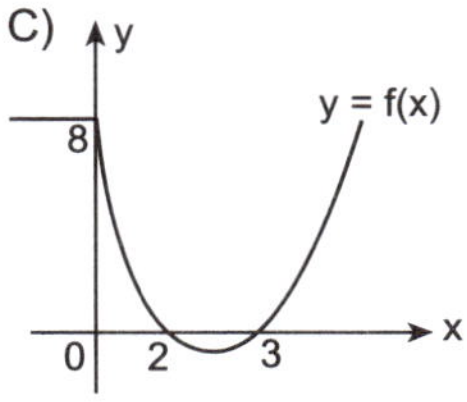

D)
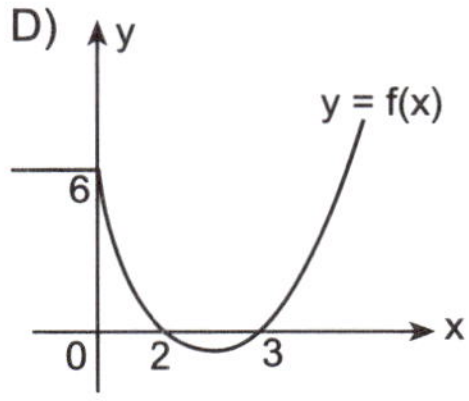

E)
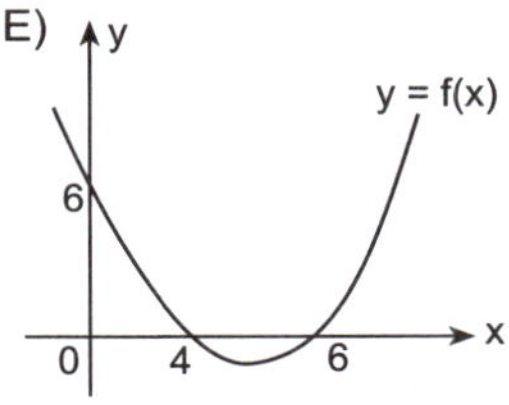

12. $f(x+2).(x+1) = (x-1).f(x)$

eşitliği veriliyor.

f(2) = 46 olduğuna göre, f(24) kaçtır?

A) 10 B) 8 C) 6 D) 4 E) 2

karekök

3. Testin Cevap Anahtarı

1	B	2	B	3	C	4	E	5	B	6	C	7	D	8	B	9	C	10	E	11	B	12	B

1. $$h(x) = \begin{cases} 2x - 5, & x > 1 \\ 3x + 1, & x = 1 \\ x^2 + kx, & x < 1 \end{cases}$$

şeklinde bir fonksiyon tanımlanıyor.

h(x) + 16 = 0 denkleminin çözüm kümesi boş küme olduğuna göre, k'nın tam sayı olarak alabileceği en büyük değer kaçtır?

A) –18 B) –17 C) –16 D) –15 E) –14

2. $$f(x) = \frac{1}{x \cdot \sqrt{x+1} + (x+1) \cdot \sqrt{x}}$$

olduğuna göre, f(1) + f(2) + f(3) + ... + f(99) toplamının sonucu kaçtır?

A) $\frac{1}{10}$ B) $\frac{2}{9}$ C) $\frac{3}{8}$ D) $\frac{5}{12}$ E) $\frac{9}{10}$

3. f(x) ve h(x) reel sayılarda tanımlı fonksiyonlardır.

$\forall x,y$ için, $h[x + f(y)] = 3x + y + 10$

olduğuna göre, f[2 + h(7)] kaçtır?

A) 11 B) 13 C) 15 D) 20 E) 22

4. $n \geq 1$ olmak üzere,

$$f(n + 1) = (-1)^{n+1} \cdot n - 2f(n)$$

şeklinde bir f fonksiyonu tanımlanıyor.

$$f(1) = f(2016)$$

olduğuna göre, f(1) + f(2) + f(3) + ... + f(2015) ifadesi kaça eşittir?

A) 332 B) 334 C) 336 D) 338 E) 340

5. $$x \cdot f^3(x) - 3f^2(x) - x \cdot f(x) + 3 = 0$$

olduğuna göre, $f^{-1}(6)$ kaça eşit olabilir?

A) $\frac{1}{6}$ B) $\frac{1}{5}$ C) $\frac{1}{4}$ D) $\frac{1}{3}$ E) $\frac{1}{2}$

6. $$|f(x)| = 2f(x) - 12x$$

olduğuna göre, f(2) + f(–3) ifadesinin değeri kaçtır?

A) 30 B) 24 C) 18 D) 12 E) 10

7. f fonksiyonunun periyodu 5 ve f(3) = 16 dır. h fonksiyonunun periyodu 3 ve h(7) = 10 dur.

Buna göre, (hof)(13) kaça eşittir?

A) 21 B) 16 C) 14 D) 12 E) 10

8. y = f(x) reel sayılarda tanımlı bir fonksiyondur.

$f(x^2 - 2x) = 0$ denkleminin köklerinden biri 4 olduğuna göre, diğer köklerinden biri kesinlikle kaçtır?

A) 8 B) 2 C) 1 D) –2 D) –4

9. $$f(x) = \frac{\sin(3x)}{x^2 + 4}$$

olduğuna göre, f(7) + f(6) + ... + f(–6) + f(–7) ifadesinin değeri kaçtır?

A) –7 B) –1 C) 0 D) 1 E) 7

10. $f(x) = x^2 - 5x$

olduğuna göre, f(|x|) < x eşitsizliğini sağlayan kaç farklı x tam sayı değeri vardır?

A) 5 B) 6 C) 7 D) 8 E) 9

11.

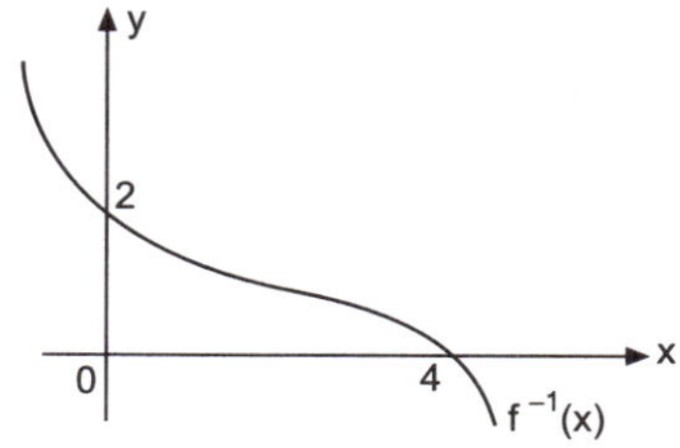

Şekilde $f^{-1}(x)$ fonksiyonunun grafiği verilmiştir.

Buna göre, –f(x) fonksiyonunun grafiği aşağıdakilerden hangisidir?

A)
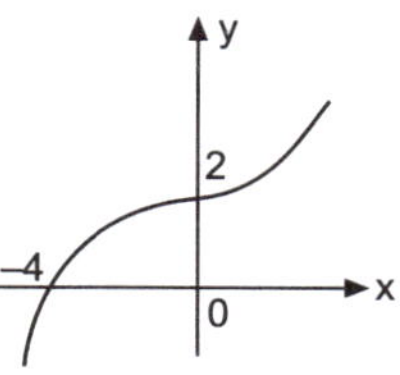

B)
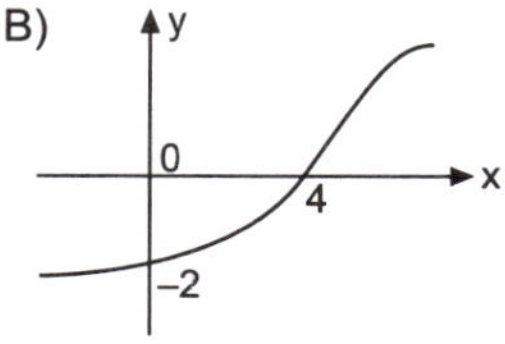

C)
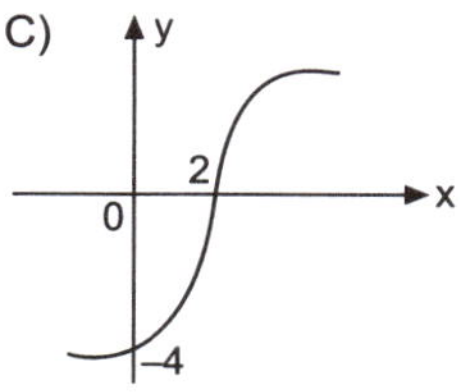

D)
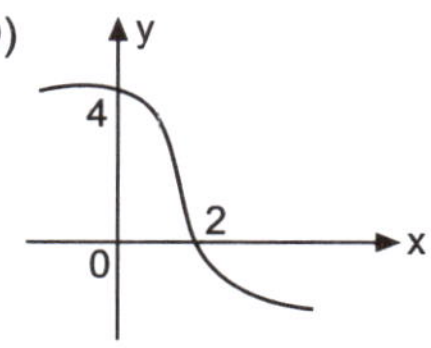

E)
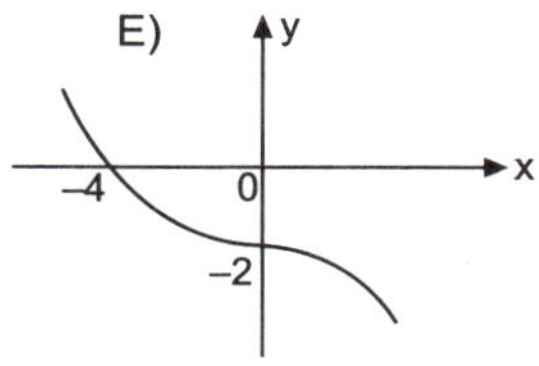

12. m bir reel sayı olmak üzere,

$$|7 - |x - 21|| = m$$

denkleminin farklı dört reel kökünün olması için m nin alabileceği kaç farklı tam sayı değeri vardır?

A) 4 B) 5 C) 6 D) 7 E) 8

karekök

4. Testin Cevap Anahtarı

1 A 2 C 3 B 4 C 5 D 6 A 7 C 8 C 9 C 10 E 11 C 12 E

1. f : R → R olmak üzere,

$f(x) = \dfrac{3^{2x}}{3^{2x}+3}$ fonksiyonu veriliyor.

Buna göre, $f\left(\dfrac{1}{80}\right)+f\left(\dfrac{79}{80}\right)$ ifadesinin değeri kaç tır?

A) 1 B) 36 C) 41 D) 79 E) 80

2. $-61 \le x < 60$

olduğuna göre, x + |x| ifadesinin alabileceği kaç farklı tam sayı değeri vardır?

A) 59 B) 60 C) 90 D) 119 E) 120

3. $f(x)=\begin{cases} x^2-2x+5 & , x\le 2 \\ -x^2+2x+5 & , x>2 \end{cases}$

şeklinde bir f(x) fonksiyonu tanımlanıyor. k bir reel sayı olmak üzere,

f(x) = k denkleminin çözüm kümesinin boş küme olduğu bilindiğine göre, k'nın alabileceği tam sayı değerlerinin toplamı kaçtır?

A) 81 B) 76 C) 72 D) 64 E) 60

4. n pozitif bir tam sayıdır.

$n \le 50$ olmak üzere

$|x-1| + |2x-2| + |3x-3| + ...|nx-n| = 750$

denklemini sağlayan x değerlerinin toplamı kaçtır?

A) 4024 B) 2012 C) 1006 D) 100 E) 2

5.

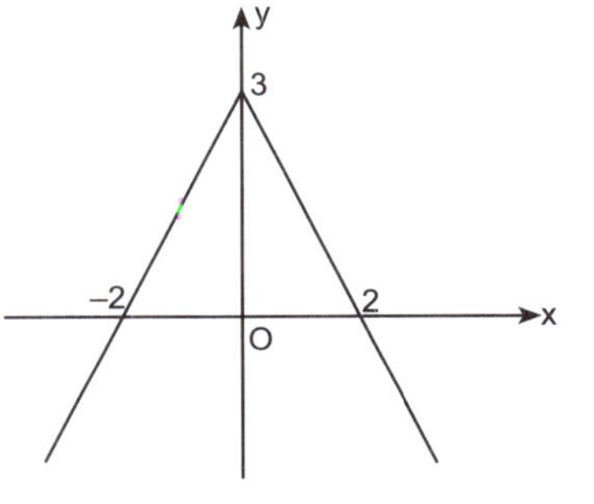

Şekilde f fonksiyonunun grafiği verilmiştir.

Buna göre, h(x) = f(x) + f(–x) fonksiyonu ile x ekseni arasında kalan bölgenin alanı kaç br^2 dir?

A) 36 B) 30 C) 24 D) 18 E) 12

6. Tüm x reel sayıları için

f(x) = y. f(x.y) ve f(40) = 30

olduğuna göre, f(50) kaçtır?

A) 100 B) 80 C) 70 D) 48 E) 24

7.

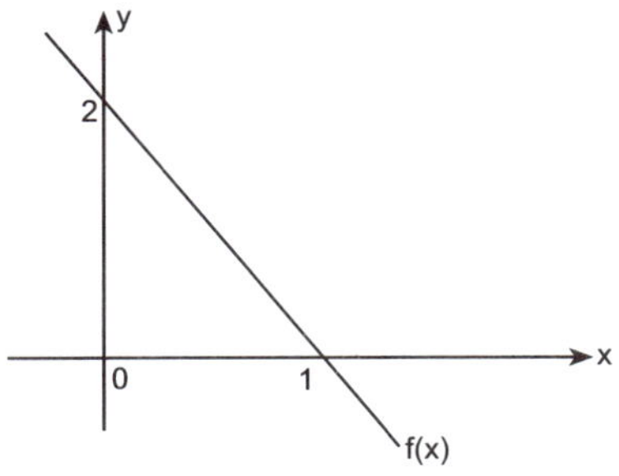

Şekilde f(x) fonksiyonunun grafiği verilmiştir.

$h(x) = f(|x-5|) + 8$

olduğuna göre, h(x) fonksiyonunun x ekseni ile arasında kalan bölgenin alanı kaç br^2 dir?

A) 30 B) 32 C) 36 D) 40 E) 50

8. $f(x) = ||x| + m|$

fonksiyonunun grafiği y = 7 doğrusunu dört farklı noktada kesmektedir.

Buna göre, m için aşağıdakilerden hangisi doğrudur?

A) $m > 7$ B) $-7 < m < 7$ C) $0 < m < 7$

D) $m > -7$ E) $m < -7$

9.

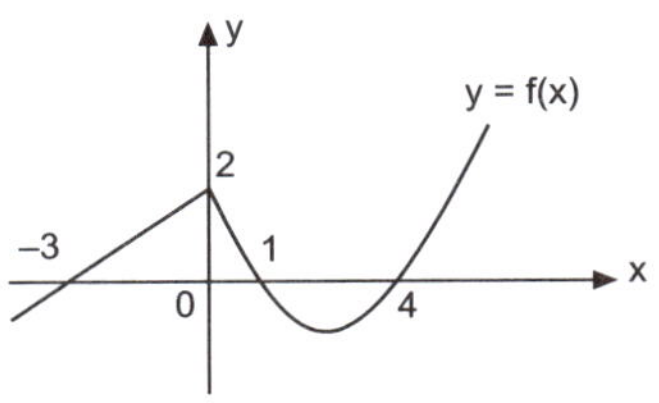

Şekilde y = f(x) fonksiyonunun grafiği verilmiştir.

Buna göre, $f(|x|) - 2 = 0$ denkleminin kaç farklı reel kökü vardır?

A) 6 B) 5 C) 4 D) 3 E) 2

10.

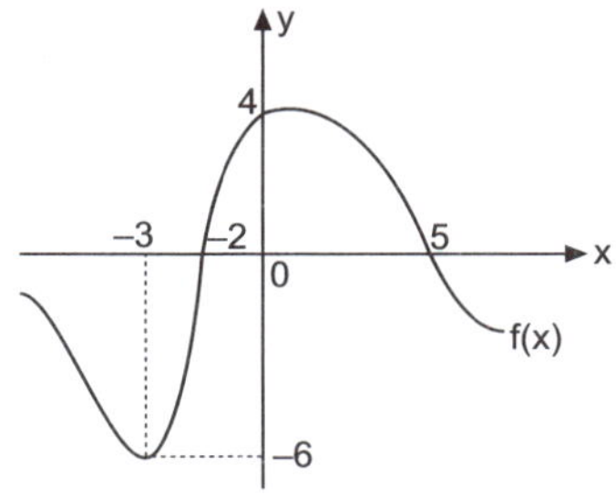

Şekilde y = f(x) fonksiyonunun grafiği verilmiştir.

Buna göre, $\frac{f(x)}{|f(x)|} = 1$ denklemini sağlayan x tam sayı değerlerinin toplamı kaçtır?

A) 1 B) 3 C) 5 D) 6 E) 12

11.

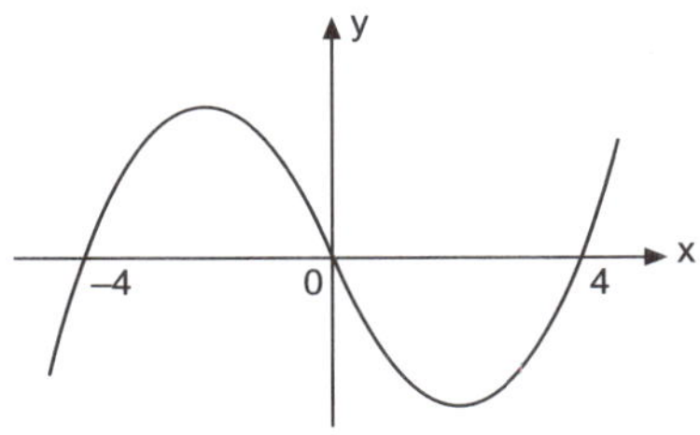

f: R → R olarak tanımlanan f(x) fonksiyonunun grafiği verilmiştir.

Buna göre, $f(x) = f(x-2)$ denkleminin kaç farklı reel kökü vardır?

A) 1 B) 2 C) 3 D) 4 E) 5

12. $f(x) = x^{2011} + x^{101} + 1$

olduğuna göre,

$f(-2000) + f(-1999) + \dots + f(1999) + f(2000)$

toplamının değeri kaçtır?

A) 1 B) 101 C) 1001 D) 2011 E) 4001

5. Testin Cevap Anahtarı

1	C	2	E	3	A	4	C	5	E	6	D	7	E	8	D	9	C	10	D	11	C	12	C

1. Tanımlı olduğu aralıkta, $f(x)=\frac{x^2-2x-3}{x+1}$ veriliyor.

$$f^{-1}(x)=\frac{x^2+kx+n}{x+m}$$

olduğuna göre, k + n + m ifadesinin değeri kaçtır?

A) 12 B) 16 C) 18 D) 20 E) 23

2. Her a ve b reel sayıları için,

$f(a)\cdot f(b) = f(a\cdot b) + a + b$

olduğuna göre, f(79) aşağıdakilerden hangisine eşit olabilir?

A) 79 B) 80 C) 81 D) 82 E) 83

3. Rasyonel sayılar kümesi Q ile gösterilmek üzere,

$f : Q \to Q$ ve her x, y için

$f(x + y) = f(x) + f(y)$

özelliğini taşıyan bir f fonksiyonu tanımlanıyor.

f(2) = 10 olduğuna göre, $f\left(\frac{8}{5}\right)$ kaça eşittir?

A) 24 B) 20 C) 16 D) 8 E) 5

4. $$f\left(\frac{y}{x}\right)=\frac{y\sqrt{x^2+y^2}}{x^2}$$

olduğuna göre, f(x) fonksiyonu aşağıdakilerden hangisine eşittir?

A) $\sqrt{1-x^2}$ B) $\sqrt{x^2+1}$ C) $x\sqrt{x^2+1}$

D) $\sqrt{x^2+x}$ C) $\sqrt{x^2-x}$

karekök

5. $|x-6| + |x-5| + |x-4| + ... + |x+5| + |x+6| = m$

denkleminin çözüm kümesi bir elemanlıdır.

Buna göre, m sayısı aşağıdakilerden hangisine eşittir?

A) 36 B) 38 C) 40 D) 42 E) 44

6. f: R → R olarak tanımlı bir f(x) fonksiyonunun alabileceği en küçük değer 12 olarak veriliyor.

$$f(x)=x^2-x+1+\frac{m}{x^2-x+1}$$

olduğuna göre, f(1) kaçtır?

A) 49 B) 45 C) 42 D) 37 E) 32

7.

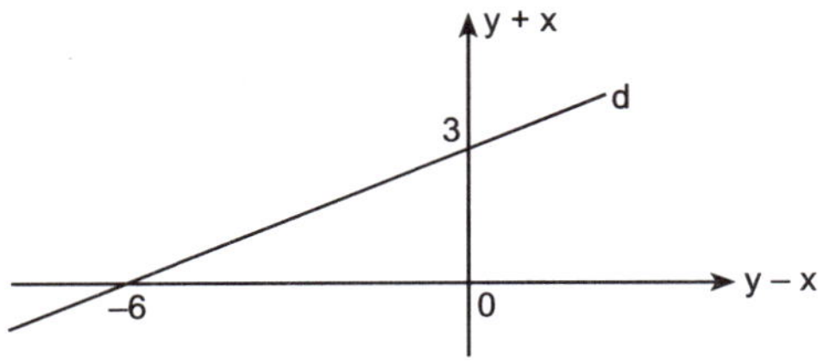

Şekilde verilen dik koordinat sisteminde d doğrusunun grafiği gösterilmiştir.

d doğrusunun grafiği x0y koordinat sisteminde çizilirse eksenlerle oluşan kapalı bölgenin alanı kaç br^2 olur?

A) 4 B) 6 C) 8 D) 9 E) 12

8. I: $|x| + |y| = 4$ II: $|x + y| = 6$

III: $|x| - |y| = 2$ IV: $|x \cdot y| = 3$

Yukarıda verilen bağıntılardan hangileri x ekseni, y ekseni ve başlangıç noktasına göre simetriktir?

A) I ve II B) I ve III C) I, III, IV

D) II ve IV E) III ve IV

9. $f: R - \{1\} \to R$

$$f(x) + f\left(\frac{1}{1-x}\right) = 8x$$

olduğuna göre, f(2) aşağıdakilerden hangisine eşittir?

A) 16 B) 14 C) 12 D) 8 E) 4

10. Tanımlı olduğu aralıkta,

$$f(x) + x \cdot f\left(\frac{x}{2x-1}\right) = 1$$

şartını sağlayan f(x) fonksiyonu aşağıdakilerden hangisidir?

A) $\frac{x+1}{2x+1}$ B) $\frac{x+1}{2x-1}$ C) $\frac{2x-1}{x-1}$

D) $\frac{x^2-1}{x+1}$ E) $\frac{x^2+1}{x-1}$

11. $f(x) = 1 - x + x^2 - x^3 + \ldots\ldots - x^{49} + x^{50}$

$g(x) = 1 + x + x^2 + x^3 + \ldots\ldots + x^{49} + x^{50}$

$h(x) = f(x) \cdot g(x)$

olduğuna göre, h(x) fonksiyonunda çift dereceli terimlerin katsayıları toplamı kaçtır?

A) 51 B) 40 C) 27 D) 0 E) –51

karekök

12. $f(x) = |x + k + 3| - |x - k + 1|$

fonksiyonu veriliyor.

$h(x) = |f(x)|$

olduğuna göre, h(x) fonksiyonunun simetri ekseni aşağıdakilerden hangisidir?

A) y = x + 1 B) y = x C) y = 4

D) x = 1 E) x = –2

6. Testin Cevap Anahtarı

1	2	3	4	5	6	7	8	9	10	11	12
A	E	A	D	E	E	E	E	D	D	B	E

1. $f: R \rightarrow R$

$f(x) + f(2 - x) = 20$

$f(x + 2) - f(x) = 8$

olduğuna göre, f(x) + f(–x) aşağıdakilerden hangisine eşittir?

A) 28 B) 24 C) 14 D) 12 E) 6

2. n sayısının rakamları çarpımı f(n) olarak gösterilsin.

Buna göre;

$f(1) + f(2) + f(3) + ... + f(100)$

ifadesinin değeri kaçtır?

A) 2070 B) 2180 C) 2240 D) 2360 E) 2560

3. Tanımlı olduğu aralıkta bir f fonksiyonu,

$$2f(x) + f(1-x) = \frac{1}{x}$$

bağıntısını sağlamaktadır.

Buna göre, f(x) fonksiyonu aşağıdakilerden hangisine eşittir?

A) $\frac{2-3x}{3x(1-x)}$ B) $\frac{3x-1}{2x(x+1)}$ C) $\frac{3x+1}{x(x-1)}$ D) $\frac{1-2x}{x(x-1)}$ E) $\frac{2x-1}{x(x+2)}$

4. $f(0) \neq 0$ olmak üzere, f fonksiyonu her x reel sayısı için,

$f(10x - f(0)) = 10x^2$

bağıntısını sağlamaktadır.

Buna göre, f(10) kaçtır?

A) 40 B) 36 C) 30 D) 20 E) 10

5. $f: R \rightarrow R$ olmak üzere,

$f(xy + 1) = f(x) \cdot f(y) - f(y) - x + 4$

fonksiyonu veriliyor.

f(0) = 1 olduğuna göre, f(79) kaça eşittir?

A) 41 B) 67 C) 80 D) 126 E) 158

6. $f: R \rightarrow R$ olmak üzere,

$f(x) = x^3 - 2x^2 + 2$

fonksiyonu veriliyor.

Buna göre, $f(a) = f^{-1}(a)$ denkleminin çözüm kümesi aşağıdakilerden hangisidir?

A) {1, 2, 0} B) {1, 0, –1} C) {1, 2, –1} D) {1, 2} E) {0, 1}

7. $f(x) = x(x + 1)(x + 2)(x + 3)$

fonksiyonunun alabileceği <u>en küçük</u> değer kaçtır?

A) –6 B) –4 C) –2 D) –1 E) 0

8. $f(x) = \begin{cases} x+6, & x<0 \\ 6-x, & x\geq 0 \end{cases}$

fonksiyonu için (fof)(x) fonksiyonu aşağıdakilerden hangisine eşittir?

A) $3 - |3 - x|$ B) $6 + |x - 6|$

C) $||x - 3| - 3|$ D) $6 - |6 - |x||$

E) $||x| - 6| + 6$

9. $f\left(x+\frac{1}{x}\right) = x^2 + \frac{1}{x^2} + 1$

olduğuna göre, f(x) fonksiyonunun <u>en geniş</u> tanım kümesi aşağıdakilerden hangisidir?

A) $R - \{0\}$ B) $R - \{-1\}$ C) $R - [0, 1]$

D) $[-2, 2]$ E) $(-\infty, -2] \cup [2, \infty)$

10. $-\pi < x < \pi$ olmak üzere,

$$|\sin x| + \sin|x| = \frac{1}{2}$$

denklemini sağlayan kaç farklı x değeri vardır?

A) 1 B) 2 C) 3 D) 4 E) 5

11. y = f(x) fonksiyonunun en geniş tanım aralığı [–1, 4] ve görüntü kümesi [–4, 11] olarak veriliyor.

$y = 2f(x - 3) + 5$

fonksiyonunun en geniş tanım aralığı [a, b] ve görüntü kümesi [c, d] olduğuna göre, a + b + c + d kaçtır?

A) 34 B) 33 C) 30 D) 28 E) 25

12. $f(n) = \sum_{k=1}^{n} \frac{1}{k(k+1)(k+2)}$

olduğuna göre, f(19) aşağıdakilerden hangisine eşittir?

A) $\frac{209}{840}$ B) $\frac{200}{781}$ C) $\frac{180}{712}$

D) $\frac{151}{611}$ E) $\frac{143}{541}$

7. Testin Cevap Anahtarı

1	2	3	4	5	6	7	8	9	10	11	12
E	B	D	C	D	D	B	C	B	C	A	E

1. $f(x) = x^4 + ax^3 + bx^2 + cx + d$

denkleminin dört farklı kökü negatif tam sayılardır.

$a + b + c + d = 329$

olduğuna göre, d kaça eşittir?

A) 348 B) 900 C) 864 D) 240 E) 60

2.

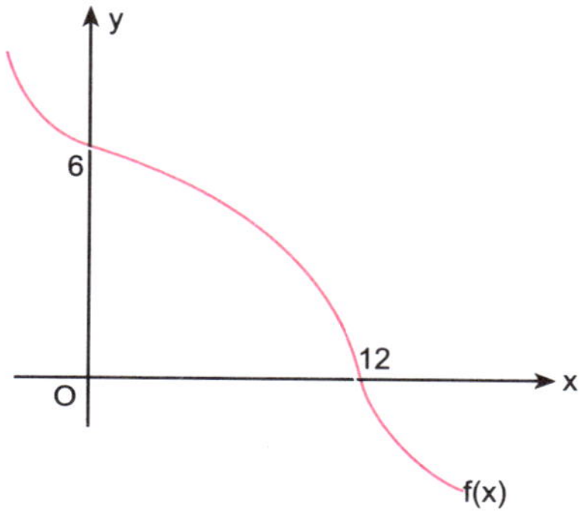

Şekilde f(x) fonksiyonunun grafiği verilmiştir.

Buna göre, $f(x) \cdot f(3x) \leq 0$ eşitsizliğini sağlayan x tam sayı değerlerinin toplamı kaçtır?

A) 72 B) 64 C) 48 D) 36 E) 24

3. $\forall x, y \in R$ için,

$f(x + y) = x + f(y)$ ve $f(0) = c$

olduğuna göre, f(2012) + f(1008) = 3030 eşitliğini sağlayan c değeri kaçtır?

A) 1 B) 2 C) 3 D) 4 E) 5

4. $f: R \to R$ ve $\forall x, y \in R$ için,

$f(x + y) = f(x) + f(y) + 10$

f(1) = 2 olduğuna göre, f(5) kaça eşittir?

A) 10 B) 20 C) 30 D) 40 E) 50

5. $f(x) = |x - k + 2| + |x - k - 2| + k + 1$

fonksiyonunun simetri merkezi $x = k^2 - 5$ olduğuna göre, k sayısının alabileceği değerler toplamı kaçtır?

A) 1 B) 2 C) 3 D) 4 E) 5

6.

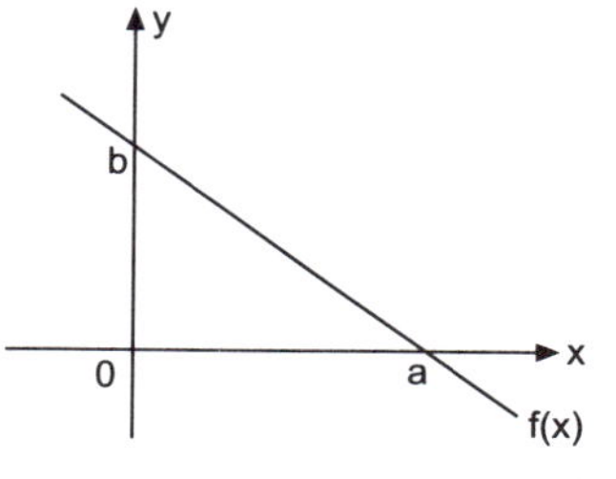

Şekilde grafiği verilen bir f(x) fonksiyonu,

$f^2(x) + 2f(x) = x^2 - 8x + 15$

eşitliğini sağlamaktadır.

Buna göre, f(5) kaçtır?

A) –3 B) –2 C) 1 D) 2 E) 3

7. $|x - 2| + |2x + 2| = a$

denkleminin çözüm kümesi bir elemanlı olduğuna göre, a kaça eşittir?

A) 1 B) 2 C) 3 D) 4 E) 5

8.

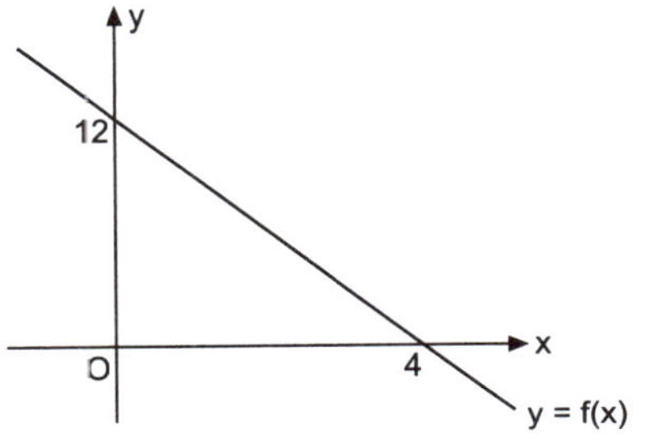

Şekilde y = f(x) fonksiyonunun grafiği verilmiştir.

Koordinat eksenlerinde y yerine 2y + x ve x yerine 3x – 2y yazılarak aynı doğrunun grafiği çizilirse eğim kaç olur?

A) $\frac{5}{9}$ B) $\frac{9}{5}$ C) $\frac{1}{3}$ D) $-\frac{5}{9}$ E) $-\frac{9}{5}$

9. $f(x) = \dfrac{4^x}{4^x + 2}$

olduğuna göre,

$$f\left(\frac{1}{13}\right) + f\left(\frac{2}{13}\right) + f\left(\frac{3}{13}\right) + \ldots + f\left(\frac{12}{13}\right)$$

ifadesinin değeri kaçtır?

A) 4 B) 5 C) 6 D) 7 E) 8

10. $(gof^{-1})(x) = \dfrac{x+3}{2}$

$(goh)(x) = 5x + 2$

olduğuna göre, (foh)(x) aşağıdakilerden hangisidir?

A) 10x + 1 B) 10x – 13 C) 7x – 1 D) 3x – 1 E) 3x + 1

11. $|x - 2| + |x| = \sqrt{9 - x^2}$

denklemini sağlayan kaç farklı x reel sayısı vardır?

A) 4 B) 3 C) 2 D) 1 E) 0

12.

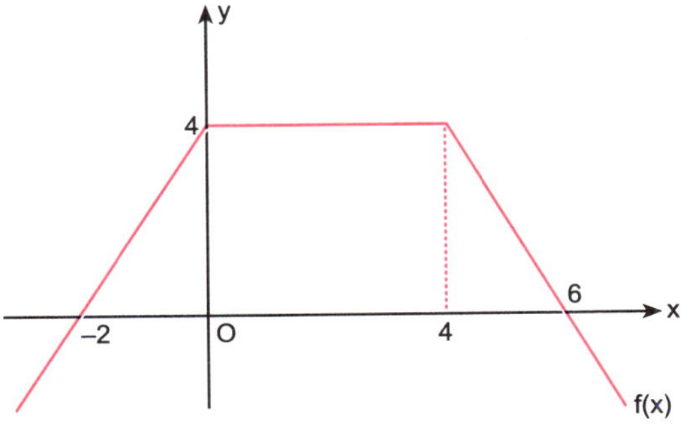

Şekilde y = f(x) fonksiyonunun grafiği verilmiştir.

Buna göre, f(2x) fonksiyonu ile x ekseni arasında kalan bölgenin alanı kaç br^2 dir?

A) 10 B) 12 C) 16 D) 20 E) 24

karekök

8. Testin Cevap Anahtarı

1	D	2	A	3	A	4	A	5	C	6	C	7	D	8	D	9	E	10	D	11	B	12	A

1. $f\left(\dfrac{x^2+x+7}{x^2+x-1}\right)=\dfrac{x^4+2x^3+x^2}{x^2+x+6}$

$f^{-1}(1) = m \Rightarrow f(m) = 1$

$\dfrac{x^2(x+1)^2}{x^2+x+6}=1$ demektir.

$x^2 + x - 1 = a$ olsun.

$f\left(\dfrac{a+8}{a}\right)=\dfrac{(a+1)^2}{a+7}$ olacağı için

$\dfrac{(a+1)^2}{a+7}=1 \Rightarrow a^2+a-6=0$ ve $a=2,\ a=-3$

$a=2$ için $\dfrac{a+8}{a}=5$ bulunur.

Yanıt B

2. $f(x) + 4 \cdot f\left(\dfrac{1}{x}\right)=2x+5+\dfrac{8}{x}$

$f\left(\dfrac{1}{x}\right)+4f(x)=\dfrac{2}{x}+5+8x$

Bu denklemlerden f(x) bulunabilir.

$f(x) = 2x + 1$ olduğundan,

$f(x) + f(2x) = 6x + 2$ elde edilir.

Yanıt B

3. $x \cdot f^3(x) - 2f^2(x) - x \cdot f(x) + 2 = 0$

denkleminden çarpanlara ayırarak,

$f^2(x) \cdot (x \cdot f(x) - 2) - (x \cdot f(x) - 2) = 0$

$(x \cdot f(x) - 2) \cdot (f^2(x) - 1) = 0$

$f(x)=\dfrac{2}{x}$ elde edilir.

$f^{-1}(12) = \dfrac{1}{6}$ bulunur.

Yanıt C

4. $f^2(x) + 16 = x^2 + 10 \cdot f(x) + 6x$

$f^2(x) - 10 \cdot f(x) + 25 = x^2 + 6x + 9$

$(f(x) - 5)^2 = (x + 3)^2$ olduğundan,

$f(x) - 5 = x + 3$ veya $f(x) - 5 = -x - 3$

$f(x) = x + 8$ veya $f(x) = -x + 2$ bulunur.

Yanıt E

5. $f(x)=\dfrac{2x^4+3x^2+m}{mx^2+n}$ fonksiyonunda,

$f(x) = f(-x)$ olduğundan çift fonksiyondur.

O halde, $f(m - n) = f(n - m)$ demektir.

$\dfrac{f(m-n)}{f(n-m)}=1$ olur.

Yanıt B

6. $f(x)=1+\sqrt{16-x^2}$

fonksiyonunun tanım kümesi,

$16 - x^2 \geq 0 \Rightarrow$ T: [–4, 4] olur.

Görüntü kümesi, $x = 0$ için $f(0) = 5$

$x = 4$ için, $f(4) = 1$ olduğundan G: [1, 5]

$T \cap G$ = [1, 4] bulunur.

Yanıt D

karekök

7. $(hof^{-1})\left(\frac{x}{2}\right) = (hof)(x+1)$

$h^{-1}o(hof^{-1})\left(\frac{x}{2}\right) = h^{-1}o(hof)(x+1)$

$f^{-1}\left(\frac{x}{2}\right) = f(x+1)$

$(fof)(x+1) = \frac{x}{2}$

$(fof)(3) = \frac{2}{2} = 1$ olur.

Yanıt C

8. (fofofofofof)(2x + 1) = 128x + 27

(fofofofofof)(x) = 64x – 37

f(x) = ax + b olduğundan,

(fofofofofof)(x) = $a^6x + p = 64x - 37$

Buradan a = 2 veya a = – 2 olur.

f(x) = 2x + b alınırsa, f(5) – f(3) = 4 bulunur.

Yanıt B

9. $(x-2) \cdot f(x+2) + (x-1) \cdot f(x+1) = ax^3 + b$

eşitliğinde, x = 2 alınırsa,

f(3) = 8a + b = 14

x = 1 alınırsa, – f(3) = a + b olur.

a + b = –14 ve 8a + b = 14 denklemleri çözülürse

a = 4 ve b = –18 bulunur.

Yanıt B

10. $f^2(x) - x \cdot f(x) - 6x^2 = 0$

denklemini çarpanlara ayırırsak,

(f(x) – 3x) (f(x) + 2x) = 0 olduğundan,

f(x) = 3x bulunur.

3ax + 3ax = 12x + c

6ax = 12 x + c eşitliğinden

a = 2 ve c = 0 bulunur.

Yanıt A

11. $x^3 \cdot f(y) = y^3 \cdot f(x)$ eşitliğini,

$\frac{f(x)}{f(y)} = \frac{x^3}{y^3}$ olarak yazalım.

$\frac{f(3)+f(2)}{f(5)} = \frac{f(3)}{f(5)} + \frac{f(2)}{f(5)}$

$\frac{f(3)}{f(5)} = \frac{27}{125}$ ve $\frac{f(2)}{f(5)} = \frac{8}{125}$

$\frac{f(3)+f(2)}{f(5)} = \frac{35}{125} = \frac{7}{25}$ bulunur.

Yanıt C

12. f fonksiyonunun esas periyodu 8 ise f(x) = f(x + 8) olur.

h(x) = h(x + a) koşulunu sağlayan en küçük $a \in R^+$ bulmak için

$f\left(\frac{4x-5}{3}\right) = f\left(\frac{4(x+a)-5}{3}\right)$ yazılırsa

$\frac{4x-5}{3} + 8 = \frac{4x+4a-5}{3}$ olur.

Buradan a = 6 bulunur.

Yanıt B

9. Testin Cevap Anahtarı

1	C	2	A	3	E	4	E	5	A	6	B	7	C	8	D	9	C	10	A	11	C	12	B

1. $\dfrac{1}{f(x-3)}+\dfrac{2}{f(10-x)}=\dfrac{180}{x^2}$

$x=3$ için, $\dfrac{1}{f(0)}+\dfrac{2}{f(7)}=20$

$x=10$ için, $\dfrac{1}{f(7)}+\dfrac{2}{f(0)}=\dfrac{180}{100}$

Bu eşitlikten $f(7)=\dfrac{15}{191}$ bulunur.

Yanıt E

2. A = {a, b, c, d}

B = {1, 2, 3, 4, 5} kümeleri için

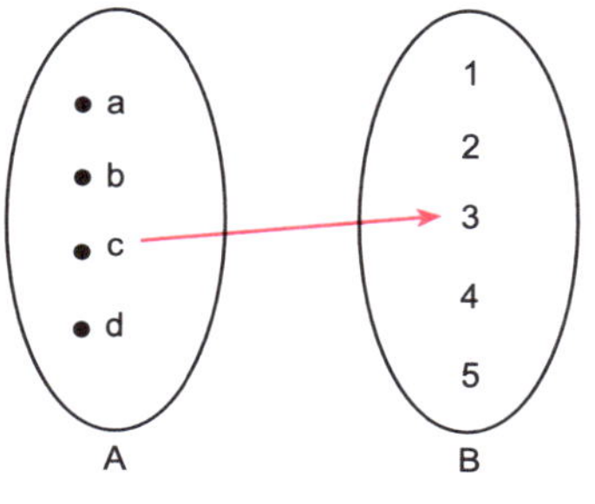

(c, 3) olmak üzere,

$5^3 = 125$ fonksiyon yazılabilir.

Yanıt D

3. $f(x) \cdot f(y) = f(x + y)$

verilen şartı sağlayan fonksiyon $f(x) = a^x$ şeklindedir.

Çünkü, $a^x \cdot a^y = a^{x+y}$ eşitliği daima sağlanır.

$f(100x) = a^{100x}$ olduğundan,

$f(100x) = (a^x)^{100} = (f(x))^{100}$ bulunur.

2 yol: $f(100x) = f(x) \cdot f(x) \cdot \ldots \cdot f(x)$

$= [f(x)]^{100}$ bulunur.

Yanıt B

4. $f(x) - f(x+1) = \dfrac{1}{x^2+x}$

$f(x) - f(x+1) = \dfrac{1}{x}-\dfrac{1}{x+1}$

$f(1) - f(2) = \dfrac{1}{1}-\dfrac{1}{2}$

$f(2) - f(3) = \dfrac{1}{2}-\dfrac{1}{3}$

$\vdots \quad \vdots$

$f(79) - f(80) = \dfrac{1}{79}-\dfrac{1}{80}$

+

$f(1)-f(80)=1-\dfrac{1}{80} \Rightarrow f(80)=0$ bulunur.

Yanıt E

5. $f(x)=\dfrac{mx-4x+8}{2mx-6x+m}$

fonksiyonu $R \to R$ birebir ve örten olduğu için paydası sıfır olmamalıdır.

Aksi taktirde, paydayı sıfır yapan x değeri için y değeri bulunmayacaktır.

$2mx - 6x + m = 0$ ifadesinin çözümünün boş küme olması için $m = 3$ olmalıdır.

$f(x)=\dfrac{-x+8}{3}$ olduğuna göre,

$f^{-1}(5) = -7$ bulunur.

Yanıt D

6. $f(x) = x^2 - 2x + 7$ ve

$f[g(x)] = 3\,g(x) - x^3 \cdot g(x) + 3$ olarak veriliyor.

$g(1) = t$ olsun.

$t^2 - 2t + 7 = 3t - t + 3$

$(t-2)^2 = 0 \Rightarrow t = 2$ bulunur.

Yanıt A

7. $f(x + y) = f(x) + f(y)$

eşitliğini $f(x) = ax + b$ fonksiyonu sağlar.

$ax + ay + b = ax + b + ay + b$

$b = 0$ ve $f(x) = ax$ olur.

$f\left(\frac{2}{3}\right) = 5$ ise $a = \frac{15}{2}$

$f\left(\frac{8}{5}\right) = \frac{15}{2} \cdot \frac{8}{5} = 12$ bulunur.

2. Yol: $f(2) = f\left(\frac{2}{3} + \frac{2}{3} + \frac{2}{3}\right) = 15$ bulunur.

$f(1) = \frac{15}{2}$ kullanılarak $f\left(\frac{1}{5}\right) = \frac{3}{2}$ bulunur.

Buradan $f\left(\frac{8}{5}\right) = 8 \cdot \frac{3}{2} = 12$ olur.

Yanıt C

8. $f(x \cdot y) = f(x) + f(y)$

eşitliğini sağlayan fonksiyon $f(x) = \log_a x$ şeklindedir.

$f(5) = 25$ olduğundan

$\log_a 5 = 25$ bulunur.

$f(5^{20}) = \log_a 5^{20} \Rightarrow f(5^{20}) = 20 \cdot 25 = 500$

2. yol: $f(5^{20}) = \underbrace{f(5) + \ldots + f(5)}_{20 \text{ tane}}$

$f(5^{20}) = 20 \cdot 25 = 500$ bulunur.

Yanıt E

9. $f(x^4 - x^3 + x^2 - x + 1) = 2 \cdot x^{20n+5} + 3x^{10n+2} - 3x^2 + 2$

fonksiyonunda $f(0)$ sorulduğundan,

$x^4 - x^3 + x^2 - x + 1 = 0$ yazılabilir.

$(x + 1) \cdot (x^4 - x^3 + x^2 - x + 1) = 0 \cdot (x + 1)$

$x^5 = -1$ bulunur.

Fonksiyonda yerine yazılırsa,

$f(0) = 0$ elde edilir.

Yanıt E

10. $f^2(x) - x^2 + 6x = 5 - 4 \cdot f(x)$

$f^2(x) + 4 \cdot f(x) + 4 = x^2 - 6x + 9$

$(f(x) + 2)^2 = (x - 3)^2$

$f(x) = x - 5$ bulunur.

($f(x) = -x + 1$ olmaz, Neden?)

Grafikten, $a = -5$ ve $b = 5$ olur.

Buna göre $a + b = 0$ olur.

Yanıt C

11. $f(x) = \frac{m}{1 + x^{2003}}$ fonksiyonunda,

$f(10) + f\left(\frac{1}{10}\right) = m$

$f(9) + f\left(\frac{1}{9}\right) = m$

$\vdots \qquad \vdots$

$f(2) + f\left(\frac{1}{2}\right) = m$ ve $f(1) = \frac{m}{2}$

olduğundan, $9m + \frac{m}{2} = 57$

$m = 6$ bulunur.

Yanıt E

12. $f(x) = x^2 + \frac{1}{4x}$ fonksiyonunu

$f(x) = x^2 + \frac{1}{8x} + \frac{1}{8x}$ olarak yazalım.

Aritmetik ortalama $\geq$ Geometrik ortalama özelliğini kullanırsak,

$f(x) \geq 3\sqrt[3]{x^2 \cdot \frac{1}{8x} \cdot \frac{1}{8x}}$

$f(x) \geq \frac{3}{4}$ bulunur.

Bnua göre, $\frac{1}{2}$ görüntü kümesinde yer almaz.

Yanıt A

karekök

1. $f\left(\dfrac{ax^2-b^2x}{x^2-b^2}\right)=\dfrac{a^2x-b^3}{x^2+bx+b^2}$

fonksiyonunda x = a olsun.

$f\left(\dfrac{a^3-ab^2}{a^2-b^2}\right)=\dfrac{a^3-b^3}{a^2+ab+b^2}$

f(a) = a – b bulunur.

Yanıt B

2. $f\left(\dfrac{x+1}{2}\right)+\dfrac{1}{x+1}\cdot f\left(\dfrac{2}{x+1}\right)=x+m$

fonksiyonunda x = 1 alınırsa,

$f(1)+\dfrac{1}{2}\cdot f(1)=1+m \Rightarrow m=2$ olur.

x = 0 alınırsa,

$f\left(\dfrac{1}{2}\right)+f(2)=m$

x = 3 alınırsa,

$f(2)+\dfrac{1}{4}f\left(\dfrac{1}{2}\right)=3+m$

Buradan, f(2) = 6 bulunur.

Yanıt B

3. h(x) = (3 – 4x + f(x)) · (4x – 7 – f(x))

3 – 4x + f(x) ile 4x – 7 – f(x) ifadelerinin toplamı –4, yani sabit bir değer olduğundan,

h(x) fonksiyonunun en büyük olması için çarpanlar eşit değer almalıdır.

Yani, (–2) · (–2) = 4 olur.

Yanıt C

4. $f(x)=\dfrac{x+3}{x}$ olduğuna göre,

$\dfrac{|x-2|+3}{|x-2|}\geq 2$ yazılırsa,

$|x-2|+3\geq 2|x-2|$ elde edilir.

$3\geq |x-2|$ ve $5\geq x\geq -1$ olur.

Ancak $x\neq 2$ olduğundan sonuç 12 bulunur.

Yanıt E

5. $f(x)=\dfrac{1+f(x-1)}{1-f(x-1)}$ fonksiyonunda,

$f(1)=2$, $f(2)=-3$, $f(3)=-\dfrac{1}{2}$

$f(4)=\dfrac{1}{3}$, $f(5)=2=f(1)$ olmaktadır.

Dolayısıyla mod4 kümesine göre işlem yapılabilir.

2013 sayısı 4 ile bölünürse kalan 1 olur.

Buradan f(1) = f(2013) = 2 bulunur.

Yanıt B

6. $f\left(x+\dfrac{1}{x}\right)=x-\dfrac{1}{x}$ fonksiyonunda,

$x+\dfrac{1}{x}=t$ olsun.

$x^2+\dfrac{1}{x^2}=t^2-2$ bulunur.

Buradan aynı şekilde, $\left(x-\dfrac{1}{x}\right)^2=t^2-4$

olduğundan, fonksiyonda yerine yazılırsa,

$f(t)=\sqrt{t^2-4}$ yani $f(x)=\sqrt{x^2-4}$ olur.

Yanıt C

7. $|2x + 4| + |x - 1| = m$

eşitliğinde kritik kökler -2 ve 1 dir.

$x < -2$ için $y = -3x - 3$

$-2 < x < 1$ için $y = x + 5$

$x > 1$ için $y = 3x + 3$

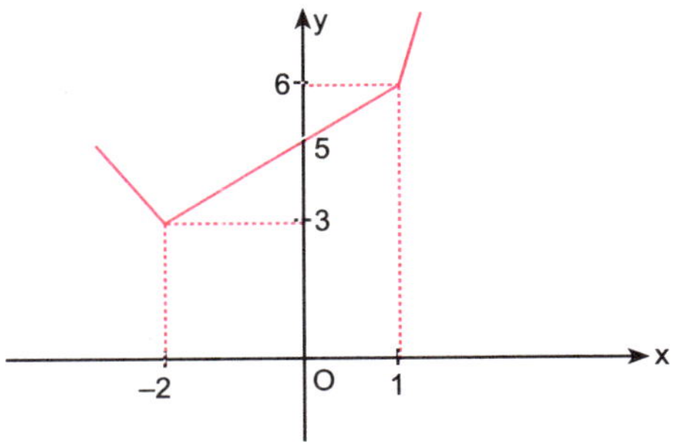

Grafikten görüleceği üzere, $m < 3$ ise çözüm boş kümedir.

Yanıt D

8. Verilenlere göre, $f(-3) = -5$

$f(-5) = -1$ ve $f(-1) = -2$ bulunur.

$-2 = f^{-1}(k) - 7$ olduğundan,

$f^{-1}(k) = 5$ ve $f(5) = k$ olur.

$f(-5) = -1$ verildiğinden $f(5) = 1$ ve $k = 1$ olur.

Yanıt B

9. $f(x)$ ve $h(x)$ fonksiyonları için,

$f(-x) = h(x)$

$h(-x) = f(x)$

olduğuna dikkat edilirse,

$f(-x) \cdot h(-x) = f(x) \cdot h(x)$ bulunur.

Buradan $f(x) \cdot h(x)$ çarpımının çift fonksiyon olduğu anlaşılır.

O halde bu fonksiyonda x^{15} terimi bulunmaz.

Yanıt C

10.

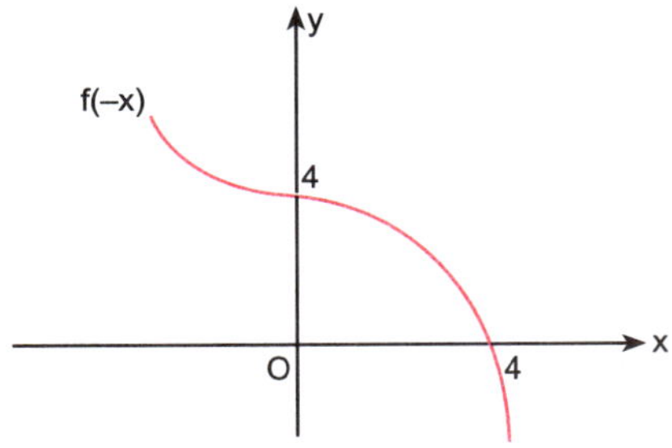

$x < 4$ ise, $h(x) = 2x$, $x \geq 4$ ise, $h(x) = 4$

Buna göre, $h(x)$ fonksiyonunun grafiği çizilirse

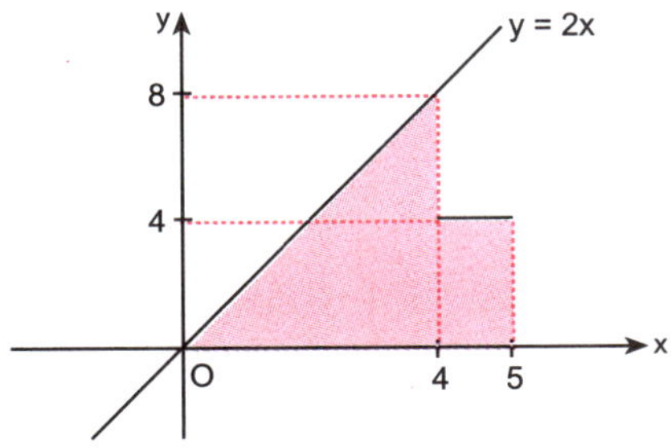

Taralı alan 20 br^2 olur.

Yanıt E

11. $f(a - b) \cdot f(b) = f(a)$

eşitliğini sağlayan fonksiyon $f(x) = P^x$ şeklindedir.

Çünkü, $P^{a-b} \cdot P^b = P^a$ olur.

$f(5) = 32$ ise, $P = 2$ bulunur.

$f(x) = 2^x$ olduğundan, $f(7) = 2^7 = 128$ olur.

Yanıt B

12. Önce $y = |x + 4|$ fonksiyonunun grafiğini çizelim ve sonra k kadar aşağı kaydıralım.

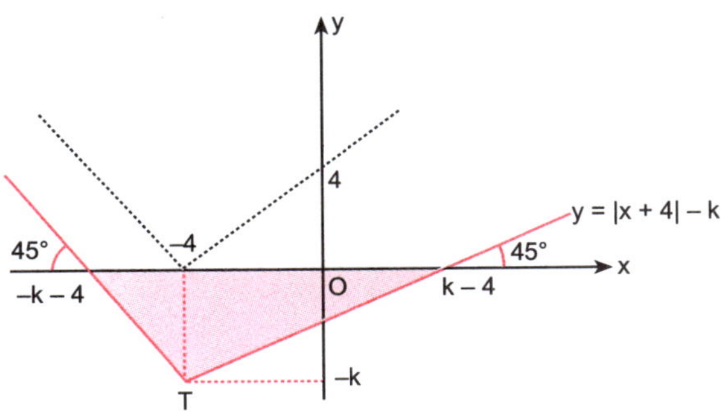

$f(x) = \big||x+4| - k\big|$ fonksiyonunun grafiği için taralı bölgenin yukarı katlanması gerekir, fakat alanın değeri değişmez.

$$A = \frac{(k+4)+(k-4)}{2} \cdot k = 36 \text{ ise } k = 6 \text{ olur.}$$

Yanıt B

karekök

1. $f(x) = (x-2)^2 \cdot (x+2)^2$ ve

$h(x) = 4 + \ln(x+4)$ fonksiyonlarının grafiklerini çizelim.

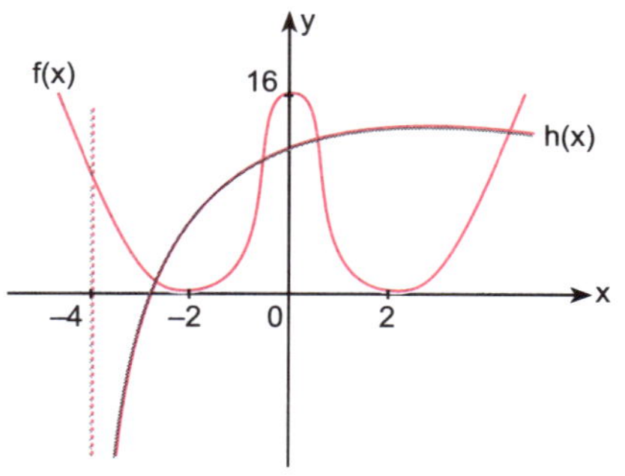

Görüleceği üzere, 4 farklı kesişim noktası vardır.

Yanıt A

2.

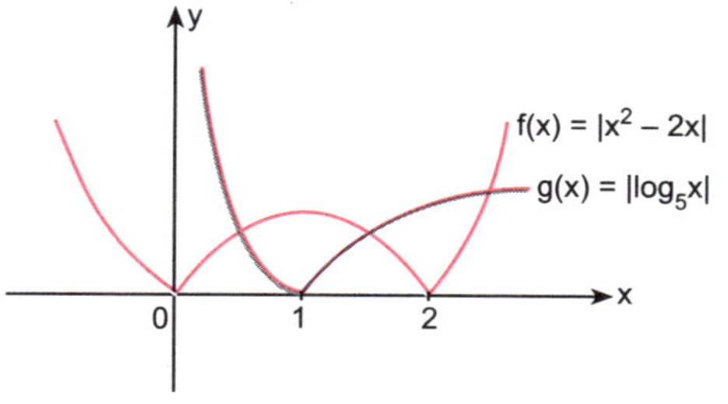

Fonksiyonların 3 farklı noktada kesiştiği görülmektedir.

Yanıt C

3. $x \to -\infty$ veya $x \to +\infty$ için fonksiyonun değeri $y \to 1$ olur.

$4x - x^2$ ifadesi $x = 2$ için en büyük değerini alır.

$f(2) = 1 + 3^4 = 82$ olur.

O halde, görüntü kümesi $(1, 82]$ olur.

Yanıt B

4. Grafikten f(x) fonksiyonunun azalan olduğu görülür.

$f(2a^2 + 3a + 4) < f(3a^2 - a - 1)$ olduğuna göre,

$3a^2 - a - 1 < 2a^2 + 3a + 4$ şartı sağlanmalıdır.

$a^2 - 4a - 5 < 0$ eşitsizliğinin çözüm kümesi

$-1 < a < 5$ olduğundan a için 5 farklı tam sayı değeri vardır.

Yanıt C

5. $f(x^2 - x + 5) = e^{1-x}$ fonksiyonunda,

$a = x^2 - x + 5$ ve $b = e^{1-x}$ olsun.

$a + b = x^2 - x + 5 + e^{1-x}$ ifadesinin en küçük değeri için türev alınırsa,

$2x - 1 - e^{1-x} = 0$ denkleminden $x = 1$ bulunur.

Buna göre, $a + b = 1 - 1 + 5 + e^{\circ} = 6$ olur.

Yanıt D

6. d doğrusunun denklemi, $y = 4 - x$ olur.

B noktası denklemde y yerine $-y$, x yerine $x - y$ yazılırsa $2y - x + 4 = 0$ elde edilir.

Başlangıç noktasına uzaklık,

$h = \dfrac{0-0+4}{\sqrt{4+1}} = \dfrac{4\sqrt{5}}{5}$ olur.

Yanıt A

karekök

7. $f(2x)=\begin{cases} 8x-7\ , & x<2 \\ 6x+1\ , & x\geq 2 \end{cases}$

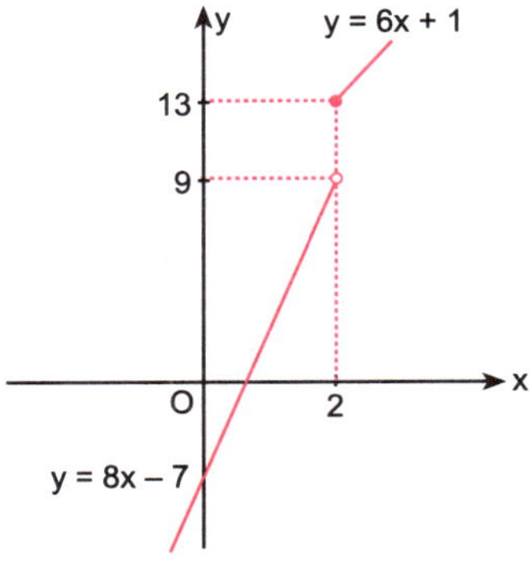

f(2x) = m eşitliğini sağlayan m değerinin olmaması için m = 9, 10, 11, 12 olması gerekir.

Yanıt C

8. f(x) – f(x – 1) = x + 1 olduğundan,

f(2) – f(1) = 3

f(3) – f(2) = 4

⋮

f(x) – f(x –1) = x + 1

$f(x)=\dfrac{(x+1)(x+2)}{2}-2\Rightarrow$

$f(x)=\dfrac{x^2+3x-2}{2}$ olur.

Yanıt C

9. x = 1 ve y = 1 için, $f(1) = (f(1))^2 \Rightarrow f(1) = 1$

$f(1) + f(2) = 4 \Rightarrow f(2) = 3$ olur.

$f(2\cdot 2) = f(2)\cdot f(2) \Rightarrow f(4) = 9$

$f(2\cdot 4) = f(2)\cdot f(4)$

$f(8) = 3\cdot 9 = 27$ bulunur.

Yanıt C

10. $2^x\cdot f(x) + f^3(x) = 2^x\cdot f^2(x) + 4^x$

$f(x)\cdot(2^x + f^2(x)) = 2^x\cdot(f^2(x) + 2^x)$

$f(x) = 2^x$ bulunur.

$g(2^x) = 2^{2x}\cdot 4 + 4\cdot 2^x + 1$

$g(x) = 4x^2 + 4x + 1 \Rightarrow g(a) = 0$

$(2a + 1)^2 = 0$ ve $a = -\dfrac{1}{2}$ olur.

Yanıt E

11. Verilen y = f(x) parabolünde,

x < 0 için, f(x – x) = f(0) = 8

x > 0 için f(x + x) = f(2x)

grafiklerinin çizilmesi gerekir.

Çizim yapılırsa C seçeneğindeki grafik elde edilir.

Yanıt C

12. $\dfrac{f(x+2)}{f(x)}=\dfrac{x-1}{x+1}$

$\dfrac{f(4)}{f(2)}=\dfrac{1}{3},\quad \dfrac{f(6)}{f(4)}=\dfrac{3}{5}$

$\dfrac{f(8)}{f(6)}=\dfrac{5}{7},\quad \dfrac{f(24)}{f(22)}=\dfrac{21}{23}$

Taraf tarafa çarpma yapılırsa,

$\dfrac{f(4)}{f(2)}\cdot\dfrac{f(6)}{f(4)}\cdot\dfrac{f(8)}{f(6)}\cdots\dfrac{f(24)}{f(22)}=\dfrac{1}{3}\cdot\dfrac{3}{5}\ \cdots\ \dfrac{21}{23}$

$\dfrac{f(24)}{f(2)}=\dfrac{1}{23}\Rightarrow f(24)=2$ olur.

Yanıt E

1.

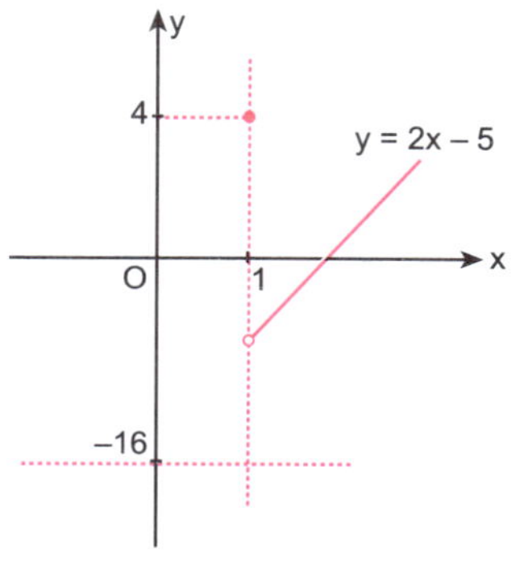

$x < 1$ için $x^2 + kx$ parabolünün -16 değerinden büyük olması halinde çözüm kümesi boş küme olacaktır.

$x < 1$ olmak gerektiğinden $x = 1$ alırsak,

$1 + k > -16$

$k > -17$ bulunur.

O halde, k'nın en büyük tam sayı değeri -16 olur.

Yanıt C

2. $f(x)=\dfrac{1}{x\cdot\sqrt{x+1}+(x+1)\cdot\sqrt{x}}$ ifadesini

$$f(x)=\frac{1}{\sqrt{x}\cdot\sqrt{x+1}\cdot(\sqrt{x+1}+\sqrt{x})}=\frac{\sqrt{x+1}-\sqrt{x}}{\sqrt{x}\cdot\sqrt{x+1}}$$

$f(x)=\dfrac{1}{\sqrt{x}}-\dfrac{1}{\sqrt{x+1}}$ olarak yazalım.

$$\left(\frac{1}{\sqrt{1}}-\frac{1}{\sqrt{2}}\right)+\left(\frac{1}{\sqrt{2}}-\frac{1}{\sqrt{3}}\right)+....+\left(\frac{1}{\sqrt{99}}-\frac{1}{\sqrt{100}}\right)$$

Buradan, $1-\dfrac{1}{10}=\dfrac{9}{10}$ bulunur.

Yanıt E

3. $h(x + f(y)) = 3x + y + 10$

olduğuna göre, $h(x) = 3x + n$ tipinde olmalıdır.

$3(x + f(y)) + n = 3x + y + 10$

$f(y) = \dfrac{y+10-n}{3}$ olarak bulunur.

$$f(2+h(7))=\frac{2+h(7)+10-n}{3}$$

Ayrıca, $h(7) = 21 + n$ olduğundan,

$$f(2+h(7))=\frac{2+21+n+10-n}{3}=11 \text{ bulunur.}$$

Yanıt A

4. $f(n + 1) + 2f(n) = (-1)^{n+1}\cdot n$

$f(2) + 2f(1) = 1$

$f(3) + 2f(2) = -2$

$\vdots$

$f(2015) + 2f(2014) = -2014$

$f(2016) + 2\cdot f(2015) = 2015$

$3(f(2) + f(3) + ... + f(2015)) + 2f(1) + f(2016) = 1008$

$f(1) + f(2) + f(3) + ... + f(2015) = 336$ olur.

Yanıt C

5. $x\cdot f^3(x) - 3f^2(x) - x\cdot f(x) + 3 = 0$

$f^{-1}(6) = m$ olsun.

$f(m) = 6$ olacağından,

$m\cdot 216 - 3\cdot 36 - 6m + 3 = 0$

Buradan $m=\dfrac{1}{2}$ bulunur.

Yanıt E

6. $|f(x)| = 2f(x) - 12x$

$|f(2)| = 2\cdot f(2) - 24$ yazılırsa, $f(2) > 0$ olması gerektiği görülür.

Buna göre, $f(2) = 24$ bulunur.

$|f(-3)| = 2\cdot f(-3) + 36$ yazılırsa, $f(-3) < 0$ olması gerekir.

$-3f(-3) = 36 \Rightarrow f(-3) = -12$ olur.

$f(2) + f(-3) = 24 - 12 = 12$ bulunur.

Yanıt D

karekök

7. f fonksiyonunun periyodu 5 olduğuna göre,

$f(13) = f(3) = 16$ demektir.

$(hof)\ (13) = h(16)$

h fonksiyonunun periyodu 3 olduğundan,

$h(16) = h(7) = 10$ bulunur.

Yanıt E

8. $f(x^2 - 2x) = 0$

denkleminin köklerinden birinin 4 olduğu biliniyor.

Bu değer yerine yazılırsa,

$f(8) = 0$ elde edilir.

O halde, $x^2 - 2x = 8$ olmalıdır.

Çünkü, $f(8) = 0$ eşitliğinin sağlanması gerekir.

$x^2 - 2x - 8 = 0 \Rightarrow x = 4$ ve $x = -2$ bulunur.

Yanıt D

9. $$f(x) = \frac{\sin(3x)}{x^2 + 4}$$

fonksiyonu tek fonksiyondur.

Çünkü $f(-x) = -f(x)$ olmaktadır.

Buna göre, $f(-7) = -f(7)$, $f(-6) = -f(6)$ olduğundan toplama işleminin sonucu sıfır olur.

Yanıt C

10. $x^2 - 5|x| < x$ eşitsizliğinde, $x < 0$ alınırsa,

$x^2 + 4x < 0$ olduğundan $-4 < x < 0$ bulunur.

$x > 0$ alınırsa, $x^2 - 6x < 0$ olacağından,

$0 < x < 6$ elde edilir.

Toplam 8 tane x tam sayı değeri vardır.

Yanıt D

11. Grafikte $f^{-1}(x)$ fonksiyonu verilmiş olduğundan, $y = x$ doğrusuna göre simetri alınarak $f(x)$ bulunabilir.

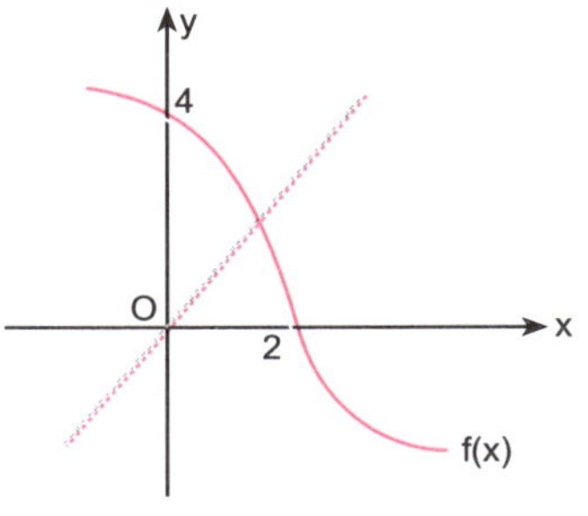

$-f(x)$ fonksiyonunu elde etmek için, x eksenine göre simetri almak yeterlidir.

Yanıt C

12. $||x - 21| - 7| = m$ eşitliğinde,

$f(x) = ||x - 21| - 7|$ fonksiyonunun grafiğini çizelim.

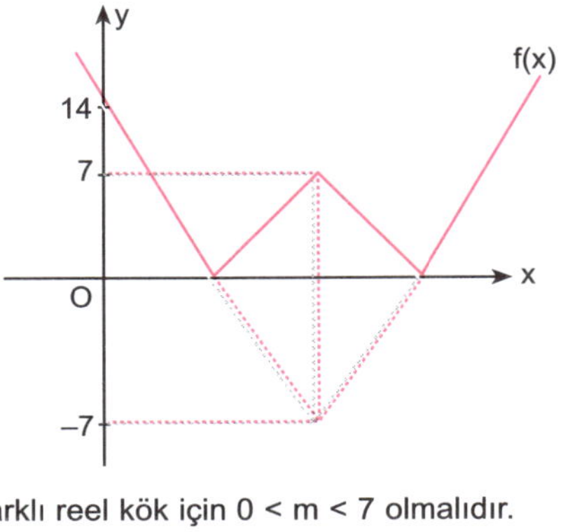

Dört farklı reel kök için $0 < m < 7$ olmalıdır.

Yanıt C

karekök

1. $f(x)=\dfrac{3^{2x}}{3^{2x}+3}$ fonksiyonunda,

$a=\dfrac{1}{80}$ ve $b=\dfrac{79}{80}$ olsun

$f(a)+f(b)=\dfrac{3^{2a}}{3^{2a}+3}+\dfrac{3^{2b}}{3^{2b}+3}$

a + b = 1 olduğundan,

$f(a)+f(b)=\dfrac{18+3(3^{2a}+3^{2b})}{18+3\cdot(3^{2a}+3^{2b})}=1$ bulunur.

Yanıt A

2. $-61 \le x < 60$ eşitsizliğinde, $x + |x|$ için $x \ge 0$ alınırsa $0 \le 2x < 120$ olur.

Burada 2x ifadesinin alabileceği 120 tam sayı değeri vardır.

$x < 0$ alınırsa $x + |x| = 0$ olur.

Yanıt E

3.

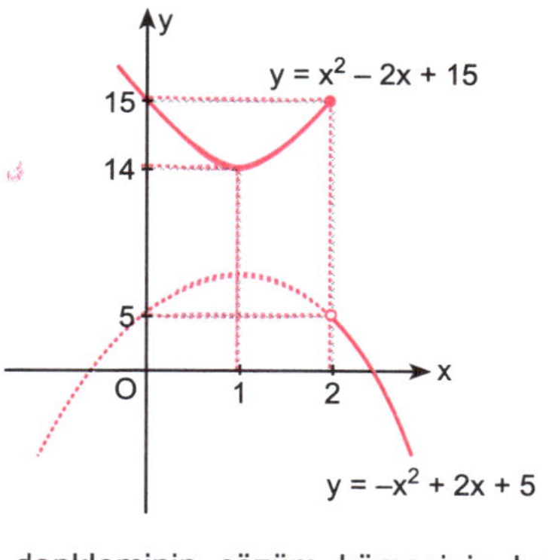

f(x) = k denkleminin çözüm kümesinin boş küme olması için k = 5, 6, 7, ... 12, 13 değerlerini alması gerekir.

Yanıt A

4. $|x-1| + 2|x-1| + ... + n|x-1| = 750$

$\dfrac{n\cdot(n+1)}{2}\cdot|x-1|=750$ elde edilir.

n = 1 için, x = 751 ve x = –749 olur.

Yani x'in alabileceği değerler toplamı 2 olur.

n = 2, 3, 4, ... 50 değerlerini aldığında, her defasında x'in alabileceği değerler toplamı 2 olacaktır.

O halde, x'in alacağı tüm değerlerin toplamı, $50\cdot 2 = 100$ olur.

Yanıt D

5. Grafik y eksenine göre simetrik olduğundan f(x) = f(–x) demektir.

O halde, $h(x) = 2\cdot f(x)$ olur.

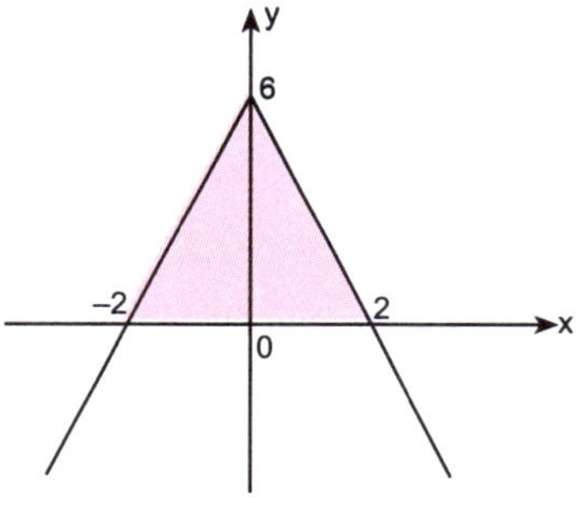

Taralı bölgenin alanı: $\dfrac{4\cdot 6}{2}=12\ br^2$ olur.

Yanıt E

6. $f(x) = y\cdot f(x\cdot y)$ ve $f(40) = 30$ olarak verildiğinde, x = 50 ve $y=\dfrac{4}{5}$ alalım.

$f(50)=\dfrac{4}{5}\cdot f\left(50\cdot\dfrac{4}{5}\right)$

$f(50)=\dfrac{4}{5}\cdot f(40)$

$f(50)=\dfrac{4}{5}\cdot 30=24$ bulunur.

Yanıt E

karekök

7. Grafikte verilen f fonksiyonunun denklemi

$f(x) = -2x + 2$ ve $f(|x-5|) = -2|x-5| + 2$ olur.

$h(x) = -2|x-5| + 10$

$x > 5 \Rightarrow h(x) = -2x + 20$

$x \le 5 \Rightarrow h(x) = 2x$

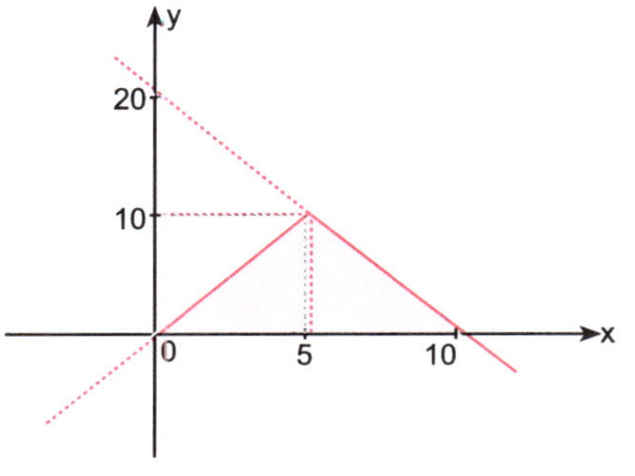

Taralı bölgenin alanı: $\dfrac{10 \cdot 10}{2} = 50\ br^2$ olur.

Yanıt E

8. $f(x) = ||x| + m|$ fonksiyonunun $y = 7$ doğrusunu dört farklı noktada kesmesi için $m < -7$ olmalıdır.

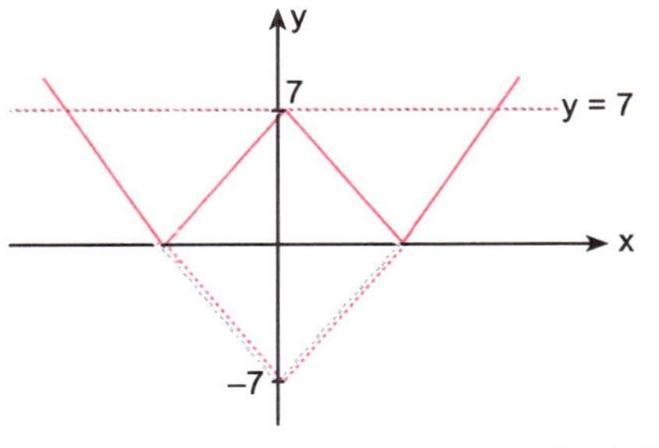

Grafik incelenirse $m < -7$ olması gerektiği görülecektir.

2. yol: $|x| + m = 7$ veya $|x| + m = -7$ için

$-7 - m > 0$ olmalıdır. $m < -7$ için 4 farklı noktada keser.

Yanıt E

9. Grafiği verilen f(x) fonksiyonundan hareket ederek f(|x|) fonksiyonunun grafiğini çizebiliriz.

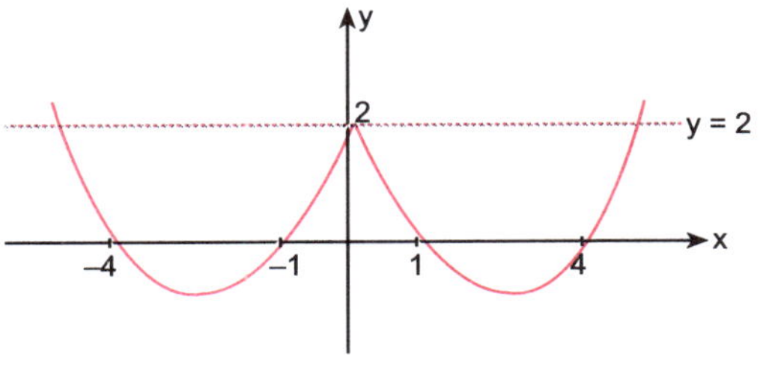

$f(|x|) = 2$ eşitliğini sağlayan 3 tane x değeri vardır.

Yanıt D

10. $\dfrac{f(x)}{|f(x)|} = 1$ denklemini $|f(x)| = f(x)$ olarak yazalım.

Bu eşitliğe göre, $f(x) > 0$ olmalıdır.

Bunu sağlayan x tam sayı değerleri, $x = -1, 0, 1, 2, 3, 4$ olur. (Neden $x = -2$ ve $x = 5$ alınamaz?)

Yanıt D

11.

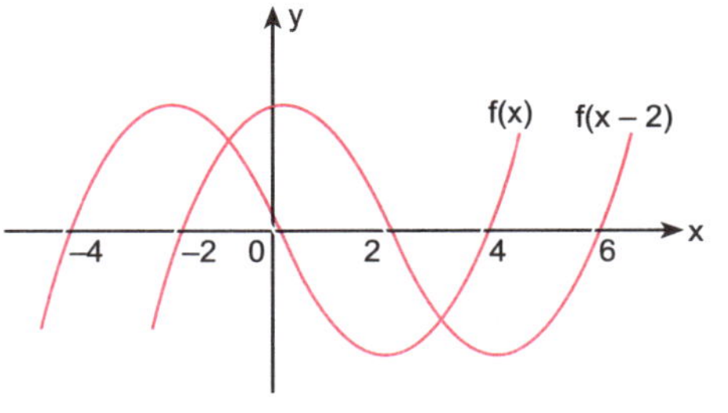

Şekilde f(x) ve f(x – 2) fonksiyonları gösterilmiştir.

$f(x) = f(x-2)$ eşitliğini sağlayan iki kök vardır.

Yanıt B

12. $h(x) = x^{2011} + x^{101}$ ifadesi tek fonksiyondur.

Dolayısıyla $h(-2000) + h(-1999) + \ldots + h(2000) = 0$ olacaktır.

$f(x) = h(x) + 1$ olduğuna göre,
$f(-2000) + f(-1999) + \ldots + f(2000) = 4001$ olur.

Yanıt E

1. $f(x)=\dfrac{x^2-2x-3}{x+1}=\dfrac{(x-3)(x+1)}{x+1}=x-3$

Buradan, $f^{-1}(x) = x + 3$ bulunur.

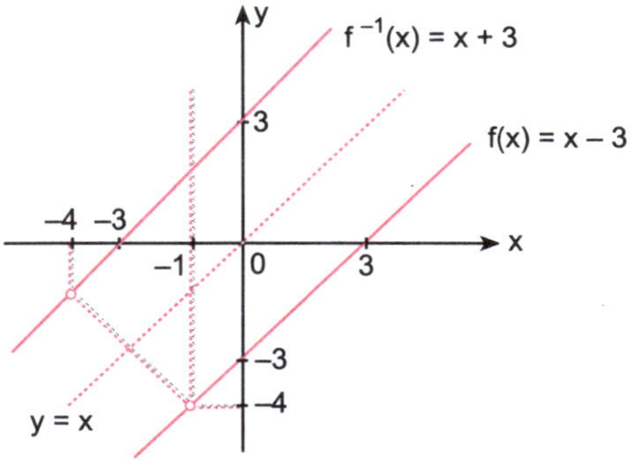

$\dfrac{x^2+kx+n}{x+m}=x+3$

Ayrıca $x + m = 0$ ve $x = -m \Rightarrow m = 4$ olur.

$x^2 + kx + n = x^2 + 7x + 12$

$k = 7$ ve $n = 12$

$k + m + n = 23$ bulunur.

Yanıt E

2. $f(a)\cdot f(b) = f(a\cdot b) + a + b$ ifadesinde,

$a = 0$ alınırsa, $f(b)=\dfrac{f(0)+b}{f(0)}$ olur.

$a = 0$ ve $b = 0$ alınırsa, $f(0)=\dfrac{f(0)+0}{f(0)}=1$ bulunur.

Buradan, $f(b) = 1 + b$ elde edilir.

O halde, $f(79) = 80$ olur.

2. yol: $f^2(1) = f(1) + 2$ için $f(1) = 2$ veya $f(1) = -1$ olur.

$2.f(79) = f(79) + 80$ veya $-f(79) = f(79) + 80$ olur.

Buradan $f(79) = 80$ veya $f(79) = -40$ bulunur.

Yanıt B

3. $f(x) = ax$ şeklindedir.

$f(2) = 10 \Rightarrow a = 5$ ve $f(x) = 5x$

$f\left(\dfrac{8}{5}\right)=8$ bulunur.

2. yol: $f\Big(\underbrace{\dfrac{1}{5}+\dfrac{1}{5}+\ldots+\dfrac{1}{5}}_{10\text{ tane}}\Big)=10$

$10\cdot f\left(\dfrac{1}{5}\right)=10 \Rightarrow f\left(\dfrac{1}{5}\right)=1 \Rightarrow f\left(\dfrac{8}{5}\right)=8$ bulunur.

Yanıt D

4. $f\left(\dfrac{y}{x}\right)=\dfrac{y\cdot\sqrt{x^2+y^2}}{x^2}$ fonksiyonunda,

$\dfrac{y}{x}=m$ olsun.

$f\left(\dfrac{y}{x}\right)=\dfrac{y}{x}\cdot\dfrac{\sqrt{x^2+y^2}}{x}$

$f(m)=m\cdot\sqrt{1+m^2}$ bulunur.

$f(x)=x\cdot\sqrt{1+x^2}$ olur.

Yanıt C

5. Sorunun çözümüne geçmeden önce,

$|x - a| + |x + a| = c$ denkleminin çözüm kümesinin $x = r$ ve $x = -r$ şeklinde olduğunu görmek gerekiyor.

Eğer denklemin sadece bir kökü varsa $x = r = -r = 0$ demektir.

O halde, verilen denklemde $x = 0$ yazılmalıdır.

$|0 - 6| + |0 - 5| + ... + |0 + 5| + |0 + 6| = m$

$m = 42$ bulunur.

Yanıt D

6. Aritmetik ortalama $\geq$ Geometrik ortalama özelliğini kullanalım.

$x^2-x+1+\dfrac{m}{x^2-x+1}\geq 2\sqrt{m}$

$12\geq 2\sqrt{m}\Rightarrow m=36$ olur.

$f(1)=1-1+1+\dfrac{36}{1-1+1}=37$ bulunur.

Yanıt D

7. $x + y = p$ ve $y - x = k$ olsun.

k ve p koordinat sisteminde d doğrusunun denklemi yazılırsa, $2p = k + 6$ elde edilir.

Bu denklemde, $p = x + y$ ve $k = y - x$ konursa,

$y = -3x + 6$ bulunur.

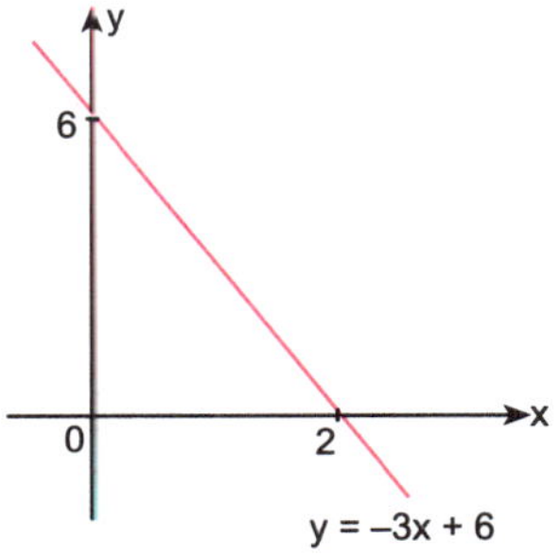

Taralı bölgenin alanı: $\frac{6 \cdot 2}{2} = 6 \text{ br}^2$ olur.

Yanıt B

8. x eksenine göre simetrik olması için y yerine –y konulduğunda x'in aynı değeri vermesi gerekir.

y eksenine göre simetri $f(-x) = f(x)$

Başlangıç noktasına göre simetri $f(-x) = -f(x)$ demektir.

Bu şartları sağlayan bağıntılar I, III ve IV olmaktadır.

Yanıt C

9. $f(x) + f\left(\frac{1}{1-x}\right) = 8x$ fonksiyonunda,

$x = 2 \Rightarrow f(2) + f(-1) = 16$

$x = -1 \Rightarrow f(-1) + f\left(\frac{1}{2}\right) = -8$

$x = \frac{1}{2} \Rightarrow f\left(\frac{1}{2}\right) + f(2) = 4$ olur.

Bu eşitliklerden $f(2) = 14$ olarak bulunur.

Yanıt B

10. $f(x) + x \cdot f\left(\frac{x}{2x-1}\right) = 1$

ifadesinde x yerine $\frac{x}{2x-1}$ yazarsak,

$f\left(\frac{x}{2x-1}\right) + \frac{x}{2x-1} \cdot f(x) = 1$ elde edilir.

Bu iki eşitlik birlikte çözülerek, $f(x) = \frac{2x-1}{x-1}$ bulunur.

Yanıt C

11. $f(-x) = g(x)$

$g(-x) = f(x)$ olduğundan,

$h(x) = f(x) \cdot g(x) = f(-x) \cdot g(-x)$ bulunur.

Buradan h(x) fonksiyonunun çift fonksiyon olduğu anlaşılır. Çift dereceli terimlerin kat sayıları toplamı ile kat sayılar toplamı aynı olacağından h(1) bulunmalıdır.

$h(1) = f(1) \cdot g(1) \Rightarrow f(1) = 1$ ve $g(1) = 51$

$h(1) = 1 \cdot 51 = 51$ bulunur.

Yanıt A

12. $f(x) = |x - a| - |x - b|$ fonksiyonunun grafiği aşağıdaki gibi olur.

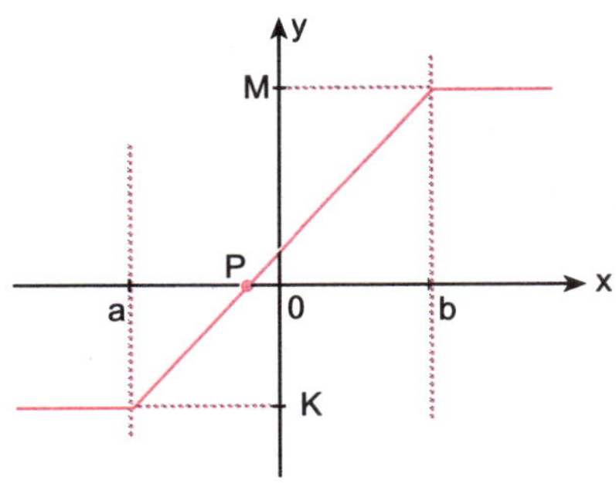

Daima $|OK| = |OM|$ olur.

$a = -k - 3$

$b = k - 1$

Bu durumda h(x) fonksiyonunun simetri ekseni x = P dir.

$x = \frac{-k-3+k-1}{2} = -2$ olur.

Yanıt E

1. $f(x) + f(2 - x) = 20$

$f(x + 2) - f(x) = 8$

Birinci eşitlikte x yerine $-x$ yazalım.

$f(-x) + f(2 + x) = 20$

$f(x + 2) - f(x) = 8$

Taraf tarafa çıkarma yaparsak,

$f(-x) + f(x) = 12$ bulunur.

Yanıt D

2. $f(1) + f(2) + f(3) + ... + f(9) = 45$

$f(10) + f(11) + ... + f(19) = 45$

$f(20) + f(21) + ... + f(29) = 0 + 2 + 4 + ... + 18 = 2 \cdot 45$

$\vdots$

$f(90) + f(91) + ... + f(99) = 0 + 9 + 18 + ... + 81 = 9 \cdot 45$

Buna göre, $f(1) + f(2) + ... + f(99) + f(100)$ toplamının değeri,

$45 + 45 \cdot 45 + f(100) = 2070$ olur.

Yanıt A

3. $2f(x) + f(1 - x) = \frac{1}{x}$

fonksiyonunda x yerine $1 - x$ yazalım.

$2 \cdot f(1 - x) + f(x) = \frac{1}{1-x}$

Bu iki eşitlikten $f(1 - x)$ terimi yok edilirse,

$f(x) = \frac{2-3x}{3x(1-x)}$ bulunur.

Yanıt A

4. $f(10x - f(0)) = 10x^2$

eşitliğinde $f(0) = m$ olsun.

$10x - m = 0 \Rightarrow x = \frac{m}{10}$

$m = 10 \cdot \frac{m^2}{100}$ olacağından $m = 10$ bulunur.

$f(10)$ ifadesinin bulunması için

$10x - f(0) = 10$ yazalım.

Buradan, $10x - 10 = 10 \Rightarrow x = 2$ olur.

$f(20 - 10) = 10 \cdot 2^2 = 40$ bulunur.

Yanıt A

5. $f(xy + 1) = f(x) \cdot f(y) - x + 4 - f(y)$

fonksiyonunda $x = 0$ ve $y = 0$ alalım.

$f(1) = 1 - 0 + 4 - 1 = 4$ olur.

Ayrıca, $y = 0$ ve $x = x$ alalım.

$f(1) = f(x) - x + 4 - 1$

$f(x) = x + 1 \Rightarrow f(79) = 80$ bulunur.

Yanıt C

6. Bir fonksiyonun tersi, $y = x$ doğrusuna göre simetriği demektir.

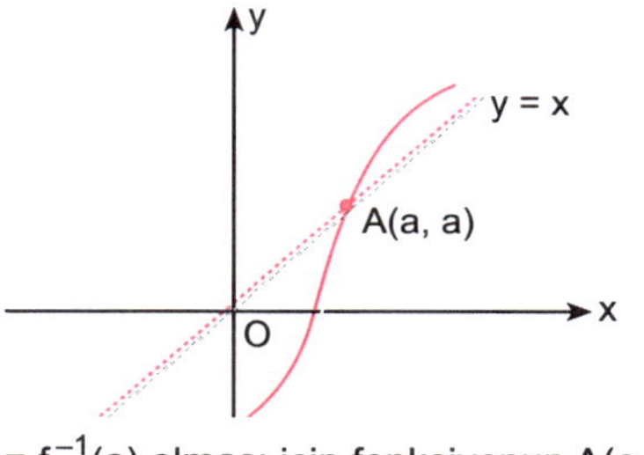

$f(a) = f^{-1}(a)$ olması için fonksiyonun A(a, a) noktasından geçmesi gerekir.

$a^3 - 2a^2 + 2 = a$

$a^3 - 2a^2 = a - 2$

$a^2(a - 2) = a - 2$

$a = -1, 1, 2$ olur.

Yanıt C

7. $f(x) = x \cdot (x + 1) \cdot (x + 2) \cdot (x + 3)$

$f(x) = (x^2 + 3x) \cdot (x^2 + 3x + 2)$

$x^2 + 3x = t$ olsun.

Buna göre, $t^2 + 2t$ ifadesinin en küçük değerinin bulunması gerekiyor.

$t = -1$ için $t^2 + 2t$ ifadesinin değeri en küçük, yani -1 olur.

Yanıt D

8. $f(x) = \begin{cases} x + 6 \ , & x < 0 \\ 6 - x \ , & x \geq 0 \end{cases}$

fonksiyonu aslında $f(x) = 6 - |x|$ olarak yazılabilir.

Buna göre, $(fof)(x) = 6 - |6 - |x||$ olur.

Yanıt D

9. $f\left(x + \frac{1}{x}\right) = x^2 + \frac{1}{x^2} + 1$

$k = x + \frac{1}{x}$ olsun.

$x^2 - kx + 1 = 0$ elde edilir.

$f(x)$ fonksiyonunun tanım kümesinin en geniş olması için $\Delta \geq 0$ olması gerekir.

$k^2 - 4 \geq 0 \Rightarrow k \leq -2$ ve $k \geq 2$ bulunur.

Yanıt E

10.

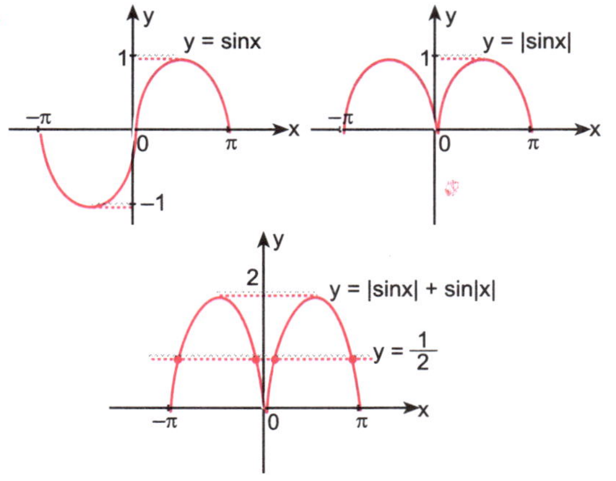

$y = |\sin x|$ ve $y = \sin|x|$ grafikleri aynıdır. Grafikler toplanırsa denklemin 4 kökünün olduğu görülür.

Yanıt D

11.

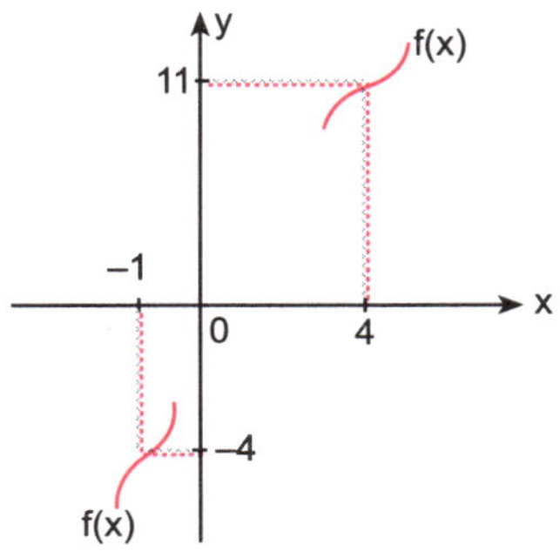

$y = 2 \cdot f(x - 3) + 5$

$f(x - 3)$ grafiği için 3 birim sağa kaydırma yapılmalıdır.

Buradan $a = 2$ ve $b = 7$ bulunur.

Benzer şekilde $c = -3$ ve $d = 27$ bulunur.

Yanıt B

12. $f(n) = \frac{1}{2} \cdot \sum_{k=1}^{n} \left[\frac{1}{k(k+1)} - \frac{1}{(k+1)(k+2)}\right]$

$\frac{1}{2}\left(\frac{1}{1 \cdot 2} - \frac{1}{2 \cdot 3}\right) + \frac{1}{2}\left(\frac{1}{2 \cdot 3} - \frac{1}{3 \cdot 4}\right) + \ldots$

$\ldots + \frac{1}{2}\left(\frac{1}{19 \cdot 20} - \frac{1}{20 \cdot 21}\right)$

Buradan sonuç $\frac{209}{840}$ bulunur.

Yanıt A

1. $f(x) = (x + x_1)\cdot(x + x_2)\cdot(x + x_3)\cdot(x + x_4)$

$f(1) = 1 + a + b + c + d$ olduğundan,

$f(1) = 329 + 1 = 330$ bulunur.

$(1 + x_1)\cdot(1 + x_2)\cdot(1 + x_3)\cdot(1 + x_4) = 330$

$330 = (-2)\cdot(-3)\cdot(-5)\cdot(-11)$

$x_1 + 1 = -2,\ x_2 + 1 = -3,\ x_3 + 1 = -5,\ x_4 + 1 = -11$

$d = x_1\cdot x_2\cdot x_3\cdot x_4$

$d = (-3)\cdot(-4)\cdot(-6)\cdot(-12)$ olur.

Yanıt C

2. f(x) ve f(3x) fonksiyonlarının işaret tablosunu yapalım.

x		4	12	
f(x)	+	+	–	
f(3x)	+	–	–	

$f(x)\cdot f(3x) \le 0$ eşitsizliğin çözüm kümesi [4, 12] olur.

Yanıt A

3. $f(1) = 1 + c$

$f(2) = 2 + c$

⋮

$f(1008) = 1008 + c$

$f(2012) = 2012 + c$

$2012 + c + 1008 + c = 3030$

$c = 5$ bulunur.

Yanıt E

4. $f(x + y) + 10 = f(x) + 10 + f(y) + 10$

$h(x) = f(x) + 10 \Rightarrow h(x + y) = h(x) + h(y)$ olur.

$h(x) = ax + b$ olsun.

$a(x + y) + b = ax + b + ay + b$

$h(x) = ax \Rightarrow h(1) = f(1) + 10 = 12$

$h(x) = 12x$ bulunur. $f(x) = 12x - 10$

$f(5) = 50$ olur.

2. yol: Verilenlere göre $f(2) = 14$ ve $f(3) = 26$ bulunur.

Buradan $f(5) = 14 + 26 + 10 = 50$ olur.

Yanıt E

karekök

5. $f(x) = 0$ denkleminin kritik kökleri

$x_1 = k - 2$ ve $x_2 = k + 2$ olur.

$$k^2 - 5 = \frac{k - 2 + k + 2}{2}$$

$k^2 - k - 5 = 0$ olduğundan, kökler toplamı 1 bulunur.

Yanıt A

6. $f^2(x) + 2f(x) + 1 = x^2 - 8x + 16$

$f(x) = -x + 3$ olur.

(Neden $f(x) = x - 5$ olmaz?)

$f(5) = -5 + 3 = -2$ bulunur.

Yanıt B

7.

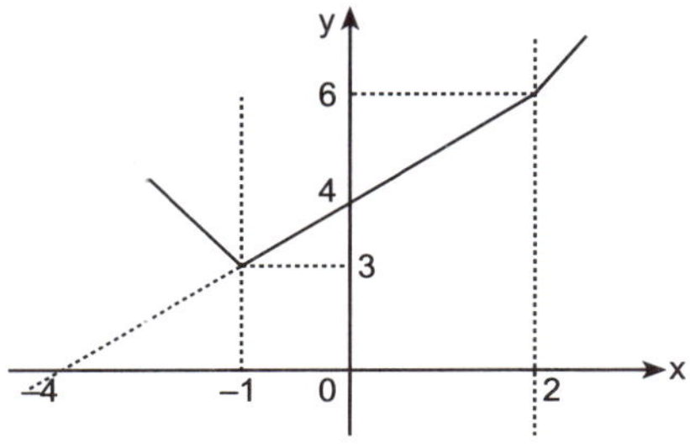

$x \leq -1 \Rightarrow y = -3x$,

$-1 < x \leq 2 \Rightarrow y = x + 4$

$x > 2 \Rightarrow y = 3x$

Grafikten, çözüm kümesinin bir elemanlı olması için a = 3 değeri bulunur.

Yanıt C

8. $p = 2y + x$ ve $k = 3x - 2y$ olsun.

$x = \frac{p+k}{4}$ ve $y = \frac{3p-k}{8}$ bulunur.

$y = -3x + 12$ denkleminde x ve y yerine bu değerler yazılırsa

$9p = -5k + 96$ elde edilir.

Buradan eğim $m = -\frac{5}{9}$ olur.

Yanıt D

9.

$f\left(\frac{1}{13}\right) + f\left(\frac{12}{13}\right) = 1$

$f\left(\frac{2}{13}\right) + f\left(\frac{11}{13}\right) = 1$

$\vdots$

$f\left(\frac{6}{13}\right) + f\left(\frac{7}{13}\right) = 1$

Böylece istenen toplam 1 + 1 + 1 + 1 + 1 + 1 = 6 bulunur.

Yanıt C

karekök

10. $(fog^{-1})(x) = 2x - 3$

$(goh)(x) = 5x + 2$ olduğundan,

$(fog^{-1}) \circ (goh)(x) = (foh)(x)$

$(foh)(x) = 10x + 1$ bulunur.

Yanıt A

11. $y = |x - 2| + |x|$ ve $y = \sqrt{9 - x^2}$

fonksiyonlarının grafiklerini çizelim.

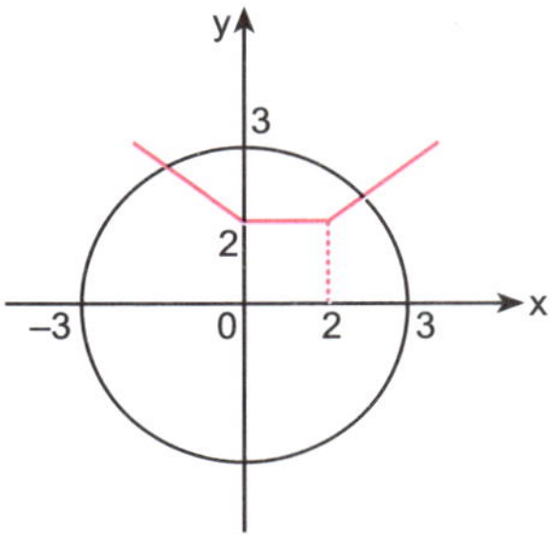

Grafikten, verilen denklemi sağlayan iki x reel sayısı olduğu görülmektedir.

Yanıt C

12.

$$f(x) = \begin{cases} 2x+4 & x<0 \\ 4 & 0 \leq x < 4 \\ -2x+12 & x \geq 4 \end{cases}$$

$$f(2x) = \begin{cases} 4x+4 & x<0 \\ 4 & 0 \leq x < 2 \\ -4x+12 & 2 \leq x \end{cases}$$

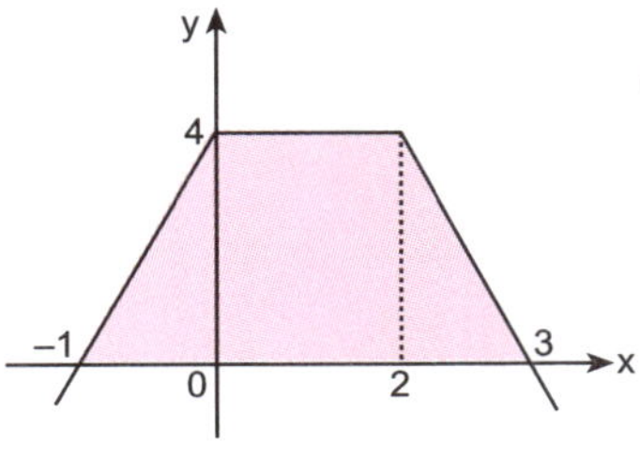

Alan 12 br^2 olur.

Yanıt B

15. BÖLÜM

LİMİT

1. $\lim_{x \to 27} \dfrac{\sqrt{x-2}-5}{\sqrt[3]{x}-3}$

limitinin sonucu aşağıdakilerden hangisine eşittir?

A) $\frac{27}{10}$ B) $\frac{29}{13}$ C) $\frac{27}{12}$ D) $\frac{5}{27}$ E) $\frac{7}{13}$

2. $\lim_{x\to 0} \dfrac{\sin\sqrt{x}+\sin2\sqrt{x}+\sin3\sqrt{x}+......+\sin8\sqrt{x}}{\sqrt{\sin x}+\sqrt{\sin4x}+\sqrt{\sin9x}+......+\sqrt{\sin64x}}$

ifadesinin değeri aşağıdakilerden hangisine eşittir?

A) $\frac{1}{8}$ B) $\frac{1}{4}$ C) 1 D) 2 E) 4

3. $\lim_{x \to -\infty} \dfrac{x^2.\sin\left(\frac{4}{x}\right)}{x+\sqrt{-4x}}$

ifadesinin değeri aşağıdakilerden hangisine eşittir?

A) 8 B) 4 C) 2 D) 1 E) 0

4. $\lim_{x \to 1} \dfrac{\sin(x-1).\cos(x^2-1)}{x^4-1}$

ifadesinin değeri kaçtır?

A) $\frac{1}{2}$ B) $\frac{1}{4}$ C) $\frac{3}{4}$ D) $\frac{2}{3}$ E) 1

5. $\lim_{x \to 0} \dfrac{\tan\sqrt{x}}{\sqrt{\tan x}}$

limitinin değeri kaçtır?

A) 2 B) 1 C) $\frac{1}{2}$ D) $\frac{1}{4}$ E) 0

6. $\lim_{x\to 0^+} \dfrac{\cos\sqrt{x}-1}{x}$

limitinin sonucu aşağıdakilerden hangisidir?

A) $\frac{1}{2}$ B) $\frac{1}{4}$ C) 0 D) $-\frac{1}{4}$ E) $-\frac{1}{2}$

7. $\lim\limits_{x \to \infty} \sqrt[x]{4^x + \pi^x + e^x}$

limitinin değeri kaçtır?

A) 4π B) πe C) e D) π E) 4

8.

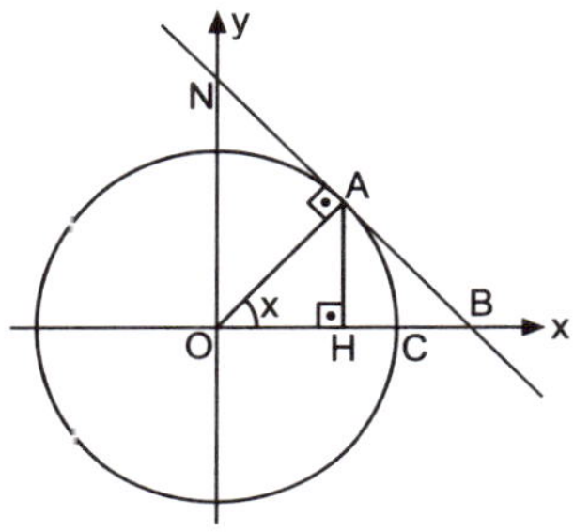

Şekildeki birim çemberde,

$m(\widehat{AOB}) = x$, $[OA] \perp [BN]$, $[AH] \perp [OB]$

olduğuna göre,

$$\lim_{x \to 0} \frac{|BC|.|OH|}{|AH|^2}$$

ifadesinin değeri aşağıdakilerden hangisidir?

A) 2 B) 1 C) $\frac{1}{2}$ D) $\frac{1}{4}$ E) 0

9. $\frac{1}{3^2+1} + \frac{1}{4^2+2} + \frac{1}{5^2+3} + \frac{1}{6^2+4} + \ldots$

şeklinde sonsuza uzayan toplamın sonucu kaçtır?

A) $\frac{5}{12}$ B) $\frac{5}{18}$ C) $\frac{13}{12}$ D) $\frac{13}{36}$ E) $\frac{13}{24}$

10. $\lim\limits_{n \to \infty} \frac{[(n+1)!]^n}{(n!)^{n+1}}$

ifadesinin değeri aşağıdakilerden hangisidir?

A) ∞ B) 4 C) 2 D) 1 E) 0

11. $\lim\limits_{x \to \infty} x.(\sqrt{4x^2+1} - 2x)$

ifadesinin değeri aşağıdakilerden hangisidir?

A) 2 B) 1 C) $\frac{1}{2}$ D) $\frac{1}{4}$ E) $\frac{1}{8}$

12. $\lim\limits_{x \to \infty} \sqrt[x]{x^2+4x+5}$

ifadesinin değeri aşağıdakilerden hangisine eşittir?

A) ∞ B) 4 C) 2 D) 1 E) 0

1. $\lim\limits_{n \to \infty} \sqrt[n]{\frac{n^n}{n!}}$

limitinin değeri aşağıdakilerden hangisidir?

A) $2e^2$ B) $1e^2$ C) 2e D) e E) 1

2. Tanımlı olduğu aralıkta bir f fonksiyonu için,

$f(x) = (x - 3) . f'(x) + x^2 f(x) + 24$

olduğuna göre, $\lim\limits_{x \to 3^+} f'(x)$ kaçtır?

A) 2 B) 1 C) 0 D) –1 E) –2

3. Tanımlı oldukları değerler için,

$f(n) = \frac{en+3}{n+1}$

$h(n) = n^{-\frac{1}{n}}$

fonksiyonları veriliyor.

$\lim\limits_{n \to \infty} [f(n)]^{h(n)}$

ifadesi aşağıdakilerden hangisine eşittir?

A) ∞ B) e C) 3 D) 1 E) 0

4. $f(x) = \frac{3x+1}{x+2}$

olduğuna göre,

$\lim\limits_{n \to \infty} \frac{1}{n} \cdot \sum\limits_{k=1}^{n} f(k)$

ifadesinin değeri kaçtır?

A) 2e B) 3 C) e D) 1 E) 0

5. $\lim\limits_{n \to \infty} \sqrt[n]{\frac{7}{2} \cdot \frac{9}{3} \cdot \frac{11}{4} \cdots\cdots \frac{2n+5}{n+1}}$

ifadesinin değeri aşağıdakilerden hangisine eşittir?

A) ∞ B) e C) 2 D) 1 E) 0

6. $\lim\limits_{n \to \infty} \sqrt[n]{1.2.3.4 \ldots\ldots (n+1)}$

ifadesinin değeri aşağıdakilerden hangisine eşittir?

A) 1 B) e C) 2e D) e^2 E) ∞

7. $f'(x)$ artan bir fonksiyondur.

$$\lim_{x \to 2} \frac{f'\left(\frac{x-m}{4}\right) - f'(0)}{x-2} = 6$$

olduğuna göre, $f''(0)$ kaça eşittir?

A) 6 B) 12 C) 18 D) 24 E) 30

8. $$\lim_{n \to \infty} \left(\frac{4^n}{n!}\right)^{\frac{1}{n}}$$

ifadesinin değeri aşağıdakilerden hangisine eşittir?

A) e B) $\frac{e}{2}$ C) $\frac{e}{4}$ D) 1 E) 0

9. $$\lim_{n \to \infty} \sqrt[n]{\frac{4n-1}{9n+1}}$$

ifadesinin değeri kaçtır?

A) $\frac{4}{9}$ B) e C) $\frac{2}{3}$ D) 1 E) 0

10.

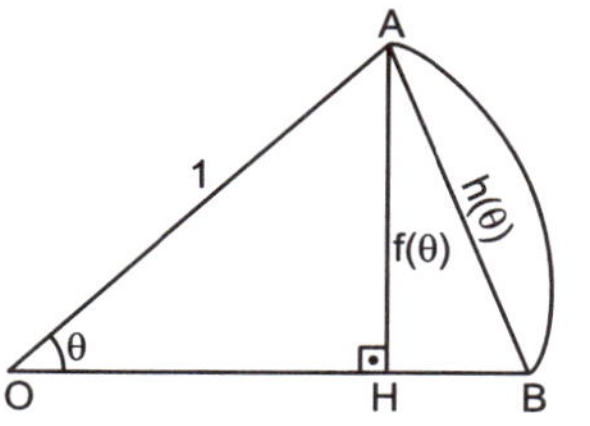

Şekildeki O merkezli daire diliminin yarıçapı 1 birimdir.

f(θ) ve h(θ) bulundukları bölgenin alanlarını göstermek üzere, $\lim_{\theta \to 0} \frac{f(\theta)}{h(\theta)}$ kaça eşittir?

A) 5 B) 4 C) 3 D) 2 E) 1

karekök

11. $$\lim_{x \to \infty} \frac{\sqrt{1} + \sqrt{2} + \sqrt{3} + ... + \sqrt{x}}{2x\sqrt{x}}$$

limitinin değeri aşağıdakilerden hangisidir?

A) $\frac{1}{4}$ B) $\frac{1}{3}$ C) $\frac{1}{2}$ D) 1 E) 2

12 $$\lim_{n \to \infty} \frac{2^3-1}{2^3+1} \cdot \frac{3^3-1}{3^3+1} \cdot \frac{4^3-1}{4^3+1} \cdots\cdots \frac{n^3-1}{n^3+1}$$

ifadesinin değeri aşağıdakilerden hangisine eşittir?

A) $\frac{1}{2}$ B) $\frac{2}{3}$ C) $\frac{3}{4}$ D) $\frac{4}{5}$ E) $\frac{5}{6}$

I. Testin Cevap Anahtarı

1	2	3	4	5	6	7	8	9	10	11	12
A	C	B	B	B	E	E	C	D	A	D	D

1. $\lim\limits_{n \to \infty} \dfrac{1^4 + 2^4 + 3^4 + ... + n^4}{n^5}$

limitinin değeri aşağıdakilerden hangisidir?

A) $\dfrac{14}{9}$ B) $\dfrac{16}{15}$ C) $\dfrac{4}{5}$ D) $\dfrac{3}{4}$ E) $\dfrac{1}{5}$

2. $\lim\limits_{x \to \infty} x[\sqrt[x]{e^2} - \sqrt[x]{e}]$

limitinin değeri kaçtır?

A) 1 B) 2 C) e D) e^2 E) ∞

3. $f(x + h) = f(x) . f(h)$

$f(x) = 1 + 2x . g(x)$

$\lim\limits_{h \to 0} g(h) = 2$

olduğuna göre, f′(x) ifadesinin eşiti aşağıdakilerden hangisidir?

A) 2 f(x) B) 4 f(x) C) g(x) D) x g(x) E) f(x) . g(x)

4.

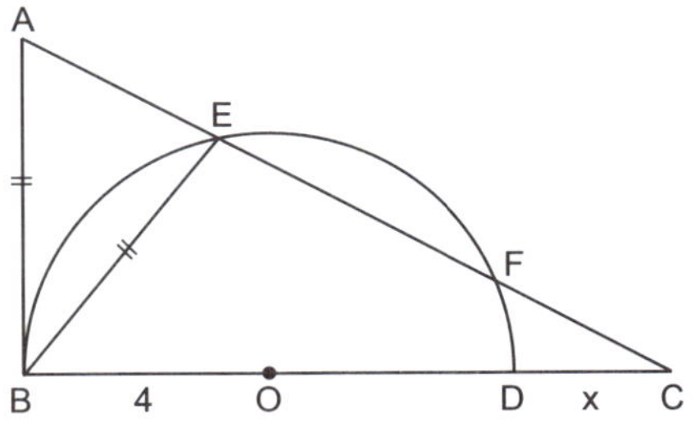

O merkezli yarım çemberin yarıçapı 4 birimdir. |AB| = |BE| ve [AB] çembere B noktasında teğettir.

|AB| = |BE| şartı daima sağlanmak üzere, $\lim\limits_{|AB| \to 0}$ |DC| değeri kaçtır?

A) $2\sqrt{2}$ B) 4 C) $4\sqrt{2}$ D) $4\sqrt{3}$ E) 8

5. $y = \dfrac{x^2 - 6}{x}$

eğrisi üzerinde alınan bir noktanın y = x+4 doğrusuna olan uzaklığı h(x) olsun.

Buna göre, $\lim\limits_{x \to \infty}$ h(x) ifadesinin değeri aşağıdakilerden hangisine eşittir?

A) 4 B) $2\sqrt{2}$ C) 2 D) $\sqrt{2}$ E) 1

6.

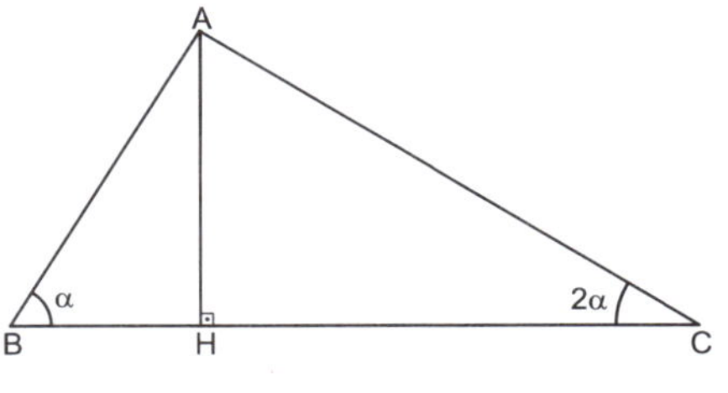

Şekildeki ABC üçgeninde,

|BC| = 24 br , m($\widehat{ACB}$) =2. m($\widehat{ABC}$) ve [HA] ⊥ [BC] olduğuna göre, $\lim\limits_{\alpha \to 0}$ |BH| ifadesinin değeri kaçtır?

A) 20 B) 16 C) 12 D) 8 E) 4

karekök

7. $\lim\limits_{x \to \pi^+} \dfrac{\sin x}{\sqrt{x-\pi}}$

limitinin değeri aşağıdakilerden hangisidir?

A) ∞ B) 1 C) 0 D) –1 E) $-\infty$

8. $\lim\limits_{x \to 1^-} \dfrac{1-\cos\sqrt{1-x^2}}{1-x^2}$

ifadesinin değeri aşağıdakilerden hangisidir?

A) $-\dfrac{1}{2}$ B) $-\dfrac{1}{4}$ C) 0 D) $\dfrac{1}{2}$ E) $\dfrac{1}{4}$

9. $f(0) = 1$ ve $f(n) = n.\sum\limits_{k=1}^{n-1} f(k)$

h(n) = (n + 1)! olduğuna göre, $\lim\limits_{n \to \infty} \dfrac{f(n)}{h(n)}$ **kaçtır?**

A) ∞ B) e C) 2 D) 1 E) 0

10. $\lim\limits_{x \to 0} \dfrac{1}{x}.\ln\left(\dfrac{1-2x}{1-3x}\right)$

ifadesinin sonucu aşağıdakilerden hangisidir?

A) ln6 B) 2e C) e D) 1 E) 0

11. $A_n = \dfrac{4}{3} + \dfrac{4}{3+5} + \dfrac{4}{3+5+7} + ... + \dfrac{4}{3+5+...+(2n+1)}$

$\lim\limits_{n \to \infty} A_n$ **değeri kaçtır?**

A) 1 B) 2 C) 3 D) 4 E) 5

12.

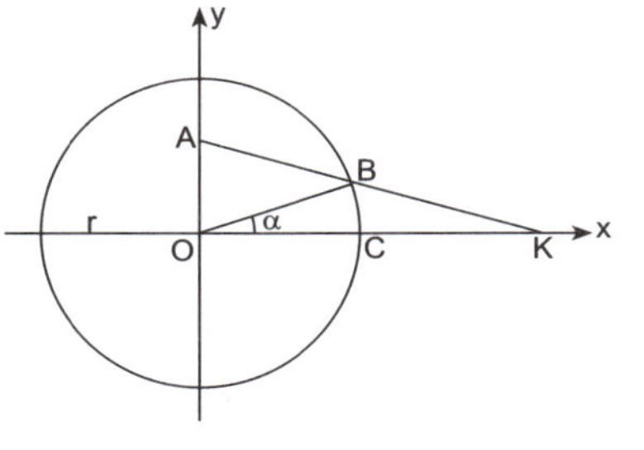

Şekilde verilen O merkezli çemberin yarıçapı r ve $m(\widehat{BOC}) = \alpha$ dır.

$|AO| = 2\,|\widehat{BC}|$ olduğuna göre, $\lim\limits_{\alpha \to 0}$ **|OK| aşağıdakilerden hangisine eşittir?**

A) r B) 2r C) 3r D) 4r E) 5r

karekök

2. Testin Cevap Anahtarı

1	D	2	A	3	B	4	B	5	C	6	E	7	D	8	E	9	D	10	C	11	B	12	B

1.

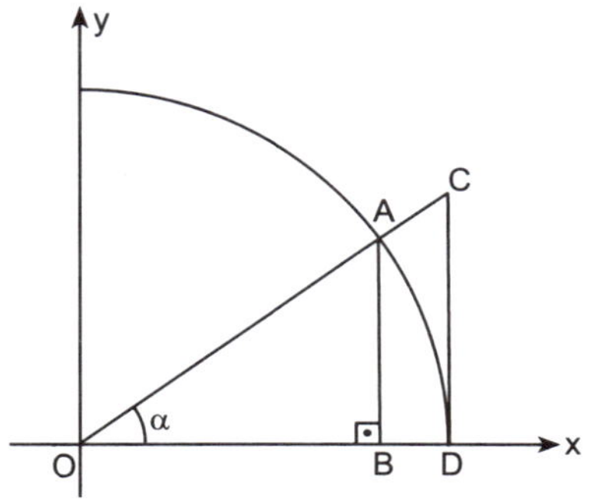

Şekildeki birim çemberde,

[AB] ⊥ [OB], [DC] ⊥ [OB]

olduğuna göre, $\lim\limits_{\alpha \to 0} \dfrac{|\widehat{AD}| \cdot |DC|}{|BD|}$ **ifadesinin değeri kaça eşittir?**

A) 4 B) 2 C) 1 D) $\frac{1}{2}$ E) 0

2. $$\lim_{x \to 0} \frac{(\sqrt{1+x} - \sqrt{1-x})x}{\sin^2 x}$$

ifadesinin değeri aşağıdakilerden hangisidir?

A) –2 B) –1 C) 0 D) 1 E) 2

3. $$\lim_{n \to \infty} \frac{1}{n}\left[\sqrt[3]{\frac{1}{n}} + \sqrt[3]{\frac{2}{n}} + \sqrt[3]{\frac{3}{n}} + \dots \sqrt[3]{\frac{n-1}{n}}\right]$$

limitinin değeri aşağıdakilerden hangisidir?

A) $\frac{2}{3}$ B) $\frac{3}{4}$ C) $\frac{4}{5}$ D) $\frac{5}{6}$ E) $\frac{6}{7}$

4. $$\lim_{n \to \infty} \left(\frac{5}{9} \cdot \frac{12}{16} \cdot \frac{21}{25} \dots \frac{n^2-4}{n^2}\right)$$

ifadesinin değeri aşağıdakilerden hangisine eşittir?

A) $\frac{1}{2}$ B) $\frac{1}{3}$ C) $\frac{1}{4}$ D) $\frac{1}{5}$ E) $\frac{1}{6}$

5. $$\lim_{x \to \infty} \frac{1-16^{\frac{1}{x}}}{1-25^{\frac{1}{x}}}$$

ifadesinin değeri aşağıdakilerden hangisine eşittir?

A) $\log_5 4$ B) $\log_4 5$ C) ln5 D) ln4 E) 1

6. $$\lim_{x \to \infty} (\sqrt{x^2+4} + \sqrt{x^2-4})$$

ifadesinin sonucu aşağıdakilerden hangisine eşittir?

A) 4 B) 2 C) 0 D) –2 E) –4

7. $$\lim_{n \to \infty} \frac{\frac{2}{7}+\frac{5}{9}+\frac{8}{11}+\ldots+\frac{3n-1}{2n+5}}{3n}$$

ifadesinin değeri aşağıdakilerden hangisine eşittir?

A) $\frac{5}{9}$ B) $\frac{2}{3}$ C) $\frac{1}{2}$ D) $\frac{3}{4}$ E) $\frac{4}{3}$

8. $$\lim_{x \to 0} \frac{\sqrt{1+x \cdot \tan x}-1}{x^2}$$

limitinin değeri aşağıdakilerden hangisine eşittir?

A) $\frac{1}{2}$ B) $\frac{1}{3}$ C) $\frac{1}{4}$ D) $\frac{1}{6}$ E) $\frac{1}{8}$

9. $$\lim_{x \to \infty} \left(\sqrt[x]{3x+6} + \sqrt[x]{2x-4} \right)$$

ifadesinin değeri aşağıdakilerden hangisine eşittir?

A) ∞ B) 3 C) e D) 2 E) 0

10. a bir reel sayı olmak üzere,

$$\lim_{x \to \infty} f(3x+1) = a$$

$$f^2(x + 1) + 3\, f(x + 2) = 4\, f(2x - 1) + 6$$

olduğuna göre, a aşağıdakilerden hangisine eşit olabilir?

A) 4 B) 3 C) 2 D) –1 E) –3

11. $$\lim_{n \to \infty} \left(\frac{1}{4n+1} + \frac{1}{4n+2} + \frac{1}{4n+3} + \ldots + \frac{1}{4n+n} \right)$$

ifadesinin değeri aşağıdakilerden hangisine eşittir?

A) 1 B) 2 C) $\ln \frac{3}{2}$ D) $\ln \frac{5}{4}$ E) 4

12.

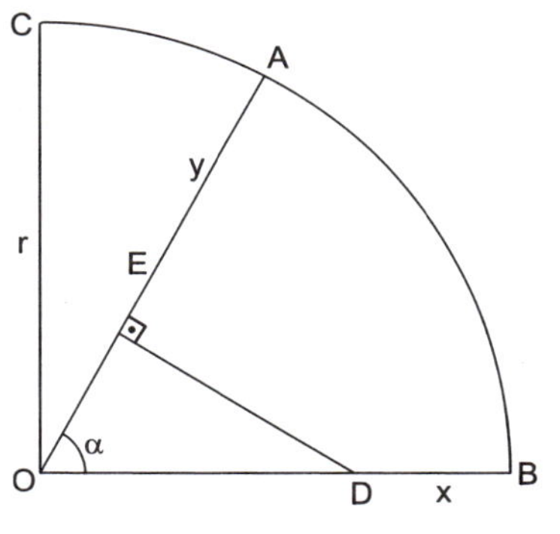

Şekilde yarıçapı r olan çeyrek çember gösterilmiştir.

$[ED] \perp [OA]$, $|EA| = y$, $|BD| = x$

$m(\widehat{AOB}) = \alpha$

olduğuna göre, $\lim_{\alpha \to 0} \frac{y}{x}$ **ifadesi kaça eşittir?**

A) 1 B) $\sqrt{2}$ C) $\sqrt{3}$ D) 2 E) ∞

karekök

3. Testin Cevap Anahtarı

1	2	3	4	5	6	7	8	9	10	11	12
E	A	B	E	B	B	C	D	D	D	C	B

1. $\lim\limits_{x \to 27} \dfrac{\sqrt{x-2}-5}{\sqrt[3]{x}-3}$ ifadesinde $\dfrac{0}{0}$ belirsizliği olduğundan türev alırsak,

$$\lim\limits_{x \to 27} \dfrac{\dfrac{1}{2\sqrt{x-2}}}{\dfrac{1}{3} \cdot x^{-2/3}} = \dfrac{27}{10} \text{ bulunur.}$$

Yanıt A

2. $\lim\limits_{x \to 0} \dfrac{\sin\sqrt{x} + \sin 2\sqrt{x} + \ldots + \sin 8\sqrt{x}}{\sqrt{\sin x} + \sqrt{\sin 4x} + \ldots + \sqrt{\sin 64x}}$

ifadesini $\sqrt{x}$ ile çarpıp bölelim.

$$\lim\limits_{x \to 0} \dfrac{\sin\sqrt{x}}{\sqrt{x}} = 1 \quad \text{ve} \quad \lim\limits_{x \to 0} \dfrac{\sqrt{\sin x}}{\sqrt{x}} = 1$$

olduğundan diğer terimlere de aynı işlem uygulanırsa,

$$\dfrac{1+2+3+\ldots+8}{1+2+3+\ldots+8} = 1 \text{ bulunur.}$$

Yanıt C

3. $\lim\limits_{x \to -\infty} \dfrac{x^2 \cdot \sin\left(\dfrac{4}{x}\right)}{x + \sqrt{-4x}}$ ifadesini

$$\lim\limits_{x \to -\infty} \dfrac{x \cdot \sin\left(\dfrac{4}{x}\right) \cdot x}{x + 2\sqrt{-x}} = \lim\limits_{x \to -\infty} \dfrac{4x}{x + 2\sqrt{-x}}$$

olarak yazalım.

$$\lim\limits_{x \to -\infty} \dfrac{4x}{x + 2\sqrt{-x}} = 4 \text{ bulunur.}$$

Yanıt B

4. $\lim\limits_{x \to 1} \dfrac{\sin(x-1) \cdot \cos(x^2-1)}{x^4-1}$

$$= \lim\limits_{x \to 1} \dfrac{\sin(x-1) \cdot \cos(x^2-1)}{(x-1) \cdot (x+1) \cdot (x^2+1)} = \dfrac{1}{2 \cdot 2} = \dfrac{1}{4} \text{ olur.}$$

$$\left(\lim\limits_{x \to 1} \dfrac{\sin(x-1)}{x-1} = 1 \text{ olur.}\right)$$

Yanıt A

5. $\lim\limits_{x \to 0} \dfrac{\tan\sqrt{x}}{\sqrt{\tan x}}$ ifadesini,

$$\lim\limits_{x \to 0} \dfrac{\tan\sqrt{x}}{\sqrt{x}} \cdot \dfrac{\sqrt{x}}{\sqrt{\tan x}} \text{ olarak yazalım.}$$

$$\lim\limits_{x \to 0} \dfrac{\tan\sqrt{x}}{\sqrt{x}} = 1 \quad \text{ve} \quad \lim\limits_{x \to 0} \dfrac{\sqrt{x}}{\sqrt{\tan x}} = 1$$

olduğundan sonuç 1 olur.

Yanıt B

6. $\lim\limits_{x \to 0^+} \dfrac{\cos\sqrt{x} - 1}{x} = \dfrac{0}{0}$ belirsizliği

$$\lim\limits_{x \to 0^+} \dfrac{\cos\sqrt{x} - 1}{x} \cdot \dfrac{\cos\sqrt{x} + 1}{\cos\sqrt{x} + 1}$$

$$\lim\limits_{x \to 0^+} \dfrac{-\sin^2\sqrt{x}}{\sqrt{x} \cdot \sqrt{x} \cdot (\cos\sqrt{x} + 1)} = -\dfrac{1}{1+1} = -\dfrac{1}{2} \text{ bulunur.}$$

Yanıt E

karekök

7. $\lim\limits_{x \to \infty} \sqrt[x]{4^x + \pi^x + e^x}$

$$\lim_{x \to \infty} \sqrt[x]{4^x\left(1 + \left(\frac{\pi}{4}\right)^x + \left(\frac{e}{4}\right)^x\right)}$$

$$\lim_{x \to \infty} \sqrt[x]{4^x} = 4 \text{ olur.}$$

Yanıt E

8.

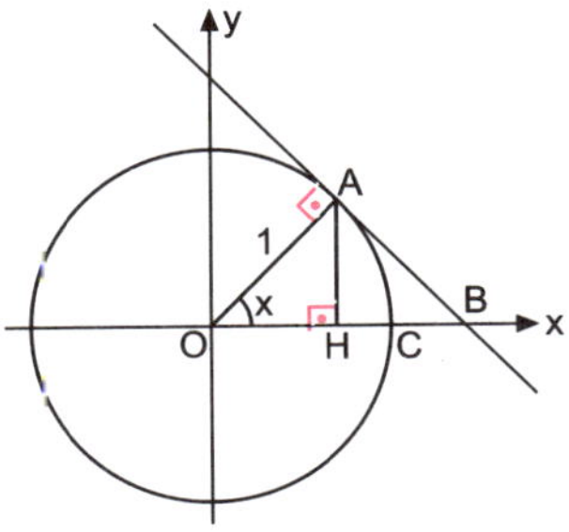

$|OH| = \cos x$

$|AH| = \sin x$

$$\cos x = \frac{1}{|OB|} \Rightarrow |OB| = \frac{1}{\cos x}$$

$$|BC| = \frac{1}{\cos x} - 1$$

$$\lim_{x \to 0} \frac{|BC| \cdot |OH|}{|AH|^2} = \lim_{x \to 0} \frac{\left(\frac{1}{\cos x} - 1\right) \cdot \cos x}{\sin^2 x}$$

$$\lim_{x \to 0} \frac{1 - \cos x}{\sin^2 x} = \lim_{x \to 0} \frac{1 - \cos x}{(1 - \cos x) \cdot (1 + \cos x)}$$

$$\lim_{x \to 0} \frac{1}{1 + \cos x} = \frac{1}{2} \text{ bulunur.}$$

Yanıt C

9. $$\sum_{n=1}^{\infty} \frac{1}{(n+2)^2 + n} = \sum_{n=1}^{\infty} \frac{1}{3}\left(\frac{1}{n+1} - \frac{1}{n+4}\right)$$

$$= \frac{1}{3}\left(\frac{1}{2} + \frac{1}{3} + \frac{1}{4}\right) = \frac{13}{36} \text{ olur.}$$

Yanıt D

10. $$\lim_{n \to \infty} \frac{[(n+1)!]^n}{(n!)^{n+1}} = \lim_{n \to \infty} \frac{(n+1)^n \cdot (n!)^n}{(n!)^n \cdot n!}$$

$$\lim_{n \to \infty} \frac{(n+1)^n}{n!}$$

ifadesinde $(n + 1)^n$ terimi n! teriminden daha hızlı büyüyeceği için sonuç ∞ olur.

Yanıt A

11.

$$\lim_{x \to \infty} x \cdot \left(\sqrt{4x^2 + 1} - 2x\right) =$$

$$\lim_{x \to \infty} \left(\sqrt{4x^4 + x^2} - 2x^2\right) =$$

$$\lim_{x \to \infty} 2\left(x^2 + \frac{1}{8}\right) - 2x^2 =$$

$$\lim_{x \to \infty} 2x^2 + \frac{1}{4} - 2x^2 = \frac{1}{4} \text{ bulunur.}$$

Yanıt D

12. $\lim\limits_{x \to \infty} \sqrt[x]{x^2 + 4x + 5}$ limitini

$$\lim_{n \to \infty} \frac{a_{n+1}}{a_n}$$

özelliğini kullanarak bulalım.

$$\lim_{x \to \infty} \frac{\sqrt[x]{(x+1)^2 + 4(x+1) + 5}}{\sqrt[x]{x^2 + 4x + 5}} = \lim_{x \to \infty} \sqrt[x]{1} = 1$$

veya, $\lim\limits_{x \to \infty} (x^2 + 4x + 5)^{1/x} = y$

$$\ln y = \lim_{x \to \infty} \frac{\ln(x^2 + 4x + 5)}{x} = \lim_{x \to \infty} \frac{2x + 4}{x^2 + 4x + 5} = 0$$

$\ln y = 0$ ise $y = 1$ olur.

Yanıt D

4. Testin Cevap Anahtarı

1	B	2	D	3	B	4	E	5	A	6	A	7	C	8	A	9	D	10	B	11	D	12	A

1. $\lim\limits_{n\to\infty} \sqrt[n]{\dfrac{n^n}{n!}}$ limiti için,

$\lim\limits_{n\to\infty} \sqrt[n]{a_n} = \lim\limits_{n\to\infty} \dfrac{a_{n+1}}{a_n}$ özelliğini kullanalım.

$$\lim_{n\to\infty} \frac{(n+1)^{n+1}}{(n+1)!} \cdot \frac{n!}{n^n}$$

$\lim\limits_{n\to\infty} \dfrac{(n+1)^n}{n^n} = \lim\limits_{n\to\infty} \left(1+\dfrac{1}{n}\right)^n = e$ bulunur.

Yanıt D

2. $f(x) = (x-3) \cdot f'(x) + x^2 \cdot f(x) + 24$

ifadelerinden önce $f(3) = -3$ olduğunu görelim.

$f'(x) = \dfrac{f(x)\cdot(1-x^2)-24}{x-3}$ olduğundan,

$\lim\limits_{x\to 3^+} f'(x) = m$ olsun. $\dfrac{0}{0}$ belirsizliğinden,

$m = f'(x) \cdot (1-x^2) - 2x \cdot f(x)$

$m = -8m + 18 \Rightarrow m = 2$ bulunur.

Yanıt A

3. $\lim\limits_{n\to\infty} [f(n)]^{h(n)} = y$ olsun.

$\ln y = \lim\limits_{n\to\infty} h(n)\cdot\ln(f(n)) = \lim\limits_{n\to\infty} n^{-1/n}\cdot\ln e$

$\ln(\ln y) = \lim\limits_{n\to\infty} -\dfrac{1}{n}\cdot\ln n$

$\ln(\ln y) = 0$ olduğundan

$y = e$ bulunur.

Yanıt B

4. $f(x) = \dfrac{3x+1}{x+2} = 3 - \dfrac{5}{x+2}$

$$\lim_{n\to\infty} \frac{1}{n}\cdot\sum_{k=1}^{n} f(k) = \lim_{n\to\infty} \frac{1}{n}\cdot\left(3n - \sum_{k=1}^{n}\frac{5}{k+2}\right)$$

$$\lim_{n\to\infty} \frac{1}{n}\cdot\sum_{k=1}^{n} f(k) = \lim_{x\to\infty} \left[3 - \frac{1}{n}\cdot\sum_{k=1}^{n}\frac{5}{k+2}\right]$$

$$\lim_{n\to\infty} \frac{1}{n}\cdot\sum_{k=1}^{n}\frac{5}{k+2} = 0$$

olduğundan, $3 - 0 = 3$ bulunur.

2. yol: $\lim\limits_{n\to\infty} a_n = \lim\limits_{n\to\infty} \dfrac{a_1+a_2+..+a_n}{n}$

olduğundan, $\lim\limits_{n\to\infty} \dfrac{1}{n}\cdot\sum\limits_{k=1}^{n} f(k) = 3$ olur.

Yanıt B

5. $\lim\limits_{n\to\infty} \sqrt[n]{\dfrac{7}{2}\cdot\dfrac{9}{3}\cdot\dfrac{11}{4}\cdots\dfrac{2n+5}{n+1}}$

$\lim\limits_{n\to\infty} (a_n) = a$ ise, $\lim\limits_{n\to\infty} \sqrt[n]{a_1\cdot a_2\cdot a_3 \ldots a_n} = a$

olduğunu hatırlarsak,

verilen ifade, $\lim\limits_{n\to\infty} \dfrac{2n+5}{n+1} = 2$ olarak bulunur.

Yanıt C

6. $\lim\limits_{n\to\infty} \sqrt[n]{1\cdot2\cdot3\cdot4 \ldots (n+1)}$

ifadesinin değerini

$\lim\limits_{n\to\infty} (a_n) = a$ iken

$\lim\limits_{x\to\infty} \sqrt[n]{a_1\cdot a_2\cdot a_3 \ldots a_n} = a$ özelliğini kullanarak,

$\lim\limits_{n\to\infty} (a_n) = \lim\limits_{n\to\infty} (n+1) = \infty$

veya $\lim\limits_{n\to\infty} \dfrac{a_{n+1}}{a_n} = \dfrac{(n+1)!}{n!} = n+1 = \infty$

olarak bulabiliriz.

Yanıt E

7. $\lim_{x \to 2} \dfrac{f'\left(\frac{x-m}{4}\right) - f'(0)}{x-2} = 6$

ifadesinden, payda sıfır olduğu için ve $f'(x)$ artan fonksiyon olduğundan $f'\left(\frac{2-m}{4}\right) = f'(0)$ şartını sağlayan sadece m = 2 değerini buluruz.

$\frac{0}{0}$ belirsizliği söz konusu olduğundan,

$$\lim_{x \to 2} \frac{1}{4} \cdot f''\left(\frac{x-2}{4}\right) = 6$$

$f''(0) = 24$ olarak buluruz.

Yanıt D

8. $\lim_{n \to \infty} \left(\dfrac{4^n}{n!}\right)^{1/n}$ limiti için,

$\lim_{n \to \infty} \sqrt[n]{a_n} = \lim_{n \to \infty} \dfrac{a_{n+1}}{a_n}$ özelliğini kullanalım.

$$\lim_{n \to \infty} \frac{a_{n+1}}{a_n} = \lim_{n \to \infty} \frac{4^{n+1}}{(n+1)!} \cdot \frac{n!}{4^n}$$

$\lim_{n \to \infty} \dfrac{4}{n+1} = 0$ bulunur.

Yanıt E

9. $\lim_{n \to \infty} \sqrt[n]{\dfrac{4n-1}{9n-1}}$ limitinde

$\lim_{n \to \infty} \sqrt[n]{a_n} = \lim_{n \to \infty} \dfrac{a_{n+1}}{a_n}$ olduğundan,

$\lim_{n \to \infty} \dfrac{4(n+1)-1}{9(n+1)-1} \cdot \dfrac{9n-1}{4n-1} = 1$ olduğuna göre,

$\lim_{n \to \infty} \sqrt[n]{\dfrac{4n-1}{9n-1}} = 1$ olur.

Yanıt D

10.

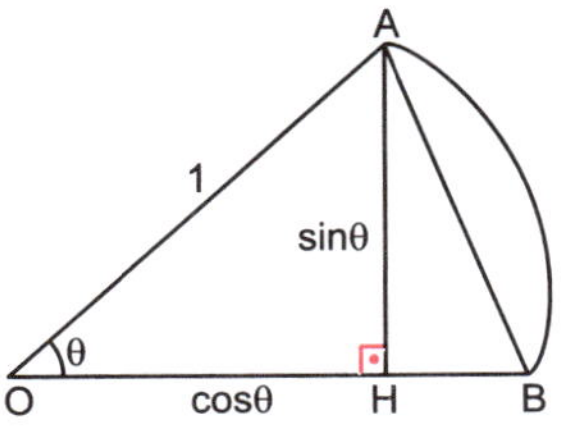

Verilen şekilden,

$|AH| = \sin\theta$

$|BH| = 1 - \cos\theta$

$$f(\theta) = \frac{1}{2} \cdot \sin\theta \cdot (1 - \cos\theta)$$

$$h(\theta) = \frac{\theta \cdot r^2}{2} - \frac{1}{2} \cdot r \cdot r \cdot \sin\theta = \frac{\theta}{2} - \frac{1}{2}\sin\theta$$

$$\lim_{\theta \to 0} \frac{f(\theta)}{h(\theta)} = \frac{\sin\theta \cdot (1-\cos\theta)}{\theta - \sin\theta} = \frac{0}{0}$$

$$\lim_{\theta \to 0} \frac{\cos\theta \cdot (1-\cos\theta) + \sin\theta \cdot \sin\theta}{1-\cos\theta} = \frac{\cos\theta - \cos 2\theta}{1-\cos\theta}$$

$$\lim_{\theta \to 0} \frac{-\sin\theta + 2\sin 2\theta}{\sin\theta} = \lim_{\theta \to 0} \frac{-\cos\theta + 4\cos 2\theta}{\cos\theta} = 3 \text{ olur.}$$

Yanıt C

11. $\lim_{x \to \infty} \dfrac{\sqrt{1} + \sqrt{2} + \sqrt{3} + ... + \sqrt{x}}{2x\sqrt{x}}$ limitini,

$\lim_{x \to \infty} \dfrac{1}{2x} \cdot \left(\dfrac{\sqrt{1} + \sqrt{2} + ... + \sqrt{x}}{\sqrt{x}}\right)$ olarak yazalım.

Bu limit, $\dfrac{1}{2x} \sum_{k=1}^{\infty} \sqrt{\dfrac{k}{x}} = \dfrac{1}{2} \int_0^1 \sqrt{x}\, dx$

olarak yazılabileceği için, integral hesaplanırsa $\dfrac{1}{3}$ bulunur.

Yanıt B

12. $\lim_{n \to \infty} \dfrac{2^3-1}{2^3+1} \cdot \dfrac{3^3-1}{3^3+1} \cdot \dfrac{4^3-1}{4^3+1} \cdots \dfrac{n^3-1}{n^3+1}$

$a^3 - b^3 = (a - b) \cdot (a^2 + ab + b^2)$

$a^3 + b^3 = (a + b) \cdot (a^2 - ab + b^2)$ olduğundan,

$$\lim_{n \to \infty} \frac{1 \cdot 7}{3 \cdot 3} \cdot \frac{2 \cdot 13}{4 \cdot 7} \cdot \frac{3 \cdot 21}{5 \cdot 13} \cdots \frac{(n-1) \cdot (n^2+n+1)}{(n+1) \cdot (n^2-n+1)}$$

$\lim_{x \to \infty} \dfrac{2}{3} \cdot \dfrac{n^2+n+1}{n \cdot (n+1)} = \dfrac{2}{3}$ bulunur.

Yanıt B

1. $\lim\limits_{n\to\infty} \dfrac{1^4+2^4+3^4+\ldots+n^4}{n^5}$ ifadesini

$\lim\limits_{n\to\infty} \dfrac{1}{n}\cdot\sum\limits_{k=1}^{n}\left(\dfrac{k}{n}\right)^4$ şeklinde yazabiliriz.

Bu toplam $\int\limits_0^1 x^4\,dx$ integraline eşittir.

İntegral alınır ve sınırlar yazılırsa sonuç $\dfrac{1}{5}$ olur.

Yanıt E

2. $\lim\limits_{x\to\infty} x\cdot\left(\sqrt[x]{e^2}-\sqrt[x]{e}\right)$

$\lim\limits_{x\to\infty} x\cdot(e^{2/x}-e^{1/x})=\infty\cdot 0$ belirsizliği

$\lim\limits_{x\to\infty} \dfrac{e^{2/x}-e^{1/x}}{\frac{1}{x}}=\dfrac{0}{0}$ belirsizliği

$\lim\limits_{x\to\infty} 2e^{2/x}-e^{1/x}=1$ olur.

Yanıt A

3. $f'(x)=\lim\limits_{h\to 0}\dfrac{f(x+h)-f(x)}{h}$

$f'(x)=\lim\limits_{h\to 0}\dfrac{f(x)\cdot f(h)-f(x)}{h}=\lim\limits_{h\to 0}\dfrac{f(x)\cdot(f(h)-1)}{h}$

$f'(x)=\lim\limits_{h\to 0}\dfrac{f(x)\cdot 2h\cdot g(x)}{h}=4f(x)$ bulunur.

Yanıt B

4.

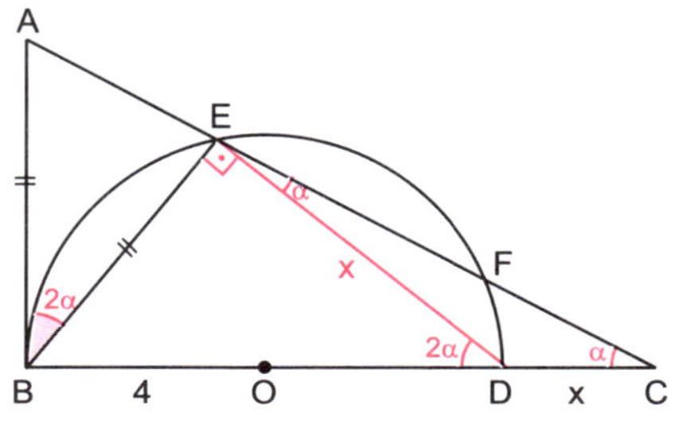

$m(\widehat{ABE})=2\alpha$ olsun.

E ve D noktalarını birleştirelim.

$m(\widehat{BED})=90°$ ve $m(\widehat{EDB})=2\alpha$ olur.

$m(\widehat{DEC})=m(\widehat{DCE})=\alpha$ olacağından $|DC|=|ED|=x$

E köşesi B noktasına yaklaştığında $|ED|\to|BD|$ olacağından $x=8$ birim bulunur.

Yanıt E

5.

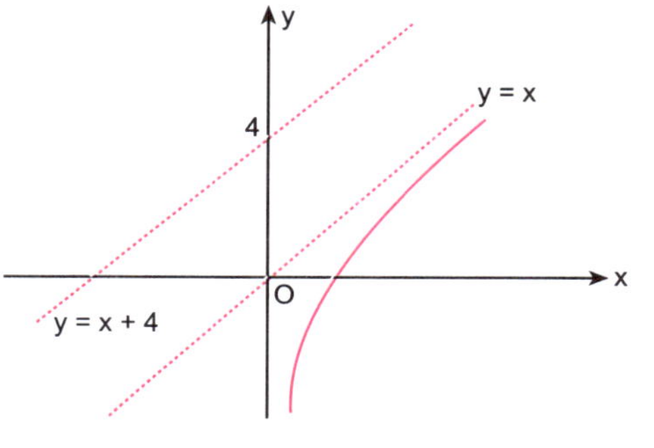

$y=\dfrac{x^2-6}{x}$ eğrisinin bir parçası şekilde çizilmiştir.

$y=x$ eğik asimptottur.

$\lim\limits_{x\to\infty} h(x)$ ifadesi paralel iki doğru ($y=x$ ve $y=x+4$) arasındaki uzaklık demektir.

Bu uzaklık, $\dfrac{4}{\sqrt{2}}=2\sqrt{2}$ br olur.

Yanıt B

6.

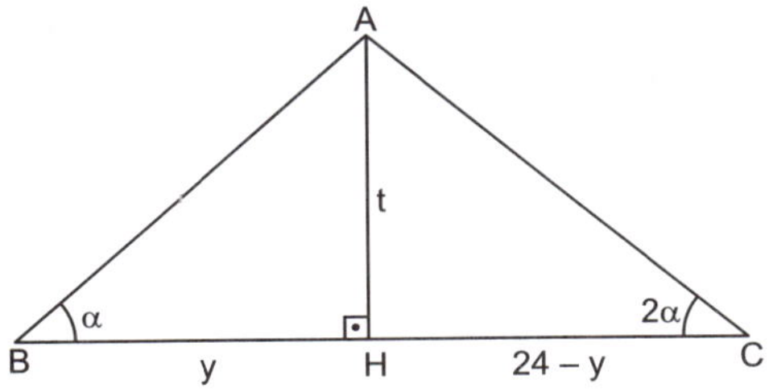

$\tan\alpha = \dfrac{t}{y}$ ve $\tan 2\alpha = \dfrac{t}{24 - y}$

$\tan 2\alpha = \dfrac{y \cdot \tan\alpha}{24 - y} \Rightarrow$

$\dfrac{24 - y}{y} = \dfrac{\tan\alpha}{\tan 2\alpha} \Rightarrow \lim\limits_{\alpha \to 0} \dfrac{\tan\alpha}{\tan 2\alpha} = \dfrac{1}{2}$

$\dfrac{24 - y}{y} = \dfrac{1}{2} \Rightarrow y = 16$ bulunur.

Yanıt B

7. $\lim\limits_{x \to \pi^+} \dfrac{\sin x}{\sqrt{x - \pi}}$ ifadesini,

$\lim\limits_{x \to \pi^+} \dfrac{\sin x \cdot \sqrt{x - \pi}}{\sqrt{x - \pi} \cdot \sqrt{x - \pi}}$ olarak yazılırsa

$\lim\limits_{x \to \pi^+} \dfrac{\sin(\pi - x) \cdot \sqrt{x - \pi}}{x - \pi} = -\sqrt{x - \pi} = 0$ olur.

Yanıt C

8. $\lim\limits_{x \to 1^-} \dfrac{1 - \cos\sqrt{1 - x^2}}{1 - x^2}$ ifadesinin pay ve paydasını

$1 + \cos\sqrt{1 - x^2}$ ile çarpalım.

$\lim\limits_{x \to 1^-} \dfrac{1 - \cos^2\sqrt{1 - x^2}}{(1 - x^2) \cdot (1 + \cos\sqrt{1 - x^2})} = \dfrac{\sin^2\sqrt{1 - x^2}}{\sqrt{1 - x^2} \cdot \sqrt{1 - x^2} \cdot (1 + \cos\sqrt{1 - x^2})}$

$\lim\limits_{x \to 1^-} \dfrac{1}{1 + \cos\sqrt{1 - x^2}} = \dfrac{1}{2}$ bulunur.

Yanıt D

9. $f(n) = n \cdot \sum\limits_{k=1}^{n-1} f(k)$ ve $f(0) = 1$ olduğuna göre,

$f(1) = 1$, $f(2) = 2 \cdot 2!$, $f(3) = 3 \cdot 3!$ ve $f(n) = n \cdot n!$

Buradan $\lim\limits_{n \to \infty} \dfrac{f(n)}{h(n)} = \lim\limits_{x \to \infty} \dfrac{n \cdot n!}{(n + 1) \cdot n!} = 1$ bulunur.

Yanıt D

karekök

10. $\lim\limits_{x \to 0} \dfrac{1}{x} \cdot \ln\left(\dfrac{1 - 2x}{1 - 3x}\right) = 0 \cdot \infty$ belirsizliği

$x = \dfrac{1}{t}$ dönüşümü yapalım.

$\lim\limits_{t \to \infty} t \cdot \ln\left(\dfrac{t - 2}{t - 3}\right)$ elde edilir.

$\lim\limits_{t \to \infty} t \cdot \ln\left(1 + \dfrac{1}{t - 3}\right)$ olduğundan,

$\lim\limits_{t \to \infty} \ln\left(1 + \dfrac{1}{t - 3}\right)^t = \ln e = 1$ bulunur.

Yanıt D

11. $3 + 5 + 7 + \ldots + (2n + 1) = (n + 1)^2 - 1$

$\dfrac{4}{(n + 1)^2 - 1} = \dfrac{4}{n \cdot (n + 2)} = \dfrac{A}{n} + \dfrac{B}{n + 2}$

olarak yazılırsa, $A = 2$ ve $B = -2$ olur.

$a_n = \dfrac{2}{n} - \dfrac{2}{n + 2}$ elde edilir.

$A_n = a_1 + a_2 + \ldots + a_n$

$\dfrac{2}{1} - \dfrac{2}{3}$

$\dfrac{2}{2} - \dfrac{2}{4}$

$\dfrac{2}{3} - \dfrac{2}{5}$

$\vdots$

$+ \quad \dfrac{2}{n} - \dfrac{2}{n + 2}$

$A_n = 2 + 1 - \dfrac{2}{n - 1} - \dfrac{2}{n - 2}$

$\lim\limits_{n \to \infty} A_n = 2 + 1 = 3$

Yanıt C

12.

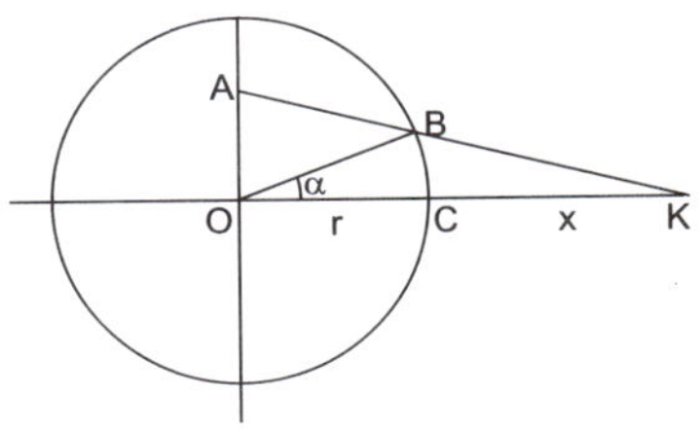

$|\overset{\frown}{BC}| = r \cdot \alpha$

$|AO| = 2r\alpha$

C noktasından AO // EC olacak şekilde [AK] üzerinde bir E noktası alalım.

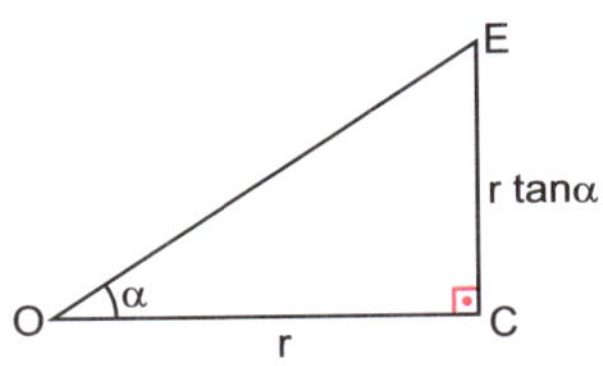

Benzerlikten,

$\dfrac{r\tan\alpha}{2r\alpha} = \dfrac{x}{x + r} \Rightarrow$ $\alpha \to 0$ için limit alınırsa, $\dfrac{1}{2} = \dfrac{x}{x + r}$

$x = r$ ve $|OK| = 2r$ olur.

Yanıt B

1.

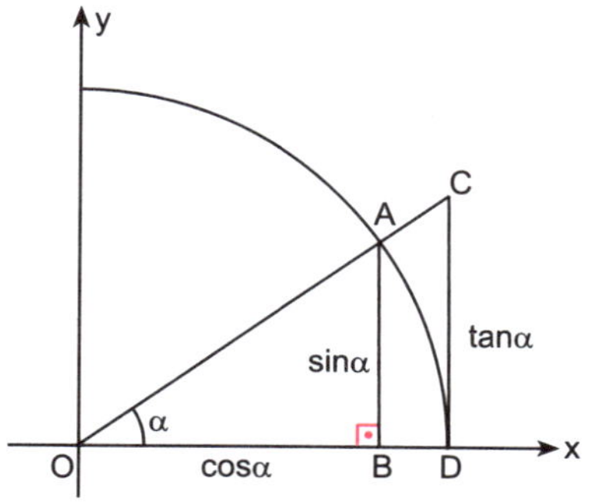

$|BD| = 1 - \cos\alpha$

$$\lim_{\alpha \to 0} \frac{\alpha \cdot \tan\alpha}{1 - \cos\alpha} \Rightarrow$$

$$\lim_{\alpha \to 0} \frac{\alpha \cdot \tan\alpha \cdot (1 + \cos\alpha)}{1 - \cos^2\alpha}$$

$$\lim_{\alpha \to 0} \frac{\alpha \cdot \tan\alpha \cdot (1 + \cos\alpha)}{\sin\alpha \cdot \sin\alpha} = 2 \text{ bulunur.}$$

Yanıt B

2. $$\lim_{x \to 0} \frac{(\sqrt{1+x} - \sqrt{1-x}) \cdot x}{\sin^2 x} \cdot \frac{\sqrt{1+x} + \sqrt{1-x}}{\sqrt{1+x} + \sqrt{1-x}}$$

$$\lim_{x \to 0} \frac{2x \cdot x}{\sin x \cdot \sin x \cdot (\sqrt{1+x} + \sqrt{1-x})} = 1 \text{ bulunur.}$$

Yanıt D

3. Verilen limiti,

$\int_0^1 \sqrt[3]{k}\, dk$ şeklinde ifade edebiliriz.

$$\int_0^1 \sqrt[3]{k}\, dk = \frac{3}{4} k^{4/3} \Big|_0^1 = \frac{3}{4} \text{ bulunur.}$$

Yanıt B

4.

$$\lim_{n \to \infty} \left(\frac{5}{9} \cdot \frac{12}{16} \cdots\cdots \frac{n-2}{n} \cdot \frac{n+2}{n} \right)$$

$$\lim_{n \to \infty} \left(\frac{1}{3} \cdot \frac{2}{4} \cdot \frac{3}{5} \cdots\cdots \frac{n-3}{n-1} \cdot \frac{n-2}{n} \right) = \frac{2}{n(n-1)}$$

$$\lim_{n \to \infty} \left(\frac{5}{3} \cdot \frac{6}{4} \cdots\cdots \frac{n+1}{n-1} \cdot \frac{n+2}{n} \right) = \frac{(n+1) \cdot (n+2)}{12}$$

$$\lim_{n \to \infty} \frac{2}{n \cdot (n-1)} \cdot \frac{(n+1) \cdot (n+2)}{12} = \frac{1}{6} \text{ olur.}$$

Yanıt E

5.

$$\lim_{x \to \infty} \frac{1 - 16^{1/x}}{1 - 25^{1/x}} = \frac{0}{0}$$

$$\lim_{x \to \infty} \frac{\frac{1}{x^2} \cdot 16^{1/x} \cdot \ln 16}{\frac{1}{x^2} \cdot 25^{1/x} \cdot \ln 25} = \frac{\ln 16}{\ln 25} = \log_5 4 \text{ bulunur.}$$

Yanıt A

6.

$$\lim_{x \to \infty} x \cdot (\sqrt{x^2 + 4} - \sqrt{x^2 - 4}) \Rightarrow$$

$$\lim_{x \to \infty} (\sqrt{x^4 + 4x^2} - \sqrt{x^4 - 4x^2}) \Rightarrow$$

$$\lim_{x \to \infty} (x^2 + 2) - (x^2 - 2) = 4 \text{ bulunur.}$$

Yanıt A

7. $a_n = \dfrac{3n-1}{2n+5}$ olsun.

$\lim\limits_{n\to\infty} a_n = \dfrac{3}{2}$ olduğu açıktır.

$\lim\limits_{n\to\infty} \dfrac{a_1 + a_2 + a_3 + \ldots\ldots + a_n}{n} = \lim\limits_{n\to\infty} a_n$

özelliğini kullanırsak sonuç $\dfrac{1}{2}$ bulunur.

Yanıt C

8. $\lim\limits_{x\to 0} \dfrac{\sqrt{1+x\cdot\tan x}-1}{x^2} \cdot \dfrac{\sqrt{1+x\cdot\tan x}+1}{\sqrt{1+x\cdot\tan x}+1}$

$\lim\limits_{x\to 0} \dfrac{x\cdot\tan x}{x^2\cdot(\sqrt{1+x\tan x}+1)}$ olduğundan,

$\lim\limits_{x\to 0} \dfrac{\tan x}{x\cdot(\sqrt{1+x\tan x}+1)} = \dfrac{1}{2}$ bulunur.

Yanıt A

9. Önce $\lim\limits_{x\to\infty} \sqrt[x]{3x+6}$ ifadesinin değerini bulalım.

$\lim\limits_{x\to\infty} (3x+6)^{1/x} = y$ olsun.

$\ln y = \lim\limits_{x\to\infty} \dfrac{\ln(3x+6)}{x} \Rightarrow \ln y = 0$ ve $y = 1$

Benzer şekilde $\lim\limits_{x\to\infty} (2x-4)^{1/x} = 1$ bulunur.

O halde sonuç 1 + 1 = 2 olur.

Yanıt D

10. $\lim\limits_{x\to\infty} f(3x+1) = a$ olduğuna göre,

$f^2(x+1) + 3f(x+2) = 4\cdot f(2x-1) + 6$ ifadesinin limitini alırsak,

$a^2 + 3a = 4a + 6$ olarak yazabiliriz.

$a^2 - a - 6 = 0 \Rightarrow a = 3$ ve $a = -2$ bulunur.

Yanıt B

11. Verilen limiti,

$\lim\limits_{n\to\infty} \dfrac{1}{n}\cdot\sum\limits_{k=1}^{\infty} \dfrac{1}{4+k}$ olarak yani,

$\displaystyle\int_0^1 \dfrac{1}{4+x}\,dx$ şeklinde yazabiliriz.

$\displaystyle\int_0^1 \dfrac{1}{4+x}\,dx = \ln|4+x|\Big|_0^1 = \ln\left(\dfrac{5}{4}\right)$ bulunur.

Yanıt D

12.

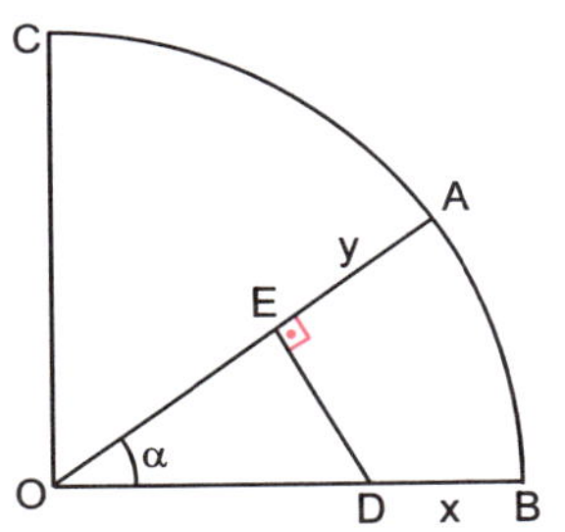

$\cos\alpha = \dfrac{r-y}{r-x}$ ifadesinde $\alpha \to 0$ olursa,

$1 = \dfrac{r-y}{r-x} \Rightarrow x = y$ bulunur.

$\lim\limits_{\alpha\to 0} \dfrac{y}{x} = 1$ olur.

Yanıt A

karekök

16. BÖLÜM

TÜREV

1. $$f(x)=\sum_{n=1}^{100}(n+1).x^n$$

olduğuna göre, $\frac{d^{79}f}{dx^{79}}$ türevinin x = 0 için değeri aşağıdakilerden hangisine eşittir?

A) 100! B) 90! C) 100.80! D) 100.90! E) 80!

2. $$f(\tan^2 x) = 1 + \ln|\sec 2x|$$

fonksiyonuna $x = \arctan\frac{1}{2}$ apsisli noktadan çizilen teğetin eğimi kaçtır?

A) $\frac{32}{15}$ B) $\frac{16}{15}$ C) $\frac{11}{12}$ D) $\frac{1}{4}$ E) $\frac{1}{2}$

3. Tanımlı olduğu aralıkta,

$$f(x)=\frac{1+x+x^2+....+x^{201}}{1+x+x^2+....+x^{100}}$$

olarak verilen fonksiyon için f′(1) kaçtır?

A) 1 B) 50 C) 99 D) 101 E) 200

4. $$f(x) = x^2 + kx + 2$$

parabolüne A(0, –2) noktasından çizilen teğetler birbirine diktir.

Buna göre, k sayısının alabileceği değerlerin çarpımı kaçtır?

A) –30 B) –20 C) –15 D) 15 E) 20

5.

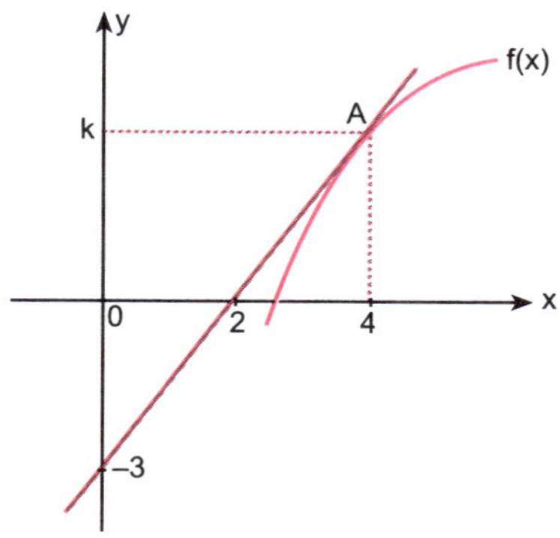

Şekilde, f(x) fonksiyonu ve A noktasındaki teğeti görülmektedir.

$f^{-1}(x)$ fonksiyonuna x = 3 noktasından çizilen teğetin denklemi nedir?

A) 2x – 3y + 6 = 0 B) 2x + 3y – 4 = 0
C) 2x – 3y – 12 = 0 D) 2x + 3y + 4 = 0
E) 2x – 3y – 8 = 0

6. $$f(x) = e^x.\tan(e^{-x})$$

fonksiyonunun yatay asimptotu aşağıdakilerden hangisidir?

A) y + 1 = 0 B) y + 2 = 0 C) y = 0
D) y – 1 = 0 E) y + 3 = 0

7. Her x ve y değeri için;

$$f(x + y) - f(x) = 2ye^{xy} + y^4.x^2 - y\ln|x - 3|$$

olduğuna göre, f′(4) kaçtır?

A) 6 B) 5 C) 4 D) 3 E) 2

8. $$4x^2 + y^2 = 36$$

elipsi üzerinde A(3, 0), B(0, 6) ve C(x, y) noktaları alınıyor.

C noktasının apsisinin hangi değeri için ABC üçgeninin alanı <u>en büyük</u> değerini alır?

A) $\frac{9}{2}$ B) 4 C) $\frac{7}{2}$ D) $\frac{3\sqrt{2}}{2}$ E) $\frac{5\sqrt{2}}{2}$

9.

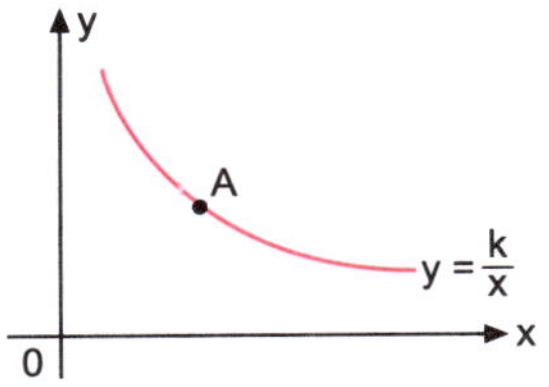

Şekilde $y = \frac{k}{x}$ fonksiyonunun grafiği verilmiştir.

A noktasının eksenlere uzaklıkları toplamının <u>en küçük</u> değeri 4 olduğuna göre, k kaçtır?

A) 1 B) 2 C) $2\sqrt{2}$ D) 4 E) $4\sqrt{2}$

10. $y^y = x^x$ fonksiyonu için,

$$\frac{dy}{dx}$$

ifadesi aşağıdakilerden hangisine eşittir?

A) $\frac{1+\ln y}{1+\ln x}$ B) $\frac{\ln x}{\ln y}$ C) $\frac{1+\ln x}{1+\ln y}$ D) $\frac{\ln y}{\ln x}$ E) 1

11.

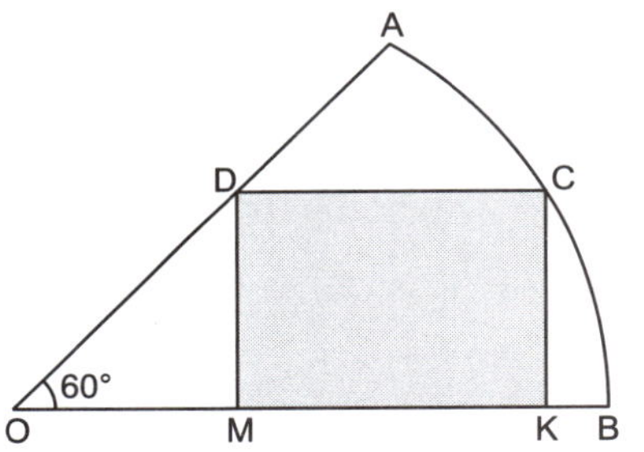

O merkezli daire dilimi içine şekilde görüldüğü gibi bir dikdörtgen çizilecektir.

m($\widehat{AOB}$) = 60° ve |OA| = 6 br olduğuna göre, DCKM dikdörtgeninin alanının en büyük olması için |CK| kaç birim olmalıdır?

A) $2\sqrt{2}$ B) 3 C) $2\sqrt{3}$ D) $\sqrt{15}$ E) $3\sqrt{2}$

12. $$f(x) = \sqrt{x^2 + 2x + 5} + \sqrt{x^2 - 10x + 61}$$

fonksiyonunun alabileceği en küçük değer kaçtır?

A) 12 B) 11 C) 10 D) 8 E) 6

karekök

Bu testin cevap anahtarı arka sayfadadır.

1. $f^2(2x-1) - 4f(4x-3) + 4x = 0$

olduğuna göre, f'(1).f(1) ifadesinin değeri kaçtır?

A) 5 B) 4 C) 3 D) 2 E) 1

2. $f(x) = \dfrac{x^2+6}{x-1}$

fonksiyonunun yerel ekstremum noktalarının ordinatları toplamı kaçtır?

A) 2 B) 3 C) 4 D) 5 E) 6

3. 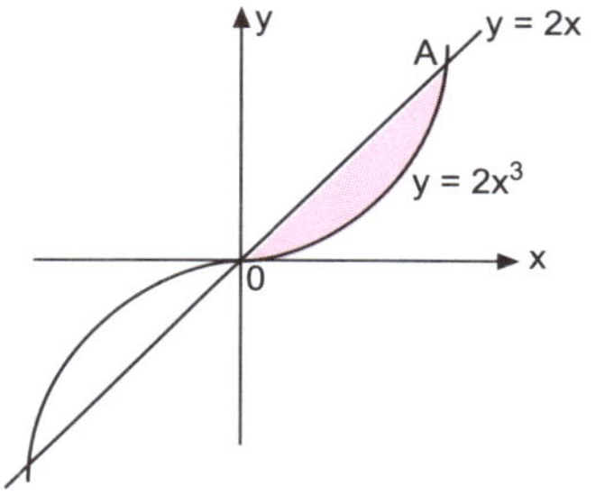

Şekilde $y = 2x^3$ eğrisi ile $y = 2x$ doğrusunun grafiği verilmiştir.

Buna göre, köşeleri verilen fonksiyonlar üzerinde olan ve taralı bölge içinde çizilebilecek bir üçgenin alanının <u>en büyük</u> değeri kaç br^2 dir?

A) $\frac{6\sqrt{3}}{5}$ B) $\frac{5\sqrt{3}}{2}$ C) $\frac{2\sqrt{3}}{9}$ D) $\frac{\sqrt{3}}{3}$ E) $\frac{\sqrt{3}}{2}$

4. Bir f(x) fonksiyonunun bütün noktalarındaki teğetinin eğimi, değme noktasının apsisinin 2 katının 5 fazlasına eşittir.

f(3) = 7 olduğuna göre, f(4) kaçtır?

A) 10 B) 19 C) 20 D) 25 E) 33

5. 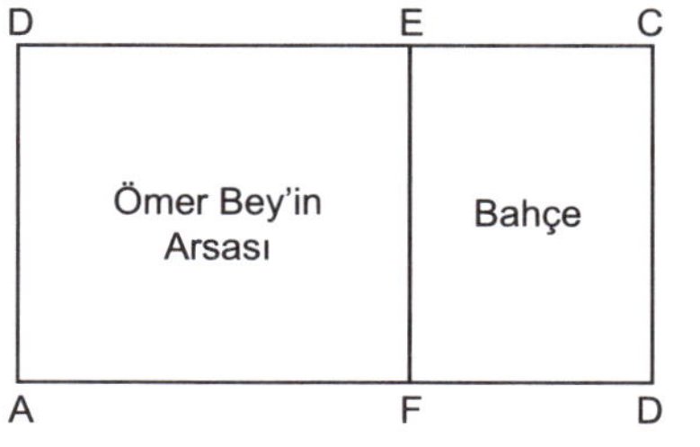

Ömer Bey'in arsasının bitişiğine etrafı parmaklıkla çevrili 1200 m^2 büyüklüğünde dikdörtgen şeklinde bir bahçe yapılmak isteniyor. Bahçe sahipleri ile Ömer Bey ortak parmaklığın maliyetini yarı yarıya ödemek üzere anlaşıyorlar.

Bu durumda yaptırılacak olan parmaklığın bahçe sahiplerine maliyetinin <u>en az</u> olması için bahçenin ortak kenar uzunluğu kaç metre olmalıdır?

A) 20 B) 25 C) 30 D) 40 E) 60

6. 24 cm uzunluğundaki bir tel kullanılarak alanı en büyük olan bir daire dilimi elde edilecektir.

Buna göre, daire diliminin yarıçapı kaç cm olmalıdır?

A) 12 B) 8 C) $6\sqrt{2}$ D) 6 E) $4\sqrt{3}$

7. Bir kargo şirketi alanı en fazla 12 m^2 olan prizma şeklindeki kolileri kabul ediyor.

Tabanı kare olan bir koliyi kabul ettiklerine göre, bu kolinin hacmi en çok kaç m^3 tür?

A) $4\sqrt{3}$ B) $4\sqrt{2}$ C) 4 D) $2\sqrt{2}$ E) $2\sqrt{3}$

8. **Yarıçapı 6 birim olan bir küre içine çizilen en büyük hacimli düzgün altıgen piramidin taban ayrıtı kaç birimdir?**

A) $2\sqrt{5}$ B) 4 C) $3\sqrt{3}$ D) 5 E) $2\sqrt{6}$

9. $A = [-5, x]$

$B = [x, 3]$

olmak üzere, analitik düzlemde $E = A \times B$ bölgesi çiziliyor.

E bölgesini içine alan en küçük alanlı dairenin yarıçapı kaç birimdir?

A) $\sqrt{2}$ B) 2 C) $\sqrt{3}$ D) $2\sqrt{2}$ E) 3

10.

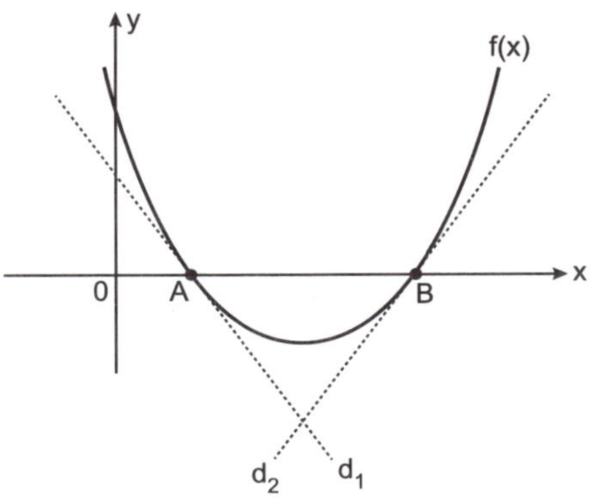

Şekilde f(x) parabolüne A ve B noktalarından çizilen teğetler gösterilmiştir.

Buna göre, doğruların eğimleri toplamı $m_1 + m_2$ kaça eşittir?

A) 4 B) 1 C) 0 D) –1 E) –4

karekök

11. $y = x^2 + 4$

parabolüne dışındaki A(1, 2) noktasından çizilen teğetlerin değme noktalarının apsisleri toplamı kaçtır?

A) 1 B) 2 C) 3 D) 4 E) 5

12.

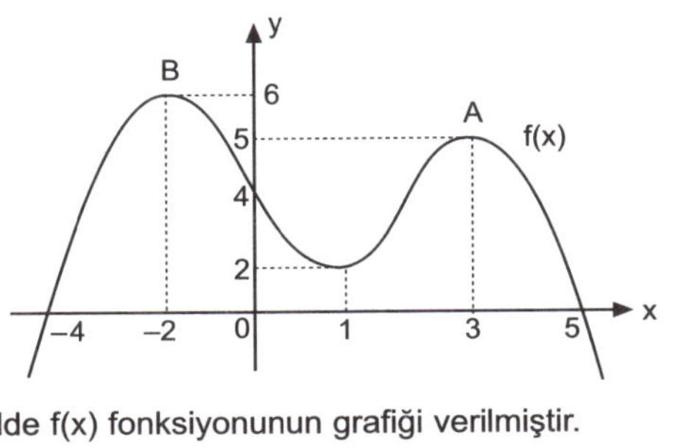

Şekilde f(x) fonksiyonunun grafiği verilmiştir.

$h(x) = f^2(x)$

olduğuna göre, h(x) fonksiyonunun ekstremum noktalarının apsisleri toplamı kaçtır?

A) 4 B) 3 C) 1 D) –1 E) –3

1. Testin Cevap Anahtarı

1	E	2	A	3	D	4	C	5	A	6	D	7	E	8	D	9	D	10	C	11	B	12	C

1. $$f(x)=\frac{x^2-4}{x^2-ax}$$

eğrisine x eksenini kestiği noktalardan çizilen teğetler birbirine dik olduğuna göre, a kaçtır?

A) 2 B) 1 C) 0 D) –1 E) –2

2. f(x) iki defa türevlenebilir reel değerli bir fonksiyondur.

$\forall x \in R$ için $f''(x) < 0$ ve $h(x) = f(x) - x.f'(x)$

olduğuna göre, h(2010), h(2011) ve h(2012) değerlerinin sıralaması aşağıdakilerden hangisidir?

A) h(2011) > h(2010) > h(2012)
B) h(2010) > h(2011) > h(2012)
C) h(2012) > h(2011) > h(2010)
D) h(2012) > h(2010) > h(2011)
E) h(2011) > h(2012) > h(2010)

3. $$f(x) = a.e^{2x} - e^x$$

fonksiyonunun yerel ekstremum noktalarının geometrik yer denklemi aşağıdakilerden hangisidir?

A) $x + 2e^x - y = 0$ B) $2x + e^x + y = 0$
C) $e^x + 2y = 0$ D) $2xe^x + 1 - y = 0$
E) $xe^x + x^2 - y = 0$

4.

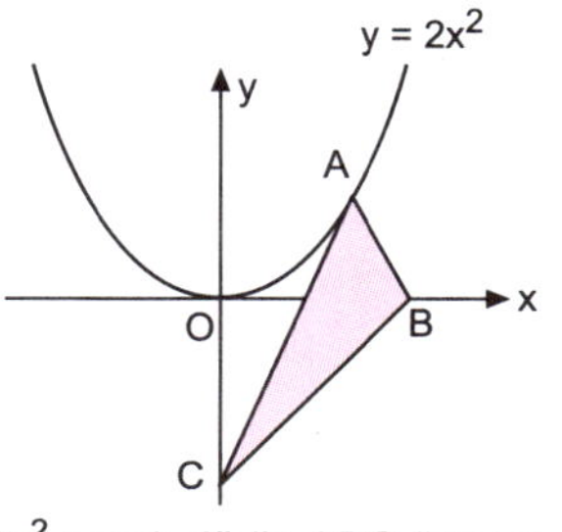

Şekilde $y = 2x^2$ parabolü ile ABC üçgeni görülmektedir.

A(m, n), B(6, 0) ve C(0, –24) noktaları veriliyor.

Buna göre, ABC üçgeninin alanının <u>en az</u> olmasını sağlayan A noktası için m + n kaça eşittir?

A) 7 B) 6 C) 5 D) 4 E) 3

5.

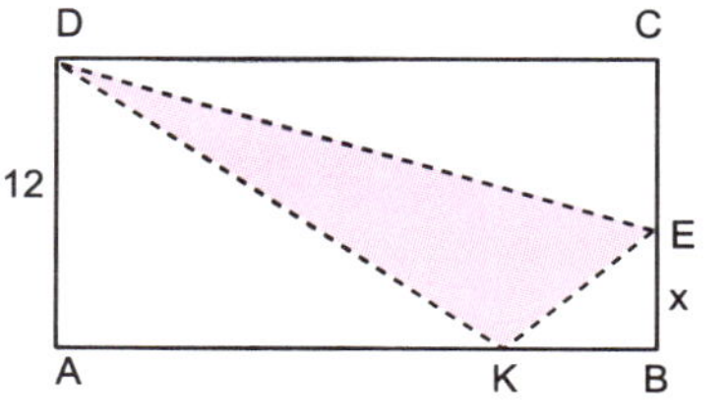

ABCD dikdörtgeninin C köşesi [DE] üzerinden katlanarak K noktasına getiriliyor.

EKD üçgeninin alanının <u>en büyük</u> olması için |EB| = x kaç cm olmalıdır?

A) 6 B) 4 C) 3 D) 2 E) 1

6.

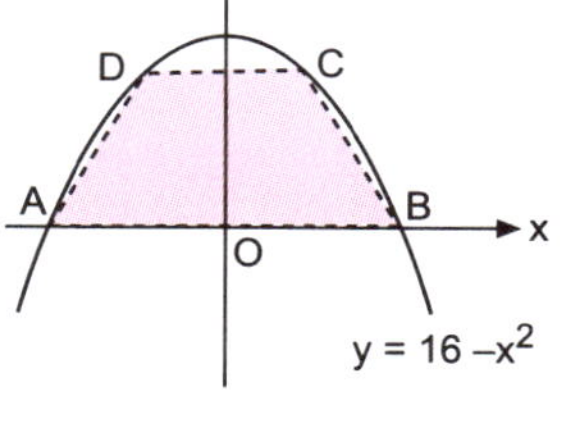

Şekilde $y = 16 - x^2$ parabolü ile ABCD yamuğu verilmiştir.

Buna göre, ABCD yamuğunun alanının <u>en büyük</u> olmasını sağlayan C noktasının apsisi kaçtır?

A) $\frac{1}{2}$ B) 1 C) $\frac{4}{3}$ D) $\frac{7}{3}$ E) $\frac{9}{4}$

7.

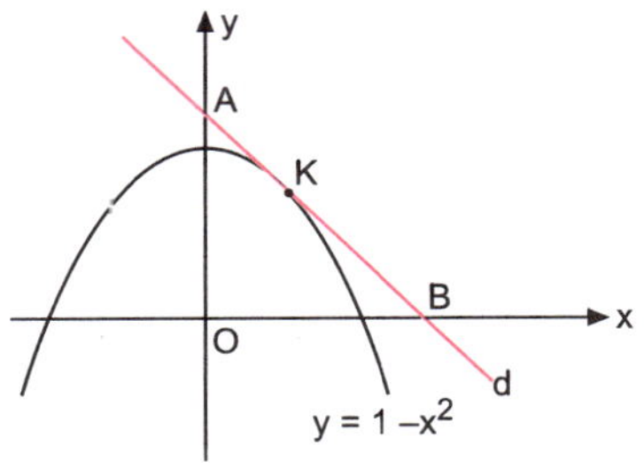

Şekilde $y = 1 - x^2$ parabolü ile K noktasındaki teğeti verilmiştir.

Buna göre, AOB üçgeninin alanının en küçük olması için K noktasının apsisi kaç olmalıdır?

A) $\frac{1}{2}$ B) $\frac{\sqrt{2}}{2}$ C) $\frac{\sqrt{3}}{3}$ D) $\frac{3}{4}$ E) $\frac{4}{3}$

8.

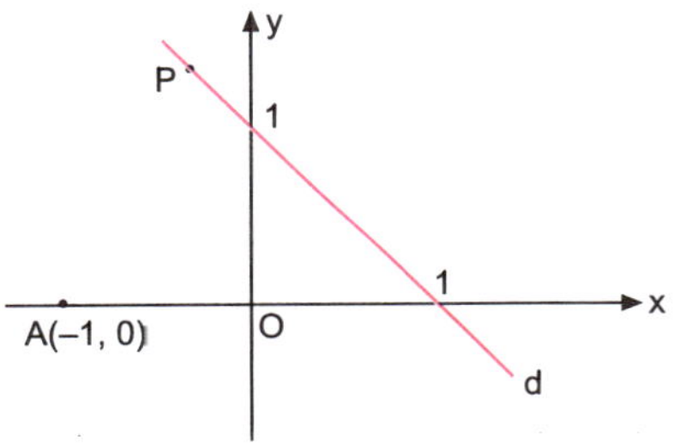

Şekilde A(–1, 0) noktaları ile d doğrusu üzerinde bir P noktası verilmiştir.

$|OP|^2 + |AP|^2$ ifadesinin en küçük olması için P noktasının apsisi kaç olmalıdır?

A) $-\frac{2}{3}$ B) $-\frac{1}{3}$ C) $\frac{1}{3}$ D) $\frac{2}{3}$ E) $\frac{1}{4}$

9. $f(x) = x \cdot \arctan\left(\frac{1}{x}\right)$

eğrisinin yatay asimptotu aşağıdakilerden hangisidir?

A) $y = \frac{\pi}{2}$ B) y = 1 C) y = 0 D) y = e E) $y = \frac{1}{e}$

10. $f(x) = x^2 + mx + 4$

parabolüne başlangıç noktasından çizilen teğetler birbirine dik olduğuna göre, m aşağıdakilerden hangisidir?

A) $\sqrt{13}$ B) $\sqrt{14}$ C) $\sqrt{15}$ D) $\sqrt{17}$ E) $\sqrt{19}$

11.

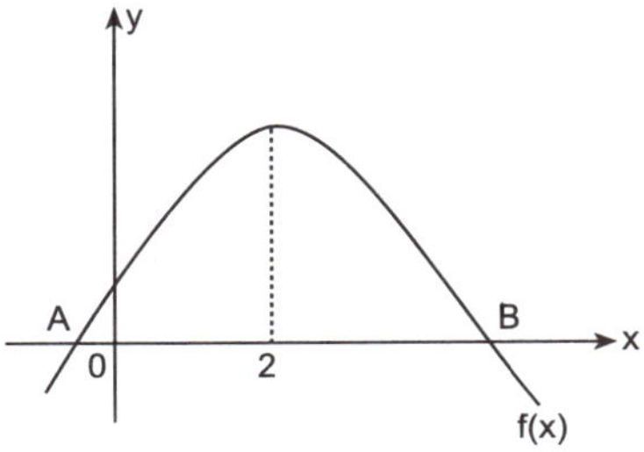

Şekilde $f(x) = ax^2 + bx + c$ fonksiyonunun grafiği verilmiştir.

Buna göre, f′(5) + f′(–1) ifadesi kaça eşittir?

A) –2 B) –1 C) 0 D) 1 E) 2

12. $f(x) = \frac{1-x}{x^2}$

fonksiyonu veriliyor.

Buna göre, $f(1) - f'(1) + f''(1) - ... + f^{10}(1)$ ifadesinin sonucu kaçtır?

A) 10! + 1 B) 11! + 1 C) 11! D) 11! – 1 E) 12!

karekök

2. Testin Cevap Anahtarı

1	E	2	C	3	C	4	B	5	D	6	D	7	D	8	E	9	D	10	C	11	B	12	B

1. **$f(x) = x^2$ fonksiyonuna çizilen teğetlerin koordinat eksenleri arasında kalan parçalarının orta noktalarının geometrik yer denklemi aşağıdakilerden hangisidir?**

A) $y = x^2 - 8x + 16$
B) $y = x^2 - 4x + 8$
C) $y + x^2 - 8x + 4 = 0$
D) $y + 8x^2 = 0$
E) $y^2 + 4x = 0$

2.

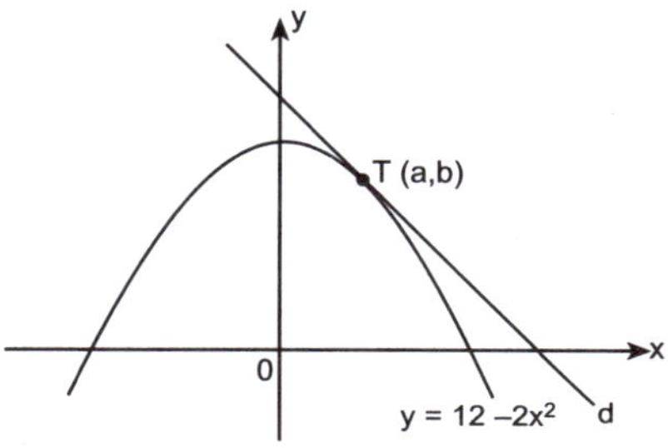

d doğrusu $y = 12 - 2x^2$ parabolüne T (a, b) noktasında teğettir.

d doğrusunun birinci bölgede eksenlerle oluşturduğu üçgenin alanının <u>en az</u> olması için a hangi değeri almalıdır?

A) 3 B) $\sqrt{3}$ C) 2 D) $\sqrt{2}$ E) 1

3. $\sin x + \cos y + \tan z = 4$

olduğuna göre, $\sqrt{1+\sin^2 x} + \sqrt{1+\cos^2 y} + \dfrac{1}{\cos^2 z}$ ifadesinin alabileceği <u>en küçük</u> değer kaçtır?

A) $2\sqrt{2}$ B) $4\sqrt{3}$ C) 5 D) 6 E) $6\sqrt{3}$

4. $$f(x) = \frac{a\sin x + bx^3 + cx}{x^2 + 1}$$

olduğuna göre, $f'(1) - f'(-1)$ ifadesi kaça eşittir?

A) 2 B) 1 C) 0 D) –1 E) –2

5. $f: R - \{3\} \to R$

$$f(x) = \frac{2x+1}{(x-3)^2}$$

olduğuna göre, f(x) fonksiyonunun asimptotlarının kesişim noktasına göre simetriği olan fonksiyon aşağıdakilerden hangisidir?

A) $y = \dfrac{2x+13}{(x-3)^2}$
B) $y = \dfrac{2x-13}{(x-3)^2}$
C) $y = \dfrac{2x-13}{(x+1)^2}$
D) $y = \dfrac{2x-13}{(x+2)^2}$
E) $y = \dfrac{2x+13}{(x+3)^2}$

6. $f(x) = e^x + 1$ ve $h(x) = \ln(x - 1)$

fonksiyonları arasındaki <u>en kısa</u> uzaklık kaç birimdir?

A) 1 B) 2 C) e D) $2\sqrt{2}$ E) 2e+1

karekök

7. $f(x) = (1+x)^2 + (1 + 2x)^2 + (1 + 3x)^2 + ... + (1 + 25x)^2$

şeklinde verilen fonksiyonunun hangi x değeri için yerel minimumu vardır?

A) $\frac{1}{25}$ B) $\frac{1}{50}$ C) $\frac{1}{75}$ D) $-\frac{1}{17}$ E) $-\frac{1}{25}$

8. $$f(x) = \frac{x^6 + x^4 + x^2 + 4}{2\cos^2 x + 4\cos x}$$

olduğuna göre, $f'\left(\frac{\pi}{4}\right) + f'\left(-\frac{\pi}{4}\right)$ **ifadesinin değeri kaçtır?**

A) $\frac{\pi}{2}$ B) $\frac{\pi}{4}$ C) 0 D) $-\frac{\pi}{4}$ E) $-\frac{\pi}{2}$

9.

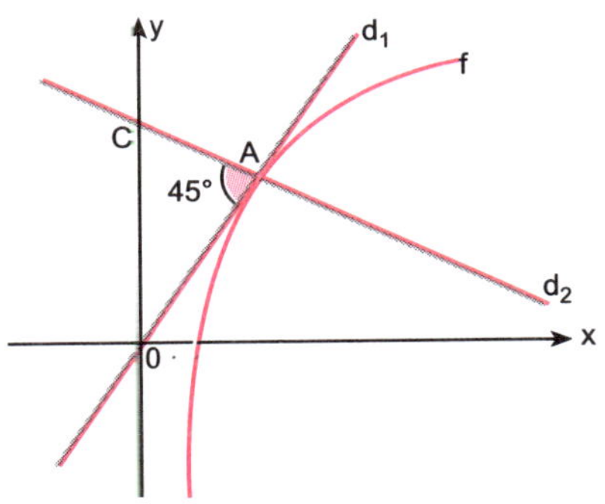

d_1 doğrusu f(x) = lnx fonksiyonuna A noktasında teğettir.

$m(\widehat{CAO}) = 45°$

olduğuna göre, d_2 doğrusunun eğimi aşağıdakilerden hangisidir?

A) $\frac{e-1}{e+1}$ B) $\frac{1-e}{1+e}$ C) $\frac{1-e}{e}$

D) $\frac{2-e}{e+2}$ E) $\frac{2-e}{e}$

10. $0 < x < \frac{\pi}{2}$ olmak üzere,

$2f(\sin x) + f(\cos x) = 12x + 3\pi$ eşitliği veriliyor.

Buna göre, f′(x) fonksiyonu aşağıdakilerden hangisidir?

A) 5 arctanx + π B) 5 arccotx + π

C) $12 \cdot \frac{1}{\sqrt{1-x^2}}$ D)10 arcccosx + π

E) $6 \cdot \frac{1}{1+x^2}$

11. Tanımlı olduğu aralıkta $f^2(x) = f'(x) - 1$ şartını sağlayan f(x) fonksiyonu için,

f(0) = 1 olduğuna göre, f(π) kaçtır?

A) 2π B) π C) 1 D) –1 E) –π

12.

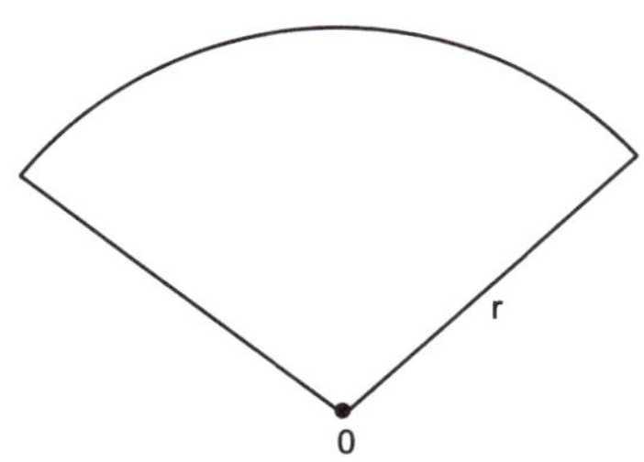

P uzunluğundaki bir telden şekildeki gibi bir daire dilimi yapılmak isteniyor.

Bu daire dilimin alanının <u>en fazla</u> olmasını için yarıçap r'nin değeri P cinsinden ne olmalıdır?

A) $\frac{P}{2}$ B) $\frac{P}{3}$ C) $\frac{P}{4}$ D) $\frac{P}{6}$ E) $\frac{P}{8}$

3. Testin Cevap Anahtarı

1 C 2 C 3 C 4 E 5 B 6 C 7 C 8 C 9 B 10 C 11 C 12 D

1. $f(x) = e^{-x} . \ln x$

fonksiyonunun yatay asimptotu aşağıdakilerden hangisidir?

A) $y = e - 1$
B) $y = 1 - e$
C) $y = e$
D) $y = 1$
E) $y = 0$

2.

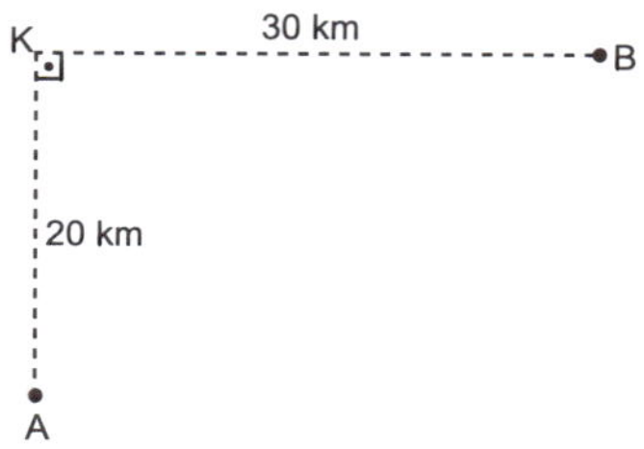

A ve B noktalarından aynı anda hızları sırasıyla 3 km/sa ve 2 km/sa olan iki kişi K noktasına doğru yürümeye başlıyor.

A'dan başlayan kişi [AK] üzerinde, B'den başlayan kişi [BK] üzerinde olmak üzere, harekete başladıktan kaç saat sonra aralarındaki uzaklık en az olur?

A) $\frac{77}{6}$ B) $\frac{90}{7}$ C) $\frac{100}{11}$ D) $\frac{111}{12}$ E) $\frac{120}{13}$

3. $f(x) = x^2 - \sqrt{11} . x + 3$

parabolünde başlangıç noktasından geçen teğetler çiziliyor.

Buna göre, teğetler arasında kalan açı kaç derecedir?

A) 135 B) 120 C) 90 D) 60 E) 45

4. **Çevre uzunluğunun hipotenüsünün uzunluğuna oranının en büyük olduğu bir dik üçgende dik kenarların oranı kaçtır?**

A) 3 B) 2 C) $\sqrt{3}$ D) $\sqrt{2}$ E) 1

5. **Güneşin batma açısının hızı 0,25 rad/sa ise açı $\frac{\pi}{6}$ rad. iken 40m uzunluğundaki bir binanın gölgesinin uzama hızı kaç m/sa'tir?**

A) 80 B) 40 C) 20 D) 10 E) 2

6. $f(\sin^2 x) = 4 - \cos^2 2x$

olduğuna göre, $f'(x)$ aşağıdakilerden hangisidir?

A) $4x + 6$
B) $4x - 8$
C) $8x - 4$
D) $4 - 8x$
E) $8 - 4x$

7. x bir reel sayı olmak üzere,

$$4^{\ln(\tan x) - x} + 4^{\ln(\cot x) + x}$$

ifadesinin alabileceği <u>en küçük</u> değer kaçtır?

A) 1 B) 2 C) 3 D) 4 E) 8

8.

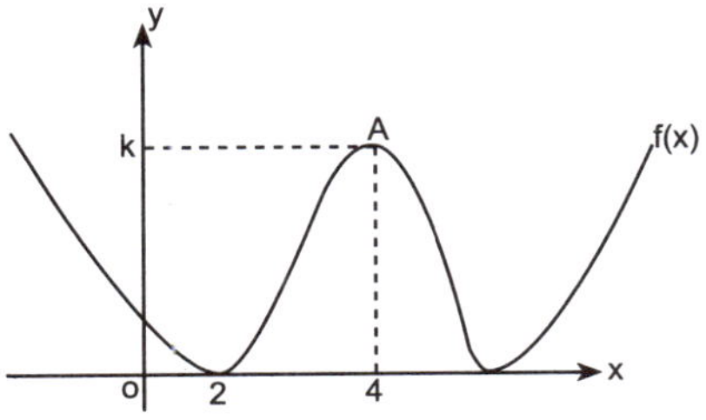

Şekilde $f(x) = ax^4 + bx^3 + cx^2 + dx + e$ fonksiyonunun grafiği verilmiştir.

Buna göre, $f'(1) + f'(7)$ ifadesi kaça eşittir?

A) –2 B) –1 C) 0 D) 1 E) 2

9.

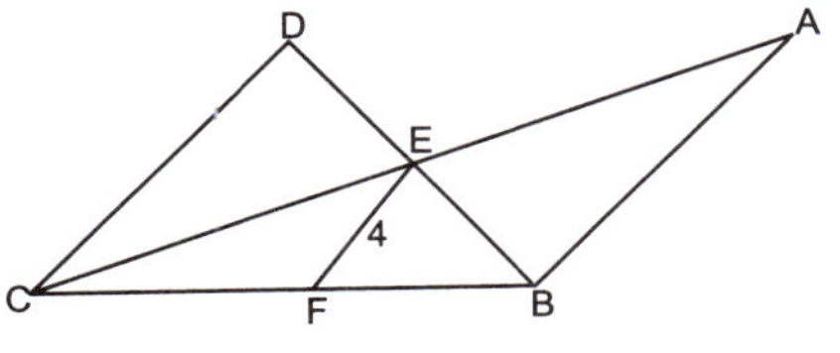

[DC] // [EF] // [AB] , |EF| = 4 br

Yukarıdaki verilere göre,

|DC| . |AB| ifadesinin alabileceği <u>en küçük</u> değer kaç br^2 dir?

A) 8 B) 16 C) 32 D) 64 E) 96

10. $y = x^2$ ve $y^2 = x$

parabollerinin ortak teğetinin eğimi aşağıdakilerden hangisine eşittir?

A) $-2\sqrt{2}$ B) –2 C) $-\sqrt{2}$ D) –1 E) $-2\sqrt{2}$

11. Hacmi 54π cm^3 olacak şekilde silindirik bir konserve kutusu yapılacaktır.

Kutunun yapımında kullanılan malzemenin fiyatı 2 lira/cm^2 olduğuna göre, kutunun <u>en küçük</u> imalat fiyatı kaç liradır?

A) 210π B) 200π C) 180π D) 150π E) 108π

12.

$$y = e^{\arctan\theta}$$
$$x = e^{\text{arccot}\theta}$$

olduğuna göre, $\dfrac{d^2y}{dx^2}$ ifadesinin $x = \dfrac{1}{2}$ için değeri kaçtır?

A) $16.e^{\pi/2}$ B) $8e^{\pi/2}$ C) $4\pi e$ D) $2\pi e$ E) πe

karekök

4. Testin Cevap Anahtarı

1	2	3	4	5	6	7	8	9	10	11	12
D	D	C	C	B	D	D	C	B	C	C	C

1. $f(\tan x) = \cot^2 x + \tan^2 x + 1$

fonksiyonunun $x = \arctan \frac{1}{2}$ apsisli noktasındaki teğetinin eğimi kaçtır?

A) 16 B) 15 C) –15 D) –16 E) –24

2. a ve b pozitif reel sayılar olmak üzere,

$f(x) = a^2\tan x + b^2\cot x$

fonksiyonu veriliyor.

Buna göre, f(x) fonksiyonunun yerel maksimum değeri aşağıdakilerden hangisidir?

A) $ab\pi$ B) 2ab C) ab D) –2ab E) π

3. $f(x) \cdot f'(x) = 2x^3 - 6x^2 + 4x$

$f(0) = 0$

olduğuna göre, f(4) aşağıdakilerden hangisi olabilir?

A) 4 B) 5 C) 6 D) 7 E) 8

4. $f(x) = \sum_{k=0}^{\infty} (-1)^k \cdot \frac{x^k}{k!}$

olduğuna göre, f′(x) ifadesi aşağıdakilerden hangisine eşittir?

A) $x^2 \cdot f(x)$ B) $x \cdot f(x)$ C) $1 - xf(x)$ D) $-f(x)$ E) $x - f(x)$

karekök

5. **$f(x) = x^2 + mx + 2$ fonksiyonunun x eksenini kestiği noktalardan çizilen teğetler birbirine dik olduğuna göre, m aşağıdakilerden hangisi olabilir?**

A) 4 B) 3 C) 2 D) –1 E) –2

6. Yüksekliği 50 cm olan bir tablo duvara düşey olarak asılmıştır. Tablonun alt kenarı bir seyirci gözünden 40 cm yüksektedir.

Buna göre, seyircinin tabloyu en büyük açı altında görebilmesi için duvardan kaç cm uzakta durması gerekir?

A) 150 B) 120 C) 100 D) 80 E) 60

7. $f(x) = x^2 + 1$ ve $h(x) = \sqrt{x - 1}$

eğrileri arasındaki en kısa uzaklık kaç birimdir?

A) $\frac{5\sqrt{2}}{2}$ B) $\frac{2\sqrt{2}}{3}$ C) $\frac{3\sqrt{2}}{4}$ D) $\frac{4\sqrt{2}}{5}$ E) $\frac{7\sqrt{2}}{3}$

8. x bir reel sayı olmak üzere,

$A = (8 + \ln\cos x + e^x)(\ln\sec x + 4 - e^x)$

eşitliği veriliyor.

Buna göre, A ifadesinin alabileceği en büyük değer kaçtır?

A) 24 B) 32 C) 36 D) 121 E) 144

9. $f(x) = x^3 + ax^2 + 12x + 4$

fonksiyonunun tersinin de bir fonksiyon olması için a aşağıdaki aralıklardan hangisinde bulunmalıdır?

A) (0, 6) B) (–6, 6) C) (–4, 2) D) (4, 6) E) (6, 8)

karekök

10.

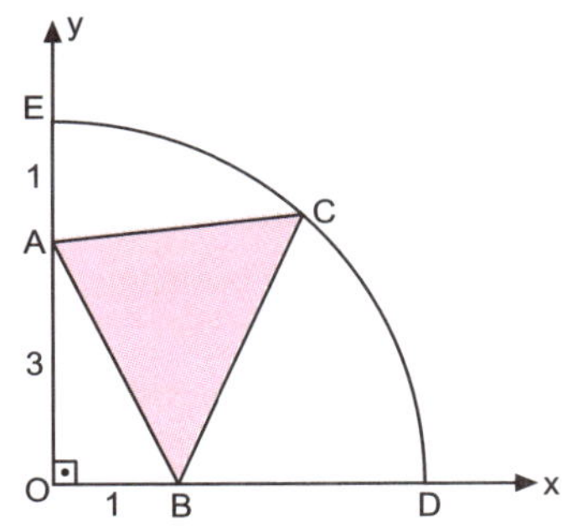

O merkezli daire içine şekildeki gibi ABC üçgeni çiziliyor.

$|EA| = |OB| = 1$ cm

$|OA| = 3$ cm

olduğuna göre, ABC üçgeninin alanının en büyük değerini almasını sağlayan C noktasının koordinatları çarpımı kaçtır?

A) $\frac{24}{5}$ B) $\frac{27}{4}$ C) $\frac{28}{5}$ D) $\frac{30}{7}$ E) $\frac{33}{8}$

11. Bir f(x) fonksiyonu,

$f(x) + f'(x) = 2e^x + 3x + 1$

eşitliğini sağladığına göre, f(0) kaçtır?

A) e + 2 B) 2 C) e D) e + 1 E) –1

12. $y = x^3$ ve $x = y^3$

eğrilerinin ortak teğetinin eğimi aşağıdakilerden hangisine eşittir?

A) $\sqrt[3]{2}$ B) 1 C) $\sqrt{2}$ D) 2 E) $2\sqrt[3]{2}$

5. Testin Cevap Anahtarı

1	E	2	E	3	C	4	E	5	B	6	D	7	B	8	C	9	D	10	D	11	E	12	A

1. $f(x) = e^{-x} + x$ eğrisine A(p, k) noktasından çizilen teğet başlangıç noktasından geçmektedir.

A(p, k) noktası eğrinin üzerinde olduğuna göre, p kaçtır?

A) e B) 1 C) –1 D) –2 E) –e

2. $f: R - \{-2\} \rightarrow R - \{1\}$

$$f(x) = \frac{x}{x+2}$$

olduğuna göre, f′(x) fonksiyonunun f(x) cinsinden ifadesi aşağıdakilerden hangisidir?

A) $f^2(x) - 1$ B) $4 - f^2(x)$ C) $\frac{1}{2}(1 - f(x))^2$ D) $\frac{1}{2}(f(x) - x)^2$ E) $(f(x) - 2)^2$

3. Tanımlı olduğu aralıkta,

$$f(x) = \frac{\sqrt{x^2+4}}{x+4+\sqrt{x^2+4}}$$

şeklinde verilen fonksiyonun hangi x değeri için yerel minimumu vardır?

A) 4 B) 3 C) 2 D) 1 E) 0

4. n pozitif bir tam sayı ve x pozitif reel bir sayı olmak üzere,

$$16nx + \frac{1}{x^n}$$

ifadesinin alabileceği <u>en küçük</u> değer kaçtır?

A) 4 B) 8 C) 12 D) 12 E) 20

5. P(x) bir polinom olmak üzere,

$$P(4x) = P'(x) \cdot P'''(x)$$

eşitliği veriliyor.

Buna göre, P(x) polinomunun başkatsayısı aşağıdakilerden hangisidir?

A) $\frac{1}{2}$ B) $\frac{2}{3}$ C) $\frac{5}{4}$ D) $\frac{8}{3}$ E) $\frac{10}{7}$

6. Reel sayılarda türevlenebilir bir f fonksiyonu

$$(y^2 - x^2) \cdot f(2x - y) = y \cdot f(x) - x \cdot f(y)$$

bağıntısını sağladığına göre,

$$x \cdot f'(x)$$

ifadesi aşağıdakilerden hangisine eşittir?

A) $f(x) \cdot (1 - 2x)$ B) $f(x) \cdot (1 - x)$ C) $xf(x) + 1$ D) $1 - xf(x)$ E) $x^2 \cdot f(x) + 1$

karekök

7. Reel sayılarda türevlenebilir bir f fonksiyonu için,

$f(x + y) = f(x) + f(y) + 6xy$

$\lim\limits_{x \to 0} \dfrac{f(x)}{x} = 4$

olduğuna göre, f′(3) kaça eşittir?

A) 12 B) 15 C) 18 D) 20 E) 22

8.

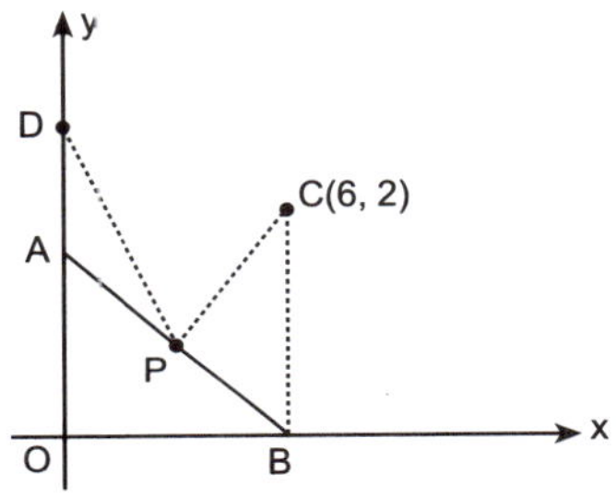

Şekildeki dik koordinat sisteminde,

A(0, 6), B(6, 0), C(6, 2)

D(0, 8) ve P∈[AB]

noktaları veriliyor.

Buna göre, $|PD|^2 + |PC|^2$ ifadesinin <u>en küçük</u> olmasını sağlayan P noktasının apsisi kaçtır?

A) $\dfrac{5}{2}$ B) 2 C) $\dfrac{3}{2}$ D) 1 E) $\dfrac{1}{2}$

9. $x \cdot f'(x) - f(x) = 2x^2 - 1$ ve

$f(1) = 6$

olduğuna göre, f(2) kaça eşittir?

A) 10 B) 13 C) 15 D) 18 E) 21

10.

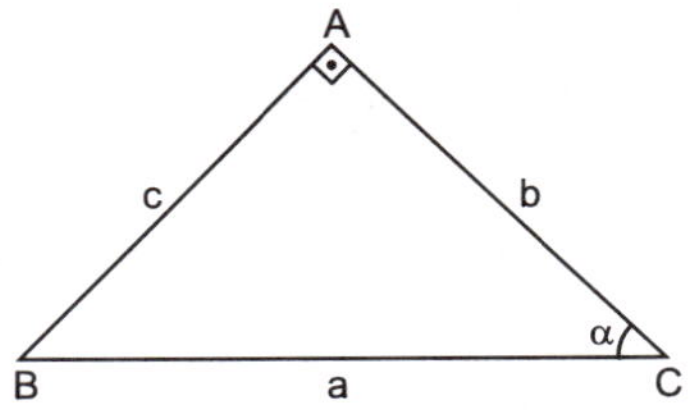

Şekilde görülen ABC dik üçgeninde,

a + c = 12 br

olarak veriliyor.

ABC üçgeninin alanının <u>en küçük</u> değeri için α kaç derecedir?

A) 15 B) 30 C) 45 D) 60 E) 75

11. Yüksekliği 10 cm, yarıçapı 6 cm olan bir dik silindirin yüksekliği 0,5 cm/s hızla ve yarıçapı 0,2 cm/s hızla artmaktadır.

Buna göre, silindirin hacmi kaç cm/s hızla artmaktadır?

A) 42π B) 36π C) 28π D) 24π E) 14π

12. $f(x) = \ln x \cdot \left(4 + \ln\dfrac{1}{x}\right) \cdot (\ln e^2 x) \cdot (\ln e^6 x) - 104$

fonksiyonunun alabileceği <u>en büyük</u> değer kaçtır?

A) 20 B) 24 C) 28 D) 32 E) 40

6. Testin Cevap Anahtarı

1	2	3	4	5	6	7	8	9	10	11	12
C	D	E	D	B	E	C	C	B	A	E	B

1. $f^n(x)$ ifadesi f(x) fonksiyonunun n. türevini göstermek üzere,

f(x) = lnx fonksiyonu veriliyor.

Buna göre, $\sum_{n=1}^{\infty} \frac{1}{f^n(-1)}$ **toplamının değeri aşağıdakilerden hangisine eşittir?**

A) e B) –e C) $\frac{1}{e}$ D) $-\frac{1}{e}$ E) $-\frac{1}{e^2}$

2. $f(x) = \tan(\ln\sqrt{x})$

fonksiyonuna başlangıç noktasından çizilen teğetin değme noktasının koordinatları çarpımı aşağıdakilerden hangisine eşittir?

A) $\frac{\pi \cdot e}{4}$ B) $\frac{\sqrt{\pi}}{e}$ C) $e^{\frac{\pi}{2}}$ D) $e^{\frac{\pi}{4}}$ E) $\pi \cdot e^{\pi}$

3. **Analitik düzlemde $y = x^2$ ve $y = -x^2 + 12x - 36$ fonksiyonları arasındaki en kısa uzaklık kaç birimdir?**

A) 2 B) $2\sqrt{2}$ C) 3 D) $2\sqrt{5}$ E) 6

4.

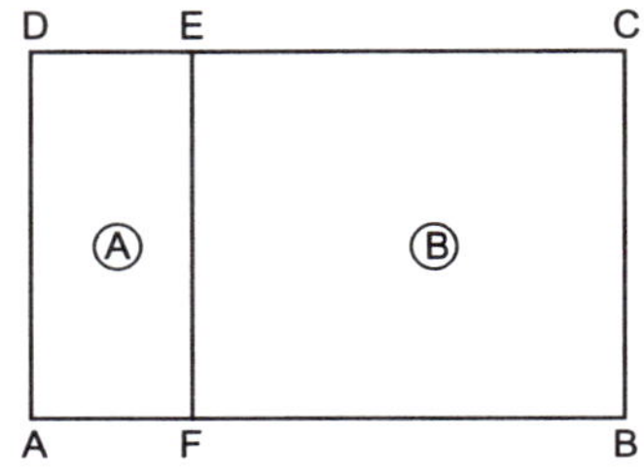

Bir çiftlikte 90 m tel kullanılarak iki bölümden oluşan dikdörtgen şeklinde bir ağıl yapılacaktır.

Bir koyun için ortalama $3m^2$ yer ayrılacağına göre, bu ağıla en fazla kaç koyun yerleştirilebilir?

A) 75 B) 100 C) 112 D) 116 E) 125

5. a, b, c reel sayılar olmak üzere,

$f(x) = ax^3 - 3ax^2 + 6bx - 6b + 2a$

fonksiyonu veriliyor.

Buna göre,

$$\frac{f(1+a-b)}{f(1-a+b)} + \frac{f(3-a+c)}{f(a-c-1)}$$

ifadesinin değeri kaça eşittir?

A) 6 B) 2 C) 0 D) –2 E) –6

6. **$f(x) = x^2 + ax$ parabolüne A(0, –4) noktasından çizilen teğetler arasındaki açı 45° olduğuna göre, a'nın alabileceği değerler çarpımı kaçtır?**

A) 161 B) 23 C) 7 D) –7 E) –23

7.

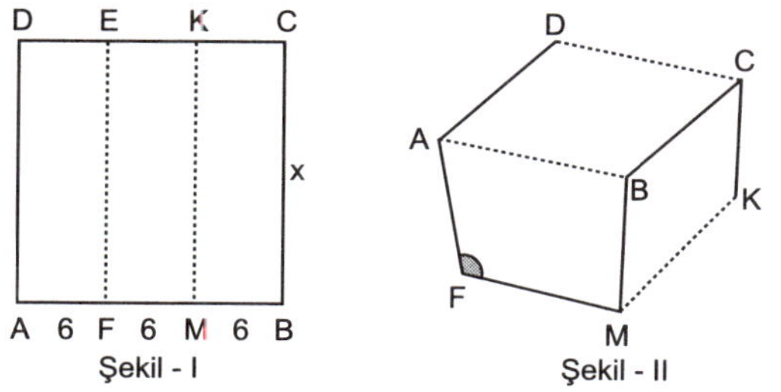

Şekil I de görülen levha Şekil II deki gibi bükülerek bir su oluğu elde ediliyor.

Su oluğunun en büyük miktarda su taşıması için $\widehat{AFM}$ açısı kaç derece olmalıdır?

A) 75 B) 90 C) 105 D) 120 E) 135

8. $x = 1 + \sec^2\theta + \cos^2\theta$

$y = \tan^2\theta - \sin^2\theta$

olduğuna göre, $\frac{d^2y}{dx^2}$ ifadesinin $x = \frac{\pi}{4}$ için değeri kaça eşittir?

A) 2 B) 1 C) 0 D) –1 E) –2

9. Reel sayılarda tanımlı f fonksiyonu,

$\forall x, y \in R$ için

$f(x + y) - f(x - y) = 5xy + 2y$

özelliğini sağladığına göre, f′(2) kaçtır?

A) 12 B) 10 C) 8 D) 6 E) 4

10. $f(x) = ax^3 + bx^2 + cx + d$

fonksiyonunun dönüm noktası A(2, 5) ve f(1) = m, f(3) = n olduğuna göre, f′(1) – f′(3) + m + n ifadesinin değeri kaça eşittir?

A) 12 B) 11 C) 10 D) 9 E) 8

11. Tanımlı olduğu aralıkta verilen

$$f(x) = \frac{x}{x^2 - mx + m^2}$$

fonksiyonunun ekstremum noktaları A ve B dir.

A ve B noktaları arasındaki uzaklığın en küçük olmasını sağlayan m değeri kaçtır?

A) $\frac{\sqrt{6}}{3}$ B) $\frac{\sqrt{6}}{2}$ C) $\frac{\sqrt{5}}{3}$ D) $\frac{\sqrt{5}}{2}$ E) $\frac{\sqrt{3}}{3}$

12.

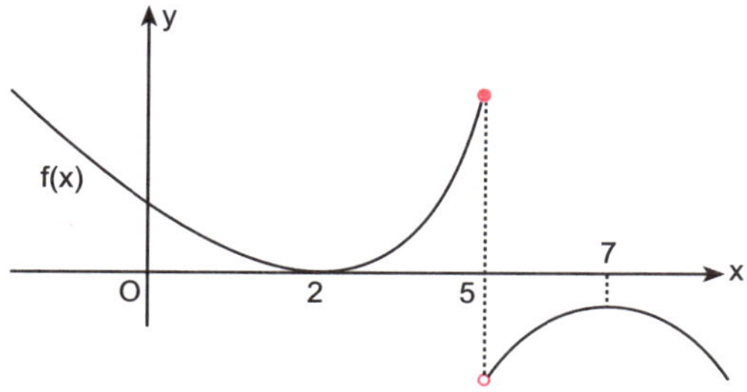

Şekilde f(x) fonksiyonunun grafiği verilmiştir.

Buna göre, $\frac{f'(x)}{f''(x)} \geq 0$ eşitsizliğinin çözüm kümesi aşağıdakilerden hangisidir?

A) (–∞, 5) B) [2, 7] – {5} C) [2, ∞) – {5} D) [2, 5) ∪ [7, +∞) E) (–∞, 2) ∪ [7, ∞)

7. Testin Cevap Anahtarı

1	C	2	C	3	D	4	B	5	D	6	A	7	E	8	B	9	C	10	B	11	A	12	E

1.

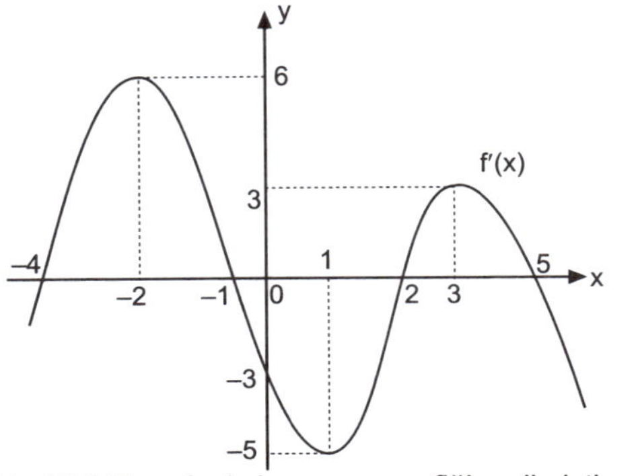

Şekilde f′(x) türev fonksiyonunun grafiği verilmiştir.

$h(x) = [f'(x)]^4$ olduğuna göre, h(x) fonksiyonunun ekstremum noktalarının apsisleri toplamı kaçtır?

A) 4 B) 3 C) 2 D) –1 E) –3

2. **$5\cos x + 2\sqrt{3}\sin x$ ifadesinin alabileceği kaç farklı tam sayı değeri vardır?**

A) 10 B) 11 C) 12 D) 13 E) 14

3.

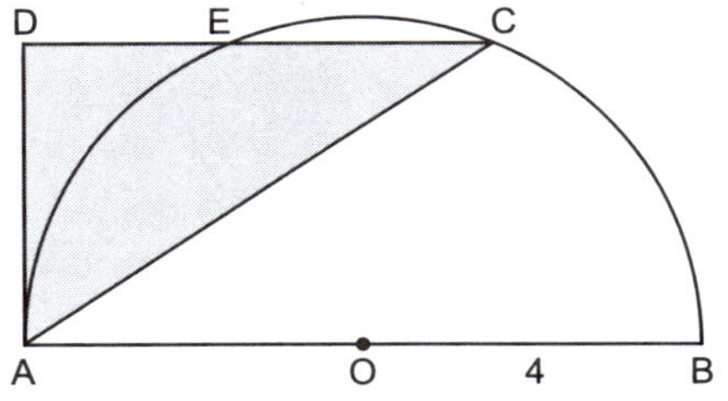

Yarıçapı |OB| = 4 cm olan yarım daireye [AD] doğru parçası A noktasında teğettir.

C noktası bu çember üzerinde ve DC // AB olduğuna göre ADC üçgeninin alanının en büyük değeri kaç cm^2 dir?

A) 6 B) $6\sqrt{2}$ C) $6\sqrt{3}$ D) 8 E) $8\sqrt{2}$

4.

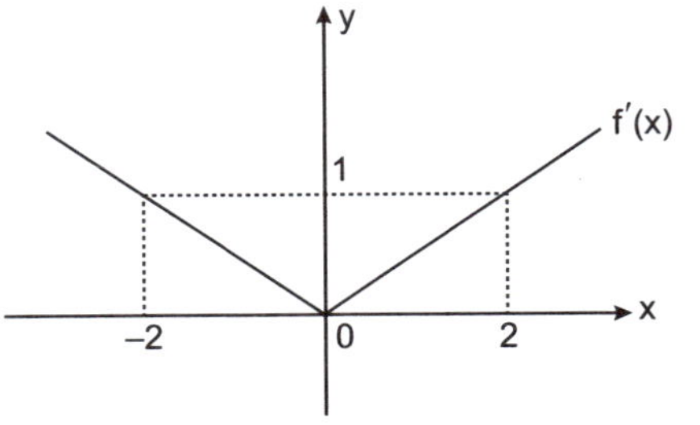

Şekilde f fonksiyonunun türevinin grafiği verilmiştir.

f fonksiyonunun [0, 4] aralığında alabileceği en küçük değer 5 olduğuna göre, f(2) kaçtır?

A) 8 B) 7 C) 6 D) 5 E) 4

5.

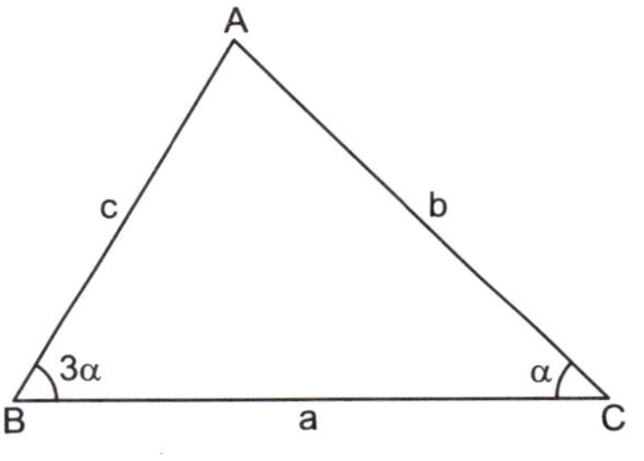

ABC üçgeninde, $m(\widehat{ACB}) = \alpha$, $m(\widehat{ABC}) = 3\alpha$

|AB| = c, |BC| = a, |AC| = b olduğuna göre,

$$\lim_{\alpha \to 0} \frac{b^2 + 2bc}{a^2}$$

ifadesinin değeri kaçtır?

A) $\frac{1}{6}$ B) $\frac{1}{3}$ C) $\frac{5}{6}$ D) $\frac{8}{9}$ E) $\frac{15}{16}$

6. Hava ile şişirilmiş küre şeklindeki bir balonun r yarıçapının artış hızı r = 4 cm olduğu anda $\frac{15}{16\pi}$ cm/sn dir.

Buna göre, tam bu sırada balonun hacmindeki değişim hızı kaç cm^3 / sn dir?

A) 45 B) 48 C) 54 D) 60 E) 64

karekök

7.

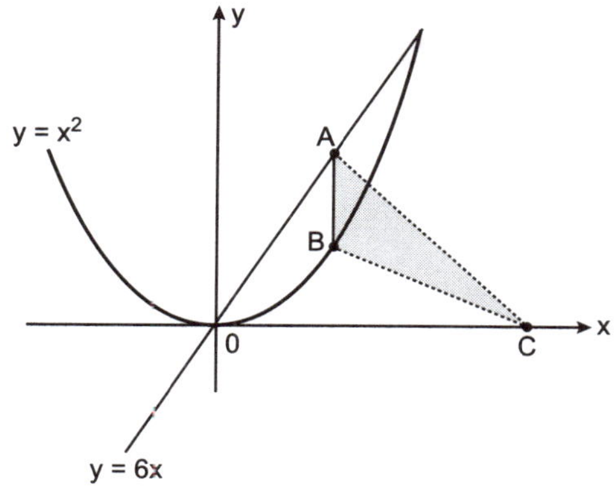

$y = x^2$ ve $y = 6x$ fonksiyonlarının grafikleri yukarıda verilmiştir.

[AB] // Oy ve C(6,0) olduğuna göre,

ABC üçgeninin alanının en büyük değeri kaç br^2 dir?

A) 42 B) 36 C) 32 D) 30 E) 16

8. f: [1, 10] → R olmak üzere

türevlenebilir bir f fonksiyonu veriliyor.

f(4) = 0 ve $f'(x) < 12$ olduğuna göre, f(10) ifadesinin en büyük tam sayı değeri kaçtır?

A) 48 B) 54 C) 60 D) 71 E) 75

9.

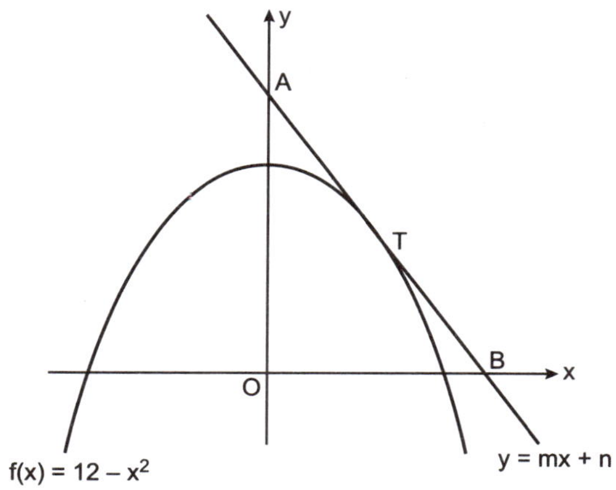

y = mx + n doğrusu T noktasında $f(x) = 12 - x^2$ fonksiyonuna teğettir.

Buna göre, ABO üçgeninin alanı <u>en az</u> kaç br^2 olabilir?

A) 16 B) 24 C) 28 D) 32 E) 36

10.

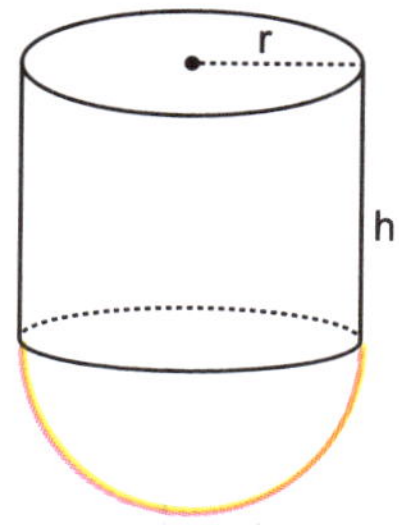

Tabanları olmayan bir silindirle bir yarım küre şekildeki gibi birleştirilerek içi boş bir kap elde ediliyor. Kabın hacmi 36π br^3 tür. Bu kabın iç ve dış yüzeyi altınla kaplanacaktır.

Maliyetin <u>en az</u> olması için r yarıçapı kaç birim alınmalıdır?

A) 2 B) 2,5 C) 3 D) 4 E) 6

11.

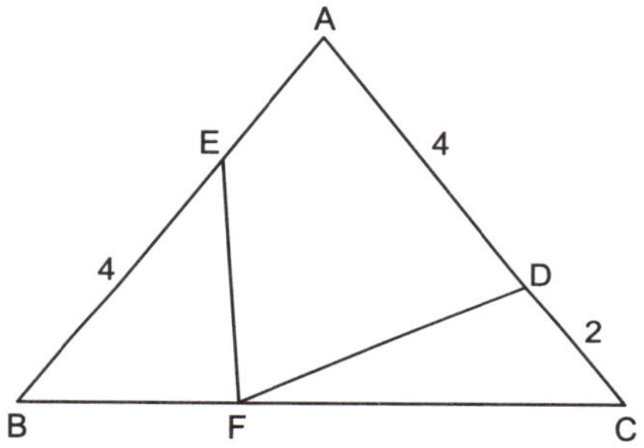

ABC eşkenar üçgen ve F∈ [BC] olarak veriliyor.

$|EF|^2 + |DF|^2$ ifadesinin en küçük değerini almasını sağlayan |BF| değeri kaç birimdir?

A) 1,2 B) 2 C) 3 D) 3,5 E) 4

12.

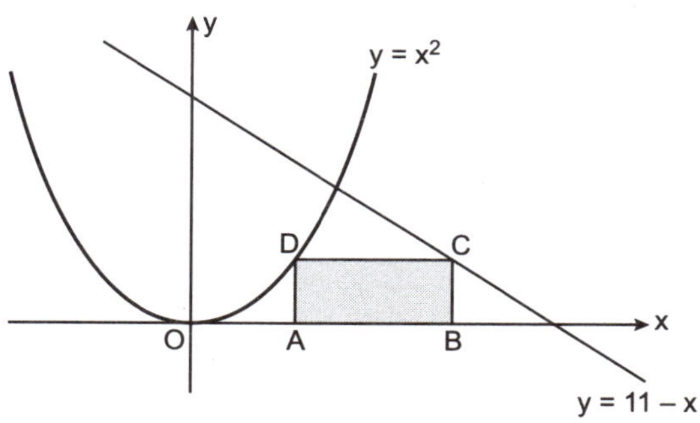

Şekilde $y = x^2$ parabolü ile y = 11 – x doğrusu gösterilmiştir.

[AB] kenarı x ekseni, D ve C noktaları sırası ile parabol ve doğrunun üzerinde bulunan ABCD dikdörtgeninin alanının en büyük olması için A noktasının apsisi kaç olmalıdır?

A) 2 B) 2,5 C) 3 D) 3,5 E) 4

karekök

8. Testin Cevap Anahtarı

1	B	2	C	3	D	4	C	5	D	6	A	7	D	8	C	9	D	10	C	11	A	12	D

1.

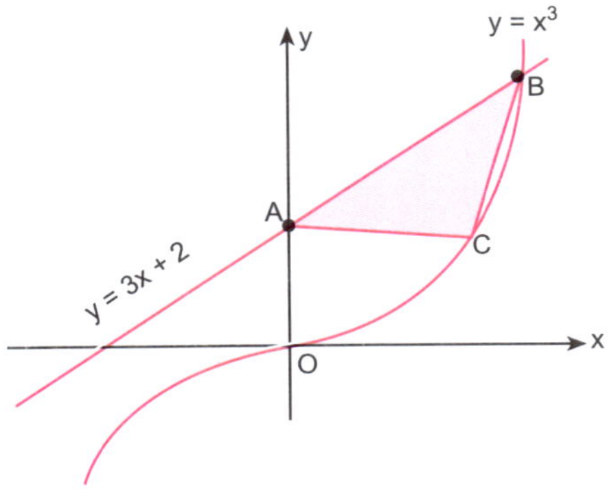

Şekilde $y = x^3$ ve $y = 3x + 2$ fonksiyonlarının grafiği verilmiştir.

C noktası I. bölgede ve $y = x^3$ eğrisi üzerinde olmak üzere, ABC üçgeninin alanının en büyük değeri kaçtır?

A) 3 B) 4 C) 5 D) 6 E) 7

2. x ve y reel sayılar olmak üzere,

$$\sqrt{x^2+y^2+6x+9}+\sqrt{x^2+y^2-6x+9}=10$$

eğrisine üzerindeki A(5k, –2k) noktasından çizilen teğetin eğimi kaçtır?

A) $\frac{1}{2}$ B) $\frac{1}{3}$ C) $\frac{5}{2}$ D) $\frac{8}{5}$ E) $\frac{9}{4}$

3.

$$f(x)=\sum_{k=0}^{\infty}(-1)^k\cdot\frac{x^k}{k!}$$

olduğuna göre, f′(x) ifadesinin f(x) cinsinden değeri aşağıdakilerden hangisidir?

A) x · f(x) B) 1 + f(x) C) – f(x) D) 1 – f(x) E) x + f(x)

4. Tanımlı olduğu aralıkta verilen $f(x) = \frac{ax+b}{cx+d}$ fonksiyonunun asimptotlarının kesim noktası K(1, 2) dir.

f(x) fonksiyonuna A(2, m) ve B(0, n) noktalarından çizilen teğetlerin denklemi sırasıyla y = 3x + p ve y = kx + t olduğuna göre, m + n + k kaça eşittir?

A) 7 B) 6 C) 5 D) 4 E) 3

5. x, y, z reel sayılardır.

$$2x - 4y + 5z = 2$$

olduğuna göre,

$x^2 + y^2 + z^2 - 2z + 1$ ifadesinin alabileceği en küçük değer kaçtır?

A) $\frac{1}{5}$ B) $\frac{1}{6}$ C) $\frac{1}{8}$ D) $\frac{1}{10}$ E) $\frac{1}{12}$

6. h(x) ve f(x) her x reel sayısı için türevlenebilir fonksiyonlardır.

$$\frac{f(x+y)-f(x)}{y}=\frac{x+2y}{x-2y}$$

$h(x) = e^{f(x)} \cdot f(x)$ ve h(x) fonksiyonu x = 2 için en küçük değerini aldığına göre, f(6) kaçtır?

A) 1 B) 2 C) e D) 3 E) 2e

7. a, b, c reel sayılar olmak üzere,

$$\sqrt{a^2+b^2+c^2}+\sqrt{a^2+b^2+c^2-2b-2c+2}$$

ifadesinin alabileceği en küçük tam sayı değeri aşağıdakilerden hangisidir?

A) 1 B) 2 C) 3 D) 4 E) 5

8. Reel sayılarda türevlenebilir bir f fonksiyonu her x, y ∈R için,

$$f(x + 2y) - f(x - 2y) = 12\,x\,y$$

bağıntısını sağlamaktadır.

Buna göre, f′(5) kaça eşittir?

A) 1 B) 5 C) 12 D) 15 E) 20

9.

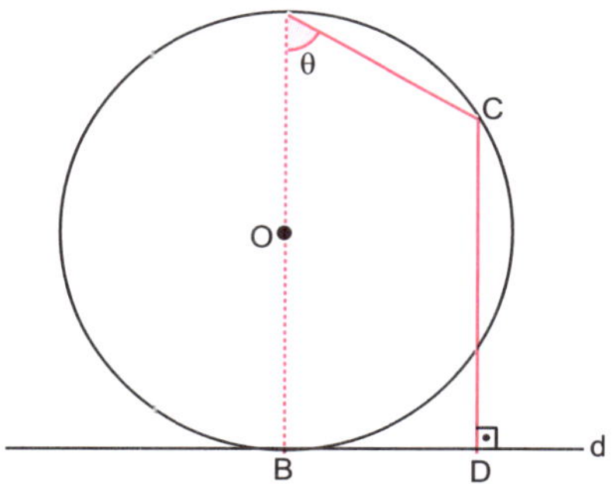

O merkezli çemberde, [DC] ⊥ d ve $m(\widehat{BAC}) = \theta$ olarak veriliyor.

|AC| + |DC| ifadesinin en büyük değerini alması için θ kaç derece olmalıdır?

A) 15 B) 30 C) 45 D) 60 E) 75

10. $f(x) = e^{-x}$, h(x) = "f(x) fonksiyonuna üzerindeki bir A(x, y) noktasından çizilen teğetin eğimi" olarak veriliyor.

Buna göre, $\sum_{x=1}^{\infty} h(x)$ ifadesinin değeri aşağıdakilerden hangisine eşittir?

A) $\frac{1}{1-e}$ B) $\frac{1}{e-1}$ C) $-\frac{1}{1+e}$ D) $\frac{e}{e+1}$ E) $\frac{e}{e+2}$

11.

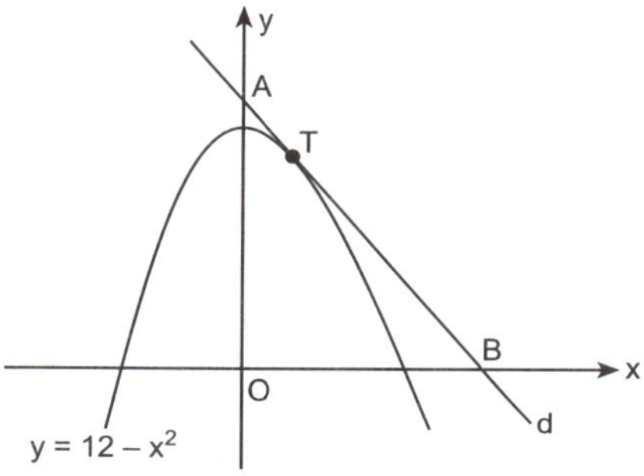

Şekilde $y = 12 - x^2$ parabolü ile T noktasındaki teğeti gösterilmiştir.

d doğrusu eksenleri A ve B noktasında kestiğine göre, AOB üçgeninin alanının alabileceği en küçük değer kaç br^2 dir?

A) 8 B) 12 C) 16 D) 32 E) 48

12.

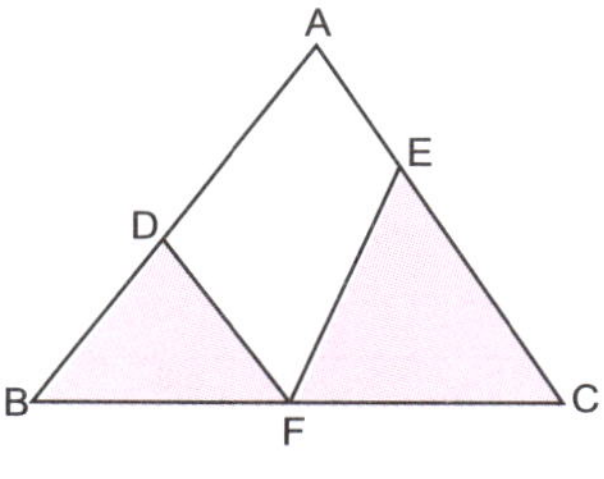

ABC üçgeninde, |AB| = |AC| = 20 cm |BC| = 32 ,

2|FC| = 2|AD| = |EC|

olduğuna göre, taralı bölgelerin alanları toplamının en küçük olması için |FC| kaç cm olmalıdır?

A) 9 B) $\frac{26}{3}$ C) 7 D) $\frac{20}{3}$ E) 6

karekök

9. Testin Cevap Anahtarı

1	A	2	D	3	C	4	C	5	E	6	D	7	E	8	D	9	D	10	C	11	D	12	A

1. $f(x)=\sum_{n=1}^{100}(n+1).x^n$

$f(x) = 2x + 3x^2 + 4x^3 + ... + 101\cdot x^{100}$

$\frac{d^{79}f}{dx^{79}} = 80!+81!x+....$

Bu türevde x = 0 yazılırsa, 80! elde edilir.

Yanıt E

2. $f(\tan^2x) = 1 + \ln|\sec 2x|$

$2\cdot\tan x\cdot(1+\tan^2x)\cdot f'(\tan^2x) = 2\tan 2x$

$x = \arctan\frac{1}{2}$ yazılırsa,

$2\cdot\frac{1}{2}\cdot\left(1+\frac{1}{4}\right)\cdot f'\left(\frac{1}{4}\right)=\frac{2\cdot 2\cdot\frac{1}{2}}{1-\frac{1}{4}}$

$f'\left(\frac{1}{4}\right)=\frac{32}{15}$ bulunur.

Yanıt A

3. $f(x)=1+\frac{x^{101}+x^{102}+...+x^{201}}{1+x+x^2+...+x^{100}}$

$f(x)=1+\frac{x^{101}(1+x+...+x^{100})}{1+x+x^2+...+x^{100}}$

$f(x) = 1 + x^{101}$ olduğundan,

$f'(x) = 101\cdot x^{100}$

f′(1) = 101 bulunur.

Yanıt D

4.

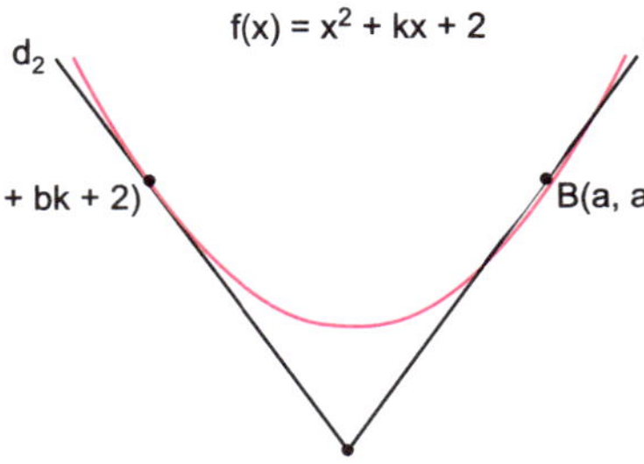

$f'(x) = 2x + k$

$m_1 = 2a + k$ ve $m_2 = 2b + k$

Eğim = $\frac{y_2-y_1}{x_2-x_1}$ olduğundan,

$2a+k=\frac{a^2+ak+2-(-2)}{a-0}$

a = 2 ve a = –2 olur.

$m_1\cdot m_2 = (4 + k)\cdot(-4 + k) = -1$

k'nin alabileceği değerler çarpımı –15 tir.

Yanıt C

5. Grafikten A(4, 3) olduğu görülmektedir.

$(f^{-1})'(3)=\frac{1}{f'(4)}=\frac{2}{3}$ olur.

Teğetin denklemi;

$y=\frac{2}{3}x+n$ ve $f^{-1}(x)$ fonksiyonu C(3, 4) noktasından geçtiği için n = 2 bulunur.

2x – 3y + 6 = 0 teğet denklemi olur.

Yanıt A

6. $f(x) = e^x\cdot\tan(e^{-x})$

yatay asimptotu bulmak için,

$\lim_{x\to\infty} f(x)=\lim_{x\to\infty}\frac{\tan(e^{-x})}{e^{-x}}=\frac{0}{0}$

$\lim_{x\to\infty}\frac{\tan(e^{-x})}{e^{-x}}=1=y$ olur.

Yanıt D

7. $f(x + y) - f(x) = 2ye^{xy} + y^4 \cdot x^2 - y \cdot \ln|x - 3|$

$\lim\limits_{h \to 0} \dfrac{f(x+h) - f(x)}{h} = f'(x)$ olduğundan

$\lim\limits_{y \to 0} \dfrac{f(x+y) - f(x)}{y} = 2e^{xy} + y^3 \cdot x^2 - \ln|x-3|$

$f'(x) = 2 - \ln|x - 3|$ ve $f'(4) = 2$ olur.

Yanıt E

8. Köşe koordinatları A(3, 0), B(0, 6), C(x, y) olan üçgenin alanı:

$$\frac{1}{2} \cdot \begin{vmatrix} 3 & 0 \\ 0 & 6 \\ x & y \\ 3 & 0 \end{vmatrix} = \frac{18 - 6x - 3y}{2} \text{ ve}$$

$y = \sqrt{36 - 4x^2}$ olduğundan,

$18 - 6x - 3\sqrt{36 - 4x^2}$ ifadesinin türevi alınıp sıfıra eşitlenirse, $x = \dfrac{3\sqrt{2}}{2}$ bulunur.

Yanıt D

9. A noktasının koordinatları (x, y) olsun.

Eksenlere uzaklıkları toplamı $x + y = x + \dfrac{k}{x}$ olur.

Türev alıp sıfıra eşitlersek,

$1 - \dfrac{k}{x^2} = 0 \Rightarrow k = x^2$

$x + \dfrac{x^2}{x} = 4$ olduğundan x = 2 bulunur.

$k = x^2 \Rightarrow k = 4$ olur.

Yanıt D

10. $y^y = x^x$ olduğuna göre,

$y \cdot \ln y = x \cdot \ln x$ demektir.

$\dfrac{dy}{dx} = -\dfrac{-1 - \ln x}{1 + \ln y}$

$\dfrac{dy}{dx} = \dfrac{1 + \ln x}{1 + \ln y}$ bulunur.

Yanıt C

11.

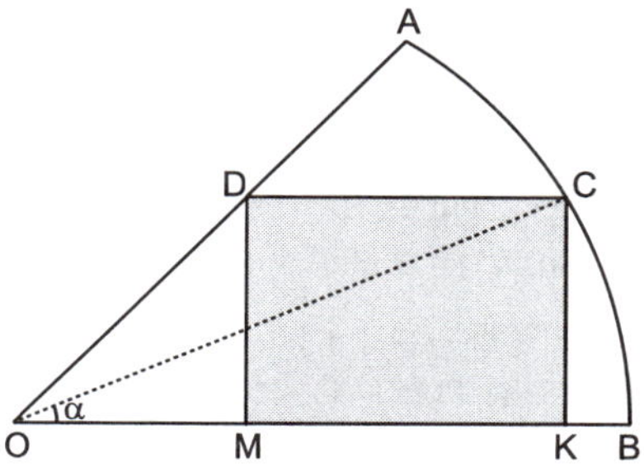

$|OK| = 6.\cos\alpha$ ve $|OM| = \dfrac{6\sin\alpha}{\sqrt{3}} = 2\sqrt{3}\sin\alpha$ olduğundan

$|MK| = 6\cos\alpha - 2\sqrt{3}\sin\alpha$ olur.

$|KC| = 6\sin\alpha$

$A(DCKM) = 6\sin\alpha(6\cos\alpha - 2\sqrt{3}\sin\alpha)$

Bu ifadenin türevi alınıp sıfıra eşitlenirse,

$6\cos2\alpha = 2\sqrt{3}\sin2\alpha$

$\tan2\alpha = \sqrt{3}$ ve $\alpha = 30°$ bulunur.

Buna göre, $|CK| = 6\sin\alpha = 3$ birim bulunur.

Yanıt B

12. **I. Yol:** $f'(x) = 0$ yazılarak çözüm yapılabilir, fakat işlemler oldukça karışık ve uzun sürecektir.

Bu yoldan çözüm yapılırsa $x = \dfrac{1}{2}$ bulunur ve bu değer f(x) fonksiyonunda yerine yazılırsa sonuç 10 bulunur.

II. Yol:

$f(x) = \sqrt{(x+1)^2 + (2 - 0)^2} + \sqrt{(x-5)^2 + (6 - 0)^2}$

olarak yazılırsa ve A(x, 0), B(–1, 2), C(x, 0), D(5, 6) alınırsa, f(x) = |AB| + |CD| anlamına gelir.

Burada A ve C noktalarının çakışık olduğuna dikkat edilmelidir. Bu durumda, |AB| + |AD|'nin minimum olması için;

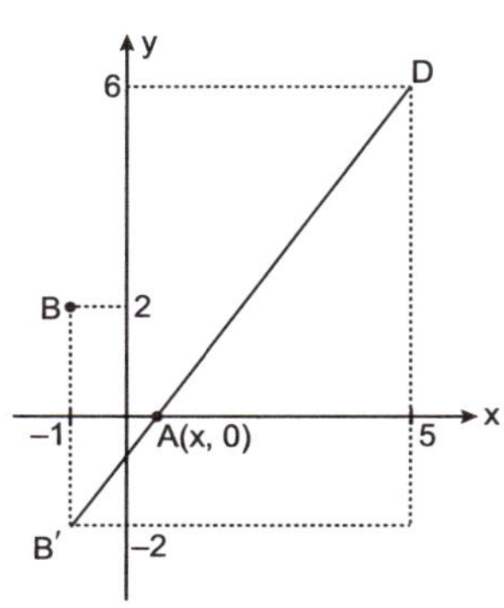

Pisagor bağıntısından |B′D| = 10 br bulunur.

Yanıt C

10. Testin Cevap Anahtarı

1	B	2	D	3	C	4	A	5	A	6	D	7	B	8	D	9	D	10	A	11	D	12	B

1. $f^2(2x-1) - 4f(4x-3) + 4x = 0$

$x = 1$ için, $f(1) = 2$ olur.

Türev alırsak,

$2 \cdot 2f(2x-1) \cdot f'(2x-1) - 16 \cdot f'(4x-3) + 4 = 0$

$4f(1) \cdot f'(1) - 16 \cdot f'(1) + 4 = 0$

$f'(1) = \frac{1}{2}$ olduğundan $f(1) \cdot f'(1) = 1$ bulunur.

Yanıt E

2. $f(x) = \frac{x^2+6}{x-1}$ fonksiyonunda,

$f'(x) = \frac{2x(x-1) - 1 \cdot (x^2+6)}{(x-1)^2} = 0$ olduğundan,

$x^2 - 2x - 6 = 0$ elde ederiz.

Bu denklemin kökleri olan x_1 ve x_2 değerlerini fonksiyonda yerine yazarsak extremum noktaların ordinatları toplamı bulunur.

$\frac{x_1^2+6}{x_1-1} + \frac{x_2^2+6}{x_2-1} \Rightarrow$

$\frac{x_1x_2(x_1+x_2) + 6(x_1+x_2) - (x_1^2+x_2^2)}{x_1x_2 - (x_1+x_2) + 1}$

$x_1 \cdot x_2 = -6$ ve $x_1 + x_2 = 2$ olduğundan sonuç 4 bulunur.

Yanıt C

3. $y = 2x^3$ ve $y = 2x$ fonksiyonları eşitlenirse,

A noktasının koordinatları A(1, 2) olarak bulunur.

Üçgenin köşeleri A(1, 2), O(0, 0), B(x, y) olur.

Alan formülünden $x - x^3$ elde edilir ve türev alıp sıfıra eşitlenirse,

$3x^2 - 1 = 0 \Rightarrow x = \frac{\sqrt{3}}{3}$

$A(AOB) = \frac{2\sqrt{3}}{9}$ bulunur.

Yanıt C

4. $f'(x) = 2x + 5$ olduğuna göre,

$f(x) = x^2 + 5x + c$ bulunur.

$f(3) = 7 \Rightarrow c = -17$ olduğundan

$f(x) = x^2 + 5x - 17$ demektir.

$f(4) = 16 + 20 - 17 = 19$ olur.

Yanıt B

5. $|EF| = x$ ve $|EC| = \frac{1200}{x}$ telin birim uzunluk maliyeti k lira olsun.

Buna göre, toplam maliyet $m(x) = 2k \cdot \frac{1200}{x} + kx + \frac{k}{2} \cdot x$

$m'(x) = 0$ için $x = 40$ bulunur.

Yanıt D

6.

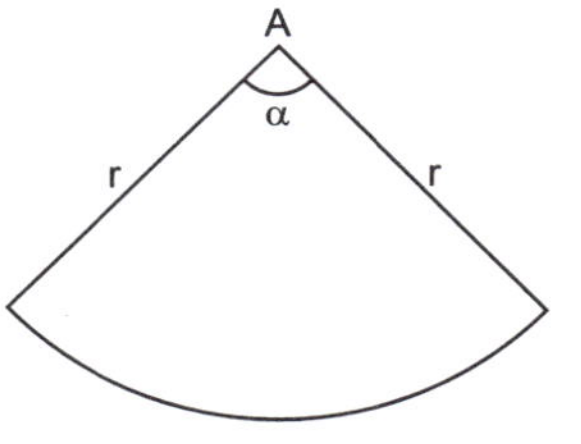

$2r + \frac{2\pi r\alpha}{2\pi} = 24$

$2r + r\alpha = 24$

$\alpha = \frac{24-2r}{r}$

$\text{Alan} = \frac{\pi r^2\alpha}{2\pi} = \frac{r^2\alpha}{2}$

$\text{Alan} = 12r - r^2$

$12 - 2r = 0 \Rightarrow r = 6$ olur.

Yanıt D

7.

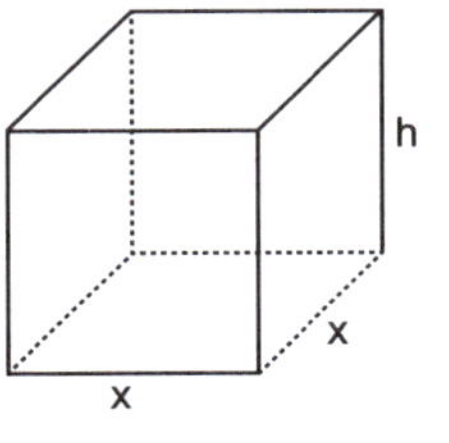

$2x^2 + 4hx = 12$

$V = x^2 \cdot h$ ve $h = \frac{6-x^2}{2x}$

$V = \frac{6x - x^3}{2}$ olduğundan

$V' = 0$ için $x = \sqrt{2}$ bulunur.

$x = \sqrt{2}$ için $V = 2\sqrt{2}\ m^3$ bulunur.

Yanıt D

8.

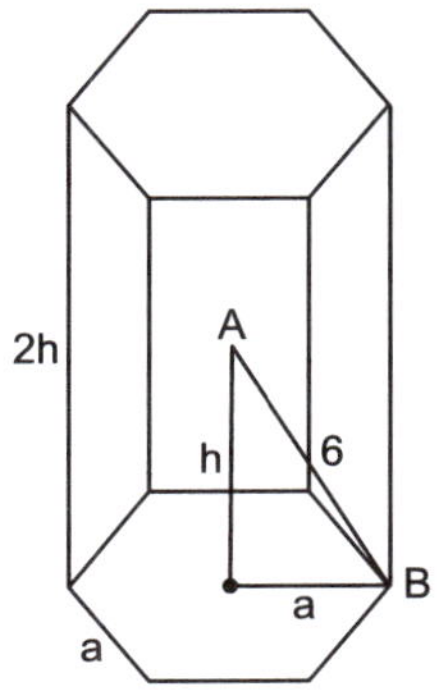

Altıgenin taban ayrıt uzunluğu a, yüksekliği 2h olsun.

Bu durumda |AB| = r = 6 olur.

$V = 2h \cdot 6 \cdot \frac{a^2\sqrt{3}}{4}$ altıgen prizmanın hacmidir.

$a^2 + h^2 = 36 \Rightarrow h = \sqrt{36 - a^2}$

$V = 3\sqrt{3} \cdot a^2 \cdot \sqrt{36 - a^2}$

$V' = 0$ için $a = 2\sqrt{6}$ br olur.

Yanıt E

9.

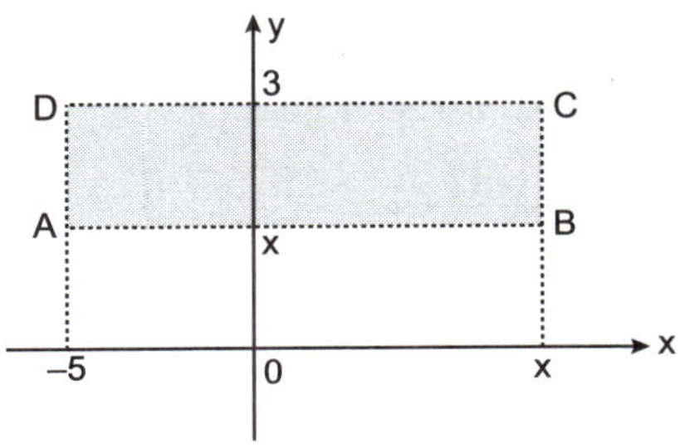

ABCD bölgesini içine alan en küçük dairenin çapı |AC| dir. |AB| = x + 5 ve |BC| = 3 – x olduğundan

$|AC|^2 = |AB|^2 + |BC|^2$ yazılırsa,

$|AC|^2 = 4r^2 = 2x^2 + 4x + 34$

$r^2 = \frac{x^2 + 2x + 17}{2}$ olur.

r değerinin en küçük olması için

$2x + 2 = 0$

$x = -1$

$r = 2\sqrt{2}$ olmalıdır.

Yanıt D

10. $f(x) = ax^2 + bx + c$ olsun.

$f'(x) = 2ax + b$

$m_1 = 2ax_1 + b$ ve $m_2 = 2ax_2 + b$ olacağından,

$m_1 + m_2 = 2a(x_1 + x_2) + 2b$

$x_1 + x_2 = -\frac{b}{a}$ yazılırsa,

$m_1 + m_2 = 0$ bulunur.

Yanıt C

11.

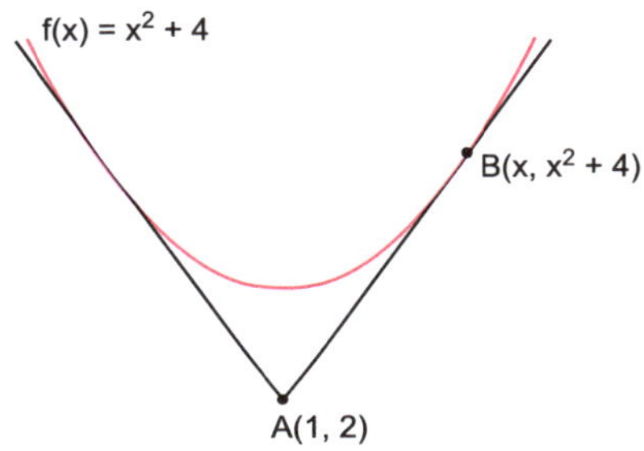

$f'(x) = 2x = m$

$m = \frac{x^2 + 4 - 2}{x - 1}$

$\frac{x^2 + 2}{x - 1} = 2x$ olduğundan

$x^2 - 2x - 2 = 0$

$x_1 + x_2 = 2$ bulunur.

Yanıt B

12. $h(x) = f^2(x)$ fonksiyonunun extremum noktaları

$h'(x) = 2 \cdot f(x) \cdot f'(x) = 0$

denkleminin kökleridir.

$f(x) = 0 \Rightarrow x = -4, 5$

$f'(x) = 0 \Rightarrow x = -2, 1, 3$

Buna göre, toplam 3 olur.

Yanıt B

1. f(x) fonksiyonunun x eksenini kestiği noktalar A(2, 0) ve B(–2, 0) dır.

$$f'(x)=\frac{2x(x^2-ax)-(2x-a)(x^2-4)}{(x^2-ax)^2}$$

$f'(2) = m_1$ ve $f'(-2) = m_2$ olduğundan

$m_1 \cdot m_2 = -1$ yazılırsa a = 0 bulunur.

Yanıt C

2. $h(x) = f(x) - x \cdot f'(x)$

$h'(x) = f'(x) - f'(x) - f''(x) \cdot x$

ve $f''(x) < 0$ olduğundan

$h'(x) > 0$ bulunur.

$h'(x) > 0$ olması h(x) fonksiyonunun artan olması demektir.

O halde, $h(2012) > h(2011) > h(2010)$ olur.

Yanıt C

3. $f'(x) = 2ae^{2x} - e^x = 0$

$e^x=\frac{1}{2a}$ bulunur.

$y = a \cdot e^{2x} - e^x$ olduğundan

$$y=a\cdot\frac{1}{4a^2}-\frac{1}{2a}$$

$y=-\frac{1}{4a}$ bulunur.

$2a=\frac{1}{e^x}$ olduğuna göre,

$y=-\frac{1}{2}e^x \Rightarrow 2y+e^x=0$ olur.

Yanıt C

4. $A(m, 2m^2)$, B(6, 0), C(0, –24)

$$\text{Alan}(ABC)=\frac{1}{2}\begin{vmatrix}0 & -24\\ 6 & 0\\ m & 2m^2\\ 0 & -24\end{vmatrix}$$

$A(ABC) = 6m^2 - 12m + 72$

$12m - 12 = 0 \Rightarrow m = 1$ ve n = 2 bulunur.

m + n = 3 olur.

Yanıt E

5.

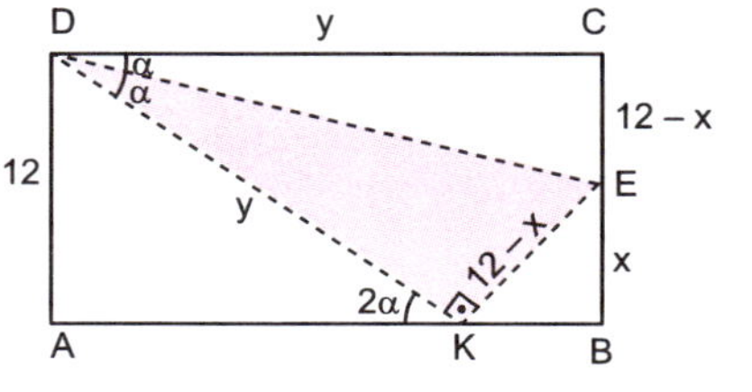

$|KB|=\sqrt{144-24x}$

BEK ve AKD benzer üçgenlerdir.

$$\frac{y}{12-x}=\frac{12}{\sqrt{144-24x}}$$

$$A(DEK)=\frac{1}{2}\cdot y\cdot(12-x)\Rightarrow A(DEK)=\frac{1}{2}\cdot\frac{12\cdot(12-x)^2}{\sqrt{144-24x}}$$

Türev alınıp sıfıra eşitlenirse x = 4 bulunur.

Yanıt B

6. $C(x, 16 - x^2)$ olarak düşünelim.

|AB| = 8, |DC| = 2x olduğundan,

$A(ABCD) = (x + 4) \cdot (16 - x^2)$ olur.

Türev alınıp sıfıra eşitlersek

$3x^2 + 8x - 16 = 0 \Rightarrow (3x - 4)(x + 4) = 0$

$x=\frac{4}{3}$ bulunur.

Yanıt C

7.

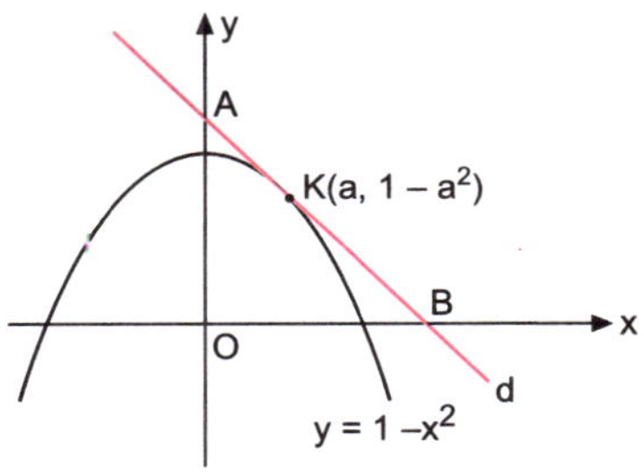

m = –2a olur.

d doğrusunun denklemi:

$-2a(x - a) = y - 1 + a^2$

$y = -2ax + a^2 + 1$

Doğrunun eksenleri kestiği noktalar:

$A(0, a^2 + 1)$ ve $B\left(\dfrac{a^2+1}{2a}, 0\right)$

$A(AOB) = \dfrac{(a^2+1)^2}{4a}$ ifadesinin türevi sıfıra eşitlenirse,

$a = \dfrac{\sqrt{3}}{3}$ bulunur.

Yanıt C

8.

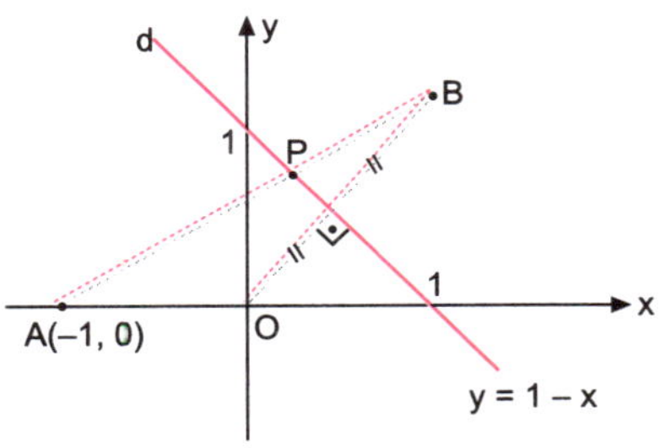

d doğrusunun denklemi y = 1 – x olur.

P(x, 1 – x) olarak alalım.

O noktasının d doğrusuna göre simetriği B(1,1) olur.

A, P, B doğrusal olmak zorunda olduğundan,

$m_{AP} = m_{AB}$ yazılırsa $x = \dfrac{1}{3}$ bulunur.

Yanıt C

9. $f(x) = x \cdot \arctan\left(\dfrac{1}{x}\right)$ eğrisinin yatay asimptotu,

$$\lim_{x\to\infty} x \cdot \arctan\left(\frac{1}{x}\right) = \lim_{x\to\infty} \frac{\arctan\left(\frac{1}{x}\right)}{\frac{1}{x}} = \frac{0}{0}$$

Türev alırsak,

$$\lim_{x\to\infty} \frac{1}{1+\frac{1}{x^2}} = 1 \text{ bulunur.}$$

Yanıt B

10.

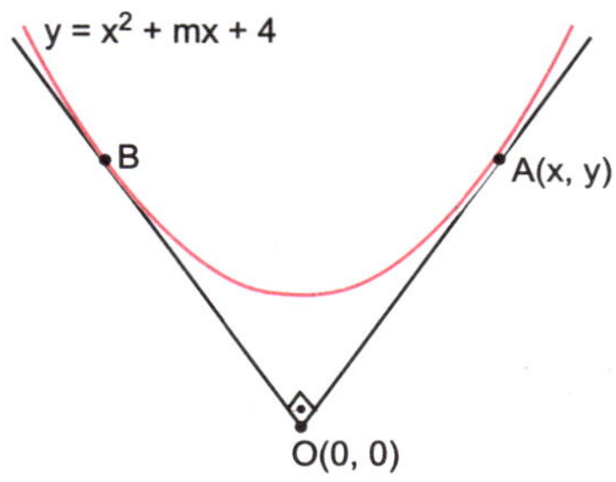

$y' = 2x + m$ = eğim

$2x + m = \dfrac{y-0}{x-0}$

$y = x^2 + mx + 4$ olduğundan x = –2, x = 2 bulunur.

Eğimler çarpımı –1 olduğuna göre,

$(4 + m)\cdot(-4 + m) = -1$

$m = \sqrt{15}$ bulunur.

Yanıt C

11. Grafiği verilen parabolün denklemini

$f(x) = a(x - 2)^2 + k$ olarak yazalım.

$f'(x) = 2a(x - 2)$ olduğuna göre,

$f'(5) + f'(-1) = 2a\cdot 3 + 2a\cdot(-3)$

$f'(5) + f'(-1) = 0$ olur.

Yanıt C

12. $f(x) = \dfrac{1-x}{x^2} = \dfrac{1}{x^2} - \dfrac{1}{x} = x^{-2} - x^{-1}$

$f'(x) = -2x^{-3} + x^{-2}$

$f''(x) = 6x^{-4} - 2x^{-3}$

$f'''(x) = -24x^{-5} + 6x^{-4}$

$f^4(x) = 120x^{-6} - 24x^{-5}$

⋮

$f^{10}(x) = 11!x^{-12} - 10!x^{-11}$

2 – 1
6 – 2
24 – 6
120 – 24
⋮
\+ 11! – 10!

11! – 1 bulunur.

Yanıt D

1.

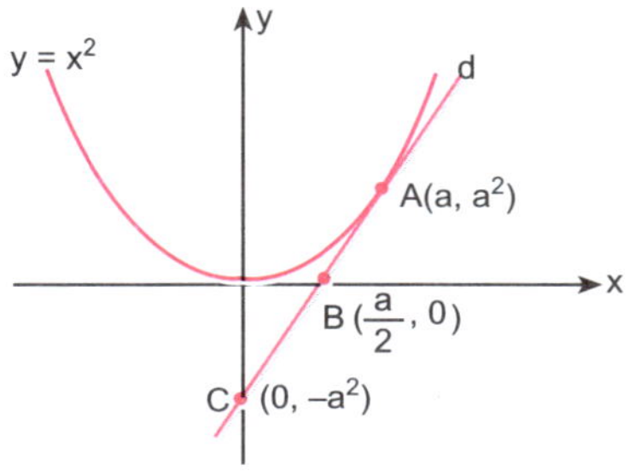

$f(x) = x^2$ fonksiyonuna

$A(a, a^2)$ noktasından teğet çizilmiş olsun.

$f'(x) = 2x$

$m = 2a$ olur.

Buna göre, d doğrusunun denklemi $y = 2ax - a^2$

B ve C noktalarının orta noktası $E\left(\frac{a}{4}, \frac{-a^2}{2}\right)$ olduğundan geometrik yer denklemi

$y + 8x^2 = 0$ bulunur.

Yanıt D

2. d doğrusunun eğimi,

$f'(x) = -4x \Rightarrow m = -4a$

$y = -4ax + b + 4a^2$ ve $b = 12 - 2a^2$ olur.

Doğrunun eksenleri kestiği noktalar:

$A(0, 12 + 2a^2)$ ve $B\left(\frac{12+2a^2}{4a}, 0\right)$

$$\text{Alan}(AOB) = \frac{1}{2}\cdot(12+2a^2)\cdot\left(\frac{12+2a^2}{4a}\right)$$

Türev alıp sıfıra eşitlenirse, $a = \sqrt{2}$ bulunur.

Yanıt D

3.

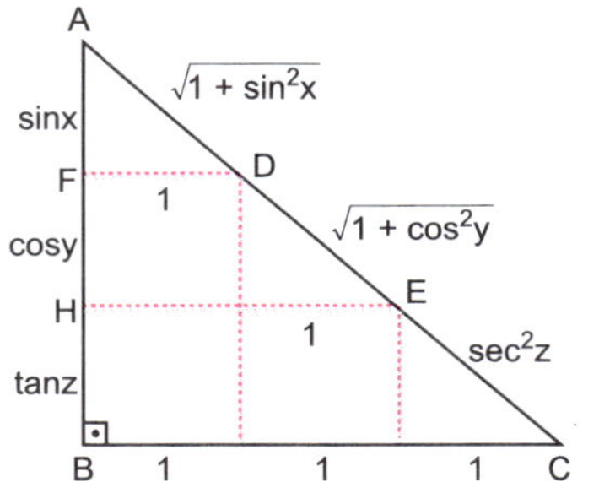

$$\sqrt{1+\sin^2 x}+\sqrt{1+\cos^2 y}+\frac{1}{\cos^2 z}$$

ifadesinin en küçük değerini alabilmesi için A, D, E, C noktalarının doğrusal olması gerekir.

$|AB| = 4$ ve $|BC| = 3$

olduğuna göre, $|AC| = 5$ bulunur.

Yanıt C

4. $$f(x)=\frac{a\sin x+bx^3+cx}{1+x^2}$$

fonksiyonunda $f(-x) = -f(x)$ olduğundan tek fonksiyondur.

$f(x)$ tek fonksiyon ise $f'(x)$ çift fonksiyondur.

O halde $f'(1) = f'(-1)$ demektir.

$f'(1) - f'(-1) = 0$ bulunur.

Yanıt C

5. f(x) fonksiyonu üzerindeki herhangi bir A(x, y) noktasının asimptotların kesişim noktası olan B(3, 0) noktasına göre simetriği $C(6 - x, -y)$ olur.

f(x) fonksiyonunda C noktası yazılırsa, $y=\frac{2x-13}{(x-3)^2}$ bulunur.

Yanıt B

6.

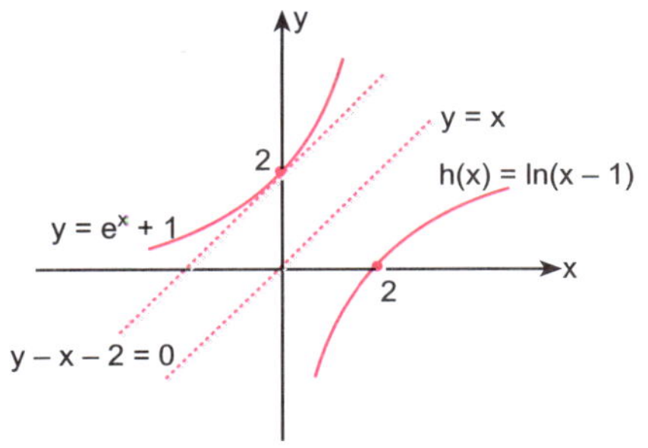

$f^{-1}(x) = h(x)$ olduğundan fonksiyonlar y = x doğrusuna göre simetriktir.

O halde, f(x) fonksiyonunun y = x doğrusuna en kısa uzaklığı bulunup iki ile çarpılmalıdır.

$f'(x) = e^x = 1 \Rightarrow x = 0$

$y - x - 2 = 0$ ve $y - x = 0$

doğruları arasındaki uzaklık $\sqrt{2}$ olur.

Buna göre f(x) ve h(x) arası uzaklık $2\sqrt{2}$ bulunur.

Yanıt D

7. $f(x) = (1 + x)^2 + (1 + 2x)^2 + ... + (1 + 25x)^2$

$f'(x) = 2(1 + x) + 2 \cdot 2(1 + 2x) + ... + 2 \cdot 25(1 + 25x) = 0$

$2[(1 + 2 + 3 + ... + 25) + (1 + 4 + 9 + ... + 625)x] = 0$

$25 \cdot 26 + \frac{25 \cdot 26 \cdot 51}{3} x = 0$

$x = -\frac{1}{17}$ bulunur.

Yanıt D

8. $f(x) = \frac{x^6 + x^4 + x^2 + 4}{2\cos^2 x + 4\cos x}$

fonksiyonunda, $f(-x) = f(x)$ olduğundan f(x) çift fonksiyondur.

f′(x) tek fonksiyon olacağından,

$f'\left(-\frac{\pi}{4}\right) = -f'\left(\frac{\pi}{4}\right)$ demektir.

$f'\left(\frac{\pi}{4}\right) + f'\left(-\frac{\pi}{4}\right) = 0$ bulunur.

Yanıt C

9. A noktasının koordinatları (a, lna) olsun.

$\frac{1}{a} = \frac{\ln a}{a}$ olduğundan a = e bulunur.

$\tan 45 = \frac{\frac{1}{e} - m}{1 + \frac{1}{e} m}$

$m = \frac{1-e}{1+e}$ d_2 doğrusunun eğimi olarak bulunur.

Yanıt B

10. $2f(\sin x) + f(\cos x) = 12x + 3\pi$

$2f(\cos x) + f(\sin x) = 12\left(\frac{\pi}{2} - x\right) + 3\pi$

Eşitliklerinden, $f(x) = 12 \cdot \arcsin x - \pi$ bulunur.

$f'(x) = \frac{12}{\sqrt{1-x^2}}$ olur.

Yanıt C

11. $f^2(x) = f'(x) - 1$ olduğuna göre,

$\frac{f'(x)}{1 + f^2(x)} = 1$ yazılabilir.

O halde, $\arctan(f(x)) = x + c$ olmalıdır.

$f(0) = 1 \Rightarrow c = \frac{\pi}{4}$

$f(x) = \tan\left(x + \frac{\pi}{4}\right)$

$f(\pi) = \tan \frac{5\pi}{4} = 1$ olur.

Yanıt C

12. Merkez açı θ olsun.

$P = 2r + r \cdot \theta \Rightarrow \theta = \frac{P - 2r}{r}$

$\text{Alan} = \frac{\pi r^2 \cdot \theta}{2\pi} = \frac{r^2 \cdot \theta}{2}$

$\text{Alan} = \frac{r^2 \cdot (P - 2r)}{r} \cdot \frac{1}{2} = \frac{Pr - 2r^2}{2}$

Türev alınıp sıfıra eşitlenirse,

$r = \frac{P}{4}$ bulunur.

Yanıt C

1. $f(x) = e^{-x} \cdot \ln x$

fonksiyonunun yatay asimptotu,

$$y = \lim_{x \to \infty} f(x) \Rightarrow y = \lim_{x \to \infty} \frac{\ln x}{e^x}$$

$$y = \lim_{x \to \infty} \frac{1}{x \cdot e^x} = 0 \text{ olur.}$$

Yanıt E

2.

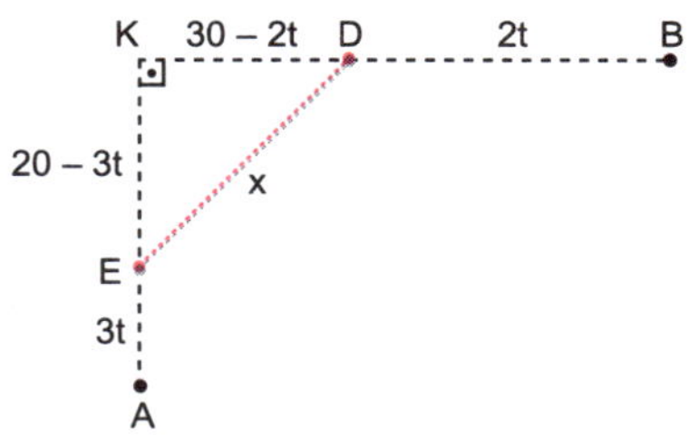

$$x = \sqrt{(20-3t)^2 + (30-2t)^2}$$

türev alıp sıfıra eşitlersek,

$2 \cdot (-3) \cdot (20 - 3t) + 2 \cdot (-2) \cdot (30 - 2t) = 0$

$t = \frac{120}{13}$ bulunur.

Yanıt E

3.

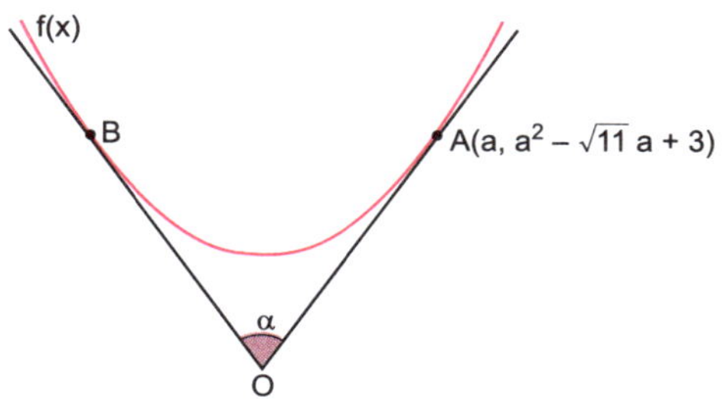

$m = 2a - \sqrt{11}$

$$2a - \sqrt{11} = \frac{a^2 - \sqrt{11} \cdot a + 3}{a}$$

$a = \sqrt{3}$ ve $a = -\sqrt{3}$ olur.

$m_1 = 2\sqrt{3} - 11$ ve $m_2 = -2\sqrt{3} - \sqrt{11}$

$$\tan\alpha = \frac{m_2 - m_1}{1 + m_1 \cdot m_2}$$

$\alpha = 90°$ olur.

Yanıt C

4.

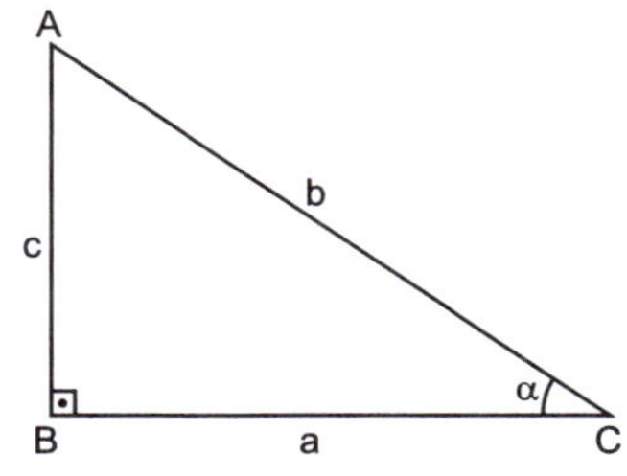

Çevre uzunluğu: a + b + c

$$\frac{a+b+c}{b} = \frac{a}{b} + \frac{c}{b} + 1$$

$\cos\alpha + \sin\alpha + 1$ ifadesinin en büyük olması isteniyor.

Türev alırsak,

$\cos\alpha - \sin\alpha = 0$

$\alpha = 45°$ olur.

$\frac{c}{a} = 1$ bulunur.

Yanıt E

5.

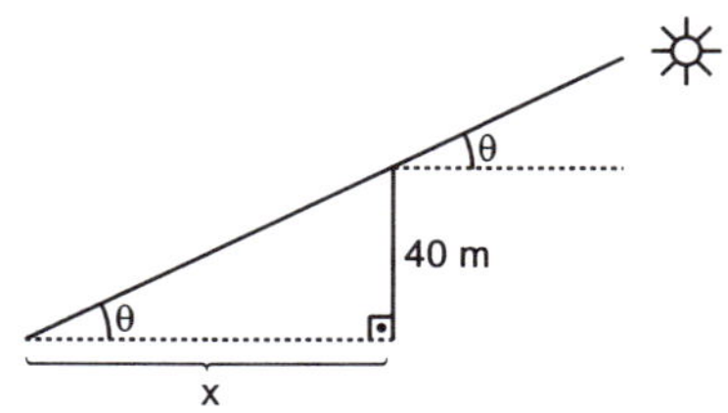

$$\tan\theta = \frac{40}{x} \Rightarrow x = \frac{40}{\tan\theta} \text{ ve}$$

$$\frac{dx}{dt} = \frac{dx}{d\theta} \cdot \frac{d\theta}{dt} \text{ ve } \frac{dx}{dt} = \frac{40}{\cos^2\theta} \cdot \left(-\frac{1}{\tan^2\theta}\right) \cdot (-0{,}25)$$

$\theta = \frac{\pi}{6}$ rad için

Binanın gölgesinin uzama hızı,

$$\frac{dx}{dt} = 40 \text{ m/sa olur.}$$

Yanıt B

6. $f(\sin^2 x) = 4 - \cos^2 2x$

$\sin^2 x = t$ olsun.

$f(t) = 4 - (1 - 2t)^2$

$f'(t) = 2 \cdot 2 \cdot (1 - 2t) = 4 - 8t$

$f'(x) = 4 - 8x$ bulunur.

Yanıt D

7. $\ln(\tan x) = a$ olsun.

$4^{a-x} + 4^{x-a}$ ifadesini,

$m + \frac{1}{m}$ olarak yazalım.

En küçük olması için türev alırsak,

$1 - \frac{1}{m^2} = 0 \Rightarrow m = 1$ ve $m = -1$ bulunur.

$m = -1$ olamayacağından $m = 1$ değerini yerine yazarsak $1 + \frac{1}{1} = 2$ olur.

Yanıt B

8. Grafiği verilen fonksiyonu

$f(x) = a \cdot (x-2)^2 \cdot (x-p)^2$ olarak yazalım.

$f'(4) = 0$ olduğundan,

$a[2(x-2)(x-p)^2 + 2(x-p)(x-2)^2] = 0$

$p = 6$ bulunur.

$f'(1) + f'(7) = 0$ olur.

Yanıt C

9. $|DC| = x$ ve $|AB| = y$ olsun.

$\frac{1}{x} + \frac{1}{y} = \frac{1}{4}$ olduğundan,

$y = \frac{4x}{x-4}$ ve $x \cdot y = \frac{4x^2}{x-4}$ bulunur.

Türev alırsak,

$\frac{8x(x-4) - 1 \cdot (4x^2)}{(x-4)^2} = 0$

$x = 8$ ve $y = 8$ bulunur. $x \cdot y = 64$ olur.

Yanıt D

10.

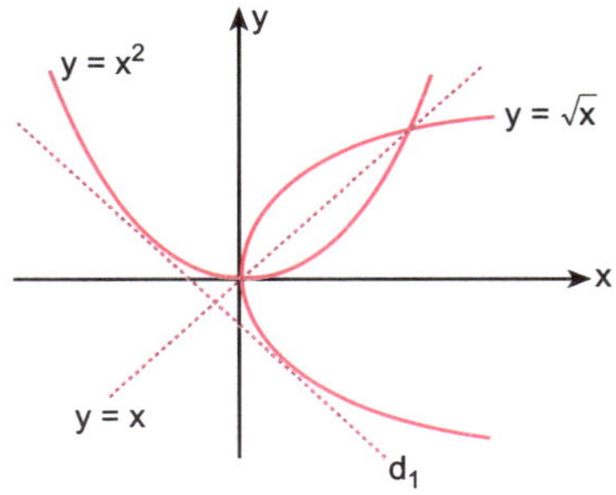

$y = x^2$ ve $y = \sqrt{x}$

fonksiyonları birbirinin tersidir.

Bu durumda d_1 doğrusu $y = x$ doğrusuna dik olur. O halde d_1 doğrusunun eğimi -1 dir.

Yanıt D

11. Silindirin hacmi: $\pi r^2 h = 54\pi$

$h = \frac{54}{r^2}$ olur.

Alan $= 2\pi(r^2 + hr) \Rightarrow$ Alan $= 2\pi\left(r^2 + \frac{54}{r}\right)$

Türev alırsak, $2r - \frac{54}{r^2} = 0$

$r = 3$ cm ve $h = 6$ cm

Alan $= 54\pi$ ve maliyet 108π olur.

Yanıt E

12. $x = e^{\text{arccot}\theta}$

$y = e^{\arctan\theta}$

ifadeleri taraf tarafa çarpılırsa,

$x \cdot y = e^{\frac{\pi}{2}} \Rightarrow y = \frac{1}{x} \cdot e^{\frac{\pi}{2}}$

$\frac{dy}{dx} = -\frac{1}{x^2} \cdot e^{\frac{\pi}{2}}$

$\frac{d^2y}{dx^2} = \frac{2}{x^3} \cdot e^{\frac{\pi}{2}}$

$x = \frac{1}{2}$ için $16 \cdot e^{\pi/2}$ bulunur.

Yanıt A

karekök

1. $f(\tan x) = \tan^2 x + \cot^2 x + 1$

$\tan x = t$ olsun.

$f(t) = t^2 + \frac{1}{t^2} + 1$

$f'(t) = 2t - \frac{2}{t^3}$ bulunur.

$x = \arctan \frac{1}{2}$ olursa $t = \frac{1}{2}$ bulunur.

$f'\left(\frac{1}{2}\right) = 1 - 16 = -15$ olur.

Yanıt C

2. $f(x) = a^2 \cdot \tan x + b^2 \cdot \cot x$

$f'(x) = a^2 \cdot \frac{1}{\cos^2 x} - b^2 \cdot \frac{1}{\sin^2 x} = 0$

$\tan x = \mp \frac{b}{a}$ bulunur.

Fonksiyonun yerel maksimum değeri, $\tan x = -\frac{b}{a}$

için $-a^2 \cdot \frac{b}{a} - b^2 \cdot \frac{a}{b} = -2ab$ olur.

Yanıt D

3. $f(x) \cdot f'(x) = 2x^3 - 6x^2 + 4x$

$y \cdot \frac{dy}{dx} = 2x^3 - 6x^2 + 4x$

$y \cdot dy = (2x^3 - 6x^2 + 4x)dx$

$y^2 = x^4 - 4x^3 + 4x^2 + c$ olur.

$f(4) = 8$ ya da $f(4) = -8$ bulunur.

Yanıt E

4. $f(x) = 1 - x + \frac{x^2}{2!} - \frac{x^3}{3!} + \ldots$

$f(x) = e^{-x}$ olduğundan,

$f'(x) = -e^{-x}$ bulunur.

O halde, $f'(x) = -f(x)$ demektir.

Yanıt D

5. $f(x) = x^2 + mx + 2$ fonksiyonunun x eksenini kestiği noktalar x_1 ve x_2 olsun.

$f'(x) = 2x + m$ olduğundan,

$2x_1 + m$ ve $2x_2 + m$ teğetlerin eğimini verir.

$(2x_1 + m) \cdot (2x_2 + m) = -1$

$m^2 = 9 \Rightarrow m = 3$ ve $m = -3$ bulunur.

Yanıt B

6.

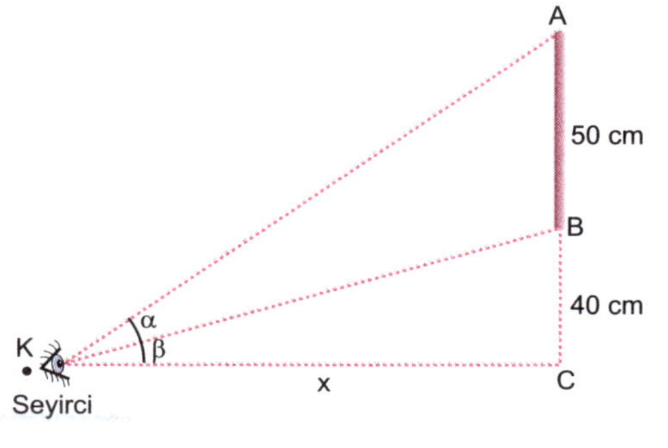

$$\tan(\alpha + \beta) = \frac{\tan\alpha + \tan\beta}{1 - \tan\alpha \cdot \tan\beta}$$

$$\frac{90}{x} = \frac{\tan\alpha + \frac{40}{x}}{1 - \frac{40}{x} \cdot \tan\alpha}$$

$$\tan\alpha = \frac{50x}{x^2 + 3600}$$

Türev alınıp sıfıra eşitlenirse, $x = 60$ cm bulunur.

Yanıt E

7.

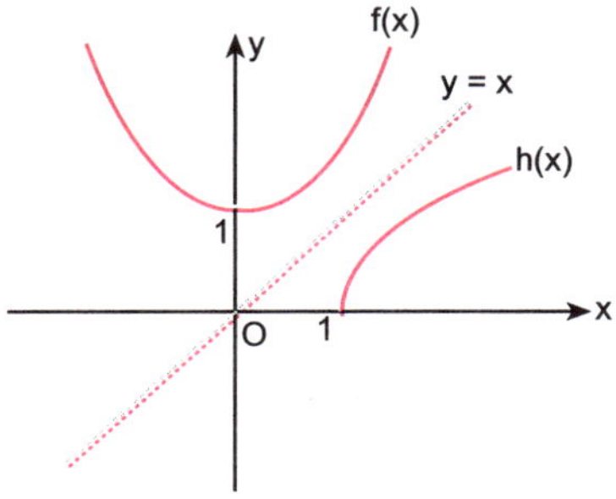

f(x) ve h(x) fonksiyonları birbirinin tersidir. Bu yüzden y = x doğrusuna göre simetrik olurlar.

$f'(x) = 2x = 1$

$x = \frac{1}{2}$ bulunur.

$A\left(\frac{1}{2}, \frac{5}{4}\right)$ noktası y = x doğrusuna en yakın noktadır.

A noktasının y = x doğrusuna uzaklığı $\frac{3\sqrt{2}}{8}$ olduğundan sonuç $2 \cdot \frac{3\sqrt{2}}{8} = \frac{3\sqrt{2}}{4}$ bulunur.

Yanıt C

8. $A = (8 + \ln\cos x + e^x) \cdot (\ln\sec x + 4 - e^x)$

$\ln\cos x + e^x = y$ olsun.

$A = (8 + y) \cdot (4 - y) = 32 - y^2 - 4y$

A'nın en büyük değeri y = –2 için, 36 olur.

Yanıt C

9. $f(x) = x^3 + ax^2 + 12x + 4$ fonksiyonunun tersinin de fonksiyon olması için f(x) daima artan olmalıdır.

$f'(x) = 3x^2 + 2ax + 12 > 0$

$\Delta < 0 \Rightarrow 4a^2 - 144 < 0 \Rightarrow -6 < a < 6$ olmalıdır.

Yanıt B

10.

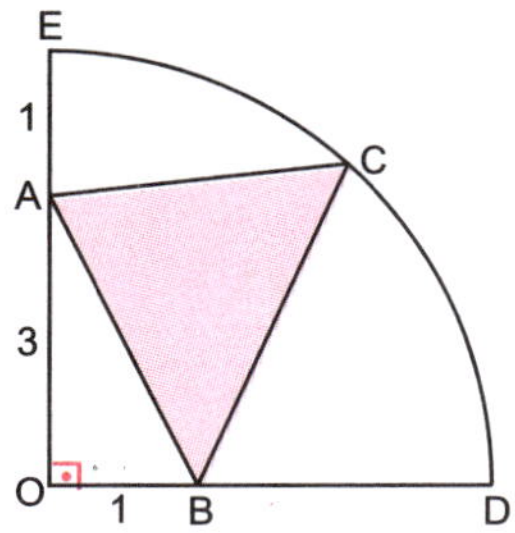

Şekil koordinat sistemi üzerinde düşünülürse, A(0, 3), B(1, 0), C(x, y) olur.

$$A(ABC) = \frac{1}{2}\begin{vmatrix} 0 & 3 \\ 1 & 0 \\ x & y \\ 0 & 3 \end{vmatrix} = \frac{1}{2} \cdot (y + 3x - 3)$$

$y = \sqrt{16 - x^2}$ olduğundan,

$\sqrt{16 - x^2} + 3x - 3$ ifadesinin türevini alırsak,

$3 - \frac{2x}{2\sqrt{16 - x^2}} = 0 \Rightarrow x = \frac{6\sqrt{10}}{5}$ ve $y = \frac{2\sqrt{10}}{5}$ olur.

Yanıt A

11. $f(x) = e^x + ax + b$ formunda olmalıdır.

$e^x + ax + b + e^x + a = 2e^x + 3x + 1$

a = 3 ve b = –2 bulunur.

$f(x) = e^x + 3x - 2$ olduğundan

$f(0) = 1 + 0 - 2 = -1$ bulunur.

Yanıt E

12.

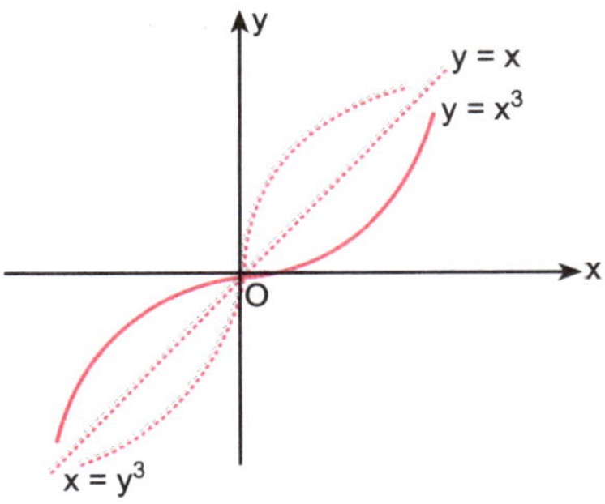

$y = x^3$ ve $x = y^3$ fonsiyonları birbirinin tersidir.

Bu durumda fonksiyonlar y = x doğrusuna göre simetrik olurlar. Ortak teğetleri çizilirse y = x doğrusuna paralel olacağından eğimi 1 olur.

Yanıt B

1.

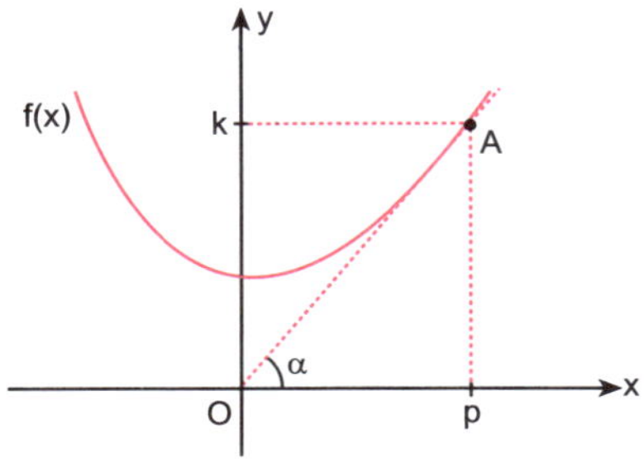

$f(x) = e^{-x} + x$

$f'(x) = -e^{-x} + 1$

$f'(p) = 1 - e^{-p}$

$\tan\alpha = \dfrac{k}{p} = \dfrac{e^{-p} + p}{p}$

$1 - e^{-p} = \dfrac{e^{-p} + p}{p}$

$p = -1$ bulunur.

Yanıt C

2. $f(x) = \dfrac{x}{x+2}$ olduğuna göre,

$f'(x) = \dfrac{2}{(x+2)^2}$ bulunur.

$1 - f(x) = 1 - \dfrac{x}{x+2} \Rightarrow 1 - f(x) = \dfrac{2}{x+2}$

$f'(x) = \dfrac{1}{2} \cdot (1 - f(x))^2$ olur.

Yanıt C

3. $\sqrt{x^2+4} = y$ olsun.

$f'(x) = \dfrac{y' \cdot (x+4+y) - (1+y') \cdot y}{(x+4+y)^2} = 0$

$y'x + 4y' + y \cdot y' - y - y \cdot y' = 0$

$y'(x + 4) = y$ elde edilir.

$\dfrac{x}{\sqrt{x^2+4}} \cdot (x+4) = \sqrt{x^2+4}$ olduğundan $x = 1$ bulunur.

Yanıt D

4. $16xn + \dfrac{1}{x^n}$ ifadesinin türevini alalım.

$16n - n \cdot x^{-n-1} = 0$

$x = \left(\dfrac{1}{16}\right)^{\frac{1}{n+1}}$ bulunur.

$n = 1$ için $x = \dfrac{1}{4}$ olur.

Verilen ifadenin en küçük değeri 8 bulunur.

Yanıt B

5. $P(x) = a \cdot x^n + \ldots$ tipinde olsun.

Polinomların derecelerinin eşitliğinden,

$x^n = x^{n-1} \cdot x^{n-3} \Rightarrow n = 4$ bulunur.

$a \cdot (4x)^4 + \ldots = (4ax^3 + \ldots) \cdot (24ax + \ldots)$

Buradan $a = \dfrac{8}{3}$ bulunur.

Yanıt D

6. $(y - x) \cdot (y + x) \cdot f(2x - y) = y \cdot f(x) - x \cdot f(y)$

$\lim\limits_{y \to x} (y + x) \cdot f(2x - y) = \lim\limits_{y \to x} \dfrac{yf(x) - xf(y)}{y - x}$

$2x \cdot f(x) = f(x) - x \cdot f'(x)$ bulunur.

$x \cdot f'(x) = f(x) \cdot (1 - 2x)$ olur.

Yanıt A

7. $\lim\limits_{x\to 0}\dfrac{f(x)}{x}=4$ olduğuna göre,

$f(0) = 0$ ve $f'(0) = 4$ demektir.

$f'(x + y) = f'(x) + 6y$ ifadesinde,

$x = 0$ ve $y = 3$ alırsak,

$f'(3) = f'(0) + 18$

$f'(3) = 22$ bulunur.

Yanıt E

8. AB doğrusunun denklemi $y = 6 - x$

C(6, 2) noktasının AB doğrusuna göre simetriği olan nokta E(4, 0) olur.

D, P, E noktaları doğrusal olursa $|PD|^2 + |PC|^2$ minimum olur.

P(x, 6 – x) olduğundan,

$\dfrac{8-0}{0-4}=\dfrac{6-x}{x-4}\Rightarrow x=2$ bulunur.

Yanıt B

9. $f(x) = ax^2 + bx + c$ tipinde olmalıdır.

$x\cdot(2ax + b) - (ax^2 + bx + c) = 2x^2 - 1$

$ax^2 - c = 2x^2 - 1$ olduğundan

$a = 2$ ve $c = 1$ bulunur.

$f(x) = 2x^2 + bx + 1$ ve $f(1) = 6$ ise,

$b = 3$ ve $f(x) = 2x^2 + 3x + 1$ demektir.

$f(2) = 15$ bulunur.

2. yol: $\left(\dfrac{f(x)}{x}\right)'=\dfrac{2x^2-1}{x^2}=2-\dfrac{1}{x^2}$ bulunur.

$\dfrac{f(x)}{x}=2x+\dfrac{1}{x}+c$ ve $f(x)=2x^2+1+cx$ olur.

Buradan $c = 3$ için $f(2) = 15$ bulunur.

Yanıt C

10. $A(ABC) = \dfrac{b\cdot c}{2}$ ve $b^2 = a^2 - c^2$ olduğundan,

$A(ABC) = \dfrac{1}{2}\cdot\sqrt{a^2-c^2}\cdot c$ yazılabilir.

$a = 12 - c$ olduğuna göre,

$A=\dfrac{1}{2}\cdot\sqrt{144-24c}\cdot c$ ifadesinin türevini alır ve sıfıra eşitlersek, $c = 4$ ve $a = 8$ bulunur.

Buradan $\alpha = 30°$ olur.

Yanıt B

11. $v = \pi r^2 h$ olduğundan,

$dv = \pi(2rhdr + r^2dh)$ elde edilir.

$dr = 0{,}2$ cm/s ve $dh = 0{,}5$ cm/s

$dv = \pi(2\cdot 10\cdot 6\cdot 0{,}2 + 36\cdot 0{,}5)$

$dv = 42\pi$ cm/s bulunur.

Yanıt A

12. $t = \ln x$ olsun.

$t\cdot(4 - t)\cdot(t + 2)\cdot(t + 6)$ ifadesinin en büyük değeri isteniyor.

$(-t^2 - 2t)\cdot(t^2 + 2t - 24)$ ifadesinde

$t^2 + 2t = y$ olsun.

$(y - 24)\cdot(-y) = 24y - y^2$

$y = 12$ için maksimum olur.

$(12 - 24)(-12) = 144$

$144 - 104 = 40$ bulunur.

Yanıt E

karekök

1. $f'(x)=\frac{1}{x}$, $f''(x)=-\frac{1}{x^2}$, $f'''(x)=\frac{2!}{x^3}$

$f^4(x)=\frac{-3!}{x^4}$, $f^n(x)=\frac{(-1)^{n-1}\cdot(n-1)!}{x^n}$

$$\sum_{n=1}^{\infty}\frac{1}{f^n(x)}=\frac{x}{1}-\frac{x^2}{1!}+\frac{x^3}{2!}-\frac{x^4}{3!}+\dots$$

$$\sum_{n=1}^{\infty}\frac{1}{f^n(x)}=x\cdot\left(1-\frac{x}{1!}+\frac{x^2}{2!}-\frac{x^3}{3!}+\dots\right)$$

x yerine –1 yazılırsa, (–1)·e = –e bulunur.

Yanıt B

2.

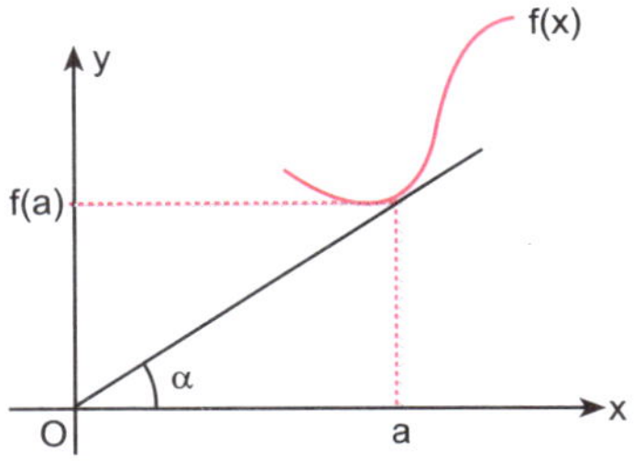

$\tan\alpha=f'(x)=\frac{f(a)}{a}$

$\frac{1}{2x}\cdot[1+\tan^2(\ln\sqrt{x})]=\frac{\tan(\ln\sqrt{x})}{x}$

$\frac{1}{2}\cdot(1+t^2)=t\Rightarrow t=1$

$\tan(\ln\sqrt{x})=1\Rightarrow x=e^{\frac{\pi}{2}}$ ve $y=1$ olur.

Yanıt C

3.

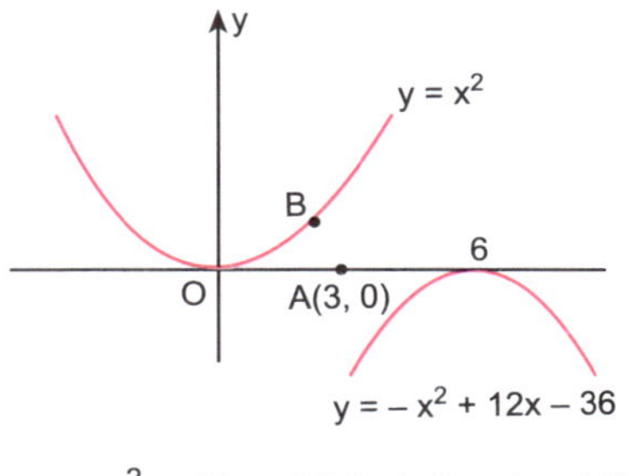

$y=x^2$ ve $y=-x^2+12x-36$ fonksiyonları A(3, 0) noktasına göre simetriktir.

A noktasının $y=x^2$ eğrisine en kısa uzaklığı:

$|AB|=\sqrt{(a-3)^2+(a^2-0)^2}$ olduğundan türev alınırsa,

$4a^3+2(a-3)=0\longrightarrow a=1$ yani, B(1, 1) olur.

$|AB|=\sqrt{5}$ olduğuna göre, eğriler arasındaki en kısa uzaklık $2\sqrt{5}$ olur.

Yanıt D

4.

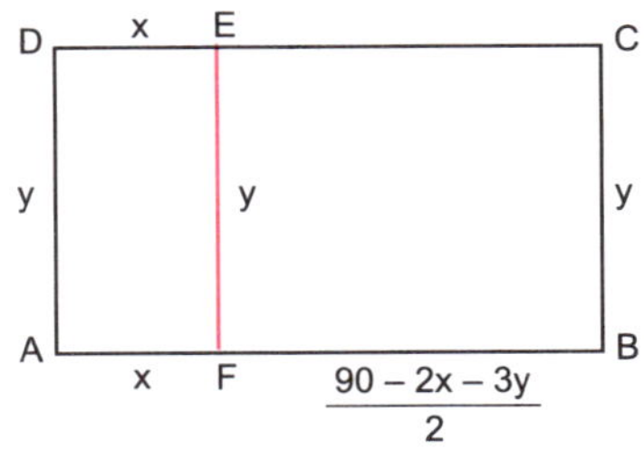

Toplam alan:

$A=xy+\frac{90-2x-3y}{2}\cdot y$

$A=\frac{90y-3y^2}{2}$

$A'=\frac{90-6y}{2}=0\Rightarrow y=15$

$A=\frac{15\cdot15\cdot3}{2}\ m^2$ olur.

Koyun sayısı en fazla 112 bulunur.

Yanıt C

5. f(x) fonksiyonunun dönüm noktasını bulalım.

$f''(x)=0\Rightarrow 6a\,x-6a=0\Rightarrow x=1$

f(1) = 0 olduğundan A(1, 0) dönüm noktası, yani simetri merkezidir.

$\frac{1+a-b+1-a+b}{2}=1$ ve $\frac{3-a+c+a-c-1}{2}=1$

Buradan f(1 + a – b) ile f(1 – a + b) ve f(3 – a + c) ile f(a – c – 1) noktaları A(1, 0) noktasına göre simetriktir.

Örneğin, f(1 + a – b) = t ise f(1 – a + b) = – t olur.

Buradan (–1) + (–1) = –2 bulunur.

Yanıt D

6.

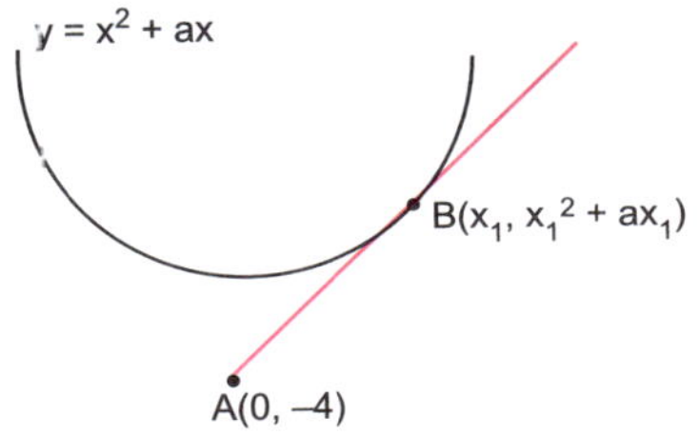

f(x) fonksiyonunun türevi, AB doğrusunun eğimine eşittir.

$2x_1 + a = \dfrac{x_1^2 + ax_1 + 4}{x_1} \Rightarrow x_1 = 2$ ve $x_2 = -2$ olur.

$\tan 45 = \dfrac{\tan\alpha - \tan\beta}{1 + \tan\alpha \cdot \tan\beta} \Rightarrow 1 = \dfrac{|(4+a)-(a-4)|}{1+(4+a)(a-4)}$

$a^2 = 23$ ve $a^2 = 7$ bulunur.

a'nın alabileceği değerler çarpımı 161 bulunur.

Yanıt A

7.

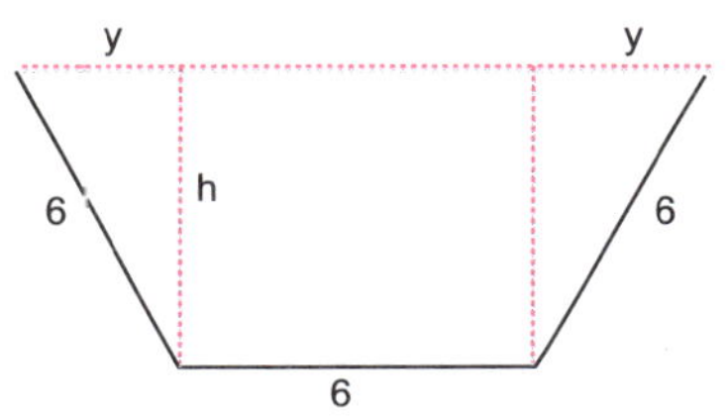

Yamuğun Alanı:

A = (y + 6)·h

$h^2 + y^2 = 36 \Rightarrow h = \sqrt{36 - y^2}$ olur.

$A = (y + 6) \cdot \sqrt{36 - y^2} \Rightarrow A' = 0$ yazılırsa,

y = 3 bulunur ve $m(\widehat{AFM}) = 120°$ olur.

Yanıt D

8. $x = 1 + \sec^2\theta + \cos^2\theta$

$y + 1 = 1 + \tan^2\theta - \sin^2\theta$

denklemler taraf tarafa çıkarılırsa

y = x – 3 elde edilir.

$\dfrac{dy}{dx} = 1$ ve $\dfrac{d^2y}{dx^2} = 0$ bulunur.

Yanıt C

9. $f(x + y) - f(x - y) = 5xy + 2y$

$$\lim_{y\to 0} \frac{f(x+y)-f(x-y)}{y} = \lim_{y\to 0} 5x + 2$$

$$\lim_{y\to 0} [f'(x+y) + f'(x-y)] = 5x + 2$$

$2f'(x) = 5x + 2$

$f'(2) = 6$ bulunur.

Yanıt D

10. f(x) fonksiyonunun dönüm noktası olan A(2, 5) simetri merkezidir.

O halde $\dfrac{1+3}{2} = 2$ ve $\dfrac{m+n}{2} = 5$ olmalıdır.

Ayrıca, f′(1) = f′(3) olması gerektiğinden,

f′(1) – f′(3) + m + n = 10 bulunur.

Yanıt C

11. $f(x) = \dfrac{x}{x^2 - mx + m^2}$ fonksiyonununda,

f′(x) = 0 yazılırsa x = –m ve x = m olur.

Ekstremum noktalar $A\left(m, \dfrac{1}{m}\right)$ ve $B\left(-m, -\dfrac{1}{3m}\right)$

$|AB| = \sqrt{4m^2 + \dfrac{16}{9m^2}}$ olduğundan, türev alınıp sıfıra eşitlenirse, $m = \dfrac{\sqrt{6}}{3}$ bulunur.

Yanıt A

12. f′(x) ve f″(x) fonksiyonlarının işaret tablosu yapılırsa,

x		2		5		7	
f′(x)	–		+		+		–
f″(x)	+		+		–		–

Çözüm kümesi [2, 5) ∪ [7, +∞) olur.

Yanıt D

1. $h(x) = [f'(x)]^4$ fonksiyonunun ekstremum noktaları

$h'(x) = 4[f'(x)]^3 \cdot f''(x) = 0$

denkleminin kökleridir.

$f'(x) = 0 \Rightarrow x = -4, -1, 2, 5$

$f''(x) = 0 \Rightarrow x = -2, 1, 3$

Kökler toplamı 4 olur.

Yanıt A

2. $a \cdot \cos x + b\sin x$ ifadesinin alabileceği en büyük değer $\sqrt{a^2+b^2}$ ve en küçük değer $-\sqrt{a^2+b^2}$ olduğuna göre, verilen ifade $-\sqrt{37}$ ile $\sqrt{37}$ aralığında değer alır.

Bu aralıktaki tam sayılar –6, –5, ... 0, 1, ... 5, 6 olduğundan 13 değer vardır.

Yanıt D

3.

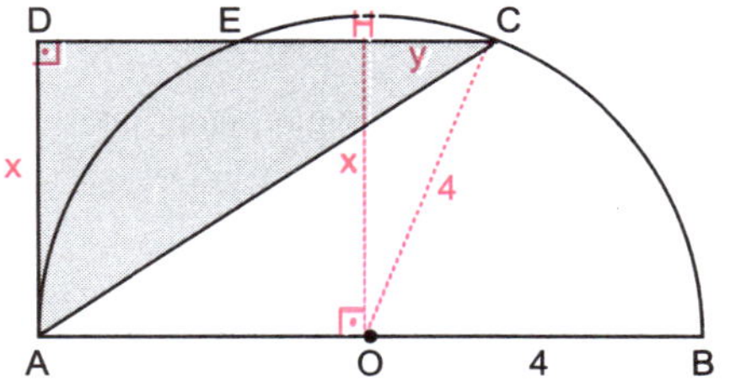

$A(ADC) = \frac{1}{2} \cdot x\,(4 + y)$

$x^2 + y^2 = 16 \Rightarrow x = \sqrt{16 - y^2}$

$A = \frac{1}{2} \cdot (4 + y) \cdot \sqrt{16 - y^2}$

$A' = 0$ yazılırsa, $y = 2$ ve $x = 2\sqrt{3}$ olur.

$A(ADC) = 6\sqrt{3}\ cm^2$

Yanıt C

4.

$$f'(x) = \begin{cases} -\frac{x}{2} & , x \le 0 \\ \frac{x}{2} & , x > 0 \end{cases}$$

Buradan f(x) yazılırsa,

$$f(x) = \begin{cases} -\frac{x^2}{4} + c & , x \le 0 \\ \frac{x^2}{4} + d & , x > 0 \end{cases}$$

fonksiyonun sürekliliğinden c = d ve en küçük değerin 5 olmasından d = c = 5 bulunur.

$f(2) = \frac{2^2}{4} + 5 = 6$ olur.

Yanıt C

5. ABC üçgeninde sinüs teoremi yazılırsa,

$$\frac{a}{\sin(180 - 4\alpha)} = \frac{b}{\sin 3\alpha} = \frac{c}{\sin\alpha} = k$$

$$\lim_{\alpha \to 0} \frac{k^2 . \sin^2 3\alpha + 2 . k . \sin 3\alpha . k . \sin\alpha}{k^2 . \sin^2 4\alpha}$$

$$= \lim_{\alpha \to 0} \frac{k^2 (\sin^2 3\alpha + 2\sin 3\alpha . \sin\alpha)}{k^2 . \sin^2 4\alpha}$$

$$= \lim_{\alpha \to 0} \left(\frac{\sin^2 3\alpha}{\sin^2 4\alpha} + 2 \cdot \frac{\sin 3\alpha}{\sin 4\alpha} \cdot \frac{\sin\alpha}{\sin 4\alpha} \right)$$

$$= \lim_{\alpha \to 0} \frac{\sin^2 3\alpha}{\sin^2 4\alpha} + 2\lim_{\alpha \to 0} \frac{\sin 3\alpha}{\sin 4\alpha} . \lim \frac{\sin\alpha}{\sin 4\alpha}$$

$$= \left(\frac{3}{4}\right)^2 + 2 \cdot \frac{3}{4} \cdot \frac{1}{4}$$

$$= \frac{15}{16}$$

Yanıt E

6. Balonun hacmindeki değişim $\frac{dv}{dt}$

$V = \frac{4}{3}\pi r^3$ olduğundan,

$\frac{dv}{dt} = \frac{dv}{dr} \cdot \frac{dr}{dt}$

$\frac{dv}{dt} = 4\pi r^2 \cdot \frac{15}{16\pi} \Rightarrow \frac{dv}{dt} = 60\ cm^3/sn$ bulunur.

Yanıt D

7. A ve B noktalarının apsisleri x alınırsa $|AB| = 6x - x^2$ olur.

$A(ABC) = \frac{1}{2} \cdot (6x - x^2) \cdot (6 - x)$

Bu ifadenin türevi alınıp sıfıra eşitlenir.

Alan, $x^2 - 8x + 12 = 0$ denkleminin kökleri olan

$x = 2$ de maksimum,

$x = 6$ da minimum değerini alır.

$x = 2$ için $A(ABC) = 16\ br^2$ olur.

Yanıt E

8. f(10) değerinin maksimum olması için f fonksiyonunun en hızlı biçimde artması gerekir. f nin türevi 12 den küçük olduğundan türevinin sınır değer olan 12 olduğunu kabul edelim. Bu durumda f nin grafiği aşağıdaki gibi olur.

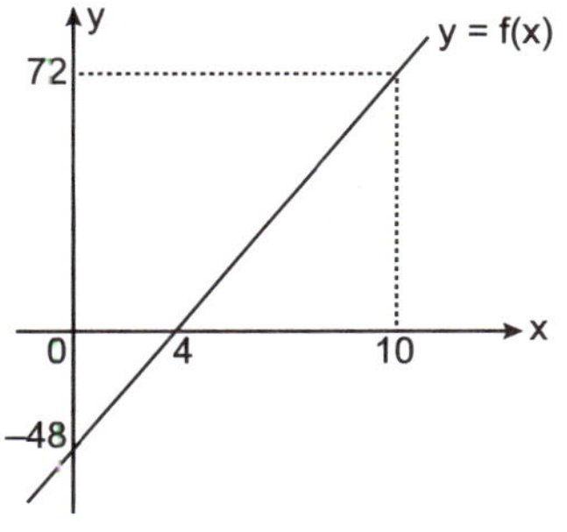

f nin alabileceği değerlerin üst sınırı 72 olduğundan f(10) en çok 71 olabilir.

Yanıt D

9.

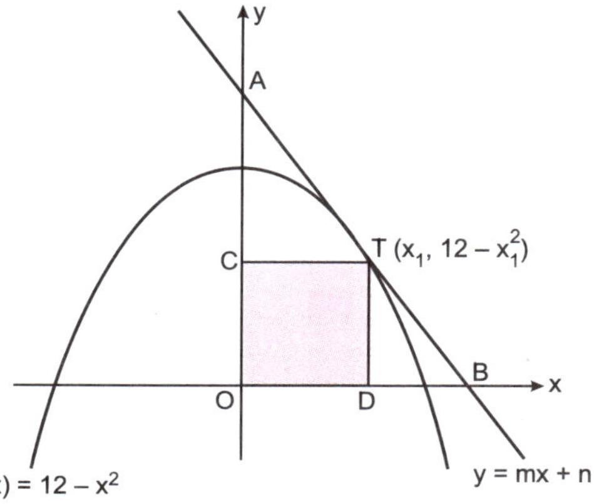

$f'(x) = -2x$

$T(x_1, 12 - x_1^2)$ noktasında f nin teğetinin eğimi $-2x_1$ tir.

AB doğrusunun denklemi:

$y = -2x_1 x + x_1^2 + 12$

Buradan $A(0, x_1^2 + 12)$ ve $B\left(\frac{x_1^2 + 12}{2x_1}, 0\right)$ bulunur.

$A(AOB) = \frac{1}{2}(x_1^2 + 12)\left(\frac{x_1^2 + 12}{2x_1}\right)$

Bu ifadenin x_1 değişkenine göre türevi alınıp sıfıra eşitlenirse yerel minimum noktasının apsisi $x_1 = 2$ bulunur.

$x_1 = 2$ için $A(AOB) = 32\ br^2$ dir.

Yanıt D

10. Kabın hacmi:

$\pi r^2 h + \frac{2}{3}\pi r^3 = 36\pi$

$r^2 h + \frac{2}{3} r^3 = 36$

$h = \frac{36}{r^2} - \frac{2}{3} r$ bulunur.

Alan: $2(2\pi rh + 2\pi r^2)$

h değeri yerine yazılarak yerel minimum değerinin apsisi r = 3 birim bulunur.

Yanıt C

karekök

11.

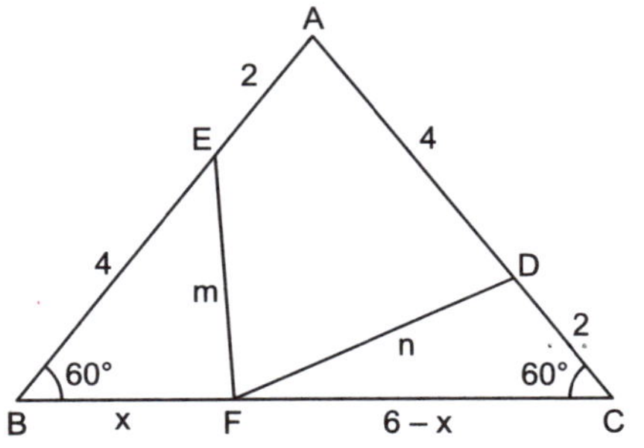

BEF ve FDC üçgenlerinde kosinüs teoremi yazılırsa,

$m^2 = x^2 - 4x + 16$

$n^2 = x^2 - 10x + 28$ elde edilir.

$m^2 + n^2 = 2x^2 - 14x + 44$

İfadenin türevi alınıp sıfıra eşitlenirse x = 3,5 bulunur.

Yanıt D

karekök

12.

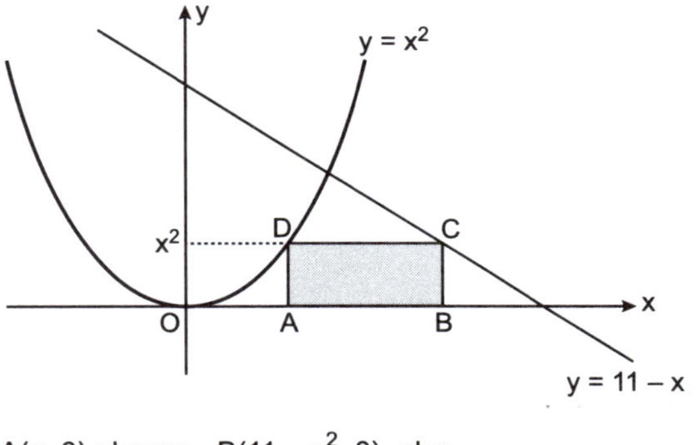

A(x, 0) alınırsa, $B(11 - x^2, 0)$ olur.

$A(ABCD) = x^2 \cdot (11 - x^2 - x)$

Alanı veren fonksiyonun yerel maksimum noktasının apsisi

x = 2 bulunur.

Yanıt A

1. $x^3 = 3x + 2$ denklemi çözülürse,

$x = 2$ olduğundan B(2, 8) bulunur.

C(x, y) olsun. Alan(ABC) = $3x + 2 - y$ bulunur.

A(ABC) = $3x + 2 - x^3$ ve $A' = 3 - 3x^2 = 0$

$x = 1$ bulunur. A(ABC) = 4 br^2 olur.

Yanıt B

2. $\sqrt{(x+3)^2+(y-0)^2}+\sqrt{(x-3)^2+(y-0)^2}=10$

ifadesi A(x, y) noktasının C(–3, 0) ve D(3, 0) noktalarına uzaklıkları toplamıdır. Bu ise bir elips denklemini gösterir.

$a = 5$ ve $a^2 = b^2 + c^2 \Rightarrow b = 4$

$\frac{x^2}{25}+\frac{y^2}{16}=1 \Rightarrow \frac{-2x/25}{2y/16}=\frac{8}{5}$ bulunur.

Yanıt D

3. f(x) fonksiyonu açık olarak yazılırsa,

$f(x)=1-\frac{x}{1!}+\frac{x^2}{2!}-\frac{x^3}{3!}+\frac{x^4}{4!}+\ldots\ldots.$

$f'(x)=-1+\frac{x}{1!}-\frac{x^2}{2!}+\frac{x^3}{3!}-\frac{x^4}{4!}+\ldots\ldots$

olduğundan, $f'(x) = -f(x)$ bulunur.

Yanıt C

4. K(1, 2) asimptotların kesişim noktası aynı zamanda simetri merkezi demektir. Buna göre, A ile B noktaları K(1, 2) noktasına göre simetriktir.

$\frac{0+2}{2}=1$ ve $\frac{a+2}{2}=1$ ve $\frac{m+n}{2}=2 \Rightarrow m+n=4$ olur.

A ve B simetrik noktalar olduğundan teğetlerin eğimi eşittir. Buradan $k = 3$ olur. $m + n + k = 4 + 3 = 7$ bulunur.

Yanıt A

5. $2x - 4y + 5z - 2 = 0$ uzayda düzlem denklemidir.

$\sqrt{(x-0)^2+(y-0)^2+(z-1)^2}$

ifadesi A(0,0,1) noktasının düzleme en kısa uzaklığını verir.

$\frac{2\cdot 0-4\cdot 0+5-2}{\sqrt{4+16+25}}=\frac{\sqrt{5}}{5}$ olduğundan,

$x^2 + y^2 + (z - 1)^2$ ifadesinin en küçük değeri

$\left(\frac{\sqrt{5}}{5}\right)^2=\frac{1}{5}$ olur.

Yanıt A

6. $\lim_{y\to 0}\frac{f(x+y)-f(x)}{y}=f'(x)=1$

Buradan $f(x) = x + c$ olduğu anlaşılır.

$h(x) = e^{x+c}\cdot(x + c) \Rightarrow h'(x) = e^{x+c}\cdot(x + c + 1)$

$h'(2) = 0 \Rightarrow e^{c+2}\cdot(c + 3) = 0$ yani $c = -3$ olur.

$f(6) = 3$ bulunur.

Yanıt D

7. $\sqrt{a^2+b^2+c^2}+\sqrt{a^2+b^2+c^2-2b-2c+2}$ ifadesi A(0,0,0) ve B(0,1,1) noktalarının P(a,b,c) noktasına uzaklıkları toplamını göstermektedir.

Bu ifadenin en küçük olması için A, B, P noktaları doğrusal olmalıdır.

$|AB|_{min} = \sqrt{2}$ bulunur.

Tam sayı olarak en küçük değer 2 olur.

Yanıt B

8. $\lim\limits_{y\to 0}\dfrac{f(x+2y)-f(x-2y)}{y}=12x$

$\lim\limits_{y\to 0} 2f'(x+2y)+2f'(x-2y)=12x$

$4f'(x)=12x \Rightarrow f'(x)=3x$

$f'(5)=15$ bulunur.

Yanıt D

9.

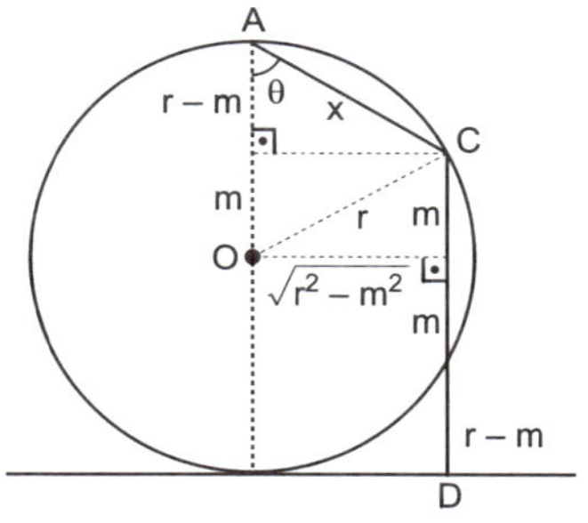

$x + m + r$ ifadesinin en büyük olması isteniyor.

$x^2-(r-m)^2=r^2-m^2$

$x=\sqrt{2r^2-2mr}$

O halde, $\sqrt{2r^2-2mr}+m+r$ ifadesinin türevi sıfıra eşitlenmelidir.

Buradan $r = 2m$ bulunur.

$\theta = 60°$ olur.

Yanıt D

10. $h(x)=f'(x)=-\dfrac{1}{e^x}$

$\sum\limits_{x=1}^{\infty}-\dfrac{1}{e^x}=\sum\limits_{x=1}^{\infty}\dfrac{1}{e^x}$

$=-\left(\dfrac{1}{e}+\dfrac{1}{e^2}+\dfrac{1}{e^3}+\ldots\right)$

$=-\left(\dfrac{1}{e}\cdot\dfrac{1}{1-\dfrac{1}{e}}\right)$

$=\dfrac{1}{1-e}$

Yanıt A

11. T(a, b) olsun. $b = 12 - a^2$

d doğrusunun denklemi $y = mx + n$ olsun.

$m = -2a$ olduğundan $y = -2ax + n$ demektir.

T(a, b) denklemi sağlayacağı için $y = -2ax + 12 + a^2$ olur.

d doğrusunun x eksenini kestiği nokta $B\left(\dfrac{12+a^2}{2a},0\right)$

y eksenini kestiği nokta $A(0,\ 12 + a^2)$ bulunur.

$A(AOB)=\dfrac{(12+a^2)^2}{4a}$ ifadesinin türevi sıfıra eşitlenirse,

$a = 2$ bulunur.

$A(AOB)=\dfrac{16^2}{4\cdot 2}=32\ br^2$ olur.

Yanıt D

12.

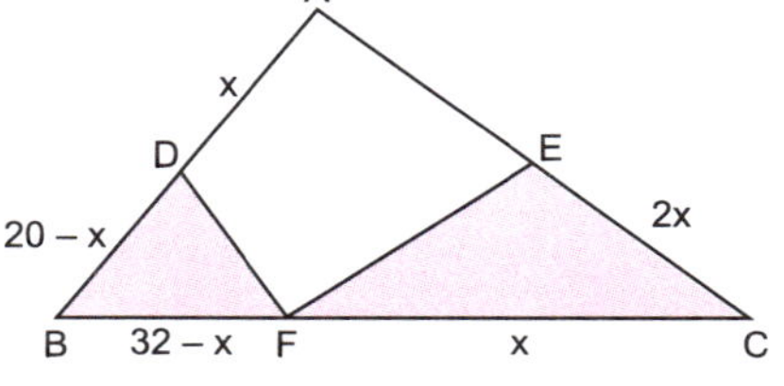

$A(BDF)+A(EFC)=\dfrac{1}{2}\cdot[(20-x)\cdot(32-x)+x\cdot 2x]\cdot\dfrac{12}{20}$

$A(BDF)+A(EFC)=\dfrac{3}{10}\cdot(3x^2-52x+640)$

Türev alınırsa $6x - 52 = 0 \Rightarrow x = \dfrac{26}{3}$ olur.

Yanıt B

karekök

17. BÖLÜM

İNTEGRAL

1. **Herhangi bir noktasındaki teğetinin eğimi, o noktaya ait koordinatları çarpımının 4 katına eşit olan ve A(0, 1) noktasından geçen eğrinin denklemi aşağıdakilerden hangisidir?**

A) $y = 2x^2 + 1$ B) $y = x^3 + 1$ C) $y = e^x$

D) $y = e^{2x^2}$ E) $y = e^x + 1$

2. $$\int_0^1 \frac{e^{2x}}{1+x}\,dx - \int_1^e \frac{x}{1+\ln x}\,dx$$

ifadesinin sonucu aşağıdakilerden hangisidir?

A) e+1 B) e C) e – 1 D) 1 E) 0

3. Reel sayılarda tanımlı bir f(x) fonksiyonu

$$\int 2x \cdot f\left(\frac{1}{x}\right) dx = x^4 + \int f'\left(\frac{1}{x}\right) dx$$

eşitliğini sağlamaktadır.

Buna göre, f(x) fonksiyonu aşağıdakilerden hangisidir?

A) $f(x) = x^3$ B) $f(x) = x^2$ C) $f(x) = \frac{1}{x^2}$

D) $f(x) = \frac{1}{x}$ E) $f(x) = x$

4. $xdy + ydx = 0$

olduğuna göre, x ile y arasındaki ilişkiyi gösteren grafik aşağıdakilerden hangisi olabilir?

A)
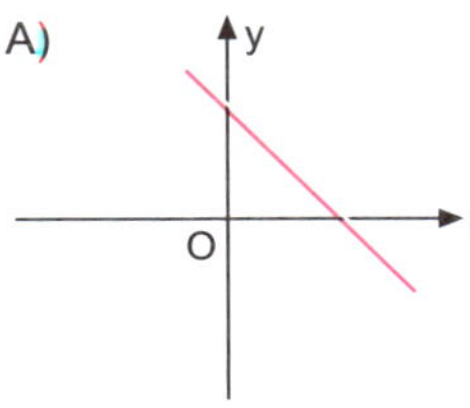

B)
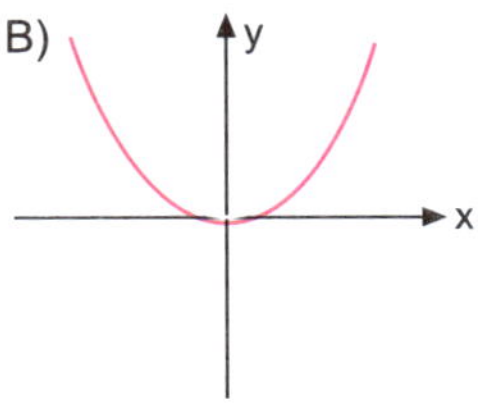

C)
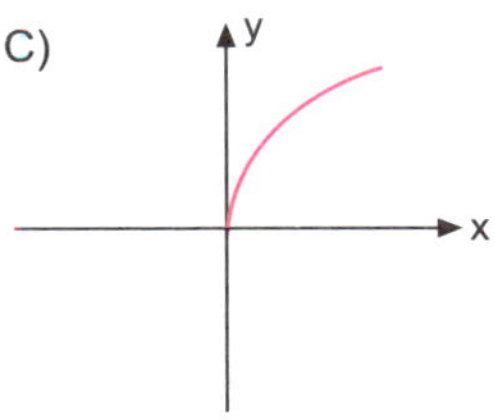

D)
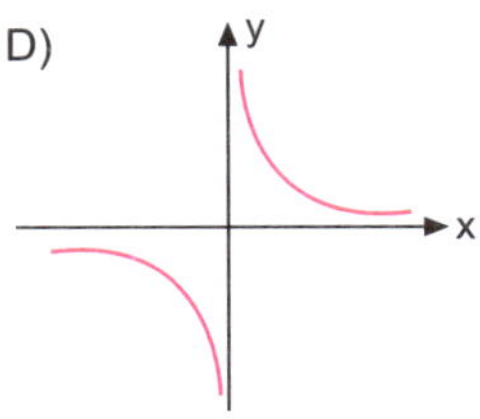

E)
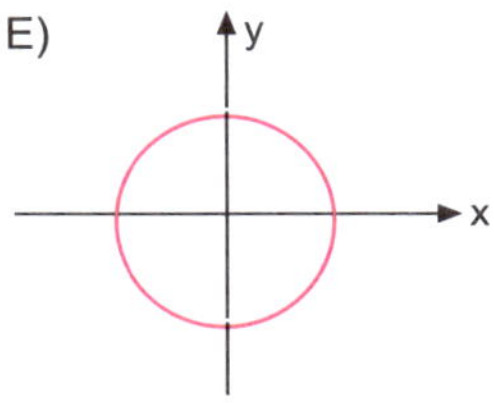

5. $$\int_0^{\ln x} f(t) \cdot dt = x \cdot \ln x - x$$

olduğuna göre, f(x) fonksiyonunun alabileceği <u>en küçük</u> değer kaçtır?

A) $\frac{e^2}{2}$ B) $\frac{e}{2}$ C) $\frac{1}{e}$ D) $-\frac{1}{e}$ E) $-\frac{1}{2e}$

6.

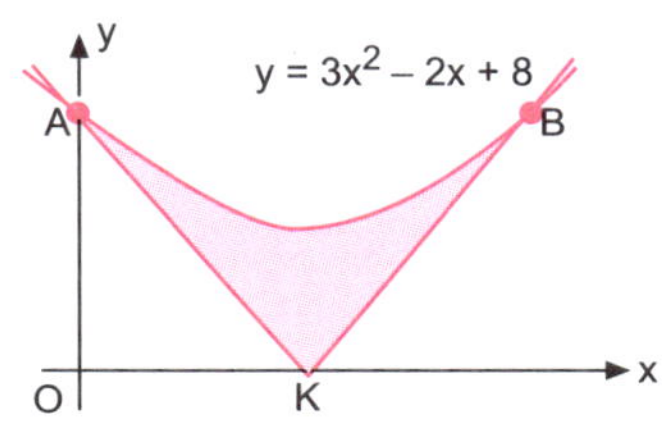

$y = 3x^2 - 2x + 8$ fonksiyonuna A ve B noktalarından teğetler çizilmiştir.

Buna göre, taralı bölgenin alanı kaç br^2 dir?

A) 160 B) 152 C) 140 D) 130 E) 128

7. $\int_0^{2\pi} \cos^8 x\,dx = A$

olduğuna göre, $\int_0^{2\pi} \sin^8 x\,dx$ integralinin A cinsinden değeri aşağıdakilerden hangisidir?

A) $\frac{\pi}{2}+A$ B) $\frac{\pi}{4}+A$ C) $\frac{\pi}{2}-A$

D) $A-\frac{\pi}{4}$ E) A

8.

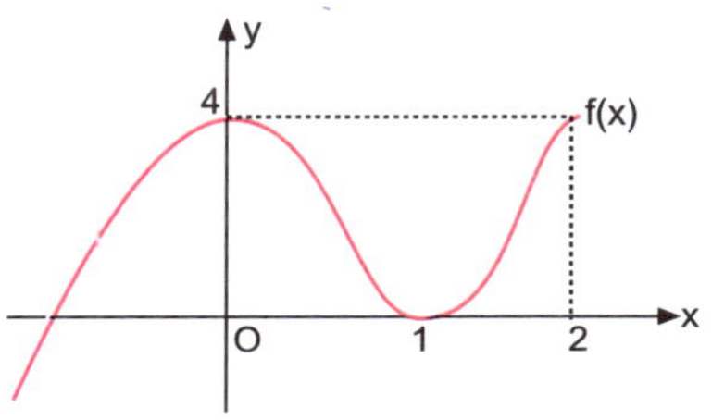

Şekilde f(x) fonksiyonunun grafiği verilmiştir.

Buna göre $\int_0^2 \frac{|f'(x)|}{1+f(x)}dx$ ifadesinin sonucu kaçtır?

A) 1 B) ln2 C) ln10 D) ln16 E) ln25

9. $|r| < 1$ olmak üzere,

$$f(r) = \sum_{n=1}^{\infty} n \cdot r^{n-1}$$

olduğuna göre, $\int_0^{1/4} f(r)\,dr$ ifadesinin değeri kaça eşittir?

A) $\frac{1}{2}$ B) $\frac{1}{3}$ C) $\frac{1}{4}$ D) $\frac{1}{5}$ E) $\frac{1}{6}$

10.

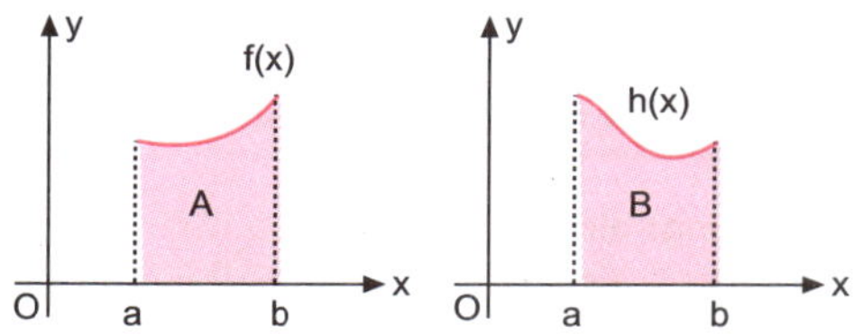

f(x) ve h(x) fonksiyonlarının [a, b] aralığındaki grafikleri verilmiştir.

$h(x) = e^x.f(x)$ ve taralı alanlar

$A = 10\ br^2$, $B = 4\ br^2$

olduğuna göre, $g(x) = e^x . \int f(x)\,dx$ fonksiyonu ile x = a, x = b ve y = 0 doğruları arasında kalan bölgenin alanı kaç br^2 dir?

A) $10.e^{a-b}-4$ B) $4.e^{a-b}-10$

C) $4.e^{a-b}+10$ D) $10.e^{b-a}+4$

E) $10.e^{b-a}-4$

11. f(x) = 2sin(lnx) eğrisi ile x = 1, x = e ve x ekseni arasında kalan bölgenin alanı kaç birimkaredir?

A) e(sin1 – cos1) + 1 B) e(cos1 – sin1) – 1

C) e(sin1 + cos1) + 1 D) 2e(sin1 – cos1) + 1

E) 2e(sin1 – cos1) – 1

12. $\int_1^{\pi/2} \ln(\sin x)dx + \int_1^{\pi/2} x.\cot x\,dx$

ifadesinin değeri aşağıdakilerden hangisine eşittir?

A) ln|sec1| B) ln|cosec1|

C) ln3 D) ln2

E) 1

1. $2x\,dx + 3y\,dy = 0$

denklemini sağlayan A(x, y) noktaları koordinat sisteminde aşağıdakilerden hangisini belirtir?

A) Doğru B) Çember C) Elips D) Parabol E) Hiperbol

2. 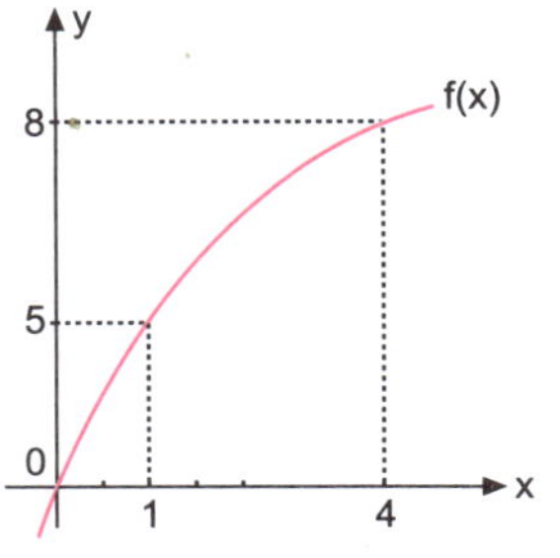

Şekilde f(x) fonksiyonunun grafiği verilmiştir.

Buna göre, $\int_1^2 \left[2\cdot f'(x^2) - \frac{1}{x^2} f(x^2)\right] dx$ **ifadesinin değeri aşağıdakilerden hangisidir?**

A) 5 B) 3 C) 1 D) –1 E) –3

3. $\int \ln^2 x\,dx$

ifadesinin sonucu aşağıdakilerden hangisine eşittir?

A) $x.\ln^2x + 2x.\ln x + 2x + c$

B) $2x.\ln^2x - 2x.\ln x + 2x + c$

C) $x.\ln^2x - 2x.\ln x - 2x + c$

D) $2x.\ln^2x + 2x.\ln x - 2x + c$

E) $x.\ln^2x - 2x.\ln x + 2x + c$

4. **f(x) = cos(arcsinx) eğrisinin koordinat eksenleri ile birinci bölgede oluşturduğu kapalı alan kaç br^2 dir?**

A) $\frac{1}{4}$ B) $\frac{1}{2}$ C) 1 D) $\frac{\pi}{4}$ E) $\frac{\pi}{2}$

5. f: R → R olmak üzere,

$$x\cdot\int f(x)\,dx = 2x^3 + \int x\cdot f(x)\cdot dx$$

eşitliği veriliyor.

Buna göre, f(x) fonksiyonu aşağıdakilerden hangisidir?

A) $x^3 + x + 1$ B) $x^3 + x^2 + 2$ C) $x^2 + x + 2$ D) 12x E) 6x

6. $f(x) = x^5 + x + 5$

olduğuna göre, $\int_5^7 f^{-1}(x)\,dx$ **ifadesinin değeri kaça eşittir?**

A) $\frac{1}{2}$ B) $\frac{2}{3}$ C) $\frac{3}{4}$ D) $\frac{4}{3}$ E) $\frac{8}{5}$

7.

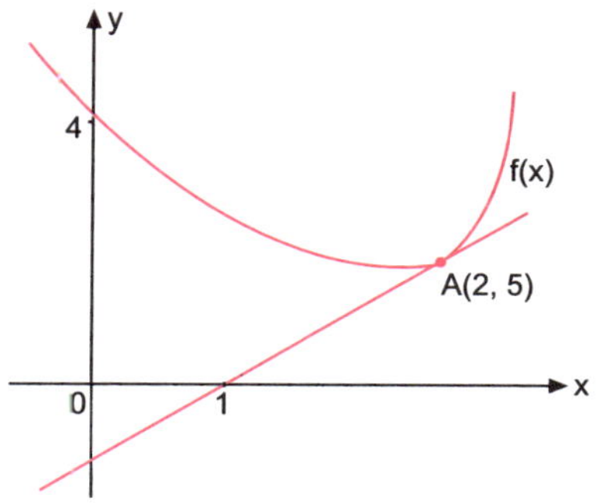

Şekilde f(x) fonksiyonu ile A(2, 5) noktasındaki teğeti verilmiştir.

$\int_{0}^{2} x \cdot f''(x)\,dx$ integralinin sonucu kaçtır?

A) 5 B) 6 C) 7 D) 8 E) 9

8. $\int_{-1}^{3} \sqrt{15-2x-x^2}\,dx$

integralinin sonucu kaçtır?

A) 9π B) 8π C) 6π D) 4π E) 3π

9.

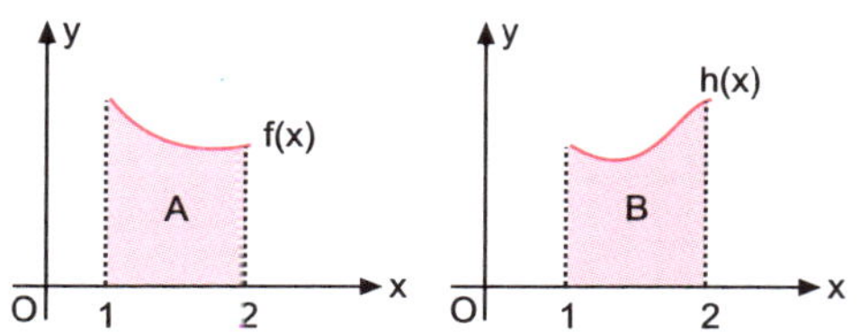

f(x) ve h(x) fonksiyonlarının [1, 2] aralığındaki grafiği verilmiştir.

Taralı alanlar A = 12 br^2, B = 6 br^2 ve $h(x) = x^2 \cdot f(x)$ dir.

Buna göre, $g(x) = 2x \cdot \int f(x)\,dx$ fonksiyonu ile x = 1, x = 2 ve x ekseni arasında kalan bölgenin alanı kaç br^2 dir?

A) 15 B) 20 C) 25 D) 30 E) 35

10.

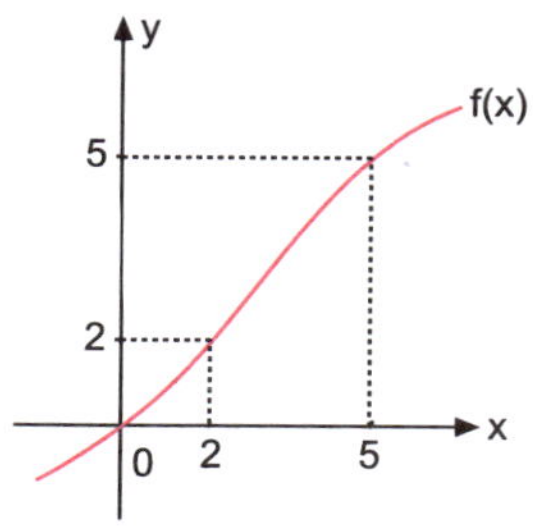

Şekilde f(x) fonksiyonunun grafiği verilmiştir.

Buna göre, $\int_{2}^{5} f'(x)\left[1+f'(f(x))\right]dx$ ifadesinin değeri kaçtır?

A) 29 B) 21 C) 10 D) 6 E) 3

11. $f(x) = \int \sin^3 x . \cos^7 x\,dx$

olduğuna göre, $f\left(\frac{\pi}{2}\right) - f\left(\frac{3\pi}{2}\right)$ kaçtır?

A) –2 B) –1 C) 0 D) 1 E) 2

karekök

12.

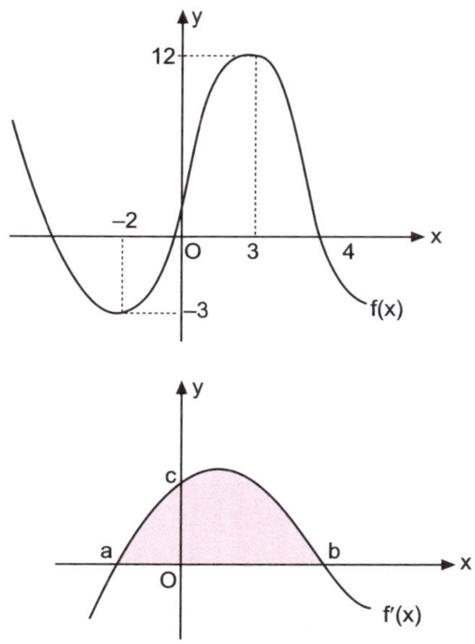

f(x) ve f′(x) fonksiyonlarının grafikleri yukarıda verilmiştir.

Buna göre, taralı bölgenin alanı kaç br^2 dir?

A) 24 B) 18 C) 15 D) 12 E) 9

1. Test'in Cevap Anahtarı

1	D	2	E	3	C	4	D	5	D	6	E	7	E	8	E	9	B	10	E	11	A	12	B

1.

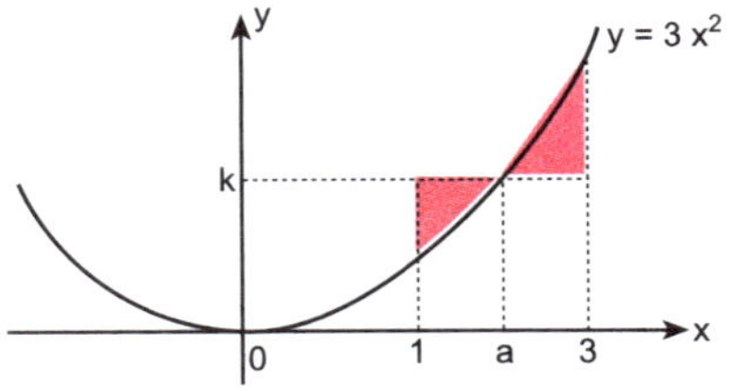

Grafiği verilen $y = 3x^2$ fonksiyonunda taralı bölgelerin alanları eşittir.

Buna göre, a aşağıdakilerden hangisidir?

A) $\frac{\sqrt{39}}{3}$ B) $\frac{\sqrt{41}}{3}$ C) $\frac{\sqrt{43}}{3}$ D) $\sqrt{5}$ E) $\sqrt{6}$

2.

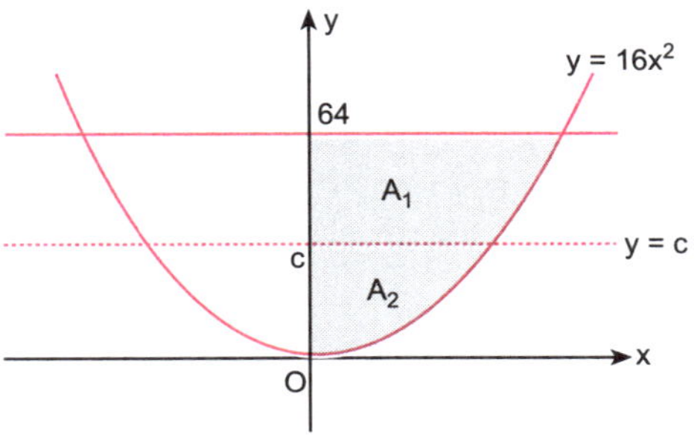

Şekilde $y = 16x^2$ parabolü verilmiştir.

$A_1 = A_2$ olduğuna göre, c kaça eşittir?

A) $16\sqrt{2}$ B) $16\sqrt[3]{2}$ C) 32

D) $32\sqrt{2}$ E) $32\sqrt[3]{2}$

3.

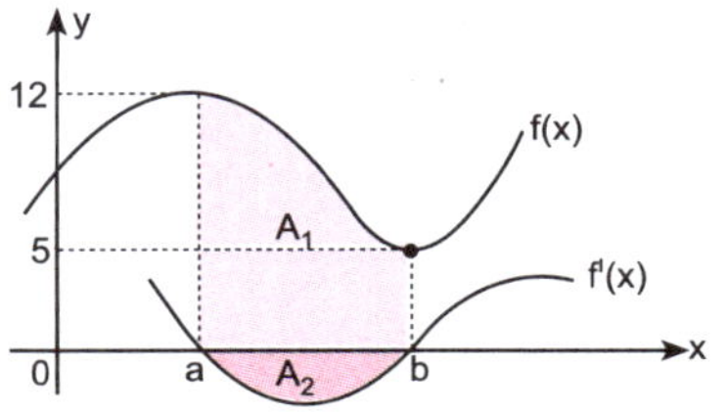

Şekilddse f(x) ve f′(x) fonksiyonlarının grafiği verilmiştir.

A_1 ve A_2 bulundukları bölgenin alanını göstermek üzere,

$A_1 + A_2 = 20$ br^2

olduğuna göre, A_1 kaç br^2 dir?

A) 7 B) 10 C) 13 D) 18 E) 27

4.

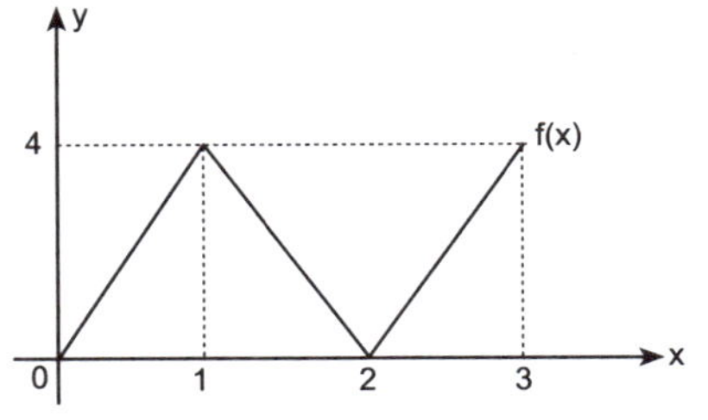

$f : [0,3] \to [0,4]$ fonksiyonunun grafiği şekilde verilmiştir.

Buna göre,

$$\int_1^4 (f(x-1)+1)dx$$

ifadesinin değeri kaça eşittir?

A) $\frac{17}{2}$ B) 9 C) $\frac{25}{2}$ D) 13 E) $\frac{27}{2}$

5. Tanımlı olduğu aralıktaki bir f fonksiyonu için,

$x\,f'(x) - f(x) = 5$ ve $f(1) = -4$

olduğuna göre, f(4) değeri kaçtır?

A) –1 B) 0 C) 1 D) 2 E) 4

6. $$\int_0^{1/4} (\arctan x + \text{arccot}\, x)\, dx$$

ifadesinin değeri aşağıdakilerden hangisine eşittir?

A) $\frac{1}{8}$ B) $\frac{1}{4}$ C) $\frac{\pi}{2}$ D) $\frac{\pi}{4}$ E) $\frac{\pi}{8}$

7. f: [0,10] → R olmak üzere,

$$f(x)=\begin{cases} x & 0 \le x \le 2 \\ 0 & 2 < x < 5 \end{cases}$$

f(x) = f(x + 5) olduğuna göre, $\int_0^{10} f(x)dx$ integralinin değeri kaça eşittir?

A) 2 B) 3 C) 4 D) 5 E) 6

8. f(x) çift bir fonksiyon olmak üzere,

$$\int_0^1 f(1-x)dx = 4$$

veriliyor.

Buna göre, $\int_{-1}^{1} f(x)dx$ ifadesi kaça eşittir?

A) 8 B) 4 C) 2 D) –4 E) –8

9. $y^2 - yx^2 - 2xy + 2x^3 = 0$

denkleminin koordinat sisteminde oluşturduğu kapalı bölgenin alanı kaç br^2 dir?

A) $\frac{4}{3}$ B) $\frac{5}{4}$ C) $\frac{6}{5}$ D) $\frac{7}{6}$ E) $\frac{8}{7}$

10. Her x reel sayısı için,

$$1 - \ln [f(x)] = \int_0^x f(t)\, dt$$

olduğuna göre, f(x) aşağıdakilerden hangisidir?

A) $e^4 + 2e^2x$ B) $e^4 - 2e^2x$ C) $\frac{e}{ex+1}$ D) $2e^2 + 4x$ E) $2e^2 + 6x$

11. $\int_0^6 \left(\sqrt{144 - x^2} - \sqrt{36 - x^2}\right)dx$

ifadesinin değeri aşağıdakilerden hangisine eşittir?

A) $18\sqrt{3} - 3\pi$ B) $9\sqrt{3}+3\pi$ C) $9\sqrt{3} - 3\pi$ D) $12\sqrt{3} + 3\pi$ E) $18\sqrt{3} + 3\pi$

12.

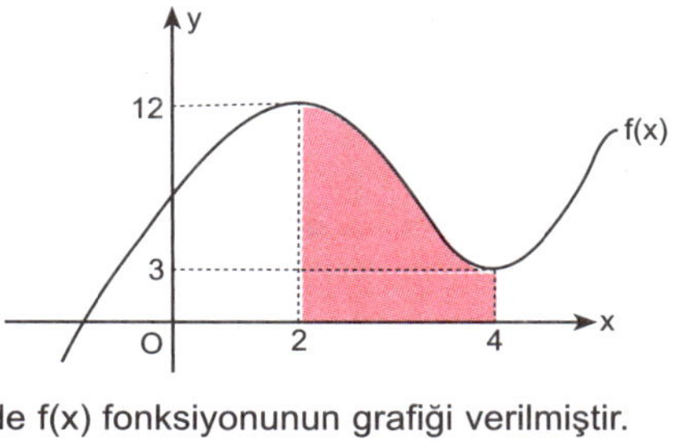

Şekilde f(x) fonksiyonunun grafiği verilmiştir.

Taralı bölgenin alanı 8 br^2 olduğuna göre,

$$\int_2^4 x\,[f'(x) + x\,f''(x)]\, dx$$

integralinin sonucu aşağıdakilerden hangisidir?

A) 12 B) 16 C) 18 D) 20 E) 24

2. Test'in Cevap Anahtarı

1	C	2	D	3	E	4	D	5	D	6	D	7	E	8	D	9	D	10	D	11	C	12	C

1. $\int_0^1 e^{x^2}\,dx + \int_1^e \sqrt{\ln x}\,dx$

integralinin değeri aşağıdakilerden hangisidir?

A) 1 B) 2 C) e D) π E) 2e

2. Reel sayılarda tanımlı bir f(x) fonksiyonunda 1 < x < 6 olmak üzere, $f'(x) = 0$ ve $f''(x) = 0$ denklemlerinin kökleri yoktur.

$f(1) = 3$, $f(6) = 5$ ve $\int_1^6 f(x)\,dx = 24$ olduğuna göre,

aşağıdakilerden hangisi doğrudur?

A) $f'(x) < 0$, $f''(x) > 0$

B) $f'(x) > 0$, $f''(x) < 0$

C) $f'(x) > 0$, $f''(x) > 0$

D) $f'(x) < 0$, $f''(x) < 0$

E) f(x) doğrusal fonksiyondur.

3. $\int_0^\pi x.\,f(\sin x)\,dx$

integralinde, $u = \pi - x$ dönüşümü yapılırsa hangisi elde edilir?

A) $\int_0^\pi f(\cos x)\,dx$

B) $\int_0^\pi x.f(\cos x)\,dx$

C) $\int_0^\pi f(\tan x)\,dx$

D) $\frac{\pi}{2}\int_0^\pi f(\sin x)\,dx$

E) $\frac{\pi}{2}\int_0^\pi f(\cos x)\,dx$

4. $\int_e^{e^e} \frac{1}{1+x^2}\,dx + \int_1^e \frac{e^{2x} - e^x + 1}{1+e^{2x}}\,dx$

ifadesinin değeri aşağıdakilerden hangisine eşittir?

A) 1 B) 2 C) e D) e–1 E) e+1

5. $\int_0^1 e^x \cdot (1 + \tan x + \tan^2 x)\,dx$

ifadesinin sonucu aşağıdakilerden hangisidir?

A) e+1 B) e C) $\pi\tan 1$ D) $e \cdot \tan 1$ E) $e^{\pi/4}+1$

6.

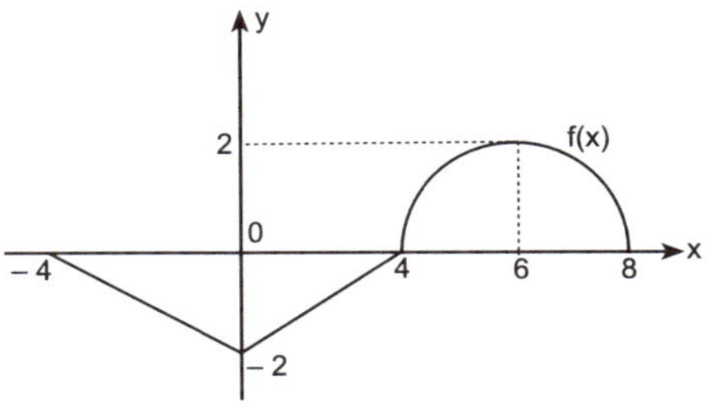

Grafiği verilen f(x) fonksiyonunun [4, 8] aralığı bir çember yayıdır.

$h(x) = \int_0^x f(t)\,dt$

olduğuna göre, h(x) fonksiyonuna x = 6 noktasından çizilen teğetin denklemi aşağıdakilerden hangisidir?

A) $y = 2x + 12 - \pi$

B) $y = 2x - 16 + \pi$

C) $y = 2x - 12 + \pi$

D) $y = 2x + 16 + \pi$

E) $y = 2x - 12 - \pi$

karekök

7. $\int_{-e}^{e} \ln(x+\sqrt{1+x^2})\,dx$ **integralinin değeri aşağıdakilerden hangisine eşittir?**

A) e B) 1 C) $\frac{1}{e}$ D) 0 E) –1

8. $\int \left(\sin(\ln x)+\cos(\ln x)\right)dx$

integralinin sonucu aşağıdakilerden hangisidir?

A) lnx + sinx + c
B) x · ln(cosx) + c
C) x · sin(lnx) + c
D) x + c
E) x[cos(lnx) – sin(lnx)] + c

9. $\int_{1}^{2} \left(\sqrt{4x-x^2}-\sqrt{4-x^2}\right)dx$

integralinin değeri aşağıdakilerden hangisine eşittir?

A) 2π B) $2\pi - 2$ C) $2\pi - \frac{\sqrt{3}}{2}$ D) $\sqrt{3}-\frac{\pi}{3}$ E) $\sqrt{3}+\frac{\pi}{3}$

karekök

10.

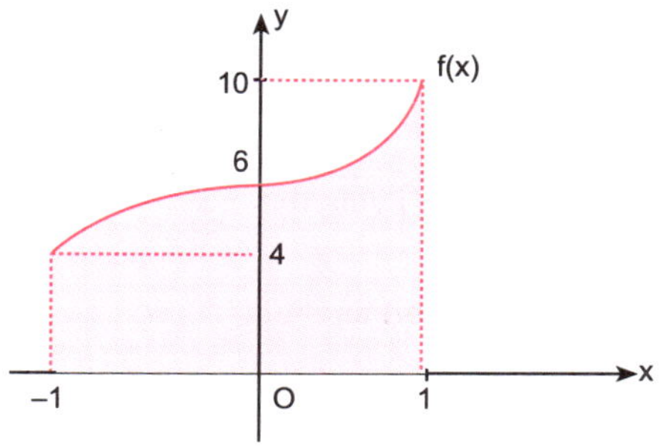

Şekilde y = f(x) = $ax^3 + bx^2 + cx + d$ fonksiyonunun grafiği verilmiştir.

Buna göre, taralı bölgenin alanı kaç br^2 dir?

A) $\frac{41}{5}$ B) $\frac{39}{4}$ C) $\frac{38}{3}$ D) $\frac{36}{5}$ E) $\frac{37}{2}$

11. f(x) sürekli ve integrali alınabilir bir fonksiyondur.

$f(x) + f(-x) = 2x^2 + 4$

olduğuna göre, $\int_{-3}^{3} f(x)\,dx$ **ifadesinin değeri kaça eşittir?**

A) 36 B) 30 C) 24 D) 18 E) 12

12. $\int_{0}^{1} \cos^7 x\,dx = A$ olduğuna göre,

$\int_{0}^{\frac{\pi}{2}} \cos^5(\sin x)\cdot\cos x\,dx - \int_{0}^{1} \cos^5 x\cdot\sin^2 x\,dx$

ifadesinin değeri kaçtır?

A) $\frac{8}{35}A$ B) $\frac{4}{15}A$ C) $\frac{4}{5}A$ D) $\frac{2}{3}A$ E) A

3. Test'in Cevap Anahtarı

1	A	2	E	3	C	4	B	5	A	6	E	7	C	8	A	9	A	10	C	11	E	12	D

1.

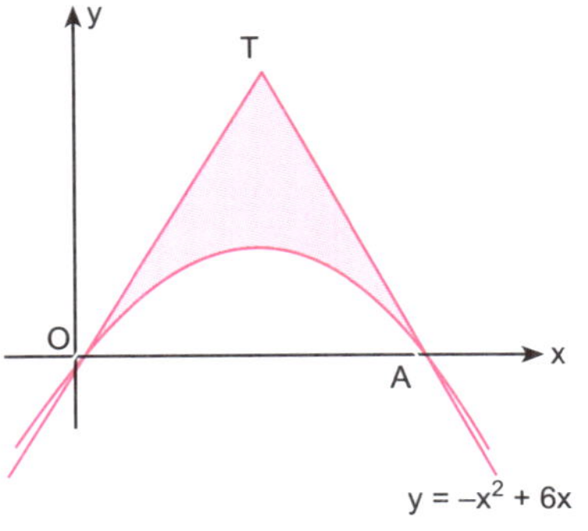

Şekilde $y = -x^2 + 6x$ eğrisi ile O ve A noktalarından çizilen teğetleri gösterilmiştir.

Buna göre, taralı bölgenin alanı kaç br^2 dir?

A) 18 B) 12 C) 10 D) 9 E) 6

2. $$\int_0^1 \arctan x \, dx + \int_0^{\pi/4} \tan x \, dx$$

toplamının sonucu aşağıdakilerden hangisine eşittir?

A) $\frac{\pi+1}{2}$ B) $\frac{\pi-1}{2}$ C) $\frac{\pi}{2}$ D) $\frac{\pi}{4}$ E) $\frac{\pi-1}{4}$

3. $$\int_0^{\pi/2} \sin^n x \, dx = \frac{n-1}{n} \cdot \int_0^{\pi/2} \sin^{n-2} x \, dx$$

olduğuna göre, $\int_0^{\pi/2} \sin^8 x$ kaça eşittir?

A) $\frac{12\pi}{125}$ B) $\frac{21\pi}{125}$ C) $\frac{15\pi}{128}$ D) $\frac{15\pi}{256}$ E) $\frac{35\pi}{256}$

4. $y = x^a$ ve $y = x^{a+2}$ fonksiyonları veriliyor.

Bu iki fonksiyonun grafikleri arasında kalan bölgenin alanı f(a) ise $\sum_{a=1}^{\infty} f(a)$ kaçtır?

A) $\frac{5}{6}$ B) $\frac{3}{2}$ C) $\frac{4}{3}$ D) $\frac{5}{3}$ E) $\frac{7}{3}$

5. $$\int_0^{2\pi} \sin^4 x \, dx = \frac{3\pi}{4}$$

olduğuna göre, $\int_0^{2\pi} \cos^4 x \, dx$ integralinin değeri aşağıdakilerden hangisine eşittir?

A) $\frac{\pi}{8}$ B) $\frac{\pi}{4}$ C) $\frac{\pi}{2}$ D) $\frac{3\pi}{4}$ E) $\frac{5\pi}{8}$

6. $$f(x) = \int_0^x \frac{du}{(u+1)^2 + u^2}$$

olduğuna göre, $\lim_{x \to \infty} f(x)$ kaçtır?

A) $\frac{\pi}{2}$ B) $\frac{\pi}{4}$ C) 0 D) $-\frac{\pi}{4}$ E) $-\frac{\pi}{2}$

7.

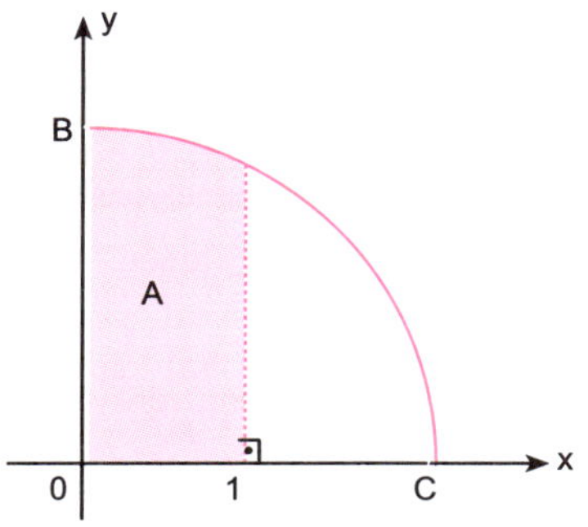

Şekilde $x^2 + y^2 = e^2$ eğrisinin grafiği verilmiştir.

Taralı bölgenin alanı A br^2 olduğuna göre,

$$\int_0^1 e^x \cdot \sqrt{e^2 - e^{2x}}\, dx$$

ifadesi aşağıdakilerden hangisine eşittir?

A) $A - \dfrac{e\pi}{2}$ B) $\dfrac{\pi e^2}{2} - A$ C) $\dfrac{\pi e^2}{4} - A$

D) $\dfrac{\pi e^2}{4} + A$ E) $\dfrac{\pi e^2}{2} + A$

8. $$\int_{-\pi}^{\pi} x \cdot \sin x \cdot \tan x\, dx$$

ifadesinin değeri aşağıdakilerden hangisine eşittir?

A) 2π B) π C) 0 D) $-\pi$ E) -2π

9. $y^2 = 6x$ ve $x^2 + y^2 = 12x$

eğrileri arasında kalan bölgenin alanı kaç birimkaredir?

A) $18\pi + 48$ B) $9\pi + 48$ C) $18\pi - 36$

D) $18\pi - 48$ E) $9\pi + 12$

10. $2y - x = 0$, $y = 3x - 10$ ve x ekseni arasında kalan bölge A, $(x - 4)^2 + (y - 2)^2 = 1$ çemberinin iç bölgesi B olsun.

A\B kümesinin oluşturduğu bölgenin alanı kaç br^2 dir?

A) π B) $\dfrac{6\pi - 10}{3}$ C) $\dfrac{80 - 3\pi}{24}$

D) $\dfrac{40 - 3\pi}{12}$ E) $\dfrac{12 - \pi}{4}$

11. Analitik düzlemde bir f eğrisi A(1, 8) ve B(5, 3) noktalarından geçmektedir.

$1 < x < 5$ olmak üzere,

$f'(x) < 0$ ve $f''(x) > 0$

olduğu bilindiğine göre, $\int_1^5 f(x)\, dx$ ifadesinin alabileceği en büyük tam sayı değeri kaçtır?

A) 33 B) 31 C) 23 D) 21 E) 20

karekök

12.

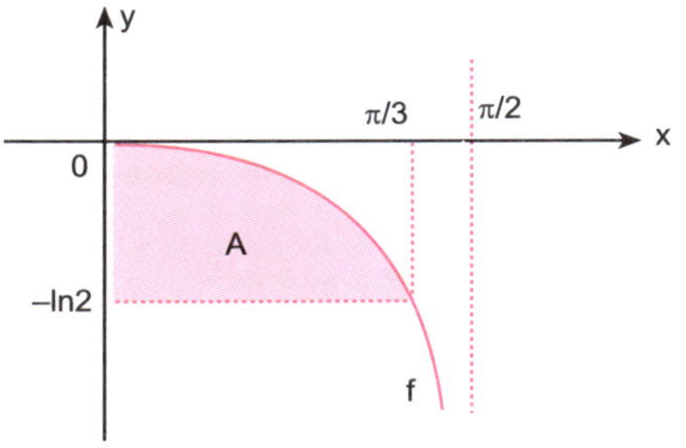

Şekilde $f(x) = \ln(\cos x)$ eğrisinin grafiği verilmiştir.

Taralı bölgenin alanı A br^2 olduğuna göre,

$$\int_0^{\pi/3} x \cdot \tan x\, dx$$

ifadesinin değeri aşağıdakilerden hangisine eşittir?

A) $\dfrac{\pi}{3}\ln 2 - A$ B) $A - \ln 2$ C) $\dfrac{\pi}{3} - A$

D) $\dfrac{2\pi}{3} + \ln 2 - A$ E) A

4. Test'in Cevap Anahtarı

1	C	2	B	3	D	4	D	5	D	6	B	7	D	8	C	9	D	10	C	11	B	12	E

1. **f(x) = sinx fonksiyonu ile $y = \frac{2}{\pi}x$ doğrusu arasında kalan bölgenin alanı kaç br^2 dir?**

A) $2+\frac{\pi}{2}$ B) $1+\frac{\pi}{4}$ C) $1-\frac{\pi}{4}$

D) $2-\frac{\pi}{2}$ E) $\frac{\pi}{2}-1$

2.

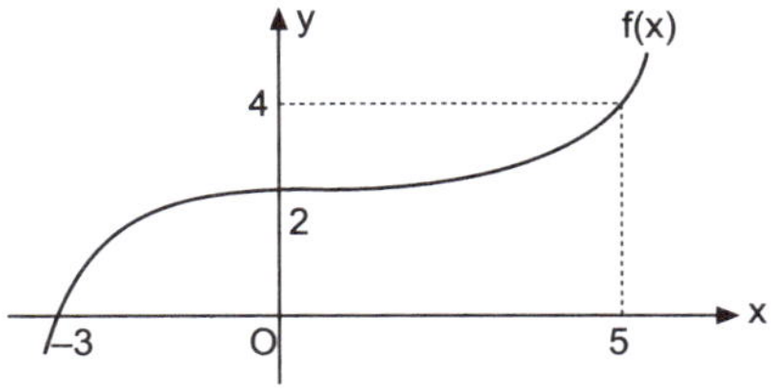

Grafiği verilen f(x) fonksiyonu için,

$$\int_{-3}^{0} f(x)\,dx = \int_{2}^{4} f^{-1}(x)\,dx$$

olduğuna göre, $\int_{-3}^{5} f(x)\,dx$ kaça eşittir?

A) 24 B) 20 C) 18 D) 16 E) 10

3. f(x) + f(–x) = 0

olduğuna göre, $\int_{-3}^{3} (f(x)+3)\,dx$ integralinin değeri aşağıdakilerden hangisine eşittir?

A) 18 B) 9 C) 0 D) –9 E) –18

4. R reel sayılar kümesi olmak üzere, her n doğal sayısı için,

$f_n \ [n, n+1] \to R$

$f_n(x) = \frac{x-n}{3^n}$ fonksiyonu veriliyor.

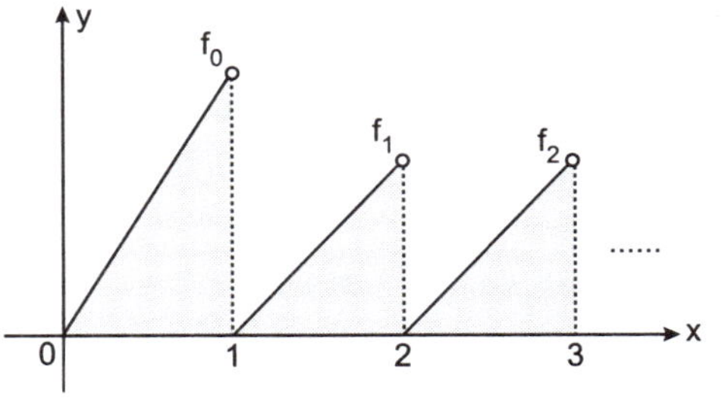

Buna göre, tüm taralı bölgelerin alanları toplamı kaç br^2 dir?

A) $\frac{1}{2}$ B) $\frac{2}{3}$ C) $\frac{3}{4}$ D) $\frac{5}{6}$ E) $\frac{8}{9}$

5. $x^2 \cdot y^2 - 16x^2 - 4y^2 + 64 = 0$

denkleminin koordinat sisteminde oluşturduğu kapalı bölgenin alanı kaç birimkaredir?

A) 16 B) 24 C) 32 D) 48π E) 64π

6. $$\int_{0}^{1} \sqrt{\frac{1-x}{1+x}}\,dx$$

integralinin değeri aşağıdakilerden hangisine eşittir?

A) $\frac{\pi}{2}+1$ B) $\frac{\pi}{2}-1$ C) $\frac{\pi}{2}+\frac{1}{3}$ D) $\frac{\pi}{2}-\frac{1}{3}$ E) $\frac{\pi+1}{2}$

7. $$\int_0^4 \sqrt{x^2+4}\,dx + \int_2^{2\sqrt{5}} \sqrt{x^2-4}\,dx$$

ifadesinin değeri aşağıdakilerden hangisine eşittir?

A) 4 B) $4\sqrt{2}$ C) 4π D) 8π E) $8\sqrt{5}$

8. $$\int_0^6 \frac{x}{6-x}\,dx = A$$

$$\int_0^6 \frac{6-x}{x}\,dx = B$$

olduğuna göre, A ile B arasındaki ilişki aşağıdakilerden hangisidir?

A) A – B = 0 B) A + B = 0

C) A – 2B = 0 D) A = 6B

E) B = 6A

9.

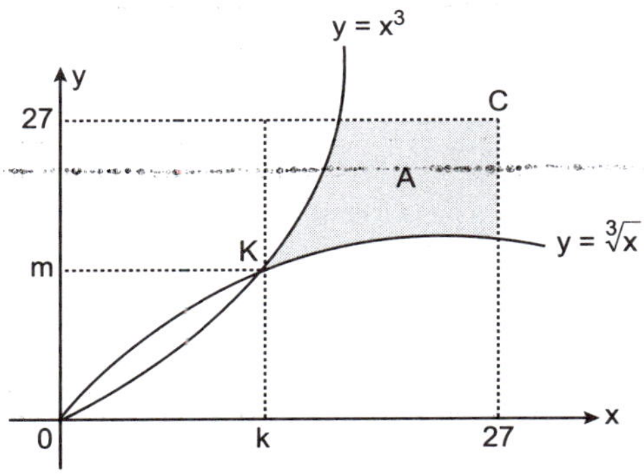

$y = x^3$ ve $y = \sqrt[3]{x}$ eğrileri ile x = 27 ve y = 27 doğruları arasında kalan bölgenin alanı A br^2 dir.

Buna göre, A değeri kaçtır?

A) 608 B) 600 C) 570 D) 556 E) 540

10. f : R → R ve sürekli bir fonksiyondur.

$$f(2)=6,\ f(5)=-3 \text{ ve } \int_2^5 f(x)\,dx = 0$$

olduğuna göre, $\int_{-3}^{6} f^{-1}(x)\,dx$ **ifadesinin değeri kaçtır?**

A) 26 B) 27 C) 28 D) 29 E) 30

11.

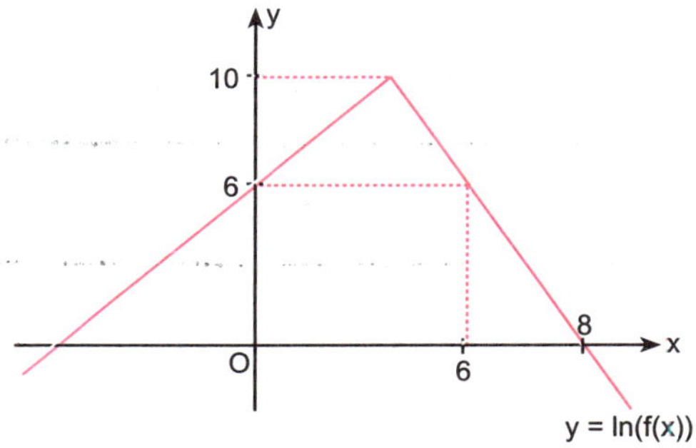

Şekilde y = ln(f(x)) fonksiyonunun grafiği verilmiştir.

Buna göre,

$$\int_0^6 \frac{x \cdot f'(x)}{f(x)}\,dx$$

ifadesinin değeri kaça eşittir?

A) 6ln2 + 12 B) –12 C) $\ln\frac{4}{3}$

D) 6ln6 – 24 E) 6ln6 – 48

12.

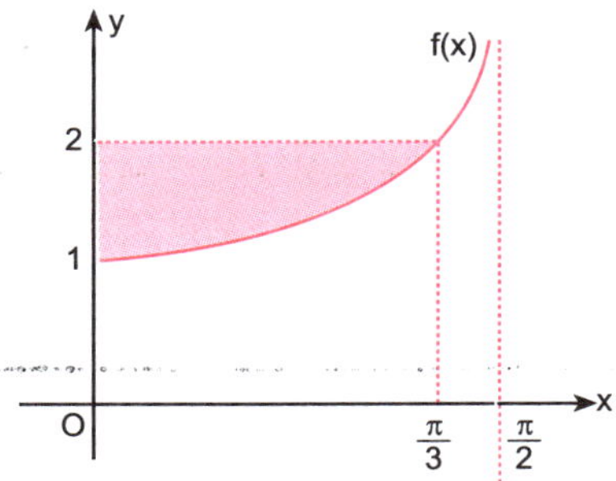

Şekilde $f(x) = \dfrac{1}{\cos x}$ fonksiyonunun grafiği verilmiştir.

Taralı bölgenin alanı A br^2 olduğuna göre,

$\int_0^{\sqrt{3}} \frac{1}{\sqrt{1+x^2}}\,dx$ **integralinin değeri aşağıdakilerden hangisine eşittir?**

A) $\frac{2\pi}{3}-A$ B) $\frac{2\pi}{3}+A$ C) $\frac{\pi}{3}-A$ D) $\frac{\pi}{3}+A$ E) A

karekök

5. Test'in Cevap Anahtarı

1 A 2 D 3 E 4 D 5 D 6 B 7 C 8 C 9 D 10 C 11 D 12 E

TEST - 7

1.

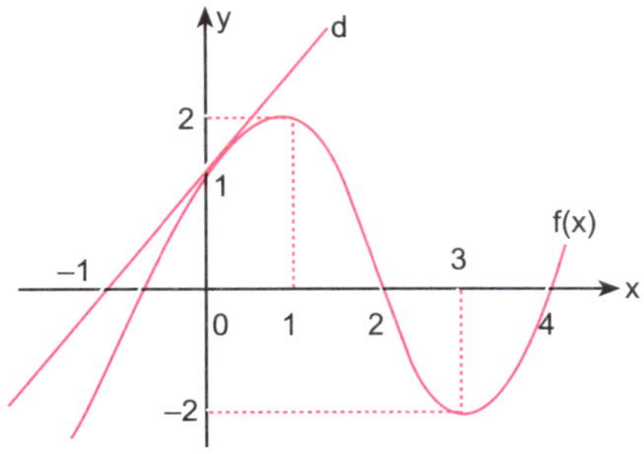

Şekilde f(x) fonksiyonu ile A(0,1) noktasındaki teğeti olan d doğrusu gösterilmiştir.

Buna göre, $\int_0^3 (f'of')(x) \cdot f''(x)dx$ ifadesinin değeri kaça eşittir?

A) 4 B) 2 C) 1 D) –1 E) –2

2. $f(x) + f(-x) = 4$

olduğuna göre, $\int_{-6}^{6} f(x)dx$ integralinin değeri kaçtır?

A) 12 B) 24 C) 30 D) 32 E) 36

3.

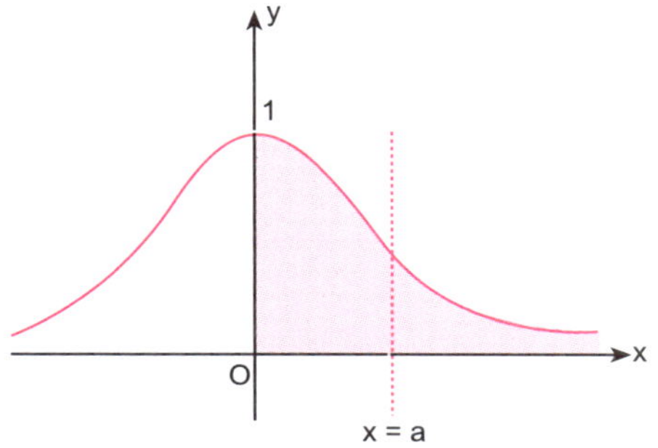

Şekilde verilen $f(x) = \dfrac{1}{1+x^2}$ fonksiyonunda taralı bölge x – a = 0 doğrusu ile iki eşit alana ayrılmıştır.

Buna göre, a aşağıdakilerden hangisine eşittir?

A) $\frac{1}{4}$ B) $\frac{1}{2}$ C) 1 D) 2 E) 4

4.

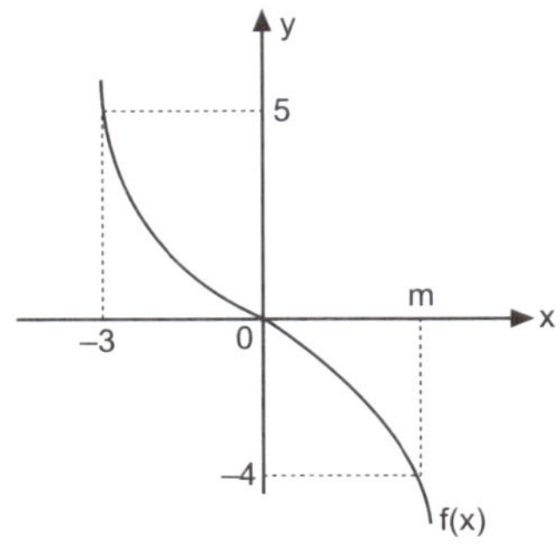

Şekilde f(x) fonksiyonunun grafiği verilmiştir.

$\int_{-3}^{m} f(x)dx = 0$ ve $\int_{-4}^{5} f^{-1}(x)dx = 17$

olduğuna göre, m kaçtır?

A) 8 B) 7 C) 6 D) 5 E) 4

5.

$\int_b^a f'(x).f''(x)dx = 24$

$f'(a) + f'(b) = 4$

olduğuna göre, f(x) fonksiyonuna x = a noktasından çizilen teğetin eğimi kaçtır?

A) 1 B) 2 C) 4 D) 6 E) 8

6.

$\sum_{n=1}^{20} \frac{1}{2n} = t$

olduğuna göre, $\int_0^1 \left[\sum_{m=1}^{20} x^{2m-1} \right] dx$ ifadesinin değeri aşağıdakilerden hangisidir?

A) $2t^2$ B) $10t^2$ C) $20t^2$ D) $2t$ E) t

7. $\displaystyle\int_{-1}^{1} \frac{6x}{1+e^{x^2-1}}\,dx$

ifadesinin değeri kaçtır?

A) 6e B) 6 C) 2e D) 1 E) 0

8.

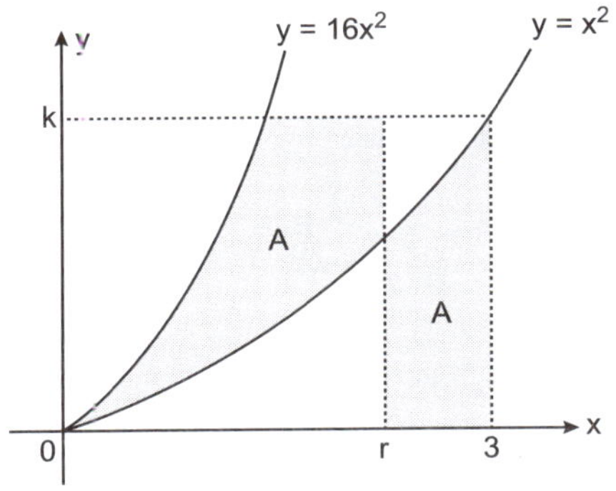

Yukarıdaki şekilde $y = 16x^2$ ve $y = x^2$ eğrileri ile $x = 3$, $x = r$ ve $y = k$ doğruları gösterilmiştir.

Taralı bölgelerin alanları eşit olduğuna göre, r değeri kaçtır?

A) 1 B) $\sqrt{2}$ C) $\frac{2}{3}$ D) $\sqrt{3}$ E) 2

9.

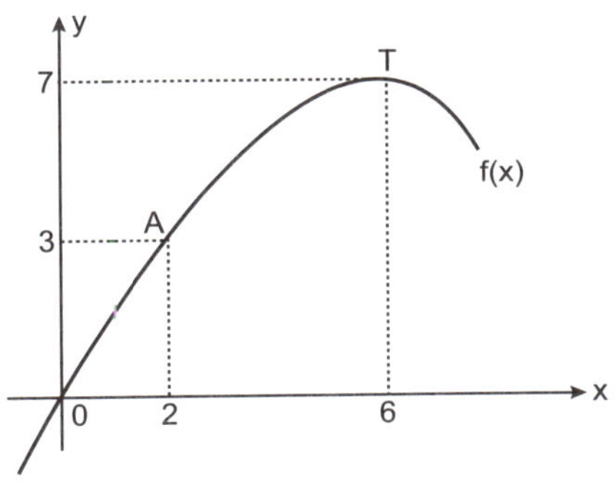

Şekilde f(x) fonksiyonunun grafiği verilmiştir.

$$\int_{2}^{6} \left(|f''(x)| + |f'(x)|\right) dx = 8$$

olduğuna göre, fonksiyona A noktasından çizilen teğetin eğimi kaçtır?

A) 1 B) 2 C) 3 D) 4 E) 5

10. $f : R \to R$ olmak üzere,

$$e^x \cdot \int f(x)\,dx = e^{2x} + \int e^x \cdot f(x)\,dx$$

eşitliği veriliyor.

Buna göre, f(x) fonksiyonu aşağıdakilerden hangisidir?

A) $e^{2x} + 1$ B) e^{2x} C) $e^{2x} - 1$ D) $2e^x$ E) $2e^x + 1$

11.

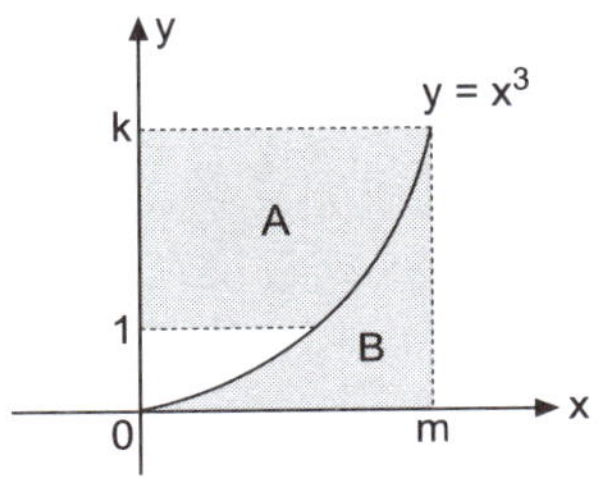

Yukarıdaki şekilde $y = x^3$ eğrisinin grafiği verilmiştir.

A ve B ile gösterilen alanlar eşit olduğuna göre, A değeri kaç br² dir?

A) $\frac{1}{2}$ B) $\frac{1}{3}$ C) $\frac{3}{4}$ D) $\frac{3}{8}$ D) $\frac{5}{8}$

12. **$f(x) = \sqrt{e^x - 1}$ eğrisi ile x ekseni ve x = ln2 doğrusu arasında kalan bölgenin alanı kaç br² dir?**

A) $2 - \frac{\pi}{2}$ B) $1 - \frac{\pi}{2}$ C) $2 + \frac{\pi}{2}$ D) $1 + \frac{\pi}{2}$ E) $3 - \frac{\pi}{2}$

6. Test'in Cevap Anahtarı

1	C	2	B	3	A	4	C	5	C	6	B	7	E	8	A	9	A	10	B	11	B	12	A

1.

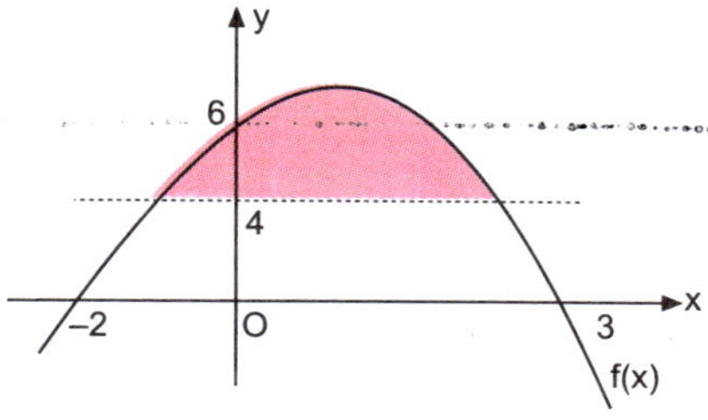

Şekide y = f(x) parabolünün grafiği verilmiştir.

Buna göre, taralı bölgenin alanı kaç br^2 dir?

A) 8 B) 7,5 C) 6 D) 5 E) 4,5

2.

$$\int_{-1}^{1} \cos\left(\frac{\pi}{2}x\right)\cdot \arctan x \cdot dx$$

integralinin değeri aşağıdakilerden hangisine eşittir?

A) π B) 2 C) 1 D) 0 E) $-\pi$

3.

$$f(x) = \int_{1}^{\ln x} \frac{1}{e^{t-1}+t^2+1}dt$$

olduğuna göre, $(f^{-1})'(0)$ kaça eşittir?

A) $\frac{e}{3}$ B) $\frac{3}{e}$ C) 1 D) 3 E) 3e

4. f:[0, 5] $\longrightarrow$ R olmak üzere,

$$f(x) = \begin{cases} e^x & 0 \le x \le 1 \\ 1 & 1 < x < 3 \end{cases}$$

fonksiyonu veriliyor.

f(x) = f(x + 3)

olduğuna göre, $\int_0^5 f(x)dx$ ifadesi aşağıdakilerden hangisine eşittir?

A) $e^2 + 2$ B) $e^2 - 1$ C) 2e + 1 D) 2e E) 2e – 1

5. $y = \sqrt{16 - x^2}$ ve y = x·tanθ fonksiyonları A(n, p) noktasında kesişmektedir.

Buna göre,

$$\sum_{\theta=1}^{89}\int_0^n \left(\sqrt{16-x^2} - x\cdot\tan\theta\right)dx$$

ifadesinin değeri kaça eşittir?

A) 32π B) 48π C) 64π D) 128π E) 178π

6.

$$\int_3^6 \left(\sqrt{36-x^2} - \sqrt{6x-x^2}\right)dx$$

integralinin değeri aşağıdakilerden hangisine eşittir?

A) $\frac{15\pi}{4} - \frac{9\sqrt{3}}{2}$ B) $\frac{9\pi}{4} - \frac{9\sqrt{3}}{2}$ C) $\frac{3\pi}{2} - \frac{9\sqrt{3}}{2}$ D) $\frac{15\pi}{4} - 9$ E) $\frac{3\pi}{2} - 9$

karekök

7. **$f(x) = \cos\left(\frac{\pi}{4}x\right)$ eğrisi ile $x + 2y = 2$ doğrusu arasında kalan bölgenin birinci bölgedeki kısmının alanı kaç br^2 dir?**

A) $\frac{4}{\pi}-1$ B) $\frac{\pi}{2}-1$ C) $\frac{2}{\pi}+1$

D) $\frac{4}{\pi}+1$ E) $\frac{1}{\pi}+2$

8.

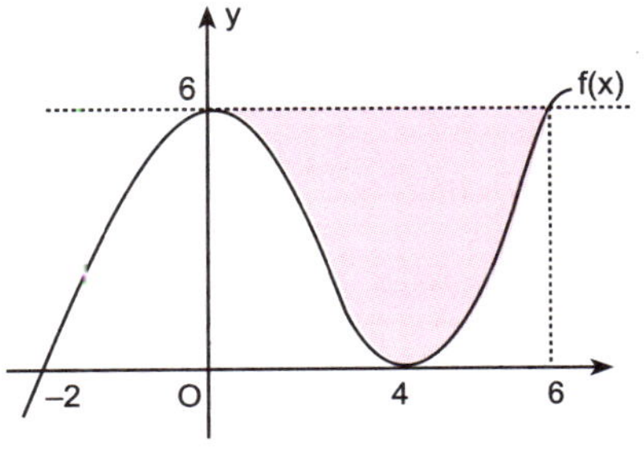

Şekilde y = f(x) fonksiyonunun grafiği verilmiştir.

Taralı bölgenin alanı 15 br^2 olduğuna göre,

$$\int_0^4 (fof)(x)\cdot f'(x)dx$$

integralinin değeri aşağıdakilerden hangisine eşittir?

A) 21 B) 15 C) 9 D) −21 E) −24

9.

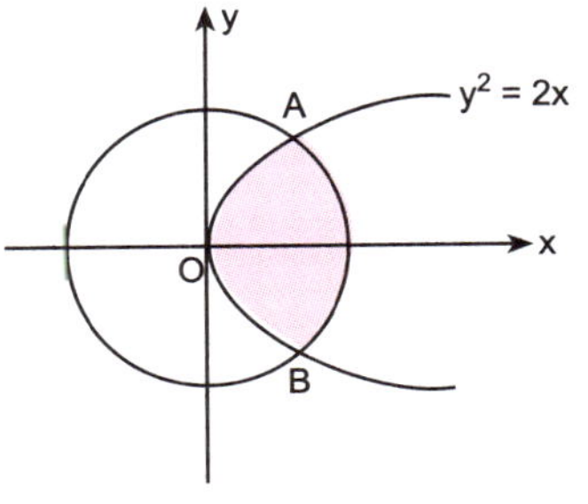

Şekilde $y^2 = 2x$ parabolü ile $x^2 + y^2 = 8$ çemberinin grafikleri verilmiştir.

Buna göre, taralı alan kaç br^2 dir?

A) $2\pi + \frac{4}{3}$ B) $2\pi + \frac{2}{3}$ C) $2\pi + \frac{2\sqrt{2}}{3}$

D) $4\pi + \frac{2}{3}$ E) $4\pi + \frac{8}{3}$

10.

$$\int \frac{2}{\sin x}dx$$

integralinin sonucu aşağıdakilerden hangisine eşittir?

A) sin(cosx) + cos(sinx) + e

B) ln|tanx| + 2secx + e

C) ln|1 − cosx| + ln|1 + sinx| + c

D) ln|1 − cosx| − ln|1 + cosx| + c

E) ln|secx| + ln|tanx|

karekök

11. $$\int_2^3 \sqrt{12x - x^2 - 20}dx + \int_6^9 \sqrt{12x - x^2 - 20}dx$$

ifadesinin değeri aşağıdakilerden hangisine eşittir?

A) ln6 B) 4π C) 6π

D) 8π E) 16π

12. $$\int_{\frac{1}{4}}^{4} \frac{\sin x}{x\left(\sin x + \sin\frac{1}{x}\right)}dx$$

integralinin sonucu aşağıdakilerden hangisidir?

A) 4ln2 B) 3ln2 C) 2ln2 D) 1 E) 0

7. Test'in Cevap Anahtarı

1	D	2	B	3	C	4	A	5	E	6	E	7	E	8	C	9	D	10	D	11	D	12	A

1. $\frac{dy}{dx} = 4xy \Rightarrow \frac{dy}{y} = 4x\,dx$

Her iki tarafın integrali alınırsa,

$\ln y = 2x^2 + c$ bulunur. A(0, 1) denklemi sağlayacağı için c = 0 olur.

Buradan, $\ln y = 2x^2$ ve $y = e^{2x^2}$ elde edilir.

Yanıt D

2. $\int_0^1 \frac{e^{2x}}{1+x}dx$ integralinde

$u = e^x$ dönüşümü yapılırsa

$\int_1^e \frac{u}{1+\ln u}du$ elde edilir.

$\int_1^e \frac{u}{1+\ln u}du - \int_1^e \frac{x}{1+\ln x}dx = 0$ olur.

Yanıt E

3. Kısmi integrasyon uygulanırsa,

$\int 2x \cdot f\left(\frac{1}{x}\right)dx = x^2 \cdot f\left(\frac{1}{x}\right) + \int f'\left(\frac{1}{x}\right)dx$ bulunur.

Buradan $x^2 \cdot f\left(\frac{1}{x}\right) = x^4$ ve $f\left(\frac{1}{x}\right) = x^2$ olur.

$f(x) = \frac{1}{x^2}$ elde edilir.

Yanıt C

4. $xdy + ydx = 0 \Rightarrow$

$xdy = -ydx \Rightarrow \frac{dy}{y} = -\frac{dx}{x}$

$\int \frac{dy}{y} = -\int \frac{dx}{x} \Rightarrow \ln y = -\ln x + c$

$y = k \cdot \frac{1}{x}$ bulunur.

Yanıt D

5. $\int_0^{\ln x} f(t)dt = x \cdot \ln x - x$

$\frac{1}{x} \cdot f(\ln x) = \ln x \Rightarrow f(\ln x) = x \cdot \ln x$

$t = \ln x$ olsun. $f(t) = t \cdot e^t$

$f'(t) = e^t + te^t = 0 \Rightarrow t = -1$

$f(-1) = -\frac{1}{e}$ bulunur.

Yanıt D

6.

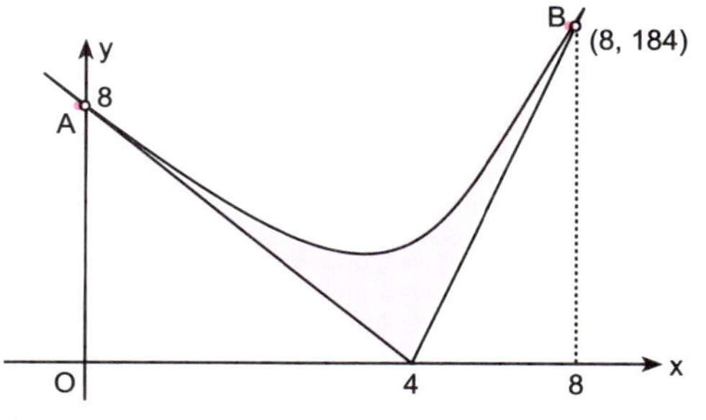

$y' = 6x - 2 \Rightarrow x = 0$ için $m = -2$

Buradan K(4, 0) noktası bulunur.

B noktasının koordinatları için,

$\frac{y-0}{x-4} = 6x - 2 \Rightarrow x = 8$

B(8, 184) bulunur.

$\int_0^8 (3x^2 - 2x + 8)\,dx = 512$

Taralı Alan : 512 – (16 + 368) = 128 olur.

Yanıt E

7.

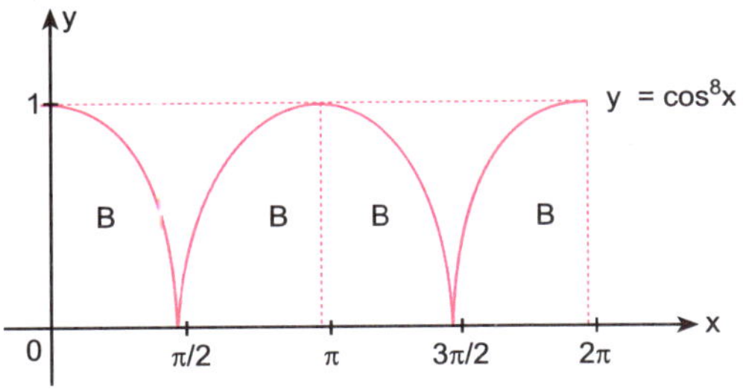

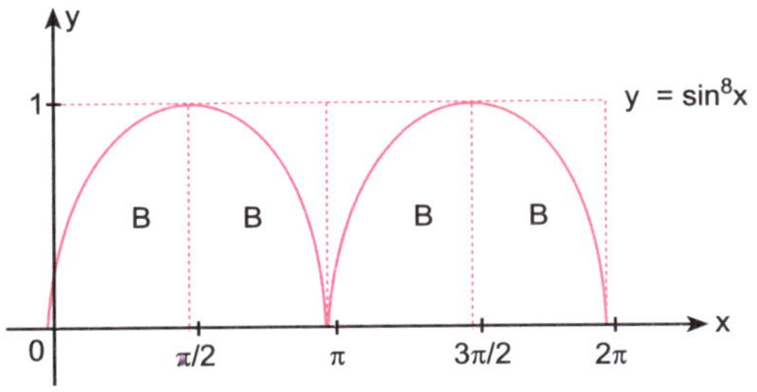

$$A=\int_0^{2\pi}\cos^8 x\,dx=4B$$

olduğuna göre,

$$\int_0^{2\pi}\sin^8 x\,dx=A \text{ olur.}$$

Yanıt E

8. $0<x<1$ için $f'(x)<0$ ve $1<x<2$ için $f'(x)>0$ olduğundan,

$$\int_0^1 -\frac{f'(x)}{1+f(x)}\,dx+\int_1^2\frac{f'(x)}{1+f(x)}\,dx \text{ hesaplanmalıdır.}$$

$$-\ln(1+f(x))\Big|_0^1+\ln(1+f(x)\Big|_1^2=\ln 25 \text{ bulunur.}$$

Yanıt E

9. $$f(r)=\sum_{n=1}^{\infty} n\cdot r^{n-1}=1+2r+3r^2+\ldots\ldots\ldots\ldots$$

$$\int_0^{1/4} f(r)\,dr=r+r^2+r^3+\ldots\ldots\ldots\ldots\ldots$$

$$\int_0^{1/4} f(r)\,dr=r\cdot\frac{1}{1-r}\Bigg|_0^{1/4}\quad\Rightarrow$$

$$\int_0^{1/4} f(r)\,dr=\frac{1}{4}\cdot\frac{1}{1-\frac{1}{4}}=\frac{1}{3} \text{ bulunur.}$$

Yanıt B

10. $$\int_a^b f(x)\,dx=10\text{ br}^2 \text{ ve}$$

$$\int_a^b h(x)\,dx=\int_a^b e^x\cdot f(x)\,dx=4\text{ br}^2$$

$$\int_a^b g(x)\,dx \text{ integralinde,}$$

$u=\int f(x)\,dx \quad dv=e^x\,dx$

$du=f(x)\,dx \quad v=e^x$ yazılırsa

$$\int_a^b g(x)\,dx=e^x\cdot\int_a^b f(x)\,dx-\int_a^b e^x\cdot f(x)\,dx$$

$$\int_a^b g(x)\,dx=10\cdot e^{b-a}-4 \text{ olur.}$$

Yanıt E

11. $$\int \sin(\ln x)\,dx \text{ integralinde,}$$

$u=\sin(\ln x) \qquad dv=dx$

$du=\frac{1}{x}\cos(\ln x)\,dx \qquad v=x$ yazılırsa,

$$\int\sin(\ln x)\,dx=x\cdot\sin(\ln x)-\int\cos(\ln x)\,dx$$

Burada yine, $u=\cos(\ln x) \qquad dv=dx$

$du=-\frac{1}{x}\sin(\ln x) \qquad v=x$ yazılırsa,

$$\int_1^e \sin(\ln x)dx=\frac{x}{2}\cdot[\sin(\ln x)-\cos(\ln x)]+c \text{ bulunur.}$$

Bundan dolayı,

$$2\int_1^e\sin(\ln x)dx=e\cdot(\sin 1-\cos 1)+1 \text{ bulunur.}$$

Yanıt A

12. $$\int\ln(\sin x)\,dx \text{ integralinde,}$$

$u=\ln(\sin x) \qquad dv=dx$

$du=\cot x\,dx \qquad v=x$ yazılırsa,

$$\int\ln(\sin x)\,dx=x\cdot\ln(\sin x)-\int x\cdot\cot x\,dx$$

Buradan, istenen sonuç,

$$x\cdot\ln(\sin x)\Big|_1^{\pi/2}=\ln(\operatorname{cosec}1) \text{ olur.}$$

Yanıt B

karekök

8. Test'in Cevap Anahtarı

1	E	2	D	3	E	4	C	5	E	6	A	7	A	8	D	9	A	10	D	11	B	12	C

1. $2x\,dx + 3y\,dy = 0$

$2x\,dx = -3y\,dy \Rightarrow$ Her iki tarafın integrali alınırsa,

$$x^2 = -\frac{3}{2}y^2 + c \Rightarrow 2x^2 + 3y^2 = 2c$$

Bu denklem bir elips denklemidir.

Yanıt C

2. $\frac{1}{x}\cdot f(x^2)$ ifadesinin türevi alınırsa,

$2\cdot f'(x^2) - \frac{1}{x^2}\cdot f(x^2)$ elde edilir.

O halde verilen integralin değeri,

$$\frac{1}{x}\cdot f(x^2)\Big|_1^2 = 4 - 5 = -1 \text{ olur.}$$

Yanıt D

3. $\int \ln^2 x\,dx$ integralinde,

$u = \ln^2 x$ $\quad$ $dv = dx$

$du = 2\cdot \ln x \cdot \frac{1}{x}\cdot dx$ $\quad$ $v = x$ alalım.

$$\int \ln^2 x\,dx = x\cdot \ln^2 x - 2\int \ln x\,dx$$

$\int \ln x\,dx = x\cdot \ln x - x$ olduğundan,

$\int \ln^2 x\,dx = x\cdot \ln^2 x - 2x\cdot \ln x + 2x + c$ bulunur.

Yanıt E

4. $\cos(\arcsin x) = 0 \Rightarrow$

$\arcsin x = \frac{\pi}{2}$ veya $\arcsin x = -\frac{\pi}{2}$

$x = 1$ ve $x = -1$ bulunur. 1. bölgede oluşturduğu kapalı alan için

$\int_0^1 \cos(\arcsin x)dx$ integralinde,

$u = \arcsin x$, $x = \sin u$ ve $dx = \cos u\,du$ yazılırsa,

$\int_0^{\frac{\pi}{2}} \cos^2 u\,du = \frac{\pi}{4}$ bulunur.

Yanıt D

5. $x\cdot \int f(x)\,dx = 2x^3 + \int x\cdot f(x)\,dx$

eşitliğinde her iki tarafın türevi alınırsa,

$$\int f(x)\,dx + x\cdot f(x) = 6x^2 + x\cdot f(x)$$

$\int f(x)\,dx = 6x^2$ olduğundan,

$f(x) = 12x$ bulunur.

Yanıt D

6.

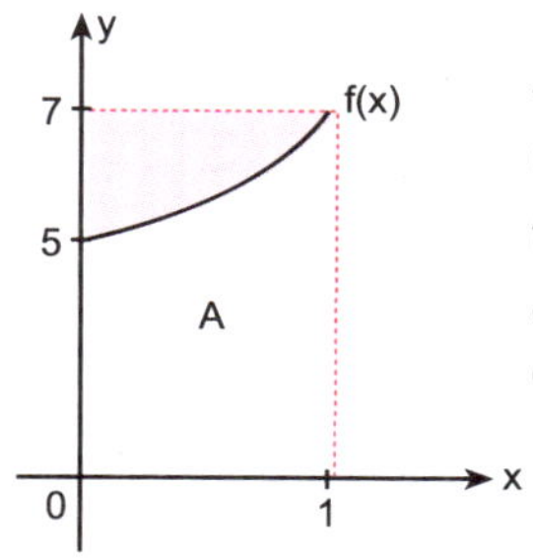

$f(x) = x^5 + x + 5$ fonksiyonunda,

$f(0) = 5$ ve $f(1) = 7$

olduğuna göre grafik şekildeki gibi olmalıdır.

$\int_5^7 f^{-1}(x)\,dx$ ifadesi taralı alana eşittir.

$A = \int_0^1 (x^5 + x + 5)\,dx = \frac{17}{3}$ olduğundan,

taralı alan $7 - \frac{17}{3} = \frac{4}{3}$ bulunur.

Yanıt D

7. $\int x\cdot f''(x)\,dx$ integralinde,

$u = x$ $\quad$ $dv = f''(x)\,dx$

$du = dx$ $\quad$ $v = f'(x)$ alalım.

$$\int x\cdot f''(x)\,dx = x\cdot f'(x) - \int f'(x)\,dx$$

$\int x\cdot f''(x)\,dx = x\cdot f'(x) - f(x)$ olur.

Sınırlar yerine yazılır ve $f'(2) = 5$ olduğu görülürse sonuç 9 bulunur.

Yanıt E

8. $y = \sqrt{15 - 2x - x^2}$ olsun.

$x^2 + y^2 + 2x - 15 = 0$ çember denklemi elde edilir.

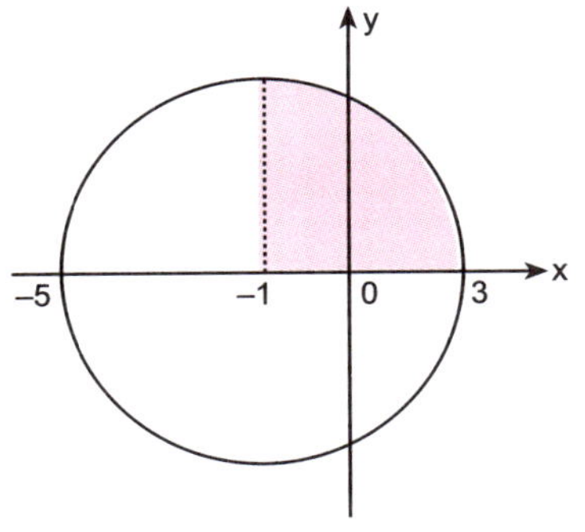

M(–1, 0) ve r = 4 olan çember şekilde gösterilmiştir.

$$\int_{-1}^{3} \sqrt{15 - 2x - x^2}\, dx$$

ifadesi taralı alanın değerine eşitir.

$\text{Alan} = \dfrac{\pi \cdot 16}{4} = 4\pi$ bulunur.

Yanıt D

9. $\int_1^2 f(x)\, dx = 12 br^2$ ve $\int_1^2 x^2 \cdot f(x)\, dx = 6 br^2$

$\int_1^2 g(x)\, dx$ integralinde,

$u = \int f(x)\, dx$ $\quad dv = 2x\, dx$

$du = f(x)$ $\quad v = x^2$ yazılırsa,

$$\int_1^2 g(x)\, dx = x^2 \cdot \int f(x)\, dx - \int x^2 \cdot f(x)\, dx$$

$$\int_1^2 g(x)\, dx = (4-1) \cdot 12 - 6 = 30 \text{ br}^2 \text{ olur.}$$

Yanıt D

10. $$\int_2^5 [f'(x) + f'(x) \cdot f'(f(x))]\, dx \Rightarrow$$

$f(x) + f(f(x))\Big|_2^5$ olduğundan,

$(5 - 2) + (5 - 2) = 6$ bulunur.

Yanıt D

11. $h(x) = \sin^3 x \cdot \cos^7 x$ fonksiyonu tek fonksiyon olduğundan, f(x) çift fonksiyon olur.

$$f\left(\frac{\pi}{2}\right) - f\left(\frac{3\pi}{2}\right) = f\left(\frac{\pi}{2}\right) - f\left(-\frac{\pi}{2}\right) \Rightarrow$$

$f\left(-\frac{\pi}{2}\right) = f\left(\frac{\pi}{2}\right)$ olduğundan sonuç sıfır olur.

Yanıt C

12. Taralı bölgenin alanı,

$A = \int_a^b f'(x)\, dx = f(b) - f(a)$ olur.

x = a ve x = b fonksiyonun minimum ve maksimum noktalarının apsisleridir.

O halde a = –2 ve b = 3 olmalıdır.

$A = f(3) - f(-2) \Rightarrow$

$A = 12 - (-3) = 15 \text{ br}^2$ olur.

Yanıt C

1. Taralı bölgelerin alanlarını eşitlersek,
$(27 - a^3) - (3 - a)k = (a - 1) \cdot k - (a^3 - 1)$ yazılır.

Burada, $k = 3a^2$ olduğundan $13 = 3a^2$ ve $a = \frac{\sqrt{39}}{3}$ bulunur.

Yanıt A

2.

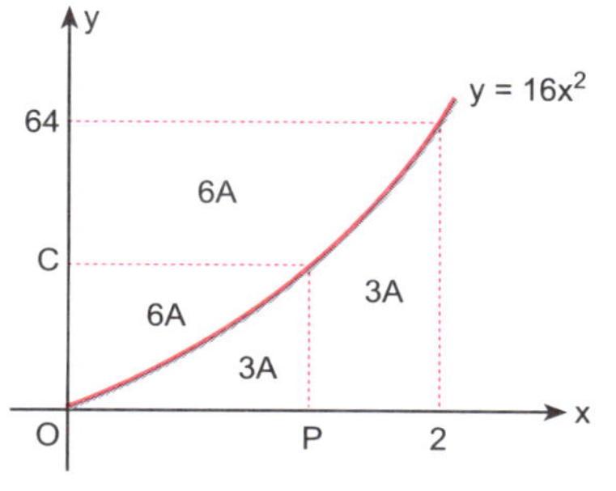

$6A = \int_0^2 16x^2\,dx$ olduğundan, $A = \frac{64}{9}$ bulunur.

$\int_0^P 16x^2\,dx = 3A = \frac{64}{3}$ olduğuna göre,

$P = \sqrt[3]{4}$ ve $C = 32 \cdot \sqrt[3]{2}$ bulunur.

Yanıt E

3. $\int_a^b f'(x)\,dx = f(b) - f(a)$ integralinde,

$\int_a^b f'(x)dx = 5 - 12 = -7$ olduğundan

$A_2 = 7\ br^2$ bulunur.

$A_1 + A_2 = 20 \Rightarrow A_1 = 13\ br^2$ olur.

Yanıt C

4. $\int_1^4 f(x-1)\,dx + \int_1^4 dx$ integralini hesaplayalım.

$u = x - 1 \Rightarrow du = dx$ olduğundan,

$\int_1^4 f(x-1)\,dx = \int_0^3 f(u)\,du = 6$ olur.

$\int_1^4 dx = 3$ olduğuna göre,

sonuç $6 + 3 = 9$ bulunur.

Yanıt B

5. $x \cdot \frac{dy}{dx} = y + 5$ olduğundan,

$\frac{dy}{y+5} = \frac{dx}{x}$ her iki tarafın integrali alınırsa,

$\ln(y + 5) = \ln x + c$

$y = kx - 5$ bulunur. $f(1) = -4$ verildiğinden $k = 1$ olur.

$f(4) = -1$ elde edilir.

Yanıt A

6. $\arctan x = m \Rightarrow \tan m = x$

$\text{arccot}\, x = n \Rightarrow \cot n = x$

$\tan m = \cot n$ olduğundan $m + n = \frac{\pi}{2}$ dir.

$\int_0^{1/4} (\arctan x + \text{arccot}\, x)\,dx = \int_0^{1/4} \frac{\pi}{2}\,dx$

$\frac{\pi}{2}x\Big|_0^{1/4} = \frac{\pi}{8}$ bulunur.

Yanıt E

karekök

7.

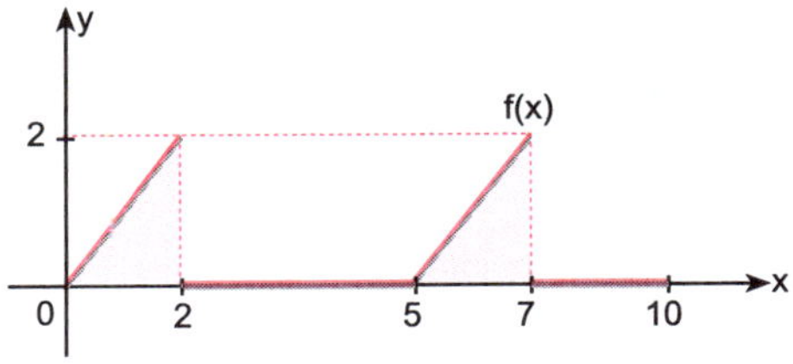

$f(x) = f(x + 5)$ olduğundan fonksiyon periyodiktir.

$$\int_0^{10} f(x)\,dx = 2 + 2 = 4 \text{ olur.}$$

Yanıt C

8. $\int_0^1 f(1-x)\,dx$ integralinde,

$u = 1 - x$, $du = -dx$ yazılırsa,

$$\int_1^0 -f(u)\,du = 4 \Rightarrow \int_0^1 f(x)\,dx = 4 \text{ olur.}$$

$f(x)$ çift fonksiyon ise $\int f(x)\,dx$ tek fonksiyondur.

$$\int_{-1}^{1} f(x)\,dx = \int_{-1}^{0} f(x)\,dx + \int_0^1 f(x)\,dx = 4 + 4 = 8 \text{ olur.}$$

Yanıt A

9. $y^2 - yx^2 - 2xy + 2x^3 = 0$ ifadesi çarpanlara ayrılırsa $(y - 2x)(y - x^2) = 0$ elde edilir. Öyleyse, $y = 2x$ ve $y = x^2$ fonksiyonları arasında kalan bölgenin bulunması gerekiyor.

$$\int_0^2 (2x - x^2)\,dx \text{ integrali hesaplanırsa } \frac{4}{3} \text{ bulunur.}$$

Yanıt A

10. $f(x) = y$ yazılıp, her iki tarafın türevi alınırsa

$$-\frac{dy}{dx} \cdot \frac{1}{y} = y \Rightarrow -\frac{dy}{y^2} = dx$$

Her iki tarafın integrali alınırsa

$$\frac{1}{y} = x + c \Rightarrow y = \frac{1}{x + c} \text{ olur.}$$

$x = 0$ için $1 - \ln f(0) = 0$ olduğundan,

$f(0) = e$ ve $c = \frac{1}{e}$ bulunur.

$f(x) = \frac{e}{ex + 1}$ elde edilir.

Yanıt C

11.

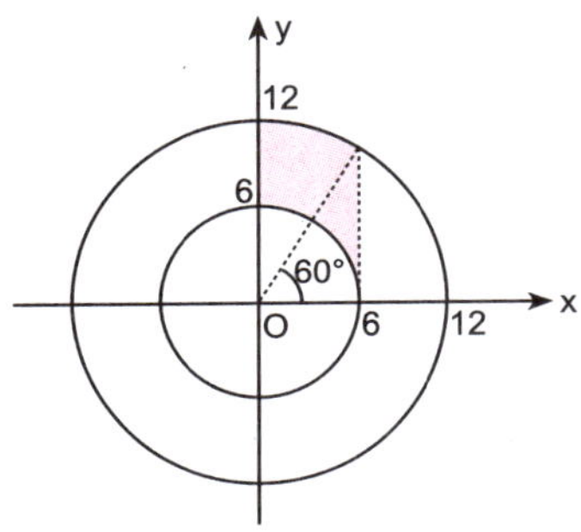

Verilen integral, şekildeki taralı bölgenin alanına eşittir.

$$A = \frac{6 \cdot 6\sqrt{3}}{2} + \frac{144 \cdot \pi}{12} - \frac{36\pi}{4}$$

$$A = 18\sqrt{3} + 3\pi \text{ olur.}$$

Yanıt E

12. $x^2 \cdot f'(x)$ ifadesinin türevini alalım.

$2x \cdot f'(x) + x^2 \cdot f''(x)$ bulunur. O halde istenen integral,

$$x^2 \cdot f'(x) - \int x \cdot f'(x)\,dx \text{ olur.}$$

$$x^2 \cdot f'(x) - xf(x)\Big|_2^4 + \int_2^4 f(x)\,dx \text{ hesaplanırsa}$$

$12 + 8 = 20$ bulunur.

Yanıt D

1.

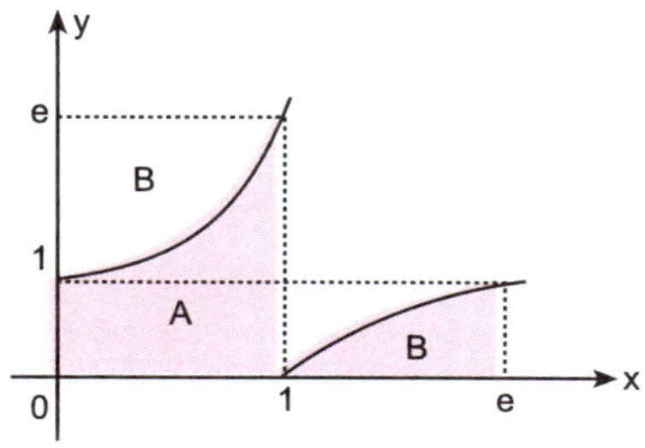

$y = e^{x^2}$ ve $y = \sqrt{\ln x}$

fonksiyonları y = x doğrusuna göre simetriktir.

Bu yüzden,

$$\int_0^1 e^{x^2}\,dx + \int_1^e \sqrt{\ln x}\,dx = A + B$$

A + B = e olur.

Yanıt C

2.

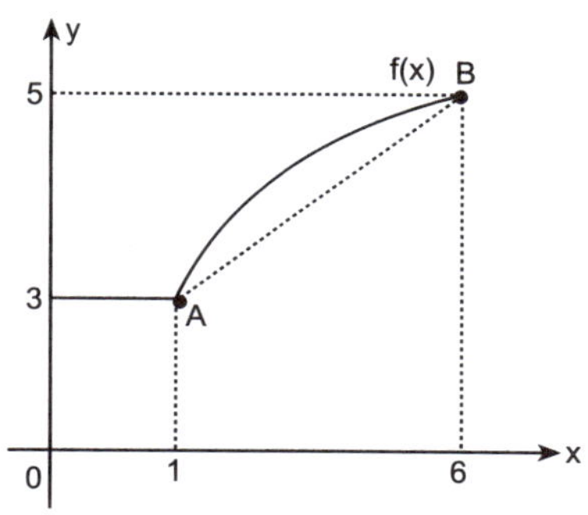

$\int_1^6 f(x)\,dx$ ifadesi f eğrisinin altında kalan alanı verir. A ile B birleştirilirse elde edilen yamuğun alanı 20 br^2 olur. O halde eğri, şekildeki gibi olmalıdır.

Yani $f'(x) > 0$ ve $f''(x) < 0$ olur.

Yanıt B

3. $\int_0^{\pi} x \cdot f(\sin x)\,dx$ integralinde,

$u = \pi - x$, $du = -dx$ yazılırsa

$$\int_0^{\pi} x \cdot f(\sin x)\,dx = \int_0^{\pi} (\pi - u) \cdot f(\sin u)\,du$$

$$\int_0^{\pi} x \cdot f(\sin x)\,dx = \int_0^{\pi} \pi \cdot f(\sin u)\,du - \int_0^{\pi} u \cdot f(\sin u)\,du$$

$$\int_0^{\pi} x \cdot f(\sin x)\,dx = \frac{\pi}{2} \cdot \int_0^{\pi} f(\sin x)\,dx \text{ olur.}$$

Yanıt D

4. $\int_e^{e^e} \frac{1}{1+x^2}\,dx$ integralinde,

$x = e^u$, $dx = e^u \cdot du$ yazalım.

$$\int_e^{e^e} \frac{1}{1+x^2}\,dx = \int_1^e \frac{e^u}{1+e^{2u}}\,du \text{ olur.}$$

$$\int_1^e \left(\frac{e^u}{1+e^{2u}} + \frac{e^{2u} - e^u + 1}{1+e^{2u}} \right) du = \int_1^e du$$

Buradan, sonuç e – 1 bulunur.

Yanıt D

5. $\int_0^1 e^x \cdot \tan x + \int_0^1 e^x \cdot (1 + \tan^2 x)\,dx$

$\int_0^1 e^x \cdot \tan x\,dx$ integralinde,

$u = \tan x$ $\qquad dv = e^x\,dx$

$du = (1 + \tan^2 x)\,dx$ $\qquad v = e^x$ yazılırsa,

$$\int_0^1 e^x \cdot \tan x\,dx = e^x \cdot \tan x - \int (1 + \tan^2 x) \cdot e^x\,dx$$

Buradan, istenen sonuç $e^x \cdot \tan x \Big|_0^1 = e \cdot \tan 1$ olur.

Yanıt D

6. $h'(x) = f(x) \Rightarrow h'(6) = f(6) = 2$

Teğetin denklemi $y = 2x + n$ demektir.

$$h(6) = \int_0^6 f(t)\,dt = \pi - 4$$

O halde $A(6, \pi - 4)$ noktası $y = 2x + n$ denklemini sağlar. Buradan, $y = 2x - 16 + \pi$ bulunur.

Yanıt B

7. Önce $f(x) = \ln(x + \sqrt{1+x^2})$ fonksiyonunun tek fonksiyon olduğunu gösterelim.Bunun için $f(-x) = -f(x)$ olması gerekir.

$f(-x) = \ln(-x + \sqrt{1+x^2})$ ve $-f(x) = -\ln(x + \sqrt{1+x^2})$ olur.

$$-f(x) = \ln\left(\frac{1}{x + \sqrt{1+x^2}}\right) = \ln(-x + \sqrt{1+x^2}) \text{ bulunur.}$$

$f(-x) = -f(x)$ olduğundan, $\int_{-e}^{e} \ln(x + \sqrt{1+x^2})\,dx = 0$ demektir.

Yanıt D

8. $\int (\sin(\ln x) + \cos(\ln x))\,dx$ integralinde,

$u = \sin(\ln x)$ $\quad$ $dv = dx$

$du = \frac{1}{x} \cdot \cos(\ln x)\,dx$ $\quad$ $v = x$ alırsak,

$$x \cdot \sin(\ln x) - \int \cos(\ln x)dx + \int \cos(\ln x)dx$$

elde edilir. Buradan sonuç, $x \cdot \sin(\ln x) + c$ bulunur.

Yanıt C

9.

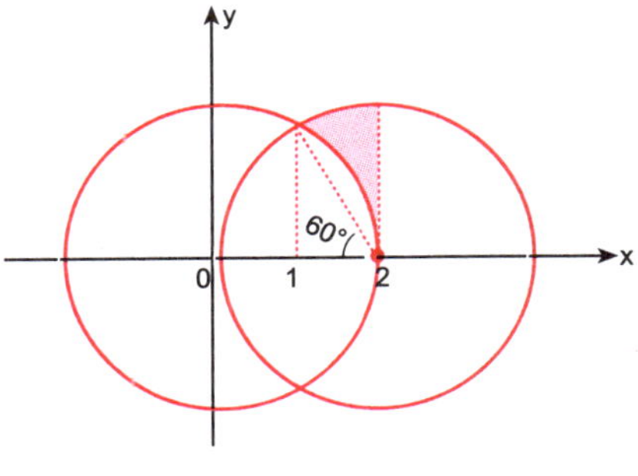

Verilen integraller sırası ile merkezleri M(0, 0) ve (2, 0) olan ve yarıçapları $r_1 = r_2 = 2$ olan eş çemberleri göstermektedir.

Taralı bölgenin alanı: $\frac{\pi \cdot 4}{12} - \left(\frac{4\pi}{6} - \sqrt{3}\right) = \sqrt{3} - \frac{\pi}{3}$ olur.

Yanıt D

10. $f(0) = 6$ olduğundan $d = 6$ bulunur.

$f(1) = 10 \Rightarrow a + b + c + 6 = 10$

$f(-1) = 4 \Rightarrow -a + b - c + 6 = 4$

eşitliklerinden $b = 1$ olur.

Taralı alan: $\int_{-1}^{1} (ax^3 + bx^2 + cx + d)\,dx$

işlemler yapılırsa sonuç $\frac{38}{3}$ bulunur.

Yanıt C

11. h(x), herhangi bir tek fonksiyonu göstermek üzere, verilen şartları sağlayan f(x) fonksiyonu

$f(x) = x^2 + 2 + h(x)$ şeklindedir. (Neden?)

$$\int_{-3}^{3} f(x)\,dx = \int_{-3}^{3} (x^2 + 2 + h(x))\,dx$$

$\int_{-3}^{3} h(x)\,dx = 0$ olduğundan sonuç 30 bulunur.

Yanıt B

12. $\int_0^{\frac{\pi}{2}} \cos^5(\sin x) \cdot \cos x\,dx$ integralinde,

$u = \sin x$, $du = \cos x\,dx$ alınırsa,

$\int_0^1 \cos^5 u\,du$ elde edilir.

Bu değer, sorulan ifadede yerine yazılırsa,

$$\int_0^1 \cos^5 x\,dx - \int_0^1 \cos^5 x \cdot \sin^2 x\,dx$$

$$\int_0^1 \cos^5 x \cdot (1 - \sin^2 x)\,dx = \int_0^1 \cos^7 x\,dx = A \text{ olur.}$$

Yanıt E

1. OT doğrusunun eğimi, y = –2x + 6 türevinden m = 6 ve AT doğrusunun eğimi m = –6 olur.

Doğruların denklemleri y = 6x ve y= –6x + 36 olduğundan kesişim noktası T(3, 18) olur.

$$\text{Taralı alan} = \frac{18 \cdot 6}{2} - \int_0^6 (-x^2 + 6x)\,dx$$

$$\text{Taralı alan} = 54 - 36 = 18\ \text{br}^2 \text{ olur.}$$

Yanıt A

2. 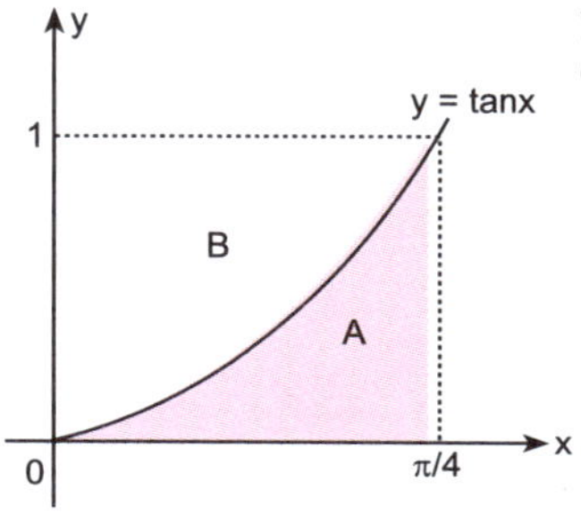

y = tanx eğrisi çizilirse,

$$A = \int_0^{\pi/4} \tan x\,dx$$

$$B = \int_0^{1} \arctan x\,dx$$

olduğundan,

$A + B = \dfrac{\pi}{4}$ bulunur.

Yanıt D

3. $$\int_0^{\pi/2} \sin^8 x\,dx = \frac{7}{8} \cdot \int_0^{\pi/2} \sin^6 x\,dx$$

$$\int_0^{\pi/2} \sin^6 x\,dx = \frac{5}{6} \cdot \int_0^{\pi/2} \sin^4 x\,dx$$

$$\int_0^{\pi/2} \sin^4\,dx = \frac{3}{4} \cdot \int_0^{\pi/2} \sin^2 x\,dx$$

$$\int_0^{\pi/2} \sin^2 x\,dx = \frac{1}{2} \int_0^{\pi/2} dx = \frac{1}{2} \cdot \frac{\pi}{2}$$

ifadeler yerine yazılırsa, $\dfrac{35\pi}{256}$ bulunur.

Yanıt E

4. $x^a = x^{a+2}$ için x = –1, x = 0 ve x = 1 olur.

$$f(a) = 2 \cdot \int_0^1 |\,x^a - x^{a+2}\,|\,dx \text{ olduğundan}$$

$$\sum_{a=1}^{\infty} f(a) = f(1) + f(2) + \ldots$$

$$= 2 \cdot \int_0^1 (x + x^2)dx = \frac{5}{3} \text{ bulunur.}$$

Yanıt D

5. 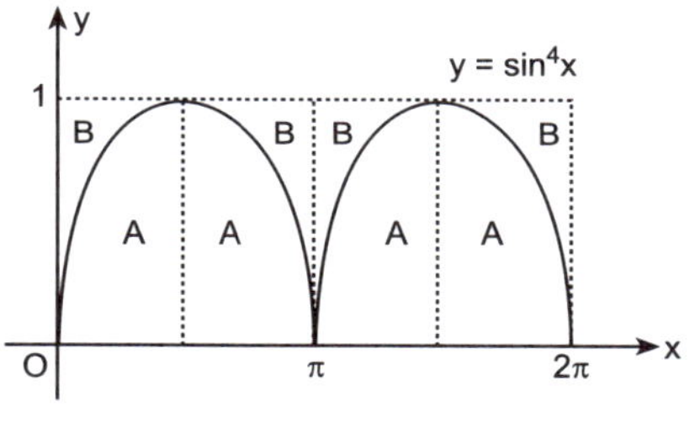

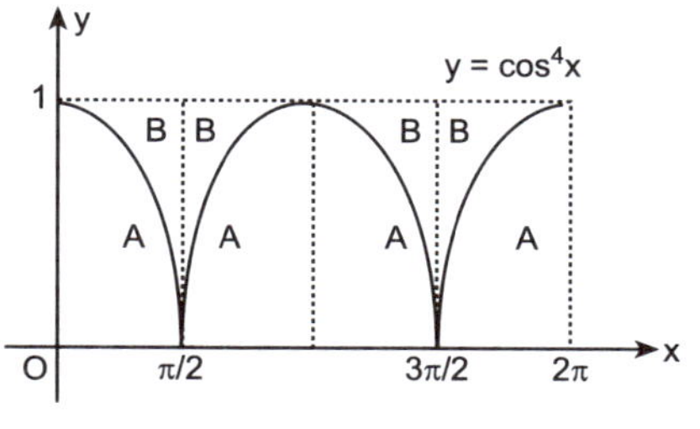

A ve B harfleri bulundukları bölgelerin alanlarını göstermektedir.

$$\int_0^{2\pi} \sin^4 x\,dx = 4A = \frac{3\pi}{4} \text{ olduğundan}$$

$$\int_0^{2\pi} \cos^4 x\,dx = 4A = \frac{3\pi}{4} \text{ bulunur.}$$

Yanıt D

6. $f(x)=\int_0^x \frac{1}{u^2+(1+u)^2}\,du$ ifadesini

$f(x)=\int_0^x \frac{1/u^2}{1+\left(1+\frac{1}{u}\right)^2}\,du$ olarak yazalım.

$f(x) = -\arctan\left(1+\frac{1}{x}\right)+\frac{\pi}{2}$ bulunur.

$\lim_{x\to\infty} f(x)=-\frac{\pi}{4}+\frac{\pi}{2}=\frac{\pi}{4}$ bulunur.

Yanıt B

7. $\int_0^1 e^x\cdot\sqrt{e^2-e^{2x}}\,dx$ integralinde,

$u = e^x$, $du = e^x \cdot dx$ dönüşümü yapılırsa,

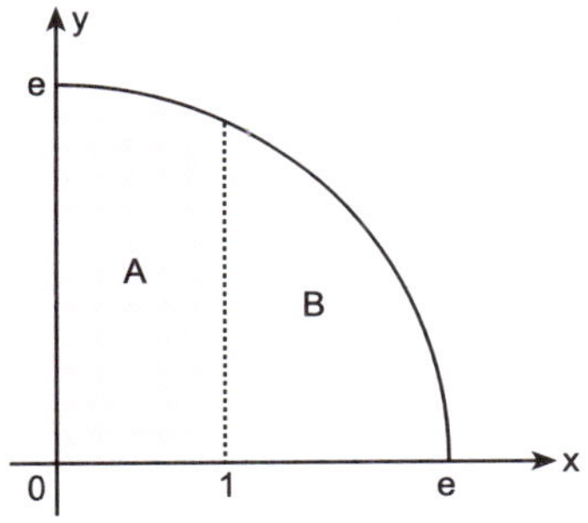

$\int_1^e \sqrt{e^2-u^2}\,du$ elde edilir. Bu integral şekilde B ile gösterilen alanı ifade etmektedir.

$B=\frac{\pi e^2}{4}-A$ bulunur.

Yanıt C

8. $f(x) = x\cdot\sin x\cdot\tan x$ fonksiyonu,
$f(-x) = -f(x)$ özeliğini taşıdığından tek fonksiyondur.
Bu sebeple $\int_{-\pi}^{\pi} x\cdot\sin x\cdot\tan x\,dx=0$ bulunur.

Yanıt C

9.

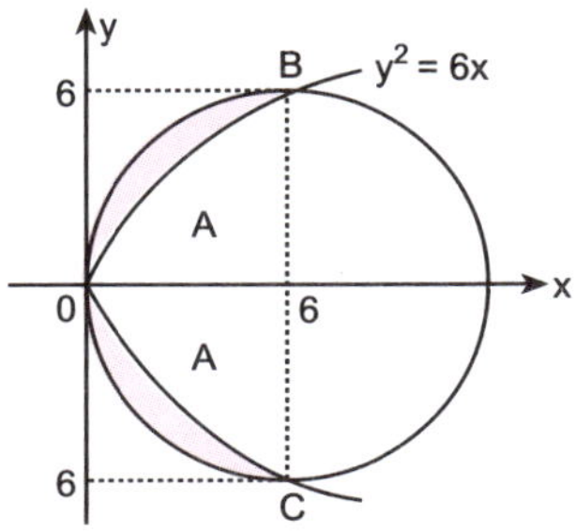

$x^2 + y^2 - 12x = 0$ ifadesi M(6, 0) ve r = 6 olan bir çember denklemidir.
Denklemler ortak çözülürse kesişim noktaları B(6, 6) ve C(6, –6) olur.

$A=\int_0^6 \sqrt{6}\cdot\sqrt{x}\,dx=24\ br^2$

Taralı alan : $\frac{\pi 36}{2}-2\cdot 24=18\pi-48$ bulunur.

Yanıt D

10.

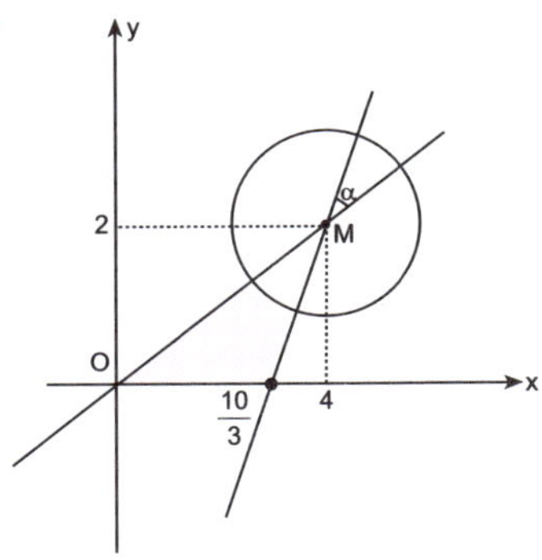

Doğruların eğimleri

$m_1=\frac{1}{2}$ ve $m_2 = 3$

olduğundan,

$\tan\alpha=\frac{3-\frac{1}{2}}{1+3\cdot\frac{1}{2}}=1$

$\alpha = 45°$ bulunur.

A\B kümesinin oluşturduğu bölgenin alanı, taralı alan olup $\frac{10}{3}-\frac{\pi}{8}=\frac{80-3\pi}{24}$ olur.

Yanıt C

karekök

11.

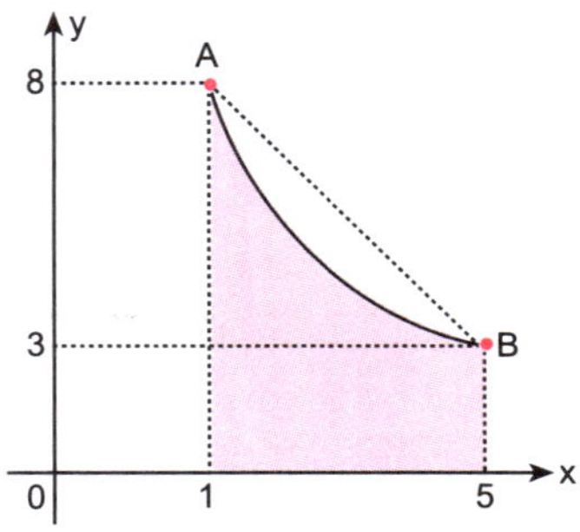

Verilen şartlara uygun bir f eğrisi şekilde gösterilmiştir. f eğrisi, A ile B noktaları arasında doğrusal olsaydı,

$$\text{Alan} = \int_1^5 f(x)\,dx$$

Alan = 22 br^2 olurdu.

O halde, en büyük tam sayı değeri 21 olarak bulunur.

Yanıt D

12. $\int_0^{\pi/3} x \cdot \tan x \, dx$ integralinde,

u = x dv = tanx·dx

du = dx v = –ln(cosx) yazalım.

$$\int_0^{\pi/3} x \cdot \tan x \, dx = -x \cdot \ln(\cos x)\Big|_0^{\frac{\pi}{3}} + \int_0^{\pi/3} \ln(\cos x)\, dx$$

$$\int_0^{\pi/3} x \cdot \tan x \cdot dx = \frac{\pi}{3} \cdot \ln 2 - \left(\frac{\pi}{3} \cdot \ln 2 - A\right) \text{ olur.}$$

Yanıt E

1.

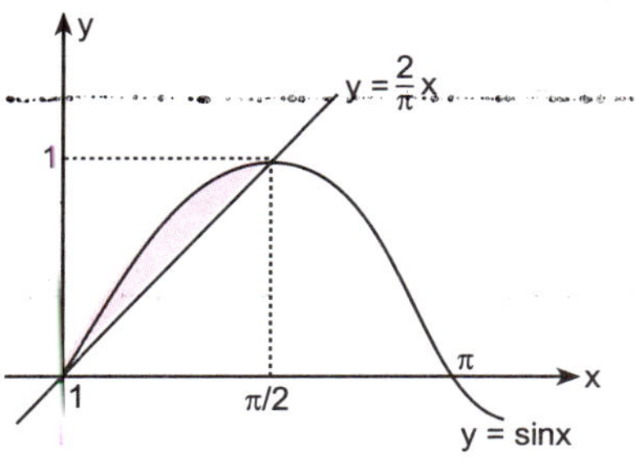

$\int_0^{\pi/2}\left(\sin x-\frac{2}{\pi}x\right)dx$ integrali istenen alanı verir.

$-\cos x-\frac{1}{\pi}x^2\Big|_0^{\pi/2}=1-\frac{\pi}{4}$ bulunur.

Yanıt C

2.

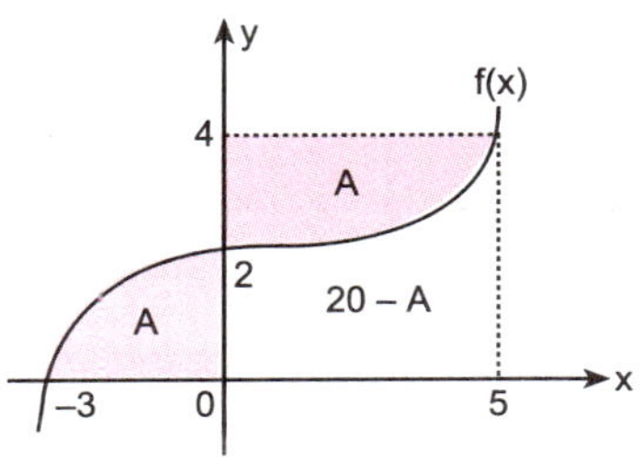

$\int_{-3}^{0}f(x)\,dx=A$

$\int_{2}^{4}f^{-1}(x)\,dx=A$ olduğundan,

$\int_{-3}^{5}f(x)\,dx=A+20-A=20$ bulunur.

Yanıt B

3. $f(x)+f(-x)=0 \Rightarrow$

$f(-x)=-f(x)$ olur ve buradan f(x) fonksiyonunun tek fonksiyon olduğu anlaşılır.

$\int_{-3}^{3}(f(x)+3)\,dx=\int_{-3}^{3}f(x)\,dx+\int_{-3}^{3}3\,dx$

$\int_{-3}^{3}(f(x)+3)\,dx=0+18=18$ olur.

Yanıt A

4. n = 0 için,

$\int_0^1 x\,dx=\frac{1}{2}$

n = 1 için

$\int_1^2 \frac{x-1}{3}\,dx=\frac{1}{6}$

n = 2, 3, ... ∞ şeklinde devam edilirse bir seri elde edilir.

$\frac{1}{2}+\frac{1}{6}+....=\frac{1}{2}\cdot\frac{1}{1-\frac{1}{3}}=\frac{3}{4}$

Genel çözüm:

$\sum_{n=0}^{\infty}\int_n^{n+1}\frac{x-n}{3^n}\,dx=\sum_{n=0}^{\infty}\frac{1}{3^n}\left(\frac{x^2}{2}-nx\right)\Bigg|_n^{n+1}$

$=\frac{1}{2}\sum_{n=0}^{\infty}\frac{1}{3^n}=\frac{3}{4}$

Yanıt C

5.

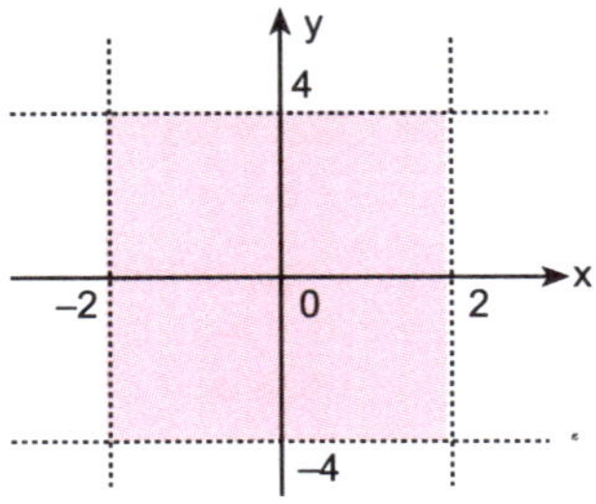

$x^2y^2 - 16x^2 - 4y^2 + 64 = 0$

denklemini çarpanlara ayırırsak,

$(y^2 - 16)\cdot(x^2 - 4) = 0$ elde edilir.

$y^2 = 16$ ve $x^2 = 4$ doğruları çizilirse kapalı bölgenin alanı $8\cdot 4 = 32$ br^2 olur.

Yanıt C

6. $\sqrt{\dfrac{1-x}{1+x}} = \dfrac{1-x}{\sqrt{1-x^2}}$ olarak yazalım.

$$\int_0^1 \frac{1-x}{\sqrt{1-x^2}}\,dx = \int_0^1 \frac{1}{\sqrt{1-x^2}}\,dx - \int_0^1 \frac{x}{\sqrt{1-x^2}}\,dx$$

$\arcsin x + \sqrt{1-x^2}$ ifadesinde sınırlar yerine yazılırsa sonuç $\dfrac{\pi}{2} - 1$ olur.

Yanıt B

7.

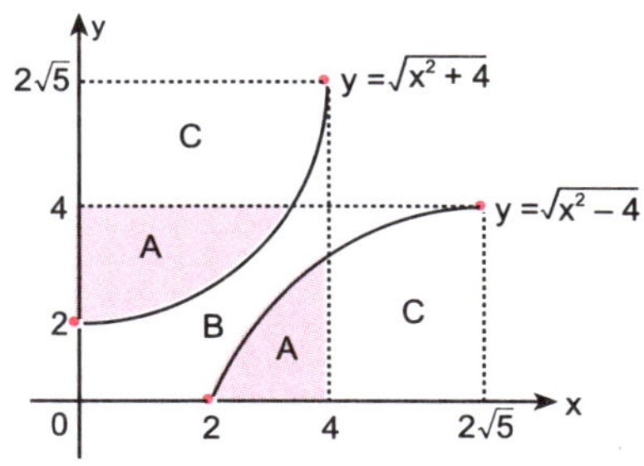

$y = \sqrt{x^2+4}$ ile $y = \sqrt{x^2-4}$ fonksiyonları y = x doğrusuna göre simetriktir.

$$\int_0^4 \sqrt{x^2+4}\,dx + \int_2^{2\sqrt{5}} \sqrt{x^2-4}\,dx = A + B + A + C$$

$$= 4\cdot 2\sqrt{5} = 8\sqrt{5} \quad \text{olur.}$$

Yanıt E

8. $u = 6 - x \Rightarrow du = -dx$

$$A = \int_0^6 \frac{6-u}{u}\,du = \int_0^6 \frac{6-x}{x}\,dx \text{ olur.}$$

$$B = \int_0^6 \frac{6-x}{x}\,dx$$

olduğundan A = B'dir.

Yanıt A

9.

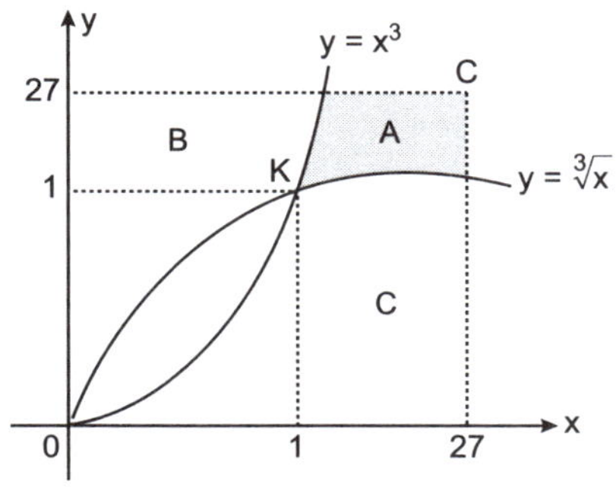

$y = \sqrt[3]{x}$ eğrisi ile $y = x^3$ eğrisinin kesişim noktası K(1,1) dir.

B ve C alanları için,

$$B = C = \int_1^{27} \sqrt[3]{x}\,dx = 60$$

Buna göre, A + B + C + 1 = 27 . 27

A = 608 br^2 olur.

Yanıt A

10.

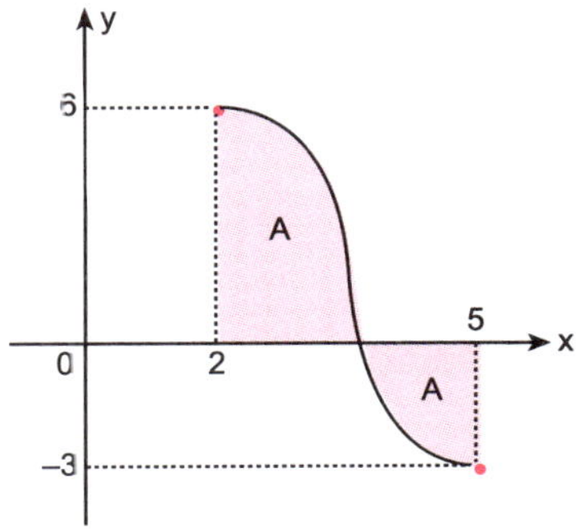

$\int_{2}^{5} f(x)\,dx = 0$ olduğundan taralı alanların eşit olduğu anlaşılır.

$\int_{-3}^{6} f^{-1}(x)\,dx = A + 12 + 15 - A = 27$ olur.

Yanıt B

11. $\int_{0}^{6} \frac{x \cdot f'(x)}{f(x)}\,dx$ integralinde,

$u = x \qquad dv = \frac{f'(x)}{f(x)}\,dx$

$du = dx \qquad v = \ln(f(x))$ alınırsa,

$x \cdot \ln(f(x))\Big|_{0}^{6} - \int_{0}^{6} \ln(f(x))\,dx$ elde edilir.

$\int_{0}^{6} \ln(f(x))\,dx$ ifadesi grafikte (0, 6) aralığında eğrinin altında kalan alanı, yani 48 br^2 değerini verir.

O halde sonuç, $6 \cdot 6 - 48 = 36 - 48 = -12$ olur.

Yanıt B

12. $\int_{0}^{\sqrt{3}} \frac{1}{\sqrt{1+x^2}}\,dx$ integralinde,

$x = \tan u$, $dx = \frac{1}{\cos^2 u}\,du$ yazılırsa,

$\int_{0}^{\frac{\pi}{3}} \frac{1}{\cos u}\,du$ elde edilir. Bu integral $f(x) = \frac{1}{\cos x}$ eğrisinin $\left(0, \frac{\pi}{3}\right)$ aralığında altında kalan alanı verir.

Bu alan $\frac{2\pi}{3} - A$ olur.

Yanıt A

karekök

1. $\int_0^3 (f' o f')(x) \cdot f''(x)\,dx$ integralinde,

$u = f'(x)$, $du = f''(x)\,dx$ yazılırsa,

$\int_1^0 f'(u)\,du = f(0) - f(1) = 1 - 2 = -1$ bulunur.

Yanıt D

2. $\int_{-6}^{6} f(x)dx = \int_{-6}^{0} f(x)dx + \int_{0}^{6} f(x)dx$ olur.

$\int_{-6}^{0} f(x)dx = \int_{0}^{6} f(-u)du$ elde edilir.

$(x = -u,\ dx = -du$ yazılarak$)$

$\int_{-6}^{6} f(x)dx = \int_{0}^{6} f(x)dx + \int_{0}^{6} f(-x)dx = 24$ olur.

Yanıt B

3. Taralı alanlar eşit olduğuna göre,

$\int_0^a \frac{1}{1+x^2}\,dx = \int_a^{\infty} \frac{1}{1+x^2}\,dx$ yazılabilir.

Sınırlar yerine yazılırsa, $\arctan a = \arctan \infty - \arctan a$

$\arctan a = \frac{\pi}{4}$ olduğundan $a = 1$ bulunur.

Yanıt C

4.

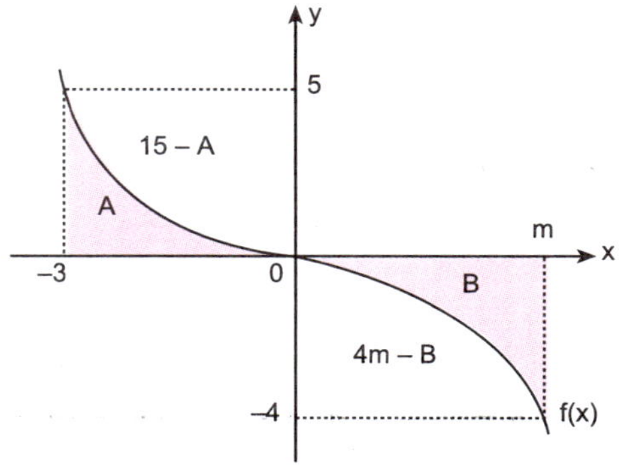

$\int_{-3}^{m} f(x)\,dx = 0 \Rightarrow A - B = 0$

$\int_{-4}^{5} f^{-1}(x)\,dx = 17 \Rightarrow A - 15 + 4m - B = 17$

olduğundan m = 8 bulunur.

Yanıt A

5. $\int_b^a f'(x) \cdot f''(x)\,dx = \frac{1}{2}(f'(x))^2 \Big|_b^a = 24$

$f'(a) + f'(b) = 4$

$f'(a) - f'(b) = 12$ olduğundan,

$f'(a) = 8$ bulunur.

Yanıt E

6. $f(x) = \sum_{m=1}^{20} x^{2m-1} = x + x^3 + x^5 + \dots\dots + x^{39}$

$\int_0^1 f(x)\,dx = \frac{x^2}{2} + \frac{x^4}{4} + \frac{x^6}{6} + \dots\dots + \frac{x^{40}}{40}$

$\int_0^1 f(x)\,dx = \frac{1}{2} + \frac{1}{4} + \frac{1}{6} + \dots\dots + \frac{1}{40} = t$

Yanıt E

7. $f(x) = \dfrac{6x}{1+e^{x^2-1}}$ fonksiyonu,

$f(-x) = -f(x)$ şartını sağladığı için tek fonksiyondur.

O halde, $\displaystyle\int_{-1}^{1} \frac{6x}{1+e^{x^2-1}}\,dx = 0$ olur.

Yanıt E

8.

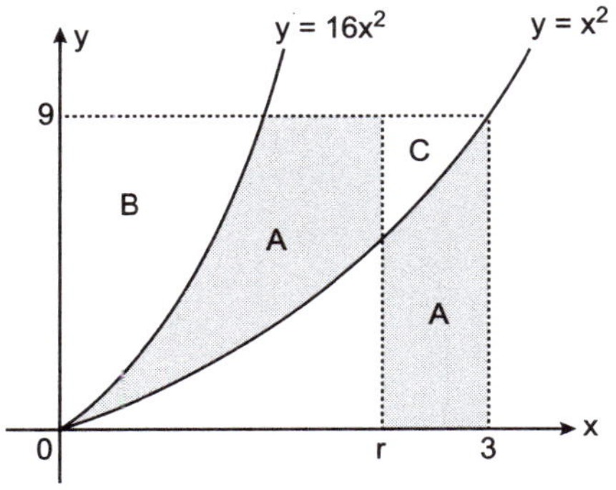

$A + B + C = \displaystyle\int_0^9 \sqrt{y}\,dy = 18$

$B = \displaystyle\int_0^9 \frac{\sqrt{y}}{4}\,dy = \frac{9}{2}$

Buradan, $A + C = \dfrac{13}{2}$ bulunur.

$A + C = \dfrac{13}{2} = 9\,.\,(3 - r)$

$r = \dfrac{3}{2}$ olur.

Yanıt C

9.

$\displaystyle\int_2^6 |f''(x)|\,dx = -\int_2^6 f''(x)\,dx$

$\Rightarrow f'(2) - f'(6)$ olur.

$\displaystyle\int_2^6 |f'(x)|\,dx = \int_2^6 f'(x)\,dx$

$\Rightarrow f(6) - f(2) = 7 - 3 = 4$ olur.

$\displaystyle\int_2^6 (|f''(x)| + |f'(x)|)\,dx = 8$

$f'(2) - f'(6) + 4 = 8$

$f'(2) - f'(6) = 4$

$f'(6) = 0$ olduğundan,

$f'(2) = 4$ bulunur.

Yanıt D

10. $e^x \cdot \displaystyle\int f(x)\,dx = e^{2x} + \int e^x \cdot f(x)\,dx$

ifadesinde her iki tarafın türevi alınırsa,

$e^x \cdot \displaystyle\int f(x)\,dx + e^x \cdot f(x) = 2 \cdot e^{2x} + e^x \cdot f(x)$

$e^x \cdot \displaystyle\int f(x)\,dx = 2 \cdot e^{2x}$ olduğundan,

$f(x) = 2e^x$ bulunur.

Yanıt D

11. (m k) noktası $y = x^3$ eğrisinin üzerinde olduğundan $k = m^3$ tür. $f(x) = x^3$ ise $f^{-1}(x) = \sqrt[3]{x}$

$A = \displaystyle\int_0^m x^3\,dx = \frac{x^4}{4}\Big|_0^m = \frac{m^4}{4}$

$B = \displaystyle\int_1^k \sqrt[3]{x}\,dx = \frac{3}{4}\,x\sqrt[3]{x}\Big|_1^k = \frac{3}{4}(k\sqrt[3]{k} - 1)$

$A = B \Rightarrow \dfrac{m^4}{4} = \dfrac{3}{4}(k\sqrt[3]{k} - 1)$

$\Rightarrow \dfrac{m^4}{4} = \dfrac{3}{4}(m^3\,\sqrt[3]{m^3} - 1)$

$\Rightarrow m^4 = 3m^4 - 3 \Rightarrow m^4 = \dfrac{3}{2}$

$A = \dfrac{m^4}{4} = \dfrac{3}{8}\ br^2$

Yanıt D

12.

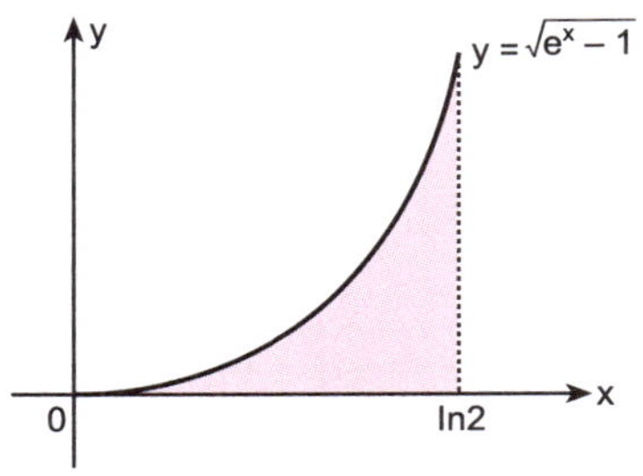

Şekilde görülen bölgenin alanı:

$\displaystyle\int_0^{\ln 2} \sqrt{e^x - 1}\,dx$ integrali ile hesaplanır.

$e^x - 1 = u^2$ ve $e^x\,dx = 2u \cdot du$ alınırsa,

$\displaystyle\int_0^1 \left(2 - \frac{2}{1+u^2}\right)du = 2u - 2\arctan u\Big|_0^1$

$\displaystyle\int_0^{\ln 2} \sqrt{e^x - 1}\,dx = 2 - \frac{\pi}{2}$ bulunur.

Yanıt A

1.

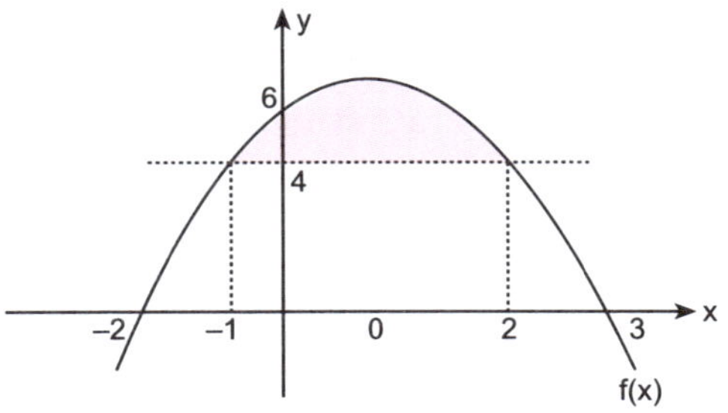

Parabolün denklemi $f(x) = -x^2 + x + 6$ ve $y = 4$ doğrusu ile $x = -1$, $x = 2$ noktalarında kesişir.

$\int_{-1}^{2} f(x)\,dx = 16{,}5$ olduğundan taralı bölgenin alanı

$A = 16{,}5 - 3 \cdot 4 = 4{,}5 \text{ br}^2$ bulunur.

Yanıt E

2. $\int_{-1}^{1} \cos\left(\frac{\pi}{2}x\right) \cdot \arctan x \cdot dx$ integralinde,

$u = \arctan x$ $\qquad dv = \cos\left(\frac{\pi}{2}x\right)dx$

$du = \frac{1}{1+x^2}\,dx$ $\qquad v = \frac{2}{\pi} \cdot \sin\left(\frac{\pi}{2}x\right)$ yazılırsa,

$$\frac{2}{\pi} \cdot \arctan x \cdot \sin\left(\frac{\pi}{2} \cdot x\right)\Bigg|_{-1}^{1} - \int_{-1}^{1} \frac{2}{\pi} \cdot \frac{\sin\left(\frac{\pi}{2}x\right)}{1+x^2}\,dx$$ elde edilir.

$\int_{-1}^{1} \frac{2}{\pi} \cdot \frac{\sin\left(\frac{\pi}{2}x\right)}{1+x^2}\,dx = 0$ olduğundan, $\frac{2}{\pi} \cdot \left(\frac{\pi}{4} - \frac{\pi}{4}\right) = 0$

bulunur.

2. yol $\cos\left(\frac{\pi}{2}x\right) \cdot \arctan x$ fonksiyonu tek fonksiyon olduğu için

$\int_{-1}^{1} \cos\left(\frac{\pi}{2}x\right) \arctan x \cdot dx = 0$ bulunur.

Yanıt D

3. $(f^{-1})'(0)$ ifadesinin değerini bulmak için önce,

$\ln x = 1$ ve $x = e$ elde edilir.

$$\frac{1}{\dfrac{1}{e^{\ln x - 1} + \ln^2 x + 1} \cdot \dfrac{1}{x}}$$ ifadesinde $x = e$ yazılırsa,

$(f^{-1})'(0) = 3e$ bulunur.

Yanıt E

4.

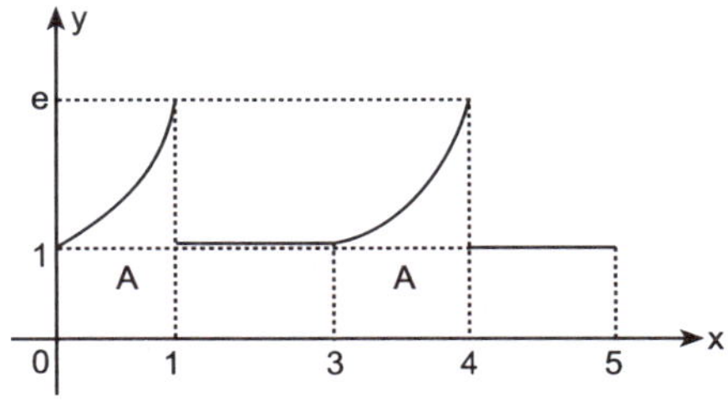

$f(x) = f(x + 3)$ olduğundan fonksiyon periyodiktir.

$A = \int_{0}^{1} e^x\,dx = e - 1$

$\int_{0}^{5} f(x)\,dx = 2(e-1) + 2 + 1 = 2e + 1$ bulunur.

Yanıt C

5.

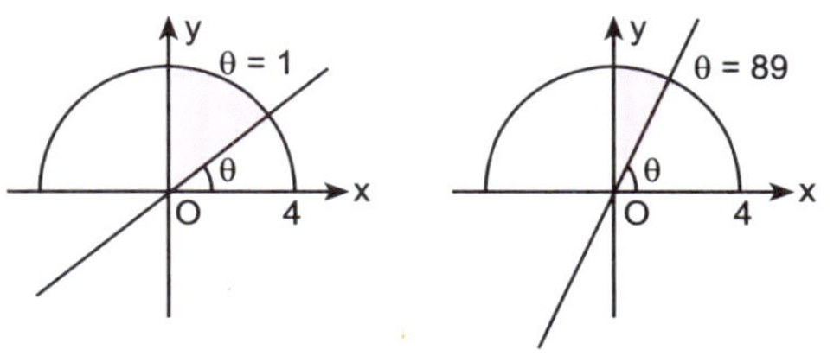

Yukarıdaki şekillerde $\theta = 1$ ve $\theta = 89°$ için oluşan alanlar gösterilmiştir. Bu durumda alanlar toplamı $\frac{1}{4}\pi \cdot 4^2$ olur. Aynı değer $\theta = 2°$ ve $\theta = 88°$ durumlarının toplamı için de geçerlidir.

O halde, istenen toplam

$44 \cdot \frac{1}{4}\pi \cdot 4^2 + \frac{1}{8} \cdot \pi \cdot 4^2 = 178\pi$ olur.

Yanıt E

6. $\int_3^6 \left(\sqrt{36-x^2}-\sqrt{6x-x^2}\right)dx$

integrali şekilde görülen taralı alana eşittir.

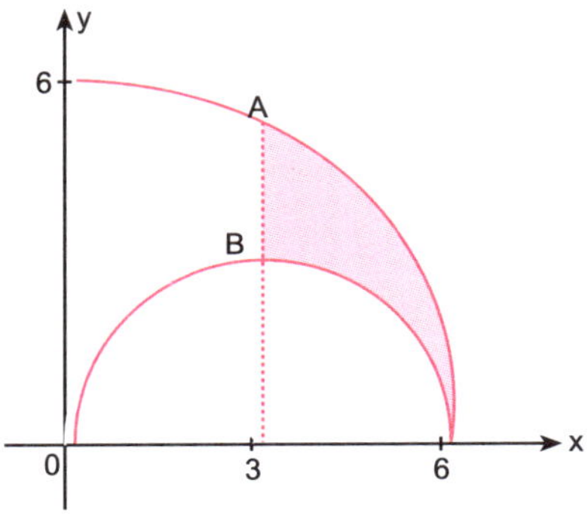

Geometri bilgisi kullanılarak taralı bölgenin alanı

$$A=\frac{36\pi}{6}-\left(\frac{9\pi}{4}+\frac{3\cdot 3\sqrt{3}}{2}\right)$$

$$A=\frac{15\pi}{4}-\frac{9\sqrt{3}}{2}$$ bulunur.

Yanıt A

7.

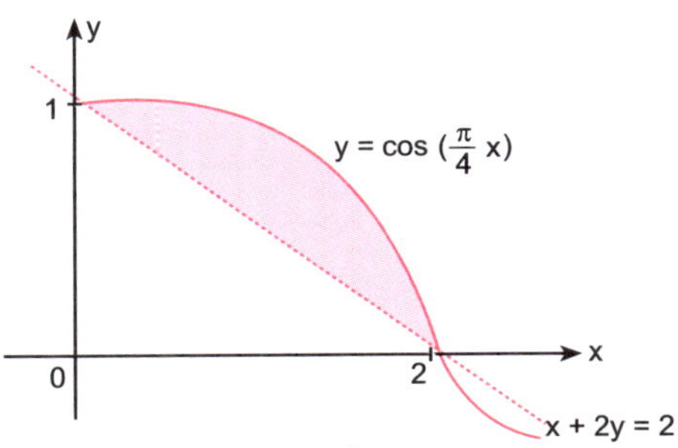

Şekilde görülen alan, $A=\int_0^2 \cos\left(\frac{\pi}{4}x\right)dx-1$

$A=\frac{4}{\pi}-1$ olarak bulunur.

Yanıt A

8. $\int_0^4 (fof)(x).f'(x)\,dx$ integralinde,

$u = f(x)$ ve $du = f'(x)dx$ alınırsa,

$$\int_6^0 f(u)\cdot\frac{du}{f'\cdot(x)}\cdot f'(x)=\int_6^0 f(u)\,du \text{ bulunur.}$$

$\int_0^6 f(u)\,du$ ifadesi eğrinin altında kalan alanı verdiğinden $36 - 15 = 21$, yani -21 bulunur.

Yanıt D

9.

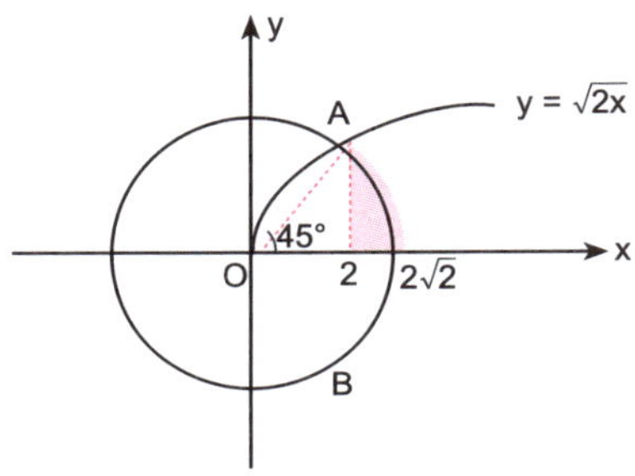

Denklemler ortak çözülürse, $x = 2$ bulunur.

$$\int_0^2 \sqrt{2x}\,dx=\frac{8}{3}$$

Taralı bölgenin alanı: $\pi - 2$

O halde, istenen alan $= 2\left(\frac{8}{3}+\pi-2\right)=2\pi+\frac{4}{3}$ olur.

Yanıt A

10. $\int \frac{2}{\sin x}dx$ integralini,

$$2\cdot\int\frac{\sin x}{\sin^2 x}dx=2\cdot\int\frac{\sin x}{1-\cos^2 x}dx$$

olarak yazalım.

Bu integralde, $u = \cos x$ ve $du = -\sin x\cdot dx$ yazılırsa,

$$2\cdot\int\frac{1}{u^2-1}du=\int\left(\frac{1}{u-1}-\frac{1}{u+1}\right)du$$

Buradan, $\ln|1 - \cos x| - \ln|1 + \cos x| + c$ bulunur.

Yanıt D

11. $y=\sqrt{12x-x^2-20}$ olsun.

$x^2 + y^2 - 12x + 20 = 0$ denklemi elde edilir.

Bu ise, M(6, 0) ve r = 4 olan bir çemberi gösterir.

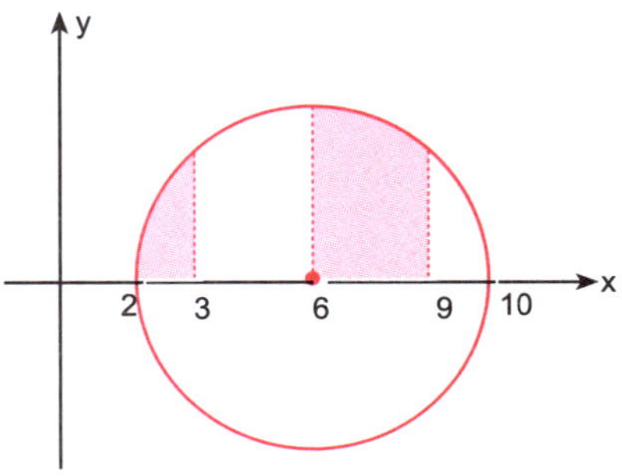

İstenen toplam, taralı alanların toplamına eşittir.

$\dfrac{\pi\cdot 4^2}{4}=4\pi$ olur.

Yanıt B

12. $u=\dfrac{1}{x} \Rightarrow du=-\dfrac{1}{x^2}dx$

$$\int_{\frac{1}{4}}^{4}\frac{\sin\left(\frac{1}{u}\right)}{u\left(\sin\frac{1}{u}+\sin u\right)}du \text{ elde edilir.}$$

$$A=\int_{\frac{1}{4}}^{4}\frac{\sin x}{x\left(\sin x+\sin\frac{1}{x}\right)}dx=\int_{\frac{1}{4}}^{4}\frac{\sin\left(\frac{1}{x}\right)}{x\left(\sin x+\sin\frac{1}{x}\right)}dx$$

$$2A=\int_{\frac{1}{4}}^{4}\frac{\sin x+\sin\left(\frac{1}{x}\right)}{x\left(\sin x+\sin\frac{1}{x}\right)}dx$$

$$2A=\int_{\frac{1}{4}}^{4}\frac{1}{x}dx \Rightarrow A=2\ln 2$$

Yanıt C

18. BÖLÜM

KARMA TESTLER

KARMA TEST - 1

1. Dört askerden birincisi 9 günde, ikincisi 8 günde, üçüncüsü 6 günde, dördüncüsü 5 günde bir nöbet tutmaktadır.

Dördü birlikte nöbet tuttuktan sonra, tekrar dördü birlikte nöbet tutuncaya kadar, yalnız üç askerin nöbet tuttuğu gün sayısı kaçtır?

A) 15 B) 13 C) 9 D) 6 E) 1

2. **135 sayısı birden fazla ardışık doğal sayının toplamı olarak kaç farklı biçimde yazılabilir?**

A) 20 B) 16 C) 15 D) 14 E) 7

3. **a ve b doğal sayılar olmak üzere EKOK(a, b) = 90 koşulunu sağlayan (a, b) ikilisi kaç tanedir?**

A) 15 B) 30 C) 45 D) 90 E) 180

4. **$y < x < 0$ için $x^2 + y^2 = \frac{26}{5}xy$**

olduğuna göre, $\frac{x+y}{x-y}$ kaçtır?

A) $-\frac{5}{3}$ B) $-\frac{3}{2}$ C) -1 D) $\frac{3}{2}$ E) $\frac{5}{3}$

karekök

5. **$x^2 - x + 1$ polinomunun $x^n + x - 1$ polinomunu tam olarak bölmesini sağlayan n doğal sayılarından biri aşağıdakilerden hangisi olabilir?**

A) 117 B) 119 C) 120 D) 321 E) 385

6. $$\log_3\left(\prod_{k=1}^{n} \frac{2x+4}{x+3}\right) - \sum_{k=1}^{n} \log_3\left(\frac{x+5}{x+3}\right) = 0$$

denklemini sağlayan x kaçtır?

A) 1 B) 2 C) 3 D) 4 E) 5

7. $x+y=\dfrac{\pi}{4}$ olduğuna göre

$(1 + \tan x)\cdot(1 + \tan y)$

aşağıdakilerden hangisine eşittir?

A) –2 B) –1 C) 0 D) 1 E) 2

8. **$f(x) = \max\left(\dfrac{1}{x^2}, x\right)$ ve $g(x) = \min(x^3, \sqrt[4]{x})$ fonksiyonları uygun aralıkta tanımlı olduğuna göre $0 < x < 1$ için gof(x) fonksiyonu aşağıdakilerden hangisine eşittir?**

A) $\sqrt[4]{x}$ B) $\sqrt[3]{x}$ C) $\sqrt{x}$ D) $\dfrac{1}{\sqrt{x}}$ E) $\dfrac{1}{\sqrt[3]{x}}$

9. **A = {1, 2, 3, 4, 5, 6} kümesi için A^2 de tanımlı bağıntılardan kaç tanesi ters simetrik bağıntıdır?**

A) $3^{36}\cdot2^6$ B) $3^{30}\cdot2^6$ C) $3^{15}\cdot2^6$ D) $2^6\cdot(2^{16}-1)$ E) 2^{21}

10. $f(n) = [2^{(2^n)} + 1]$ olduğuna göre

$f(0)\cdot f(1)\cdot f(2)\cdot \ldots \cdot f(10)$

ifadesi aşağıdakilerden hangisine eşittir?

A) $2^{(2^{11})}+1$ B) $2^{(2^{11})}-1$ C) $2^{(2^{10})}+1$ D) $2^{(2^{10})}-1$ E) $2^{(2^{11}-1)}-1$

11.

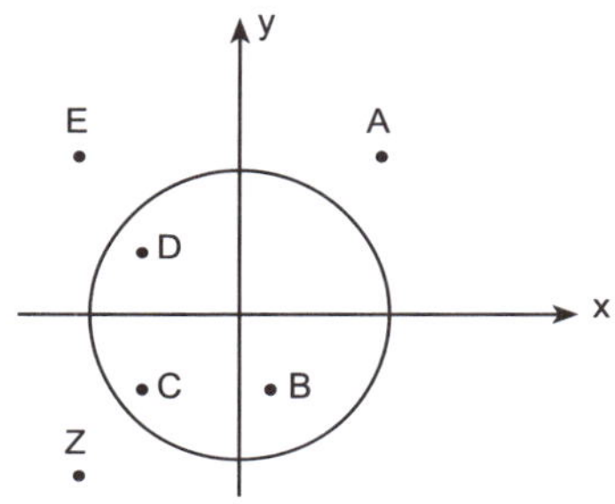

Şekildeki birim çemberde gösterilen Z karmaşık sayısının çarpmaya göre tersi hangi noktadadır?

A) A B) B C) C D) D E) E

12. $$\int_5^9 \frac{\ln(10-x)}{\ln(10-x)+\ln(x-4)}\,dx$$

aşağıdakilerden hangisine eşittir?

A) 0 B) 2 C) 4 D) 5 E) 7

KARMA TEST - 2

1. **337 sayısının asal sayı olup olmadığını kesin olarak bulmak için en az kaç tane asal sayıya bölmek gereklidir?**

A) 4 B) 5 C) 6 D) 7 E) 8

2. **$a^3 - b! = 1307$ denklemini sağlayan kaç tane (a, b) tam sayı ikilisi vardır?**

A) 0 B) 1 C) 2 D) 3 E) 4

3. $(a - b)^3 + (b - c)^3 + (c - a)^3 = 36$

olduğuna göre, $(a - b)\cdot(b - c)\cdot(c - a)$ ifadesi aşağıdakilerden hangisine eşittir?

A) –24 B) –12 C) 12 D) 24 E) 36

karekök

4. A ve B kümeleri veriliyor.

s(A) = 5, s(B) = 4 ise A'dan B'ye tanımlanan örten fonksiyon sayısı aşağıdakilerden hangisidir?

A) 120 B) 150 C) 210 D) 240 E) 270

5. x, y pozitif reel sayılar için

$$3f(x \cdot y) - f(x) \cdot f(y) = \frac{x}{y} + \frac{y}{x}$$

şartını sağlayan f fonksiyonları için f(3)'ün alabileceği farklı değerlerin toplamı kaçtır?

A) $\frac{5}{3}$ B) 3 C) $\frac{10}{3}$ D) 5 E) 7

6. f(x) polinom fonksiyon olmak üzere her $x \in R$ için

$$(x + 7)\cdot f(x) - (x + 1)\cdot f(x + 2) = 0$$

koşulunu sağlıyor.

f(1) = 24 ise $f\left(-\frac{1}{2}\right)$ kaçtır?

A) –1 B) 3 C) $\frac{45}{16}$ D) $\frac{79}{16}$ E) $\frac{231}{16}$

7. $(x + 1)\cdot(x^2 + 1)\cdot(x^3 + 1) = 8x^3$

denkleminin reel sayılardaki çözüm kümesi kaç elemanlıdır?

A) 0 B) 1 C) 2 D) 3 E) 5

8. $\cos(\pi - 4x) > \cos\frac{\pi}{3}$

çözüm aralıklarından biri aşağıdakilerden hangisidir?

A) $\left(\frac{11\pi}{6}, 2\pi\right)$ B) $\left(\frac{5\pi}{3}, \frac{11\pi}{6}\right)$ C) $\left(\frac{4\pi}{3}, \frac{5\pi}{3}\right)$

D) $\left(\frac{5\pi}{4}, \frac{4\pi}{3}\right)$ E) $\left(\frac{2\pi}{3}, \frac{4\pi}{3}\right)$

9. **Analitik düzlemde denklemi $x^2 + y^2 = 36$ olan çemberin içine çizilebilecek <u>en büyük</u> alanlı üçgenin alanı kaç br^2 dir?**

A) 18 B) $18\sqrt{3}$ C) 24 D) 27 E) $27\sqrt{3}$

10. $f(\tan x + \cot x + 2) = \sec^2 x + \operatorname{cosec}^2 x + 4$ fonksiyonu veriliyor.

Buna göre, f(x) fonksiyonunun alabileceği <u>en küçük</u> değer aşağıdakilerden hangisine eşittir?

A) 8 B) 6 C) 4 D) –2 E) –4

11. Dik bir duvara 10 m uzunluğundaki bir tahta yaslanmıştır. Tahtanın zemine değdiği nokta 1 m/sn hızla kaymaktadır.

Tahtanın zemine değdiği nokta, duvardan 6 m uzaklıkta iken tahtanın en üst noktası duvarda kaç m/sn hızla kaymaktadır?

A) $\frac{1}{2}$ B) $\frac{3}{4}$ C) $\frac{4}{5}$ D) $\frac{5}{3}$ E) $\frac{10}{7}$

12.

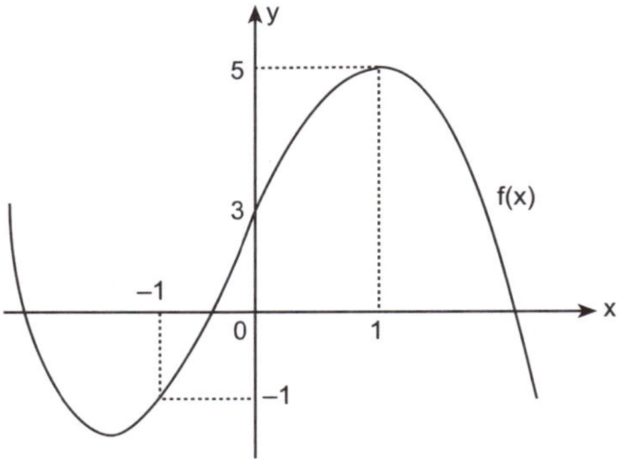

Şekilde f(x) fonksiyonunun grafiği verilmiştir.

Buna göre, $\int_{-1}^{1} f'(|x|)dx$ integralinin değeri kaçtır?

A) 2 B) 4 C) 6 D) 8 E) 10

karekök

I. Testin Cevap Anahtarı

1	C	2	E	3	C	4	B	5	B	6	A	7	E	8	D	9	C	10	B	11	D	12	B

1. $2^{2012} + 1$ ile $2^{2013} + 1$

sayılarının ortak bölenlerinin en büyüğü kaçtır?

A) 2^{2013} B) 2^{2012} C) 4 D) 2 E) 1

2. Doğal sayılar kümesinde tanımlı bir f fonksiyonu için,

$f(f(n + 1)) = n + 1$

$f(f(n + 2) - 1) = n$

$f(1) = 3$

olduğuna göre, f(2023) kaçtır?

A) 23 B) 723 C) 1014 D) 2023 E) 4046

3. A = {a, b, c, d, e, f, h, m, p}

kümesinin 5 elemanlı alt kümelerinden kaç tanesi {a, b} kümesini kapsar ve {a, b, c, d, e, f} kümesinin alt kümesi değildir?

A) 17 B) 21 C) 31 D) 34 E) 35

4. $f(x + y) = x + f(y)$

f(0) = 3 olduğuna göre, f(2012) aşağıdakilerden hangisine eşittir?

A) 4 B) 2011 C) 2012 D) 2015 E) 2016

karekök

5 $1 < a < 6$ olmak üzere, $\frac{a}{\sqrt{2}} + a\sqrt{2}$ toplamı tam sayı **olduğuna göre, a'nın alabileceği kaç farklı reel sayı değeri vardır?**

A) 8 B) 9 C) 10 D) 11 E) 12

6. $f(x) = \arctan\left(\frac{1}{x^2 + x + 1}\right)$

$a = f(1) + f(2) + f(3) + ... + f(16)$

olduğuna göre, cot a değeri kaçtır?

A) $\frac{8}{9}$ B) $\frac{7}{8}$ C) $\frac{7}{6}$ D) $\frac{8}{7}$ E) $\frac{9}{8}$

7. a tam sayısı için

$$f(x) = x^2 + ax + 2a$$

fonksiyon eğrisi x eksenini farklı A ve B noktalarında kesmektedir.

Buna göre, A ve B noktaları arasındaki uzaklık en az kaç birimdir?

A) $\frac{3}{2}$ B) $\frac{5}{2}$ C) $\frac{7}{2}$ D) 3 E) 2

8. $$\log_3 x + \log_3 25 + \log_x 9 = 3 + 2\log_x 5$$

eşitliğini sağlayan x gerçel sayılarının toplamı kaçtır?

A) $\frac{12}{5}$ B) $\frac{14}{5}$ C) $\frac{79}{25}$ D) $\frac{81}{25}$ E) $\frac{84}{25}$

9. $a, b \in R^+$

$$a^2 + 4ab + 2b^2 = 40$$

olduğuna göre, a.b çarpımının alabileceği en büyük tam sayı değeri kaçtır?

A) 5 B) 6 C) 7 D) 8 E) 9

10. $x^6 - 6x^4 + 9x^2 = k$ denkleminin farklı reel çözümlerinin sayısı s(k) ile gösterilsin.

Her $k \in R$ için s(k) ifadesinin alacağı değerler kümesi aşağıdakilerden hangisidir?

A) {0, 1, 2, 3} B) {0, 2, 4, 5} C) {0, 2, 3, 6} D) {0, 3} E) {0, 2, 3, 4, 6}

11. $$\int_0^2 \frac{4 - x^2}{\sqrt{8 - x^2} + x}\,dx$$

integralinin değeri kaça eşittir?

A) $\frac{1}{2}$ B) $\frac{2}{3}$ C) $\frac{\pi}{2}$ D) $\frac{\pi}{3}$ E) $\frac{\pi}{4}$

12. ab iki basamaklı bir doğal sayıdır.

$(ab)^{ab}$ sayısının 4 ile bölümünden kalan 3 olduğuna göre, ab sayısının alabileceği en büyük ve en küçük değerlerin toplamı kaçtır?

A) 76 B) 88 C) 96 D) 110 E) 126

2. Testin Cevap Anahtarı

1	2	3	4	5	6	7	8	9	10	11	12
D	B	B	D	D	C	B	B	E	C	B	B

KARMA TEST - 4

1. $$\text{OKEK}(15^6,\ 15^{10},\ m) = 45^{10}$$

olduğuna göre, m pozitif tam sayısının alabileceği kaç farklı değer vardır?

A) 1 B) 5 C) 6 D) 11 E) 13

2. $$\left(1+\frac{\sqrt{2}+\sqrt{3}+2}{\sqrt{2}+\sqrt{3}+\sqrt{6}+\sqrt{8}+4}\right)^8$$

ifadesinin sonucu aşağıdakilerden hangisine eşittir?

A) $3 + 2\sqrt{2}$ B) 8 C) 16 D) $16 + 8\sqrt{2}$ E) 32

3. Bir sınıfta bulunan öğrencilerin %70'i İngilizce bilmektedir. İngilizce bilenlerin %50'si kız öğrencidir.

Fransızca bilenlerin oranı %85 olduğuna göre, İngilizce ve Fransız bilen kız öğrencilerin oranı <u>en az</u> yüzde kaçtır?

A) 5 B) 10 C) 15 D) 20 E) 25

4. [–5, 2] kapalı aralığında tanımlı ikinci dereceden f(x) fonksiyonu için

$$f(-4) = f(-2) = -3$$
$$f(0) = 2$$

Buna göre, f fonksiyonunun görüntü kümesinde kaç farklı tam sayı değeri vardır?

A) 14 B) 15 C) 16 D) 17 E) 18

5. $$\arctan\frac{1}{3}+\arctan\frac{1}{5}+\arctan\frac{1}{7}+\arctan\frac{1}{x}=\frac{\pi}{4}$$

olduğuna göre, x kaçtır?

A) 4 B) 6 C) 8 D) 9 E) 10

6. a, b ∈ (0, 1) olmak üzere,

$$\frac{\log_a b}{a-b+3}+\frac{\log_b a}{b-a+5}$$

ifadesinin alabileceği <u>en küçük</u> değer kaçtır?

A) $\frac{1}{15}$ B) $\frac{1}{8}$ C) $\frac{1}{5}$ D) $\frac{1}{3}$ E) $\frac{1}{2}$

7. f: R → R olmak üzere,

$$f(x^2 + x + 3) = x^4 + 2x^3 + x^2 + 9$$

fonksiyonu veriliyor.

Buna göre, f(7) aşağıdakilerden hangisine eşittir?

A) 7 B) 25 C) 28 D) 31 E) 35

8.

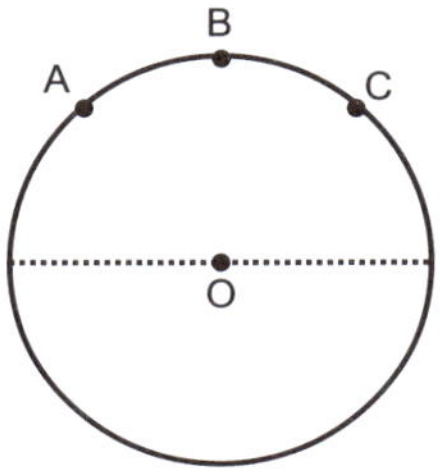

Bir çember üzerinde rastgele üç nokta alınıyor.

Bu üç noktanın çapa göre aynı yarım çember üzerinde bulunma olasılığı yüzde kaçtır?

A) 15 B) 20 C) 25 D) 50 E) 75

9. $f(x) = x^2 - |6x - a|$ fonksiyonu veriliyor.

$f'(x) = -4$ eşitliğini sağlayan iki farklı x gerçel sayısı olduğuna göre, a'nın alabileceği kaç farklı tam sayı değeri vardır?

A) 33 B) 34 C) 35 D) 36 E) 37

10. $y = x^{e+x^{e+x^{e+\dots}}}$

olduğuna göre, A(1, 1) noktası için $\frac{dy}{dx}$ ifadesinin değeri kaçtır?

A) 1 B) e C) e – 1 D) e + 1 E) 2e

11.

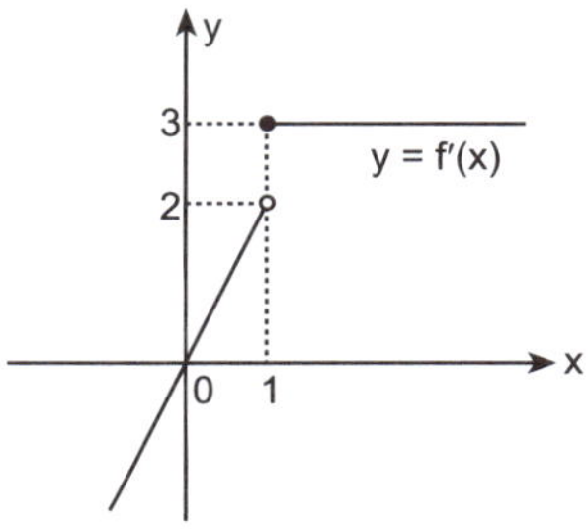

f: R → R, f(0) = 0 ve sürekli olan f fonksiyonunun türevinin grafiği verilmiştir.

Buna göre, $\int_0^2 f(x)\,dx$ ifadesinin değeri kaça eşittir?

A) $-\frac{7}{6}$ B) $\frac{11}{6}$ C) $\frac{17}{6}$ D) $\frac{29}{6}$ E) 5

12. $P(x) = x^{2018} + x^{2017}$

polinomunun $x^9 + x^8 + x^7 + \dots + x + 1$ ifadesi ile bölümünden kalan aşağıdakilerden hangisidir?

A) $x^7 + x + 1$ B) $x^7 + x^2 + 1$

C) $x^8 + 1$ D) $x^8 + x^7$

E) $x^6 + x^8 + 1$

karekök

3. Testin Cevap Anahtarı

1	2	3	4	5	6	7	8	9	10	11	12
E	C	C	D	C	E	D	E	B	E	C	D

KARMA TEST - 5

1. $A = \{1, 2, 3, 4, 5, 6, 7, 8, 9, 10\}$

kümesinin en az kaç tane 3 elemanlı alt kümesinin birleşimi kesinlikle A kümesine eşit olur?

A) 18 B) 72 C) 85 D) 96 E) 120

2. Zehra, Ahmet, Hasan ve Ömer isimli 4 kişi üçerli gruplar halinde sahneye çıkarak şarkı söylemiştir. En az sahneye çıkan Zehra 9, en çok sahneye çıkan Ömer 12 şarkı söylemiştir.

Buna göre, toplam kaç şarkı söylenmiştir?

A) 18 B) 17 C) 16 D) 15 E) 14

3. $P(x^2 + x - 2) = x^4 + 2x^3 - x + 4$

polinomu veriliyor.

Buna göre, P(x) polinomunun x – 2 ile bölümünden kalan aşağıdakilerden hangisine eşittir?

A) 4 B) 10 C) 16 D) 20 E) 22

4. İkinci dereceden bir f fonksiyonu her x gerçel sayısı için

$f(3 + x) = f(3 - x)$

eşitliğini sağlamaktadır.

Buna göre, f(x) = 0 denkleminin birbirinden farklı iki gerçel kökünün toplamı kaçtır?

A) 8 B) 7 C) 6 D) 5 E) 4

karekök

5. $f(x) = x^2 - 2012x + 1006$

olduğuna göre, f(x) < 0 eşitsizliğini sağlayan kaç farklı x tam sayı değeri vardır?

A) 1005 B) 1006 C) 2010 D) 2011 E) 2012

6. $0 < x < \frac{\pi}{2}$ olmak üzere,

$\tan^2x + \cot^2x = 2 + \cot 2x$

olduğuna göre, tan4x değeri aşağıdakilerden hangisi olabilir?

A) $\frac{5}{11}$ B) $\frac{3}{17}$ C) $-\frac{7}{15}$ D) $-\frac{8}{15}$ E) $-\frac{3}{5}$

7. $(a + bi)^{12} = 4 + 3i$

olduğuna göre, $(b - ai)^{12}$ ifadesi aşağıdakilerden hangisine eşittir?

A) $4 - 3i$ B) $3 - 4i$ C) $3 + 4i$ D) $4 + 3i$ E) $-3 + 4i$

8. $\log_6 2 \cdot \log_6 18 + \log_6^2 3$

işleminin sonucu kaçtır?

A) $\frac{1}{2}$ B) 1 C) 2 D) $\log_6 30$ E) $\log_{30} 6$

9. Ömer ve Zehra bir makasla 1 metreden uzun olmayacak şekilde rastgele uzunlukta iki parça ip kesiyor.

Buna göre, kestikleri iplerin uzunlukları toplamının 150 cm den uzun olma olasılığı yüzde kaçtır?

A) 8 B) 10 C) 12,5 D) 15 E) 22,5

karekök

10. $f(x + 1) = (x + 1) \cdot f(x)$ ve

$f(1) = 1$ olduğuna göre $\sum_{n=1}^{20} n \cdot f(n)$ ifadesinin değeri aşağıdakilerden hangisine eşittir?

A) $21! - 21$ B) $21! - 1$ C) $20! + 1$ D) $20! - 21$ E) $20! + 21$

11. a, b, c gerçel sayılar için

$x^3 + 2ax^2 + bx + c = 0$

denkleminin üç farklı gerçel kökü olduğuna göre aşağıdakilerden hangisi doğrudur?

A) $4a^2 > 3b$ B) $3a^2 > 4b$ C) $a^2 > 3b$ D) $a^2 < 3b$ E) $4a^2 < 3b$

12.

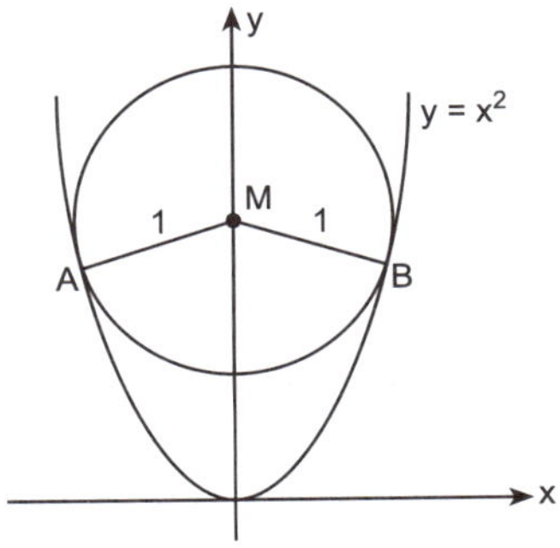

Şekildeki gibi $y = x^2$ parabolüne A ve B noktalarında teğet yarıçapı 1 br olan çemberin merkezinin ordinatı kaçtır?

A) $\frac{5}{2}$ B) 2 C) $\frac{3}{2}$ D) $\frac{6}{5}$ E) $\frac{5}{4}$

4. Testin Cevap Anahtarı

1	D	2	C	3	D	4	C	5	C	6	E	7	B	8	E	9	C	10	D	11	C	12	D

KARMA TEST - 6

1. a, b, c reel sayılar ve a + b + c = 4 olduğuna göre,

$$\frac{a}{b}\cdot 2^{6a} + \frac{b}{c}\cdot 4^{3b} + \frac{c}{a}\cdot 8^{2c}$$

toplamının alabileceği <u>en küçük</u> değer aşağıdakilerden hangisine eşittir?

A) 128 B) 256 C) 384 D) 768 E) 840

2. A = {1, 2, 3, ... , n} kümesi veriliyor.

A kümesinin tüm alt kümelerinde yer alan elemanların toplamı 672 olduğuna göre, n kaçtır?

A) 5 B) 6 C) 7 D) 8 E) 9

3. $P(x) = x^{2013} + x^{1020} + x^{765} + x^{222} + x^{6}$

polinomunun $x^2 - x + 1$ polinomuna bölünmesiyle elde edilen bölüm polinomunun tek dereceli terimlerinin kat sayıları toplamı kaçtır?

A) 1 B) 2 C) 3 D) 4 E) 5

karekök

4. $f(x) = 2x^2 - 5x + 5$

$f(a + bi) = f(c + di) = 0$ olduğuna göre,

A(a, b) ve B(c, d) noktaları arasındaki uzaklık kaç birimdir?

A) $\frac{5\sqrt{3}}{2}$ B) $\frac{3\sqrt{3}}{2}$ C) $\frac{\sqrt{15}}{2}$ D) $\frac{\sqrt{15}}{4}$ E) $\frac{3\sqrt{5}}{4}$

5. $a = 9^{9!}$

$b = 9!^{9}$

$c = 7!^{7!}$

olduğuna göre, aşağıdaki sıralamalardan hangisi doğrudur?

A) a < b < c B) b < a < c C) b < c < a D) c < b < a E) c < a < b

6. Bir çember üzerinde sabit bir A noktası alınıyor. Yine çember üzerinde rastgele bir B noktası işaretlenerek [AB] kirişi oluşturuluyor.

Buna göre, [AB] kirişinin yarıçaptan küçük olma olasılığı kaçtır?

A) $\frac{1}{2}$ B) $\frac{1}{3}$ C) $\frac{\pi}{4}$ D) $\frac{1}{\pi}$ E) $\frac{3}{\pi}$

7. $A = 1 + \frac{1}{2^4} + \frac{1}{3^4} + \frac{1}{4^4} + \dots\dots\dots$

$B = 1 + \frac{1}{3^4} + \frac{1}{5^4} + \frac{1}{7^4} + \dots\dots\dots$

olduğuna göre, $\frac{A}{B}$ oranı aşağıdakilerden hangisine eşittir?

A) $\frac{1}{4}$ B) $\frac{15}{16}$ C) 1 D) $\frac{32}{31}$ E) $\frac{16}{15}$

8. **$5 \cdot a_{n+1} = a_n + 16$ ve $a_1 = -1$ koşullarını sağlayan (a_n) dizisinin genel terimi aşağıdakilerden hangisidir?**

A) $4 - \frac{25}{5^n}$ B) $4 - 5^n$ C) $4 - \frac{20}{4^n}$ D) -5^{1-n} E) $3^n - 4$

9. a ve b pozitif tam sayılar olmak üzere

$f(ab) = a \cdot f(b) + b \cdot f(a)$

özelliğini taşıyan bir f fonksiyonu veriliyor.

f(12) = f(15) = 45 ve f(8) = 10 olduğuna göre, f(10) kaçtır?

A) 5 B) 8 C) 15 D) 25 E) 36

10.

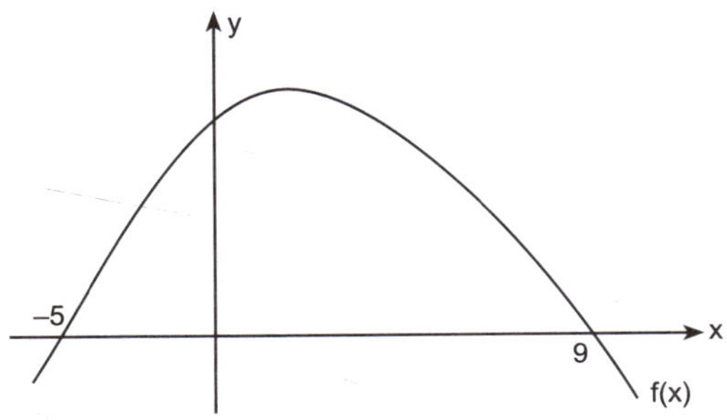

Yukarıdaki şekilde $f(x) = ax^2 + bx + c$ fonksiyonunun grafiği verilmiştir.

Buna göre, $\sum_{k=-5}^{9} f'(k)$ işleminin sonucu kaçtır?

A) –3 B) –1 C) 0 D) 1 E) 5

11.

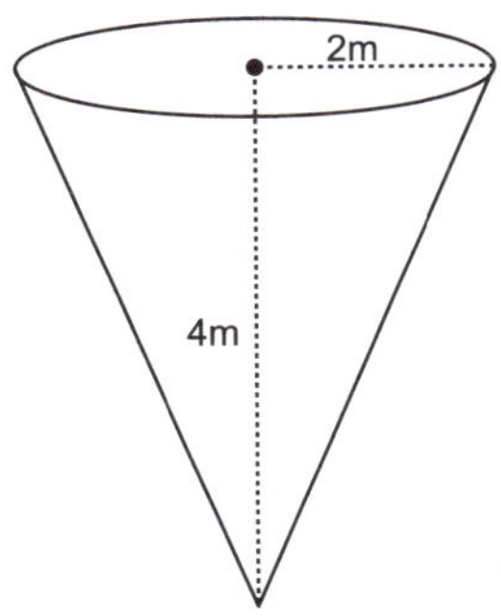

Bir su tankı ters bir koni şeklinde ve taban yarıçapı 2 m, yüksekliği 4 m dir. Tanka 2 m^3/sn hızla su dolduruluyor.

Su seviyesi 3 m iken su seviyesinin yükselme hızı aşağıdakilerden hangisidir?

A) $\frac{8}{9\pi}$ B) $\frac{2}{3\pi}$ C) $\frac{2}{3}\pi$ D) $\frac{8}{9}\pi$ E) π

12. k pozitif bir tam sayı olmak üzere,

$y = x^k$ ve $y = x^{k+1}$

veriliyor.

Bu fonksiyonlar arasında kalan bölgenin alanı f(x) olduğuna göre $\sum_{k=1}^{\infty} f(k)$ işleminin sonucu kaçtır?

A) $\frac{1}{8}$ B) $\frac{1}{6}$ C) $\frac{1}{4}$ D) $\frac{1}{3}$ E) $\frac{1}{2}$

5. Testin Cevap Anahtarı

1 C 2 E 3 C 4 C 5 D 6 D 7 D 8 B 9 C 10 B 11 A 12 E

1. **Rakamları farklı 2^{29} sayısında aşağıdaki rakamlardan hangisi bulunmaz?**

A) 0 B) 2 C) 4 D) 5 E) 8

2. $$A = 2 + \cfrac{1}{2 + \cfrac{1}{2 + \cfrac{1}{2 + \dots}}}$$

$$B = 5 + \cfrac{1}{5 + \cfrac{1}{5 + \cfrac{1}{5 + \dots}}}$$

olduğuna göre, $B - A - \left(\frac{1}{B} - \frac{1}{A}\right)$ **ifadesinin değeri kaça eşittir?**

A) 7 B) 6 C) 5 D) 4 E) 3

3. Yaş üzümdeki su oranı %80 dir. Kilosu 8 liradan alınan bir miktar yaş üzüm kurutulduktan sonra %25 kârla kilosu 25 liradan satılmıştır.

Buna göre, kuru üzümdeki su oranı yüzde kaçtır?

A) 20 B) 30 C) 40 D) 50 E) 60

4. $R - \{0\}$ da tanımlı f fonksiyonu için

$$f\left(\frac{2}{x}\right) + \frac{2}{x} f(-2x) = 2x$$

eşitliği veriliyor.

Buna göre, f(x) fonksiyonu aşağıdakilerden hangisidir?

A) $f(x) = \frac{x^3 + 4}{5x}$ B) $f(x) = \frac{x^3 + 4}{4x}$ C) $f(x) = \frac{x^3 + 3}{5x}$

D) $f(x) = \frac{x^3 - 4}{5x}$ E) $f(x) = \frac{x^3 - 3}{5x}$

5. $$\frac{f(x+2)}{f(x+4)} = 2 \text{ ve } f(20) = 1$$

olduğuna göre, f(2) aşağıdakilerden hangisine eşittir?

A) 1024 B) 512 C) 128 D) 32 E) 16

6. $x^{81} = 1$ ve $x \neq 1$ olduğuna göre,

$$\frac{1}{1+x} + \frac{1}{1+x^2} + \dots + \frac{1}{1+x^{79}} + \frac{1}{1+x^{80}}$$

ifadesinin değeri aşağıdakilerden hangisine eşittir?

A) 38 B) 39 C) 40 D) 41 E) 42

karekök

7. $x+y+z=\frac{\pi}{2}$ olmak üzere

$\tan x \cdot \tan y + \tan x \cdot \tan z + \tan y \cdot \tan z$

işleminin sonucu kaçtır?

A) $\frac{1}{3}$ B) $\frac{1}{2}$ C) $\frac{2}{3}$ D) 1 E) 2

8. a, b, c pozitif reel sayılardır.

Buna göre, $8 \cdot \log_a b + 12 \cdot \log_b c + 18 \cdot \log_c a$ ifadesinin alabileceği en küçük değer aşağıdakilerden hangisine eşittir?

A) 39 B) 38 C) 37 D) 36 E) 35

9. $r = 12\sin\theta$

çemberinin yarıçapı aşağıdakilerden hangisine eşittir?

A) 2 B) 4 C) 6 D) 10 E) 12

10.

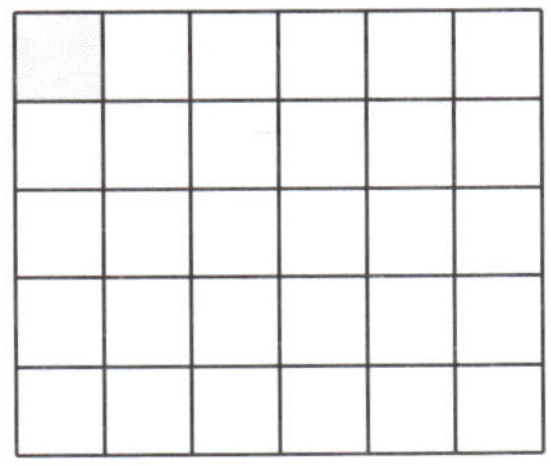

Yukarıda verilen dikdörtgenler kullanılarak taralı dikdörtgeni içinde bulundurmayan en fazla kaç tane dikdörtgen çizilebilir?

A) 255 B) 270 C) 285 D) 290 E) 300

11.

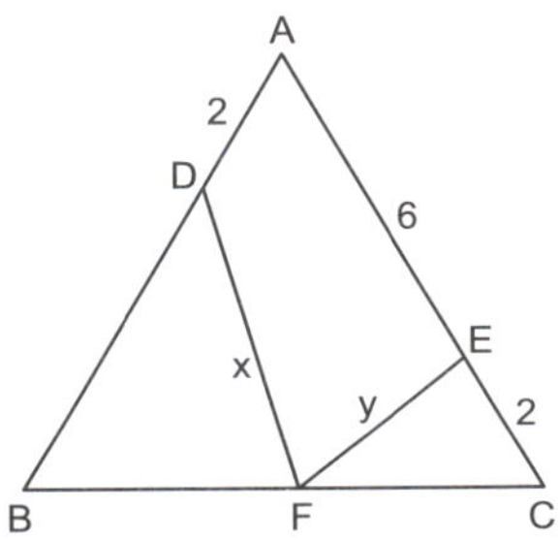

ABC eşkenar üçgeninde,

$|AD| = |EC| = 2$ cm

$|AE| = 6$ cm

olduğuna göre, $x^2 + y^2$ ifadesinin alabileceği en küçük değer kaçtır?

A) 38 B) 36 C) 32 D) 28 E) 24

12.

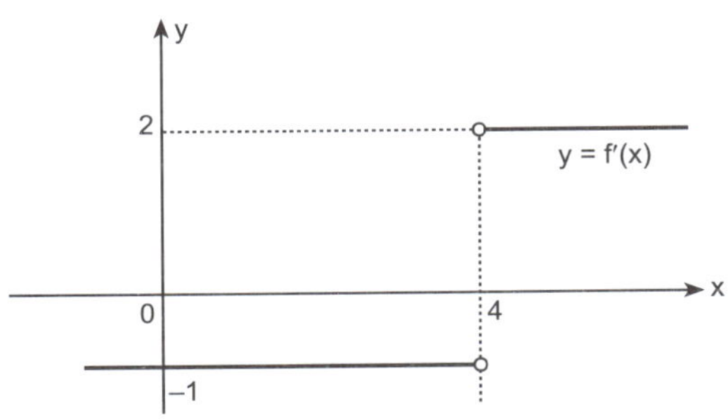

f: R → R, f(0) = 0 ve sürekli olan bir f fonksiyonunun türevinin grafiği verilmiştir.

Buna göre, f(x) fonksiyonu ile x ekseni arasında kalan kapalı bölgenin alanı kaç br^2 dir?

A) 9 B) 12 C) 15 D) 18 E) 24

1. $a < b < c$ ve a, b, c pozitif tam sayılardır.

$$a + \frac{b}{15} + \frac{6}{c}$$

ifadesinin alabileceği en büyük tam sayı değeri kaçtır?

A) 85 B) 90 C) 92 D) 94 E) 95

2. A = 2000000000014 sayısı veriliyor.

Buna göre, A^2 sayısının 13 ile bölümünden kalan kaçtır?

A) 5 B) 6 C) 7 D) 8 E) 9

3. [1, 2012] aralığında bulunan tam sayılar n tane kutuya dağıtılacaktır. Herhangi bir kutuda bulunan herhangi bir sayının tam katlarının o kutuda yer alması istenmiyor.

Bu işlemin yapılabilmesi için n en az kaç olmalıdır?

A) 9 B) 10 C) 11 D) 12 E) 13

4.

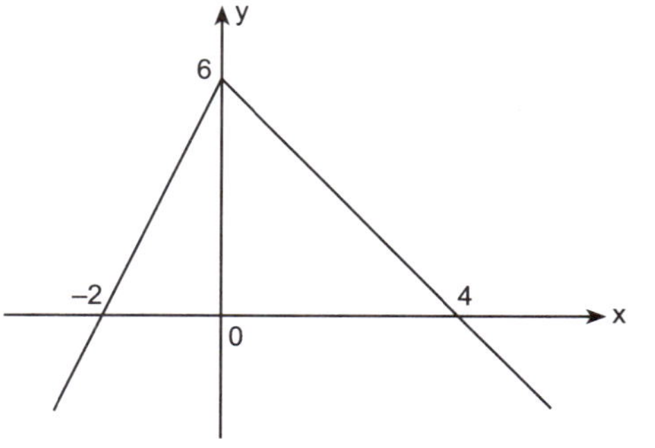

Şekilde y = f(x) fonksiyonunun grafiği verilmiştir.

Buna göre, $(\underbrace{fofofo...fof}_{2015 \text{ tane}})\left(-\frac{20}{9}\right)$ işleminin sonucu aşağıdakilerden hangisidir?

A) 6 B) 4 C) –3 D) –4 E) –6

5. a ve b tam sayıları için,

$1 \leq a \leq 100$

$1 \leq b \leq 100$ veriliyor.

Buna göre, $a + \sqrt{b} + \frac{1}{a + \sqrt{b}}$ ifadesinin tam sayı olmasını sağlayan kaç farklı (a, b) ikilisi vardır?

A) 5 B) 7 C) 9 D) 10 E) 12

6.

$$A = \sum_{n=1}^{\infty} \left(\frac{1}{n}\right)^2$$

$$B = \sum_{n=1}^{\infty} \left(\frac{1}{2n-1}\right)^2$$

olduğuna göre, $\frac{A}{B}$ oranı kaça eşittir?

A) $\frac{1}{2}$ B) $\frac{2}{3}$ C) $\frac{3}{4}$ D) $\frac{4}{3}$ E) $\frac{5}{4}$

7. $(a_n) = \left(\dfrac{n^2 + 7n + k}{2n - 9}\right)$

dizisinin tüm terimlerinin pozitif olmasını sağlayan kaç tane k tam sayısı vardır?

A) 15 B) 14 C) 13 D) 12 E) 11

8.

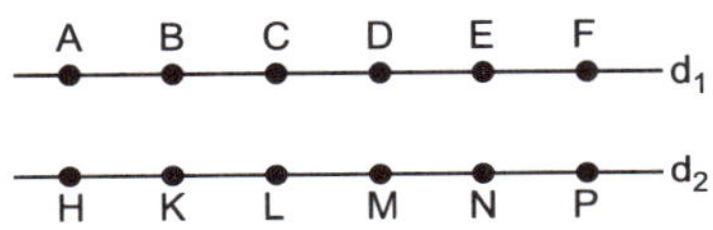

Birbirine paralel d_1 ve d_2 doğruları üzerinde bulunan noktalardan herhangi ikisi seçilerek doğrular elde ediliyor.

Buna göre, d_1 ve d_2 doğruları arasında kaç tane kesişim noktası oluşuyor?

A) 45 B) 60 C) 90 D) 135 E) 225

9. Sekiz özdeş siyah kalem ile yedi özdeş beyaz kalem 3 öğrenciye kaç farklı şekilde dağıtılabilir?

A) 840 B) 980 C) 1008 D) 1620 E) 2475

10.

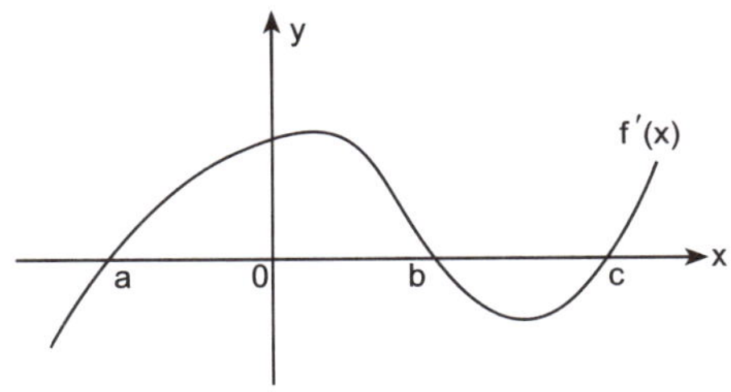

Şekilde f(x) fonksiyonunun türevininin grafiği verilmiştir.

f fonksiyonunun yerel minimum noktaları arasındaki uzaklık 10 br ve |a – b| = |b – c| = 4 olduğuna göre, |f(a) – f(c)| kaçtır?

A) 6 B) 8 C) 10 D) 12 E) 15

11.

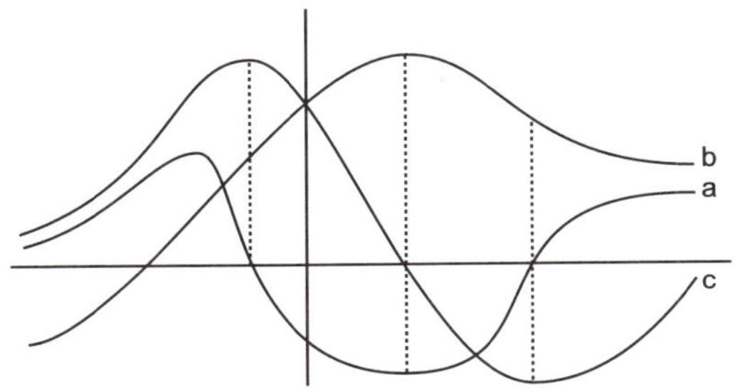

Şekilde grafiği verilen a, b, c fonksiyonları f, f′ ve f″ fonksiyonlarına aittir.

Aşağıdaki eşleşmelerden hangisi doğrudur?

	f	f′	f″
A)	a	b	c
B)	c	a	b
C)	c	b	a
D)	b	a	c
E)	b	c	a

12. $\displaystyle\int_1^e \frac{1}{x} \cdot e^x \, dx = e^2$

olduğuna göre, $\displaystyle\int_1^e e^x \cdot \ln x \, dx$ ifadesinin değeri aşağıdakilerden hangisidir?

A) $e^e - e^2$ B) $e^e + 2e$ C) $e^2 - 2e$ D) $e^2 + 2e$ E) $e^2 + 2$

7. Testin Cevap Anahtarı

1	C	2	E	3	D	4	A	5	B	6	C	7	D	8	D	9	C	10	C	11	A	12	B

1. okek(9, 8, 6, 5) = 360 için herhangi üç askerin beraber nöbet tuttuğu gün sayısını bulalım.

$\frac{360}{72} = 5, \frac{360}{360} = 1, \frac{360}{90} = 4, \frac{360}{120} = 3$

Yalnız üç asker 13 – 4 = 9 gün nöbet tutar.

Yanıt C

2. 135 = k + (k + 1) + (k + 2) + ... + (k + m)

$135 = \frac{(2k + m)\cdot(m + 1)}{2}$ olur.

2k + m – (m + 1) = 2k – 1 ve tek bir sayı olduğundan çarpanlardan biri çift, diğeri tek olur.

$270 = 3^3\cdot2\cdot5$ için bu koşulu sağlayan 7 tane (k, m) ikilisi bulunur.

Yanıt E

3. p, q, r asal sayılar olmak üzere

$A = p^a.q^b.r^c$ yazılırsa, kombinasyon kullanılarak

(2a + 1) (2b + 1) (2c + 1) tane okek değeri olduğu görülür.

$90 = 2\cdot3^2\cdot5$ için $(2\cdot1 + 1)\cdot(2\cdot2 + 1)\cdot(2\cdot1 + 1) = 45$ tane (a, b) ikilisi vardır.

Yanıt C

4. $(x + y)^2 = \frac{36}{5}xy$

$(x - y)^2 = \frac{16}{5}$ xy ifadeleri oranlanırsa

$\frac{x+y}{x-y} = -\frac{3}{2}$ olur.

Yanıt B

5. $x^2 = x - 1$ için

$x^3 = -1$

$x^4 = -x$

$x^5 = -x + 1$

$x^6 = 1$ olduğundan $(k \in Z^+)$

n = 6k + 5 şartını sağlamalıdır.

Bundan dolayı 119 olabilir.

Yanıt B

6. $\log_3\left(\prod_{k=1}^{n} \frac{2x+4}{x+3}\right) = \sum_{k=1}^{n} \log_3\left(\frac{x+5}{x+3}\right)$

$\log_3\left(\frac{2x+4}{x+3}\right)^n = n\cdot\log_3\left(\frac{x+5}{x+3}\right)$ için

$2x + 4 = x + 5$

$x = 1$ bulunur.

Yanıt A

7. $\tan(x+y)=\dfrac{\tan x+\tan y}{1-\tan x\cdot\tan y}=1$ ve

$\tan x + \tan y + \tan x\cdot\tan y = 1$ olur.

$(1 + \tan x)\cdot(1 + \tan y) = 1 + \tan x + \tan y + \tan x\cdot\tan y$

$= 2$ bulunur.

Yanıt E

8. $0 < x < 1$ için $f(x)=\dfrac{1}{x^2}$ olur.

$\dfrac{1}{x^2}>1$ olduğundan $gof(x)=\sqrt[4]{\dfrac{1}{x^2}}=\dfrac{1}{\sqrt{x}}$ bulunur.

Yanıt D

9. $s(A) = n$ için A^2 de tanımlı ters simetrik bağıntı sayısı $3^{\frac{n^2-n}{2}}\cdot 2^n$ olduğundan, $n = 6$ için $3^{15}\cdot 2^6$ tane ters simetrik bağıntı yazılabilir.

Yanıt C

10. $2^{(2^n)}+1=\dfrac{2^{(2^{n+1})}-1}{2^{(2^n)}-1}$ eşitliğini kullanırsak,

$f(1)\cdot f(2)\cdot \ldots \cdot f(10)$ ifadesinin açılımı

$\dfrac{2^2-1}{2-1}\cdot\dfrac{2^4-1}{2^2-1}\cdot\ldots\cdot\dfrac{2^{(2^{11})}-1}{2^{(2^{10})}-1}$ şeklindedir.

Sonuç $2^{(2^{11})}-1$ elde edilir.

Yanıt B

11. $x < -1$ ve $y < -1$ için $Z = x + yi$ olur.

$\dfrac{1}{z}=\dfrac{x}{\sqrt{x^2+y^2}}-\dfrac{y}{\sqrt{x^2+y^2}}i$ bulunur.

$-1<\dfrac{x}{\sqrt{x^2+y^2}}<0$ ve $-1<\dfrac{y}{\sqrt{x^2+y^2}}<0$

olduğundan $\dfrac{1}{z}$, 2. bölgede çemberin içindedir.

Yanıt D

12. $u = 14 - x$ dönüşümü yapılırsa,

$$\int_9^5 -\frac{\ln(u-4)}{\ln(u-4)+\ln(10-u)}du=\int_5^9\frac{\ln(u-4)}{\ln(u-4)+\ln(10-u)}du$$

elde edilir. $\displaystyle\int_5^9\frac{\ln(10-x)}{\ln(10-x)+\ln(x-4)}dx = A$ ise

$$A+A=2A=\int_5^9 dx=4 \text{ ve } A=2 \text{ bulunur.}$$

Yanıt B

karekök

8. Testin Cevap Anahtarı

1	D	2	E	3	C	4	C	5	C	6	D	7	A	8	E	9	D	10	A	11	E	12	A

1. $\sqrt{337} \cong 18$ olduğu için 18'den küçük asal sayılara bölmek gerekir. Yani en az 7 tane asal sayıya bölmek gerekir.

Yanıt D

2. $b = 0$ ve $b = 1$ için $a \in Z$ yoktur.

$b \geq 6$ için $b! = 8m$ olur fakat 1307, 8'in katı olmadığından $a \in Z$ bulunmaz.

Bu durumda, $b = 2, 3, 4$ ve 5 değerleri yerine yazılırsa, sadece $b = 4$ için $a = 11$ bulunur.

Yanıt B

3 $(x + y + z)^3 = (x^3 + y^3 + z^3) - 3(x + y)(y + z)(x + z)$ olduğundan
$(a - b)^3 + (b - c)^3 + (c - a)^3 - 3(a - c)(b - a)(c - b) = 0$

$(a - c)(b - a)(c - b) = 12$ ve $(a - c)(a - b)(c - b) = -12$ elde edilir.

Yanıt B

4. A'dan B'ye tanımlanan fonksiyonlardan, B kümesinde sadece bir elemanın eşlenmediği fonksiyonları çıkararak bulunur.

$$4^5 - \left[\binom{4}{1}\cdot 3^5 - \binom{4}{2}\cdot 2^5 + \binom{4}{3}\cdot 1^5\right] = 240 \text{ bulunur.}$$

Yanıt D

5. $3f(1) - f^2(1) = 2$ için $f(1) = 1$ veya $f(1) = 2$ bulunur.

$3f(3) - f(1)\cdot f(3) = \frac{10}{3}$ için $f(3) = \frac{5}{3}$ veya

$f(3) = \frac{10}{3}$ bulunur.

Alabileceği değerler toplamı 5 olur.

Yanıt D

6. $x = -1$ için $f(-1) = 0$

$x = -7$ için $f(-5) = 0$

$x = -5$ için $f(-3) = 0$ bulunur.

Bundan dolayı $f(x) = (x + 1)\cdot(x + 3)\cdot(x + 5)\cdot B(x)$ şeklindedir. Yerine yazılırsa $B(x) = B(x + 2)$ olur.
$B(x) = a \in R$ olmalıdır.

$f(x) = a(x + 1)(x + 3)(x + 5)$ ve $f(1) = 24$ için

$f\left(-\frac{1}{2}\right) = \frac{45}{16}$ bulunur.

Yanıt C

7. $x^6 + x^5 + x^4 - 6x^3 + x^2 + x + 1 = 0$ elde edilir. Eşitlik x^3 ile bölünürse, $x^3 + \frac{1}{x^3} + x^2 + \frac{1}{x^2} + x + \frac{1}{x} - 6 = 0$ olur.

$x + \frac{1}{x} = a$ alınırsa,

$a^3 + a^2 - 2a - 8 = 0$ bulunur.

Denkleminin reel kökü sadece a = 2'dir.

a = 2 için x = 1 olur.

3 farklı x değeri vardır.

Yanıt B

8. $\cos 4x < -\frac{1}{2}$ eşitliğinin çözüm aralığı için

$\frac{2\pi}{3} < 4x < \frac{4\pi}{3}$ veya $\frac{2\pi}{3} < -4x < \frac{4\pi}{3}$ bulunur.

$\frac{\pi}{6} < x < \frac{\pi}{3}$ veya $\frac{5\pi}{3} < x < \frac{11\pi}{6}$ olur.

Yanıt B

9.

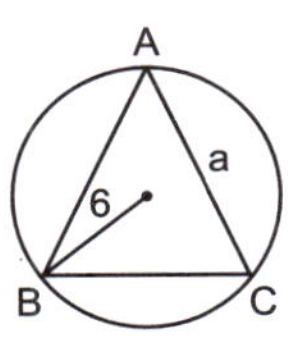

Yarıçapı 6 br olan daire içine çizilebilecek en büyük alanlı üçgen eşkenar üçgendir. Sinüs teoreminden,

$\frac{a}{\sin 60°} = 12 \Rightarrow a = 6\sqrt{3}$ br ve

$A(\widehat{ABC}) = 27\sqrt{3}$ br^2 olur.

Yanıt E

10. $(\tan x + \cot x + 2)^2 = \sec^2 x + \operatorname{cosec}^2 x + 4 + 4(\tan x + \cot x)$ olduğundan $f(t) = t^2 - 4t + 8$ bulunur.

$f'(t) = 0$ ise $t = 2$ ve en küçük değer $f(2) = 4$ bulunur.

Yanıt C

11.

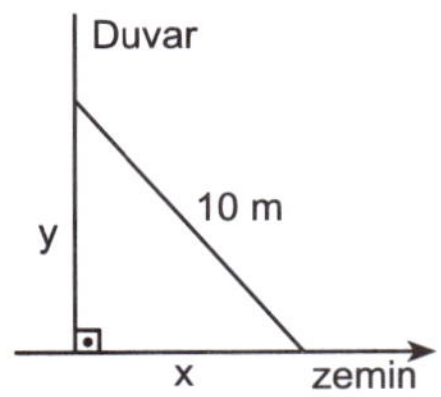

$x^2 + y^2 = 100$, $\frac{dx}{dt} = 1$ m/s ve $x = 6$ olduğundan

$2x \cdot \frac{dx}{dt} + 2y \cdot \frac{dy}{dt} = 0$ bulunur.

$12 + 16 \cdot \frac{dy}{dt} = 0$ ve $\frac{dy}{dt} = -\frac{3}{4}$ olur.

Not: Sonucun negatif çıkması çubuğun A ucunun –y yönünde hareket ediyor olması sebebiyledir.

Yanıt B

12. $\int_{-1}^{1} f'(|x|)dx = 2 \cdot \int_{0}^{1} f'(x)dx$ olur.

$\int_{-1}^{1} f'(|x|)dx = 2 \cdot (f(1) - f(0)) = 4$ bulunur.

Yanıt B

1. obeb$(2^{2012} + 1, 2^{2013} + 1)$
$= \text{obeb}(2^{2012} + 1, 2^{2013} - 2^{2012})$
$= \text{obeb}(2^{2012} + 1, 2^{2012}) = 1$ olur.

Yanıt E

2. $f(f(n + 1)) = n + 1$
ifadesinde n yerine n – 1 yazılırsa
$f(f(n)) = n = f(f(n + 2) - 1)$
$f(n) = f(n + 2) - 1$ bulunur.
$f(n - 2) - f(n) = 1$
$f(3) - f(1) = 1$
$f(5) - f(3) = 1$
$f(7) - f(5) = 1$
⋮
$f(2023) - f(2021) = 1$
$f(2023) - f(1) = 1011$
$f(2023) = 1014$ olur.

Yanıt C

3. 5 elemanlı alt kümelerinde a ve b elemanları bulunup, c, d, e, f elemanlarından herhangi üçü bulunmamalıdır.

$\binom{7}{3} - \binom{4}{3} = 35 - 4 = 31$ olur.

Yanıt C

4. $f(x + y) = x + f(y)$ olduğundan $f(1) = 4$ ve buradan $f(2012) = 2011 + f(1) = 2015$ olur.

2. yol: $f(x) = ax + b$ olur

$a(x + y) + b = x + ay + b$ ve $a = 1$, $b = 3$ bulunur.

$f(x) = x + 3$ için $f(2012) = 2015$ olur.

Yanıt D

5. $\frac{3a}{\sqrt{2}}$ tam sayı ise $\frac{9a^2}{2}$ ifadesi de tam kare olmalıdır.

$1 < a < 6$ için $\frac{9}{2} < \frac{9a^2}{2} < 162$ olur.

Bu aralıkta 10 tane tam kare olduğundan a'nın 10 tane reel sayı değeri vardır.

Yanıt C

6. $\tan\theta = x$ ve $\tan\alpha = x + 1$ olsun.

$\arctan\left(\frac{1}{x(x+1)+1}\right) = \arctan\left(\frac{x+1-x}{1+(x+1)\cdot x}\right)$ olur.

$f(x) = \arctan[\tan(\alpha - \theta)] = \alpha - \theta$ bulunur.

$f(1) = \arctan 2 - \arctan 1$

$f(2) = \arctan 3 - \arctan 2$ olur.

Buradan $a = \arctan 17 - \arctan 1$ bulunur.

$\tan a = \tan(\arctan 17 - \arctan 1) = \frac{8}{9}$ ve $\cot a = \frac{9}{8}$ bulunur.

Yanıt E

7. $\Delta > 0$ olmal dır.

$a^2 - 8a > 0$ için $a < 0$ veya $a > 8$ olur.

A ve B noktaları arasındaki uzaklık, $\sqrt{a^2 - 8a}$ olur.

$a \in Z$ olduğundan A ve B noktaları arasındaki uzaklık $a = -1$ veya $a = 9$ için en az 3 br olur.

Yanıt D

8. $\log_3 x = a$ ve $\log_3 5 = b$ olsun.

$a + 2b + \frac{2}{a} = 3 + \frac{2b}{a}$ ve

$a^2 + 2ab - 3a - 2b + 2 = 0$ bulunur.

$(a - 1)(a + 2b - 2) = 0$ olacağından

$a = 1$ ve $a = 2 - 2b = \log_3 \frac{9}{25}$ olur.

$\log_3 x = 1 \Rightarrow x_1 = 3$

$\log_3 x = \log_3 \frac{9}{25} \Rightarrow x_2 = \frac{9}{25}$ bulunur.

Yanıt E

9. Geometrik ortalama ≤ Aritmetik Ortalama eşitsizliği kullanılırsa $\sqrt[3]{a^2 \cdot 4ab \cdot 2b^2} \le \frac{40}{3} \Rightarrow 2ab \le \frac{40}{3}$ olur.

$ab \le \frac{20}{3}$ için a.b çarpımının alabileceği en büyük tam sayı değeri 6 olur.

Yanıt B

10.

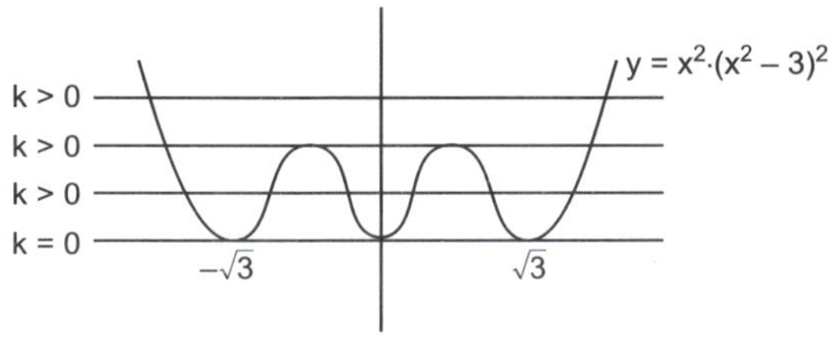

$x^2(x^2 - 3)^2 = k$ olacağından yukarıdaki grafiğe göre

$k < 0$ ise $s(k) = 0$

$k = 0$ ise $s(k) = 3$

$k > 0$ ise $s(k) = 6$, 4 veya 2 değerlerini alır.

Yanıt E

11. $\frac{4 - x^2}{\sqrt{8 - x^2} + x}$ ifadesini $\sqrt{8 - x^2} - x$ ile genişletirsek,

$\frac{1}{2} \cdot \int_0^2 (\sqrt{8 - x^2} - x)dx$ integrali elde edilir.

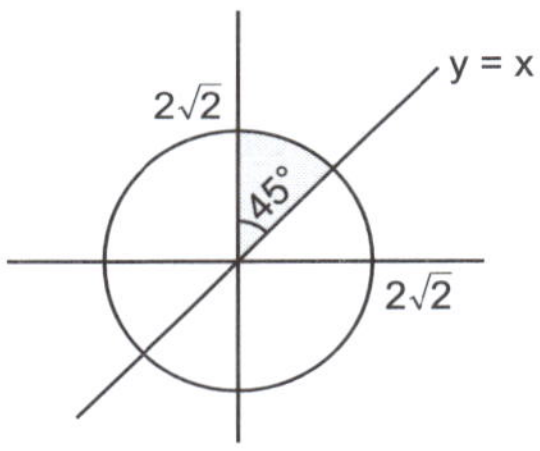

Şekildeki taralı alan $\frac{\pi \cdot 8}{8} = \pi$ olduğundan,

$\frac{1}{2} \cdot \int_0^2 (\sqrt{8 - x^2} - x)dx = \frac{\pi}{2}$ bulunur.

Yanıt C

12. $ab = 4k + 3$ formatında alınırsa en küçük ab sayısı 11 ve en büyük ab sayısı 99 olur.

$(11)^{11} \equiv x \pmod 4$

$11^1 \equiv 3 \pmod 4$

$11^2 \equiv 1 \pmod 4$

$11^{11} \equiv 3 \pmod 4$ istenen şart sağlanıyor.

Benzer şekilde $(99)^{99} \equiv 3 \pmod 4$ eşitliği sağlanır.

$99 + 11 = 110$ bulunur.

Yanıt D

karekök

ÇÖZÜM - 4

1. okek$(3^6.5^6, 3^{10}.5^{10}, m) = 3^{20}.5^{10}$ için m sayısının bir çarpanı 3^{20} olmalıdır.

Ayrıca $5^0, 5^1, ..., 5^{10}$ sayılarıda çarpanı olabilir. Buradan m pozitif tam sayısı 11 farklı değer alabilir.

Yanıt D

2. Verilen ifadenin paydasını $\sqrt{2} + \sqrt{3} + \sqrt{6} + \sqrt{8} + 2 + 2$ şeklinde yazalım.

Buradan, $\sqrt{2} + \sqrt{3} + 2 + \sqrt{2}(\sqrt{2} + \sqrt{3} + 2)$ ve $(\sqrt{2} + 1)(\sqrt{2} + \sqrt{3} + 2)$ elde edilir.

Yerine yazılırsa $\left(1+\dfrac{1}{\sqrt{2}+1}\right)^8 = (\sqrt{2})^8 = 16$ bulunur.

Yanıt C

3. Sınıf mevcudu 100 kişi olsun. 70 kişi İngilizce, 85 kişi Fransızca bildiğine göre, en çok 55 kişi iki dili de bilmektedir.

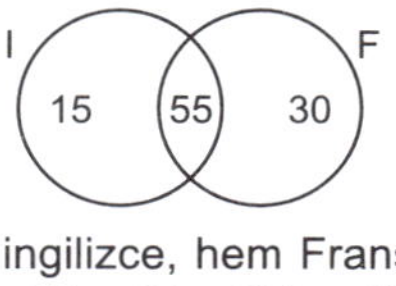

35 erkek hem ingilizce, hem Fransızca dillerini bildiğine göre en az 55 – 35 = 20 kız öğrenci her iki dili de bilmektedir.

Yanıt D

4. $f(x) = a(x + 4)(x + 2) - 3$ şeklindedir.

$f(0) = 2$ ise $a = \dfrac{5}{8}$ olur.

$y = \dfrac{5}{8}(x + 4)(x + 2) - 3$ parabolünün $x = -3$ de simetri ekseni olduğundan f fonksiyonunun görüntü kümesi $[f(-3), f(2)]$ aralığıdır.

$f(-3) = -\dfrac{29}{8}$ ve $f(2) = 12$ olduğundan f fonksiyonunun görüntü kümesinde 16 tane tam sayı değeri olur.

Yanıt C

5. $\tan\left(\arctan\dfrac{1}{3} + \arctan\dfrac{1}{5} + \arctan\dfrac{1}{7} + \arctan\dfrac{1}{x}\right) = 1$

olur. Buradan, gerekli işlemler yapılırsa

$\dfrac{\dfrac{4}{7} + \dfrac{x+7}{7x-1}}{1 - \dfrac{4}{7}\cdot\dfrac{x+7}{7x-1}} = 1$ olup $x = 8$ bulunur.

Yanıt C

6. Aritmetik ortalama ≥ Geometrik ortalama eşitsizliği için

$\dfrac{x}{2} \geq \sqrt{\dfrac{1}{(a-b+3)(b-a+5)}}$ elde edilir.

x ifadesinin en az olması için $(a - b + 3)(b - a + 5)$ ifadesi en büyük olmalıdır. Yani $4.4 = 16$ olur.

$\dfrac{x}{2} \geq \sqrt{\dfrac{1}{16}}$ ve $x \geq \dfrac{1}{2}$ bulunur.

Yanıt E

7. $(x^2 + x + 3)^2 = x^4 + x^2 + 9 + 2x^3 + 6x^2 + 6x$ olduğuna dikkat edilirse,

$f(x^2 + x + 3) = (x^2 + x + 3)^2 - 6(x^2 + x + 3) + 18$ bulunur.

$f(t) = t^2 - 6t + 18$ olacağından $f(7) = 25$ bulunur.

Yanıt B

8.

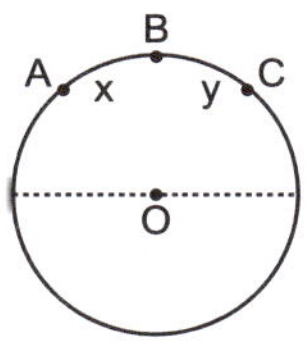

$x + y < 360$ olduğundan A, B, C noktalarının istenen şartı sağlaması için üç durum vardır.

I: $x + y < 180$

II: $x > 180$

III: $y > 180$

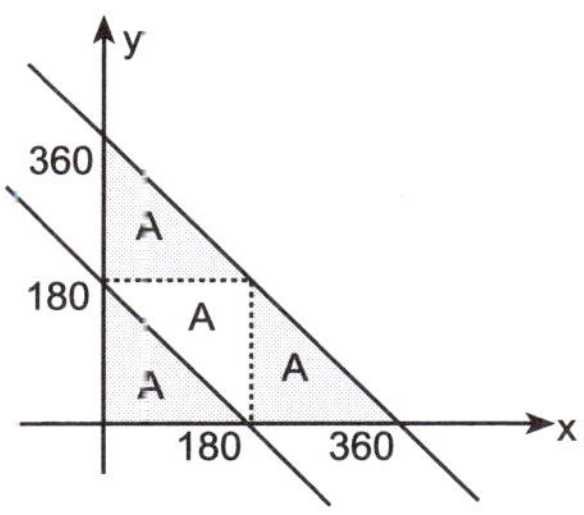

İstenen olasılık = $P = \frac{3}{4} = \frac{75}{100}$ bulunur

Yanıt E

9. $x > \frac{a}{6} \Rightarrow f(x) = x^2 - 6x + a$ ve $f'(x) = 2x - 6$,

$x < \frac{a}{6} \Rightarrow f(x) = x^2 + 6x - a$ ve $f'(x) = 2x + 6$

bulunur.

$2x - 6 = -4 \Rightarrow x = 1$

$2x + 6 = -4 \Rightarrow x = -5$ olur ve

$1 > \frac{a}{6}$ ve $-5 < \frac{a}{6}$ eşitsizliklerinden $-30 < a < 6$ bulunur.

35 farklı a tam sayısı vardır.

Yanıt C

10. $y = x^{e+y}$ olduğundan

$\ln y = (e + y)\cdot\ln x \Rightarrow \ln y - (e + y)\cdot\ln x = 0$ elde edilir.

$$\frac{dy}{dx} = -\frac{-\frac{(e+y)}{x}}{\frac{1}{y} - \ln x} \text{ olur.}$$

A(1, 1) noktası için $\frac{dy}{dx}$ ifadesinin değeri e + 1 olur.

Yanıt D

11. $x < 1$ için $f'(x) = 2x$ ve $f(x) = x^2 + c$ olur.

$f(0) = 0$ olduğundan $x < 1$ için $f(x) = x^2$ dir.

$x > 1$ için $f'(x) = 3$ ve $f(x) = 3x + c$ olur.

f fonksiyonu sürekli olduğundan $3 + c = 1 \Rightarrow c = -2$ bulunur.

$$f(x) = \begin{cases} x^2 & , x < 1 \\ 3x - 2 & , x \geq 1 \end{cases} \text{ olur.}$$

$$\int_0^2 f(x)dx = \int_0^1 x^2 dx + \int_1^2 (3x-2)dx = \frac{17}{6} \text{ bulunur.}$$

Yanıt C

12. $P(x) = (x^9 + x^8 + ... + x + 1) . Q(x) + K(x)$

$x^{10} - 1 = (x - 1) . (x^9 + x^8 + ... + x + 1)$ olduğundan,

$x^{10} = 1$ yazılırsa,

$K(x) = x^8 + x^7$ bulunur.

Yanıt D

1. A kümesinin herhangi bir a elemanı dışındaki 9 elemanlı kümenin, tüm üç elemanlı alt kümeleri ve a elemanı bulunan herhangi bir üç elemanlı alt kümenin birleşimi kesinlikle A kümesine eşittir.

Buradan n en az $\binom{9}{3}+1=85$ olur.

Yanıt C

2. Ahmet ve Hasan, x ve y tane olmak üzere toplam k tane şarkı söylemiş ise 9 + x + y + 12 = 3k olacağından x = 10 ve y = 11 olmalıdır.

3k = 42 ve k = 14 olur.

Yanıt E

3. $P(x^2 + x - 2) = (x^2 + x - 2)^2 + 3x^2 + 3x$ için

$P(t) = t^2 + 3t + 6$ olup P(2) = 16 bulunur.

Yanıt C

4. f(x), ikinci dereceden fonksiyonu için f(3 + x) = f(3 – x) olduğundan x = 3 simetri eksenidir.

Bundan dolayı f(x) = 0 denkleminin kökleri toplamı 6 olur.

Yanıt C

5.

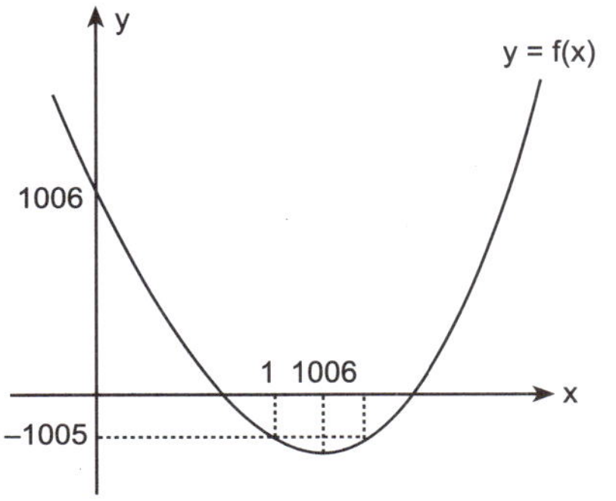

Şekildeki y = f(x) parabolüne göre f(0) = 1006 > 0 f(1) = –1005 < 0 olup x = 1006 simetri ekseni olduğundan $1 \leq x \leq 2011$ için f(x) < 0 olur.

Yanıt D

6. $\tan^2x + \cot^2x = 2 + \cot2x$ ise

$1 + \tan^2x + 1 + \cot^2x = 4 + \cot2x$ olur.

$$\frac{1}{\cos^2 x}+\frac{1}{\sin^2 x}=\frac{4}{\sin^2 2x}=4+\cot 2x$$

$4\cot^2 2x = \cot2x$ için

$\cot2x = 0$ veya $\cot2x = \frac{1}{4}$ bulunur.

$$\tan 4x=\frac{2\tan 2x}{1-\tan^2 2x}=-\frac{8}{15}$$ olur.

Yanıt D

7. $b - ai = (-i) \cdot (a + bi)$ olduğundan
$(b - ai)^{12} = (-i)^{12} \cdot (a + bi)^{12} = 4 + 3i$ bulunur.

Yanıt D

8. $\log_6 2 \cdot (1 + \log_6 3) + \log_6^2 3$
$= \log_6 2 + \log_6 3(\log_6 2 + \log_6 3)$
$= \log_6 2 + \log_6 3 = 1$ bulunur.

Yanıt B

9.

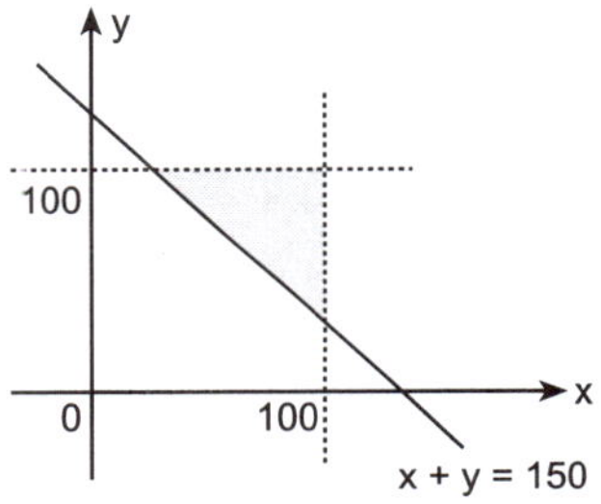

Ömer ve Zehra'nın kestiği ip uzunlukları x ve y olsun.
$x < 100$, $y < 100$ koşulu ile $x + y > 150$ olacağından,

istenilen olasılık $= \dfrac{\frac{1}{2} \cdot 50 \cdot 50}{100 \cdot 100} = \dfrac{1}{8}$ bulunur.

Yanıt C

10. $f(1) = 1$
$f(2) = 2 \cdot 1$
$f(3) = 3 \cdot 2 \cdot 1$
$\vdots$
$f(n) = n!$ olur.

$$\sum_{n=1}^{20} n \cdot f(n) = \sum_{n=1}^{20} n \cdot n! = \sum_{n=1}^{20} [(n+1)! - n!]$$

Buradan sonuç $21! - 1$ bulunur.

Yanıt B

11. $x^3 + 2ax^2 + bx + c = 0$ denkleminin üç farklı reel kökü varsa $f(x) = x^3 + 2ax^2 + bx + c$ fonksiyonu için $f'(x) = 0$ denkleminin 2 farklı kökü olmalıdır.

$f'(x) = 3x^2 + 4ax + b$ için $\Delta = 16a^2 - 12b > 0$

$4a^2 > 3b$ olmalıdır.

Yanıt A

12.

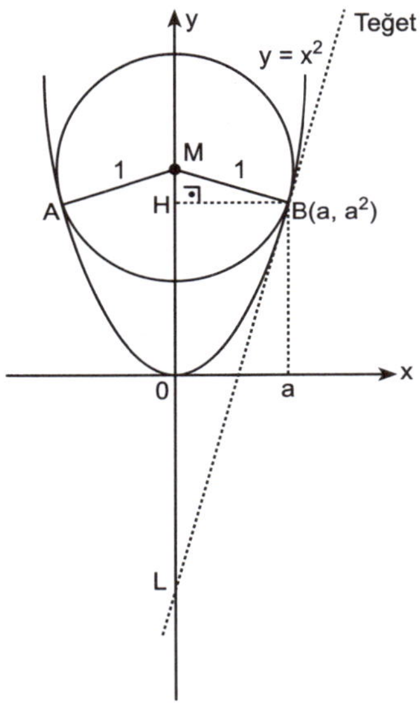

Çemberin denklemi $(y - y_0)^2 + x^2 = 1$ şeklinde yazılırsa teğetin eğimi $M_T = \dfrac{-a}{a^2 - y_0}$ olur.

Ayrıca $M_T = 2a$ olduğundan $2a = -\dfrac{a}{a^2 - y_0}$ eşitliğinden $y_0 = a^2 + \dfrac{1}{2}$ bulunur.

$\widehat{MHB}$ üçgeninde pisagor bağıntısı yazılırsa

$|MH| = \dfrac{1}{2}$ ve $|HB| = a$ için

$\dfrac{1}{4} + a^2 = 1 \Rightarrow a = \dfrac{\sqrt{3}}{2}$ ve $y_0 = \dfrac{5}{4}$ olur.

Yanıt E

1. Geometrik ortalama ≤ Aritmetik Ortalama eşitsizliği ile

$\sqrt[3]{2^{6(a+b+c)}} \leq \frac{x}{3}$ bulunur.

$2^8 \leq \frac{x}{3} \Rightarrow x \geq 768$ olur.

Yanıt D

2. A kümesinin her bir elemanı 2^{n-1} tane alt kümede bulunduğundan A kümesinin tüm alt kümelerinde yer alan elemanların toplamı

$2^{n-1} \cdot (1 + 2 + ... + n) = 672 = 32 \cdot 21$ olur. n = 6 bulunur.

Yanıt B

3. P(x) polinomunun $x^2 - x + 1$ ile bölümünden kalan 1 bulunur.

$P(x) = (x^2 - x + 1) \cdot B(x) + 1$ için

$P(1) = B(1) + 1 \Rightarrow B(1) = 4$ ve

$P(-1) = 3 \cdot B(-1) + 1 \Rightarrow B(-1) = 0$ olur.

B(x) polinomunun tek dereceli terimlerinin katsayılar toplamı $\frac{B(1) - B(-1)}{2} = 2$ bulunur.

Yanıt B

4. $Z_1 = a + bi$ ve $Z_2 = c + di$

f(x) = 0 rasyonel katsayılı ikinci dereceden denklemin kökleridir.

$|AB| = |Z_1Z_2|$ ifadesi denklemin kökler farkıdır.

$|AB| = \left|\frac{\sqrt{15}\,i}{2}\right| = \frac{\sqrt{15}}{2}$ olur.

Yanıt C

5. $\log a = 9! \cdot \log 9 < 9!$

$\log b = 9 \cdot \log 9! < 9(1 + 1 + ... + 1) < 72$

$\log c = 7! \cdot \log 7! < 7! \cdot (1 + 1 + ... + 1) < 6 \cdot 7!$

olduğundan, b < c < a bulunur.

Yanıt C

6.

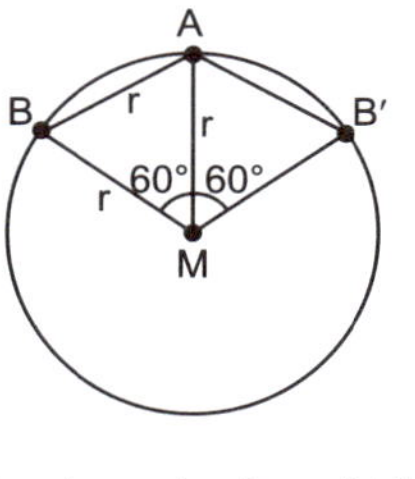

$\overset{\frown}{BB'}$ yayı üzerinde alınan herhangi bir B noktası verilen koşulu sağlayacağından $P = \frac{120}{360} = \frac{1}{3}$ bulunur.

Yanıt B

7. $A - B = \frac{1}{2^4} + \frac{1}{4^4} + \frac{1}{6^4} + ...$ için

$A - B = \frac{1}{2^4}\left(1 + \frac{1}{2^4} + \frac{1}{3^4} ...\right)$

$A - B = \frac{1}{16} \cdot A$ ve $\frac{A}{B} = \frac{16}{15}$ olur.

Yanıt E

8. $5 \cdot a_{n+1} = a_r + 16$ ise $5(a_{n+1} - 4) = a_n - 4$ olur.

$\frac{a_{n+1} - 4}{a_n - 4} = \frac{1}{5}$ olduğundan

$\frac{a_2 - 4}{a_1 - 4} \cdot \frac{a_3 - 4}{a_2 - 4} \cdot ... \cdot \frac{a_n - 4}{a_{n-1} - 4} = \left(\frac{1}{5}\right)^{n-1}$ bulunur.

$\frac{a_n - 4}{-1 - 4} = \frac{1}{5^{n-1}} \Rightarrow a_n = 4 - \frac{1}{5^{n-2}}$ olur.

Yanıt A

9. f(120) = 12·f(10) + 10·f(12)

f(120) = 12f(10) + 450 bulunur.

Ayrıca f(120) = 8·f(15) + 15·f(8)

f(120) = 8·45 + 15·10 = 510 bulunur.

12·f(10) + 450 = 510 ise f(10) = 5 olur.

Yanıt A

10. x = 2 doğrusu parabolün simetri ekseni olduğundan

$f'(-5) = -f'(9)$

$f'(-4) = -f'(8)$ şeklinde düşünülürse

$\sum_{k=-5}^{9} f'(k) = 0$ bulunur.

Yanıt C

11.

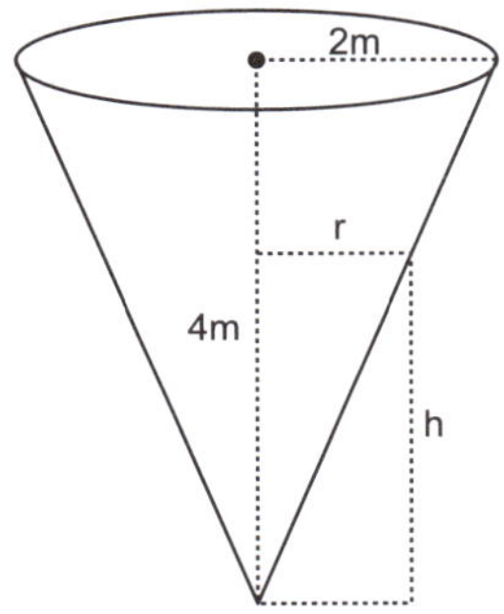

$\frac{h}{4} = \frac{r}{2} \Rightarrow r = \frac{h}{2}$ ise

Hacim $= V = \frac{\pi \cdot r^2 \cdot h}{3} = \frac{\pi \cdot h^3}{12}$ bulunur.

$\frac{dV}{dt} = \frac{dV}{dh} \cdot \frac{dh}{dt}$ olacağından

$2 = \frac{\pi \cdot h^2}{4} \cdot \frac{dh}{dt} \Rightarrow h = 3$ için $\frac{dh}{dt} = \frac{8}{\pi \cdot 9}$ bulunur.

Yanıt A

12. $x^n = x^{n+1}$ için $x = 0$ veya $x = 1$ olacağından

$f(x) = \int_0^1 (x^n - x^{n+1})dx$ olur.

$\sum_{k=1}^{\infty} f(k) = \int_0^1 (x^1 - x^2)dx + \int_0^1 (x^2 - x^3)dx + ...$

$= \int_0^1 x\,dx = \frac{1}{2}$ bulunur.

Yanıt E

1. 2^{29} sayısı dokuz basamaklı bir sayıdır. (Neden!)

Önce 2^{29} sayısının 9 ile bölümünden kalanı bulalım.

$2^{29} \equiv x$ (mod9) denkliğinden x = 5 bulunur.

Eğer 2^{29} sayısında 1, 2, 3, 4, 5, 6, 7, 8, 9, 0 rakamlarının hepsi bulunsaydı toplamları 45 olurdu. 9 ile bölümünden 5 kalması için 4 rakamı bulunmamalıdır.

Yanıt C

2. $A = 2 + \frac{1}{A}$ ve $B = 5 + \frac{1}{B}$ olduğundan

$B - A - \frac{1}{B} + \frac{1}{A} = 5 - 2 = 3$ bulunur.

Yanıt E

3. %25 kâr ile 25 liraya satılan kuru üzümün alış fiyatı 20 lira demektir. Yaş üzümün alış fiyatı 8 lira olduğuna göre,

1000·8 = (Kuru ağırlık)·20

Kuru ağırlık = 400 gram bulunur.

Yaş üzümde %80 oranında su varsa 200 gramı posa demektir.

O halde, 400 gram kuru üzümün 200 gramı su ve 200 gramı posadır. Su oranı %50 dir.

Yanıt D

4. $f\left(\frac{2}{x}\right) + \frac{2}{x} f(-2x) = 2x$ (I) eşitliğinde x yerine $-\frac{1}{x}$ yazılırsa $f(-2x) - 2x \cdot f\left(\frac{2}{x}\right) = -\frac{2}{x}$ (II) bulunur.

(I) ve (II) denklemleri ortak çözülürse

$f(x) = \frac{x^3 + 4}{5x}$ bulunur.

Yanıt A

5. $\frac{f(2)}{f(4)} \cdot \frac{f(4)}{f(6)} \cdot \ldots \cdot \frac{f(18)}{f(20)} = 2^9$ için

$\frac{f(2)}{f(20)} = 2^9$ ve $f(2) = 2^9 = 512$ olur.

Yanıt B

6. $x^{81} - 1 = 0 \Rightarrow x^3 - 1 = 0$ olabilir.

$(x - 1)(x^2 + x + 1) = 0$ ve $x \neq 1$ olduğundan

$x^2 + x + 1 = 0$ bulunur.

$$\frac{1}{1+x} + \frac{1}{1+x^2} = \frac{1+x^2+x+1}{1+x^2+x+x^3} = \frac{1+0}{0+1} = 1$$

O halde $A = \frac{1}{1+x} + \frac{1}{1+x^2} + \frac{1}{1+x^3} = \frac{3}{2}$ olur.

Verilen ifade $26A + 1$ formunda olduğundan

$26 \cdot \frac{3}{2} + 1 = 40$ bulunur.

Yanıt C

7. $\tan(x+y) = \frac{\tan x + \tan y}{1 - \tan x \cdot \tan y}$

$x + y = \frac{\pi}{2} - z$ ve $\tan(x+y) = \frac{1}{\tan z}$

$\frac{1}{\tan z} = \frac{\tan x + \tan y}{1 - \tan x \cdot \tan y} \Rightarrow$

$\tan x \cdot \tan z + \tan y \cdot \tan z + \tan x \cdot \tan y = 1$ elde edilir.

Yanıt D

8. Geometrik ortalama ≤ Aritmetik Ortalama eşitsizliğine göre

$\sqrt[3]{8 \cdot 12 \cdot 18} \leq \frac{x}{3}$ ve $x \geq 36$ elde edilir.

Yanıt D

9.

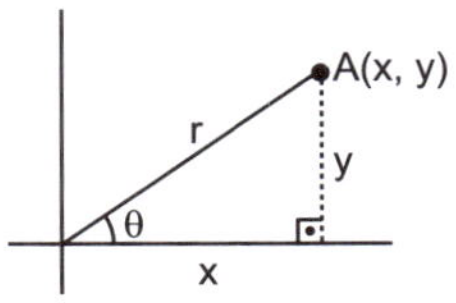

$r = \sqrt{x^2 + y^2}$ ve $\sin\theta = \frac{y}{r}$ olup $r = 12 \cdot \sin\theta$ çemberin kutupsal denklemidir.

$x^2 + y^2 = 12y \Rightarrow x^2 + (y-6)^2 = 36$ bulunur. Çemberin yarıçapı 6 olur.

Yanıt C

10.

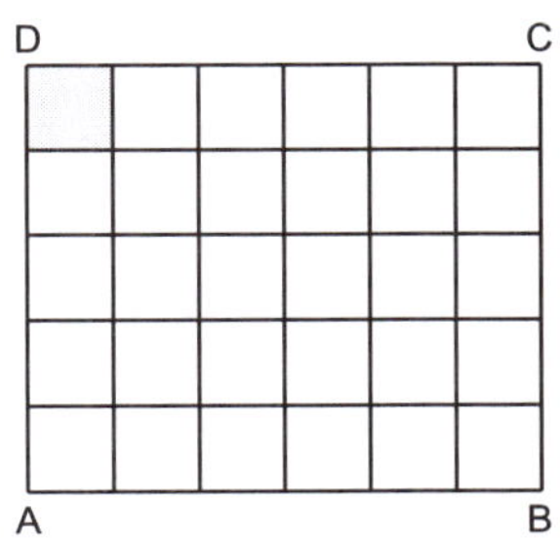

Çizilebilecek tüm dikdörtgenlerin sayısı

$\binom{7}{2} \cdot \binom{6}{2} = 315$ olur.

[AD] ve [DC] kenarları sabit tutulursa yatayda 5 ve düşeyde 6 doğru kalır. Bunların arasından birer tanesi

$\binom{5}{1} \cdot \binom{6}{1} = 30$ farklı şekilde seçilebilir.

O halde, taralı dikdörtgeni içinde bulundurmayan 315 – 30 = 285 dikdörtgen vardır.

Yanıt C

11.

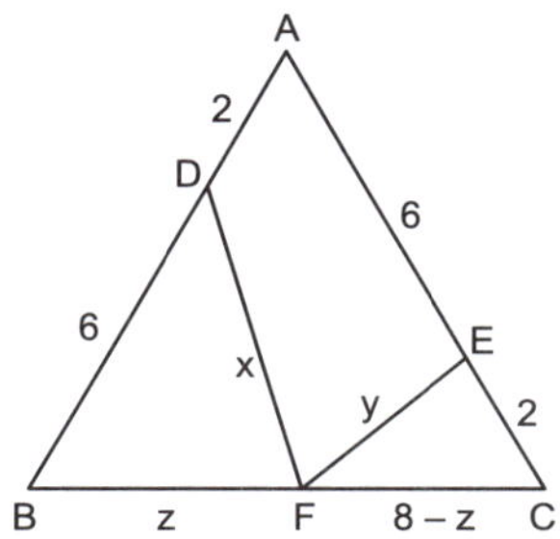

$\widehat{ABC}$ eşkenar üçgen olduğundan cosinüs teoremi ile

$x^2 = 36 + z^2 - 6z$

$y^2 = z^2 - 14z + 52$

+

$x^2 + y^2 = 2z^2 - 20z + 88$ eşitliğinden $x^2 + y^2$ ifadesinin en küçük değeri $z = 5$ için 38 olur.

Yanıt A

12. $f'(x)$ grafiği incelenirse ve $f(0) = 0$ için $f(x)$ grafiği şekildeki gibi olur.

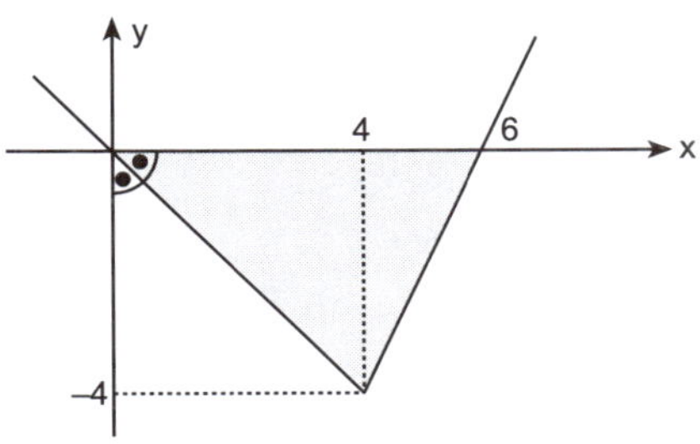

Kapalı bölgenin alanı $\frac{6 \cdot 4}{2} = 12$ br^2 dir.

Yanıt B

karekök

1. $b \cdot c = 6 \cdot 15 = 90$ olduğundan $b = 89$ ve $c = 90$ alalım.

Bu durumda $a = 88$ olur.

$88 + \frac{89}{15} + \frac{6}{90} = 94$ bulunur.

Yanıt D

2. $A = 2 \cdot 10^{12} + 14$ olarak yazalım.

$2 \cdot 10^{12} + 14 \equiv x \pmod{13}$

ifadesinden $x = 3$ bulunur. (Nasıl?)

O halde A^2 sayısının 13 ile bölümünden kalan 9 olur.

Yanıt E

3. İstenen işlemi 2 sayısının kuvvetlerine göre yapmak gerekir.

$2^0, 2^1, 2^2, 2^3, 2^4, \ldots, 2^{10}$ sayılarına göre düzenleme yapalım.

1. Kutuda $\longrightarrow$ 1

2. Kutuda $\longrightarrow$ 2, 3

3. Kutuda $\longrightarrow$ 4, 5, 6, 7

4. Kutuda $\longrightarrow$ 8, 9, ..., 15

.
.
.

11. Kutuda $\longrightarrow$ 1025, 1026, ..., 2012

Yanıt C

4. $x \geq 0$ için $f(x) = -\frac{3}{2}x + 6$

$x \leq 0$ için $f(x) = 3x + 6$ olur.

$f\left(-\frac{20}{9}\right) = -\frac{2}{3}$, $f\left(-\frac{2}{3}\right) = 4$

$f(4) = 0$, $f(0) = 6$

$f(6) = -3$, $f(-3) = -3$ bulunur.

Buna göre, -3 olur.

Yanıt C

5. $a + \sqrt{b}$ ifadesi tam sayı oluyorsa $a + \sqrt{b} + \frac{1}{a + \sqrt{b}}$ ifadesi tam sayı olamaz.

k pozitif bir tam sayı olmak üzere,

$\frac{a^2 + 2a\sqrt{b} + b + 1}{a + \sqrt{b}} = k$ yazılırsa,

$2a\sqrt{b} + a^2 + b + 1 = k\sqrt{b} + ak$

elde edilir. $\sqrt{b}$ nin katsayıları birbirine, diğer terimler birbirine eşitlenir:

$2a\sqrt{b} = k\sqrt{b} \Rightarrow k = 2a$

$a^2 + b + 1 = ak \Rightarrow a^2 = b + 1$

Buradan; a = 2, 3, 4, 5, 6, 7, 8, 9, 10 olacağından 9 farklı (a, b) ikilisi vardır.

Yanıt C

6. $A - B = \frac{1}{2^2} + \frac{1}{4^2} + \ldots$ olacağından

$A - B = \frac{1}{2^2} \cdot A$ için $\frac{A}{B} = \frac{4}{3}$ bulunur.

Yanıt D

karekök

7. $n < \frac{9}{2}$ için $n^2 + 7n + k < 0$ ve

$n > \frac{9}{2}$ için $n^2 + 7n + k > 0$ olmalı.

n = 4 için k < –44 ve

n = 5 için k > –60 bulunur.

–60 < k < –44 olduğundan k, 15 farklı tam sayı değeri alır.

Yanıt A

8. Köşeleri d_1 ve d_2 doğruları üzerindeki noktalar olan dörtgenlerin köşegenleri bir noktada kesiştiği için ve

$\binom{6}{2} \cdot \binom{6}{2} = 225$ tane dörtgen olduğundan d_1 ve d_2 doğruları arasında 225 tane kesişim noktası vardır.

Yanıt E

9. 8 özdeş kalem 3 öğrenciye

$\binom{8+3-1}{3-1} = \binom{10}{2} = 45$ şekilde dağıtılabilir.

Benzer şekilde 7 özdeş kalem 3 öğrenciye $\binom{9}{2} = 36$ dağıtılır.

O halde, tüm kalemler 36·45 = 1620 şekilde dağıtılabilir.

Yanıt D

10. (a, f(a)) ve (c, f(c)) noktaları arasındaki uzaklık 10 br ve |a – c| = 8 olduğuna göre

$10 = \sqrt{(a-c)^2 + (f(a)-f(c))^2} \Rightarrow |f(a)-f(c)| = 6$ bulunur.

Yanıt A

11. Grafiklere göre b eğrisinin, ekstremum noktasının apsisi ile c eğrisinin x eksenini kestiği nokta aynıdır.

Bundan dolayı b = f(x), c = f′(x) ve a = f″(x) bulunur.

Yanıt E

12. $\ln x = u$ ve $e^x \cdot dx = dv$

$\frac{dx}{x} = du$ $e^x = v$ için

$\int_1^e e^x \cdot \ln x \cdot dx = e^x \cdot \ln x \Big|_1^e - \int_1^e \frac{e^x}{x} dx$ bulunur.

$\int_1^e e^x \cdot \ln x \cdot dx = e^e - (e^2)$ olur.

Yanıt A

karekök